EL CAPITAL DE RIESGO

Sebastian
Mallaby

EL
CAPITAL
DE
RIESGO

Un análisis sobre cómo los
grandes líderes tecnológicos
han cambiado las leyes
en los negocios

EMPRESA ACTIVA

Argentina – Chile – Colombia – España
Estados Unidos – México – Perú – Uruguay

Título original: *The Power Law*
Editor original: Penguin Press an Imprint of Penguin Random House LLC.
Traducción: Maria Laura Saccardo

1.ª edición: septiembre 2024

Copyright © 2022 by Sebastian Mallaby
All Rights Reserved
© de la traducción 2024 *by* Maria Laura Saccardo
© 2024 *by* Urano World Spain, S.A.U.
Plaza de los Reyes Magos, 8, piso 1.º C y D – 28007 Madrid
www.empresaactiva.com
www.edicionesurano.com

ISBN: 978-84-16997-99-2
E-ISBN: 978-84-10365-01-8
Depósito legal: M-16.597-2024

Fotocomposición: Urano World Spain, S.A.U.
Impreso por Romanyà Valls, S.A. – Verdaguer, 1 – 08786 Capellades (Barcelona)

Impreso en España – *Printed in Spain*

ÍNDICE

Introducción

GENTE IRRACIONAL

A poca distancia del centro de operaciones de la industria de capitales de riesgo de Silicon Valley, agrupada a lo largo de la carretera Sand Hill de Palo Alto, Patrick Brown salió al parque de su residencia en la Universidad de Stanford. Allí, sobre una colina detrás de la casa, descendió a gatas. Era un hombre desgreñado de cincuenta y cuatro años, con camiseta informal, examinando la vegetación a través de sus gafas redondas. Con delicadeza, como un detective que recolecta muestras que podrían contener información vital, Brown comenzó a arrancar las raíces de ciertos tréboles silvestres[1]. En aquel momento, al jardinero le hubiese impresionado saber que esas raíces pronto cosecharían 3 millones de dólares.

Brown fue uno de los genetistas más importantes del mundo. En 1995, su laboratorio publicó un estudio pionero sobre chips de ADN que ayudó a distinguir tejidos sanos y cancerosos. Fue elegido miembro de la Academia Nacional de Ciencias y la Academia Nacional de Medicina de los Estados Unidos. Recibió el premio Howard Hughes, que le garantizó financiamiento para realizar investigaciones independientes. Sin embargo, su incursión en aquella colina nada tenía que ver con la genética. Corría el año 2000, y Brown estaba usando su tiempo para planear la caída del complejo industrial cárnico.

El comentario de un amigo lo había llevado por ese camino. Dada su fuerte consciencia ambiental, llevaba tiempo preocupándose por el hecho de que la cría de ganado ocupara un tercio de la tierra en todo el mundo, lo que provocaba emisión de gases de efecto invernadero, contaminación del agua y

---

1. Patrick Brown, entrevista con el autor, 15 de febrero de 2019.

pérdida de biodiversidad. Sin duda, la población creciente del siglo XXI iba a necesitar una mejor fuente de alimentación. Un día, su amigo mencionó que, si alguien creara un medallón vegetal con mejor sabor que una hamburguesa, el libre mercado se encargaría del problema por sí solo. Los restaurantes más intrépidos comenzarían a ofrecerlo, seguidos por McDonald's, y, en poco tiempo, eliminarían la carne del sistema alimentario[2].

Cuanto más lo pensaba, más se entusiasmaba. *¿Y si* él era capaz de crear una hamburguesa vegetariana más apetitosa? *¡Por supuesto* que era posible! ¿Por qué a nadie le había dado por resolver ese problema tan sencillo? «Las personas asumían que teníamos este sistema destructivo que nunca desaparecería. Pensaban: "Menuda mierda, pero ¿qué podemos hacer?"», lamentó Brown.

En la mayoría de los lugares y momentos de la historia, esta epifanía no hubiera tenido consecuencias, pero, como el mismo Brown reflexionó más adelante, tuvo «la buena fortuna de vivir en el epicentro del capital de riesgo»[3]. Stanford se encontraba en el corazón de Silicon Valley, su campo de golf se extendía junto a la carretera Sand Hill y Brown se hallaba explorando el jardín con un propósito en mente: las raíces de esos tréboles contenían hemo, una molécula portadora de hierro presente en la hemoglobina, lo que le da el color rojo a la sangre. Si era capaz de demostrar que la molécula de aquella planta podía imitar las propiedades de la carne sanguinolenta, era muy posible que un inversor fundara una empresa de hamburguesas vegetales.

Brown procedió a diseccionar las raíces y a mezclarlas para extraer y analizar sus jugos. En poco tiempo, obtuvo lo necesario para crear una hamburguesa vegetariana que olía, crepitaba y tenía tanto jugo como un filete de primera. «He llegado al punto en que, aunque no contaba con mucha información, esta era suficiente para recurrir a algunas empresas de capital de riesgo (que abundaban en Silicon Valley) para pedirles dinero».

Un amigo científico le mencionó que Vinod Khosla, el inversor administrador de Khosla Ventures, estaba interesado en proyectos amigables con el medioambiente de «tecnología limpia». Pero no mencionó

---

2. Rufford, Nick y Jeremy Clarkson, «Can the Impossible Burger Save the World?», *Sunday Times*, Londres, 16 de abril de 2017.

3. Rufford, Nick y Jeremy Clarkson, «Can the Impossible Burger Save the World?», *Sunday Times*, Londres, 16 de abril de 2017.

que Khosla también predicaba la creencia más poderosa de Silicon Valley: que la gran mayoría de los problemas sociales podían mejorar con soluciones tecnológicas, tan solo si los inversores tuvieran motivaciones para ser lo suficientemente ambiciosos. Declaró que «todo progreso depende del hombre irracional, del "creativo inadaptado"», con citas eclécticas de George Bernard Shaw y de Martin Luther King Jr. [4]. «La mayoría piensa que las ideas improbables no tienen importancia, pero lo único que importa es lo improbable», solía añadir. Para presentarle a Khosla un invento, era mejor que este no encajara en la categoría gradual a la que llamaba «un trozo de papel higiénico, no dos» [5]. Él anhelaba sueños radicales; cuanto más ambiciosos e improbables fuesen, mejor.

Brown fue en bicicleta hasta la oficina de Khosla, una construcción elegante de madera y cristal, llevando una presentación de diapositivas que luego admitió que «en retrospectiva, era ridícula» [6]. La primera diapositiva exponía su objetivo: hacer que la industria cárnica se volviera superflua. Las gafas redondas que llevaba —el aspecto visionario de John Lennon y de Steve Jobs— parecían totalmente apropiadas.

Khosla, un hombre de ojos grandes, facciones cinceladas y cabello gris y corto, observó al visitante con mirada pícara.

«¡Eso es imposible!», exclamó entusiasmado. Pero, por dentro, pensó: «Si hay un uno por ciento de probabilidades de que funcione, merece la pena arriesgarse» [7].

Brown procedió a explicarle cómo planeaba desplazar a la industria cárnica, descomponiendo el desafío en sus partes, es decir, cómo replicar el aroma, la consistencia, el sabor y la apariencia de una hamburguesa de carne de verdad. Al analizar cada punto por separado, la ambición aparentemente imposible se convertía en una serie de problemas con soluciones factibles. Por ejemplo, las raíces de los tréboles gotearían como sangre sobre las brasas y se oscurecerían al cocerse en un asador. Sería un

---

4. Khosla, Vinod, «The Innovator's Ecosystem», Khosla Ventures, khoslaventures.com/wp-content/uploads/The-Innovator%E2%80%99s-Ecosystem.pdf, 1 de diciembre de 2011.

5. Este capítulo cita varias conversaciones con Khosla, mayormente dos entrevistas con fechas del 31 de julio de 2017 y del 30 de julio del 2018.

6. Brown, Patrick, «Food Fight to Turn Back Climate Change», entrevista de Tina Seelig, Stanford eCorner, en YouTube, youtu.be/cDiNC89Tqbg, [6 de diciembre de 2017].

7. Entrevista con el autor.

encuentro entre el doctor Frankenstein y Ray Kroc. Nadie volvería a comer carne de res otra vez.

Khosla sometió a los solicitantes a una prueba. No se trataba de que Brown demostrase que su idea fuese a funcionar, sino de que él mismo pudiera o no encontrar una razón obvia por la que no fuese a funcionar. Cuanto más escuchaba al visitante, menos podía negar que tenía algo bueno. Acto seguido, evaluó a Brown como persona. Le gustaba decir que abordaba las inversiones al estilo Yoda: empoderar a quienes sintieran la fuerza para que hicieran su magia[8]. Brown era brillante, sin duda, tal y como indicaban sus credenciales como genetista. Estaba abriendo las puertas a un campo nuevo, por lo que era independiente de los preconceptos respecto a lo que la sabiduría convencional consideraba posible. Además de brillante, era determinado: estaba dispuesto a dejar de lado su prestigioso puesto académico como profesor de Stanford y el cheque en blanco de la fundación Howard Hughes. Con todo, encajaba a la perfección en el arquetipo de emprendedor ideal de Khosla: el intelecto impactante, la voluntad de jugarse su propio cuello, la gloriosa inocencia y la confianza desmedida en sí mismo[9].

Faltaba una última prueba: si Brown lograba crear una hamburguesa vegetal apetitosa, ¿generaría ganancias igual de suculentas? Khosla acostumbraba a invertir capital en apuestas ambiciosas con un 90 por ciento de probabilidades de fracaso, pero esas bajas probabilidades debían estar equilibradas por la promesa de grandes réditos: si la empresa tenía éxito, querría obtener diez veces lo invertido o mucho más, a ser posible. No tenía sentido apostar si el éxito no valía la pena.

Brown llegó a la última diapositiva, en la que había incluido toda la información financiera que no le interesaba como científico, y afirmó con certeza que se trataba de un «mercado global de 2 billones y medio de dólares suministrado por una tecnología prehistórica»[10].

Khosla estaba entusiasmado: si las hamburguesas vegetales lograban igualar lo que los clientes esperaban de la carne (el sabor, la consistencia,

---

8. Khosla, «Innovator's Ecosystem».

9. «Arrogancia y confianza son partes necesarias de imaginar un futuro muy diferente». Khosla en entrevista con el autor.

10. Brown, Patrick, «Impossible Foods CEO Pat Brown Speaks to Harvard Students», Green Harvard, YouTube, www.youtube.com/watch?v=Fi1GMTwSZns. [14 de noviembre de 2017].

su color dorado y los jugos que gotean al darle la vuelta al medallón en el asador), el potencial era astronómico.

Brown miró al hombre a los ojos y afirmó: «Si me das este dinero, prometo hacerte más ridículamente rico de lo que ya eres»[11].

Finalmente, Khosla invirtió 3 millones de dólares en Impossible Foods, el acertado nombre que Brown le dio a su empresa[12]. Al rememorar esta historia en 2018, Khosla remarcó con alegría el progreso de Impossible Foods desde 2010: la empresa tuvo en poco tiempo unas ganancias anuales de más de 100 millones de dólares. Sin embargo, su mensaje principal iba más allá de los dólares. «Podrás imaginar que, si Pat fracasa, será el hazmerreír por haber tenido la arrogancia de decir que podía eliminar la cría de ganado», aunque señaló que las burlas apuntarían al blanco equivocado. «¿Qué es mejor, intentarlo y fracasar o no intentarlo?»[13]. Las personas racionales, equilibradas, que carecen de inocencia y confianza desmedida, fracasan en las misiones importantes de la vida al no intentarlas. Desde la perspectiva de Khosla, Brown debía ser recordado como un héroe más allá de lo que ocurriera con su empresa. Los cambios significativos de verdad suelen resultar descabellados cuando sus ideólogos mesiánicos los presentan por primera vez. Pero los proyectos destinados a tener éxito carecen de gloria, pues, por definición, no provocan cambios en la humanidad.

El propio Khosla era un hombre irracional, un creativo inadaptado. De niño, en su India natal, se rebeló en contra de la religión de sus padres, se negó a seguir a su padre al ejército y rechazó un matrimonio concertado. El día de su boda configuró una alarma y anunció que la ceremonia religiosa debía durar treinta minutos. Tras obtener su diploma como ingeniero, partió hacia los Estados Unidos, donde continuó estudiando ingeniería en la Universidad Carnegie Mellon y, al terminar, puso el foco en la escuela de negocios de Stanford. Tras descubrir que exigían dos años de experiencia laboral para solicitar la admisión, tuvo dos trabajos simultáneos durante un

---

11. Brown, «Food Fight to Turn Back Climate Change».

12. Se ha reportado que la inversión ascendió a 7 y 9 millones, pero los registros de Khosla Ventures exhiben una inversión inicial de 3 millones.

13. Entrevista con el autor.

año y anunció que había cumplido con el requisito. En 1982, después de terminar el programa de negocios, se asoció con tres científicos informáticos para fundar Sun Microsystems, cuyas poderosas oficinas dejaron su huella en la evolución de la informática. Dada su personalidad soberbia y engreída, pronto fue despedido, y se convirtió en capitalista de riesgo.

Más tarde, al unirse a la sociedad de capitales de riesgo Kleiner Perkins, descubrió su verdadero oficio. Su paciencia irracional y su determinación de que todo debería ser posible y funcionar a su modo lo convertían un tercio en tirano y dos en visionario. Más adelante, compró una finca con siete casas de campo en la costa de California, por la que perdió varias demandas por bloquear el acceso público a la playa, aunque jamás pasó allí ni una noche. Sin embargo, canalizaba el desprecio por el pensamiento convencional mediante inversiones deslumbrantes, por las que perdió dinero con frecuencia y, en ocasiones, amasó fortunas. Cuando conoció a Patrick Brown, todo en él (su hambre de riesgo, su amor por la confianza desmedida, su búsqueda de ideas improbables) lo convertía en la personificación de la ley de potencia, la regla dominante en los capitales de riesgo [14].

DISTRIBUCIÓN NORMAL

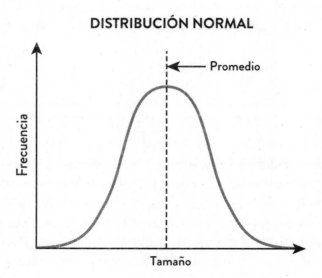

---

14. A la pregunta de cuán consciente era de la ley de potencia, Khosla dijo: «Pienso en ella todo el tiempo». Luego agregó que había dedicado un año sabático a estudiar sistemas complejos con resultados de la ley de potencia en el Instituto Santa Fe. Entrevista con el autor.

Muchos parámetros de la vida presentan una distribución normal: casi todos los datos observables se agrupan alrededor del promedio. Por ejemplo, la altura media de un hombre estadounidense es de un metro setenta y cinco, y dos tercios de los hombres varían siete centímetros del promedio. Por tanto, si representas la altura en un eje x y la probabilidad de que la altura un hombre sea promedio en el eje y, verás una curva de campana: la mayor probabilidad es que la altura de un hombre sea promedio y, al alejarse del punto medio, la probabilidad decrece. La posibilidad de encontrar a un hombre cuya altura se aleje diez centímetros de la media, es decir, que mida menos de un metro cincuenta o más de dos metros, es baja. Más lejos del promedio, la cola de la curva tiende a cero.

DISTRIBUCIÓN DE LA LEY DE POTENCIA

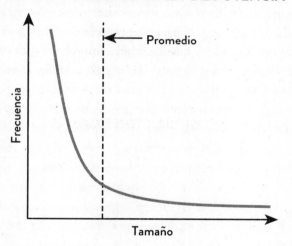

Pero no todos los fenómenos siguen este patrón: un gráfico de la riqueza de los estadounidenses tiene una apariencia muy diferente. Quienes son más ricos que la media suelen serlo por una diferencia muy significativa, de modo que el extremo derecho del gráfico es una línea extensa y baja sobre el eje x desde la curva. Dado que las personas adineradas son suficientes y tienen riquezas también suficientes para impactar en todo el país, el promedio se desvía hacia la derecha; a diferencia de la distribución normal, aquí el medio es mayor que la mediana. En una distribución normal es posible eliminar el valor más alto sin alterar el promedio. Si un jugador de la NBA de dos metros abandona el cine, la altura media de los noventa y nueve hombres que quedasen en la sala bajaría de un metro setenta y cinco a un metro setenta y cuatro. En cambio, en una distribución ladeada, fuera de lo normal, los valores de los extremos pueden tener un impacto significativo. Si Jeff Bezos saliera del cine, la riqueza promedio de quienes se quedasen dentro caería en picado.

Esta clase de distribución ladeada suele ser descrita como la regla del 80/20: el 20 por ciento de las personas posee el 80 por ciento de la riqueza; el 80 por ciento de las personas vive en el 20 por ciento de las ciudades; el 20 por ciento de los trabajos científicos aparece en el 80 por ciento de las citas. En realidad, no son números mágicos; podría ser que el 10 por ciento de la población poseyese el 80 o el 90 por ciento de la riqueza. Más allá de cuáles sean las cifras precisas, este tipo de distribuciones son ejemplos de la ley de potencia, que recibe su nombre porque los ganadores avanzan a un ritmo acelerado y exponencial, de modo que ascienden mucho más rápido que en una progresión lineal. Cuando Jeff Bezos obtuvo enormes riquezas, sus oportunidades de enriquecerse se multiplicaron. Cuantas más veces se cita un trabajo científico, más conocido se hace este y más aumentan las probabilidades de que siga siendo citado. Al tener valores atípicos cuyo éxito multiplica el éxito, el dominio de la distribución normal da paso al terreno de la ley de potencia; un mundo de variaciones sutiles cambia por uno de contrastes extremos. Una vez que se cruza ese límite peligroso, es mejor comenzar a pensar diferente.

En finanzas, especialmente, es necesario pensar de un modo distinto. Los inversores que se enfocan en monedas, bonos y acciones suelen asumir una distribución normal en los cambios de precios: los valores suben y bajan, pero no es usual que se produzcan movimientos en los extremos. Son posibles, por supuesto, tal y como demuestran los colapsos financieros, pero, entre 1985 y 2015, el índice S&P 500 varió menos de un 3 por ciento de su valor inicial en 7663 de 7817 días. En otras palabras, durante el 98 por ciento del tiempo, el mercado se mantuvo considerablemente estable[15]. Dado que la variación de precios en este extenso mercado de valores tiende a una distribución normal, los especuladores se concentran en obtener ganancias de las pequeñas fluctuaciones que ocurren la mayoría de los días[16].

---

15. Otra muestra de la estabilidad del índice S&P 500 es que, entre 1985 y 2015, solo se movió más del 6 por ciento en 19 días de 7817.

16. *Carry trades*, volatilidad y *momentum* son estrategias de operación que reducen las posibilidades de que ocurran eventos extremos. Aunque si ocurrieran las pérdidas serían cuantiosas, son populares porque la distribución de la variación de precios se acerca más a la normal que a la de la ley de potencia.

Al igual que en el caso del jugador de la NBA de dos metros que sale del cine, las variaciones significativas e inesperadas de precios son infrecuentes y moderadas, por lo que no afectan al promedio.

Ahora pensemos en los rendimientos del capital de riesgo. Horsley Bridge es una empresa inversora con intereses en fondos de inversión que han financiado a 7000 *startups* (o empresas emergentes) entre 1985 y 2014. Una porción reducida de dichos negocios, representante de apenas el 5 por ciento del total invertido, generó un 60 por ciento de las ganancias de Horsley Bridge durante ese periodo[17]. Para contextualizar, en 2018, el 5 por ciento de las subindustrias de mayor desarrollo en el índice S&P 500 representó apenas el 9 por ciento del rédito total del índice[18]. Otros inversores de riesgo reportan resultados aún más dispersos: Y Combinator, que financia empresas tecnológicas emergentes, calcula que, en 2012, tres cuartas partes de sus ganancias provenían de 2 de las 280 inversiones a las que había apostado[19]. El inversor de riesgo Peter Thiel escribió: «El mayor secreto de las inversiones de riesgo es que la mejor inversión en un fondo exitoso iguala o supera al resto del fondo»[20]. En una ocasión, Bill Gurley, de Benchmark Capital, señaló: «El capital de riesgo no es un negocio para anotar un *home run*. Es para ganar un *Grand Slam*»[21]. Esto significa que los capitalistas deben ser ambiciosos. Julian Robertson, reconocido seleccionador de acciones de fondos de cobertura, solía decir que buscaba acciones con potencial de duplicarse en tres años, un resultado «fabuloso»[22]. Sin embargo, si los capitalistas de riesgo siguieran el mismo propósito, probablemente garantizarían su fracaso, ya que la ley de potencia genera pocas *startups* que apenas duplican su valor. La mayoría fracasan por completo y, en ese caso, el capital tiende a cero,

17. Evans, Benedict, «In Praise of Failure», ben-evans.com/benedictevans/2016/4/28/winning-and-losing. [10 de agosto de 2016].

18. Cálculo basado en información de Bloomberg. Un «grupo de subindustrias» del S&P 500 suele incluir entre cinco y diez empresas.

19. Griffin, Tren, *A Dozen Lessons for Entrepreneurs*, Columbia University Press, Nueva York, 2017, pág. 125.

20. Thiel, Peter y Blake Masters, *Zero to One: Notes on Startups, or How to Build the Future*, Virgin Books, Londres, 2014, pág. 86. Thiel añadió, con cierta hipérbole: «La ley de potencia es la ley del universo». Ibid., pág.83.

21. Griffin, Tren, *A Dozen Lessons for Entrepreneurs*, pág. 146.

22. Mallaby, Sebastian, *More Money Than God: Hedge Funds and the Making of a New Elite*, Penguin Press, Nueva York, 2010, pág. 119.

una catástrofe impensable para un inversor en el mercado de valores. Pero, cada año, una serie de casos testigo gana el dichoso *Grand Slam*, y en el capital de riesgo solo importa ganar un puñado[23].

Cuando los actuales capitalistas de riesgo financian coches voladores, turismos espaciales o sistemas de inteligencia artificial dignos de guiones de cine, estos siguen la lógica de la ley de potencia. Su tarea es ver más allá del horizonte, apuntar a riesgos más altos y a posibilidades de mayores recompensas que la mayoría cree inalcanzables. «Podemos curar el cáncer, la demencia y todas las enfermedades fruto de la edad y del deterioro del metabolismo», declara Thiel con desprecio hacia el gradualismo. «Podemos inventar métodos para viajar sobre la superficie del planeta más rápido. Podemos aprender a salir de él por completo para establecer nuevas fronteras»[24]. Sin duda, invertir en algo inviable es un derroche de recursos, pero el error más frecuente, más humano, es invertir con timidez, apoyar las ideas más obvias, las que pueden ser imitadas y, en consecuencia, de las que será difícil obtener ganancias.

❖

Esto nos devuelve a Vinod Khosla. Durante las dos décadas que pasó con Kleiner Perkins antes de fundar su propia empresa de inversiones, aprendió a no preocuparse por las apuestas que acababan en cero. En esos casos, lo único que podía perder tan solo una vez era su inversión[25]. Lo que le importaba eran las inversiones exitosas y, a mediados de la década de los noventa, siguió una noción muy audaz y contraria: con la llegada de Internet, los consumidores ya no estarían satisfechos con duplicar o tri-

---

23. Andy Rackleff, antiguo socio de Benchmark, basándose en investigaciones de finales de los noventa, estimó que cada año en los Estados Unidos solo hay quince empresas emergentes, con una variación de tres, que algún día llegarán a generar 100 millones de dólares o más de ingresos. En general, tienden a superar los 100 millones de dólares y generar cuarenta veces o más en ganancias. Rachleff, Andy, «Demystifying Venture Capital Economics, Part 1», Wealthfront (blog), blog.wealthfront .com/venture-capital-economics. [19 de junio de 2014].

24. Thiel, *Zero to One*, pág. 102.

25. La información de Horsley Brisge indica que, no obstante, los fondos de capital de riesgo con mayor incidencia de cero acumulan el mejor desarrollo general. Evans, «In Praise of Failure».

plicar la capacidad de las líneas telefónicas tradicionales, sino que querrían un cambio en el ancho de banda, con rúteres que pudieran manejar un flujo de datos mil veces mayor. Mientras que los dirigentes de las telecomunicaciones se burlaban de sus ideas de ciencia ficción, él se dispuso a apoyar el despegue de las empresas que posibilitarían ese cambio.

Las *startups* a las que financió quedaron olvidadas: Juniper, Siara y Cerent. Sin embargo, todas ellas son una muestra de lo que los capitalistas de riesgo hacen mejor y de cómo generan riquezas y progreso. Mientras que las empresas de telecomunicaciones planeaban mejoras graduales, Khosla apostó por dar un salto más grande, aunque no tenía una idea clara de lo que harían los usuarios con el ancho de banda extra. Aún nadie imaginaba las redes sociales o YouTube, y la fotografía digital apenas pasaba de ser un concepto. Sin embargo, Khosla había vaticinado lo ocurrido con otras tecnologías. Desde la invención del semiconductor o de los cables de Ethernet que conectaban los ordenadores personales, el uso aumentó de forma gradual hasta dispararse en una curva exponencial. Se trata de la ley de potencia que subyace a la ley financiera presente en las carteras de capital de riesgo. Khosla apostaba a que Internet seguiría un patrón similar: un aumento gradual de uso en la primera mitad de la década de los noventa, seguido por una aceleración impactante hacia la verticalización de la curva de la ley de potencia.

Como resultado, un grupo de sus empresas fueron más allá de tener éxito. Con la invención de una nueva generación de *hardware* y *software* de extensión de ancho de banda, acapararon un fragmento significativo de un mercado en auge. El primer acierto, Juniper Networks, creaba rúteres de Internet: Khosla invirtió 5 millones de dólares y cosechó la suma extraordinaria de 7 mil millones de dólares para el fondo Kleiner, con lo que multiplicó la inversión inicial en un impactante 1.400 por ciento y generó la que fue, en esa época, la mayor bonanza registrada en capitales de riesgo[26]. Invirtió más millones en una empresa de equipamiento de red, Siara Systems, con la que reunió 1,5 mil millones de

---

26. Khosla en entrevista con el autor. La ganancia de Kleiner alcanzó cifras tan extraordinarias gracias al rendimiento del mercado después de la oferta pública de acciones. Para ver una lista de los mejores aciertos en capitales de riesgo, con Juniper como el mayor de todos. «Bet on Snap Shows Luck's Role in Venture Business», *Wall Street Journal*, 2 de marzo de 2017.

dólares[27]. En cuanto a Cerent, llamó al gigante de los rúteres, Cisco, a ser coinversor con él; entre otras cosas, Cerent facilitaría el procesamiento de datos de voz. Ante la negativa de Cisco, con el pretexto de que era una apuesta demasiado grande, Khosla continuó solo con una inversión de 8 millones de dólares, reclutó a los primeros ingenieros y fue el director ejecutivo[28]. Y obtuvo beneficios asombrosos. En cuanto su tecnología demostró ser viable, Cisco le hizo dos ofertas: 300 millones de dólares en diciembre de 1998 y 700 millones de dólares en abril del año siguiente. Pero Khosla, confiando en la ley de potencia, sabía que los ganadores solían seguir ganando, así que se arriesgó a rechazar la oferta de Cisco y vio cómo las ganancias de Cerent tuvieron un aumento exponencial. Cuatro meses después, se le informó de una nueva oferta de Cisco, esta vez de 7 mil millones de dólares. La noticia lo encontró de vacaciones en Machu Pichu, a veinticinco mil metros de altitud sobre los Andes peruanos. Desde allí, subió a un helicóptero, luego a un avión, y cerró el trato durante el desayuno en San José a la mañana siguiente.

Según los cálculos, Khosla era el principal capitalista de riesgo en Silicon Valley y no tenía objeciones contra las riquezas desmedidas[29]. Buscó a nivel mundial al arquitecto que construiría su casa cerca de Stanford e invirtió mucho dinero en el viñedo circundante[30]. Pero lo que realmente lo impulsaba era la contrariedad que había mostrado en su juventud: ¿por qué sus padres debían ir al templo? ¿Por qué no podía elegir dónde trabajar y a quién amar? ¿Por qué las cosas no podían ser diferentes? Y, al igual que Patrick Brown, que deseaba nada menos que acabar con la industria cárnica, abogó por su trabajo. El capital de riesgo no era tan solo un negocio, era una ideología, una filosofía, una teoría del progreso. Como le gustaba decir, setecientos millones de personas disfrutaban del

---

27. Khosla en entrevista con el autor. El rival fue Redback Networks. La venta se llevó a cabo por 4,3 mil millones de dólares.

28. Thrum, Scott, «A Quiet Man Puts Some Sizzle in Latest Deal Involving Cisco», *Wall Street Journal*, 27 de agosto de 1999.

29. A comienzos del siglo XXI, el importante fondo de una universidad calculó qué capitalistas de riesgo habían generado la mayor acumulación de ganancias. Consideró fondos desde 1994 hasta 1998 y asumió que el fondo liquidó las acciones distribuidas en un período breve, como era habitual. Con estos parámetros, Khosla resultó ser el primero, seguido por John Doerr, también de Kleiner Perkins.

30. Holson, Laura M., «A Capitalist Venturing in the Worlds of Computers and Religion», *The New York Times*, 3 de enero de 2000.

estilo de vida que setecientos mil millones deseaban. Innovadores audaces, incitados por inversores de riesgo aún más audaces, tenían la mayor probabilidad de satisfacer las aspiraciones humanas[31].

Los capitalistas de riesgo no siempre le hacen justicia a este estilo, como veremos más adelante, pero no es necesario creerse cada palabra de Khosla para saber que su visión es importante. La visión de los experimentos de riesgo alto con recompensas elevadas es una forma única de abordar el mundo, de la que las personas fuera de Silicon Valley podrían aprender. Pondré un ejemplo: en el Gobierno, en las entidades financieras y en las corporaciones, dedican mucha energía a anticipar el futuro a través de análisis estadísticos de patrones del pasado. Sin tener visiones claras, invertir recursos parecería irresponsable. Pero, según los parámetros de los capitalistas de riesgo, las mediciones precisas de los científicos sociales convencionales podrían funcionar como una venda sobre los ojos y no como un telescopio. Extrapolar información del pasado solo podrá anticipar el futuro cuando no haya mucho que anticipar. Entonces, si el día de mañana no será más que una extensión del presente, ¿para qué anticipar algo? Las revoluciones relevantes, las disrupciones que generan riqueza para los inventores y ansiedad para los trabajadores o quienes hacen temblar el equilibrio geopolítico y alteran las relaciones humanas, no pueden predecirse con información del pasado, precisamente por su naturaleza absolutamente disruptiva. En cambio, surgen como resultado de fuerzas demasiado complejas como para anticiparlas (del caldo primitivo de pensadores, programadores y soñadores desmesurados), y lo único que podemos saber es que, en diez años, el mundo será muy diferente. Las sociedades maduras y seguras, dominadas por personas que analizan cada posibilidad y controlan los riesgos, deberían aceptar un futuro que no es susceptible a anticipaciones. El futuro puede ser *descubierto* por medio de experimentos iterativos, respaldados por riesgos[32]. No se puede *predecir*.

---

31. Khosla, Vinod, «Black Swan Thesis of Energy Transformation», Khosla Ventures, khoslaventures.com/black-swans-thesis-of-energy-transformation [28 de agosto de 2011].

32. «Siempre les digo a nuestros directores ejecutivos que no planifiquen. Que pongan a prueba las suposiciones y sigan iterando». Khosla en entrevista con el autor.

¿Qué clase de experimentos tienen probabilidades de éxito? En este sentido, las personas fuera de los núcleos de innovación podrían aprender algo de Khosla. La mayoría pensará que quienes atraviesan las fronteras de cada campo del saber son los expertos en cada uno de ellos, pero, como hemos visto en el caso de Khosla con Patrick Brown, se trata de una idea, quizás, demasiado sensata. Puede que los expertos sean la fuente más probable de avances graduales, pero las ideas radicales suelen provenir de personas ajenas. «Si creo una empresa de salud, no quiero un CEO experto en salud», decía Khosla. «Si creo una empresa manufacturera, no quiero un CEO manufacturero. Quiero a alguien con la inteligencia suficiente para repensar las suposiciones más básicas». Y continuó diciendo que, a fin de cuentas, la innovación en ventas surgió en Amazon, no en Walmart; la innovación en medios no surgió en la revista *Times* o en CBS, sino en YouTube, en Twitter y en Facebook; la innovación espacial no se originó en Boeing y en Lockheed, sino en SpaceX de Elon Musk; la nueva generación de automóviles no fue creada por GM y Volkswagen, sino por otra empresa de Musk, Tesla. «No recuerdo ni una sola innovación creada por expertos en los últimos treinta o cuarenta años. Piénsalo, ¿no es impactante?», exclamó.

Si la mejor manera de descubrir el mundo es con apuestas arriesgadas disidentes, esto nos lleva a otra reflexión. Gracias al trabajo del premio nobel Roland Coase, la economía hace tiempo que ha reconocido las dos mayores instituciones del capitalismo moderno: el mercado, que coordina la actividad con señales de precios y con contratos de plena competencia, y las corporaciones, que reúnen a equipos extensos liderados por directores verticalistas. Sin embargo, los economistas no han explorado tanto el terreno medio que habita Khosla: las redes de capital de riesgo que residen en algún punto intermedio de los mercados y las corporaciones, y dichas redes requieren mucha más atención. A través de experimentos disidentes al estilo de Khosla, generaron más progreso en ciencia aplicada que cualquiera de sus rivales (unidades corporativas centralizadas de investigación y desarrollo, individuos solitarios en garajes, intentos gubernamentales de encontrar líderes tecnológicos). Gracias a que las *startups* financiadas por capitales de riesgo demostraron ser muy fructíferas, cambiaron la forma de trabajar, de socializar, de hacer compras y de entretenerse; también la forma de acceder a la información, de manipularla y de llegar a epifanías, es decir, la forma de pensar.

Lograron tener un impacto tan desproporcionado porque combinan las fortalezas de las corporaciones y las del mercado. Canalizan capital, talentos y clientes importantes hacia *startups* prometedoras, una réplica de la creación de equipos, de los recursos y de la visión estratégica de las corporaciones[33]. A su vez, como su red es fluida y amorfa, presentan la flexibilidad del mercado. La gente de negocios de Sand Hill Road puede apoyar a una *startup* con ideas de negocios frescas o con innovaciones tecnológicas; pueden moldearla, expandirla y llamar a las puertas correctas. Pero, cuando una inversión de riesgo se agota, es hora de someter a la empresa a una prueba de mercado. Si no se presentan compradores entusiastas para la próxima oferta de acciones, las señales de precios se verán afectadas y el capitalista de riesgo cerrará la empresa para evitar gastar recursos respaldando un proyecto de innovación y desarrollo cuyo éxito resulta imposible. Dado que se someten de forma periódica a las señales de precios, son buenos para reconocer el fracaso y para apostar ante señales de éxito tempranas. Así, su fusión de estrategias corporativas respecto al mercado representa una tercera institución principal del capitalismo moderno que se suma a las dos presentadas por Ronald Coase.

En los últimos años, con la expansión de la industria en tres dimensiones, la importancia subestimada de las redes de capital de riesgo se ha hecho mucho más evidente. En primer lugar, se ha expandido más allá de su base histórica en Silicon Valley, con centros prósperos en Asia, Israel, Europa y en otras grandes ciudades de los Estados Unidos[34]. En segundo lugar, la industria se ha abierto sectorialmente hacia nuevas áreas con la llegada de tecnologías respaldadas por capitales de riesgo, alcanzando desde la industria automotriz hasta la hotelera. En tercer lugar, el capital de riesgo ha empezado a expandirse más allá de la fase inicial de una empresa, pues en Silicon Valley han surgido corporaciones multimillonarias que postergan la búsqueda de capital en accionistas públicos. En 1997, Amazon cotizó en bolsa tres años después de su lanzamiento, cuando tenía un valor de apenas 438 millones de dólares. Desde enton-

---

33. Paul Graham, cofundador de Y Combinator, era consciente de cómo estaba replicando las fortalezas corporativas al respaldar a emprendedores. «Al iniciar YC, pensé en ella como una corporación distribuida. Otro aspecto en particular que imita de las corporaciones es a los colegas, excepto que son cofundadores en lugar de compañeros de trabajo». *E-mail* al autor, 31 de mayo de 2021.

34. Los cuatro fondos de riesgo principales de 2017 se originaron en China.

ces, más de 480 «unicornios» cuentan con valuaciones de más de mil millones de dólares y, sin embargo, no parecen tener intenciones de presentarse en oferta pública[35]. Muchas de las empresas más dinámicas y disruptivas del mundo pertenecen a capitalistas de riesgo (y son dirigidas, bien o mal, por ellos) y no a otros inversores privados en tecnología.

Este libro tiene dos grandes objetivos. El primero es explicar la mentalidad del capital de riesgo. Existen decenas de historias sobre Silicon Valley que se centran en los creadores y emprendedores, pero no se han producido tantos esfuerzos por comprender a las personas que financian y, con frecuencia, dan forma a sus empresas. A través de una revisión detallada de las transacciones más renombradas (de Apple a Cisco; de WhatsApp a Uber), la historia en estas páginas demuestra lo que sucede cuando inversores de riesgo y *startups* convergen y analiza por qué el capital de riesgo es diferente al de otras clases de financiación. Muchos financieros asignan escaso capital basándose en análisis cuantitativos. Los inversores de riesgo, en cambio, conocen a las personas, tratan con ellas y rara vez se preocupan por hojas de cálculo[36]. Mientras que los financieros evalúan a las empresas con proyecciones de sus flujos de fondos, los inversores de riesgo suelen respaldar *startups* antes de tener flujos que analizar. Otros inversores intercambian millones de dólares en activos financieros en un abrir y cerrar de ojos. Los capitalistas de riesgo hacen apuestas relativamente pequeñas en empresas reales y las sostienen. Y, lo más fundamental, otros inversores extrapolan las tendencias del pasado, sin tener en cuenta el riesgo de eventos «inesperados» extremos, mientras que los inversores de riesgo buscan desvíos radicales del pasado y los eventos inesperados son de vital importancia para ellos.

El segundo objetivo de este libro es evaluar el impacto social del capital del riesgo. Los inversores suelen afirmar que «están haciendo del mundo un lugar mejor». Sin duda, es verdad en ciertas ocasiones, como en el caso de Imposible Foods. Por otro lado, los videojuegos y las redes sociales promueven la adicción a las pantallas y las noticias falsas, aunque entre-

---

35. Véase CB Insights, «The Global Unicorn Club». Hasta agosto de 2020, el club contaba con 483 miembros.

36. Investigaciones académicas confirman que uno de cada cinco capitalistas de riesgo ni siquiera intenta anticipar los flujos de capital al tomar decisiones de inversión. Gompers, Paul A. *et al.*, «How Do Venture Capitalists Make Decisions?», *Journal of Financial Economics* 135, n.º 1, enero de 2020, págs. 169–190.

tengan, informen o le permitan a una abuela ver fotografías de sus nietos. La brecha entre la retórica y la práctica es un blanco fácil de burlas. En abril de 2020, en medio de los estragos de la pandemia de coronavirus, el capitalista Marc Andreessen declaró que era «hora de construir». «¿Dónde están los trenes de alta velocidad, los monorraíles elevados, las cápsulas supersónicas y, sí, los coches voladores?», exigió [37]. Al mes siguiente, su sociedad invirtió en Clubhouse, una red social exclusiva para aquellos que son invitados. Las declaraciones expansivas de la industria del capital de riesgo contrastan así con su monocultura cerrada. La participación femenina es escasa: hacia el año 2020, las mujeres representaban el 16 por ciento de los socios inversores. La representación de la diversidad étnica es aún menor: apenas alrededor de un 3 por ciento de los socios en empresas de capital de riesgo son negros [38]. Es precisamente por la incidencia que tiene esta industria en el entramado de la sociedad que debe ser más diversa, en términos de los inversores que contrata y de las empresas que financia. Lo último y más contundente, dado que yace en el centro de lo que la industria presenta como su función principal: los capitalistas de riesgo deben asumir su posición como custodios de las empresas tecnológicas. Ostentan el orgullo de crear *startups*, pero no son tan exitosos administrando unicornios billonarios, tales como la empresa de oficinas WeWork o el gigante del transporte bajo demanda Uber.

En resumen, los capitalistas de riesgo distan de ser perfectos. De todas formas, a pesar de que la opinión pública se ha vuelto en contra del complejo tecnológico industrial, el resultado positivo del capital de riesgo se ha hecho más atractivo. Hasta hace poco tiempo, los economistas explicaban por qué ciertos lugares eran más ricos que otros evaluando diferencias a nivel nacional: los países exitosos se benefician de leyes fuertes, precios estables, ciudadanos educados y demás. Sin embargo, más recientemente, la pregunta acuciante es por qué algunas regiones dentro de los países dejan muy atrás a otras como focos de innovación y generadores de prosperidad. Es evidente que una zona puede tener mejores resultados que otras, como ha ocurrido en Silicon Valley. La eterna pregunta es por qué [39]. Para llegar a

---

37. Andreessen, Marc, «It's Time to Build», sitio web de Andreessen Horowitz, a16z. com/2020/04/18/its-time-to-build. [18 de abril de 2020].

38. NVCA-Deloitte Human Capital Survey, tercera edición, marzo de 2021, figs. 1 y 2.

39. Economistas como Philippe Aghion, del College de France, encabezan la actualización de la teoría de crecimiento.

una respuesta correcta, debemos actualizar el marco de Ronald Coase estudiando las redes de capital de riesgo con la misma profundidad con la que se estudian los mercados y corporaciones. En un mundo con creciente competencia geoeconómica, los países con los centros de innovación más importantes tienen mayores posibilidades de ser los más prósperos y, en última instancia, los más poderosos. Y en un mundo con creciente desigualdad de ingresos, los países que alcancen mayor diversidad en la ubicación de dichos centros serán más felices y estables. Aun mientras intentan regular a los gigantes tecnológicos, los gobiernos deben hacer todo lo posible por apoyar a empresas de tecnología emergentes —un desafío político que retomaremos más adelante. Por ahora, basta con decir una cosa respecto a este desafío: por más fracasos que sufran los capitalistas de riesgo, son un ingrediente esencial en los grupos de *startups*. A diario, en Silicon Valley, cientos de inversores persiguen a jóvenes en camiseta: conversan con las personas, conectan a las personas, apuestan por una *startup* que busca contratar a un programador precavido, les aseguran a clientes escépticos que otro producto nuevo es fiable. Este libro afirma que el frenesí de actividad explica gran parte de las variaciones de creatividad en las regiones: al entablar contacto entre emprendedores, ideas, clientes y capital, los inversores de riesgo transforman una simple aglomeración de personas inteligentes en una red de innovación. Es necesario reservar un espacio en los análisis tradicionales del crecimiento económico para este fenómeno, que explica el surgimiento de China como potencia tecnológica de primera categoría. De hecho, si Estados Unidos corre el riesgo de quedar por detrás de China en la carrera tecnológica actual, es precisamente porque capitalistas de riesgo inspirados en Silicon Valley pusieron en marcha la economía digital china. Además, la industria de capital china tiene una ventaja sobre su rival estadounidense: es más abierta a las mujeres.

Pero estamos adelantándonos al final de la historia. Para comprender a los capitalistas de riesgo, hacernos una idea de cómo piensan y descubrir por qué son importantes, debemos empezar por el principio. Sin ese grupo singular de inversores, el valle de Santa Clara nunca se hubiera asociado con el silicio y nunca hubiera emergido una cantidad abrumadora de riqueza.

1

ARTHUR ROCK Y EL CAPITAL DE LIBERACIÓN

El éxito tiene muchos padres, y Silicon Valley no es la excepción. Al buscar el origen de esta milagrosa región de innovaciones, muchos se fijan en 1951, cuando Fred Terman, ingeniero y decano de Stanford, creó el famoso parque de investigación de la universidad. Otros marcan el inicio de la historia cinco años después, cuando William Shockley, padre del semiconductor, abandonó la Costa Este para fundar su empresa en terreno de Terman y llevar el silicio al valle por primera vez. Pero la historia más emocionante, la que pone el foco en la fuerza que caracteriza a Silicon Valley, comienza en el verano de 1957, cuando ocho de los jóvenes investigadores doctorados de Shockley se rebelaron y se independizaron. Ni la experiencia ni la fama ni el Premio Nobel detuvieron a los rebeldes. Los «ocho traidores» estaban cansados de la mano dura de Shockley y decidieron buscar otro camino. Esta deserción desató la cultura mágica de Silicon Valley al acabar con las suposiciones tradicionales sobre jerarquía, autoridad y trabajo fiel hasta retirarse con un reloj de oro.

Esta deserción de 1957 fue posible gracias a una nueva forma de financiación, conocida en un principio como capital de riesgo. La idea era financiar tecnologías que eran demasiado riesgosas e incipientes como para conseguir préstamos bancarios, pero que prometían posibles recompensas significativas para inversores con gusto por las inversiones audaces. El financiamiento de los ocho traidores y su empresa, Fairchild Semiconductor, puede decirse que fue la primera inversión audaz de este tipo en la Costa Oeste y que cambió la historia de la región. Después de que Fairchild obtuviera su financiamiento de 1,4 millones de dólares, fue evidente que cualquier equipo de Silicon Valley que tuviera ideas grandiosas y ambición podría liberarse y, en líneas generales, crear el sistema de organización que mejor le pareciera. Ingenieros, inventores, entusiastas y artistas soñadores podían reunirse, combinarse, separarse, competir y colaborar, todo ello gracias al nuevo estilo de financiación. El capital de riesgo podía ser de deserción, de creación de equipos o incluso de experimentación[1]. Pero más allá de cómo lo vieran, había liberado a los talentos. Y había una revolución en ciernes.

La creación de este capital de liberación explica más de lo que muchos ven aún hoy en día. Las teorías enfrentadas sobre lo que dio origen a la prevalencia de Silicon Valley —que era hogar de la Universidad de Stanford, que se benefició de contratos militares y que tenía cierta irreverencia inconformista de la Costa Oeste— nunca fueron muy convincentes. A fin de cuentas, Stanford no era más distinguida que el MIT (Massachusetts Institute of Technology), que a su vez se encontraba cerca de Harvard, con lo que integraban un centro de investigación mucho más poderoso de lo que podría haber sido Stanford en sus inicios[2]. Asimismo, es cierto que Stanford se benefició con los dólares de la investigación militar. La cinta de los aviones espía U-2 fue procesada en el centro cercano de la NASA Ames Research Center, y Lockheed Missiles y la Space Division construyeron armas submarinas en su campus de Silicon Valley[3]. Pero el famoso complejo militar e industrial de los cincuenta fue, en principio, una alianza de la costa este entre el Pentágono y Cambridge, Massachusetts. El representante de dicho eje, Vannevar Bush, fue decano de la Escuela de Ingeniería del MIT, fundador de la agencia de defensa Raytheon en Cambridge y principal administrador científico de Franklin Roosevelt durante la Segunda

---

1. El término «defection capital» fue acuñado por Tom Wolfe en su ensayo clásico. Wolfe, Tom, «The Tinkerings of Robert Noyce». web.stanford.edu/class/e145/2007_fall/materials/noyce.html. [diciembre de 1983].

2. La presencia de una excelente universidad de investigación, sin duda, no es una explicación adecuada para el crecimiento regional. Pittsburgh no se ha convertido en un núcleo tecnológico, a pesar de la excelencia en ingeniería de Carnegie Mellon. Del mismo modo, la presencia de un parque de investigación tampoco lo explica; la experiencia moderna sugiere que no tienen impacto significativo en la creación de empleos en alta tecnología. Lerner, Josh, *Boulevard of Broken Dreams: Why Public Efforts to Boost Entrepreneurship and Venture Capital Have Failed— and What to Do About It*, Princeton University Press, Princeton, (Nueva Jersey), 2009, pág. 115.

3. Isaacson, Walter, *The Innovators: How a Group of Hackers, Geniuses, and Geeks Created the Digital Revolution*, Simon & Schuster, Nueva York, 2014, pág. 155.

Guerra Mundial. Millones de dólares en fondos del Estado se destinaron a los centros de investigación apoyados por el Pentágono en Boston y, a finales de los sesenta, más de cien empresas de tecnología emergente surgieron de esos laboratorios[4]. En conclusión, si los lazos militares hubieran determinado la ubicación de la ciencia aplicada, Cambridge debería haber sido el centro del universo[5].

Si ni Stanford ni los contratos de defensa explican el ascenso de Silicon Valley, ¿qué hay de la teoría de que lo que distinguió a la región fue la contracultura de la Costa Oeste, que dio libertad a que las personas imaginaran tecnologías aún inexistentes? Doug Engelbart, del Augmented Human Intellect Research Center (Centro de Investigación para el Aumento del Intelecto Humano) de Palo Alto, quien ideó las versiones iniciales del ratón del ordenador y de la interfaz gráfica de usuario, estaba involucrado en experimentos con LSD y se apropió de fondos del Pentágono para investigar el método de crecimiento personal conocido como EST (Seminarios de Entrenamiento Erhard). Steve Jobs también estaba cautivado por el misticismo del este; andaba descalzo, se lavaba los pies en el baño de la empresa y sostenía que su dieta frutariana hacía que el aseo frecuente quedase obsoleto. «Las personas que han inventado el siglo veintiuno eran jipis de la Costa oeste, fumadores de hierba que andaban en sandalias como Steve, porque tenían una visión diferente», comentó Bono, músico y amigo de Jobs. Silicon Valley acepta cierta versión de esta historia, ya que a sus habitantes les gusta verse como personas geniales, además de ricas y poderosas. De acuerdo con esta narrati-

---

4. O'Mara, Margaret, *The Code: Silicon Valley and the Remaking of America*, Penguin Press, Nueva York, 2019, pág. 110

5. Al observar el incremento acelerado de los gastos en defensa en el norte de California durante la década de los cincuenta, los analistas olvidan que también se ha dado en otros lugares. Según un estudio, la participación de California en los principales contratos militares había ascendido al 26 por ciento del total nacional para el final de la guerra de Corea. Pero tres cuartos del dinero fueron a parar a otros estados y, dentro de California, la mayor parte se destinó a contratistas aeroespaciales en Los Ángeles y San Diego. Leslie, Stuart W., «How the West Was Won: The Military and the Making of Silicon Valley», *Technological Competitiveness: Contemporary and Historical Perspectives on Electrical, Electronics, and Computer Industries*, ed. William Aspray, IEEE Press, Piscataway (Nueva Jersey), 1993, pág. 78. En cuanto a los años cincuenta, el MIT recibió más fondos federales que cualquier otra universidad, seguida por Harvard. O'Mara, *The Code*, pág. 38. En síntesis, es verdad que los dólares militares han apoyado la investigación universitaria y, por medio de gastos de adquisición, el crecimiento de negocios privados, pero no está claro que eso explique por qué Silicon Valley ha surgido como el principal núcleo de innovación del país. De hecho, superó a la zona de Boston a finales de los setenta y ochenta, cuando el financiamiento estatal y la adquisición militar se volvió menos importante.

va, las tendencias jipis anticorporativas los llevaron a compartir ideas antes que a correr en busca del abogado de patentes más cercano. Su igualitarismo aseguró que estuvieran abiertos a cualquier arribista descuidado que viera o percibiera algo con el potencial de cambiarlo todo.

Aún se ven rastros de esta contracultura en Silicon Valley: en las sandalias, incluso en la nueva generación de nailon que reemplazó el cuero desgastado; en las políticas de izquierda liberal, a veces libertarias, o en la convicción de que la productividad puede potenciarse con microdosis de LSD. El problema con esta explicación cultural para la prevalencia de la Costa Oeste es que el resto del mundo nunca ha sido tan reservado como imaginan los adeptos a Silicon Valley. La ética del programador, defendida por *nerds* comunalistas obsesionados con códigos y que rehusaron monetizarlo por principios, se originó en MIT en realidad —con el Tech Model Railroad Club, un grupo de graduados atrapados por la tecnología detrás de trenes a escala, que luego desviaron la atención hacia el ordenador TX-0[6]. El TX-0 fue tan llamativo que las autoridades del MIT pensaron en deshacerse de él. «Las personas dejaron de lavarse, de comer, de tener vida social y, por supuesto, dejaron de estudiar», según declaraciones[7]. En este sentido, Tim Berners, inglés residente en Génova, inventor de la World Wide Web, combinaba su imaginación creativa con el desprecio antimaterialista de los negocios. «Si te interesa usar el código, escríbeme», instaba en un anuncio público, rehusando sacar beneficios de su invento. En Finlandia, que no era la clase de lugar en el que Bono interpretara muchos temas, Lis Torvalds creó el esqueleto del sistema operativo Linux y lo entregó gratis. En resumen, no faltó inventiva fuera de Silicon Valley ni tampoco el prejuicio contracultural antiempresarial.

La verdad es que la genialidad característica de Silicon Valley no reside en su capacidad inventiva, contracultural o cualquier otra cosa[8]. El

---

6. Levy, Steven, *Programmadors: Heroes of the Computer Revolution*, O'Reilly Media, Sebastopol (California), 2010, pág. 14.

7. Ante, Spencer E., *Creative Capital: Georges Doriot and the Birth of Venture Capital*, Harvard Business Press Boston, 2008, pág. 167.

8. Otra teoría no convincente sobre la posición de ventaja de Silicon Valley enfatiza el clima. Más allá del hecho de que el clima en Santa Bárbara y en Los Ángeles no es malo, dos ciudades universitarias entre los cuatro núcleos principales del ARPANET del Pentágono, no hay evidencias de que el clima atrajera a ingenieros. En una historia clásica de los primeros programadores, Steven Levy declara que atraer a ingenieros desde MIT hasta San Francisco «no fue fácil, ya que los programadores solían oponerse a los requisitos de la vida en California, en particular a tener que conducir y a la exposición recreativa al sol». Levy, *Programmadors*, pág. 134.

primer transistor fue creado en 1947 en Bell Labs en Nueva Jersey, no en Silicon Valley. El primer ordenador personal fue el Altair, creado en Nuevo México. El primer precursor de la web, el *software* de manejo de redes Gopher, surgió en Minnesota. El primer buscador fue creado por Marc Andreessen en la Universidad de Illinois. El primer motor de búsqueda, Archie, fue un invento de Alan Emtage en la Universidad McGill de Montreal. El primer sitio de interacción en red en Internet fue SixDegrees, lanzado por Andrew Weinreich en Nueva York. El primer teléfono inteligente fue el Simon Personal Communicator, desarrollado por Frank Canova en el laboratorio de IBM en Boca Raton, Florida[9]. No existe una zona geográfica —ni siquiera Silicon Valley— que domine la invención. Y, de todas formas, todos estos productos innovadores tienen algo en común: cuando se trató de convertir las ideas en productos populares, la magia ocurrió en Silicon Valley.

¿Y qué explica esta magia? El título de un ensayo en el *Times* de 1995 se hizo eco de la respuesta de Bono: «Se lo debemos todo a los jipis»[10]. Pero la genialidad característica de Silicon Valley es que la base de la contracultura se combina con el deseo abierto de obtener riquezas. A los inventores fumadores de hierba que calzan sandalias del amigo de Bono nunca les avergonzó amasar enormes fortunas, y Silicon Valley es el lugar donde no solo los bohemios han despreciado a quienes ascienden profesionalmente, criticados por ser burgueses, pero aún más por ser exitosos, pues consideraban que era una forma penosamente lenta de avanzar. Steve Jobs fue uno de los numerosos representantes de esta cultura contradictoria. Era demasiado igualitarista como para exigir un lugar reservado como jefe en el *parking* de la empresa, pero demasiado arrogante como para no ocupar el espacio reservado para personas con discapacidad[11]. Era un colaborador comunalista, que compartía su propiedad intelectual libremente con potenciales rivales, pero también era un capitalista com-

---

9. Hay que aclarar que algunos inventos sí han tenido origen en Silicon Valley: el microprocesador (Intel), el ratón (Xerox PARC) y demás. La cuestión es que el dominio del norte de California en emprendimientos tecnológicos es mucho más destacado que su dominio en invención tecnológica. Chong, Moon Lee *et al.*, (eds.), *The Silicon Valley Edge: A Habit for Innovation and Entrepreneurship*, Stanford University Press, Stanford (California), 2000, pág. 3.

10. «We Owe It All to the Hippies», *Times*, 1 de marzo de 1995.

11. Isaacson, Walter, *Steve Jobs*, Simon & Schuster, Nueva York, 2011, pág. 364.

petitivo, paranoico y controlador. Esta combinación de creatividad relajada y ambición comercial fue lo que realmente definió a Silicon Valley y lo convirtió en el lugar donde la imaginación engendró negocios que moldearon sociedades y culturas.

El origen exacto de esta cultura contradictoria es difícil de precisar. Algunos lo ubican en el materialismo frenético pionero de la fiebre del oro del siglo XIX en San Francisco, en la que se enriquecieron entusiastas individualistas ajenos a las viejas jerarquías y donde surgió una explosión de emprendimientos, entre ellos la creación del primer vaquero Levi Strauss. Otros señalan la educación y la prosperidad de California, que fomentaron la amplitud mental progresista y al mismo tiempo la adicción al trabajo. Pero el bálsamo del capital de liberación aporta otra explicación que merece más atención de la que ha recibido hasta ahora. Al brindar libertad a los talentos para convertir sus ideas en productos y al unir experimentos no convencionales con objetivos comerciales difíciles, esta forma de financiación fomentó la cultura de negocios que hizo de Silicon Valley un lugar tan fértil. En los inicios, el estilo de financiamiento de J.P. Morgan moldeó el comercio estadounidense como oligopolios fuertes. En la década de los ochenta, los bonos basura de Michael Milken alimentaron una oleada de adquisiciones corporativas y recortes de presupuesto extremos. Del mismo modo, el capital de riesgo dejó su huella en la cultura industrial al hacer de Silicon Valley el crisol productivo de ciencias más perdurable del mundo y de la historia. Gracias al capital de riesgo, los ocho traidores pudieron abandonar a William Shockley, lanzar Fairchild Semiconductor y poder obrar el milagro. En 2014, el linaje de un impactante 70 por ciento de las empresas de tecnología en oferta pública de Silicon Valley podía remontarse hasta Fairchild[12].

Un año antes de recurrir al capital de liberación, los jóvenes investigadores del laboratorio de Shockley Semiconductor descubrieron que su jefe era, además de un genio científico, un déspota maníaco. Cuando los

---

12. Laws, David, «Fairchild, Fairchildren, and the Family Tree of Silicon Valley», CHM Blog, Computer History Museum, computerhistory.org/blog/fairchild-and-the-fairchildren [20 de diciembre de 2016].

reclutó, se sintieron honrados de que los eligieran: recibir una llamada de un gran científico era como «descolgar el teléfono y hablar con Dios»[13]. Shockley era un hombre apuesto, con gafas y entradas en el pelo. No solo era el padre del semiconductor, sino también un gran presentador: podía iniciar un discurso con la promesa de tocar temas candentes, luego abrir un libro y que saliera humo de sus páginas[14]. Sin embargo, en cuanto los jóvenes reclutas ingresaron en el territorio de su dios particular, percibieron sus defectos. El hombre hacía despidos públicos, publicaba los salarios de los empleados en un tablón de anuncios de la empresa y, en una ocasión, se mofó de uno de sus empleados por hacer accedido a trabajar por tan poco dinero[15]. Seleccionaba a los investigadores más inteligentes que pudiera encontrar, pero enseguida se dedicaba a humillarlos y a burlarse de ellos. «¿Estás seguro de que tienes un doctorado?». Cuando algunos miembros del equipo dejaron caer que les gustaría publicar un artículo académico, Shockley les respondió con desprecio y egolatría. Escribió algunas notas sobre sus propias teorías y les dijo: «Tened, elaborad esto y publicadlo»[16].

Más tarde, uno de los investigadores declaró: «No creo que la palabra "tirano" alcance a describir a Shockley»[17].

En mayo de 1957, quince meses después de que Shockley iniciara operaciones, su respaldo financiero fue a verlo. El año anterior, cuando necesitaba dinero, el capital de riesgo apenas existía[18], por lo que había recurrido a Arnold Beckman, fundador de la empresa Beckman Instruments en California del sur. Por aquel entonces, Beckman había hecho de Shockley una división de su empresa con esperanzas de ver progresos

13. Cita de Robert Noyce, quien sería el líder de los ocho traidores. Reid, T. R., *The Chip: How Two Americans Invented the Microchip and Launched a Revolution*, Random House Trade Paperbacks, Nueva York, 2001, pág. 87.

14. Las fotografías contradicen la descripción que Wolfe hace de Shockley como hombre de rostro «redondeado». Wolfe, «Tinkerings of Robert Noyce».

15. Berlin, Leslie, *The Man Behind the Microchip: Robert Noyce and the Invention of* Silicon Valley, Oxford University Press, Nueva York, 2006, págs. 69–70. Wolfe, «Tinkerings of Robert Noyce».

16. Shurkin, Joel N., *Broken Genius: The Rise and Fall of William Shockley, Creator of the Electronic Age*, Palgrave Macmillan, Nueva York, 2006, págs. 174–175.

17. Isaacson, *Innovators*, pág. 64.

18. Saxenian, AnnaLee, *Regional Advantage: Culture and Competition in Silicon Valley and Route 128*, Harvard University Press, Cambridge, 1996, pág. 79.

rápidos y rentables. Un año después, llegó para exigir más salida comercial y menos disfuncionalidad gerencial. Shockley respondió a la defensiva: «Si no te gusta lo que hacemos aquí, puedo coger a mi grupo y buscar apoyo en otro sitio»[19]. Luego salió de la habitación.

Al ver cómo su jefe le gritaba a Beckman, los jóvenes investigadores se enfrentaron a una decisión. Eran los años cincuenta, una era de grandes corporaciones, de trabajo, de jerarquías de cuello blanco. En esa época, el título de una obra récord en ventas anunciaba una nueva clase de ciudadano norteamericano, el modesto «hombre organización». Incluso la investigación y el desarrollo estaban cada vez más anquilosados; un capítulo de *El hombre organización* llevó el título «La burocratización del científico»[20]. Ante ese panorama, los científicos de Shockley podían someterse al espíritu de la época y languidecer improductivos con un director sofocante o aprovechar la oportunidad que presentaba aquel exabrupto. Después de discutirlo en el almuerzo, decidieron trasladar sus inquietudes a Beckman y exigir que tomara medidas contra Shockley. «¡Maldita sea! ¡O hacemos algo al respecto o dejamos de hablar de esto!»[21], declaró un rebelde.

El grupo eligió como representante a Gordon Moore, que más tarde se convertiría en jefe de investigación y desarrollo de Fairchild. Era un hombre con una incipiente calvicie y cejas gruesas que se escondía tras unas gafas modernas para la época, callado, sin pretensiones y a su vez extremadamente confiado. Después de la reunión del almuerzo con los rebeldes, pidió prestado el teléfono en casa de un colega y llamó a Beckman[22].

«Tu amenaza no tiene fundamentos», le dijo Moore respecto a la salida de tono de su jefe. A esas alturas, Shockley no podía llevarse al grupo aunque quisiera.

«Las cosas no están bien, ¿eh?», le preguntó Beckman con nerviosismo. «No, en absoluto»[23].

---

19. Shurkin, *Broken Genius*, pág.177.

20. Whyte, William H., *The Organization Man*, Simon & Schuster, Nueva York, 1956, pág. 217.

21. El ingeniero fue Victor Grinich. Berlin, *Man Behind the Microchip*, pág. 74.

22. Borrell, Jerry, «They Would Be Gods», *Upside*, octubre de 2001.

23. Shurkin, *Broken Genius*, pág. 177.

Beckman accedió a reunirse con Moore y sus colegas y, tras varias discusiones, accedió a apoyarlos contra su jefe. A pesar de ser un genio científico, Shockley estaba deteniendo el progreso. En ocasiones, el capitalismo necesita una buena expulsión para avanzar. Beckman les aseguró a los rebeldes que Shockley sería destituido de su puesto directivo y que su papel quedaría restringido a funciones de consejería.

Sin embargo, pocos días después, Beckman perdió la paciencia. Se encargaba de su propia empresa, donde podía tomar las decisiones que quisiera, pues, a diferencia de un capitalista de riesgo moderno, no tenía inversores que lo hicieran responsable del rendimiento del capital[24]. Por lo tanto, era libre de evitar las decisiones incómodas, y una llamada de un científico de la Costa Este, diciendo que Shockley quedaría arruinado si lo degradaban, pudo haber sido suficiente para que cambiara de opinión. Quizás Shockley fuera un tirano, pero era un tirano ganador del Premio Nobel. Así pues, informó a los jóvenes rebeldes de que tendrían que hacer las paces con su jefe.

Conscientes de lo difícil que resultaba cambiar una empresa desde dentro, los amotinados evaluaron sus opciones. Eran hombres muy calificados, que no tendrían problemas para conseguir contrataciones en otros sitios, pero sabían que era más probable que lograran algo si permanecían juntos como equipo. Por otro lado, si hacerlo implicaba seguir sufriendo bajo el mando de Shockley, la perspectiva no era alentadora. En otro episodio, el tirano les había exigido que se sometieran a un detector de mentiras[25].

Una tarde, mientras evaluaban su situación, llegaron a una posible solución. Eugene Kleiner, el único miembro del grupo mayor de treinta años, tenía conexión con una empresa de inversiones a través de su padre. Kleiner escribiría al agente de su padre para pedirle ayuda, diciendo que un equipo de ingenieros de Shockley estaba listo para abandonar la empresa. Quizás alguna entidad financiera con buenos contactos podría encontrar a alguien dispuesto a contratarlos a todos.

---

24. La empresa de Beckman era pública, pero él era dueño del 40 por ciento de las acciones, por lo que tenía autonomía *de facto*. Bedingfield, Robert E., «Along the Highways and Byways of Finance», *The New York Times*, 27 de noviembre de 1955.

25. Moore, Gordon E., en entrevista con Rob Walker, «Silicon Genesis: Oral Histories of Semiconductor Industry Pioneers», landley.net/history/mirror/interviews/Moore.html. [3 de marzo de 1995].

En esta etapa de la historia, ninguno de los rebeldes había pensado en iniciar su propia empresa. No había capitalistas de riesgo dispuestos a apoyar a un grupo de científicos jóvenes y desconocidos; para más inri, iban en contra del espíritu financiero de la posguerra. La crisis del 29 y la Gran Depresión que la siguió habían acabado con los ánimos de correr riesgos de los inversores de toda una generación. Las grandes centrales de manejo de fondos tenían nombres tales como Fidelidad y Prudencia y estaban más interesadas en conservar el capital que en arriesgarlo. Si estaban dispuestas a comprar acciones corporativas, querían hacerlo con empresas seguras y establecidas, preferiblemente si estas tenían suficiente capital de trabajo para que los accionistas pudieran ganar dinero *aunque fueran a la quiebra*. El legendario inversor Benjamin Graham, respaldado por un joven nuevo empleado, Warren Buffett, localizaba empresas que vendieran a un tercio del valor de su dinero, inventario y cuentas por cobrar, de modo que pudieran obtener ganancias al liquidarlas. En una jugada maestra, Buffett adquirió un bloque de acciones del ferrocarril Union Street Railway de New Bedford, Massachusetts, que se vendían por 45 dólares, pero que tenían 120 dólares en efectivo en el banco por acción[26]. Mientras se pudiesen encontrar negocios con márgenes de seguridad tan altos, las inversiones arriesgadas en tecnología resultaban casi vergonzosas. En 1952, la revista *Fortune* comentó que «el tenedor despistado de, por decir, un seguro de vida de John Hancock, se sorprendería al escuchar que su dinero estaba ayudando a financiar... artilugios científicos»[27].

Por supuesto que había excepciones a esta actitud cauta, pero eran dispersas y oscuras. En 1949, un exmarxista romántico llamado Alfred Winslow Jones había creado el primer «fondo de cobertura», pero hasta la década de los sesenta, cuando un grupo de pistoleros con patillas co-

---

26. Lowenstein, Roger, *Buffett: The Making of an American Capitalist*, Random House, Nueva York, 2008, págs. 53–54.

27. Bello, Francis, «The Prudent Boston Gamble», *Fortune*, noviembre de 1952. En otra reflexión sobre el clima de inversiones de los años cincuenta, el banquero de inversiones en tecnología Bill Hambrecht recuerda: «Si empezabas en los negocios a finales de los cincuenta, como yo, tenías fuertes influencias de Graham y Dodd. Es decir, era como la Biblia. Y te topabas con ella todo el tiempo, cada vez que hablabas con un inversor». Hambrecht en entrevista con el autor, 7 de febrero de 2018.

Arthur Rock y el capital de liberación • 37

menzaron a imitar su método, operó debajo de los radares. Tres años antes que él, dos familias ricas de la Costa Este, Whitney y Rockefeller, habían comenzado a incursionar de forma *amateur* en arriesgados negocios incipientes, pero sus motivaciones eran más patrióticas y filantrópicas que llanamente comerciales. En la Costa Oeste, un grupo de agentes de San Francisco invitaba a emprendedores a hablar de sus *startups* en almuerzos informales, pero apenas estaban comenzando en la época de la deserción de Shockley. El primer experimento más serio, el que podría considerarse como el precursor del capital de riesgo moderno, fue la corporación American Research and Development (ARD), pero esta se enfocaba en la zona de Boston, y los rebeldes de Shockley no habían oído hablar de ella. Al igual que los Whitney y los Rockefeller, la corporación tenía motivaciones de servicio público y, como veremos, no sirvió como modelo para los posteriores inversores de riesgo.

John Hay Whitney ejemplificó las primeras incursiones en financiamiento de riesgo [28]. Como lo describe un perfil publicado por el *New Yorker* en 1951, estaba poseído por una «consciencia social vibrante», consecuencia de lo vivido durante la Segunda Guerra Mundial [29]. Cuando los alemanes lo capturaron, les informó que estaba luchando por su libertad, a lo que los enemigos replicaron que los Estados Unidos no eran más libres que la Alemania de Hitler. En ese momento, vio cómo algunos de los soldados norteamericanos asentían. Regresó de la guerra abatido, retiró su nombre del Social Register (registro de miembros de la alta sociedad) y creó una fundación para abordar problemas sociales. Como parte de su compromiso, creó un

---

28. La frase «venture capital» también surgió como abreviatura en 1938, cuando Lammot du Pont, presidente de E. I. du Pont de Nemoirs & Company habló frente al comité del Senado de los Estados Unidos para investigación de desempleo y alivio. «Con "capital de riesgo" me refiero a capital destinado a una iniciativa sin expectativas de rédito inmediato, pero con confianza en obtener beneficios en última instancia», explicó du Pont. «Hearings Before a Special Committee to Investigate Unemployment and Relief», U.S. Government Printing Office, Washington, D.C., 1938. Asimismo, Jean Witter, de la banca de inversión de San Francisco Dean Witter & Company, ha usado el término en su comunicado de 1939 para la Investment Bankers Association of America. Reiner, Martha L., «Innovation and the Creation of Venture Capital Organizations», *Business and Economic History 20*, n.º 2, 1991. Sin embargo, el término no consiguió adeptos y no fue reconocido hasta, al menos, la década de los sesenta.

29. Reiner, Martha Louise, «The Transformation of Venture Capital: A History of Venture Capital Organizations in the United States», tesis doctoral., University of California, Berkeley, 1989, págs. 141–142.

fondo de 5 millones de dólares para salvaguardar el espíritu de libre empresa aportando capital de inversión para emprendedores[30]. Pero en cinco años de operaciones, J. H. Whitney & Company había apoyado tan solo dieciocho iniciativas. Entre sus éxitos se encontraban un precursor del material de construcción perlita y Vacuum Foods, productor del zumo de naranja Minute Maid. Es más, en esos cinco años, apenas superó el desarrollo del índice S&P 500, que era mucho más seguro, por un margen mínimo[31]. De hecho, según el parámetro de riesgo por el que los financieros se miden a sí mismos, el fondo no podía justificar su existencia[32].

El ego de Whitney, sin mencionar su amplia consciencia, se enfrentó a los comentaristas que lo metían en el saco de los banqueros ordinarios. *The New York Times* describió su fondo como «el banco de inversiones de Nueva York» y, en un día de furia, el patriarca desafió a sus colegas a encontrar un término mejor.

Una persona sugirió: «Creo que deberíamos incluir la idea de riesgo». Otra dijo: «El aspecto más importante de nuestro negocio es la aventura». «¿Y qué tal una empresa privada de inversiones de capital de riesgo?», propuso otro (en inglés, propuso «venture capital» como abreviatura de «*adventure capital*», término que se utilizaba en algunos círculos[33]).

«¡Eso es!», exclamó Whitney. Los editores del *Times* fueron informados de la preferencia del filántropo y, para el año 1947, el periódico hacía menciones ocasionales del término[34]. Sin embargo, a pesar de sus esfuerzos, la innovación lingüística no fue ampliamente aceptada. Aun en 1962,

---

30. Gupta, Udayan, ed., *Done Deals: Venture Capitalists Tell Their Stories*, Harvard Business School Press, Boston, 2000, pág. 96.

31. Según registros, el fondo de Whitney duplicó su valor entre febrero de 1946 y agosto de 1951. En este período, la inflación alcanzó un total del 43 por ciento, y el S&P 500 generó un total del 75 por ciento de rendimiento para los inversores que reinvirtieron sus dividendos.

32. El fondo de Whitney reconoció su bajo rendimiento y optó por inversiones más seguras y maduras. Nicholas, Tom, *VC: An American History*, Harvard University Press, Cambridge, 2019, pág. 308.

33. La tercera sugerencia fue de Benno Schmidt. Gupta, *Done Deals*, pág. 98. Como hemos visto, el término «capital de riesgo» había sido usado con anterioridad, lo que debilita la declaración de Whitney de ser el padre del sector.

34. «Made General Partner in J. H. Whitney & Co.», *The New York Times*, 3 de octubre de 1947, nytimes.com/1947/10/13/archives/made-general-partner-in-jh-whitney-co.html.

inversores pioneros en tecnología que se presentaron como capitalistas de riesgo recibían miradas confusas[35].

En abril de 1946, paralelamente a los Whitney, la familia Rockefeller lanzó una iniciativa para abordar la ya conocida falta de financiación para nuevas empresas. «Lo que deseamos es hacer lo opuesto al antiguo sistema de retener el capital hasta que un campo o idea hayan probado ser seguros por completo», declaró Laurence Rockefeller, motor de la idea. «Estamos destinando dinero a muchas áreas subdesarrolladas»[36]. Su fondo financió un molino de algodón en África, una compañía de pesca en el Pacífico Sur, una empresa de helicópteros en Pensilvania y un proyecto cinematográfico en Long Island. «El capital ya no solo es usado para obtener beneficios. Se destina a donde hará el bien mayor»[37], afirmó. En 1961, Barron's reportó que Rockefeller Brothers había obtenido 40 millones de dólares en rendimientos de los 9 millones invertidos en los quince años de negocio[38]. El S&P 500 había crecido un 600 por ciento en el mismo período[39].

Al menos, los primeros *amateurs* de la Costa Oeste consiguieron rendimientos espectaculares. Reid Dennis, uno de los seis financieros que asistieron a los almuerzos de inversión en San Francisco, ganó con una apuesta temprana en Ampex, pionera en la fabricación de grabadoras. Ampex había captado la atención de Bing Crosby, quien prefería dedicar las tardes de domingo a jugar al golf antes que hacer su programa de ra-

---

35. Pitch Johnson recuerda sus visitas a empresas del valle de Santa Clara después de haber formado una sociedad de capital de riesgo en 1962. «Les decíamos que éramos capitalistas de riesgo y no tenían ni idea de lo que significaba». En el mismo sentido, el socio de Johnson, William Draper, recordó: «Mi esposa les decía a sus amigos que estaba en una banca de inversiones privada, porque nadie sabía lo que era un capital de riesgo». «Franklin P. 'Pitch' Johnson Jr., MBA 1952—Alumni—Harvard Business School», Harvard University (sitio web), alumni.hbs.edu/stories/Pages/story-bulletin.aspx?num=11. Sterlicchi, John, «Six Pioneers in Venture Capital Mix Sound Advice and a Few Reminiscences», *Upside*, 2001, ivp.com/Articles/dennis_up_2_2001.htm.

36. Wilson, John W., *The New Venturers: Inside the High-Stakes World of Venture Capital*, Addison-Wesley, Reading (Massachusetts), 1985, pág. 15. Tucker, George, «A Great Many Irons in Rockefeller Fire», *Washington Post*, 2 de enero de 1949.

37. Tucker, «Great Many Irons in Rockefeller Fire». Rockefeller también dijo: «Me gustaba hacer cosas constructivas con el dinero más que limitarme a intentar multiplicarlo». Nicholas, *VC*, pág. 309.

38. Wilson, *New Venturers*, pág. 17.

39. Rendimientos calculados desde enero de 1946 hasta enero de 1961 con reinversión de dividendos.

dio en directo. Dennis recuerda haber pensado: «No sé nada de grabadoras, pero creo que esa tecnología servirá para muchas más cosas que grabar la voz de Bing Crosby»[40]. Recién salido de la escuela de negocios, Dennis invirtió todos sus ahorros —un total de 15.000 dólares— en la empresa y le dijo a su esposa: «Si la idea ha sido lo suficientemente buena como para captarme, debe ser capaz de conseguir que alguien más la apoye si algo sucede»[41]. Ampex fue muy exitosa y entró en bolsa en 1958, y Dennis ganó alrededor de un millón de dólares —un rendimiento de 67 veces la inversión (67x como se han habituado a describirlo los capitalistas de riesgo)[42]. «Vi que era una muy buena forma de ganarse la vida, así que comencé a buscar otras empresas de alta tecnología por allí»[43], relató con cariño.

Gracias a su apuesta ganadora en Ampex, Dennis se labró una buena reputación entre los inversores de San Francisco, lo que condujo a la creación del club informal de almuerzos, denominado a sí mismo «el Grupo». Desde 1957, cinco o seis miembros regulares se reunían en Sam's o Jack's, ubicados en el distrito comercial, restaurantes donde «el lenguado era bueno y la masa madre, fresca»[44]. Sam's era el lugar predilecto, porque contaba con pequeños reservados de madera que ofrecían cierta sensación de privacidad, aunque la madera tuviera un espesor de apenas tres centímetros[45]. Durante el almuerzo, un emprendedor contaba su historia, que los hombres escuchaban mientras comían su pan, luego el postulante debía salir a esperar en la acera hasta que llegaran a un veredicto. Si era positivo, se estrechaban las manos y le prometían quizás 80.000 o 100.000 dólares, con posibilidades de conseguir más capital con los simpatizantes y segui-

---

40. Dennis, Reid, «Reid Dennis: Early Bay Area Venture Capitalists: Shaping the Economic and Business Landscape», en entrevista con Sally Smith Hughes, Regional Oral History Office, Bancroft Library, University of California, Berkeley, 2009, pág. 13, digitalassets.lib.berkeley.edu/roho/ucb/text/dennis_reid.pdf.

41. Reid Dennis, *e-mail* al autor, 8 de marzo de 2018. Dennis, Reid, «Institutional Venture Partners», en Gupta, *Done Deals*, pág. 181.

42. Hay, Timothy, «Five Questions with Reid Dennis, a VC Investor Since 1952», *WSJ*, blogs.wsj.com/venturecapital/2009/06/24/five-questions-with-reid-dennis-a-vc-investor-since-1952. [24 de junio de 2009].

43. Dennis, «Institutional Venture Partners», pág. 181.

44. Wilson, *New Venturers*, pág.49.

45. En general, el Grupo podía recaudar otros 200.000 o 300.000 dólares a través de sus contratos con la comunidad financiera. Dennis, «Reid Dennis: Early Bay Area Venture Capitalists».

dores del Grupo[46]. «En esencia, crecimos en el negocio y, luego, cambiamos el nombre por capital de riesgo»[47], relató Dennis. Pero, a pesar de que el Grupo de San Francisco tuvo algunos éxitos, apenas financió a alrededor de una docena de empresas hacia finales de los cincuenta y comienzos de los sesenta. Adquirió verdadera relevancia más adelante, al formalizar la Western Association of Venture Capitalists (Asociación Occidental de Capitalistas de Riesgo)[48].

Entre todos los experimentos tempranos, no es de extrañar que Boston fuese el líder inmediato durante los primeros años de posguerra. Con el MIT en el centro del complejo de industria militar, era lógico imaginar que el desarrollo económico de la región se aceleraría al financiar tecnología de sus laboratorios. Para conseguirlo, un grupo de élite de Nueva Inglaterra —entre ellos, el director del MIT y el presidente del Boston Federal Reserve Bank— recurrieron a George Doriot, un inmigrante francés elegante, con bigote y aire militar, que enseñaba en la escuela de negocios de Harvard. Con la bendición de los patriarcas de Boston, asumió la dirección del American Research and Development en 1946.

Doriot era el máximo exponente del complejo de industria militar. Durante la Segunda Guerra Mundial, supervisó la adquisición de tecnología para el Quartermaster Corps del Pentágono (Cuerpo de Intendencia). Desde allí, se dedicó a implementar innovaciones, como calzado para el frío, telas impermeables y la armadura plástica liviana Doron, que recibió el nombre en su honor. En consecuencia, estaba más que capacitado para invertir en empresas de alta tecnología que surgieran de laboratorios con apoyo del Pentágono en los alrededores de Boston[49]. Le insistía a su equipo de investigación para que visitara los laboratorios con frecuencia y, en ocasiones, colocaba una ficha de metro sobre su escritorio y regañaba al joven de turno que estaba sentado con demasiada tran-

---

46. Dennis, *e-mail* para el autor, 6 de marzo de 2018. Dennis, «Reid Dennis: Early Bay Area Venture Capitalists».

47. Dennis, «Institutional Venture Partners», pág. 183.

48. Según Dennis, el Grupo financiaba alrededor de cinco o seis iniciativas al año, con un total de entre veinte y veinticuatro. Dennis, *e-mail* para el autor, 6 de marzo de 2018. El Grupo fue formalizado en la Western Association of Small Business Investment Corporations en 1962 y en la Western Association of Venture Capitalists en 1969. También fue el impulso para que Dennis fundara Institutional Venture Associates en 1974.

49. Ante, *Creative Capital*, págs. xv–xvi.

quilidad frente a él: «El MIT está a una ficha de distancia»[50]. Una de sus primeras victorias fue High Voltage Engineering Corporations, semilla del MIT que fabricaba generadores y aceleradores de partículas nucleares y que desafió a destacadas empresas como General Electrics[51].

En 1957 —el año en que el Grupo comenzó con los almuerzos y del motín contra Shockley—, Doriot realizó la inversión que cambiaría la fortuna de los miembros de la ARD: financiar la Digital Equipment Corporation, empresa fundada por dos profesores del MIT que habían colaborado en el desarrollo del ordenador TX-0 en el Lincoln Laboratory con apoyo militar. El mayor logro del TX-0 fue demostrar que los transistores tenían mejor rendimiento en equipamiento para el ejército que la válvula de vacío; y la premisa de Digital Equipment era que los transistores también podrían revolucionar los ordenadores para civiles. El discurso hubiera atraído de inmediato a un capitalista de riesgo moderno: los fundadores provenían de laboratorios de investigación de vanguardia, que proponían comercializar tecnología ya probada. Sin embargo, con el clima financiero de los cincuenta, incluso los científicos más persuasivos tenían dificultades para conseguir dinero, y Doriot aprovechó esta circunstancia al máximo con una oferta para los fundadores de Digital Equipment que, según estándares posteriores, hubiera sido insultante. ARD aportaría una inversión de 70.000 y un préstamo de 30.000 dólares a cambio del 70 por ciento de la empresa, una oferta de «tómalo o déjalo». Sin más alternativas, los profesores del MIT aceptaron. Tampoco se opusieron cuando Doriot logró

---

50. «Venture Capital, American Research Development Corporation, 1946|The MIT 150 Exhibition», https://mitmuseum.mit.edu/. [consultado el 13 de octubre de 2017].

51. El papel del MIT en la creación del American Research and Development enfatiza el hecho de que Stanford no tuvo un papel demasiado relevante para animar inversiones privadas en tecnología. Sin embargo, cabe mencionar que ARD sufrió un revés a mediados de los cincuenta, cuando el MIT, cuyo presidente Karl Compton tuvo una participación en la fundación de la empresa, cambió de parecer. En 1953, la universidad exigió que retiraran su nombre de todos los informes y publicaciones de ARD, decisión que habría motivado las lamentaciones de Doriot escritas para la asamblea anual de noviembre de 1953, en las que afirmaba que «el capital de riesgo ya no está de moda». Al año siguiente, el fallecimiento de Compton dejó a Doriot sin un aliado interno y la postura del MIT respecto a ARD en manos del tesorero, Horace Ford, que no tenía buena relación con Doriot. En 1955, la universidad terminó el proceso de separación al vender todas sus acciones de ARD. La universidad concluyó que la inversión en *startups* no se condecía con la forma en que «los hombres prudentes, discretos e inteligentes manejaban sus propios asuntos». A pesar de todo, eso no evitó que ARD respaldara a empresas como Digital Equipment Corporation, fundada por miembros del cuerpo docente del MIT. Ante, *Creative Capital*, pág.138. Véase también: Saxenian, *Regional Advantage*, pág. 15.

subir la demanda al 77 por ciento de las acciones[52]. En posesión de un porcentaje tan elevado de las acciones, Doriot obtuvo ganancias enormes con el éxito de los profesores. En el momento del cierre de ARD en 1972, había recaudado unos 380 millones de dólares de su inversión en Digital Electronics —2,3 mil millones de dólares actuales[53]. Fue una bonanza que representó alrededor de un 80 por ciento de las ganancias totales de ARD durante un cuarto de siglo[54]. Y fue una demostración temprana de la ley de potencia.

Doriot suele ser considerado el padre del capital de riesgo —caso presentado por su biógrafo, Spencer Ante[55]. Al igual que John Hay Whitney, se esforzó por diferenciarse de los financieros ordinarios, pero, como profesor en la escuela de negocios, fue más persuasivo y perspicaz para definir la misión del capital de riesgo. En algunos discursos, declaró con su acento francés que las mayores recompensas provendrían de los proyectos más ambiciosos y menos predecibles, que los inversores tendrían que esperar con paciencia para obtener beneficios a largo plazo y que los mejores proyectos eran de tecnología avanzada, no de zumo de frutas o de pesca en Asia[56]. Anticipándose a los capitalistas de riesgo posteriores, comprendía que su papel no solo era aportar dinero, sino también ofrecer consejos de gerencia, ayuda con las contrataciones y asistir en todas las áreas, desde *marketing* hasta finanzas. Organizó ferias tecno-

---

52. ARD adquirió más acciones que habían sido reservadas para un nuevo gerente que nunca fue nombrado. Ante, *Creative Capital*, pág. 151.

53. ARD recaudó 26,4 millones de dólares de la venta de acciones de Digital Equipment en 1968. Al cierre de libros en 1971, también tenía acciones de la empresa por 355 millones de dólares, previo a venderlas a Textron en 1972. Liles, Patrick, «Sustaining the Venture Capital Firm», tesis doctoral, Harvard Business School, 1977, pág. 83.

54. Teniendo en cuenta la inversión inicial de 70.000 dólares, implicaría un rendimiento de 5.442x. Sin embargo, otras fuentes difieren en la suma que inyectó y sugieren que ascendió a 200.000 dólares, lo que implicaría un rendimiento de 1.907x. Nicholas, Tom, and David Chen, «Georges Doriot and American Venture Capital Case Study», Harvard Business School Case 812-110, enero de 2012 (revisado en agosto de 2015). Por su parte, Ante escribe que fue de 700x. Ante, *Creative Capital*, pág. xviii. La enorme disparidad de estas estimaciones demuestra la oscuridad que presentaba incluso una empresa de capitales de riesgo muy estudiada. ARD liquidó más de 200 millones de dólares saliendo de otras empresas además de Digital Equipment. En el cierre de libros de 1971, también tenía ganancias no liquidadas de 77 millones de dólares. Liles, «Sustaining the Venture Capital Firm», pág. 83.

55. En concordancia con Ante, Nicholas señala: «ARD es reconocida como una pieza clave en la evolución de la industria moderna del capital de riesgo». Nicholas, *VC*, pág. 108.

56. Ante, *Creative Capital*, pág. 172-73.

lógicas para publicitar los productos de sus empresas y aconsejó a Digital Equipment que presentara una muestra de su placa de circuito sobre terciopelo púrpura como si fuera una joya. Una parte de sus servicios consistía en introducir a sus protegidos a la red de ARD. «Tu empresa está en el punto de mira», dijo uno de los fundadores respecto a una de las asambleas anuales multitudinarias, en las que emprendedores se codeaban con inversores. «La red y los contactos que se hacían posibles eran muy importantes. Cualquier cosa que ayude a mantener la confianza cuando no hay razones para tenerla es de gran valor»[57].

La moderna forma en la que Doriot hablaba de la sociedad con los fundadores de las empresas era escalofriante. Eran jóvenes, soñadores y audaces, y el papel de los capitalistas de riesgo era aportarles sabiduría y experiencia. Por otra parte, los jóvenes también eran brillantes, erráticos y, en ocasiones, frágiles emocionalmente. «El inversor de riesgo siempre debe estar disponible para aconsejar, persuadir, disuadir, alentar y para ayudar a construir»[58]. Al igual que los inversores de riesgo posteriores, Doriot enfatizaba que los fundadores eran las estrellas del drama empresarial. «Buscad hombres creativos con visión de cosas por hacer»; y mostrad «lealtad a la idea y a su iniciador, el hombre creativo»[59]. No hace falta señalar que su vasta admiración al «hombre creativo con visión» no evitó que se hiciera con el 77 por ciento del producto de un creador. En este sentido, también anticipó la hipocresía que marcaría en ocasiones la industria del capital de riesgo en los años venideros.

A pesar de todo, en otros aspectos, Doriot fue, más que un padre fundador, un profeta fracasado: un pionero que se adentró en el territorio equivocado y llevó a sus seguidores a la deriva. ARD fue la primera entidad en reunir capital de inversores institucionales, pero en lugar de establecerla como una sociedad, tal y como harían los capitalistas de riesgo más adelante, Doriot la estructuró como una empresa de capital abierto, lo que la hizo caer en una red de regulaciones[60]. ARD se vio restringida en su capacidad de brindar participación accionarial a sus empleados, en

---

57. Ante, *Creative Capital*, pág. 133.

58. Ante, *Creative Capital*, págs. 172–73.

59. Doriot, «ARD Annual Report», *George F. Doriot papers*, Baker Library, Harvard Business School 1971.

60. Ante, *Creative Capital*, pág. xix.

su libertad de invertir capital nuevo en empresas en cartera y en la forma de calcular el valor de las inversiones[61]. En 1964, la Comisión de Bolsa y Valores (SEC por sus siglas en inglés) hizo una redada en las oficinas de ARD en el edificio John Hancock de Boston sin previo aviso. «Esperaban que estuviéramos aquí sin nada que hacer más que recibirlos y pasar los dos días siguientes con ellos», protestó Doriot[62]. Al finalizar, la SEC afirmó que la valuación de Digital Equipment —cien veces el valor de adquisición— debía reformularse. «¿Es muy alta? ¿Muy baja? ¿Cuál es el problema?», protestó Doriot enfurecido[63]. «Después de veinte años de experiencia, me ofende bastante que dos hombres aparezcan aquí, se queden durante dos días y nos digan que no sabemos hacer lo que hacemos». Doriot guardaba un registro de sus cartas a los oficiales de regulación, y una carpeta estaba etiquetada como «no enviadas por advertencia del consejo».

Además de la mala elección de la estructura legal, Doriot perjudicó el atractivo de su modelo al despreciar incentivos financieros. Nunca cambió la marca de servicio público en la misión original de desarrollo regional. «Las ganancias son una recompensa, no un objetivo», proclamó con altivez[64]. Del mismo modo, rehusaba conceder pagas generosas a sus asesores jóvenes con el pretexto de que no estaban en el negocio para hacer dinero, sino para servir al país[65]. También prometió no abandonar a empresas en cartera de bajo rendimiento, aunque retuvieran capital que podría ser más productivo en otro sitio; era como si dejar atrás a uno de sus protegidos fuera comparable con abandonar a un camarada herido en el campo de batalla. Frente a esta resistencia a vincular el dinero con el éxito y viceversa, los empleados e inversores de Doriot comenzaron a cansarse; les gustaba la recompensa psicológica, pero también querían recompensas financieras. Charles P. Waite, empleado de ARD que había

---

61. La estructura de empresa de capital abierto también era menos efectiva que la de una sociedad. Cuando ARD tenía más del 10 por ciento de una empresa, debía pagar un impuesto sobre sus ganancias. Luego, cuando los beneficios se pagaran como dividendos, los inversores de ARD tenían una segunda instancia impositiva. En cambio, las sociedades son entidades intermediarias, donde las ganancias pagan impuestos una sola vez. Nicholas, *VC*, pág. 120.

62. Ante, *Creative Capital*, pág. 185.

63. Ante, *Creative Capital*, págs. 191–92.

64. Wilson, *New Venturers*, 20.

65. Ante, *Creative Capital*, 167.

hecho grandes esfuerzos por llevar a una empresa en cartera a la bolsa, relató: «Aporté mucho a esa empresa. El patrimonio neto del director ejecutivo ascendió de 0 a 10 millones de dólares, mientras que yo obtuve un aumento de 2 mil dólares»[66]. Por otra parte, los inversores de Wall Street veían a ARD como una iniciativa filantrópica extravagante, por lo que valuaban sus acciones a menor precio que el valor de sus empresas en cartera[67].

La incapacidad de ARD de impresionar a Wall Street y de inspirar a una industria de imitadores es una ironía dolorosa. Más allá de sus debilidades, Doriot se interesó por empresas de gran crecimiento durante sus veinticinco años en el negocio. Gracias a Digital Equipment y a la ley de potencia, multiplicó alrededor de treinta veces el interés de sus inversores originales, con lo que desbancó al S&P 500[68]. De todos modos, a lo largo de toda su existencia, las reservas de ARD fueron similares a las de las empresas tan infravaloradas y amadas por Benjamin Graham y Warren Buffett. Debido al menosprecio por parte de Wall Street, la empresa tenía más valor para sus propietarios si la liquidaban o fusionaban con otra empresa. Y eso hicieron en 1972.

<hr />

Este era el inhóspito panorama financiero en junio de 1957, cuando los jóvenes investigadores de Shockley planearon su revuelta: ARD aún no había financiado Digital Equipment, el Grupo de San Francisco estaba en sus inicios y un par de plutócratas filántropos financiaban proyectos extraños en ubicaciones exóticas fuera del país o en la Costa Este. No es de extrañar que a los rebeldes no se les hubiera

---

66. Ante, *Creative Capital*, pág. 201. La prohibición de que los empleados tuvieran acciones u opción de compra reforzó el instinto de Doriot. Nicholas, *VC*, pág. 131.

67. Por ejemplo, en 1955 las acciones de ARD se vendían por el 65 por ciento de su valor neto. Nicholas, *VC*, pág. 126. Véase también: Ante, *Creative Capital*, pág. 137.

68. El valor liquidativo neto por acción de ARD ascendió de 2,01 dólares en 1946 a 69,67 dólares en 1971, un rendimiento de 35x. Durante el mismo período, el valor de las acciones en el mercado ascendió de 2,08 a 54,88 dólares, rendimiento apenas mayor a 26x (ARD pagaba dividendos modestos, por lo que no afectaban mucho el cálculo). Entre febrero de 1947 y diciembre de 1971, años en los que operó ARD, el S&P 500 creció poco menos de 18x, con reinversión de dividendos. Datos transmitidos por George Doriot a sus accionistas el 4 de febrero de 1972. Liles, «Sustaining the Venture Capital Firm», pág. 83.

ocurrido reunir fondos para iniciar su propia empresa. En su lugar, la carta de Eugene Kleiner al agente de su padre reflejaba otra aspiración: ser contratados por «una empresa que ofreciera una buena gerencia»[69]. Fue Rose, la esposa de Kleiner, quien escribió la carta y la envió a la firma Hayden, Stone de Nueva York con fecha del 14 de junio de 1957.

El agente que había trabajado con el padre de Kleiner estaba a punto de jubilarse, así que delegó la carta en manos de un joven con un máster en Administración de Empresas llamado Arthur Rock[70]. El joven delgado y taciturno, con los ojos generalmente ocultos detrás de gafas grandes, no era un evidente padre fundador, en especial para una nueva clase temeraria de finanzas. A diferencia de los Whitney y de los Rockefeller, había crecido en una familia pobre de Rochester, Nueva York, con padres inmigrantes que hablaban yidis, y había trabajado sirviendo sodas en la pequeña tienda de comestibles de su padre. A diferencia de Doriot, no tenía experiencia con tecnología militar ni en la milicia. Durante un período penoso como recluta, se contuvo de reportar a sus superiores, a quienes creía «no muy brillantes». Quizás a causa de su infancia difícil —padeció polio, era pésimo en los deportes y sufrió abusos graves por parte de sus compañeros antisemitas—, era tan reservado que llegaba a ser irritable[71]. Se suponía que los financieros dedicados a cerrar tratos eran afables, pero Rock no toleraba a los idiotas, y los idiotas siempre lo sabían.

Sin embargo, la suerte quiso que Rock fuese la persona perfecta para recibir la carta de Kleiner. Dos días antes, había reunido un paquete de fondos para General Transistor, el primer fabricante de semiconductores de germanio, que serían utilizados en audífonos. Tras abrirse camino en esa industria emergente, valoraba la posición divina que tenía Shockley entre los científicos; como dios, podía contratar a quien quisiera, por lo tanto, Kleiner y sus camaradas debían ser los mejores en su área. Al mis-

---

69. Meyer, Peter, «Eugene Kleiner: Engineer, Venture Capitalist, Founding Father of Silicon Valley», Office of University Relations, Polytechnic University, Brooklyn, febrero de 2006, pág. 17, engineering.nyu .edu/news/_ doc/article_ 69/giantsofpoly-kleiner.pdf.

70. El autor agradece a Arthur Rock las numerosas conversaciones durante 2017 y 2018 y el acceso que le dio a su archivo personal, facilitado por Wendy Downing.

71. En una ocasión, Rock sufrió un ataque tan violento que sus padres demandaron al atacante. Recordó su infancia en varias conversaciones con el autor.

mo tiempo, el hecho de que el grupo hubiera llegado a amotinarse añadía otro factor: además de credenciales, los científicos tenían carácter[72]. La combinación de un equipo de élite con el prospecto de una tecnología innovadora potenciaba una oportunidad comercial obvia. Una oportunidad similar a la de Digital Equipment, en la que Doriot invertiría más tarde ese verano.

El 20 de junio de 1957, Rock le hizo una llamada de larga distancia a Kleiner para asegurarle que estaba interesado en la propuesta. Al día siguiente, le escribió una carta para instarlo a mantener al equipo unido hasta que pudieran reunirse cara a cara[73]. A la semana siguiente, Rock voló a San Francisco con un socio ventajista de Hayden llamado Alfred «Bud» Coyle. Ambos se reunieron con Kleiner en un restaurante para cenar. Los hombres de Wall Street comprendían que los rebeldes querían seguir operando como equipo, sin la opresión de Shockley. También eran conscientes de que los ingenieros deseaban permanecer en el valle de Santa Clara, pues todos habían comprado casas allí. Pero llegaron a proponer una forma novedosa de cumplir con esos objetivos, una que los rebeldes ni siquiera habían imaginado.

«Para hacer esto, inicias tu propia empresa», dijo Rock sin más[74]. Al independizarse, los científicos podrían trabajar por su cuenta en el lugar de su preferencia. Y, además de eso, serían los fundadores de la empresa y serían dueños del fruto de su creatividad. Rock, como hombre solitario que había emprendido su propio camino, creía en ello con firmeza. Haría justicia en cierto sentido[75].

El grupo tardó en digerir la idea, tal y como recordó un investigador llamado Jay Last más tarde: «Estábamos perplejos. Arthur nos dijo que

72. «Dejar una empresa con todo el respaldo de Beckman y el prestigio del premio nobel Shockley porque no se comportaba de forma correcta fue una gran muestra de carácter». Rock en entrevista con el autor, 7 de febrero de 2018.

73. Rock a Kleiner, 21 de junio de 1957, archivo personal de Arthur Rock.

74. Last, Jay, en entrevista con el autor, 20 de septiembre de 2017. Malone, Michael, *The Intel Trinity: How Robert Noyce, Gordon Moore, and Andy Grove Built the World's Most Important Company*, HarperBusiness, Nueva York, 2014, pág. 14. Otras fuentes ofrecen variaciones en este intercambio. Moore, Gordon, «The Accidental Entrepreneur», *Engineering and Science*, verano de 1994, pág. 24. calteches.library.caltech.edu/3777/1/Moore.pdf.

75. Karl Marx predijo que los empleados serían explotados por los dueños de las empresas y sufrirían una clase de desmoralización a la que llamó «alienación». Irónicamente, se necesitó de un hipercapitalista —un capitalista de riesgo— para liberar a los empleados desmoralizados de Shockley Semiconductor.

podríamos iniciar nuestra propia empresa, una idea absolutamente impensable para nosotros»[76].

Gordon Moore, el ingeniero que había iniciado el pedido fallido a Arnold Beckman, recuerda haber tenido una reacción similar. Años más tarde, como famoso cofundador de dos empresas icónicas de Silicon Valley, aún le resultaba difícil describirse a sí mismo como un «empresario accidental». «No soy la clase de hombre que diría: "Fundaré una empresa". Los empresarios por accidente como yo debemos toparnos con una oportunidad o ser empujados hacia ella»[77]. En aquel restaurante de San Francisco, en junio de 1957, Rock lo estaba empujando con fuerza.

Rock lo recuerda de otro modo. Al pensar en aquella cena, recordó que el semblante de los investigadores cambió ante la mención de ser propietarios de su empresa. «Parecieron animarse un poco», declaró más tarde[78]. Sin la carga del sentido patriótico de Doriot ni una consciencia plutócrata vibrante, Rock lo celebró en silencio. A su parecer, el hecho de que los científicos reaccionaran ante incentivos financieros era algo muy positivo[79].

La conversación avanzó hacia aspectos prácticos. Los investigadores dijeron necesitar 750.000 dólares para iniciar su negocio. Rock y Coyle respondieron que debía ser al menos 1 millón. Los hombres de Wall Street proyectaban más confianza de la que ameritaban: manejar un millón de dólares para lanzar un proyecto colectivo no probado no sería sencillo[80]. Pero la audacia de los inversores sirvió para motivar a quienes tenían dudas. La promesa de un paquete de fondos de siete cifras comenzó a disipar las dudas que pudieran tener los investigadores.

Después llegó el interrogante de quién debía liderar a los rebeldes. En su carta para Hayden, Kleiner había dicho abiertamente que, en el

---

76. Última entrevista del autor: «Fairchild 50th Anniversary Panel», https://exhibits.stanford.edu/silicongenesis

77. Thackray, Arnold, *David Brock y Rachel Jones, Moore's Law: The Life of Gordon Moore, Silicon Valley's Quiet Revolutionary* , Basic Books, Nueva York, 2015.

78. Rock, entrevista con el autor, 7 de febrero de 2018.

79. Rock, entrevista con el autor, 7 de febrero de 2018.

80. El curso de acción típico de Hayden incluía reunir capital para un negocio que ya hubiera iniciado; hacerlo para una iniciativa inexistente sería un cambio radical. Además, el objetivo de 1 millón de dólares casi no tenía precedentes. En 1956, la oferta pública inicial para General Transistor fue de 300.000 dólares. En 1957, ARD puso en marcha Digital Equipment con tan solo 100.000 dólares.

grupo de traidores, que entonces constaba de siete miembros, no había una persona «con ambiciones de gerencia». Eso no era un problema cuando planeaban ser absorbidos por otra empresa, pero si el objetivo ahora era ser independientes, debían encontrar a un líder capaz de unir al grupo. No sería posible persuadir a inversores para que financiaran a un colectivo sin un posible director.

Robert Noyce fue quien destacó como líder evidente entre los jóvenes del laboratorio de Shockley. Era el ingeniero encantador, bromista y agraciado que había comparado la llamada de Shockley con una llamada divina. Sin embargo, había estado dudando si unirse o no al grupo y se había mantenido fuera de las reuniones hasta entonces, pues, como hijo y nieto de ministros congregacionalistas de un pequeño pueblo de Iowa, le preocupaba el aspecto ético de aquella traición. Según declaraciones de otro rebelde, Noyce se preguntaba: «¿Qué pensaría Dios?»[81].

Rock y Coyle se dedicaron a persuadir a los siete rebeldes para que reclutaran a Noyce. Ellos les habían brindado la idea de liberación. Los investigadores debían recompensarlos encontrando a un líder. Entonces, el grupo designó a uno de ellos, Sheldon Roberts, para que llamara a Noyce. La conversación se alargó hasta la noche mientras Noyce se debatía entre el entusiasmo y la cautela. Finalmente, con el incentivo de más de 1 millón de dólares, Noyce aceptó tener una reunión con los demás y Coyle y Rock[82].

Al día siguiente, Sheldon Roberts recogió a Noyce en su camioneta ranchera familiar y recorrieron las casas de sus colegas, con paradas en Los Altos, Palo Alto y Mountain View. Luego continuaron el viaje hasta el hotel Clift, en el centro de San Francisco, y entraron en la espectacular sala Redwood Room, de estilo *art déco*, donde Rock y Coyle los esperaban. Con el avance de la reunión, Rock imaginó que las debilidades del acuerdo habían quedado enmendadas. El recién llegado era un líder natural de mirada abrasadora[83], y sus colegas estaban encantados dejando que hablara por ellos[84].

---

81. Berlin, *Man Behind the Microchip*, pág. 78.

82. Berlin, *Man Behind the Microchip*, pág. 81.

83. En su famoso ensayo sobre los Ocho traidores, Tom Wolfe escribió «cien ojos de amperes» respecto a Noyce. Wolfe, «Tinkerings of Robert Noyce».

84. Rock en entrevista con el autor. Berlin, *Man Behind the Microchip*, pág. 81.

Sin más motivos para no avanzar, «Bud» Coyle exhibió diez billetes de 10 dólares relucientes y propuso que cada uno de ellos firmara cada uno de los billetes, para que fueran «contratos entre ellos» [85]. Serían una premonición de los contratos basados en confianza —de apariencia informal, pero apoyados, literalmente, en el dinero— distintivos de Silicon Valley en los años subsiguientes.

A diferencia de la American Research and Development de Doriot, los agentes de Hayden, Stone no contaban con una fuente de dinero lista para financiar *startups*. En cambio, ellos apoyaban empresas reuniendo grupos de inversores predispuestos según fuera necesario, y el capital de los socios de la firma representaba un porcentaje bajo del total. Para reunir el más de 1 millón de dólares que les había prometido a los ocho traidores, Rock creó una lista de unos treinta y cinco nombres de posibles interesados; entre ellos, ARD, Rockefeller Brothers [86] y empresas de tecnología que podrían interesarse en invertir en el semiconductor.

Rock pronto descubrió que su idea era muy radical. Los grupos inversores como ARD y Rockefeller pusieron excusas: los rebeldes no tenían experiencia gerencial y la idea de firmar un cheque tan abultado los inquietaba. Por su parte, las empresas de tecnología presentaron otras objeciones: estaban dispuestas a aportar capital para crear empresas subsidiarias, similar a lo que Beckman había hecho con Shockley, pero no les atraía la idea de apoyar a ocho científicos sin que eso les diera derecho a controlarlos [87]. En suma, respaldar a los desertores y permitir que tuvieran acciones en su propio emprendimiento sería un precedente revolucionario; ¿y si sus propios empleados también exigían participación accionarial en sus empresas? [88]. Mientras que Rock veía justo que los jóvenes

85. Berlin, *Man Behind the Microchip*, pág. 81.

86. Michael S. *Malone, The Big Score: The Billion-Dollar Story of Silicon Valley*, Doubleday, Garden City (Nueva York), 1985, pág. 70.

87. Wilson, *New Venturers*, pág. 33. Rock, Arthur, «Arthur Rock: Early Bay Area Venture Capitalists: Shaping the Economic and Business Landscape», en entrevista con Sally Smith Hughes, 2008, Regional Oral History Office, Bancroft Library, University of California, Berkeley, 2009, pág. 21, digitalassets.lib.berkeley.edu/roho/ucb/text/rock_arthur.pdf.

88. Hardymon, Felda, Tom Nicholas, and Liz Kind, «Arthur Rock Case Study», Harvard Business School, 18 de enero de 2013, pág. 3.

científicos fueran dueños del fruto de su propia iniciativa, otros consideraban este hecho problemático. Precisamente, lo característico del «hombre organización» era su instinto de obediencia. ¿Por qué comprar la lealtad de los trabajadores con participación accionaria cuando la cultura de la época la conseguía gratis?

Tras haber recurrido a treinta y cinco posibles inversores, Rock fue incapaz de reunir un solo centavo. En ese momento, «Bud» Coyle propuso contactar a Sherman Fairchild, un joven mujeriego heredero de una fortuna, que se describía a sí mismo como «diletante» y entusiasta de la ciencia[89]. Al igual que los Whitney y los Rockefeller, tenía suficiente dinero para que la idea de incrementar su fortuna no lo conmoviera; pero, a diferencia de ellos, la posibilidad de un nuevo negocio con el semiconductor podría llamar su atención.

A finales de agosto de 1957, Bob Noyce y Eugene Kleiner volaron a Nueva York, rumbo al palacete de Sherman Fairchild en Manhattan, equipado con muros de cristal e innovadores postigos que se abrían y cerraban electrónicamente[90]. Después de las formalidades iniciales, Noyce desplegó la chispa que Rock había visto en él. Con su mirada ardiente fija en Fairchild, le explicó que el futuro se construiría a partir de dispositivos de silicio y acero, es decir, de arena y metal, materiales de un coste insignificante. La empresa que creara transistores con esos elementos vería enormes ganancias, y Fairchild podría ser el visionario que respaldara al ganador[91]. Fue una versión de los discursos de «apelación a la grandeza» que los emprendedores carismáticos repetirían más adelante en Silicon Valley. Fairchild estaba dentro.

Solo faltaba establecer los términos del acuerdo. Rock les había prometido a los investigadores que podrían ser dueños de su propia empresa y se esforzó por cumplirlo, solicitando que cada uno de los ocho aportara 500 dólares a cambio de 100 acciones en la empresa. Los hombres lograron reunir el dinero, aunque con dificultad; 500

---

89. Fairchild, hombre meticuloso a sus sesenta años, era un *bon vivant*, frecuentaba el pomposo 21 Club y «cambiaba de joven acompañante cada dos por tres», según palabras de *Fortune*. «Multifarious Sherman Fairchild», *Fortune*, mayo de 1960, pág. 170. «Sherman Fairchild—Man of Few Miscalculations», *Electronic News*, 13 de septiembre de 1965. Fairchild había heredado una fortuna de su padre, uno de los primeros inversores de IBM.

90. Berlin, *Man Behind the Microchip*, pág. 85.

91. Malone, *Intel Trinity*, págs. 14–15.

dólares representaban dos o tres semanas de su salario, por lo que Noyce tuvo que pedirles a sus padres que consultaran si su abuela podía prestarle el dinero[92]. Hayden, Stone adquirió 225 acciones por el mismo valor que los fundadores y reservó otras 300 para reclutar a gerentes administrativos —a pesar del carisma de Noyce, Fairchild lo veía como un director interino—. En consecuencia, cada uno de los fundadores obtuvo menos del 10 por ciento de la empresa, con la posibilidad de que el número descendiera a 7,5 cuando apareciera el nuevo director. Por su parte, la empresa Fairchild Camera and Instrument aportó casi la totalidad del capital inicial —alrededor de 1,4 millones de dólares, cifra que empequeñeció los 5.125 dólares reunidos por los científicos y Hayden. Sin embargo, como el dinero de Fairchild era en concepto de préstamo más que de capital accionario, no diluyó más el porcentaje de los fundadores[93].

Aparentemente, los ocho científicos habían cerrado un trato excelente, pero, frente a la oscuridad de las futuras inversiones de riesgo, los números no eran lo que parecían. A fin de cuentas, los negociadores de Sherman Fairchild tenían cartas poderosas en sus manos: otros treinta y cinco inversores habían rechazado a Rock de pleno. Si George Doriot había logrado hacerse con el 77 por ciento de Digital Equipment aportando apenas 100.000 dólares, Fairchild hubiera sido estúpido al arriesgar 1,4 millones de dólares por nada. El trato final les dio una aparente autonomía a los ocho científicos, pero sin demasiada sustancia. En realidad, el préstamo de Fairchild no era solo eso: incluía la opción de comprar todas las acciones de la nueva empresa por 3 millones de dólares[94]. La propiedad de los rebeldes de Shockley también era ficticia: Fairchild Camera and Instrument controlaba las operaciones mediante un fideico-

92. Los ocho traidores habían ganado entre 8.100 y 12.000 dólares cada uno. Berlin, *Man Behind the Microchip*, pág. 86.

93. Se dice que Fairchild Camera and Instrument aportó 1,5 millones de dólares. «Arthur Rock: Early Bay Area Venture Capitalists», pág. 25. Sin embargo, Berlin indica que el préstamo fue de 1,38 millones de dólares, seguido por una asignación de 3.000 dólares mensuales durante casi dieciocho meses. Berlin, «Robert Noyce and Fairchild Semiconductor», pág. 76. Los documentos de Fairchild Semiconductor, al parecer, corroboran estas cifras. Lojek, Bo, *History of Semiconductor Engineering*, Springer, Nueva York, 2007, pág. 105

94. La opción de Fairchild Camera expiró después de que Fairchild Semiconductor tuviera tres años consecutivos de beneficios netos mayores a 300.000 dólares. Después de ese período, siguió otro tiempo en el que podría comprar la empresa por 5 millones de dólares. Berlin, *Man Behind the Microchip*, pág. 89.

miso de voto. Rock se había esforzado por cumplir su promesa, pero no podía hacer milagros.

◆

Frente al objetivo de Rock de liberar a los talentos de un director sofocante, en poco tiempo, los resultados fueron mucho más estrepitosos y gloriosos de lo que había imaginado. Durante los primeros meses, los ocho científicos trabajaron en un garaje; luego se trasladaron a un edificio a medio terminar y sin conexión eléctrica. Lejos de desmotivarse, los hombres libres conectaron cables a un poste de energía cercano para poder utilizar una sierra. Por aquel entonces era invierno, y Vic Grinich, un reparador desgarbado y de cabello rizado, equipado con guantes, sombrero, bufanda y pipa, luchaba contra los elementos externos con un calefactor conectado al tendido eléctrico[95]. Las estrategias se discutían en reuniones informales, las reuniones de ventas incluían bocadillos y *whisky* y los nuevos empleados, recién salidos de la universidad, tenían el poder de tomar importantes decisiones de compra. Con la llegada de un clima más cálido, Bob Noyce, el director en funciones del colectivo, se presentó al trabajo en pantalones cortos[96].

Seis meses después, Rock viajó a California para ver sus progresos por varias razones. En parte, porque Hayden tenía poco más de un quinto de las acciones de la empresa, sin contar la letra pequeña del trato con Fairchild, y Rock buscaba otros acuerdos en tecnología en la Costa Oeste. Por otra parte, había establecido un vínculo personal con los científicos, ya que, con treinta y un años, pertenecían a la misma generación; se había acercado en especial a los solteros que disfrutaban de fines de semana en las montañas[97]. Marcado por haber padecido polio en la infancia, se había convertido en un hábil esquiador y escalador, y Sierra Nevada era otra excelente excusa para visitar la Costa Oeste.

---

95. Malone, *Big Score*, pág. 89
96. Wolfe, «Tinkerings of Robert Noyc»; Meyer, «Eugene Kleiner», pág. 18; Berlin, «Robert Noyce and Fairchild Semiconductor, 1957–1968».
97. Jay Last y Jean Hoerni eran los compañeros de escalada frecuentes de Rock.

El miércoles 26 de marzo de 1958, Rock cenó con Noyce y, al día siguiente, le envió un memorando a Coyle con mucha emoción. «He echado un vistazo al funcionamiento interno y parece que las cosas van mejor de lo que nos han hecho creer». Fairchild había hecho su primera venta: cien transistores a IBM por 150 dólares cada uno. Cada dispositivo tenía un coste de 2 o 3 centavos en materiales, más unos 10 centavos de mano de obra, así que el margen de beneficio era arrollador. A su vez, Noyce y el equipo estaban expandiendo los límites científicos a un ritmo que Shockley nunca les hubiera permitido. Estaban probando otras combinaciones de metales en semiconductores, y Noyce tenía ideas para conectores novedosos y un escáner revolucionario. Además, la iniciativa era deliberadamente comercial. Como Noyce señalaría más adelante, antes del financiamiento de Fairchild, los investigadores estaban encerrados en sus laboratorios con batas blancas, pero en Fairchild salían a hablar con los clientes; antes incluso de desarrollar los primeros transistores, habían contactado con compradores potenciales en aviónica militar para definir qué clase de dispositivo se vendería. Otros equipos de investigación corporativos —como Bell Labs o Texas Instruments— podían compararse con la excelencia científica de Fairchild, pero no con el foco en el mercado de sus fundadores, que buscaban comprender qué productos serían útiles y qué incrementaría el valor de sus acciones[98].

Los inicios de Fairchild habían sido tan positivos que Noyce estaba relajado y con ánimo generoso. En su memorando para Coyle, Rock concluyó bromeando: «Te alegrará saber que me he desgarrado el brazo intentando que me dejaran pagar la cuenta»[99].

El segundo año de Fairchild Semiconductor fue aún mejor. Noyce y sus colegas habían desarrollado un proceso revolucionario que les permitía combinar múltiples transistores en un circuito integrado diminuto. En 1959, tuvieron encargos de 6,5 millones de dólares, trece veces más que el año anterior. Las ganancias de la empresa tras pagar las cargas impositivas ascendían a 2 millones de dólares y, teniendo en cuenta sus márgenes operativos, tenían razones para esperar ganancias exorbitantes

---

98. Wilson, *New Venturers*, pág. 34. Lécuyer, Christophe, «Fairchild Semiconductor and Its Influence», en Lee *et al., Silicon Valley Edge*, pág. 167.

99. Memorando de Rock a Coyle, archivo personal de Arthur Rock, 27 marzo de 1958. El margen de operación fue extraído de otro memorando escrito por Rock en la misma época, presente en su archivo.

cuando las ventas despegaran[100]. Las noticias eran tan prometedoras que Fairchild Camera and Instrument decidió ejercer su opción de compra y pagar los 3 millones de dólares por todas las acciones de Fairchild Semiconductor[101].

Fue un momento agridulce para Noyce y sus cofundadores. Cada uno de los ocho traidores recibió 300.000 dólares, seiscientas veces más de lo que habían invertido dos años antes, cifra equivalente a treinta años de trabajo. Sin embargo, el resultado era mucho mejor para Fairchild Camera: pagaría alrededor de 1,5 veces la relación de precio-beneficio por una empresa con un crecimiento deslumbrante. Para ponerlo en contexto, el precio de las acciones de IBM en 1959 rondaba entre treinta y cuatro y cincuenta y una veces sus ganancias[102]. En medio de una gran expansión, entre 1959 y 1960, la cantidad de empleados de Fairchild creció de 180 a 1.400 —una relación de precio-beneficio razonable para Fairchild Semiconductor hubiera sido similar al promedio más alto de IBM, alrededor de cincuenta. Las cifras estimadas sugieren que, con ganancias cercanas a 2 millones de dólares, la empresa debía tener una valuación de 100 millones de dólares en una transacción abierta. En otras palabras, a cambio de una apuesta inicial de 1,4 millones de dólares, los inversores de la Costa Este habían garantizado una prosperidad memorable. El grupo de Noyce había trabajado a destajo y había obtenido ganancias de 2,4 dólares, mientras que el inversor, en su papel pasivo, había conseguido cuarenta veces más[103].

---

100. Esta cifra es una estimación aproximada del autor. En 1959, Fairchild Semiconductor tenía alrededor de 40 científicos empleados, con salarios de alrededor de 12.000 dólares, es decir, un total en salarios de 480.000 dólares. Tenían otros 140 empleados, cuyos salarios rondaban la mitad de dicha cifra, una cifra estimada de 1,3 millones de dólares. (El recuento de personal se encuentra en: Lécuyer, *Fairchild Semiconductor and Its Influence*, pág. 180). Los gastos edilicios, de maquinaria y de materiales ascenderían a 1 millón de dólares, con lo que quedarían ganancias de 4,2 millones de dólares sin impuestos. La tasa impositiva corporativa era del 52 por ciento, por lo que las ganancias posteriores rondarían los 2 millones de dólares. Agradezco a Arthur Rock por haberme ayudado en esta estimación.

101. Berlin, «Robert Noyce and Fairchild Semiconductor, 1957–1968», pág. 81.

102. La relación de precio-ganancia de Eastman Kodak era menor que la de IBM, entre veintiún y treinta y cinco veces en 1959. Dado el rápido crecimiento de Fairchild, es justo compararlo con la razón más alta de IBM en 1959. «Changing Times», *Kriplinger Magazine*, 23 de noviembre de 1967.

103. Como se ha señalado, el rendimiento de ARD en Digital Equipment fue mayor, pero se materializó en catorce años, no en dos.

Desde el punto de vista de Arthur Rock, era hora de dar el siguiente paso. Su firma había obtenido 600x de ganancias, una cifra nada despreciable de 700.000 dólares, pero él creía que podía ser mejor. Rock había cerrado el trato, pero había permitido que el grueso de los beneficios fuera para Fairchild; a pesar de haber intentado abogar por los ocho científicos, su éxito fue parcial. Sin embargo, había logrado demostrar que el capital de liberación implicaba mucho más que mantener a un equipo unido en su lugar de residencia. Se trataba de desbloquear el talento humano, de brindar incentivos, de forjar una clase nueva de ciencia aplicada y de cultura comercial.

2
FINANZAS SIN FINANZAS

Si el capital de liberación hizo despegar a los ocho traidores con Fairchild Semiconductor, la década siguiente albergó otros dos avances que moldearon el capital de riesgo moderno. En primer lugar, inversores en tecnología aceptaron la idea de un fondo únicamente a cambio de acciones y de tiempo limitado en detrimento de otros formatos. En segundo lugar, existía una nueva clase de manejo de riesgo, apropiada para las particularidades de las carteras de inversión. A diferencia de otros inversores, los capitalistas de riesgo no podían diversificar el riesgo entre acciones, bonos y bienes raíces, sino que debían aferrarse a apuestas inseguras y concentradas en un número reducido de empresas tecnológicas emergentes. Durante la década de los sesenta —irónicamente, el año en que los profesores de finanzas hicieron de la diversificación la clave de la teoría de cartera moderna—, Arthur Rock y sus imitadores improvisaron un abordaje diferente al riesgo, con lo que inventaron algo equivalente a finanzas sin finanzas.

Durante varios años, la primera innovación —la creación de una nueva clase de fondo de reserva— había preocupado a los pensadores políticos. En 1955, el gurú de negocios en ascenso Peter Drucker, quien más tarde sería considerado como el pensador más importante de la era, señaló una paradoja en el capitalismo de mitad de siglo. Los fondos de pensiones en crecimiento manejaban el dinero del «hombre común» y aumentaban su posesión de grandes corporaciones de capital abierto, pero dicho dinero no llegaba a empresas pequeñas. En otras palabras, las fuentes de capital eran democratizadas, pero no así el acceso al capital, ya que los mayores fondos de jubilación, agentes del hombre común, no contaban con métodos prácticos para acceder a un panorama de *startups*.

En consecuencia, los emprendedores tenían dificultades para encontrar financiación; la fuente de capital más accesible eran las ganancias no asignadas de negocios establecidos —así fue como Beckman financió a Shockley y Fairchild a los ocho traidores. Sin embargo, este método era sesgado: tal y como lamentaría Drucker, los negocios establecidos «invierten, naturalmente, en áreas que les son familiares» y, como resultado, «áreas de iniciativa económica más prometedoras no acceden a inversiones». Y concluyó que había «señales claras de que la economía estaba nutrida por capitales de riesgo de forma inadecuada» [1].

Aunque Drucker había identificado el problema, ni él ni otros pensadores políticos habían encontrado la solución. Mencionó que veía un ejemplo prometedor en la American Research and Development de George Doriot. «En última instancia, es probable que tengamos una serie de empresas de desarrollo, algunas dentro de una región, otras dentro de una industria», sugirió. Sin embargo, como hemos visto, al ser una empresa de capital abierto, ARD estuvo sujeta a regulaciones exhaustivas y, al tratarse de una corporación de capital variable y no de un fondo de tiempo limitado, no se sentía apremiada. En lugar de impulsar a las empresas exitosas a reunir capital adicional con otros inversores para acelerar la expansión, Doriot se conformaba con dejar que crecieran reinvirtiendo sus ganancias. Gracias a la promoción de Drucker, ARD atrajo a imitadores, pero, a pesar de ello, ninguno tuvo un buen rendimiento.

Otros reformistas secundaron una solución diferente al diagnóstico de Drucker. En 1958, motivados por el lanzamiento en la Unión Soviética de Sputnik, el primer satélite humano, el Gobierno federal prometió subsidios para un nuevo medio de capital, las compañías de inversión en pequeñas empresas (SBIC por sus siglas en inglés). Aunque los subsidios eran generosos, con préstamos a tasas bajas y ventajas fiscales, tenían condiciones, como la mayoría de los incentivos gubernamentales posteriores en todo el mundo. Para acceder a la asistencia máxima que ofrecían, el financiamiento del SBIC no debía superar los 450.000 dólares, lo que evitaba que retuvieran a profesionales competentes. Tampoco podían compensar a los inversores con opción de compra de acciones ni podían

---

1. Drucker, Peter F., «The New Tycoons: America's Next Twenty Years, Part III», *Harper's Magazine*, mayo de 1955, harpers.org/archive/1955/05/americas-next-twenty-years-3.

invertir más de 60.000 dólares en empresas en cartera, por lo que resultaba difícil impulsar *startups* con el capital adecuado[2]. Incluso el jefe del programa de SBIC acabó por exasperarse. «Las reglas tenían fundamentos legalistas, pero sin demasiadas ideas sobre el funcionamiento de los negocios», lamentó[3].

Las circunstancias no evitaron que los inversores aspirantes se quitaran el sombrero. En 1962, Bill Draper y Pitch Johnson, graduados de la escuela de negocios de Harvard, que habían ido a las clases de Doriot, formaron el doceavo SBIC del país y se establecieron en Palo Alto. Los dos hombres formaban un dúo singular: Draper era alto y delgado, con cejas como orugas, y Johnson era robusto, como buen exatleta estrella de la universidad, pero ambos tenían en común que eran de familias acaudaladas. Gracias a ello, pudieron reunir 150.000 dólares, con lo que cumplieron los requisitos para obtener un préstamo barato de 300.000 dólares del programa SBIC. Tras conseguir 450.000 dólares, el máximo permitido, los socios alquilaron un par de Pontiac iguales para emprender el viaje a los campos de ciruelas y albaricoque del valle de Santa Clara[4].

Su método de inversión no tenía nada sofisticado en particular. Exploraban dos calles, una llamada Industrial, otra, Comercial[5] y, cuando divisaban un letrero que incluyese «electro» en el nombre, aparcaban sus coches, abrían la puerta y se presentaban ante la recepcionista. «¿Está el presidente?», preguntaban. «Veré si ha llegado. ¿Cuál han dicho que es su negocio? ¿Capital de riesgo?»[6].

Draper y Johnson eran diligentes y prosperaron en su área en las décadas siguientes. Sin embargo, el éxito de su experiencia con el formato SBIC fue moderado. Con las regulaciones impuestas, los socios

2. Noone, Charles M. y Stanley M. Rubel, *SBICs: Pioneers in Organized Venture Capital*, Chicago, 1970, pág. 30.

3. El jefe era Richard E. Kelley, que se hizo cargo de la dirección del programa SBIC en 1963. Sloane, Leonard, «U.S. Is Changing S.B.I.C. Approach: Regulatory Stand Shifted on Investment Units», *The New York Times*, 1 de agosto de 1965.

4. «Franklin P. 'Pitch' Johnson Jr., MBA 1952— Alumni— Harvard Business School», Harvard Business School (sitio web), alumni.hbs.edu/stories/Pages/story-bulletin.aspx?num=11.

5. Pitch Johnson y Frank Caufield en entrevista con el autor, 26 de abril de 2017.

6. Draper III, William H., *The Startup Game: Inside the Partnership Between Venture Capitalists and Entrepreneurs*, Palgrave Macmillan, Nueva York, 2011, págs. 31–32.

aprovecharon las oportunidades para comprar la porción máxima de una empresa por la inversión permitida de 60.000 dólares. Con su primera operación, se hicieron con el 25 por ciento de Illumitronic Systems, fabricante de balanzas para líneas de montaje. Sin embargo, era poco probable que quienes aceptaban estos términos crecieran demasiado. Más adelante, Draper escribió sobre Illumitronics: «La empresa no iba a ningún sitio. Era una buena vida para los emprendedores, pero suponía una mala inversión para los capitalistas de riesgo»[7]. Otra de sus inversiones, una *startup* llamada Electroglas, también representó las desventajas de la estructura de las SBIC. Cuando la empresa tuvo problemas, Draper y Johnson quisieron apoyarla con una nueva estrategia y más capital, pero las regulaciones sobre su inversión limitaban la influencia sobre estrategias y les prohibía inyectar más dinero[8]. Después de tres años de operaciones financieras, Draper y Johnson disolvieron la sociedad y vendieron su cartera con unas ganancias discretas[9].

A la mayoría de las SBIC les fue peor. Más allá de las restricciones respecto a cómo invertían el capital, su debilidad letal resultó ser los términos aparentemente generosos en los que lo conseguían. Aunque obtener un préstamo del Gobierno sonara atractivo, este debía pagarse y, a pesar de tener un subsidio del 5 por ciento de la tasa de interés, conllevaba una consecuencia fundamental: obligaba a las empresas a invertir en *startups* que pagaran dividendos. Era algo contrario a la idea de inversión en tecnología: en general, las empresas nuevas requerían al menos de un año de investigación y desarrollo antes de comenzar a vender sus productos y, luego, si el producto tenía éxito, solían reinvertir cada dólar de beneficio en mejorar las estrategias de venta antes de que un rival los copiara. Entonces, la necesidad de obtener dividendos se contradecía con las empresas en crecimiento a

---

7. Draper, *Startup Game*, pág. 33.

8. Draper, William H. III, «William H. Draper III: Early Bay Area Venture Capitalists: Shaping the Economic and Business Landscape», en entrevista con Sally Smith Hughes, 2008, Regional Oral History Office, University of California, Berkeley, 2009, pág. 86, digitalassets.lib.berkeley.edu/roho/ucb/text/draper_william.pdf.

9. Durante una conversación el 15 de mayo de 2018, Draper y Johnson dijeron que cada uno había obtenido 200.000 dólares al vender el negocio, un rendimiento de 2.7x sobre los 75.000 dólares que habían invertido cada uno. Durante esos mismos tres años, el rendimiento del S&P 500 fue de 1,7x.

las que debían estar apoyando. En resumen, para promover la innovación, el Gobierno había ideado un método de inversión inapropiado para empresas innovadoras[10].

Debido a este fallo en el diseño, la mayoría de las SBIC renunciaron a sus intentos de invertir en empresas tecnológicas. Hacia 1966, tan solo el 3,5 por ciento de las empresas en cartera estaban involucradas en ciencia aplicada, lo que socavaba el objetivo original del programa[11]. Las SBIC no solo dejaron mucho que desear como política pública, sino que también tuvieron dificultades comerciales. Debido a que no apoyaban a empresas tecnológicas arriesgadas, aunque prometedoras, su desarrollo de inversión languideció y, en poco tiempo, les resultó difícil reunir capital[12]. En la cúspide de los años sesenta, representaban más de tres cuartos de las inversiones en capitales de riesgo, pero para 1968, un rival que ni el Gobierno ni Peter Drucker habían anticipado los eclipsó: las sociedades de responsabilidad limitada[13].

---

10. En una variante de la necesidad de obtener dividendos del SBIC, ARD cobraba cargos de gestión a empresas en cartera en lugar de obtenerlas de los inversores y financiaba a las empresas en parte con deuda convertible y acciones preferenciales de las que cobraba intereses. En este caso, el resultado también era la extracción de capital de empresas en cartera que lo necesitaban para crecer. Nicholas, Tom, *VC: An American History*, Harvard University Press, Cambridge (Massachusetts), 2019, pág. 125.

11. Otra señal de las debilidades del programa SBIC: nueve de cada diez empresas estaban tan frustradas por las regulaciones que comenzaron a eludirlas. Reiner, Martha Louise, «The Transformation of Venture Capital: A History of Venture Capital Organizations in the United States», tesis doctoral, University of California, Berkeley, 1989, pág. 282. Lerner, Josh, *Boulevard of Broken Dreams: Why Public Efforts to Boost Entrepreneurship and Venture Capital Have Failed— and What to Do About It.*, Princeton University Press, Princeton, (Nueva Jersey), 2012, pág. 38. Lerner señala que el mayor resultado del programa SBIC fue indirecto: animó a la creación de otras instituciones de apoyo a *startups*, tales como abogados especializados y servicios de datos. También capacitó a muchos inversores que luego tuvieron éxito en sociedades privadas de capital de riesgo. Nicholas, *VC*, págs. 109, 141. De todas formas, es llamativo que los tres inversores de riesgo más influyentes de los años sesenta y los setenta —Arthur Rock, Tom Perkins y Don Valentine— no tuvieran relación con el formato SBIC.

12. Entre 1961 y 1969, las SBIC tuvieron un rendimiento estimado del 5 por ciento anual, menos del 8 por ciento que un inversor podía obtener del índice industrial Dow Jones. Noone y Rubel, *SBICs*, pág. 108.

13. Bygrave, William D. and Jeffry A. Timmons, *Venture Capital at the Crossroads*, Harvard Business School Press, Boston, 1992, pág. 22. Gompers, Paul, «The Rise and Fall of Venture Capital», *Business and Economic History* 23, n.º 2, invierno de 1994, págs. 7–8.

El ascenso del nuevo rival comenzó en 1961, cuando Arthur Rock abandonó la agencia de Nueva York. Estaba cansado de lidiar con acciones de empresas en bolsa, en buena parte porque el mercado alcista de finales de los noventa dificultaba encontrar acciones prometedoras a precios atractivos. Entonces decidió establecer sus negocios donde aún podía haber oportunidades: en California, donde propuso buscar «las empresas más especulativas y completamente inexpertas»[14]. En San Francisco se unió a Tommy Davis, un sureño elegante y héroe de guerra que compartía su interés por la tecnología. Davis declaró: «Las riquezas del pasado provenían de extender rieles de acero a lo largo del país. He llegado a creer que las riquezas de mi generación provendrán de las mentes de las personas»[15].

Davis & Rock se dispuso a cambiar el método de financiar la tecnología. Antes de 1961, Davis había experimentado con inversión en tecnología en nombre de Kern County Land Company, un negocio de petróleo, ganado y bienes raíces del Valle Central de California[16]. Esto encajaba con la observación de Peter Drucker de que la principal fuente de capital para la innovación estaba en los beneficios retenidos de empresas establecidas. Por desgracia, tal como él mismo había anticipado, en poco tiempo, Kern County Land ordenó a Davis que se alejara de iniciativas tecnológicas especulativas ajenas a su zona de confort[17]. Por su parte, Arthur Rock había enfrentado desafíos en Hayden, Stone donde su curso de acción consistía en identificar posibles acuerdos y luego hacer llamadas a diestro y siniestro para conseguir fuentes de capital. Debido a que no existían muchos fondos de dinero que buscaran financiar *startups*, el capital escaseaba y el poder de negociación estaba en manos de los inversores. En consecuencia, los innovadores sufrían, tal y como Drucker había anticipado.

---

14. Rock anunció su retiro del negocio y sus motivos para trasladarse al oeste en un discurso en el Harvard Business School Club de San Francisco el 31 de enero de 1962. Se encuentra en su archivo personal y también hay una copia disponible en la biblioteca Baker en la escuela de negocios de Harvard.

15. Murphy, Thomas P., «What Makes Tommy Davis Run», *Forbes*, 25 de abril de 1983.

16. Rock, Arthur, «Arthur Rock & Co», en *Done Deals: Venture Capitalists Tell Their Stories*, ed. Udayan Gupta, Harvard Business School Press, Boston, 2000, pág. 142.

17. Wilson, John W., *The New Venturers: Inside the High-Stakes World of Venture Capital*, Addison-Wesley, Reading (Massachusetts), 1985, pág. 35.

Para llenar la grieta en el mercado de capitales, Davis & Rock se estableció como una sociedad de responsabilidad limitada, la misma estructura legal que había utilizado un rival de corta existencia, Draper, Gaither & Anderson[18]. En lugar de identificar *startups* y luego buscar inversores corporativos, comenzaron a reunir un fondo que los volvería innecesarios. Siendo socios administradores o «generales», Davis y Rock iniciaron el fondo con 100.000 dólares de capital propio. Luego, ignoraron los préstamos fáciles de la estructura de moda de las SBIC y reunieron alrededor de 3,5 millones de dólares de unos treinta socios «limitados» o comanditarios —personas ricas que participaban como inversores pasivos[19]. Lo mejor de esta estructura era que la sociedad Davis & Rock contaba con un fondo de reserva siete veces y media mayor al de una SBIC, que les brindaba las herramientas para abastecer empresas con capital suficiente para crecer a lo grande. Al mismo tiempo, al mantener el número de inversores pasivos debajo del límite legal de cien, estaban fuera del radar regulatorio que rodeaba a las SBIC y a la ARD de Doriot[20]. Para evitar otra dificultad de sus competidores, Davis y Rock prometie-

---

18. En 1959, el general William Draper, padre de la pionera SBIC, había contribuido a la fundación de la primera sociedad de responsabilidad limitada, Draper, Gaither & Anderson, pero cuando el segundo socio, Rowan Gaither, fue diagnosticado de cáncer, la sociedad colapsó. Algunos socios comanditarios se retiraron, Anderson tuvo problemas de salud y Draper se marchó. Con esto, demostrar las fortalezas del formato quedó en manos de Davis & Rock. Aunque no está claro si copiaron la estructura; Rock dijo no haber conocido el precedente, pero que Davis tal vez sí. Berlin, Leslie, «The First Venture Capital Firm in Silicon Valley: Draper, Gaither & Anderson», en *Making the American Century: Essays on the Political Culture of Twentieth Century America*, ed. Bruce J. Schulman, Oxford University Press, Oxford, 2014, pág. 158. Nicholas, *VC*, págs. 158–59.

19. Rock declaró en entrevistas que la sociedad consiguió 5 millones de dólares en compromisos exigibles, pero que no exigió el total del capital, porque estaba demasiado concentrado en las empresas en cartera como para pensar en expandir las inversiones. Sin embargo, el certificado societario reportó un capital total de 3.390.000 dólares. Ante la mención de este hecho, Rock respondió animado: «Los hechos han superado mi memoria de hace cincuenta y cinco años». Rock en entrevista con el autor. Declaraciones de Rock a sus socios comanditarios en 1961. Certificado societario, 10 de octubre de 1961. Archivo personal de Rock. La cantidad de socios figura en comunicación de Rock a Jeoffrey O. Henley, 7 de febrero de 1967, en su archivo personal.

20. Teniendo menos de cien «inversores registrados», una sociedad podía evitar estar sujeta a las regulaciones establecidas en la ley de sociedades de inversión de 1940, que hubiera exigido una presentación detallada de su cartera. La ley prohibía que los socios generales integraran la junta de las empresas emergentes y limitaba las inversiones a un 10 por ciento de la participación en iniciativas individuales. Gompers, Paul A., y Joshua Lerner, *The Money of Invention: How Venture Capital Creates New Wealth*, Harvard Business School Press, Boston, 2001, págs. 89, 97.

ron desde un principio liquidar sus fondos después de siete años. Ambos tenían su propio dinero en el fondo, lo que servía de incentivo para invertir con responsabilidad. Del mismo modo, solo podían utilizar el capital de los socios comanditarios durante un tiempo determinado. Y equilibraban la cautela con actitud agresiva.

De hecho, el diseño del fondo estaba ideado para fomentar una mentalidad inteligente, pero de crecimiento contundente. A diferencia a las SBIC, Davis & Rock reunía dinero en forma de capital social, no de deuda. Quienes aportaban capital, es decir, los socios comanditarios, eran conscientes de que no debían esperar obtener dividendos, por lo que Davis y Rock tenían la libertad de invertir en *startups* ambiciosas que utilizaran cada dólar para expandirse[21]. Siendo socios generales, se veían incentivados personalmente a priorizar la expansión, ya que su retribución era en forma del 20 por ciento de la revalorización del capital. Rock también se esforzaba por transmitir la mentalidad de capital a los empleados de las empresas en cartera. Tras haber visto el efecto de que los empleados tuvieran acciones en la cultura inicial de Fairchild, creía en retribuir a los directores, científicos y vendedores con acciones u opción de compra. En síntesis, en la órbita de Davis y Rock —los socios comanditarios y generales, los emprendedores y los empleados clave— eran retribuidos con capital social. Esto representaba una diferencia abismal respecto a ARD, donde los inversores no tenían interés financiero en la expansión de sus empresas en cartera.

Mientras establecían su cultura agresiva del capital, Davis y Rock promovieron una división del botín que daría origen a un nuevo orden. En ARD, Doriot se había hecho con el 77 por ciento de las acciones de Digital Equipment por tan solo 100.000 dólares de capital, con lo que dejó un pequeño 23 por ciento para los fundadores. Pero en la nueva visión de la sociedad Davis & Rock, las cosas serían diferentes. Con algunas variaciones inevitables entre las empresas, en líneas generales, los fundadores podían aspirar a tener cerca del 45 por ciento de sus *startups*, los empleados podían obtener alrededor del 10 por ciento y la sociedad de

---

21. Rock no solo rechazaba el pago de deudas, también se oponía con fervor al pago de dividendos. En una ocasión, en la cima de una pista de esquí, Pete Bancrof de Bessement le confesó haber presionado a una empresa para que pagara a los accionistas. Como respuesta, Rock afirmó que era lo más estúpido que había escuchado y desapareció a toda velocidad colina abajo. Bancorft en entrevista con el autor, 18 de noviembre de 2017.

capital se conformaría con el 45 por ciento restante[22], que, a su vez, se dividiría entre socios generales y comanditarios. Los proveedores de capital pasivos tendrían cuatro quintas partes de las ganancias del fondo de riesgo, equivalente al 36 por ciento de las ganancias de capital de las empresas en cartera. Davis y Rock compartirían el 9 por ciento, con lo que obtendrían una quinta parte de lo que obtenían los fundadores. En resumen, a los capitalistas les iría bien, pero no ridículamente bien. «Nunca he querido ser el cadáver más rico del cementerio», declaró Rock[23].

El 10 de octubre de 1961, Davis y Rock presentaron su certificado societario. Entre los inversores, se encontraban seis de los ocho fundadores de Fairchild; algunos de ellos se habían convertido en compañeros de esquí y de senderismo de Rock[24]. Hayden, Stone también fue inversor, al igual que algunos clientes de la firma a los que Rock había enriquecido con sus consejos tecnológicos. Los dos socios generales —un hombre tímido y lacónico, otro animado y parlanchín— alquilaron una oficina en el piso dieciséis del edificio Russ con frente de ladrillos en la calle Montgomery de San Francisco. Al final de un corredor extenso, el letrero de la puerta decía solo «1635». Financiar *startups* de bajo perfil sería una actividad de bajo perfil.

De este modo, Davis & Rock diseñó un abordaje a la gestión de riesgo que resonaría en los futuros capitalistas de riesgo. La teoría moderna y el conjunto de ideas que dominaría las finanzas académicas enfatizaba la diversificación: al poseer una amplia variedad de activos, expuestos

---

22. La regla de oro era la división cincuenta y cincuenta entre la empresa y el fondo de capital y la extracción de la porción para los empleados de ambas partes. (Rock en entrevista con el autor, 16 de noviembre de 2017). Aunque la asignación para empleados variaba según el caso, la cifra típica era del 10 por ciento. Véase Rock a Davis, 30 de diciembre de 1960, archivo personal de Rock.

23. Rock en entrevista con el autor, 30 de enero de 2018.

24. De los ocho fundadores de Fairchild, solo Robert Noyce y Gordon Moore no invirtieron. Al ser los ejecutivos de más alto rango de Fairchild, no podían invertir en un fondo que pudiera respaldar a posibles competidores de Fairchild. Archivo personal de Rock. Berlin, Leslie, *The Man Behind the Microchip: Robert Noyce and the Invention of Silicon Valley*, Oxford University Press, Nueva York, 2006, pág. 123.

a una variedad de riesgos no relacionados, los inversores podían reducir la volatilidad general de sus tenencias y mejorar la relación riesgo-rendimiento. Los dos socios ignoraron esa enseñanza: prometieron realizar apuestas concentradas en unas doce empresas. A pesar de que tendría sus riesgos, era tolerable por dos razones: en primer lugar, al comprar poco menos de la mitad del patrimonio de una empresa, la sociedad conseguía un lugar en la junta de accionistas con voto en las estrategias sin diversificación, el capitalista de riesgo tenía la posibilidad de gestionar el riesgo ejerciendo control sobre sus activos; en segundo lugar, Davis y Rock aseguraban que solo invertirían en empresas ambiciosas de alto crecimiento, cuyo valor podría dar un salto de al menos diez veces en cinco o siete años. A quienes decían que era un método demasiado demandante, David les respondía que sería «insensato aceptar uno menos estricto». Explicaba que las inversiones de riesgo eran necesariamente especulativas y que muchas de las *startups* fracasarían, por lo tanto, las ganadoras debían ganar suficiente para que la cartera tuviera éxito [25]. «Intentar ir sobre seguro con empresas pequeñas es, a mi parecer, contraproducente» [26]. A pesar de no utilizar el término, Davis & Rock reconocía la lógica de la ley de potencia. La mejor manera de gestionar el riesgo consistía en enfrentarlo sin temor.

A comienzos de los sesenta, mientras los socios desplegaban su visión, el ámbito académico estaba convirtiendo a las finanzas en una ciencia cuantitativa, pero según la perspectiva de Davis y Rock, el arte de las inversiones de riesgo era necesariamente subjetivo. La forma de juzgar a las *startups* de tecnología provenía de «el bajo de los pantalones o la punta del sombrero», como Rock escribiera a Davis [27]. En este contexto, los parámetros cuantitativos de inversión, tales como la relación precio-beneficio serían irrelevantes, porque era probable que la mayoría de las iniciativas prometedoras no tuvieran ganancias al momento de buscar capitales. También

---

25. Rock dijo lo mismo que Davis, que necesitaban uno o dos golpes grandes para «emparejar las meteduras de pata y tener un rendimiento decente». Discurso en Harvard Business School, San Francisco, 31 de enero de 1962. Archivo personal de Rock.

26. La cita de Davis en este párrafo y el rendimiento pretendido de Davis y Rock han sido extraídos de Davis, Thomas Jr., «How to pick a Winner in the Electronics Industry», discurso para Western Electronic Manufacturers' Association, Palo Alto, 19 de septiembre de 1966, *Baker Library Special Collections*, Harvard Business School.

27. Rock a Davis, 30 de diciembre de 1960. Archivo personal de Rock.

carecerían de activos físicos —edificios, maquinarias, inventario, vehículos— que formarían el «valor en libros» de las empresas maduras; de este modo, otro parámetro de medición utilizado en los mercados públicos no tendría sentido. En conclusión, los capitalistas de riesgo tendrían que apostar por *startups* sin tener la seguridad de los criterios utilizados por otros financieros. No tendrían más opción que hacer finanzas sin finanzas.

Al haber descartado las métricas de inversión convencionales, los socios necesitaban otras formas para guiarse. Y la encontraron en el juicio a las personas, aunque pareciera una base débil para comprometer capital. En una ocasión, Davis explicó con audacia que el principio fundamental del capital de riesgo podía resumirse en cinco palabras: «Respaldar a las personas correctas»[28]. Por su parte, Rock tenía la costumbre de saltarse las proyecciones financiaras en los planes de negocios para pasar al final, donde se presentaban los *curriculums* de los fundadores[29]. «El factor más importante para una empresa a largo plazo es, por supuesto, la gerencia», declaró en el Harvard Business School Club de San Francisco en 1962. «Sin embargo, creo que también es cierto en la industria de ciencia aplicada». El único activo de las *startups* en tecnología y la única razón posible para invertir en ellas era el talento humano o, como Rock lo llamaba, «valor intelectual en libros». «Si vas a comprar valor intelectual, será mejor que hagas mucho énfasis en las personas que esperan que capitalicen su interés»[30].

A diferencia de futuros capitalistas de riesgo, muchos de los cuales tenían experiencia como ingenieros, Davis y Rock carecían de experiencia para evaluar las ideas técnicas de los fundadores[31]. Compensaron la inexperiencia buscando la asistencia de sus socios comanditarios, muchos de los cuales administraban sus propias empresas científicas emergentes. Pero también confiaban en la inteligencia emocional. En particular, Rock creía

---

28. Davis, «How to Pick a Winner in the Electronics Industry».

29. Rock, Arthur, «Strategy vs. Tactics from a Venture Capitalist», *Harvard Business Review*, noviembre-diciembre de 1987, pág. 63.

30. Discurso de Rock para Harvard Business School Club de San Francisco el 31 de enero de 1962.

31. Rock confesó: «No estoy capacitado para entrar en un laboratorio y decir si el trabajo que realiza podrá generar ventas rentables». Discurso para Harvard Business School Club de San Francisco. 31 de enero de 1962.

que su intuición con las personas lo hacía más agudo como inversor. Su temperamento tímido lo convertía en un oyente experto, y se reunía con fundadores de empresas prometedoras varias veces antes de comprometerse a apoyarlas. Su método era formular preguntas abiertas —¿a quiénes admiraban?, ¿de qué errores habían aprendido?— y luego esperaba con paciencia a que los emprendedores llenaran el vacío de su silencio[32]. Autocontradicciones, idealización, deseo de congraciarse por encima de la honestidad eran las claves que buscaba para rechazar una inversión. Consistencia inteligente, realismo crudo y determinación feroz eran las señales de que debía tomar esa oportunidad[33]. También solía preguntarse: «¿Ven las cosas como son y no como quieren que sean?»[34]. «¿Dejarían lo que están haciendo en el último minuto para hacer algo que ayudara al negocio o seguirían cenando tranquilamente?»[35]. «Al hablar con emprendedores, no solo evalúo sus motivaciones, sino su carácter», reflexionó[36]. «Creo tanto en las personas que pienso que hablar con ellas es mucho más importante que descubrir demasiado sobre lo que desean hacer».

Esta convicción en las personas —y la subsiguiente baja prioridad hacia el producto o mercado en el que trabajaban— tuvo un efecto dramático en la primera inversión de Davis & Rock. Antes de iniciar el negocio, habían acordado no involucrarse con *startups* de informática: el dominio de IBM la convertía en una zona de guerra. Sin embargo, el día en que Davis tomó posesión de la oficina neogótica en el edificio Ross, recibió una llamada de un consultor que conocía de sus días con Kern Conty Land. El hombre estaba emocionado, alabando a un matemático llamado Max Palevsky y promocionando su nueva iniciativa como «la más emocionante que hayas visto».

---

32. Rock, «Strategy vs. Tactics». Véase también: Rock en entrevista con Amy Blitz, marzo de 2001, pág. 9, hbs.edu/entrepreneurs/pdf/arthurrock.pdf.

33. Wilson, *New Venturers*, pág. 36.

34. Markoff, John, «An Evening with Legendary Venture Capitalist Arthur Rock in Conversation with John Markoff», Computer History Museum, 1 de marzo de 2007, pág. 16, archive.computerhistory.org/resources/access/text/2012/05/102658253-05-01-acc.pdf.

35. Rock en entrevista con el autor. 7 de febrero de 2017.

36. Rock, «Strategy vs. Tactics», pág. 64. Max Palevsky coincidió en que Rock tenía «capacidad de escuchar, no tanto lo que las personas dicen, porque sería algo técnico, sino lo que expresan de sí mismas. Tiene una excelente intuición». Citado en: Hardymon, Felda, Tom Nicholas y Liz Kind, «Arthur Rock», Harvard Business School Case Study, 18 de enero de 2013, págs. 9-813-138.

Davis lo escuchó sentado en el suelo de su oficina vacía, donde aún no tenía muebles. Quería creer. Por esa clase de llamadas entusiastas había cortado el vínculo con Kern County y allí estaba, en su primer día en la nueva oficina, escuchando la clase de discurso con el que había soñado. Sin duda, estaba excitado. «Alcé la voz en una clave de sol», recordó. Pero luego se le ocurrió hacer una pregunta: «Espera, ¿qué es lo que hace este tío?». «Ordenadores», respondió el consultor. Al recordar el intercambio años más tarde, Davis fingió desplomarse por la consternación. La idea sonaba maravillosa, pero desafiar a IBM era una tontería [37].

De todas formas, Davis aceptó ver al matemático por respeto al consultor. En cuanto lo hizo, tuvo claro que Max Palevsky era especial. Hijo de un pintor de casas ruso de lengua idish, había crecido en un área pobre de Chicago y luego se había matriculado en la célebre universidad de la ciudad, donde estudió lógica. Su camino era un trampolín hacia la informática y, tras varios años de éxito en la industria, a su treintena estaba lleno de energía, con una visión novedosa del mercado. Gracias a la creación del semiconductor, los ordenadores ya no necesitaban tubos de vacío gigantes y costosos, por lo que Palevsky podía construir máquinas que superaran a las de IBM. Pero lo más importante, más allá de su experiencia y su visión del mercado, era la dinámica de su presencia. Más adelante, Davis confesó que, en las carreras, le gustaba apostar por el caballo que *quería* ganar. La pasión de Palevsky por su idea de negocio era tal que, a pesar del miedo a volar, había atravesado el país en busca de capital, subsistiendo gracias a dulces y adrenalina [38].

Davis llamó a Rock, que ni siquiera había empaquetado sus cosas para mudarse a Nueva York, y le informó casi sin aliento que había encontrado una inversión fantástica. Debían apoyar esa iniciativa: una empresa de informática que competiría con IBM.

Del otro lado hubo silencio, hasta que Rock por fin dijo: «Santo Dios, me asocié con un idiota» [39]. Sin embargo, cuando conoció a Palevs-

---

37. El intercambio entre Davis y Palevsky fue extraído mayormente de: Wilson, *New Ventures*, pág. 36.

38. Detar, James, «A Chip Charger to the Max; Persevere: Max Palevsky Rose from Poverty to Help Spark the Computer/Space Age», *Investor's Business Daily*, 19 de agosto de 2010. La duración del diálogo entre Davis y Palevsky fue extraída de: Wilson, *New Venturers*, pág. 36.

39. Wilson, *New Venturers*, pág. 36.

ky, también lo conquistó. Lo que más le impactó fue la calidez e informalidad del hombre[40]. Podía bromear, adular y engatusar y, en general, sacaba lo mejor de los demás: era antiShockley. Rock acabó llegando a la conclusión de que los emprendedores con magia para liderar no pueden perder. «Si su estrategia no funciona, pueden crear otra»[41].

Davis & Rock invirtió 257.000 dólares en la nueva empresa de Palevsky, Scientific Data Systems (SDS), y la apuesta fue mejor de lo que habían imaginado. SDS fue la empresa de informática de mayor crecimiento de los años sesenta. En el en que momento en que Davis y Rock dieron por terminada su sociedad en 1968, sus acciones en SDS tenían un valor de 60 millones de dólares, lo que justificó con creces la afirmación de que una apuesta audaz podía representar el éxito de una cartera completa[42].

Como Davis y Rock hacían tanto énfasis en las cualidades de los fundadores, después de invertir ejercían su poder con respeto. Usaban sus lugares en la junta para protegerse de errores tontos, para evitar que los fundadores desperdiciaran dinero con una sensación de urgencia y, en ocasiones, para sofocar propuestas poco elaboradas exigiendo: «¿Eso de qué serviría?»[43]. En el caso de Scientific Data System, Rock lideró la junta e hizo todo lo posible por ayudar, desde vetar muchas contrataciones hasta asegurar que las cuentas reflejaran el verdadero estado de la empresa[44]. Palevsky apreciaba su contribución y lo describió como «una mano firme

---

40. Rock, «Strategy vs. Tactics», pág. 66.

41. Rock, «Strategy vs. Tactics», pág. 67.

42. La suma de la inversión inicial fue extraída del archivo personal de Rock. Respecto al múltiplo, Wilson reportó que las ganancias de SDS fueron de 60 millones de dólares. Véase Wilson, New Ventures, pág. 37. Por su parte, Rock declaró 100 millones de dólares. Es probable que las cifras de Wilson correspondiesen al valor de SDS al momento del cierre de Davis & Rock, mientras que las de Rock fuesen del momento en que se vendió a Xerox en 1969. Si todos los socios de Davis & Rock hubieran conservado sus acciones hasta la venta a Xerox, el múltiplo de la inversión habría sido de 389x.

43. Moritz, Michael, «Arthur Rock: The Best Long-Ball Hitter Around», *Time*, 23 de enero de 1984, pág. 64.

44. La mayor contribución de Rock a SDS fue persuadir al equipo de ventas de Palevsky de vender el primer ordenador, construido por un coste de 18.000 dólares por la suma audaz de 10.000 dólares. Tras haber visto cómo Fairchild vendía su semiconductor con un alto margen de beneficio, entendía que la tecnología de SDS era lo suficientemente innovadora como para imponer precios más elevados, que a su vez servirían para invertir en más investigación y para seguir trasladando el poder a los precios agresivamente. Wilson, *New Ventures*, pág. 39. En su discurso frente al alumnado de la escuela de negocios de Harvard, Rock dijo: «Uno de los mayores errores de las empresas es poner precios demasiado bajos a sus productos».

al timón». Ambos compartieron un viaje a Rusia: dos estadounidenses, hijos de rusos hablantes de yidis, de visita en la tierra de sus ancestros. Odiaron cada momento del viaje. («Lo mejor de Rusia fue marcharse de allí», relató Rock[45]). En 1969, cuando Xerox hizo una oferta por SDS, Palevsky reconoció el conocimiento financiero superior de Rock y le pidió que negociara. El resultado fue la venta corporativa de la década, en la que Xerox pagó poco menos de 1.000 millones de dólares[46].

El 30 de junio de 1968, Davis y Rock pusieron fin a su sociedad. Gracias en buena parte a SDS, pero también a una contratista de defensa llamada Teledyne, el fondo inicial de 3,4 millones ascendió a casi 77 millones de dólares, un rendimiento extraordinario de 22,6x y una evolución que opacaba al de Warren Buffet, al igual que al del creador del «fondo de cobertura» Alfred Winslow Jones. Sumando su parte en la valorización del fondo con la ganancia de su aporte personal de 100.000 dólares, cada uno de los socios se retiró con casi 10 millones de dólares —74 millones de dólares hoy en día—. Recibían cartas de sus socios comanditarios: «Estimados Tommy y Arthur: El récord avasallante que habéis establecido como gerentes de inversión durante los siete años de Davis & Rock me ha dejado, como socio colaborador, sin palabras para expresar mi gratitud», escribió uno de ellos[47].

Dos años antes, en 1966, un artículo del *Fortune* había destacado el rendimiento atractivo de Alfred Winslow Jones y había surgido una nueva industria de fondos de cobertura. Más tarde, la sociedad Davis & Rock recibió la misma atención, con efectos similares para el capital de riesgo. El periódico *Los Angeles Times* exhibió una fotografía de los socios ataviados con trajes y corbatas, a Davis con un pañuelo elegante asoman-

45. Rock en entrevista con el autor. 8 de febrero de 2018.

46. Wilson, *New Ventures*, pág. 39. Para poner la valuación de SDS en perspectiva, el fabricante de miniordenadores Wang Laboratories tenía una valuación de 70 millones de dólares al momento del cierre del mercado el día de su oferta pública en 1967. Dicha valuación se consideraba destacable, pero era menor a una décima parte de la de SDS. O'Mara, Margaret, *The Code: Silicon Valley and the Remaking of America*, Penguin Press, Nueva York 2019, pág. 86.

47. Foster Parker, socio comanditario de Houston, a Rock y Davis, 23 de agosto de 1968. Archivo personal de Rock.

do del bolsillo delantero[48]. A su vez, *Forbes* formuló la pregunta existencial que muchos lectores tenían en mente: «¿Cómo llegar a ser como Arthur Rock?»[49]. Mientras respondía a esta pregunta, Rock expuso su teoría de inversión centrada en las personas y mencionó que planeaba encontrar a un socio más joven para iniciar un nuevo fondo. Enseguida comenzó a recibir solicitudes de todo el país, entre ellas la de un hombre de Boston llamado Dick Kramlich, a quien acabó por contratar. Al mismo tiempo, Davis formó su propia sociedad, a la que llamó Mayfield Fund, y comenzaron a proliferar otros rivales. Dos jóvenes, Bill Hambrecht y George Quist, iniciaron un banco de inversión de riesgo y tecnología epónimo que luego tendría un papel central en Silicon Valley. Un ingeniero de Texas, Burt McMurtry, abandonó la industria electrónica para probar suerte como inversor de riesgo e inició una carrera que lo llevaría a crear una sociedad que financiaría a Sun Mycrosystems y a Microsoft. En Nueva York, la familia Rockefeller formalizó su compromiso con el capital de riesgo con la creación de Venrock, un fondo inspirado en Davis & Rock; los grandes bancos de Wall Street también se sumaron a la fiesta y contrataron a másteres en administración en sus propias unidades de capital de riesgo. En San Francisco, el club informal de inversión conocido como el Grupo se convirtió en la Western Association of Venture Capitalists. En 1969, el año más representativo, hubo un flujo de 171 millones de dólares de capital privado hacia el sector, equivalente a cincuenta sociedades Davis & Rock nuevas[50].

El triunfo del modelo de Davis & Rock se vio enfatizado por el fracaso de otros formatos alternativos de capital de riesgo. En Boston, el representante de George Doriot, Bill Elfers, demostró su inmensa frustración con la estructura de empresa pública de ARD al negarse a financiar una sociedad de estilo Davis & Rock llamada Greylock; para el año 1972, ARD había desaparecido. Dejó de fluctuar dinero hacia las SBIC, y las mejores —entre ellas, una organización llamada Sutter Hill, que había comprado la cartera de Draper y Johnson— pagaron sus préstamos gubernamentales y reclutaron socios comanditarios para adoptar la cultura de

---

48. Vanderveld, Richard L., «S.F. Investor Team Bankrolls High-Flying Firms of Future», *Los Angeles Times*, 28 de agosto de 1967.

49. «The Money Men», *Forbes*, 1 de noviembre de 1968, pág. 74.

50. Información de Venture Economics Inc.

capital de Davis & Rock. Al mismo tiempo, las observaciones de Peter Drucker sobre las debilidades de la inversión de riesgo corporativa resaltaron por el destino de Fairchild Semiconductor. Era como si los dioses del destino se deleitaran con los finales cerrados.

En un famoso ensayo para *Esquire*, el experto narrador Tom Wolfe presenta a Robert Noyce, el líder carismático de los ocho traidores de Fairchild, como el padre de Silicon Valley[51]. Noyce provenía de una familia de ministros congregacionalistas de Grinnell, Iowa, en el mismísimo centro del Medio Oeste, donde la tierra era tan plana como la estructura social. Al trasladarse a California, Noyce llevó a Grinnell consigo, «como si estuviera cosido al forro de su abrigo». Su instinto lo llevaba a desear dirigir Fairchild sin distinción entre jefes y trabajadores; sin espacios reservados en el *parking*; sin comedores ejecutivos elegantes, sin límite a quién podía dirigirse en las reuniones. Por el contrario, lo que habría sería igualdad, fuerte ética laboral y la creencia en que cada uno de los empleados tenía participación en la empresa.

En el relato de Wolfe, el problema con los líderes de Fairchild Semiconductor era que nunca habían podido sondear aquella ética igualitarista. La visión corporativa de la Costa Este era feudal, con reyes, señores, vasallos y soldados, con límites establecidos por protocolos y pesquisas. Mientras que los hombres de Noyce se estremecían frente a la ostentación social, los directores de la Costa Este se movían con limusinas y chóferes con sombrero. Mientras que los jóvenes del semiconductor trabajaban en cubículos decorados con un estilo que Wolfe describió como «depósitos mejorados», en la Costa Este valoraban sus oficinas señoriales «con revestimientos de madera tallada, chimeneas falsas, escritorios, sofás de estilo francés, libros de cuero y vestidores». Y, más allá de las coloridas diferencias de estilo, existía un conflicto práctico: los ingenieros de la Costa Oeste creían que los hombres que construían el negocio debían ser recompensados con acciones. Pero los hombres de la Costa Este eran demasiado avariciosos y cerrados como para compartir el botín.

---

51. Wolfe, Tom, «The Tinkerings of Robert Noyce», *Esquire*, diciembre de 1983, web.stanford.edu/class/e145/2007_fall/materials/noyce.html.

De todas formas, a pesar de la narrativa magistral de Wolfe, fue Arthur Rock quien vio el conflicto antes y de forma más instintiva que Noyce y también fue él quien se aseguró de que triunfara el igualitarismo de la Costa Oeste. Desde su primera reunión con los ocho traidores, Rock había detectado que tener parte de la empresa era una motivación muy fuerte para los científicos: fue por eso que diseñó la estructura de Fairchild Semiconductor para que todos tuvieran acciones. Después de que los líderes de la Costa Este ejercieran su opción de compra y se hicieran con la propiedad total de la empresa, Noyce continuó sirviéndoles con fidelidad, pero Rock pronto comenzó a sentir que la empresa había perdido la magia. Sus compañeros de senderismo predilectos entre los ocho, Jay Last y Jean Hoerni, se quejaban de los cambios y dirigían su resentimiento al hecho de que ya no poseían acciones. Jay Last dijo que se sentía como «otro empleado trabajando en un laboratorio de investigación para alguien más»[52]. Rock escuchó sus quejas y los instó a controlar su destino. Esperar no tenía sentido, merecían participación financiera en el fruto de su investigación. Y, si él los había liberado una vez, seguro podía hacerlo una segunda, así que les aconsejó que se comunicaran con Teledyne, la firma que se convertiría en la segunda inversión más exitosa de Davis & Rock.

El tiempo pasó sin que sucediera nada. Last y Hoerni parecían ser demasiado tímidos para actuar, por lo que el propio Rock llamó al jefe de Teledyne, Henry Singleton, para explicarle los motivos por los que sus amigos serían activos valiosos para su empresa. Luego, llamó a Fairchild en medio del intercambio de obsequios de Navidad de la empresa, en el que nada menos que el propio Jay Last estaba vestido de Santa Claus. Era hora de aprovechar el momento, así que presionó al hombre dudoso con el desafío del «hombre o ratón» que más tarde usarían los cazadores de talentos: dijo que Henry Singleton estaba sentado junto al teléfono, esperando su llamada[53].

Finalmente, Last cumplió en llamar a Singleton, acordó verlo en las oficinas de Teledyne en West Los Ángeles[54] y prometió llevar a Hoerni consigo.

52. Berlin, *Man Behind the Microchip*, pág. 120. Antes de Fairchild Semiconductor, firmas de tecnología de la Costa Oeste tales como Varian Associates habían brindado acciones a los ingenieros. Nicholas, *VC*, pág. 192.

53. Last en entrevista con el autor, 20 de septiembre de 2017.

54. Berlin, *Man Behind the Microchip*, pág. 123.

Como Hoerni odiaba volar, los dos investigadores se vistieron con los trajes de negociación y condujeron hacia el sur. Tras varias horas de discusión, en las que los dos investigadores se aseguraron de obtener una porción generosa del capital accionario, el trato quedó cerrado[55]. Extasiados, los dos hombres regresaron al vehículo y condujeron hacia las montañas Old Woman en el desierto oriental de Mojave. Allí, sacaron unos cuernos y maracas del maletero y se sentaron en medio del desierto: eran dos científicos trajeados que soplaban sus cuernos para celebrar el Año Nuevo y sus nuevas perspectivas, que Arthur Rock hizo posibles[56].

Después de que Rock demostrara que los científicos podían ser liberados de los jefes corporativos, no solo una vez, sino varias, el destino de Fairchild quedó sellado. Last y Hoerni enseguida convencieron a otros dos de los ocho traidores, Sheldon Roberts y Eugene Kleiner, de que los siguieran a Teledyne, donde también recibieron acciones[57]. Siguieron más deserciones y, para finales de 1965, un ingeniero muy vivaz completó las seis páginas del cuestionario de salida de Fairchild escribiendo sobre ellas, en letras mayúsculas: «QUIERO HACERME RICO»[58]. En la primavera de 1967, nada menos que el principal lugarteniente de Noyce dimitió y se llevó con él a treinta y cinco empleados al principal competidor de Fairchild, National Semiconductor[59]. El grupo restante, desmoralizado, se reunía todas las semanas en un bar local llamado Walker's Wagon Wheel. «Bueno, es viernes, ¿a quién se llevó National esta semana? ¡Hijo de perra!»[60].

Hacia finales de 1967, los jefes de la Costa Este de Fairchild por fin despertaron de su letargo. Gracias al cambio cultural iniciado por Rock, su resistencia a conceder acciones a investigadores talentosos era insostenible. Sin embargo, la opción que aprobaron para los empleados fue muy

55. Rock en entrevista con el autor, 8 de noviembre de 2017.

56. Roberts, George, *A Distant Force: A Memoir of the Teledyne Corporation and the Man Who Created It*, Teledyne Corporation, 2007, pág. 14. Se presenta una leve variación en: Berlin, *Man Behind the Microchip*, pág. 123.

57. «Companies|The Silicon Engine |Computer History Museum», sitio web, www.computerhistory.org/siliconengine/companies. [Consultado el 13 de septiembre de 2017].

58. El diseñador del chip era Bob Widlar. Malone, Michael, *The Intel Trinity: How Robert Noyce, Gordon Moore, and Andy Grove Built the World's Most Important Company*, HarperBusiness, Nueva York, 2014, pág. 31.

59. Berlin, *Man Behind the Microchip*, pág. 150.

60. Malone, *Intel Trinity*, pág. 34.

baja y llegó demasiado tarde. Con la pérdida de talentos, la empresa estaba perdiendo dinero y, tras nueve años de trabajo para la Costa Este, incluso Noyce podía notar que el juego había terminado. En abril de 1968, recurrió a Gordon Moore, uno de los ocho traidores que permanecían con él. «Estoy pensando en marcharme»[61].

Cuando Noyce abandonó a Shockley, tuvo una decisión difícil, ya que la posibilidad de crear una empresa nueva superaba su imaginación. Pero, una década después, la Costa Oeste había cambiado; ya no tenía que resignarse a cambiar de empresa ni de buscar financiamiento con un jefe corporativo. Gracias al éxito de la sociedad Davis & Rock, había dinero disponible para respaldar *startups* sin activos ni ganancias, solo con talentos y ambición. La brecha que Peter Drucker había visto en el mercado de capitales estaba cubierta.

Entonces, Noyce llamó a Arthur Rock. Aunque había numerosos inversores de riesgo para elegir, Rock había financiado a Fairchild, y su reputación había crecido gracias a SDS y Teledyne. Noyce le explicó que dejaría Fairchild y que pensaba iniciar una nueva firma.

«¿Por qué te ha llevado tanto tiempo tomar esta decisión?», fue lo que respondió Rock[62]. Noyce dijo que creía necesitar 2,5 millones de dólares, una suma considerablemente mayor a la que Fairchild o SDS habían reunido. «Los tienes», prometió Rock[63].

Unas semanas después, Noyce y Gordon renunciaron a Fairchild. El capital de riesgo los había liberado, otra vez.

◆

Lo que sucedió luego potenció la revolución en la que el talento era recompensado y el capital entendía su lugar. Para reunir dinero para la nueva empresa de Noyce y Moore, a la que llamaron Intel, Rock diseñó un plan de negocios inverso al modelo de Fairchild. En lugar de conceder derechos especiales al inversor —que, en el caso de Fairchild, fue la op-

---

61. Berlin, *Man Behind the Microchip*, pág. 151.

62. Isaacson, Walter, *The Innovators: How a Group of Hackers, Geniuses, and Geeks Created the Digital Revolution*, Simon & Schuster, Nueva York, 2014, pág. 185.

63. Rock, Arthur, «Early Bay Area Venture Capitalists: Shaping the Economic and Business Landscape», entrevista con Sally Smith Hughes, Regional Oral History Office, Bancroft Library, University of California, Berkeley, 2009, pág. 47.

ción de comparar la totalidad de la empresa—, el financiamiento estaba diseñado para privilegiar a los emprendedores. Noyce y Moore comprarían 245.000 acciones cada uno por 245.000 dólares, y Rock compraría otras 10.000 acciones por el mismo precio. Los inversores externos aportarían 2,5 millones de dólares, pero por una valuación diferente: no 1 dólar por acción, sino 5, con lo que controlarían la misma cantidad de acciones que los fundadores, pero aportarían cinco veces más capital. Como ya era costumbre en los tratos de Arthur Rock, se reservaría un lote de acciones para los empleados, pero la idea llegaría más lejos. En otras empresas de Rock, los principales ingenieros, gerentes y vendedores recibían acciones y opciones de compra; en el caso de Intel, todos los empleados las obtenían.

El 16 de octubre de 1968, Rock comenzó a reunir el dinero externo. Dado que recientemente había cerrado el fondo Davis & Rock, no contaba con un vehículo de inversión para aportar capital él mismo, pero no tenía dificultades para encontrar entusiastas. De las treinta y una personas en la lista original de Rock, solo una se negó a invertir, las demás se consideraron afortunadas de recibir una llamada suya. Max Palevsky participó, al igual que la iniciativa de la familia Rockefeller, que estaba a punto de compensar su debut tambaleante en la industria. Los otros seis miembros de los ocho traidores también compraron acciones, y Robert Noyce se aseguró de que su *alma mater*, Grinnell College, fuera invitada a participar[64]. Al mismo tiempo, tras las consideraciones pertinentes, Sherman Fairchild fue excluido de la lista, y una horda de aspirantes a inversores frustrados solicitaron acceso. Un almirante particularmente persistente llamó a la esposa de Moore con insistencia[65]. Entonces, en vez de que los capitalistas seleccionaran empresas en las que invertir, los emprendedores eran quienes escogían a los capitalistas. El cambio iniciado por Davis & Rock había dado sus frutos.

---

64. El propio Rock invirtió 300.000 dólares con la tasa de 5 dólares por acción. Los 10.000 dólares que tuvo permitido invertir a una tasa de 1 dólar fueron su recompensa por haber conseguido la financiación. Rock en entrevista con el autor, 30 de enero de 2018.

65. Hollar, John, y Douglas Fairbairn, «Gordon Moore and Arthur Rock Oral History Panel», Computer History Museum, 9 de julio de 2014, pág. 23, archive.computerhistory. org/resources/access/text/2015/09/102739934-05-01-acc.pdf.

Por supuesto que es discutible cuánto crédito merece el propio Rock por esos cambios, pero sin duda es más del que ha recibido. La narrativa predominante sobre la cultura de Silicon Valley idolatra a los fundadores de empresas, y la maravillosa historia de Tom Wolfe destacó las raíces de Noyce en el pequeño pueblo de Iowa como la génesis de la cultura igualitarista de acciones para toda la Costa Oeste[66]. Sin embargo, tal y como hemos visto, fue Arthur Rock quien brindó el impulso para la creación de Fairchild y quien abrió los ojos de los fundadores hacia la posibilidad de ser dueños del fruto de sus investigaciones. Fue Rock quien demostró el potencial de las sociedades de responsabilidad limitada que desarrollaron la cultura de capital de Silicon Valley y también quien catalizó el fracaso del modelo de capital de riesgo corporativo de Fairchild al llevarse de allí a Hoerni y a Jay Last. En cuanto a la creación del plan de acciones para empleados de Intel, probablemente fuese él quien propuso que hubiera acceso para todos y, sin duda, él diseñó los detalles del plan[67]. En una carta fechada en agosto de 1968, en la que detallaba su forma de pensar, describió una forma de equilibrar los intereses de inversores y trabajadores: Intel debía evitar conceder participación a empleados a corto plazo, pero brindarla a quienes se comprometieran con la empresa a largo plazo. «Hay demasiados millonarios que no han hecho nada por su empresa más que abandonarla tras un período corto de tiempo», remarcó con sabiduría[68]. Sin sus acertados consejos, el programa de acciones para empleados de Intel no hubiera sentado las bases para Silicon Valley, porque no hubiera sido sostenible.

Como destacó Tom Wolfe, Noyce era hijo y nieto de ministros congregacionalistas, pero Rock odiaba las jerarquías tanto como él. Fue el niño judío abusado e inseguro de su cuerpo en un pueblo pequeño; fue

---

66. Wolfe, «Tinkerings of Robert Noyce».

67. «Casi todos los empleados aceptaron salarios más bajos de los que podían obtener en empresas establecidas. Por eso creí que, si la empresa (Intel) tenía éxito, debían ser recompensados»; Rock en *e-mail* al autor, 1 de marzo de 2019. «Noyce, Moore y yo éramos la junta ejecutiva. Decidimos que debíamos brindar opciones de compra, la pregunta era a quién. Propuse que fuera a todos los empleados, entonces la pregunta fue en qué etapa de su contratación. Acordamos que sería tras un año en el puesto. Ya había estado en la junta de empresas que concedían opciones de compra, así que sabía cómo funcionaba». Rock en entrevista con el autor, 8 de noviembre de 2017. Se advierte que, en otras entrevistas, Rock no había dicho de forma explícita que extender la opción de compra a todos los empleados había sido idea suya y no de Noyce, aunque nunca dio a entender lo contrario.

68. Berlin, *Man Behind the Microchip*, pág.165.

el joven que despreciaba la rigidez en los rangos del ejército; fue el hombre que se liberó de la institución corporativa de la Costa Este en la primera oportunidad. En su claridad lacónica y directa, se oponía tanto como Noyce a las apariencias y pretensiones. Si Tom Wolfe hubiera escrito un perfil épico de Rock en lugar de Noyce, el origen de la cultura igualitarista de Silicon Valley hubiera sido adjudicado al financiero y no al emprendedor. Indudablemente, la verdad se encuentra en algún lugar intermedio.

3

Sequoia, Kleiner Perkins y capital activista

En el verano de 1972, un trío de ingenieros de la Costa Oeste creó algo llamado *Pong*, uno de los primeros videojuegos del mundo. Ninguna persona sobria hubiera dicho que era un juego sofisticado: los jugadores movían una raqueta virtual de arriba abajo para bloquear una pelota virtual. Cuando la pelota chocaba contra la raqueta, algún resquicio de la mente primitiva era recompensado con un sonido gratificante. Los jugadores solo debían aprender una regla: «Evita perder la pelota para sumar puntos»[1]. Incluso alguien del todo ebrio podía participar, por lo que, en poco tiempo, *Pong* fue instalado en los bares alrededor de Bay Area, con lo que recaudaban a razón de 1.000 dólares a la semana en apuestas.

En unos pocos años, el equipo detrás del juego atrajo el interés de capitalistas de riesgo. Para entonces, Atari, que era como se llamaba la empresa, se había infiltrado en bares de todo el país[2]. La empresa había abierto una fábrica en una antigua pista de patinaje sobre ruedas y contratado un equipo de ingenieros de pantalones acampanados para que idearan juegos novedosos. Sin embargo, invertir en Atari requería de una nueva clase de capitalista de riesgo, pues se trataba de una nueva clase de empresa tecnológica. Cuando Rock apoyó a Fairchild —o a SDS, a Tele-

---

1. Isaacson, Walter, *The Innovators: How a Group of Inventors, Programadors, Geniuses, and Geeks Created the Digital Revolution*, Simon & Schuster, Nueva York, 2014, pág. 212.
2. Berlin, Leslie, *Troublemakers: Silicon Valley's Coming of Age*, Simon & Schuster, Nueva York, 2017, pág. 120.

dyne o a Intel—, se apostaba por la tecnología: ¿la investigación y desarrollo iba a crear productos que se vendieran? En cambio, en el caso de Atari, la tecnología era relativamente trivial: el primer juego de *Pong* fue desarrollado por un hombre habilidoso inspirado con un título de grado de Berkeley. En lugar de un riesgo tecnológico, Atari implicaba riesgo de negocio, de *marketing* y lo que podría llamarse riesgo del hombre osado. No estaba hecho para corazones débiles.

Nolan Bushnell, fundador de Atari en su veintena, no tenía tiempo para la disciplina básica de los negocios. Con su metro noventa y cinco de altura y su cabello desgreñado, presidía su empresa como un Hugh Hefner de la alta tecnología[3]. Tenía una barra de cerveza de roble fuera de su oficina y le gustaba dar reuniones de negocios desde su *jacuzzi*, el de su casa o el que había hecho instalar en el edificio de ingeniería de Atari[4]. Las reuniones o fiestas de *jacuzzi* —a veces era difícil diferenciarlas— eran parte de la cultura de la empresa, que giraba en torno a contratar a las secretarias más atractivas disponibles[5]. La estrategia corporativa de Bushnell era garabatear ideas en trozos de papel que se le caían de los bolsillos. Los empleados tenían gastos de transporte pagados por adelantado y, en ocasiones, desaparecían con el dinero y nunca más se sabía de ellos. Con frecuencia, los pedidos de los clientes no eran registrados, por lo que era común que tuvieran costosas disputas. A pesar de que *Pong* generaba ganancias, iban tan justos de dinero que los días de paga los aparcamientos quedaban vacíos, ya que todos corrían para cobrar sus cheques antes de que las cuentas de la empresa se vaciaran[6]. Mientras que los negocios del país habían estado dominados por el «hombre organización» desde los años cincuenta, Nolan Bushnell era el «hombre desorganización»: descuidado, semisobrio, creativo y persuasivo.

Casualmente, los años setenta marcaron la aparición de una nueva clase de inversor de riesgo, armado con una caja de herramientas expandida que transformó las *startups* imposibles de respaldar del estilo de Atari

---

3. Coll, Steve, «When the Magic Goes», *Inc.*, 1 de octubre de 1984.

4. Berlin, *Troublemakers*, pág. 123.

5. Dormehl, Luke, *The Apple Revolution: The Real Story of How Steve Jobs and the Crazy Ones Took Over the World*, Virgin Books, Londres, 2013, pág. 56.

6. Berlin, *Troublemakers*, pág. 124.

en apuestas dignas de consideración. En lugar de identificar a emprendedores y de supervisarlos como había hecho Rock, los nuevos capitalistas participaban activamente de la formación de las empresas: les indicaban a los fundadores a quiénes contratar, cómo vender y cómo estructurar las investigaciones. Para asegurarse de que cumplieran con sus instrucciones, idearon una segunda innovación: en vez de reunir un fondo enorme, distribuían el capital en partes, que entregaban de forma cuidadosamente calculada para apoyar a las empresas hasta que llegaran a la meta acordada. Entonces, si los cincuenta habían revelado el poder del capital de liberación y los sesenta habían abierto el camino a los fondos de riesgo por acciones y de tiempo limitado, los avances de los setenta fueron dobles: supusieron una participación activa y un financiamiento etapa por etapa.

Los principales pioneros del nuevo estilo de capital fueron Don Valentine y Tom Perkins, los precursores de los grandes rivales de Silicon Valley, Sequoia Capital y Kleiner Perkins Caufield & Byers respectivamente. Ambos eran convincentes y tenían el temperamento adecuado para el activismo combativo. Se dice que Valentine declaró que los fundadores con bajo rendimiento debían estar en una «celda con Charles Manson» y que, en una ocasión, reprendió a un subordinado con tal dureza que el pobre hombre perdió el conocimiento[7]. Perkins, quien conducía un Ferrari, tenía un yate y se consideraba un dandi, disfrutaba de despreciar la sabiduría cortés; más adelante, cuando dilapidó 18 millones de dólares en un apartamento en San Francisco, declaró de forma desafiante: «Me llaman el rey de Silicon Valley, ¿por qué no puedo tener un piso?»[8].

---

7. Stross, Randall E., *eBoys: The First Inside Account of Venture Capitalists at Work*, Ballantine Books, Nueva York, 2001, «Peaks and Valleys» *Inc.*, 1 de mayo de 1985, inc.com/magazine/19850501/7289.html.

8. Keates, Nancy, «A Penthouse Fit for a King», *Wall Street Journal*, 27 de julio de 2012, www.wsj.com/news/articles/SB10000872396390444025204577545980352957576. Perkins también rechazó una invitación a hablar en Harvard, diciendo: «Lo siento, estaré en Tahití. Partiré el fin de semana y no regresaré hasta finales de abril. Intentaré capturar tiburones en video desde mi submarino. Fui el primero en hacerlo con ballenas jorobadas en Tonga en septiembre». Nicholas, Tom, *VC: An American History*, Harvard University Press, Cambridge (Massachusetts), 2019, pág. 222.

La agresividad de Valentine se debía, en parte, a sus experiencias de juventud. Su padre era transportista en Yonkers, Nueva York, y funcionario de bajo rango en la unión Teamsters, no había terminado el instituto y la familia nunca había tenido una cuenta bancaria. De niño, Don asistió a una estricta academia católica, donde las monjas golpeaban a los estudiantes, en especial si, como en el caso del pequeño Don, intentaban escribir con la mano izquierda. Mientras que la dura infancia de Rock, combinada con la debilidad corporal resultado de la polio, lo había convertido en un hombre distante y reservado, la crianza de Valentine, combinada con la constitución de un boxeador, lo convirtieron en un hombre iracundo, que se ofendía con facilidad y siempre estaba listo para una pelea.

Más tarde, asistió a la Universidad Fordham, de administración jesuita, en la que odió a sus profesores. Luego debió hacer el servicio militar, donde se sintió irritado por las normas y supo que su «sentido de la desobediencia no era del todo civilizado»[9]. Por fortuna, gracias a su físico, consiguió un lugar en el equipo de waterpolo naval en una base al sur de California. Adoraba el clima del lugar y, tras concluir su período en el equipo, se unió al negocio del semiconductor, decidido a quedarse en la Costa Oeste. Ascendió en Fairchild Semiconductor y luego en su rival, National Semiconductor, también desarrolló un negocio extra invirtiendo su propio dinero, incluso en el éxito de Rock-Palevsky, SDS. Para el año 1972, se había labrado tal reputación que Capital Research and Management, una firma inversora renombrada de Los Ángeles, le solicitó que los ayudara a iniciarse en el capital de riesgo[10]. Mientras que la cultura de Capital Research era conservadora, las inversiones en tecnología que le gustaban a Valentine no eran conservadoras en absoluto, pero accedió a firmar con ellos de todas formas. Su nuevo jefe, Bob Kirby, no tardó en apodarlo «Rocket Man»[11].

9. Valentine, Donald T., «Donald T. Valentine: Early Bay Area Venture Capitalists: Shaping the Economic and Business Landscape», entrevista con Sally Smith Hughes, 2009, Regional Oral History Office, Bancroft Library, University of California, Berkeley, 2010, pág. 8, digitalassets.lib.berkeley .edu/roho/ucb/text/valentine_ donald.pdf.

10. Capital Research and Management aún existe y hoy es conocido como Capital Group. Valentine, «Donald T. Valentine: Early Bay Area Venture Capitalists», pág. 22.

11. Berlin, *Troublemakers*, pág. 127.

El primer desafío de Valentine era reunir capital para el nuevo fondo[12]. Como discípulo de Ayn Rand, feroz novelista libertario, no pensaba constituirse como compañía de inversión en pequeñas empresas y aceptar préstamos del Gobierno[13]. Pensaba que la deuda sería una carga para una empresa emergente con idea de crecimiento y, además de ello, había sido criado para odiarlas: «Mi padre no creía en los créditos, por eso siempre alquilamos, y grabó en mi mente que la deuda era mala y limitante»[14]. Tampoco podía tomar dinero de fondos de jubilación, ya que la norma del «hombre prudente» del Departamento del Trabajo prohibía inversiones osadas como las del capital de riesgo.

En la búsqueda de entidades que no estuvieran limitadas por el Gobierno, Valentine evaluó reunir capital con personas ricas, según el modelo de Davis & Rock. Hasta que un amigo le hizo ver que las personas tenían la costumbre de fallecer o divorciarse, por lo que sus propiedades debían dividirse y, para eso, valuarse. En consecuencia, al tomar dinero de individuos, un fondo de riesgo podría enfrentar a discusiones infinitas sobre el valor de empresas emergentes en cartera[15]. En opinión de Valentine, lo único peor que involucrarse con el Gobierno era involucrarse con abogados.

También consideró reunir dinero en Wall Street, pero carecía del refinamiento y de la preparación que esperaban los pijos neoyorquinos. No había asistido a una universidad de la Ivy League ni a una escuela de negocios de élite y odiaba a los sabelotodo engreídos, una categoría que, según escribiría un lugarteniente distinguido, consideraba que incluía a «personas con guiones en los nombres o con números romanos después

---

12. De acuerdo con Gordon Crawford, veterano gerente en cartera de Capital Research, Valentine creó el Capital Management Fund para invertir dinero de clientes externos que él mismo reclutaba; los escépticos entre los líderes del Capital Group habían bloqueado la idea de que Valentine debía invertir capital de clientes del grupo. A su vez, Valentine también administraba otro medio llamado fondo Sequoia, que invertía en nombre de los empleados de Capital Management. Los ejecutivos superiores podían invertir en Sequoia sin pagar las tasas usuales de los capitales de riesgo. A cambio, Valentine podía hacer uso de los beneficios de salud y de pensión de Capital Management y consultar con sus analistas. Crawford en entrevista con el autor, 15 de mayo de 2018.

13. Valentine bautizó a su hija con el segundo nombre de Ayn. Expresó su opinión sobre el Gobierno federal diciéndole a su protegido Michael Moritz: «Sería fácil tener optimismo si un terremoto azotara algunas de las calles principales de Washington DC». Moritz, Michael, *DTV*, autopublicado, 2020, pág. 31.

14. Valentine en entrevista con el autor, 7 de abril de 2018.

15. Valentine en entrevista con el autor.

de los apellidos, descendientes directos de inmigrantes llegados en el *Mayflower*, quienes disfrutaban de vivir en la Costa Este, usaban corbatas de Hermès, tiradores, gemelos, anillos de sello y camisas con monogramas»[16].

En una ocasión, Valentine intentó conseguir dinero con Salomon Brothers, el banco de inversiones de Nueva York.

«¿A qué escuela de negocios has asistido?», le preguntaron allí. «A la escuela de negocios Fairchild Semiconductor», bufó Valentine. «Solían mirarme como si estuviera completamente chiflado, no solo un poco», recordó con evidente satisfacción[17].

Valentine tardó un año y medio en reunir 5 millones de dólares para su primer fondo[18]. Finalmente, tuvo éxito recurriendo a capitales que gozaban de estatus benéfico: universidades y dotaciones que no solo escapaban de las regulaciones, sino también a los impuestos sobre las ganancias. La primera fue la Fundación Ford, seguida por Yale, Vanderbilt y, luego, por Harvard. De forma irónica, los líderes de inversiones de la Ivy League fueron mucho más abiertos con un graduado huraño de Fordham que con muchos de sus exalumnos. De este modo, las dotaciones pusieron en marcha uno de los mayores círculos virtuosos del sistema norteamericano. Los capitales de riesgo financiaban *startups* de conocimiento intensivo y muchas de sus ganancias luego fluían hacia instituciones de investigación que generaban más conocimiento[19]. Hasta el día de hoy, las salas de conferencia en la antigua firma de Valentine llevan el nombre de los principales socios comanditarios: Harvard, MIT, Stanford, entre otros[20].

---

16. Moritz, *DTV*, pág. 36.

17. Valentine en entrevista con el autor.

18. Algunas fuentes afirman que el fondo inicial de Sequoia fue de 7 millones de dólares, pero fuentes internas confirman que el número correcto es de 5 millones de dólares.

19. Durante la década siguiente, la dotación de Harvard invirtió o asignó más de 130 millones de dólares en capitales de riesgo. Wilson, John W., *The New Venturers: Inside the High-Stakes World of Venture Capital*, Addison-Wesley, Reading (Massachusetts) 1985, pág. 29.

20. En 1990, Yale realizó la primer inversión universitaria en un fondo de cobertura, Farallon Capital, con lo que extendió el papel de las dotaciones hacia la promoción de métodos de inversión innovadores.

En el verano de 1974, poco después de haber reunido los 5 millones de dólares, Valentine se presentó en la antigua pista de patinaje convertida en la fábrica de Atari. Aunque era un hombre con buen estado físico que pasaba los cuarenta años, parecía tener dificultades al recorrer la fábrica; tosía con incomodidad y parecía contener la respiración. Más adelante, relató que el edificio tenía suficiente humo de marihuana en el aire como para «aflojarle las rodillas»[21].

«¿Qué te ocurre?», le preguntó Nolan Bushnell.

«No sé qué están fumando, pero no es mi marca», respondió Valentine[22].

La fábrica ya había recibido visitas de capitalistas de riesgo, que se habían retirado enseguida. Burt McMurtry, uno de los hombres que había entrado en el negocio tras los éxitos de Rock, descartó a la empresa por ser un «bucle abierto», un eufemismo de ingeniería para decir que era caótica[23]. Pero la personalidad combativa de Valentine le permitía tener una visión diferente. Sin amedrentarse por la posibilidad de tener que gritar a fundadores descarriados, tenía la libertad de apoyar a personas salvajes si tenían algo lucrativo entre manos. Más allá de todo, apoyar a una empresa como Atari atraía la idea que tenía de sí mismo; aquellos hombres de sangre azul de la Costa Este no tocarían Atari ni con una vara de veinte metros y, precisamente por eso, Valentine estaba tan ávido de rodearla con los brazos. Años después, se maravilló al recordar una reunión en el *jacuzzi* de Atari: tras la invitación de Bushnell, se había quitado la ropa con confianza para sumergirse. Al mismo tiempo, un inversor nervioso de Boston había permanecido sentado a un lado con su camisa blanca y corbata, mirándolos con expresión incómoda[24].

Ya que la cultura liberal de Atari no suponía un impedimento para Valentine, la pregunta siguiente era si la empresa podría construir sobre la popularidad de *Pong*. Por suerte, este interrogante involucraba una serie de puntos relacionados con las fortalezas de Valentine. A diferencia de

---

21. Valentine, «Donald T. Valentine: Early Bay Area Venture Capitalists», pág. 33.

22. Geller, Daniel, Dayna Goldfine y Po Bronson, *Something Ventured: Risk, Reward, and the Original Venture Capitalists*, cinta de vídeo, Zeitgeist Films, 2011.

23. Wilson, *New Venturers*, pág. 53.

24. Valentine, Donald T., «Atari», Sequoia, sequoiacap.com/company-story/atari-story. [Consultado el 29 de septiembre de 2016].

Arthur Rock, tenía experiencia como operador de negocios activo y, en sus años como vendedor del semiconductor, había aprendido a traducir productos en ganancias: debían apuntar a la versión del invento que generara el mayor margen y abrir canales de ventas con la mayor cantidad de clientes posible. En el caso de Atari, implicaba hacer realidad una de las numerosas epifanías en formación de Bushnell: si podían vender *Pong* a familias en lugar de a bares, el mercado se expandiría considerablemente[25]. Valentine pensó que, para abarcar el mercado hogareño, Atari debía hacer dos cosas: los ingenieros tendrían que modificar el juego para el uso privado y la empresa tendría que asociarse con un comercio prestigioso, uno que tuviera influencia suficiente para infiltrar a *Pong* en la consciencia de todo comprador del país.

Hacia finales de 1974, unas pocas semanas después de su visita, Valentine tomó la decisión de no invertir por el momento, ya que Atari era demasiado caótica. Pero tampoco la olvidaría, pues su potencial era enorme. En cambio, se involucraría con cautela, en etapas, comenzando por arremangarse y diseñar un plan de negocios para la empresa. Si todo salía bien —Bushnell aceptaba la estrategia y el plan atraía a otros inversores—, él mismo invertiría. En otras palabras, arriesgaría su dinero cuando hubiera minimizado, en parte, el riesgo de Atari. De este modo, el activismo y el gradualismo se combinarían para hacer que la cultura del *jacuzzi* fuera financiable.

———◆———

Valentine podía involucrarse de forma gradual debido al clima del mercado. La expansión de «armas y mantequilla» de los sesenta había dado paso a tiempos más difíciles; los recortes en defensa habían eliminado miles de puestos de trabajo y el embargo de petróleo árabe de 1973 ha-

---

25. Al Alcorn, el jefe de ingenieros de Atari, recuerda que Bushnell le solicitó desarrollar una versión hogareña de *Pong* en 1973, pero fue solo una entre las miles de ideas que Bushnell le proponía al departamento de ingeniería. Alcorn, Allan, «First-Hand: The Development of Pong: Early Days of Atari and the Video Game Industry», *Engineering and Technology History Wiki, 12 de enero de 2015*, ethw.org/First-Hand:The_Development_of_Pong:_Early_Days_of_Atari_and_the_Video_Game_Industry. Por su parte, Valentine recordó: «Justo después de estar convencidos de que la empresa iría en la dirección de crear un producto hogareño, nos convencimos para invertir». Kent, Steve L., *The Ultimate History of Video Games*, Three Rivers Press, Nueva York, 2001.

bía generado una combinación deprimente de bajo crecimiento y alta inflación. El recuento de ofertas públicas iniciales se desplomó desde más de mil en 1969 hasta apenas quince en 1974, y el rendimiento del S&P 500 fue casi nulo durante el período[26]. Este colapso arrasó con el negocio incipiente de fondos de cobertura, y un titular de *Forbes* se preguntó: «¿El mercado bajista ha matado al capital de riesgo?»[27]. Tras haber reunido 171 millones de dólares en 1969, los capitalistas de riesgo apenas alcanzaron 57 millones de dólares en 1974 y 10 millones de dólares al año siguiente[28]. Una caricatura del *New Yorker* representaba a dos hombres vociferando entre risas: «¡Capital de riesgo! ¿Recuerdas el capital de riesgo?»[29].

Sin embargo, las adversidades tuvieron sus ventajas. Valentine pudo vigilar a Atari con paciencia, sin necesidad de preocuparse por que surgieran rivales con el mismo objetivo. Entonces, se dispuso a crear una estrategia para la empresa, enfocada en el desarrollo de *Home Pong*; no dejaría ese asunto en manos de los líderes de la empresa, incapaces de llevar registros básicos. A principios del 1975, gracias a la insistencia y aliento de Valentine, Atari ya había creado una versión casera del juego, con el nombre en código de «Darlene», en honor a una de las mujeres de la empresa[30]. Solo faltaba que Atari encontrara a un distribuidor fuerte para cumplir con las dos condiciones que Valentine había puesto para invertir.

El primer intento de cerrar un trato de distribución fue un fracaso: un equipo de Atari llevó un prototipo de *Home Pong* a una feria de juguetes en Nueva York y regresó con las manos vacías. Un acercamiento a Toys "R" Us fue rechazado y las negociaciones con Radio Shack flaquea-

26. El recuento de ofertas públicas proviene de un informe de Morgan Stanley de 1985.

27. O'Mara, Margaret, *The Code: Silicon Valley and the Remaking of America*, Penguin Press, Nueva York, 2019, pág. 158. Para el desgaste de los fondos de cobertura, véase Mallaby, Sebastian, *More Money Than God: Hedge Funds and the Making of a New Elite*, Penguin Press, Nueva York, 2010, pág. 41.

28. Información de Venture Economics Inc.

29. O'Mara, *Code*, pág. 168. Al recordar el año 1975, Len Baker de Sutter Hill dijo: «Existía la duda real respecto a si era posible vivir de este negocio». Baker en entrevista con el autor, 20 de septiembre de 2017.

30. «Preliminary IPO prospectus for Atari», *Al Alcorn Papers (M1758)*, Department of Special Collections and University Archives, Stanford University Libraries. Vendel, Curt, y Marty Goldberg, *Atari Inc.: Business Is Fun*, Syzygy Press, Carmel (Nueva York), 2012, pág. 152.

ron[31]. Entonces, Valentine volvió a arremangarse, se comunicó con un gerente en cartera de su empresa matriz, Capital Research, quien tenía un puesto importante en Sears, uno de los comerciantes más formidables del país[32]. ¿Podría conseguir el gerente que invitaran a Bushnell a la Torre Sears en Chicago?

Después de conseguir la invitación, Valentine envió a Bushnell con instrucciones de usar uno de sus trajes «no payasescos» y no ser demasiado «cómico»[33]. Bushnell siguió las indicaciones y, en poco tiempo, uno de los compradores de Sears les devolvió la visita[34]. Para finales de marzo, Sears había ordenado setenta y cinco mil máquinas de *Home Pong*[35], y Atari tenía lo que Valentine había estado esperando: un producto nuevo prometedor y un distribuidor fuerte.

A inicios de 1975, Valentine cumplió con su inversión: compró 62.500 acciones por 62.500 dólares, en lo que se conocería en Atari como «inversión semilla»[36]. Pero ese era solo el comienzo. Una vez que la sociedad con Sears hubiera madurado y que los riesgos de Atari hubieran disminuido más, sería tiempo de aumentar la financiación. Para aumentar la producción de Atari necesitaría mucho más que 62.500 dólares.

Durante el trascurso del verano, Valentine vio florecer la alianza Atari-Sears. El equipo de Sears secundó a fabricantes expertos para que ayudaran a Atari y ambos lados se esforzaron por cubrir el abismo cultural que los separaba. Cierto día, una docena de gerentes de Sears fueron de visita con trajes de tres piezas a la fábrica de Atari, donde se encontraron con un grupo de ingenieros de menos de veinte años, con cabellos largos y vestidos con vaqueros y camisetas. Bushnell disipó la tensión exten-

31. Vendel y Goldberg, *Atari Inc.*, pág. 155.

32. Valentine en entrevista con el autor. El catálogo icónico de Sears llegó a la mayoría de los hogares del país y el 57 por ciento poseía una de sus tarjetas. Berlin, *Troublemakers*, pág. 129.

33. Berlin, *Troublemakers*, pág. 129.

34. Para algunos empleados de Atari, que describieron la relación de la empresa con Sears sin mencionar a Valentine, la intervención de Valentine y la visita de los compradores de Sears no guardaban una relación clara. Sin embargo, Valentine y Gordon Crawford, el inversor de Capital Research con gran participación en Sears, recuerdan discutir el inicio de una conexión entre Sears y Atari. Crawford en entrevista con el autor.

35. Vendel y Goldberg, *Atari Inc.*, pág. 158.

36. «Preliminary IPO prospectus for Atari», *Alcorn Papers (M1758)*.

diendo cartones gigantes sobre una cinta transportadora e invitando a los hombres a subir a bordo; así, el grupo partió feliz a un recorrido por la fábrica. Para la cena de esa noche, los jóvenes de Atari quisieron compensarlo vistiéndose de traje y corbata, mientras que el equipo de Sears se había puesto camisetas[37].

A finales de agosto de 1975, Valentine estaba listo para avanzar con la siguiente ronda de inversión —en lenguaje moderno, la «serie A»—. Reunió una organización que aportaría poco más de 1 millón de dólares, una suma considerable en un año en el que la recaudación de todo el negocio de capital de riesgo del país había caído a 10 millones de dólares. Atari usó el capital para producir *Home Pong* en masa, y Sears los vendía tan pronto como los recibía. El activismo y la financiación paciente etapa por etapa estaban cosechando buenos frutos.

Un año después, en verano de 1976, Valentine afrontó el siguiente desafío: los ingenieros de pantalones acampanados de Atari habían tenido una idea nueva, una consola en la que no solo corriera *Pong*, sino diversos juegos de preferencia del jugador. Pero para poner en marcha esta innovación, Atari necesitaría una inyección de capital mucho más grande, quizás de hasta 50 millones de dólares. No había forma de que los capitalistas de riesgo de la época reunieran tanto dinero, y la bolsa estaba cerrada; en 1976, apenas treinta y cuatro empresas habían comenzado a cotizar[38]. Así que para que Atari pudiera desarrollar su consola de multijuegos, Valentine debía encontrar otra forma de reunir capital.

Finalmente, Valentine resolvió que Atari debía venderse a alguien de bolsillos abultados. Aunque, para que fuera una opción, debía atravesar una barrera fuerte: la oposición de Bushnell. «Era su primera empresa, como su hijo, y no quería renunciar a ella», recordó más adelante[39]. Valiéndose de su personalidad arrolladora, le informó que su hijo necesitaba un nuevo padre, propuso a la empresa Warner Communications y recurrió a su amigo en Capital Research para que organizara una segunda

---

37. Cohen, Scott, *Zap! The Rise and Fall of Atari*, Xlibris, Filadelfia, 1984, pág. 50.

38. En 1976, había 34 ofertas públicas iniciales, que sumaban un total de 234 millones de dólares. En contraste, en 1969, hubo 1.026, con un total de 2,6 mil millones de dólares. Información de Morgan Stanley.

39. Wilson, *New Venturers*, pág. 63.

presentación[40]. Enseguida, Steve Ross, fundador y presidente de Warner, invitó a Bushnell a Nueva York para negociar, y Valentine se aseguró de estar invitado.

Hacia finales de 1976, un avión privado de Warner recogió a Bushnell y a Valentine en California. A bordo, fueron recibidos por Clint Eastwood y por su novia, Sandra Locke; Eastwood tuvo la gentileza de prepararle un sándwich a Bushnell[41]. Cuando aterrizaron en el aeropuerto Teterobo, una limusina los llevó a sus habitaciones en el hotel Waldorf Towers. Esa noche tuvieron una cena en el apartamento palaciego de Steve Ross, donde vieron una película inédita de Eastwood. En plena madrugada, Bushnell, deslumbrado, accedió a vender Atari por 28 millones de dólares.

Fue una salida satisfactoria para Valentine y su fondo incipiente. Sequoia consiguió un rendimiento de 3x, lo que demostró el valor de los nuevos métodos de inversión. Gracias al activismo de Valentine y de su abordaje etapa por etapa, una empresa sin potencial de respaldo se había convertido en una ganadora. Mientras tanto, la misma fórmula había dado otros éxitos. Para 1980, el primer fondo de Valentine había conseguido un rendimiento anual del 60 por ciento, con lo que igualó el logro de Davis & Rock y desbancó al 9 por ciento del S&P 500[42].

El estilo de inversión activa de Valentine tuvo eco en los años setenta. En 1973, la firma Sutter Hill Ventures de Bill Draper cerró un trato trascendental con Qume, inventor de la impresora de margarita electrónica. Lo especial del acuerdo fue que Sutter Hill puso una condición: el ingeniero

---

40. En 1975, Valentine abandonó Capital Group y manejó Sequoia de forma independiente, aunque continuó manejando los fondos invirtiendo en nombre de empleados del grupo. Crawford y Valentine en entrevistas con el autor.

41. Crawford en entrevista con el autor. Según Berlin, Eastwood preparó el sándwich para Bushnell en el viaje de vuelta desde la Costa Oeste, pero Crawford, que se encontraba en el vuelo hacia el este, asegura que presenció el evento. Berlin, *Troublemakers*, pág. 173. Por su parte, Valentine recuerda: «Fue un punto memorable en el viaje de Nolan. No fue casual que preparara el sándwich de Nolan. No me preparó uno a mí, solo a él».

42. Cálculos del autor basados parcialmente en la información provista en: Wilson, *New Venturers*, pág. 60. El rendimiento del S&P 500 con reinversión de dividendos fue del 9,1 por ciento entre junio de 1974 y junio de 1980.

fundador de Qume debía despedir al director general carente de autoridad y permitir que los inversores llevaran a un graduado estelar de la escuela de negocios de Harvard. Cuando la empresa tuvo éxito, la opción de compra de acciones del director ejecutivo generó una gran retribución, y sus compañeros de Harvard, que ganaban salarios regulares en empresas en la lista *Fortune 500*, recibieron el mensaje. Sutter Hill repitió la fórmula de Qume una y otra vez, liberando ejecutivos prometedores y diferenciando a los capitalistas de riesgo de la Costa Oeste de su versión más dócil del Este. Los capitalistas de Boston se redujeron al apoyar *startups* que no contaban con directores creíbles. Al controlar el riesgo participando en el reclutamiento del director ejecutivo, los capitalistas de riesgo de la Costa Oeste podían ser más audaces [43].

El más audaz fue Tom Perkins, inversor pionero que, junto con Don Valentine, definió a una generación de capitalistas de riesgo post Arthur Rock. Como hijo de la Gran Depresión, había crecido a base de «Spam, margarina, Wonder Bread y Jell-O de lima», pero alimentado por su fascinación por los dispositivos electrónicos, para decepción de su padre atlético [44]. En la adolescencia apuntaba a ser reparador de televisores, pero su maestro de física lo encaminó hacia el MIT, donde estudió ingeniería electrónica, se unió al equipo de natación y a una fraternidad, con lo que pasó de ser «un *nerd* en una escuela de deportistas a ser un deportista en una universidad de *nerds*», tal y como escribió en sus memorias [45]. Después del MIT y de un período en una contratista militar, se alistó en la escuela de negocios de Harvard, en donde tomó clases con Georges Doriot. Unos años después, en 1969, Doriot intentó persuadir a Perkins de

---

43. Director ejecutivo de Qume, Bob Schroeder, en entrevista con el autor. La audacia del capital de riesgo de la Costa Oeste ayuda a explicar la fortaleza de la región respecto a otros centros tecnológicos de apariencia superior. En los años setenta, la zona de Boston dominaba el negocio de los miniordenadores; IBM de Nueva York dominaba el negocio de servidores, y Texas producía más microprocesadores que California. Pero otras áreas carecían de redes densas de capital de riesgo y de la práctica de compensar a las personas con participación. Hacia finales de los setenta, Boston recibió la mitad del capital de riesgo de Silicon Valley. O'Mara, *Code*, págs. 101, 111. Además, los capitales de riesgo de Boston tenían más reparos. Por ejemplo, Greylock, fundada en 1965, prefería aportar «capital de desarrollo» a empresas existentes antes que financiar *startups*. Durante sus primeros doce años, las inversiones más seguras en desarrollo fueron las que aportaron mayores ganancias. Nicholas, *VC*, págs. 163, 165–66.

44. Perkins, Tom, *Valley Boy: The Education of Tom Perkins,* Gotham Books, Nueva York, 2008, págs. 45.

45. Perkins, *Valley Boy*, pág. 47.

renunciar a su trabajo en Hewlett-Packard para estar al frente de ARD, pero rechazó la oferta porque la compensación no era adecuada[46].

Un viernes por la mañana, en el verano de 1972, Perkins se presentó en el Rickey's Hyatt House en Palo Alto para desayunar, el hotel donde los ocho traidores habían brindado por el premio nobel de Shockley y luego habían celebrado su liberación. Según la historia, el desayuno tenía el fin de reunirse con Eugene Kleiner, el traidor que le había escrito la carta a Hayden, Stone para pedir por su liberación[47]. Tras haber formado parte en el nacimiento de los capitales de riesgo, Kleiner estaba considerando contribuir de forma directa; apuntaba a crear un fondo y, al igual que Doriot, quería reclutar a Perkins; después de todo, Perkins se había convertido en una figura destacada de la Costa Oeste. Era el gerente general de la división de informática de HP y también había fundado una *startup* que había desarrollado una nueva tecnología láser.

El desayuno de Kleiner y Perkins se alargó hasta que el personal del hotel los echó para preparar el restaurante para el almuerzo. Entonces, los dos hombres se dirigieron a casa de Perkins para proseguir con la conversación[48]. Perkins habló con grandiosidad y exhibió sus ideas. Kleiner respondió con tranquilidad con su marcado acento vienés, por lo que Perkins imaginó a Sigmund Freud aconsejando a sus pacientes[49].

El día siguiente era sábado, y los dos hombres comenzaron a diseñar el mecanismo de un fondo de riesgo y decidieron ponerle sus nombres; a fin de cuentas, si creían en su creación, no debían temer bautizarlo con sus nombres[50]. También determinaron que su fondo sería de tiempo limitado y que ambos debían aportar parte de sus propios ahorros, siguiendo el ejemplo de Davis y Rock, a quienes Kleiner conocía bien por-

46. «Tom Perkins: Early Bay Area Venture Capitalists: Shaping the Economic and Business Landscape», entrevista con Sally Smith Hughes, 2009, Regional Oral History Office, Bancroft Library, University of California, Berkeley, 2010, pág. 4, digitalassets.lib.berkeley.edu/roho/ucb/text/perkins_tom.pdf, 28.

47. El anfitrión del desayuno fue Sandy Robertson, un banquero de tecnología con el que Kleiner y Perkins invertían.

48. Robertson, Sanford R., «Sanford R. Robinson: Early Bay Area Venture Capitalists: Shaping the Economic and Business Landscape», entrevista con Sally Smith Hughes, Regional Oral History Office, Bancroft Library, University of California, Berkeley, 2011. Marshall, Matt, «San Jose, Calif.— Area High-Tech Icon Dies at Age 80», *Knight-Ridder/Tribune Business News*, 25 de noviembre 2003.

49. Perkins, *Valley Boy*, págs.103.

50. Perkins, «Tom Perkins: Early Bay Area Venture Capitalists», págs. 31–32.

que había sido socio comanditario de su firma. Principalmente, Kleiner y Perkins acordaron que debían hacer énfasis en un abordaje activo firme. Ambos habían sido administradores en empresas famosas de la Costa Oeste y ambos habían iniciado sus propias firmas. «Nos diferenciamos desde el comienzo: no somos inversores. No somos seleccionadores de acciones de Wall Street», declaró Perkins más tarde. «Somos emprendedores y trabajaremos con emprendedores... Nos meteremos en esto hasta el cuello»[51].

Poco después del Día del Trabajo, los dos hombres emprendieron un viaje para recaudar capital. Perkins insistió en conducir, ya que Kleiner tenía la costumbre de salirse del camino cuando se involucraba demasiado en la conversación[52]. La primera puerta a la que llamaron fue la de Henry Hillman, un magnate de Pittsburgh que había quedado embelesado por los éxitos de Davis & Rock y que había intentado, sin éxito, conseguir que Tommy Davis manejara su dinero. Frente a la oportunidad de participar en la acción de la Costa Oeste, se comprometió a aportar hasta 5 millones de dólares, siempre y cuando los socios consiguieran una suma igual con otros inversores. Acto seguido, Perkins y Kleiner reunieron 1 millón de dólares en la Universidad Rockefeller, casi otro millón con dos compañías de seguros y otro tanto con personas y fideicomisos adinerados. Para diciembre de 1972, habían reunido un fondo de 8,4 millones de dólares, mucho más de lo que Don Valentine hubiera podido conseguir.

Kleiner y Perkins se establecieron en un edificio de oficinas bajo en el 3000 Sand Hill Road, con lo que se convirtieron en los primeros socios en instalarse en el que sería el epicentro de la industria de capitales de riesgo[53]. Pero el momento no fue el apropiado: lanzaron su fondo en vísperas de la primera crisis del petróleo, y sus primeras inversiones fue-

---

51. Perkins, «Tom Perkins: Early Bay Area Venture Capitalist», pág. 33. De un modo menos colorido, Kleiner aportó: «Los demás capitalistas de riesgo entregaban el dinero a los emprendedores y luego observaban desde las tribunas... Nosotros no seríamos meros emisores de cheques». Meyer, Peter, «Eugene Kleiner: Engineer, Venture Capitalist, Founding Father of Silicon Valley», Office of University Relations, Polytechnic University, Brooklyn, febrero de 2006, engineering.nyu.edu/news/_doc/article_69/giantsofpoly-kleiner.pdf.

52. Perkins, *Valley Boy*, pág. 101.

53. Kaplan, David A., *The Silicon Boys and Their Valley of Dreams*, Perennial, Nueva York, 2000, pág. 172.

ron tan mal como la economía. Financiaron a una *startup* de semiconductores plausible, pero sus administradores inexpertos la echaron a perder. Luego, fueron conquistados por una invención llamada Snow-Job,
que convertía motocicletas en motos de nieve; Perkins se imaginaba a los
Hells Angels y a sus novias motociclistas dando vueltas en campos de
nieve. Por desgracia, frente a la crisis petrolera, el Gobierno prohibió la
venta de combustible para vehículos deportivos, con lo que condenó a
Snow-Job a la bancarrota[54]. Para finales de 1974, Kleiner Perkins había
pagado 2,5 millones de dólares en nueve inversiones. A pesar de que cuatro de ellas tuvieron rendimientos lo suficientemente buenos como para
rescatar a la cartera, en aquella época no había señales de un final feliz, y
los socios estaban tan abatidos que cuestionaban su estrategia.

La nueva fórmula redobló el activismo y, en lugar de financiar emprendedores externos, los socios incubarían *startups* internas, discutiendo
ideas con socios menores. Ya habían contratado a un potencial fundador,
un tejano de acento sureño, con una imponente mata de cabello encres-
pado, llamado Jimmy Treybig. Había trabajado para Perkins como administrador en Hewlett-Packard y se vestía con un estilo descuidado. En
una ocasión, cuando uno de sus colegas le señaló que se había olvidado
de ponerse el cinturón, quiso mejorarlo y reapareció con dos cinturo-
nes[55]. Sin embargo, su aspecto pueblerino ocultaba un impulso competitivo: Treybig se había unido a Kleiner Perkins pensando que lo financiarían para que iniciara un negocio[56]. En los sucesos que tuvieron lugar
desde entonces, Treybig era un emprendedor residente.

En 1974, un año después de haberse unido a Kleiner Perkins, Treybig tuvo una idea para una compañía. Inspirado en el diseño de aerona-
ves, crearía un sistema de computación con procesadores de respaldo
para que uno pudiera fallar sin que todo el sistema colapsara. Había tratado con clientes de bancos y de mercados de valores en Hewlett-Packard
y sabía el valor que un sistema semejante tendría para ellos. El colapso de
ordenadores que destruía información y ponía en pausa los negocios era
muy costoso. Treybig estaba seguro de que podría vender un sistema a

---

54. Perkins, *Valley Boy*, págs. 109-110.
55. Clemson, Gaye I., *Tandem Computers Unplugged: A People's History*, FastPencil, Cam-
pbell, (California), 2012, pág. 19.
56. Treybig en entrevista con el autor. Abril de 2018.

prueba de fallas. Los riegos técnicos de una inversión de Atari eran abrumadores, pero los riesgos de mercado eran insignificantes.

A pesar de la inversión, Perkins abordó la idea de Treybig con los mismos métodos que Valentine. En primer lugar, se arremangó y pasó largas tardes intercambiando ideas con Treybig y debatiendo la viabilidad de un sistema operativo que cambiara de procesador si el primero fallaba. «Jimmy y yo hicimos diagramas sobre cómo podría funcionar esa lógica, pero no pudimos demostrarnos a nosotros mismos que pudiera hacerse», recordó Perkins[57]. Luego, después de haber superado ese obstáculo, Perkins invirtió 50.000 dólares en el proyecto. Era una suma representativa, lejana a la inversión inicial de Valentine en Atari; si el proyecto fracasaba, el fondo de Kleiner Perkins perdería menos del uno por ciento de su capital.

El objetivo fue invertir el capital semilla de 50.000 dólares en consultores que pudieran llevar el intercambio de ideas interno al siguiente nivel. Revisó su red de contactos para conseguir a los mejores expertos de Silicon Valley al menor precio posible y contrató a un científico informático para que diseñara una arquitectura plausible para un sistema a prueba de fallas[58]. Reclutó a otro miembro de HP para que trabajara en el *hardware* y a un tercero para que desarrollara el *software*[59]. Los gastos eran mayormente limitados. Treybig seguía operando desde su oficina en Kleiner Perkins sin generar gastos para el fondo. Tanto era así que, cuando necesitaban asesoramiento financiero, lo conseguían gratis con otro socio interno, Jack Loustaunou. Brook Byers, quien se unió a Kleiner Perkins unos maños después como socio, reflexionó sobre las lecciones que la firma aprendió de esta experiencia: al enfocarse exclusivamente en los riesgos «candentes» de un proyecto, podían descubrir si lograría sobrevivir arriesgando la menor cantidad de capital posible[60].

Para noviembre de 1974, los consultantes habían luchado con los riesgos candentes y salido victoriosos. Por primera vez en la historia de la computación, resolvieron el desafío de la «competencia»: el problema que surge

---

57. Perkins, *Valley Boy*, págs. 109-110.

58. El científico en computación era Bill Davidow. Treybig en entrevista con el autor. Abril de 2018.

59. El ingeniero de *hardware* era Jim Katzman. El ingeniero de *software* era Mike Green. Clemson, *Tandem Computers Unplugged*, pág. 12.

60. Byers en entrevista con el autor. 16 de mayo de 2018.

cuando dos procesadores del mismo sistema solicitan acceso a los circuitos de comunicación al mismo tiempo[61]. Finalmente, Perkins le dio el visto bueno a Treybig para que fundara su empresa, a la que llamó Tandem Computers. Jack Loustaunou se unió como director financiero y Tom Perkins se convirtió en presidente de la junta; tres de los cinco fundadores —Treybig, Loustaunou y Perkins— eran parte de Kleiner, los otros dos eran los consultores de *software* y de *hardware* que Perkins habían reclutado. Habían destilado la esencia más pura del activismo de los setenta.

El próximo paso era reunir un fondo «serie A» para Tandem, por lo que entrenó a Treybig para que diera discursos. Al final, los capitalistas de riesgo se preguntaban una cosa: «¿Qué hace de este un gran mercado y cómo conseguirán una posición fuerte en él?»[62]. También llevó a Treybig a la tienda Brooks Brothers para comprarle zapatos, calcetines, camisas, corbatas, chaquetas y pantalones. «El vendedor debió haber pensado que era mi novio», escribió Perkins más tarde.

Con ropa apropiada, los dos hombres volaron a Nueva York. El objetivo de Perkins era conseguir dinero con Venrock, la firma de capitales de riesgo de la familia Rockefeller que había financiado a Intel. Treybig, con el rostro enmarcado por su cabello rizado, fue hacia la sala de conferencias de Venrock.

«Bueno, ¿cómo estoy? Tom me ha vestido», preguntó[63].

A pesar del estilo encantador de Treybig, Tandem no consiguió el dinero. Venrock lo rechazó, al igual que Arthur Rock y otras sociedades. El resultado no tenía lógica y hablaba mal de los capitalistas de riesgo que rehusaban involucrarse; a fin de cuentas, Perkins había eliminado la mayor parte de los riesgos técnicos y los riesgos comerciales eran modestos. Sin embargo, casi no había flujo de capital hacia sociedades de riesgo, por lo que era una época terrible para conseguir fondos. *Business Week* había revivido la antigua idea de que ninguna *startup* podría desbancar a IBM. Ese era el pesimismo de mediados de los setenta[64].

---

61. Perkins, *Valley Boy*, págs. 110-111.

62. Treybig en entrevista con el autor.

63. Perkins, «Tom Perkins: Early Bay Area Venture Capitalists», pág. 39.

64. Entre 1974 y 1975, Sutter Hill no realizó inversiones de riesgo, en cambio, prefirió comprar acciones públicas devaluadas. Probó ser una buena estrategia, pero dificultó las cosas para *startups* como Tandem. Bill Younger en entrevista con el autor. 16 de mayo de 2018.

A esas alturas, Perkins podría haberse retirado con facilidad, pues apenas había hecho una inversión semilla mínima en Tandem. Sin embargo, como había construido la empresa desde los cimientos, sabía que Rock, Venrock y *Business Week* se equivocaban. La tecnología de Tandem era distintiva y había solicitado patentes. Dada su innovación genuina, era capaz de hacer frente a IBM. Otros capitalistas de riesgo, en especial aquellos que no tenían trasfondo de ingeniería, no apreciaban el lado científico de Tandem. «Eran financieros», comentó Perkins con desprecio [65].

Entonces, Perkins decidió financiar la serie A sin compartir el riesgo con otros socios [66]. Invirtió 1 millón de dólares a comienzos de 1975, con lo que recibió el 40 por ciento del patrimonio. Fue la mayor apuesta de Kleiner Perkins durante los setenta y, como Perkins confesó más tarde, si Tandem no hubiera funcionado, no hubiera habido un segundo fondo de la firma [67].

Pero funcionó. Tandem dedicó el año 1975 a convertir los diseños básicos en un plan maestro y, para diciembre, había progresado suficiente para justificar una serie B de financiamiento. Kleiner Perkins aportó otros 450.000 dólares y, en esa oportunidad, otros inversores quisieron participar, de modo que Tandem recaudó un total de dos millones de dólares. Unos meses después, hizo su primera venta y las ganancias comenzaron a despegar hasta multiplicarse catorce veces entre 1977 y 1980 [68]. En poco tiempo, Tandem demostró la que se convertiría en la ley Perkins: «el riesgo de mercado es inversamente proporcional al riesgo técnico», porque, al solucionar un problema técnico realmente difícil, enfrentarás mínima competencia [69]. Gracias a la barrera para entrar, el margen de ganancia de Tandem siguió siendo considerable, aunque las ventas flaquearan. Para 1984, había generado poco

---

65. Perkins, *Valley Boy*, pág. 112.

66. El único inversor que se unió al trato fue Pitch Johnson, el hombre que había alquilado Pontiacs con Bill Draper una década y media antes. Sin embargo, su inversión fue de tan solo 50.000 dólares.

67. Aunque Tandem no fue la única anotación del primer fondo Kleiner Perkins, la otra, Genentech, aún no daba resultados cuando reunieron su segundo fondo en 1977. La declaración de Perkins fue extraída de: Clemson, *Tandem Computers Unplugged*, pág. 13.

68. Benner, Susan, «Tandem Has a Fail-Safe Plan for Growth», *Inc.*, 1 de junio de 1981.

69. Kaplan, *Silicon Boys*, pág. 176.

más de 100x sobre la inversión de 1,4 millones de dólares de Kleiner Perkins. Las ganancias de 150 millones de dólares eclipsaron el rendimiento de 10 millones de dólares de las nueve primeras inversiones de la firma.

Pero mientras Tandem despegaba, Perkins trabajaba en otro proyecto que sería todavía más asombroso.

◆

Para reemplazar a Jimmy Treybig en la sociedad, Kleiner Perkins contrató a un nuevo socio junior llamado Bob Swanson, un joven de veintiséis años con rostro aniñado, modales infantiles y aficionado a llevar prendas elegantes que no estaban de moda[70]. Había llegado a estudiar al MIT con un sombrero de fieltro y una maleta identificada con su nombre en letras grande y había evitado la llamada a filas inscribiéndose en una doble titulación exigente en química y negocios[71]. Antes de unirse a Kleiner Perkins, había trabajado en el equipo de capital de riesgo de Citicorp, que había entrenado a varios capitalistas de riesgo exitosos de la época. Sin embargo, no logró impresionar a los dos socios y pronto fue eliminado de la nómina[72].

Estas circunstancias hicieron que Swanson repensara su dirección. Llamó a las puertas de las grandes empresas electrónicas de Silicon Valley, aunque su falta de experiencia operativa e ingenieril lo convertían en un candidato poco atractivo[73]. Pero tenía una idea. Como socio de Kleiner Perkins, había participado de un almuerzo en el que se había mencionado una tecnología llamada ADN recombinante; fue un comentario al pasar que no hizo mella en los demás participantes, pero, al encontrarse desempleado, Swanson decidio descubrir más al respecto[74].

70. David Arcott dijo de Swanson: «Puede ser como un cachorro». Berlin, *Troublemakers*, pág. 193. Perkins, «Tom Perkins: Early Bay Area Venture Capitalists», pág. 43.

71. Swanson, entrevista con Sally Smith Hughes, Regional Oral History Office, University of California, Berkeley, 1996–1997, content.cdlib.org/view?docId=kt9c6006s1&& doc.view=entire_text.

72. Berlin, *Troublemakers*, pág. 193.

73. Hughes, Sally Smith, *Genentech: The Beginnings* of Biotech, University of Chicago Press, Chicago, 2011, págs. 33–34.

74. Perkins, *Valley Boy*, pág. 119.

Dedicó semanas a leer todo lo que pudo encontrar sobre esa nueva barrera en la biología. Kleiner y Perkins le permitían seguir asistiendo a la oficina aunque ya no fuera empleado allí, así que, cuando se encontró con Perkins allí cierto día, le habló de su nueva obsesión. Cortando y dividiendo cadenas de ADN y recombinándolas para crear material genético artificial, los científicos podrían reproducir lo que fuera, desde medicamentos hasta goma, en realidad cualquier elemento de la naturaleza. «¡Es una idea absolutamente fantástica! ¡Es revolucionaria! ¡Cambiará el mundo! ¡Es lo más importante que he escuchado en la vida!», le dijo[75].

Perkins no estaba convencido, pero Swanson creó una lista de científicos con experiencia en esa tecnología. Llamó a cada uno de ellos y, en cada conversación, tuvo la misma respuesta: el ADN recombinado tenía futuro comercial, sin duda, pero resultaba distante, quizás estaba a varias décadas de distancia. Luego, Swanson llamó a Herbert Boyer de la Universidad de California, San Francisco, sin saber que era el coinventor de esa tecnología. Comenzó con su discurso preestablecido: que el ADN recombinado era muy prometedor y que seguro podría ser comercializado en el futuro. Para su sorpresa, Boyer respondió que era probable que tuviera razón[76]. Entonces, Swanson le preguntó si podría ir a verlo en persona para conocerlo y hablar de las posibilidades, pero Boyer le dijo que estaba ocupado. «En realidad, quisiera hablar con usted», insistió el joven, a lo que Boyer respondió que podrían verse solo diez minutos el viernes por la tarde, no más que eso[77].

El 16 de enero de 1976, alrededor de las cinco de la tarde, Swanson condujo hasta el campus de la UCSF y se dirigió a la oficina de Boyer con un pañuelo asomando del bolsillo de su traje. Boyer lo recibió con una vestimenta mucho más informal —tenía un estilo relajado, rizos despeinados, un bigote grueso y la complexión de un jugador de fútbol de escuela secundaria.

Swanson no tenía ni idea de que Boyer había estado considerando las aplicaciones comerciales del ADN recombinado durante meses, desde que creyó que su hijo enfermo podría necesitar una hormona de creci-

---

75. Hughes, *Genentech*, pág. 32.
76. Hughes, *Genentech*, pág. 34.
77. Berlin, *Troublemakers*, págs. 194–95.

miento escasa[78]. Para alegría de Swanson, el hombre reiteró que la aplicación comercial podría estar a años de distancia, no a décadas. Los dos hombres conversaron en el laboratorio —el cachorro anticuado de los cincuenta y el tío desgreñado de los setenta— y pronto, el entusiasmo de Swanson por el potencial de cambiar el mundo del ADN recombinado generó un vínculo inesperado entre los dos. Boyer lo llevó a un bar y, después de tres horas, concluyeron en que debían trabajar juntos[79]. Boyer sabía de ciencias; Swanson sabía de negocios. Boyer comprendía el ritmo imponente de la investigación de un laboratorio académico. Swanson quería sumarle varios voltios.

«Tendrás que inscribirte a subvenciones de investigación y conseguir financiación», explicó Boyer.

«¿Y si tuviera el dinero? ¿Y si no necesitara ninguna subvención y tuviera el dinero?», replicó Swanson[80].

Pronto, Boyer cambió su forma de pensar: liberada por el capital de riesgo, la tecnología del ADN recombinado podría comercializarse mucho más rápido de lo que había imaginado[81]. El dinero podía dar libertad a los científicos para que hicieran cosas que nunca habían intentado; era una nueva clase de capital de liberación.

Finalmente, Boyer y Swanson crearon una sociedad, en la que cada uno invirtió 500 dólares para pagar los gastos legales[82]. Escribieron seis páginas en su presentación para inversores y se prepararon para encontrarse con Tom Perkins.

El 1 de abril de 1976, los dos hombres se presentaron en la sala de conferencias de Kleiner Perkins[83]. Swanson detalló el plan de negocios: la empresa, llamada Genentech, necesitaría seis meses para negociar las licencias de las técnicas de división genética, que pertenecían a la Universidad de California y a Stanford. Luego, tendrían que reclutar a un microbiólogo y a dos químicos orgánicos para que iniciaran la investiga-

---

78. Berlin, *Troublemakers*, pág. 195.

79. Hoy en día, fuera del campus de Genentech se encuentra una estatua de bronce que representa la primera reunión entre Swanson y Boyer en una taberna de San Francisco.

80. Swanson en entrevista con Hughes.

81. Perkins, «Tom Perkins: Early Bay Area Venture Capitalists», pág. 46.

82. Hughes, *Genentech*, pág. 37.

83. Hecho desconocido para todos en la habitación, ese mismo día, Jobs y Wozniak crearon Apple.

ción. Swanson estimaba que necesitarían dieciocho meses y medio millón de dólares para acercarse a producir el primer producto. El dinero sería destinado a alquilar un espacio, comprar equipamiento, contratar científicos y realizar experimentos. El tiempo estimado era de una fracción de lo que el ambiente de la biología creía posible. Sin embargo, como era natural, no había garantías de que la experimentación tuviera éxito.

Perkins quedó cautivado por la tecnología; crear lo que dio en llamar un «Frankenstein microbiológico» se acercaba mucho a jugar a ser Dios[84]. También estaba impresionado por Boyer: funcionaran o no, ese tío de rizos y bigotes sabía cómo llevar a cabo esos experimentos[85]. Y, si funcionaban, solo el cielo era el límite. El primer producto que Genentech proponía crear era insulina, para la que había un gran mercado en crecimiento. La forma de conseguirla hasta el momento se parecía mucho a brujería medieval: cada gota de la hormona debía ser extraída de glándulas pancreáticas de cerdos y vacas. Perkins supuso que Genentech tenía un 50 por ciento de probabilidades de crear un producto viable[86], pero precisamente por los desafíos técnicos tan grandes, que levantaban las barreras para entrar al negocio, los márgenes de ganancia serían muy altos si tenían éxito. Era otro ejemplo de la ley de Perkins.

Al día siguiente, Perkins se reunió con Swanson otra vez y le hizo una sugerencia. Aunque la ciencia era cautivadora, los 500.000 dólares necesarios para probarla eran prohibitivos dada la falta de certezas, por lo tanto, propuso repetir la fórmula que había aplicado en Tandem: identificar los riesgos candentes y encontrar la forma más económica de enfrentarlos. Swanson debía reducir los gastos de sus experimentos privándose de contratar científicos y de instalar un laboratorio[87]. En su lugar, debería llevar el trabajo inicial a laboratorios existentes. Lo que estaba sugiriendo era similar a una empresa virtual. La economía norteamericana de posguerra había estado dominada por grandes corporacio-

---

84. Perkins, *Valley Boy*, pág. 120.

85. Perkins en entrevista con Glenn E. Bugos, Regional Oral History Office, University of California, Berkeley, 2001, content.cdlib.org/view?docId=kt1p3010dc&brand=calisphere.

86. Sylvester, Edward J., y Lynn C. Klotz, *The Gene Age: Genetic Engineering and the Next Industrial Revolution*, Scribner, Nueva York, 1983, pág. 87.

87. Perkins, Bancroft Library Oral History Collection, citado en: Berlin, *Troublemakers*, pág. 200.

nes y sindicatos, y Genentech marcaría la llegada de una forma de industria nueva, más ramificada y ágil[88]. En el futuro, los departamentos centrales de investigación de los mastodontes de la industria serían desplazados por *startups* financiadas por capitales de riesgo que comprarían el conocimiento según fuera necesario. Perkins ya había lanzado Tandem reclutando consultores de Hewlett-Packard por tiempo limitado y estaba instando a que Genentech hiciera lo mismo en el área mucho más compleja de la biotecnología.

Swanson y Boyer aceptaron la propuesta. Usarían el presupuesto inicial para hacer un contrato con la UCSF, donde el equipo de Boyer ya tenía experiencia en la división genética: con un hospital de investigación llamado City of Hope, que tenía especialistas en síntesis genética, y con Caltech, que contaba con instalaciones de prueba fantásticas. De este modo, tendrían el beneficio de contar con los mejores equipos en el área recortando gastos. Genentech podría fracasar de todos modos, pero lo haría a bajo coste.

Perkins acordó invertir la nueva suma solicitada por Swanson: apenas 100.000 dólares. Era poco más de los 50.000 que había aportado para contratar a los primeros consultores de Tandem y, a cambio de esa inversión modesta, que representaba apenas un poco más del uno por ciento del fondo Kleiner Perkins, adquiriría un cuarto de las acciones de Genentech. El trato no era injusto, pues Swanson había intentado conseguirlo en otros sitios y no lo había conseguido[89]. Sin embargo, al comprar un cuarto de la empresa a un precio tan bajo, los capitalistas de riesgo tenían la posibilidad de tener rendimientos a una tasa muy elevada. Si Perkins esperaba, por decir, un rendimiento de 20x sobre la inversión de 500.000 dólares propuesta por Swanson, entonces, tenía la posibilidad de obtener un rendimiento de 100x sobre la inversión de 100.000 dólares. Así, con un potencial 100x, Perkins estaba cerrando un buen trato, siempre y cuando Genentech tuviera más que un uno por ciento de probabilidades de crear un nuevo producto; en privado, estimaba que las probabilidades eran mu-

---

88. Padgett, John F., y Walter W. Powell, *The Emergence of Organizations and Markets*, Princeton University Press, Princeton, (Nueva Jersey), 2012, pág. 419.

89. Otras *startups* exitosas de la época fueron lanzadas con términos similares a los que ofrecía Perkins. En noviembre de 1977, Michael Markkula invirtió 91.000 dólares por el 26 por ciento de Apple. Isaacson, Walter, *Steve Jobs*, Simon & Schuster, Nueva York, 2015, pág. 75.

cho mayores, cerca de un 50 por ciento. Al crear una estrategia para identificar y neutralizar los riesgos candentes, había transformado una inversión aterradora en una irresistible.

En mayo de 1976, un regulador de valores de California escribió a Kleiner Perkins para expresar su preocupación por el riesgo de la inversión en Genentech.

«Kleiner Perkins es consciente de que la inversión en Genentech es altamente especulativa, pero estamos en el negocio de realizar inversiones altamente especulativas», respondió Kleiner con tranquilidad[90].

◆

Resultó que crear el primer producto de Genentech requirió de más tiempo y capital de los que Swanson había previsto. Para mantener a la empresa en pie, Perkins aportó otra etapa de financiación en febrero de 1977 y una tercera en marzo de 1978, para las que recurrió a inversores prometiendo llegar a un nuevo hito en la investigación. De todas formas, las virtudes del financiamiento por etapas se volvían cada vez más obvias; con la eliminación sucesiva de riesgos, cada etapa valuaba a Genentech más alto que la anterior, de modo que los fundadores podían recaudar mayores sumas de dinero a cambio de menos acciones. Después de haber vendido un cuarto de la empresa por apenas 100.000 dólares en 1976, vendieron un 26 por ciento por 850.000 al año siguiente y un 8,9 por ciento por 950.000 en 1978[91]. Si Swanson y Boyer hubieran apuntado a reunir todo el capital que necesitaban desde el inicio —el momento de mayor riesgo—, hubieran tenido que entregar mayor patrimonio y serían dueños de una porción menor de su empresa.

Aun cuando mitigaba la dilución de la participación accionaria de los fundadores, el financiamiento por etapas también proporcionaba incentivos para los investigadores que trabajaran con tecnología de ADN. Los científicos sabían que podrían continuar con sus experimentos solo si alcanzaban el hito prometido antes de que Genentech se quedara sin dine-

90. Kleiner a Nathaniel I. Weiner, 7 de mayo de 1976, caja 342652, carpeta «Genentech», Chiron Corporation, citado en: Hughes, *Genentech*, pág. 41.

91. Acciones calculadas con información en los registros públicos de Genentech. «Form S-1 Registration Statement: Genentech, Inc.», Securities and Exchange Commission, 14 de octubre de 1980.

ro[92]. Al mismo tiempo, cuando llegaran a dicho objetivo, tendrían una porción de la empresa con la valuación elevada que alcanzara en consecuencia. Al igual que Arthur Rock con Intel, Perkins había insistido en que los empleados de Genentech, incluso los trabajadores independientes clave, tuvieran opción de compra de acciones[93]. En un principio, no a todos les importaba ni comprendían lo que significaba. Uno de ellos dijo: «Llevaba coleta y fumaba marihuana a diario. Me importaban un comino el dinero, las acciones y todo lo demás». Sin embargo, cuando la valuación de Genentech se multiplicó por veintiséis en los primeros dos años, la cultura accionaria se hizo presente[94]. Todos, desde el conserje, ansiaban que a la empresa le fuera bien. Incluso aquel científico de la coleta cambió de parecer cuando sus acciones probaron valer más de 1 millón de dólares[95].

Perkins también hizo aportes intangibles a la cultura de Genentech. Fue el primer capitalista de riesgo en deleitarse en su papel de promotor y representante, quien les dijo a los científicos que habían dejado la academia atrás para ser parte de algo mucho más glamuroso. Aparecía en la oficina con los rugidos de su Ferrari rojo y anunciaba órdenes y fechas límite, con lo que les daba a los investigadores la impresión de estar en una misión especial[96]. Durante una tarde encantadora en julio de 1978, invitó a Swanson a cenar con dos de los científicos principales y sus esposas. Los visitantes se dirigieron a la mansión en las colinas con vistas a

92. Dave Goeddel, científico de Genentech, recuerda: «Comprendíamos que Genentech solo podría seguir adelante si ganábamos la carrera hacia la insulina humana sintética y eso nos motivaba». Goeddel en entrevista con el autor. 11 de junio de 2018.

93. Perkins, «Tom Perkins: Early Bay Area Venture Capitalists», pág. 53.

94. Dave Goeddel recuerda un intercambio entre un investigador del equipo y Swanson: «Un tío dijo, "Bob, ¿y si quiero ahorrar mi dinero en lugar de comprar las acciones?", a lo que Swanson respondió, "Bueno, puedes ahorrar ese dieron para hacer que te revisen el cerebro"». Goeddel en entrevista con el autor.

95. El científico era Richard Scheller. Hardymon, Felda, y Tom Nicholas, «Kleiner-Perkins and Genentech: When Venture Capital Met Science», Harvard Business School, 27 de octubre de 2012, pág. 6. Michaelson, Judith, «Genentech Soars: $300 in Stock Turns Buyer into Millionaire», *Los Angeles Times*, 16 de octubre de 1980.

96. Fred Middleton, director financiero de Genentech, dijo respecto a Swanson: «Bob y yo respetábamos muchísimo a Tom Perkins como un notable patrocinador, negociador, estratega y financiero… Bob creía que, si necesitabas escalar montañas o establecerte en algún lugar nuevo, Tom debía ser quien liderara el cambio». Middleton, entrevista con Glenn E. Bugos, Regional Oral History Office, University of California, Berkeley, 2001, content.cdlib.org/view?docId=kt8k40159r&brand=calisphere&doc.view=entire_text.

San Francisco y al puente Golden Gate, el anfitrión les enseñó sus jardines extensos, sus tapices y coches antiguos, y el grupo comió una cena servida por un mayordomo uniformado. Frente a la mansión, Swanson la señaló con la mano y les dijo a sus investigadores: «¡Para esto estamos trabajando!». Luego, uno de ellos recordó, «Fue motivador que invitara a dos científicos de poca monta a su casa»[97].

Pocos días después, dicha motivación dio sus frutos. Perkins envió a uno de los invitados a la cena, un joven doctor llamado Dave Goeddel, a fin de animar a los investigadores del laboratorio de City of Hope para que completaran la última etapa del proyecto de insulina. Con todo el poder de su carisma, les indicó: «No regreséis hasta que la insulina esté hecha».

Goeddel obedeció de inmediato, honrado por haber sido elegido para la misión y encantado de haber recibido la orden directamente de Perkins[98]. Voló a Los Ángeles, donde trabajó infinidad de noches sin dormir. Finalmente, en septiembre de 1978, frente al brillo de las luces televisivas, una conferencia de prensa anunció la producción de insulina artificial ante una audiencia atónita.

Dos años después, en 1980, Genentech protagonizó un debut en la bolsa que anticipó la década de los noventa. Para los estándares tradicionales, la empresa no estaba para nada lista para una oferta pública: había tenido tantos gastos en investigación que apenas resultaba rentable. Sin embargo, Perkins era parte de una tradición de capital de riesgo fuerte: para persuadir a los inversores de apostar a tecnologías del mañana, primero hay que liberarlos de las métricas financieras del pasado. En los inicios de los capitales de riesgo, Arthur Rock había persuadido a los inversores de respaldar a empresas que no alcanzaran los estándares de inversión creando la idea de «valor intelectual en libros». Dos décadas después, Perkins emergió como el promotor del siguiente paso lógico: las empresas sin ganancias no solo debían atraer a los capitales de riesgo, sino que debían ser capaces de cotizar en bolsa. Para impulsar a Wall Street a atravesar ese punto de inflexión, envió a Boyer a seducir a los

---

97. Goeddel en entrevista con el autor. Hall, Stephen, *Invisible Frontiers: The Race to Synthesize a Human Gene*, Oxford University Press, Oxford, 1987, págs. 244–45.

98. «Estaba feliz de recibir la orden y de haberla recibido de Perkins, que era un pez gordo». Goeddel en entrevista con el autor.

posibles inversores con ciencia: con un modelo hecho con cuentas de colores, el profesor explicaba cómo el ADN de un organismo podía ser combinado con el de otro, y la audiencia de financieros lo miraba boquiabierta con admiración. Para respaldar la oferta de Genentech en la bolsa, Kleiner Perkins contrató a Bud Coyle, el antiguo jefe de Rock en Hayden, Stone, con lo que lo convenció de abandonar su retiro. Todos en Wall Street lo admiraban por haber tenido parte en el desarrollo del negocio del semiconductor, y todos los inversores recordaban cuán rentable había sido.

Genentech se presentó en oferta pública en la bolsa Nasdaq el 14 de octubre de 1980. Un minuto después de la apertura, las acciones habían aumentado del precio inicial de 35 dólares a la increíble suma de 80 y, en veinte minutos, había subido a 89 dólares, el mayor despegue en el primer día de cotización en la historia de Wall Street. Perkins, quien se encontraba en Nueva York para la ocasión, llamó a Swanson a California para felicitarlo: «Bob, eres el hombre más rico que conozco», le dijo al socio al que en su momento había despedido [99].

La recompensa para Kleiner Perkins fue casi igual de impresionante. Al cierre del mercado en el primer día de cotización, las acciones que les habían costado un promedio de 1,85 dólares valían 71 dólares cada una [100]. Mientras que el impacto seguía afectándolos, la sociedad se encontró frente a un múltiplo de 200x [101]. Junto con Tandem, la prosperidad de Genentech convirtió al primer fondo de Kleiner Perkins en leyenda y fue una demostración dramática de la ley de potencia. En 1984, las catorce inversiones del primer fondo arrojaron un rendimiento conjunto de 208 millones de dólares; de ellos, un 95 por ciento provenía de Tandem y Genentech. Sin esas dos anotaciones, hubiera generado un múltiplo de 4,5x, con el que de todas formas hubiera superado el rendimiento del S&P 500 durante el período de once años; con ellas, el rendimiento fue de 42x. Cerca del rendimiento de Don Valentine y de

99. Perkins, *Bancroft Library oral history*, citado en: Berlin, *Troublemakers*, pág. 263.

100. March, John, «The Fascination of the New», *HBS Bulletin*, octubre de 1982, págs. 55–62.

101. Según los registros internos de la sociedad de 1984, los cheques de 1976 y 1977 generaron rendimientos combinados de 236x. Wilson, *New Venturers*, pág. 70. Los números de Wilson muestran una inversión de 200.000 dólares en 1976, pero representan dos inversiones de 1976 y 1977.

Davis & Rock, Kleiner Perkins casi había quintuplicado el rendimiento en la bolsa de valores[102].

¿Era cuestión de suerte o algo más que eso? Resulta difícil mostrar habilidades en las inversiones de riesgo, que, como hemos visto, se basan en juicios subjetivos en lugar de en métricas objetivas y cuantificables. Si un fondo de riesgo en empresas en dificultades financieras contratara analistas y abogados para que evaluaran una entidad en bancarrota, podría averiguar con precisión qué bono es respaldado por qué aval y predecir qué decidiría el juez de quiebras; sus ganancias no son cuestión de suerte. Del mismo modo, si un fondo de cobertura algorítmico contratara astrofísicos para que buscaran patrones del mercado, podría descubrir señales estadísticas rentables. Pero cuando Perkins financió a Tandem y a Genentech, o cuando Valentine respaldó a Atari, no podían tener la misma certeza: estaban invirtiendo en fundadores humanos con combinaciones humanas de brillantez y debilidad. Trabajaban con productos y procesos de fabricación complejos y sin probar; se enfrentaban a competidores cuyo comportamiento no podían predecir; invertían en horizontes lejanos. Entonces, los riesgos cuantificables eran multiplicados por incertidumbres no cuantificables; tenían incógnitas conocidas e incógnitas desconocidas; la imprevisibilidad vigorizante de la vida no podía ser ocultada por modelos financieros impecables. Por supuesto que la suerte jugaba un papel en este contexto. Kleiner Perkins perdió dinero en seis de sus catorce inversiones iniciales; sus métodos no eran tan infalibles como los de los ordenadores de Tandem.

De todas formas, Perkins y Valentine no se valieron solo de su suerte. Al igual que Arthur Rock había aplicado métodos y actitudes que lo colocaron por encima de ARD y de las SBIC de los sesenta, las figuras principales de los setenta tenían una ventaja sobre sus competidores. Perkins y Valentine habían sido administradores en empresas punteras de Silicon Valley, sabían cómo poner las manos en el trabajo, y sus contribuciones al éxito de sus empresas en cartera eran evidentes. Perkins fue quien convocó a los primeros consultores para eliminar los riesgos candentes de Tandem, y fue Perkins quien presionó a Swanson para que llevara la investigación de Genentech a laboratorios existentes. Del mismo modo, fue Valentine quien hizo que Atari se enfocara en *Home Pong* y

---

102. Cálculos del autor basados en información de: Wilson, *New Venturers*, pág. 70.

que se aliara con Sears, también fue quien organizó que Warner Communications comprara la empresa. La eliminación de riesgos iniciales, junto con el financiamiento por etapas, hizo maravillas por las tres empresas. Algunos observadores escépticos se han preguntado si los capitalistas de riesgo creaban innovación o si simplemente participaban de ella. En el caso de Don Valentine y de Tom Perkins, no había participación pasiva, sino que, a fuerza de carácter y de intelecto, dejaron su marca en sus empresas en cartera.

4

EL MURMULLO DE APPLE

Hacia finales de los setenta, cuando Kleiner Perkins financió a Genentech, el capital de riesgo de la Costa Oeste ya había desarrollado casi la totalidad de sus herramientas modernas. El fondo por acciones de tiempo limitado había desplazado al modelo respaldado SBIC y al abierto de ARD. Los inversores de riesgo comprendieron que debían apuntar a anotar *home runs* no solo simples y dobles. El activismo y el financiamiento por etapas se habían convertido en las formas aceptadas de manejar *startups* arriesgadas. Los capitalistas de riesgo recorrían todo Silicon Valley en busca de oportunidades de liberar talentos y llevarlos a crear nuevas industrias.

El siguiente avance para el capital de riesgo no fue la expansión de sus herramientas, sino que se relacionó con el surgimiento de una red de capitales. Alentado por los rendimientos de la ley de potencia en las primeras inversiones, por la relajación de las restricciones sobre inversiones de fondos de pensiones y una reducción en los impuestos sobre las ganancias, el dinero comenzó a fluir hacia capitales de riesgo, y el grupo diseminado de inversores pioneros mutó hacia algo muy diferente. En lugar de algunas personas inteligentes aisladas, se formó una red densa de expertos en *startups*, relevante dado que la fuerza combinada de sus acciones era mayor a la suma de sus esfuerzos individuales. Parecía ir desde un sistema motivado por la genialidad a uno motivado por la evolución. Una persona brillante es capaz de grandes cosas; un grupo de personas es capaz de intentar muchas cosas. Y, a través de un proceso evolutivo de prueba, fracaso y ocasionales logros, el grupo puede avanzar más rápido que el individuo.

La historia de Apple, fundada en 1976 por Steve Jobs y Steve Wozniak, ilustra la fertilidad de esta red. A simple vista, Apple era un candidato obvio para una inversión de riesgo, pues los conocedores comprendían que el ordenador personal (PC) sería el siguiente gran avance en tecnología. El centro de investigación en Palo Alto de Xerox (PARC por sus siglas en inglés) había reconocido que «había llegado la hora» del PC y había creado un prototipo completo con ratón e interfaz gráfica. Intel y National Semiconductor habían pensado en crear un PC, y Steve Wozniak ya le había ofrecido el diseño de Apple I en dos oportunidades a su empleador, Hewlett-Packard[1]. Sin embargo, las cuatro empresas habían decidido no crear un PC, cohibidos por lo que el pensador de negocios Clayton Christensen llamó «el dilema del innovador». A Xerox le preocupaba que el surgimiento de una oficina computarizada sin papel perjudicara su negocio principal de máquinas fotocopiadoras. A Intel y a National Semiconductor les preocupaba que crear un ordenador les generara conflictos con fabricantes de ordenadores existentes, que estaban entre sus principales clientes. Por su parte, HP temía que fabricar un ordenador casero económico debilitara el comercio de sus máquinas de lujo, que vendía por alrededor de 150.000 dólares. Las cuatro empresas tenían demasiado en juego como para arriesgarse a cambiar el *statu quo*. Entonces, el camino más obvio para los capitalistas de riesgo era apostar por una *startup* que llegara a llenar ese vacío.

Así y todo, cuando Apple salió en busca de financiamiento, las estrellas en el firmamento de los capitales de riesgo no reconocieron la oportunidad, prueba de que incluso los más brillantes pueden cometer errores muy costosos. Tom Perkins y Eugene Kleiner ni siquiera aceptaron reunirse con Steve Jobs. Bill Draper de Sutter Hill envió a un socio a visitar Apple, y el hombre reportó que Jobs y Wozniak lo habían hecho esperar, por lo que Draper los tildó de arrogantes[2]. Mientras tanto, su antiguo socio en SBIC, Pith Johnson, se preguntaba, «¿Para qué puedes usar un ordenador en casa? ¿Para escribir recetas?»[3]. Tras repetidos

---

1. Berlin, Leslie, *Troublemakers: Silicon Valley's Coming of Age*, Simon & Schuster, Nueva York, 2017, pág. 213.

2. Finkel Robert, y David Greising, *The Masters of Private Equity and Venture Capital: Management Lessons from the Pioneers of Private Investing*, McGraw-Hill Education, Nueva York, 2009, pág. 160.

3. Gordon Moore reaccionó del mismo modo cuando un empleado de Intel sugirió crear un ordenador casero. «¿Para qué demonios querría alguien un ordenador en casa?», exigió. La única utilidad que se le ocurría era que las amas de casa almacenaran recetas de cocina. Moore, Gordon, «The Accidental Entrepreneur», *Engineering and Science*, verano de 1994, pág. 3, calteches.library.caltech.edu/3777/1/Moore.pdf.

rechazos, Jobs extendió su red hasta Stan Vein, propietario del principal distribuidor de ordenadores de Nueva York, y le propuso que adquiriera el 10 por ciento de Apple por tan solo 10.000 dólares. «Al mirar a ese jipi de pelo largo y a sus amigos, pensé: "Eres la última persona en el mundo a la que le confiaría mis diez mil de los grandes"», reconoció Veit con pesar[4]. Luego, Jobs le ofreció a Nolan Bushnell, quien lo había empleado en Atari, un tercio de Apple por 50.000 dólares; «Era tan listo que dije que no. Es cómico pensar en eso, cuando no me hace llorar», recordó Bushnell[5].

Por suerte para Jobs y Wozniak, la red de capitales de riesgo ya era lo bastante grande en 1976 como para que un puñado de rechazos no fueran determinantes. En poco tiempo, la pareja se cruzó en el camino de Don Valentine de Sequoia. El mecanismo del encuentro fue testamento del poder de las redes. Al momento de negarse a apoyar a Apple, Nolan Bushnell suavizó el golpe presentándoles al hombre que había financiado a Atari: Valentine. Al mismo tiempo, Jobs se había comunicado con Regis McKenna, principal gurú del *marketing* en Silicon Valley, para proponerle que su empresa diseñara los anuncios de Apple a cambio de un considerable 20 por ciento de la *startup*. La respuesta de McKenna fue que el 20 por ciento de nada era aproximadamente nada, pero, al igual que Bushnell, suavizó el golpe recomendando a alguien más. Una vez más, ese alguien era Don Valentine.

Era natural que la red de Silicon Valley dirigiera a Jobs en dirección a Valentine, pues, al haber financiado a Atari, se había dado a conocer como el más fuerte domador de fundadores jóvenes y salvajes. Siendo veterano en la industria del semiconductor, se enorgullecía de invertir en productos que capitalizaran tecnología barata. Finalmente, era el inversor ideal para Apple por su trasfondo en el *marketing*. Kleiner y Perkins habían rehusado reunirse con Jobs porque preferían riesgos técnicos a riesgos de negocios[6]. Por su parte, después de haber manejado las ventas en Fairchild y en National Semiconductor, Valentine era adecuado para una

4. Berlin, *Troublemakers*, pág. 230.

5. Isaacson, Walter, *Steve Jobs*, Simon & Schuster, Nueva York, 2015, pág. 75.

6. Perkins, Tom, «Tom Perkins: Early Bay Area Venture Capitalists: Shaping the Economic and Business Landscape», entrevista con Sally Smith Hughes, 2009, Regional Oral History Office, Bancroft Library, University of California, Berkeley, 2010, pág. 61, digitalassets.lib.berkeley.edu/roho/ucb/text/perkins_tom.pdf.

startup cuyo mayor desafío sería convencer a clientes distraídos de que necesitaban ordenadores en sus cocinas[7].

A pesar de que Valentine fuera apropiado para ser el primer inversor de Apple, su reacción inicial a Jobs y Valentine fue escéptica; más tarde, declaró que Jobs «intentaba ser la personificación de la contracultura. Tenía una barba incipiente, era muy delgado y se parecía a Ho Chi Minh»[8]. De todas formas, Bushnell y McKenna le habían dicho que merecía la pena escuchar a esos tíos, y, dado que valoraba a su red, Valentine aceptó hacerlo.

—¿De cuánto es el mercado? —le preguntó a Wozniak.

—De un millón —respondió.

—¿Cómo lo sabes?

—Bueno, hay un millón de radioaficionados, y los ordenadores son más populares que las radios[9].

La respuesta de Wozniak daba a entender que Apple no aspiraba a llegar mucho más allá del círculo finito de los aficionados en tecnología. Y, mientras que los juegos de Atari habían llegado a varias ciudades para cuando Valentine los visitó, en 1976 Apple casi no había vendido nada. Valentine tenía sus dudas.

—Dime qué debo hacer para que me financies —le preguntó Jobs.

—Debemos tener a alguien que tenga conocimientos de administración y de *marketing* y de canales de distribución —replicó Valentine.

—Bien, envíame a tres personas —dijo Jobs.

A continuación, Valentine se quejó con Regis McKenna por haberle recomendado que tuviera esa reunión. «¿Por qué me has enviado a estos renegados de la raza humana?»[10]. Debía ser el único capitalista de riesgo en la red con el equipo para apoyar a Apple y, aun así, no estaba listo

---

7. La idoneidad de Valentine para ser inversor de Apple se vio acentuada por su propia forma describir su abordaje a la inversión. «No dedicamos mucho tiempo a preguntarnos dónde estudiaron las personas, cuán inteligentes son ni nada de eso. Nos interesa la idea del mercado que persiguen y la magnitud del problema que quieren resolver». Hardymon, Felda, Tom Nicholas y Liz Kind, «Don Valentine and Sequoia Capital», Harvard Business School Case Study, 13 de abril de 2014, pág. 49.

8. Isaacson, *Steve Jobs*, pág. 57.

9. Livingston, Jessica, *Founders at Work: Stories of Startups' Early Days*, Apress, Berkeley (California), 2008, pág. 44.

10. Schlender, Brent y Tetzeli, Rick, *Becoming Steve Jobs: The Evolution of a Reckless Upstart into a Visionary Leader*, Crown Business, Nueva York, 2016, pág. 46.

para apostar su dinero. Sin embargo, al igual que Bushnell y McKenna habían rechazado a Jobs, pero lo habían conectado con él, Valentine reconoció la voluntad de Jobs de contratar a un experto en *marketing*. Fue casi un acto reflejo; gran parte del trabajo de Valentine se reducía a hacer y aceptar presentaciones. Entonces, procedió a revisar sus contactos hasta identificar a dos administradores con experiencia que pudieran ayudar a construir Apple. Jobs rechazó a uno; otro conoció a Jobs y se negó a trabajar con él; el tercero era un ingeniero y ejecutivo de ventas llamado Mike Markkula, al que Valentine había conocido en Fairchild. Markkula se había hecho rico gracias a la opción de compra de acciones de Intel y se había retirado a los treinta y tres años con idea de dedicarse a jugar al tenis y construir muebles.

Un lunes de otoño de 1976, unos dieciocho meses después de su retiro, Markkula condujo su Corvette dorado hasta el garaje de Jobs en los suburbios, el modesto espacio que luego inspiraría a una oleada de *startups* en tecnología. El primer pensamiento del hombre de patillas largas y traje formal al ver a Jobs y Wozniak fue que necesitaban cortarse el pelo[11]. Pero luego notó algo más, algo a lo que los visitantes anteriores no le habían prestado atención. La tecnología de Wozniak era impresionante. El prototipo del Apple II sobre su banco de trabajo no tenía el caos de tableros de circuitos unidos por conectores complejos. Todo el equipo funcionaba en un solo tablero que tenía ranuras para conectar impresoras y otros dispositivos. Además, el diseño incorporaba placas de memoria de acceso aleatorio (RAM), y, hasta donde Markkula conocía, era el primer ordenador del mundo que lo incluía. «Woz había realizado un diseño elegante y hermoso. Y soy diseñador de circuitos, sé de lo que hablo», recordó Markkula[12].

Markkula decidió poner su energía en Apple. Se convirtió en consejero de los Steve, diseñó su plan de negocios, fue su jefe de *marketing* y presidente de la empresa, consiguió una línea de crédito bancaria y, finalmente, invirtió 91.000 dólares de capital propio a cambio del 26 por

---

11. Isaacson, *Steve Jobs*, pág. 76.

12. Markkula, Mike, «Oral History of Armas Clifford (Mike) Markkula, Jr.», entrevista con John Hollar, Computer History Museum, 1 de mayo de 2012, 24, archive.computerhistory.org/resources/access/text/2012/08/102746385-05-01-acc.pdf. «Interview with Mike Markkula», *Silicon Genesis: Oral Histories of Semiconductor Industry Pioneers*, 3 de junio de 2014, https://exhibits.stanford.edu/silicongenesis/

ciento de la empresa[13]. Después de un proceso enrevesado y repetitivo, la red de Silicon Valley por fin había llegado a la solución correcta; Jobs y Wozniak habían sido rechazados repetidas veces por múltiples inversores, pero una presentación llevó a otra, y Apple eventualmente encontró el salvavidas que necesitaba.

Markkula no era un capitalista de riesgo, podría decirse que fue el primer «ángel inversor» de Silicon Valley: alguien que se enriqueció gracias al éxito de una *startup* y recicló sus riquezas experimentando con más *startups*. Pero lo más importante para él fue su red de contactos: como veterano de Fairchild Semiconductor y de Intel, era un miembro establecido del selecto círculo interno de Silicon Valley. Después de que firmara con Jobs y Wozniak, Apple también se hizo parte del círculo.

Apple aún necesitaba ayuda con la publicidad, por lo que Markkula le solicitó a Regis McKenna que les diera a los Steve otra oportunidad. «Regis, yo te pagaré. Quiero que tú lo hagas»[14]. Antes, ni siquiera la oferta de una quinta parte de la empresa había convencido a McKenna de molestarse, pero cuando alguien de su red era quien le pedía un favor, estaba dispuesto a escucharlo. Así fue como diseñó el logo de una manzana con los colores el arcoíris y con un mordisco[15].

A continuación, Markkula fue en busca de talentos en administración. Mientras que antes ningún ejecutivo con experiencia en tecnología había querido arriesgarse a trabajar para Apple, Markkula logró persuadir a Mike Scott, parte de su red de exempleados de Fairchild, de dejar un trabajo seguro para ser el primer presidente de Apple. Para convencerlo a él y a otros ejecutivos de carrera, imitó el plan de opción de compra de acciones, y Apple se convirtió en parte de la cultura de capital de Arthur Rock.

Markkula también recurrió a la comunidad de capitales de riesgo; Don Valentine seguía reacio a invertir, pero no necesitaba depender de un solo capitalista, ya que tenía otros contactos. En su paso por Fairchild, se había hecho amigo de un colega llamado Hank Smith, quien se había unido a Venrock, el fondo de la familia Rockefeller, así que procedió a llamarlo y presentarle la idea de que podría interesarle invertir en Apple. Y luego se

---

13. «Apple Computer, Inc.: IPO Prospectus», 12 de diciembre de 1980, pág. 25, https://commons.wikimedia.org/wiki/File:Apple_Computer_IPO_1980.jpg

14. Markkula en entrevista con el autor, 16 de mayo de 2018.

15. Berlin, *Troublemakers*, pág. 239.

preparó para ir tras el premio mayor: en Intel, también había conocido a Arthur Rock, quien fuera el presidente en aquel momento. Valiéndose de su red, le solicitó a Rock que se reuniera con Jobs y Wozniak.

Para 1977, Rock disfrutaba de la vida como capitalista de riesgo veterano, apoyando al Ballet de San Francisco y coleccionando arte moderno. En sus cenas, usaba una campana de plata para llamar a su camarero[16]. De todas formas, como apreciaba a Markkula, accedió a encontrarse con Jobs, pero su reacción fue predecible[17]; «Steve acababa de llegar de la India y había estado con su gurú o lo que fuese. No lo sé, pero diría que había pasado un buen tiempo sin darse un baño»[18].

Dado que Rock arrugó la nariz, Markkula volvió a recurrir a su viejo amigo Hank Smith y a su firma, Venrock. En otoño de 1977, él y Jobs tomaron un vuelo nocturno a Nueva York, siguiendo los pasos de Perkins y Treybig un año antes[19]. Se dirigieron al 30 de la plaza Rockefeller y subieron en el ascensor hasta el piso 56, donde Venrock tenía sus oficinas. Una vez allí, se dirigieron al baño de hombres para cambiarse la ropa con la que habían volado.

Con sus trajes azules nuevos, Markkula y Jobs fueron llevados a una sala de reuniones sin ventanas, donde los esperaban Peter Crisp, inversor sénior de Venrock, Hank Smith y otros socios[20]. El equipo de Venrock no tenía muy claro qué estaba escuchando; Jobs y Markkula hablaban del tamaño potencial del mercado de ordenadores (desde la visita de Valentine al garaje, habían perfeccionado el discurso y hablaban con grandiosi-

---

16. Michael Phillips en entrevista con el autor, 6 de diciembre de 2017. Phillips, Michael, «Rock», *Pro Commerce* (blog), 3 de agosto de 2005, phillips.blogs.com/goc/2005/08/rock. html. El futuro inversor Michael Moritz, que conoció a Rock en esa época, definió su estilo: «Era bastante anticuado. Creía que la televisión era la maldición de la sociedad moderna, que la marihuana alteraba la mente y que no había habido avances significativos en literatura o arte en varias décadas». Moritz, Michael, *Return to the Little Kingdom: Steve Jobs, the Creation of Apple, and How It Changed the World*, Overlook Press, Nueva York, 2009, pág. 227.

17. Rock en entrevista con el autor, 30 de enero de 2018.

18. Rock, Arthur, «Arthur Rock: Early Bay Area Venture Capitalists: Shaping the Economic and Business Landscape», entrevista con Sally Smith Hughes, 2008, Regional Oral History Office, Bancroft Library, University of California, Berkeley, 2009, pág. 56.

19. Peter Crisp en entrevista con el autor, 26 de abril de 2018; Smith en entrevista con el autor, 26 de abril de 2018.

20. Crisp, Peter, «Oral History of Peter Crisp», entrevista con Marguerite Gong Hancock, Computer History Museum, 30 de agosto de 2018, archive.computerhistory.org/resources/access/text/2019/04/102717367-05-01-acc.pdf.

dad sobre un futuro en el que los PC adornaran todas las salas). Pero los socios parecieron perderse en el mensaje. «Los detalles de lo que Steve decía no hubieran tenido importancia. El territorio era tan especulativo que no se podía valorar literalmente», recordó Smith[21]. Peter Crisp agregó: «Estábamos volando a ciegas»[22].

Después de una hora y media, las preguntas se terminaron y Jobs y Markkula dejaron de hablar. Los socios de Venrock les pidieron que esperaran y salieron al pasillo para decidirse. Dado que Hank Smith había sido parte de Intel, el equipo comprendía que los avances del semiconductor hacían que la idea de un PC fuera factible. Dado que Smith conocía y respetaba a Markkula, confiaban en la capacidad de Apple de dar resultados. Pero, por otra parte, al igual que la mayoría de los capitalistas de riesgo de la Costa Este, Venrock era algo reacia al riesgo; solía rechazar *startups* en etapas iniciales y prefería invertir solo cuando generaran buenos rendimientos[23]. En síntesis, podían cerrar ese trato o rechazarlo, ¿quién sabía cuál era la decisión correcta? «Salimos al pasillo, cuatro o cinco, nos miramos unos a otros, nos encogimos de hombros y dijimos: "¿Qué demonios?"», relató Crisp[24]. «Luego, la gente nos dio demasiado crédito por haber sido muy listos al tomar esta decisión»[25].

Y así, casi por impulso, Venrock invirtió 300.000 dólares por el 10 por ciento de Apple[26]. Con una valuación de 3 millones de dólares, el

---

21. Smith en entrevista con el autor.

22. Crisp en entrevista con el autor.

23. «Esa inversión era muy inusual para nosotros. En esa época, no invertíamos en *startups* precarias». Smith en entrevista con el autor. Paul Ferrari, fundador de Matrix en Boston, sintetizó la cultura relativamente conservadora del capital de riesgo de la Costa Este: «No somos visionarios al estilo de algunas personas de la Costa Oeste. No asomamos las cabezas». Southwick, Karen, *The Kingmakers: Venture Capital and the Money Behind the Net*, Wiley, Nueva York, 2001, pág. 84. Del mismo modo, Greylock, de Boston, se enfocaba más en «capital de desarrollo» que en *startups*.

24. Crisp, entrevista con Carole Kolker, National Venture Capital Association Oral History Project, octubre de 2008, pág. 47, digitalassets.lib.berkeley.edu/roho/ucb/text/vcg-crisp.pdf.

25. Crisp en entrevista con el autor.

26. Como en la mayoría de los financiamientos de riesgo, es difícil dar números exactos. Peter Crisp reporta el plan inicial de invertir 300.000 dólares por el 10 por ciento de Apple. Véase Cris en entrevista con Kolker. De acuerdo al prospecto de la oferta pública inicial, del 31 de diciembre de 1997, Apple vendió 5.520.000 acciones ordinarias por 0,09 dólares cada una, un total de 517.500 dólares. «Apple Computer, Inc.: IPO Prospectus», 31 de diciembre de 1980, págs. II-2. Tras haber compartido parte de su porción con Arthur Rock, Venrock obtuvo 288.000 dólares del total.

trato implicaba que el valor de Apple había aumentado alrededor de treinta veces desde que Stan Veit había rehusado pagar 10.000 dólares por un décimo de las acciones alrededor de un año antes.

Con la oferta en el bolsillo, Markkula regresó a la Costa Oeste para continuar tejiendo su red. Allí, cerró un trato con Andrew Grove, excolega que pronto se convertiría en presidente de Intel. El hombre sabía bien de la existencia de Apple, ya que Markkula no dejaba de llevarse a sus empleados. Accedió a comprar una pequeña porción de la nueva empresa, y Markkula pudo sumar un nombre importante a su lista de patrocinadores.

Con Venrock y Grove a bordo, Apple ganó impulso y se convirtió en protagonista de un murmullo apenas audible; era como si las parras de Silicon Valley susurraran su nombre con insistencia[27]. El indiferente Don Valentine comenzó a acosar a Markkula para exigirle tener parte en la acción; aparecía en las oficinas de Apple sin invitación e incluso una vez, al ver al hombre en un restaurante, le envió una botella de vino con una nota: «No pierdas de vista que planeo invertir en Apple»[28]. «No necesitábamos su dinero», declaró Markkula, pero eventualmente dejó que Valentine invirtiera, con la condición de que aceptara un cargo directivo[29]. Tener a un capitalista de riesgo en la junta de la empresa incrementaría el impulso.

Por la misma época, Regis McKenna visitó la oficina de Arthur Rock; ¿había escuchado Arthur los murmullos? La oportunidad de invertir era ahora; el tren estaba en marcha.

La idea del tren en movimiento aportó un nuevo brillo a la inversión por etapas. En el caso de Atari o Genentech, los capitalistas de riesgo de seguimiento emitían cheques una vez los riesgos candentes habían sido neutralizados. En el caso de Apple, les decían que debían invertir solo porque otros estaban invirtiendo; aunque fuera una lógica circular, no era para nada descabellada. Los susurros de la vid estaban enviando un mensaje: Apple sería un éxito. Frente a tal prueba social, la realidad obje-

---

27. Moritz, *Return to the Little Kingdom*, pág. 223.

28. Moritz, *Return to the Little Kingdom*, pág. 227.

29. Markkula en entrevista con el autor. La cifra de la inversión de Valentine no se encuentra registrada en el formulario S-1. Se dice que es de 150.000 dólares en: Moritz, *Return to the Little Kingdom*, pág. 227. Wilson la establece en 200.000 dólares en: Wilson, *New Venturers*, pág. 64.

tiva respecto a la capacidad de los administradores de Apple o de la calidad de sus productos podía ser secundaria. Si Apple atraía financiamiento y su reputación mejoraba gracias al respaldo de personas con buenos contactos, sus posibilidades de contratar a los mejores profesionales y de conseguir los mejores canales de distribución también mejorarían. La lógica circular podía ser lógica sensata[30].

Después de haber escuchado a McKenna, Rock hizo a un lado sus dudas respecto a Jobs y a su higiene: era momento de invertir, la pregunta era cómo. Con la aportación de 300.000 dólares y Valentine blandiendo su talonario, Apple no necesitaba capital. Entonces, Rock recurrió a Dick Kramlich, el joven socio que se le había unido después de Tommy Davis. Aunque su fondo se había disuelto, los dos hombres seguían trabajando desde la misma oficina, así que Rock le pidió que llamara a Peter Crisp de Venrock. Una vez más, fue una forma de usar sus redes; Kramlich y Crisp se conocían de la escuela de negocios de Harvard. A pesar de que a Kramlich no le gustaba el estilo arrogante de Rock, le gustaba llamar a su compañero de Harvard. «Peter, ¿puedes conseguirnos un lugar aquí?», le preguntó[31].

Crisp tenía buena predisposición hacia su viejo amigo; además, Rock le había abierto el camino a Venrock hacia Intel cuando había reunido el financiamiento en 1968, de modo que Crisp le debía un favor. Al ofrecerles a Kramlich y a Rock parte de la asignación de 300.000 dólares de Venrock, Crisp reduciría parte del riesgo. Y tampoco haría daño que el legendario Arthur Rock se relacionara con Apple[32]. Crisp le dijo a Kramlich que podía ofrecerle 50.000 dólares de la asignación de Venrock.

Kramlich agradeció profusamente y corrió a contarle la noticia a Rock. «¡Arthur! ¡He conseguido 50.000 dólares!», anunció en tono triunfal y supuso que podría quedarse con 10.000 dólares para él y que Arthur se quedase

30. La inversión según las tendencias del mercado en ocasiones ha demostrado funcionar en bolsas de valores, ya que las noticias sobre las empresas llegan de forma gradual a los inversores, con lo que los precios se mueven en la misma dirección en la que la información es absorbida. Pero la inversión por tendencias en Silicon Valley tiene una lógica mucho más fuerte, en la que los murmullos sobre las empresas se pueden convertir en profecías autocumplidas.

31. Esta conversación, que no se encuentra en otros relatos sobre el financiamiento de Apple, fue recordada por Kramlich y confirmada por Crisp. Crisp en entrevista con el autor, 17 de noviembre de 2017.

32. Crisp en entrevista con el autor.

los otros 40.000. Sin embargo, Rock se retiró a su oficina, cerró la puerta e hizo algunas llamadas y, cuando volvió a salir, tenía malas noticias. «Debo muchos favores, por lo que eres el número once en mi lista de diez», le dijo. No permitiría que su antiguo socio obtuviera ninguna acción de Apple.

Kramlich trinaba, pero el prestigio de Rock hacía que enfrentarse a él fuera desaconsejable [33]. Poco después, un divertido amigo británico de Kramlich visitó Silicon Valley; su nombre era Anthony Montagu, había fundado una firma de inversiones en Londres llamada Abingworth y era un forastero en Silicon Valley.

«Richard, ¿qué nuevas oportunidades hay?», le preguntó a Montagu [34]. Kramlich le respondió que Apple era lo más nuevo, pero que no había posibilidades de invertir. Acababa de cerrar una ronda de financiamiento, y él mismo no había podido participar.

Montagu aún parecía entusiasmado y viajó a California con el único objetivo de visitar el negocio de ordenadores naciente, consciente de que Apple era líder. Entonces, Kramlich llamó al presidente de Apple, Mike Scott, para preguntarle si su amigo británico podía visitarlos. Lo provocó diciendo que Montagu era el segundo hijo de una familia pudiente, así que debía trabajar para ganarse la vida [35]. ¿Podría hacerle ese favor?

Scott accedió, pero también le dijo a Kramlich que no sería posible que su amigo pudiera invertir: Apple no necesitaba más dinero. Montagu partió hacia las oficinas de Apple y, unas horas después, llamó a Kramlich. «Dick, estoy muy emocionado. Es la empresa más impresionante que haya visto», le dijo. Invertiría en Apple a como diera lugar.

Entonces, le dijo a su anfitrión con su acento británico impresionante: «¿Sabe, señor Scott? Traigo un abrigo y tengo mi cepillo de dientes, así que me sentaré en la recepción y no me iré sin adquirir acciones». Era difícil decir si era un payaso excéntrico o un dolor de cabeza con demasiada determinación. Scott le respondió que podía sentarse en la entrada si quería, pero que tenía cero posibilidades de conseguir acciones.

---

33. Kramlich en entrevista con el autor.

34. La historia de Montagu y Apple se basa en una entrevista con Kramlich y en *e-mails* de Peter Dicks, socio de Montagu en Abingworth. Kramlich en entrevista con el autor. Dick, *e-mails* al autor, 25 de enero de 2019.

35. La familia de Montagu había fundado Samuel Montagu, un bando de negocios en Londres. Su hermano mayor David se había convertido en el presidente y, como hermano menor, Anthony había creado su propia firma.

Montagu insistió. «Tengo mi cepillo de dientes y puedo dormir aquí», repitió, como si la higiene dental fuera la única razón imaginable para no dormir en la oficina de alguien.

A las siete menos cuarto de esa noche, Mike Scott reapareció. «Señor Montagu, es un hombre muy afortunado», le dijo. Steve Wozniak había decidido comprar una casa, y para conseguir el dinero, decidió vender parte de sus acciones. Entonces, Montagu le preguntó cuántas acciones vendía. «Cuatrocientos cincuenta mil dólares», fue la respuesta.

Era mucho más de lo que Venrock o Valentine habían podido conseguir.

Exaltado, Montagu llamó a Kramlich otra vez. «Dick, ¡no estaría aquí sin ti!», le dijo y le ofreció parte del botín.

Kramlich nunca le contó a Rock que había adquirido una buena porción de Apple por medio de una ruta alternativa y, durante años, guardó silencio al respecto. Solo se permitió una celebración pequeña, como un hombre que lanza un puño al aire con un grito, pero en silencio. En la puerta principal de su casa en San Francisco, la manija tiene forma de manzana.

* * *

El financiamiento de Apple demostró que la red podía ser más fuerte que el individuo. Ningún capitalista de riesgo en esta historia se cubrió de gloria. Muchos se perdieron Apple por completo, a pesar de la oportunidad evidente que presentaba el dilema del innovador. Venrock decidió invertir en base a hombros encogidos y más que nada gracias a una conexión fortuita entre Hank Smith y Mike Markkula. Valentine y Rock se unieron en el último momento y, en especial en el caso de Rock, con una participación modesta. Valentine vendió su parte en poco tiempo, en 1979, con lo que obtuvo un rendimiento rápido de 13x que potenció su primer fondo, pero se perdió de la expansión posterior de Apple[36]. Dos de los mayores ganadores improbables de esta

---

36. Anthony Hoberman, entonces ejecutivo de Ford Foundation, recuerda que Valentine le consultó acerca de vender sus acciones de Apple antes de la oferta pública. Al haber invertido dinero de Ford en Sequoia como socio comanditario, a Hoberman le alegraba que Valentine demostrara aversión al riesgo. Hoberman en entrevista con el autor, 4 de diciembre de 2019. Hoberman, *e-mail* al autor, 4 de diciembre de 2019. Esta declaración contradice a Valentine, quien sugiere que la venta se realizó cuando él estaba de viaje, sin contacto con la oficina. Valentine en entrevista con el autor, 7 de abril de 2018. El rendimiento obtenido fue proporcionado por Sequoia.

historia fueron Anthony Montagu y Dick Kramlich, quienes probaron que, a veces, la suerte tiene más peso que nada[37].

Este embrollo no cambió el resultado de Apple. La empresa reunió capital y contactos, y su éxito demostró el poder de la red de Silicon Valley. Una vez que Venrock, Valentine y Rock subieron a bordo, no tuvo importancia cuánto lo hubieran dudado, se dispusieron a trabajar con sus contactos para ayudar a la nueva empresa en sus carteras. Una presentación de Valentine llevó a que Apple contratara a Gene Carter, un veterano experimentado de Fairchild. Una llamada de Peter Crisp ayudó a que reclutaran a un líder de producción de Hewlett-Packard[38]. Por su parte, Arthur Rock se aseguró de que Apple gozara de reflejar su gloria. En una ocasión, cuando dos peces gordos de Morgan Stanley visitaron la Costa Oeste y almorzaron con él, se ocupó de hablarles de Apple. «Arthur Rock es Leyenda, con "L" mayúscula», escribieron luego en un memorando; confiaron en la visión que Rock tenía de Apple como si se tratara de un oráculo más que de una parte interesada. «Las personas que dirigen esta empresa… son brillantes, muy creativas y motivadas», les había asegurado Rock[39].

En diciembre de 1980, dos meses después la oferta pública de Genentech, Morgan Stanley ayudó a Apple a salir a bolsa. Entre las 237 ofertas públicas iniciales de ese año, Apple fue la mayor y recaudó más dinero que cualquier oferta inicial desde que Ford Motor Company debutara veinticuatro años antes[40]. Hacia finales de diciembre, Apple tenía un valor de mercado cercano a 1,8 mil millones de dólares, un valor más alto que el de Ford[41]. Mientras que Valentine había conseguido un rendimiento rápido de 13x al retirarse en 1979, la porción de Rock se había disparado 378x, y Rock ocupó un lugar en la junta, que combinó con su puesto como presidente de Intel. En ese momento, más que nunca, era el mayor experto veterano de Silicon Valley; sin embargo, la inversión en Apple fue su último *home run* y luego se desvaneció. «Debió haber domi-

37. Para Venrock, Apple fue la inversión de la ley de potencia que transformó su desarrollo de bueno a excepcional durante los setenta. Nicholas, Tom, *VC: An American History*, Harvard University Press, Cambridge (Massachusetts), 2019, págs. 171-72.

38. Crisp en entrevista con el autor.

39. Moritz, *Return to the Little Kingdom*, pág. 230.

40. Moritz, *Return to the Little Kingdom*, pág. 286.

41. Moritz, *Return to the Little Kingdom*, pág. 276.

nado la escena. Debió haber sido el que firmara todos los cheques», reflexionó Bill Hambrecht. «Tenía la posición y el dinero. Debió haber sido él por defecto»[42]. Pero la posición y el dinero no eran los únicos factores importantes; las nuevas tecnologías y las industrias habían entrado en acción, y cada vez eran más necesarias las habilidades más allá de la financiera. Rock era el padre del capital del riesgo de la Costa Oeste, pero no era quien lo llevaría adelante.

Pero eso no tenía mucha importancia, pues el capital de riesgo había tomado velocidad de escape. En 1978, el Congreso había reducido el impuesto sobre las ganancias de capital de un 49 por ciento a un 28 por ciento, con lo que acrecentó el incentivo a invertir en fondos de riesgo. Al año siguiente, el Gobierno había flexibilizado la norma del «hombre prudente», con lo que abrió camino para que los administradores de fondos de pensiones pudieran invertir en activos de alto riesgo[43]. En 1980, en una escena digna de una película conspirativa de Hollywood, el capitalista de riesgo Bill Draper se sentó semidesnudo en una reunión secreta de poder en Bohemian Grove y aprovechó la oportunidad para presionar a un asesor cercano de Reagan para que redujera más el impuesto sobre las ganancias. Como era de esperar, el impuesto volvió a reducirse, en esta ocasión al 20 por ciento, poco después de que Reagan asumiera el cargo[44]. Así, la reducción del impuesto sobre las ganancias capitales y el cambio a la norma del «hombre prudente» formaron una combinación muy favorable para los inversores de riesgo. Las empresas financiadas por ellos podían presentarse en oferta pública sin haber tenido historial de ganancias. Las opciones de compra de acciones de los empleados solo

---

42. Hambrecht en entrevista con el autor, 7 de febrero de 2018.

43. Gompers Paul, y Josh Lerner, «Money Chasing Deals? The Impact of Fund Inflows on Private Equity Valuations», enero de 1998, págs. 6–7, ssrn.com/abstract=57964. En 1978, los fondos de pensiones representaban el 15 por ciento de los fondos de riesgo. Para 1988, se habían convertido en la mayor fuente de capital, con lo que representaban el 46 por ciento de los 3 mil millones de dólares del flujo de entrada. Gompers, Paul, «The Rise and Fall of Venture Capital», *Business and Economic History 23*, n.º 2, invierno de 1994, pág. 13.

44. Los recortes al impuesto sobre las ganancias de capital pudieron animar a inversores sujetos a impuestos (personas ricas) a invertir en sociedades de capital de riesgo o a ser «ángeles» inversores. (El efecto fue enturbiado por el levantamiento de la norma del «hombre prudente» y por el flujo de capital de fondos de pensiones. Al mismo tiempo, la reducción del impuesto pudo haber potenciado el surgimiento de inventores dispuestos a arriesgarse a crear sus propias *startups*. Nicholas cita una investigación de James Poterba. Nicholas, *VC*, pág. 181.

eran gravadas al ser ejercidas, no cuando eran concedidas. Las sociedades de responsabilidad limitada estaban exentas de impuestos y protegían a los socios de demandas legales. Ningún otro país era tan amigable con la industria.

Desde finales de los setenta, potenciado por las ganancias apetecibles generadas por Genentech y Apple, el capital comenzó a fluir hacia los fondos de riesgo. Entre 1973 y 1977, la industria había recaudado un promedio de 42 millones de dólares por año. Durante los cinco años siguientes, el promedio fue más de veinte veces mayor: 940 millones de dólares al año[45]. Con el resurgimiento del mercado de ofertas públicas iniciales que siguió al debut de Apple, capitalistas de riesgo ya establecidos comenzaron a generar ganancias extraordinarias, y obtener rendimientos de entre el 30 y el 50 por ciento se convirtió en algo frecuente[46]. En consecuencia, no era de extrañar que las sociedades comenzaran a reunir dinero a una escala sin precedentes. Después de los 5 millones de su primer fondo, Don Valentine recaudó 21 millones de dólares para su segundo fondo en 1981[47]. Alrededor del mismo período, Kleiner Perkins pasó de 8 a 15 millones de dólares y luego a 55[48]. Incluso un comienzo advenedizo como el de New Enterprise Associates, fundado en 1977 por Dick Kramlich y dos socios de la Costa Este, logró recaudar 45 millones de dólares en 1981[49]. En definitiva, el capital de los fondos de riesgo se cuadruplicó de 3 millones de dólares a 12 mil millones entre 1977 y 1983, y la cantidad de sociedades creció más del doble en ese período[50].

Arthur Rock podía estar decayendo, pero su legado estaba en auge.

---

45. Información de Venture Economics Inc.

46. Bygrave, William D., y Jeffry A. Timmons, *Venture Capital at the Crossroads*, Harvard Business School Press, Boston, 1992, pág. 149.

47. Wilson, *New Venturers*, pág. 60.

48. Perkins, Thomas K., «Kleiner Perkins, Venture Capital, and the Chairmanship of Genentech, 1976–1995», entrevista con Glenn E. Bugos, 2001, Regional Oral History Office, Bancroft Library, University of California, Berkeley, 2002.

49. En 1984, New Enterprise Associates reunió 125 millones de dólares. Gupta, Udayan, ed., *Done Deals: Venture Capitalists Tell Their Stories*, Harvard Business School Press, Boston, 2000, pág. 195.

50. Desde comienzos de los ochenta, al menos 150 universidades ofrecían cursos o tenían centros de investigación sobre la nueva ciencia de lanzar *startups*. Wilson, *New Venturers*, pág. 211.

5

Cisco, 3Com y el auge de Silicon Valley

La relevancia del estallido de los capitales de riesgo de finales de los setenta y comienzo de los ochenta no fue evidente para todos. A pesar de la lógica del dilema del innovador (que era probable que quienes crearan las nuevas industrias fueran nuevas empresas y, por tanto, que un aumento del capital de riesgo podría afectar la vitalidad de la economía de forma obvia), muchos comentaristas asumían que los líderes de la industria establecida decidirían el destino del país. En 1978, Merrill Lynch predijo con seguridad que los «futuros desarrolladores de tecnologías prometedoras, productos y servicios nuevos probablemente serían divisiones con buen financiamiento de grandes corporaciones»[1]. Era como si los Estados Unidos siguieran estancados en el mundo de IBM y Sherman Fairchild, pero el capital de riesgo de Silicon Valley, equipado con toda una caja de herramientas y con una red densa de participantes, estaba a punto de dar dos lecciones simultáneas. Primero, que podía afrontar el desafío de Japón, cuyos formidables fabricantes de semiconductores amenazaban la industria principal de Silicon Valley. Segundo, que podía eclipsar, al menos, a su perpetuo rival interno, el centro tecnológico de Boston.

---

[1]. El informe Merrill Lynch apareció en 1978, justo cuando el capital comenzó a fluir hacia fondos de capitales de riesgo. O'Mara, Margaret, *The Code: Silicon Valley and the Remaking of America*, Penguin Press, Nueva York, 2019, pág. 177. Nótese que la visión de Merrill Lynch parecía razonable, dado que el gasto en investigación y desarrollo de las mayores corporaciones públicas eclipsaron las inversiones del capital de riesgo por un factor de casi diez. Newhall, Charles, «Financing Technical Change», presentación para el OECD Committee for Scientific and Technological Policy, circa 1984, pág. 6. (Ejemplar provisto por Dick Kramlich al autor).

El éxito de Silicon Valley no podía ser explicado en términos de intervención gubernamental. No era que iniciativas federales hubieran favorecido de forma repentina a California sobre Massachusetts. Tampoco se trataba de que los Estados Unidos, frente a la competencia de los fabricantes hipereficientes de placas japoneses, hubiera respondido con una política industrial mágica. Los creyentes en el poder del activismo estatal citan un consorcio gubernamental llamado Sematech: desde 1987, el Gobierno canalizó 100 millones de dólares al año en su dirección, con lo que mejoró la coordinación entre fabricantes privados de chips y redirigió ganancias hacia la calidad de fabricación. Sin embargo, mientras Sematech ayudaba a bajar el índice de defecto y a acelerar la miniaturización, los japoneses conservaron la ventaja, y los Estados Unidos dejaron de intentar competir en el mercado de dispositivos de memoria, segmento en el que la calidad de fabricación era el principal factor de diferenciación[2]. Por el contrario, Silicon Valley se alzó victorioso al canalizar la energía hacia nuevas áreas: diseño especializado de microprocesadores, discos, controladores de disco y dispositivos de red que conectaran todos los nuevos equipamientos. Las nuevas industrias capitalizaban los avances en física e ingeniería que provenían de laboratorios con apoyo del Gobierno: en este sentido, el apoyo del sector público sin duda era importante. Pero el éxito de Silicon Valley para convertir investigación básica en productos comerciales reflejó el triunfo de una ciencia mucho menos novedosa: la sociología.

---

2. En 1987, los productores de chips de Japón tenían una ventaja del 19 por ciento de la producción de este campo sobre sus rivales de los Estados Unidos; en 1991 aún gozaban de un 9 por ciento. Macher, Jeoffery T., David C. Mowery, y David A. Hodges, «Reversal of Fortune? The Recovery of the U.S. Semiconductor Industry», *California Management Review*, otoño de 1998:,pág. 116, tabla 2. Sematech también ayudó a los productores de chips estadounidenses a aumentar su participación en el mercado global hasta el 53 por ciento en 1993. U.S. Congress, Office of Technology Assessment, *Contributions of DOE Weapons Labs and NIST to Semiconductor Technology*, OTA-ITE-585, U.S. Government Printing Office, Washington, D.C., 1993, pág. 67. Sin embargo, el factor principal para que la industria de chips de los Estados Unidos despegara fue el cambio de placas de memoria por microprocesadores de más alto margen. Y este cambio no le debió nada a Sematech. De hecho, Intel lo decidió antes de la creación de Sematech, y el foco en el diseño de placas novedosas fue fomentado por *startups* de semiconductores formadas antes de su aparición; entre ellas, Cypress Semiconductor, Altera y Micron. Para ver el coste-beneficio, difícil de evaluar, de Sematech, consulte: Irwin Douglas A., y Peter J. Klenow, «High-Tech R& D Subsidies: Estimating the Effects of Sematech», en «Symposium on Growth and International Trade: Empirical Studies», emission especial, *Journal of International Economics* 40, n.º 3, mayo de 1996, págs. 323–344, doi.org/10.1016/0022-1996(95)01408-X.

AnnaLee Saxenian, socióloga de Berkeley que había escrito sus percepciones sobre esta fase en la historia tecnológica, señaló la diferencia principal entre Silicon Valley y sus competidores[3]. En Boston y en Japón, el negocio de la electrónica estaba dominado por corporaciones grandes, secretistas y de integración vertical: Digital Equipment, Data General, Toshiba y Sony. Por el contrario, Silicon Valley era un caldero humeante de firmas pequeñas, que tenían vigor gracias a la competencia feroz entre ellas y eran formidables porque podían formar alianzas y hacer colaboraciones. Saxenian argumentó que la virtud de las pequeñas empresas de Silicon Valley era que los límites entre ellas eran permeables. El fundador de una empresa de servidores de disco conversaría con fabricantes de PC con intenciones de encontrar un lugar para su producto en la cadena productiva; el comercio de información sobre estándares y diseños tecnológicos era constante. Un ingeniero podía pedirle consejo a un colega de otra *startup*, pues no existía cultura de secretismo que bloqueara su cooperación. Un gerente de ventas podía renunciar a una empresa el viernes y comenzar a trabajar en otra al lunes siguiente sin siquiera tener que cambiar de estacionamiento, pues las dos empresas compartían el mismo edificio. Aunque las organizaciones jerárquicas pueden ser buenas para coordinar personas con un objetivo claro (en el ejército, por ejemplo), cuando se trata de comercializar ciencia aplicada, la cultura de «cooperación» de Silicon Valley resultó ser más creativa que las corporaciones independientes y verticalistas de Boston y Japón. Las grandes empresas tienen a embotellar ideas y, con frecuencia, a desperdiciarlas. En cambio, las coaliciones cambiantes de pequeñas empresas realizan infinidad de experimentos hasta encontrar el mejor camino.

¿Por qué fue necesario que una socióloga detectara las ventajas de Silicon Valley? Los economistas siempre reconocieron la ventaja de los «conglomerados» por industria: finanzas en Nueva York, cine en Hollywood, tecnología en Silicon Valley. Señalan que los conglomerados desarrollan mercados laborales en áreas especializadas, de modo que una empresa que necesitara expertos en, por ejemplo, una clase particular de *software* de base de datos, podía contratar a alguien con las habilidades

---

3. Saxenian, AnnaLee, *Regional Advantage: Culture and Competition in Silicon Valley and Route 128*, Harvard University Press, Cambridge (Massachusetts), 1994.

específicas que buscaba[4]. Pero Saxenian iba más allá del foco económico en la conexión productiva entre trabajadores y empleados. Con el énfasis en los límites permeables entre las *startups* de Silicon Valley, ponía a prueba la calidad de las relaciones dentro de un conglomerado y sugería por qué algunas avanzaban más que otras. Un conglomerado dominado por empresas grandes, independientes y secretistas se caracterizaba por relaciones estrechas entre los miembros de cada firma, pero poca relación entre los profesionales de una firma con los de otras. Por el contrario, un conglomerado compuesto por *startups* transitorias presentaría lazos menos fuertes entre colegas, pero gozaría de conexiones externas más variadas y flexibles. El argumento de Saxenian era que una cantidad reducida de relaciones estrechas genera menos intercambio de ideas e innovación que un gran número de relaciones más superficiales. Con esto, sembró la semilla para uno de los artículos de ciencias sociales más citado de todos los tiempos. En un reconocido artículo publicado en 1973, el sociólogo Mark Granovetter argumentó que muchos lazos débiles generan más circulación de información que un puñado de lazos fuertes[5].

Al menos hasta hace poco tiempo, la economía no ha ofrecido ninguna percepción equivalente. Paul Krugman, cuyo trabajo pionero en geografía económica lo llevó a ganar el Premio Nobel, lamenta que «las cosas que destaqué en los modelos son una historia menos importante que las cosas que dejé fuera porque no pude modelarlas, como la filtración de información y las conexiones sociales»[6]. Sin embargo, Saxenian y sus colegas sociólogos habían colocado a la información y a las conexiones sociales en el centro de sus investigaciones, y fue un acierto. Sin los vínculos de Tom Perkins con sus viejos amigos de Hewlett-Packard, Tandem Computers nunca hubiera existido. Sin la relación de Nolan Bushnell con Don Valentine, y la de Don Valentine con Markkula, Apple

---

4. Con esta misma lógica, los conglomerados tienen grandes grupos de empresas complementarias: un fabricante de rúteres en busca de un chip esotérico puede encontrar la clase de empresa diseñadora de semiconductores que necesita en un radio de setenta kilómetros. Moretti, Enrico, *The New Geography of Jobs*, Mariner Books, Nueva York, 2013, págs. 126–127, 134.

5. El artículo de Granovetter de 1973 «The Strength of Weak Ties» en *The American Journal of Sociology* es el séptimo artículo de ciencias sociales más citado de la historia, según un análisis de Google Académico de Elliot Green, de LSE.

6. MacFarquhar, Larissa, «The Deflationist: How Paul Krugman Found Politics», *New Yorker*, 1 de marzo de 2010.

quizás nunca se hubiera convertido en un verdadero negocio. Las ideas se expandían como el fuego gracias a sitios como Walker's Wagon Wheel, un antro atestado donde los ingenieros de IBM y Xerox PARC intercambiaban chismes con libertad. Las mismas ideas tal vez no se hubieran diseminado en absoluto en otros conglomerados industriales, ya que los lazos sociales no eran aptos para que esparcieran rápido[7].

Sin duda, la tesis de Saxenian inspiró una pregunta: si los límites permeables y la abundancia de lazos débiles hacían que un conglomerado industrial fuera productivo, ¿qué había generado esas condiciones en Silicon Valley? Existen dos respuestas conocidas. La primera: las leyes de California no permiten que los empleadores hagan que los empleados firmen cláusulas de no competencia; el talento es libre de ir a donde le plazca, a diferencia de en la mayoría de los estados, entre ellos, Massachusetts. La segunda: Stanford había tenido la generosidad de permitir que sus profesores se tomaran años sabáticos para trabajar en *startups*, lo cual fomentó los lazos entre el mundo académico y los negocios. Por el contrario, los profesores del MIT se hubieran arriesgado a perder sus puestos si pasaban demasiado tiempo en otros proyectos. De todas formas, estas dos respuestas no constituyen la historia completa. Por un lado, ciertas investigaciones jurídicas han buscado explicar el sentido de las cláusulas de no competencia[8]. Por

---

7. Ferguson, Niall, *The Square and the Tower: Networks, Hierarchies, and the Struggle for Global Power*, Penguin Press, Nueva York, 2017, pág. 15.

8. Barnett, Jonathan M. y Ted Sichelman, «The Case for Noncompetes», *University of Chicago Law Review 86*, enero de 2020. El artículo señala que las cláusulas de no competencia son aplicables en California bajo ciertas circunstancias y no aplicables en Massachusetts bajo otras circunstancias: por tanto, el contraste entre los dos estados es menos notable de lo que suele decirse. Además, los empleadores de California usan otros mecanismos para restringir la movilidad de sus empleados, entre ellos, contratos de confidencialidad, demandas por infracción de patentes y mecanismos de compensación diferida. Marx, Matt, Jasjit Singh y Lee, *Fleming, Regional Disadvantage? Non-Compete Agreements and Brain Drain*, 21 de julio de 2010. Disponible en: SSRN: ssrn.com/abstract=1654719 or dx.doi.org/10.2139/ssrn.1654719, Starr, Evan, «The Use, Abuse, and Enforceability of Non-compete and No-Poach Agreements», *Issue Brief*, Economic Innovation Group, febrero de 2019. Investigando la tecnología, Starr cita el ejemplo revelador de Hawái, donde se prohibió la aplicación de cláusulas de no competencia para trabajadores de tecnología en 2015. El resultado fue un aumento de la movilidad laboral, con una caída de la estabilidad de un 11 por ciento, lo que implicó una polinización cruzada de ideas y coincidencias más dinámicas entre las habilidades de los trabajadores y las oportunidades emergentes. Una conclusión justa sería que la no aplicación de cláusulas de no competencia es saludable para ecosistemas de *startups* de prueba y error respaldados por capitales de riesgo, pero que no es una variable determinante del éxito. Su principal poder residiría en potenciar los esfuerzos de los capitalistas de riesgo para formar empresas.

otra parte, es mucho más probable que las *startups* de tecnología de California recluten estudiantes que profesores de Stanford[9]. Entonces, la respuesta principal a la pregunta de Saxenian —¿por qué Silicon Valley tiene una abundancia de lazos débiles?— se encuentra en otro sitio: reside en el hecho de que un grupo de profesionales está enfocado en cultivar dichos lazos. Se trata del grupo de los capitalistas de riesgo.

Esto nos remonta al auge de los capitales de riesgo de finales de los setenta y principios de los ochenta. No fue coincidencia que el flujo de dinero hacia sociedades de capital de riesgo anticipara el momento en que Silicon Valley superaría a sus competidores en Japón y en Boston. El incremento de capitales significaba que conectores más ávidos llevaban su negocio a Silicon Valley, donde escuchaban presentaciones, entrevistaban a candidatos, conectaban ideas, personas y dinero. Para muchos de los novatos en el área, construir sus redes no era una actividad casual, más bien era *la* actividad principal, la clave para establecerse en el negocio. Bill Younger, quien se unió a Sutter Hill en 1981, se dedicó a la tarea de llevar a las personas más listas a almorzar en su Rolodex. Al final de cada almuerzo, preguntaba: «¿Quién es la mejor persona con la que has trabajado?». Luego, se encargaba de conocer al hombre —nunca era una mujer— y, hacia el final del encuentro, repetía la pregunta: «¿Quién es la mejor persona con la que has trabajado?»[10]. Tras un año de ir de un mejor hombre al siguiente, tenía una lista de alrededor de ochenta superestrellas y cultivó su relación con cada una de ellas con detenimiento. Le enviaba a una celebridad un artículo técnico que podría servirle en su investigación; llamaba a otra para mencionar que un antiguo colega preguntaba por ella. De este modo, tejió una red de contactos que serían la base de *startups* produc-

---

9. De los numerosos emprendedores descritos en este libro, solo uno, Patrick Brown, fue profesor de Stanford, aunque David Cheriton es mencionado de pasada. Por otra parte, sí se mencionan muchas figuras que trabajaron en Stanford, pero que no tenían titularidad, por lo que la supuesta distinción con el MIT se vuelve irrelevante. Entre los ejemplos, se encuentran los fundadores de Cisco, Yahoo y Google. Entonces, si el argumento de la flexibilidad pro emprendedores de Stanford no se relaciona específicamente con la titularidad, sino con la idea más vaga de que tenían una vibración pro *startups*, se presenta el dilema del huevo y la gallina. Como demuestra la historia de Patrick Brown (en la introducción), la presencia de Sand Hill Road junto a Stanford pudo haber influido en la cultura académica, al menos tanto como la academia impulsó el espíritu emprendedor.

10. Younger en entrevista con el autor, 16 de mayo de 2018.

tivas cuando se diera la oportunidad. El capital social que Saxenian había destacado no había surgido por accidente[11].

Las personas de Silicon Valley sintieron cómo el aumento de la red de capitalistas de riesgo cambió el metabolismo del lugar. Un viernes de 1981, el exdirector ejecutivo de Fairchild, Wilfred Corrigan, compartió un plan de negocios para una nueva empresa de semiconductores, LSI Logic. Al jueves siguiente, Kleiner Perkins y otros dos coinversores habían reunido 2,3 millones de dólares; «La única razón por la que se atrasó tanto fue porque el lunes era un día festivo», dijo uno de ellos más tarde[12]. Del mismo modo, un ingeniero llamado William Dambrackas consiguió dinero con el primer fondo al que recurrió, a pesar de no tener ni un prototipo ni proyecciones financieras. «Había oído que los capitalistas de riesgo apostaban más al jinete que al caballo. Me impactó que alguien quisiera invertir en una empresa que ni siquiera existía aún», recordó maravillado[13]. Los capitalistas de riesgo se estaban llevando a personas talentosas de grandes empresas con tal velocidad que incluso los más fuertes de Silicon Valley comenzaron a resentirse: Andy Grove, presidente de Intel, se quejó de que los inversores estaban haciendo el papel de Darth Vader, atrayendo a jóvenes ingenieros y gerentes inocentes hacia el «lado oscuro» del capitalismo emprendedor. «No les ponemos bolsas en la cabeza para arrastrarlos fuera de las empresas», replicó Don Valentine[14]. La ausencia de cláusulas de no competencia ayudó a los capitalistas en este callejón sin salida; pero

---

11. Basándose en la investigación de Granovetter y Saxenian, análisis posteriores trazan conexiones de capitales de riesgo dentro de conglomerados tecnológicos. La percepción principal es que los conglomerados son productivos en tanto sus agentes tengan conexión activa entre sí. El papel que los capitalistas de riesgo han tenido al cultivar tales conexiones se ilustra en el estudio de conglomerados de ciencias de la vida de Woody Powell de Stanford y coautores. Powell, Woody, Kelly A. Packalan, y Kjersten Bunker Whittington, «Organizational and Institutional Genesis: The Emergence of High-Tech Clusters in the Life Sciences», *Queen's School of Business Research Paper* n.º 03-10. Ferrary, Michel, «Silicon Valley: A Cluster of Venture Capitalists?», *Paris Innovation Review* (blog), 26 de octubre de 2017, http://www.parisinnovationreview.fr/articles-en/silicon-valley-a-cluster-of-venture-capitalists. Granovetter Mark, y Michel Ferrary, «The Role of Venture Capital Firms in Silicon Valley's Complex Innovation Network», *Economy and Society 18*, n.º 2, 2009, págs. 326–359.

12. Dennis Taylor, «Cradle of Venture Capital», *Silicon Valley Business Journal*, 18 de abril de 1999, bizjournals.com/sanjose/stories/1999/04/19/focus1.html.

13. Shaffer, Richard A., «To Increase Profits, Venture Capital Firms Are Investing Earlier in Fledgling Concerns», *Wall Street Journal*, 31 de octubre 1983.

14. Kotkin, Joel, «The Third Wave: UU.S. Entrepreneurs Are Filling New Niches in the Semiconductor Industry», *Inc.*, febrero de 1984.

el derecho contractual era más un amplificador del capital de liberación que un poder en sí mismo.

El cambio en el metabolismo de Silicon Valley desconcertó a quienes estaban desde los viejos tiempos. Los días en los que los inversores podían investigar antes de respaldar a una *startup* habían quedado atrás. «Solíamos tener dos o tres meses. Ahora, era cuestión de semanas o días, porque si no invertías, alguien más lo haría», lamentó Eugene Kleiner [15]. Sin embargo, más allá de los riesgos de los movimientos frenéticos, la nueva atmósfera era tonificante. El aumento de los dólares en capitales de riesgo «promovió el flujo de emprendedores capaces fuera de sus redes de contención hacia grandes corporaciones y hacia los nuevos capitales de riesgo borrascosos y creativos», en palabras de Bill Draper de Sutter Hill [16]. La toma de riesgos y la tolerancia al fracaso, con frecuencia adjudicados a alguna clase de poción mágica en el agua, tuvieron todo que ver con los estímulos. Cuando un ingeniero llamado Chuck Geschke dejó un trabajo seguro para fundar la empresa de *software* Adobe, declaró no preocuparse por un posible fracaso. Había visto cómo otros emprendedores navegaban por el territorio de las *startups* financiadas por capitales de riesgo y cómo el fracaso solía significar que debían reunir más dinero la próxima vez [17].

Con la sensación de riesgo ahogada por el capital y con la fundación de tantos experimentos innovadores, algunos de ellos estaban destinados a hacerlo a lo grande. Solo se necesitaría un puñado de ganadores excepcionales para posicionar a Silicon Valley como el centro tecnológico dominante del mundo.

Ni en Boston ni en los alrededores se dio un estallido equivalente de capitales de riesgo. A partir de mediados de los sesenta, cuando la ARD de

---

15. Chase, Marilyn, «Venture Capitalists Rush in to Back Emerging High-Technology Firms», *Wall Street Journal*, 18 de marzo de 1981.

16. Chase, «Venture Capitalists Rush in to Back Emerging High-Technology Firms». Chase también cita a A. Robert Towbin de L. F. Rothschild, quien describe el flujo continuo de matrimonios perfectos entre inversores y emprendedores como un «mundo de sueños».

17. Livingston, Jessica, *Founders at Work: Stories of Startups' Early Days*, Apress, Berkeley (California), 2008, pág. 284.

George Doriot comenzó a tambalearse, de su sombra surgió un trío de sociedades del estilo de Davis & Rock: Greylock Partners, Charles River Ventures y, más tarde, Matrix Partners. Las tres tuvieron buen rendimiento, pero formaban parte de una red más pequeña y débil, y eran notablemente menos resueltos que sus rivales de la Costa Oeste. No existía una tradición de capitalistas de riesgo que se arremangaran y ayudaran a diseñar *startups*, como lo había hecho Tom Perkins con Tandem y Genentech. Tampoco existía la costumbre de apoyar a un tecnólogo prometedor y luego encontrarle un director ejecutivo como había hecho Sutter Hill con Qume. Por el contrario, los capitalistas de la Costa Este esperaban que las empresas hicieran presentaciones para conseguir dinero con los equipos ya armados. «Era una teoría de la inmaculada concepción», declaró un veterano de la Costa Oeste[18]. «No existe verdadero capital de riesgo en Massachusetts», aportó un gerente de tecnología de Boston. «A menos que hayas demostrado tu valor cientos de veces, nunca conseguirás dinero»[19]. Un emprendedor de Boston, que dejó su puesto en un gigante tecnológico para establecer su propia firma, concluyó: «En Nueva Inglaterra, las personas preferirían invertir en una cancha de tenis que en alta tecnología». El hombre hizo sus maletas y se mudó a Silicon Valley, donde fundó una empresa de computación exitosa llamada Convergent. «En cuestión de veinte minutos, durante el almuerzo, obtuve ofertas por 2,5 millones de dólares de tres personas que me vieron escribir un plan de negocios en una servilleta»[20].

La cautela de la Costa Este se colaba en todo lo que hacían, desde seleccionar a qué fundadores apoyar hasta el modo en que los asesoraban después de invertir. Para reducir riesgos, los capitalistas de Boston solían aportar lo que llamaban «capital de desarrollo» a negocios que ya tuvieran un producto y algunas ventas; era mucho más seguro que invertir en *startups* novatas. Howard Cox, quien inició su carrera en Greylock en 1971,

---

18. Len Baker en entrevista con el autor, 20 de septiembre de 2017.

19. El gerente de tecnología era Gordon Bell, vicepresidente de ingeniería de DEC. Saxenian, *Regional Advantage*, pág. 65.

20. Saxenian, *Regional Advantage*, pág. 65. En el mismo sentido, Rick Burnes, de Charles River Ventures de Boston, recuerda: «Cuando se fundó Apple, era una esperanza, un sueño y un tío en vaqueros que no había terminado la universidad. Aquí en Nueva Inglaterra no se hacían así las cosas. Queríamos experiencia y queríamos a personas que supieran de lo que hablaban». Burnes en entrevista con el autor, 11 de octubre de 2017.

alardeó de haber perdido dinero tan solo en dos de sus cuarenta inversiones. «No financio empresas cuyo producto podría fracasar», dijo, visión que los de la Costa Oeste considerarían de una cobardía risible[21]. Los contratos entre capitalistas y *startups* reflejaban la misma diferencia. Los del este insistían con el derecho de apoderarse de los activos de una *startup* si el prospecto era desfavorable; similar a como un prestamista de hipotecas ejerce su derecho de embargar hogares si el deudor no paga. Los del oeste prestaban menos atención a dichas condiciones, pues si una *startup* incipiente fracasaba, tendría poco activos que mereciera la pena tomar. Por último, los inversores de la Costa Este eliminaban los riesgos de la ecuación enseguida y solían preferir vender una empresa a un rival mayor cuando alcanzara un rendimiento aproximado de 5x. Dado que hacían menos apuestas que acabaran en cero, no sentían la necesidad de hacer que las ganadoras rindieran 10x o más.

El contraste entre ambas costas se cristalizó en la historia de Bob Metcalfe[22], autodenominado «vikingo americano», con abuelos de Oslo, Bergen, Leeds y Dublín, cabello rubio rojizo espeso y mocasines elegantes, que se llamaba a sí mismo «jipi de derecha»[23]. Después de estudiar en el MIT y en Harvard, se mudó al oeste a Xerox PARC, donde casi nunca usaba despertador, solía pasar noches enteras en el laboratorio e inventó la tecnología de red informática llamada Ethernet. Metcalfe era un jugador de tenis muy competitivo y una fuerza de la naturaleza: combinaba el carisma de Steve Jobs con la habilidad en ingeniería de Steve Wozniak. Sin embargo, para frustración de Metcalfe, Xerox no mostraba intenciones de crear un negocio a partir

21. Cox en entrevista con el autor, 12 de octubre de 2017. Bill Elfers llegó a la temprana conclusión de que la adquisición de «capital de desarrollo» y las acciones públicas de empresas no reconocidas llevaban a apuestas más seguras que las «nuevas empresas especulativas». Nicholas, Tom, *VC: An American History,* Harvard University Press, Cambridge, (Massachusetts), 2019, pág. 163.

22. La historia de 3Com se construyó en base a diversas fuentes y fue verificada vía *e-mail* con Metcalfe. Metcalfe, *e-mail* al autor, 2 de abril de 2019.

23. Metcalfe, Robert, «Oral History of Robert Metcalfe», entrevista con Len Shustek, Computer History Museum, 29 de noviembre de 2006, archive.computerhistory.org/resources/text/ Oral_History/Metcalfe_Robert_1/Metcalfe_Robert_1_2.oral_history.2006.7.102657995.pdf.

de su invento, tampoco parecía ansiosa por promover que un espíritu tan libre ascendiera en la escalera gerencial[24]. En consecuencia, Metcalfe renunció y fundó una *startup* a la que llamó 3Com, con la promesa de que Ethernet conectaría ordenadores personales en oficinas y salas de todo el país[25].

Quince años antes, un ingeniero ambicioso como Metcalfe primero hubiera buscado un patrocinador financiero y después hubiera reunido el valor para renunciar. Pero luego, la ubicuidad del capital de liberación podía darse por sentado, lo que le permitió a Metcalfe invertir la secuencia, sin que se detuviera a pensar en lo milagroso que era poder hacerlo. *Por supuesto*, un joven y brillante científico no debía echarse a perder en una burocracia que no sacara el mayor provecho de sus talentos. *Por supuesto*, si un científico así lo decidía, tenía la posibilidad —casi el derecho— de fundar su propia empresa. Los economistas suelen pensar en términos de mercados y de empresas, pero él apostaba a una institución intermedia: la red.

Metcalfe inició la búsqueda de financiamiento para 3Com en septiembre de 1980, y consiguió ofertas de inmediato. El Mayfield Fund, iniciado por el exsocio de Rock, Tommy Davis, ofreció valuar la empresa en 2 millones de dólares, 7 dólares por acción. Dick Kramlich, de New Enterprise Associates, otro exsocio de Rock, reunió un consorcio dispuesto a valuarla en 3,7 millones de dólares, 13 dólares por acción, antes de que 3Com hubiera hecho nada. Pero Metcalfe estaba decidido a conseguir más; convencido de que su empresa valía 6 millones de dólares y de que sus acciones debían alcanzar los 20 dólares, se dispuso a vencer a los inversores de riesgo en su propio juego. «Siempre sentí resentimiento hacia los másteres en administración de empresas. Siempre tenían mejores salarios que yo, y yo era más listo que ellos», confesó[26]. Entonces, comenzó a invitar a los inversores a almorzar para soli-

---

24. Wilson, John W., *The New Venturers: Inside the High-Stakes World of Venture Capital*, Reading, (Massachusetts), Addison-Wesley, 1985, pág. 177.

25. Otro ejemplo de la incapacidad de los de la Costa Este de capitalizar una inversión fue cuando la firma de redes pionera Ungermann-Bass se retiró de una empresa llamada Zilog. Al igual que Xerox, Zilog tenía el ADN de la Costa Este: había sido fundada por un desarrollo corporativo con sede en Nueva York en la empresa petrolera Exxon. Al igual que Xerox, Zilog tuvo dificultades para introducir productos en el mercado. Charlie Bass en entrevista con el autor, 12 de junio de 2018.

26. Metcalfe, entrevistas Shustek.

citarles consejo. «Si quieres dinero, pides consejos. Si quieres consejos, pides dinero», reflexionó con perspicacia[27]. Su objetivo era aprender la forma de pensar de los capitalistas de riesgo y, en poco tiempo, descubrió un patrón. En algún momento de la conversación, su invitado iniciaba un monólogo sobre las tres razones por las que las *startup* fracasaban: el ego excesivo del fundador, poca atención a los productos más prometedores y muy poco capital. Después de reconocerlo, comenzó a anticiparse a él: «Estos son tres errores que no cometeré», anunciaba antes de que el capitalista desprevenido recitara las advertencias acostumbradas. «Primero, decidí que el éxito de esta empresa es más importante que que yo la dirija. Segundo, aunque tengo un plan de negocios con miles de productos, créeme, nos enfocaremos en unos pocos. Tercero, estoy aquí para reunir dinero, porque no empezaremos descapitalizados»[28].

La primera promesa de Metcalfe era la más intrigante; precisamente porque había alimentado su ego al conseguir 20 dólares por acción, estaba dispuesto a rebajarlo cuando se trataba de quien dirigiría la empresa. Había analizado la mente de los capitalistas lo suficiente como para comprender la fórmula Qume: sabía que, si aceptaba su dinero, ellos seguro que llevarían a sus administradores externos. Consciente de ese factor inevitable, supuso que bien podía invertirlo; si él contrataba a un ejecutivo externo antes de reunir capital, su empresa parecería más fuerte y sus acciones se venderían por un precio mayor.

Al pequeño equipo fundador de 3Com no le agradaba mucho la idea, pues creían poder levantar la empresa por sí mismos, con Metcalfe como líder. Uno de ellos le entregó una caricatura de un rey y una reina mirando sus dominios desde arriba. El rey decía: «No estoy seguro de poder hacer esto». A lo que la reina respondía con expresión seria: «Cierra la boca y gobierna»[29].

A pesar de esa provocación, Metcalfe se apegó a su plan de contratar a un ejecutivo externo. Hacia finales de 1980, utilizó un discurso en Stanford para anunciar una nueva clase de subasta de capitales de riesgo:

---

27. Metcalfe, entrevistas Shustek.

28. Metcalfe, entrevistas Shustek.

29. Howard Charney, *e-mail* al autor, 19 de marzo de 2019. Richman, Tom, «Who's in Charge Here? Travel Tips Article», *Inc.*, 1 de junio de 1989, www.inc.com/magazine/19890601/5674.html.

aceptaría financiamiento de cualquier inversor que le llevara al mejor hombre operativo con gran experiencia administrativa[30]. Al exigir que le consiguieran a un presidente antes de invertir, apuntaba a hacer que potenciaran las posibilidades de 3Com y luego le pagaran por el valor que habían generado.

Los capitalistas de la Costa Este se hubieran encogido de hombros y se hubieran marchado. ¿Quién era el inventor desquiciado para darles indicaciones? Sin embargo, los de la Costa Oeste estaban dispuestos a trabajar con fundadores de potenciales *home runs* a cualquier precio. Por aquel entonces, con la expansión de los PC, la red informática era un negocio candente.

Wally Davis, socio de Mayfield, escuchó el discurso de Metcalfe en Stanford, luego regresó a su oficina y repitió la historia. El inventor de Ethernet estaba usando la fórmula de Sutter Hill en Qume para sí mismo; para invertir, Mayfield tendría que hacer uso de su red de contactos para encontrar a un gerente experimentado para 3Com.

«Conozco a un hombre que sería perfecto», sugirió un socio junior llamado Gib Myers, que había trabajado en Hewlett-Packard con un hombre llamado Bill Krause. Graduado de Citadel, universidad militar en Carolina del Sur, Krause era un hombre meticuloso y orientado a procesos; de hecho, era demasiado meticuloso a ojos de la mayoría. Se encontraba en su elemento escribiendo memorandos de «misión, objetivos, estrategia y tácticas». Era minucioso con la diferencia entre un gerente de *marketing* de producto y un director de *marketing* de producto. Actuar con sutileza no era lo suyo, pero con el jipi como mano derecha a su lado, su estilo obstinado equilibraría las ideas.

Myers llamó a Krause y le pidió que se reuniera con Metcalfe en Mac's Tea Room en Los Altos. Le explicó que Metcalfe estaba lanzando una nueva firma, que era un hombre muy diferente a él, pero que tal vez podían complementarse. Krause aceptó la propuesta de buena gana; siempre había querido liderar una *startup* y, como había estado al frente de la división de ordenadores personales de HP, sabía de Ethernet y respetaba al ingeniero que la había inventado. Además, su antiguo compañero de HP, Jimmy Treybig, había abandonado la estabilidad de

---

30. Bill Krause, entrevista con el autor, 15 de mayo de 2018.

la empresa para iniciar la *startup* Tandem, que había resultado muy bien para él[31].

La reunión en Los Altos salió muy bien. Krause, al igual que Metcalfe, era un jugador de tenis competitivo, y ambos tuvieron una conexión respeto al futuro de la computación. Ambos coincidían en que la utilidad de los PC se potenciaría cuando se conectaran a una red. De hecho, esta idea se dio a conocer como la ley Metcalfe: el valor de una red surge del cuadrado del número de dispositivos conectados a ella.

Unos días después, Krause se reunió con Howard Charney, principal lugarteniente de Metcalfe, y con otros empleados iniciales. Cuanto más conocía 3Com, más se entusiasmaba. Al renunciar a Hewlett Packard, dejaría una empresa estable y su salario se reduciría, pero sería una oportunidad para construir algo desde cero y ser propietario de una buena porción.

El siguiente paso de Krause era hablar del asunto con su esposa, Gay, para lo que escogió un momento en el que habían salido a correr juntos. Era una mañana hermosa, y Gay amaba correr, así que Krause le comunicó que podría firmar un contrato para trabajar con una *startup*. ¡Sería líder de un equipo emocionante! ¡Siempre había anhelado hacer algo así!

Gay siguió corriendo sin decir nada, y cuando Krause la miró, notó que estaba llorando. Entonces, decidió llamar a Metcalfe para pedirle ayuda porque la conversación familiar no había ido bien. Quizás Metcalfe y Charney pudieran ir a cenar con ellos. Así lo hicieron y, después de la cena, Gay habló con su esposo.

—Howard Charney es el hombre más listo que he conocido. Y Bob Metcalfe es el hombre más carismático que he conocido. ¿Qué demonios quieren de ti?

—¿Eso es un sí? —preguntó Krause.

—Ve a por ello —respondió ella[32].

---

31. Krause dijo respecto a Treybig: «Él y Tom Perkins eran los modelos a seguir para muchos de nosotros. Me inspiraron a arriesgarme a unirme a Bob». Krause en entrevista con el autor.

32. Treinta y ocho años después, Krause bromeó con que su esposa aún sostenía su condición. Krause en entrevista con el autor. Charney confirmó que asistió a la cena. Charney, *e-mail* al autor, 19 de marzo de 2019.

Con Krause listo para subir a bordo, Metcalfe pensó que ya tenía lo necesario para presionar por los 20 dólares por acción[33]. Sin embargo, aún después de conseguir la supervisión adulta, los capitalistas no cedían. Para entonces, habían hecho rutina de la formula Qume: querían establecer la gerencia de 3Com de todas formas, así que el hecho de que Metcalfe se les hubiera adelantado no cambiaría las cosas. Dick Kramlich, de New Enterprise Associates, se apegaba a la oferta de 13 dólares por acción. Jack Melchor, conocido por haber financiado a un exitoso productor de ordenadores de los setenta llamado ROLM, también ofrecía 13 dólares. Mayfield había mejorado la oferta de 7 dólares, pero se negaba a pasar el aparente número mágico de 13. Sospechaba que había conspiración; la red de Silicon Valley era pródiga, pero también podía sentirse como un cártel. Estaban confabulando en su contra.

Entonces, Metcalfe decidió ampliar su red; no pensaba pagar por el privilegio de conseguir dinero de un capital de riesgo renombrado de Silicon Valley. El dinero de los financieros de Boston tenía el mismo valor. El capital era una mercancía. La buena noticia para él fue que los capitalistas de Boston estaban impresionados de que hubiera contratado a Krause, pues les gustaba invertir en equipos formados, y 3Com ya contaba con un inventor de primera categoría y con un gerente de primera categoría. Fidelity Ventures, la rama de capitales de riesgo de la reconocida entidad de Boston, anunció que financiaría la empresa a 21 dólares por acción. Finalmente, Metcalfe había conseguido una valuación mayor a los 20 que pretendía[34].

Eufórico, llamó a Kramlich: «Dick, tenemos a alguien que piensa que valemos lo que valemos. Solo quieren un mes para hacer su diligencia debida. Si insistes en que este es el trato y no quieres esperar un mes, nos iremos»[35]. Tenía esperanzas de que Kramlich subiera el precio. ¿Esos financieros no valoraban las subastas y la determinación de

33. Krause recordó que tomó la decisión de dejar HP al principios de enero, casi un mes antes de que terminaran las negociaciones por la financiación. Krause, *e-mail* al autor, 11 de marzo de 2019.

34. El inversor de Fidelity Ventures era Tom Stephenson, quien luego renunciaría a la Costa Este para unirse a Sequoia. Metcalfe en entrevista con el autor, 2 de abril de 2019.

35. Wilson, *New Venturers*, pág. 178–79.

precios? ¿No cederían ya que su cártel había quedado expuesto? Pero Kramlich se negó a participar. Le deseó buena suerte, pero no competiría con oferta de 21 dólares de Fidelity. Creía saber juzgar el valor de las *startups*, aun cuando su juicio tuviera pocas métricas objetivas y cuantitativas en las que basarse.

Metcalfe regresó con Fidelity y les anunció que estaba listo para firmar una «hoja de términos», un documento que estableciera el precio y las condiciones de la inversión privada. Según parecía, sería la primera vez que la comunidad de capitales de riesgo de Boston cerraría un trato de la Costa Oeste bajo las narices de la fraternidad de Sand Hill Road. Sin embargo, Metcalfe pronto descubrió lo que daría en llamar el «Síndrome del "ah, por cierto"»: «Ah, por cierto, el trato tiene la condición de que queremos que haya otros inversores».

En un principio, a Metcalfe le resultó una exigencia inocente. Los hombres de Boston querían un coinversor y, al parecer, no tenían su propia red de candidatos. Sin pensarlo demasiado, Metcalfe se dispuso a encontrar otra sociedad dispuesta a pagar 21 dólares por acción y, eventualmente, encontró un candidato de Nueva York. Pero luego se encontró con una segunda condición: «En realidad, necesitamos una firma de la Costa Oeste»; al parecer, los hombres de Boston querían la validación de Silicon Valley. Metcalfe siguió en la búsqueda hasta identificar a un pequeño capital de riesgo de la Costa Oeste dispuesto a invertir a 21 dólares. Los bostonianos volvieron a objetar: debía ser una de las firmas grandes de la Costa Oeste, y el candidato de Metcalfe no era suficiente.

Aún decidido a apegarse a los 20 dólares por acción, Metcalfe inició la búsqueda una vez más, hasta que por fin dio con una firma grande de la Costa Oeste, dispuesta a aportar 100.000 dólares.

«Lo que queremos es una participación significativa de una firma grande de la Costa Oeste. Si no, no podremos cerrar el trato», le informó Fidelity entonces. Mientras saltaba de un aro en llamas a otro, se encontró con otro problema: seguían apareciendo términos y condiciones en la letra pequeña de los bostonianos. Una cláusula les daba a los inversores el poder de nombrar a todos los directores de la empresa; otra cláusula antidilución que los protegía ante la posible dilución de su participación en caso de que 3Com vendiera una ronda de acciones a un precio más bajo. Fidelity intentaba controlar el riesgo intrínseco de las *startups* por medio de sus abogados. No querían reconocer que podían fracasar, en cuyo caso, los derechos sobre la junta y las medidas antidilución no marcarían una diferencia.

Tras un mes de frustración, Metcalfe eventualmente concluyó en que la inversión prometida de 21 dólares era un espejismo, que se desvanecía cada vez que se acercaba a él. El tiempo es el bien más escaso de una *startup*, y los capitalistas de riesgo de Boston resultaron ser los mejores perdiéndolo. Como no quería volver a recurrir a Kramlich con el rabo entre las piernas, Metcalfe decidió apelar a Jack Melchor, otro de los hombres de Silicon Valley que le habían ofrecido 13 dólares. «Necesito cerrar este trato», le dijo, pues sin ese capital, 3Com pronto se quedaría sin dinero para pagar a sus empleados. Estaba dispuesto a acepar los 13 dólares para terminar de una vez con el proceso de financiación. Luego añadió: «Tengo una sola condición. Fidelity Ventures no puede participar de la financiación»[36]

Así fue como la red de Silicon Valley cerró el trato en cuestión de minutos: Melchor levantó el teléfono para hablar con Mayfield y Kramlich y, en poco tiempo, acordaron que el fondo de Melchor aportaría 450.000 dólares, Mayfield y Kramlich invertirían 300.000 cada uno y otros 50.000 dólares provendrían de pequeños inversores con conexión con 3Com. El trato no incluiría cláusulas de protección fútiles en letra pequeña, no tendría condiciones de último minuto ni la necesidad de que Metcalfe saliera a mendigar dólares a expensas de dedicarle tiempo a su empresa. El viernes 27 de febrero de 1981, 3Com recibió un cheque de 1,1 millones de dólares a cambio de un tercio de la empresa. De no haber recibido el capital ese día, 3Com no hubiera podido cumplir con el día de paga[37].

Aunque Metcalfe no logró conseguir los 20 dólares por acción que quería, tuvo el placer de llamar a sus torturadores de Boston una última vez para informarles de que no invertirían en 3Com. «¿Por qué? Te hemos apoyado cuando nadie más lo hubiera hecho», le respondieron agraviados. «No, me habéis mentido cuando nadie más lo hubiera hecho», replicó él[38].

---

36. Wilson, *New Venturers*, pág. 178–179. Metcalfe en entrevista Shustek.

37. Charney en entrevista con el autor, 8 de julio de 2018.

38. Wilson, *New Venturers*, pág. 178–179.

3Com se presentó en oferta pública en 1984, con lo que generó un rendimiento de 15x para sus primeros inversores. El ejemplo de su éxito es solo una pequeña parte de un fenómeno mucho mayor: la revolución del PC estaba ganando impulso, y la función de los capitalistas de riesgo como conexión de redes se volvió cada vez más valiosa. Los PC fabricados por *startups* tales como Apple y Compaq solo serían útiles si podían conectarse con otros inventos complementarios: unidades de disco y de memoria, programas de *software* y tecnologías de red tales como Ethernet. Cada uno de estos elementos «periféricos» era producido por una empresa diferente y debían ser compatibles con el PC como centro del sistema. Entonces, los capitalistas de riesgo rondaron Silicon Valley, mezclándose con ingenieros en bares como Walker's Wagon Wheel y escuchando temas técnicos. Después de haber reunido información sobre qué protocolos eran los más aceptados, respaldaban a las firmas que los utilizaban. Don Valentine, que se había hecho la costumbre de frecuentar Wagon Wheel los miércoles y viernes, lo llamó el «modelo portaaviones»[39]: los dólares de los capitalistas lanzaban flotillas de *startups* para que sirvieran a los PC en el centro de la armada.

Mientras que llenaban los espacios en torno al PC, los capitalistas con frecuencia servían de agentes para alianzas técnicas entre las empresas. Por ejemplo, Sequoia invirtió en una segunda ronda de financiamiento de 3Com y luego sugirió que una colaboración con Seeq, productora de placas, podría ayudarlos a resolver un problema de ingeniería. Gracias a ello, las dos empresas compartieron su experiencia y se embarcaron en una sociedad fructífera para ambas, prueba de que «algunos secretos son más valiosos cuando se comparten», como indican algunas personas en Silicon Valley[40]. Otro ejemplo es el de Kleiner Perkins, quien invirtió en Sun Microsystems y en un productor de placas de avanzada llamado Cypress; John Doerr, el líder de ambos acuerdos, emparejó a las dos empresas para

---

39. Valentine declara del Wagon Wheel: «Fue mi curso de posgrado». Valentine en entrevista con el autor, 7 de abril de 2018.

40. Krause en entrevista con el autor. El aforismo de los secretos se atribuye a Ed McCracken, antiguo director ejecutivo de Silicon Graphics. Chong-Moon Lee va eds., *The Silicon Valley Edge: A Habitat for Innovation and Entrepreneurship*, Stanford Business Books, Stanford (California), 2000, pág. 10.

que produjeran un nuevo dispositivo llamado microprocesador SPARC, que mejoró el rendimiento de la estación de trabajo de Sun. Doerr, evangelista hiperactivo del que escucharemos hablar mucho, se volvió tan adepto a estas colaboraciones que comenzó a hablar de un «modelo kiretsu»: como en las maravillosas redes industriales de Japón, Kleiner convertiría su cartera de firmas en una red de asociaciones fértiles. Los empresarios en apuros estaban ocupados solucionando problemas de ingeniería y preocupados por las ventas, pero los capitalistas podían ver el mapa completo e indicarles cómo navegar por él.

Fomentar la colaboración entre *startups* requería de cierta sensibilidad, ya que la cultura de «cooperación-competencia» implicaba cooperar algunos días y competir otros. Los capitalistas de riesgo debían supervisar que hubiera equilibrio, asegurarse de que se compartieran secretos, pero que no se violara la confidencialidad. En 1981, Doerr presentó a un productor de placas llamado Silicon Compilers con una empresa de redes llamada Ungermann-Bass, una oportunidad de sinergia similar a la alianza entre Seeq-3Com. Como Kleiner Perkins tenía participación en ambas empresas, existía una presunción de confianza, así que las dos empresas enseguida compartieron su sabiduría. «Enseguida aceptamos su ética y credibilidad porque tenía el visto bueno de KP», rememoró un ingeniero de Ungermann-Bass[41]. Sin embargo, después de un tiempo de colaboración, Ungermann-Bass estaba decepcionado; la dichosa placa que fabricaba Silicon Compilers no parecía ser mejor que la clásica y mucho más económica de Intel, por lo que terminó con la sociedad y supuso que eso sería todo. Sin embargo, las cosas se complicaron, tanto para las empresas como para Kleiner Perkins. Tras el rechazo, Silicon Compilers entabló una nueva relación, esta vez con el rival de Ungermann-Bass, 3Com. Producto de la infructífera colaboración impulsada por Doerr, la propiedad intelectual de Ungermann-Bass corría el riesgo de caer en manos de su mayor competidor, por lo que los líderes de la empresa llamaron a Kleiner Perkins: «¡No puedes hacernos eso! ¡Te hemos dado todo lo que sabemos!», protestaron[42].

---

41. Joe Kennedy en entrevista con el autor, 11 de junio de 2018.

42. Bass, Charles, entrevista con James L. Pelkey, Computer History Museum, 16 de agosto de 1994, archive.computerhistory.org/resources/access/text/2018/03/102738753-05-01-acc.pdf.

Lo que sucedió a continuación es una muestra de la magia secreta de Silicon Valley. Ralph Ungermann, fundador de Ungermann-Bass, fue citado junto a sus asesores a la imponente oficina de diseño de Kleiner, en lo alto del Embarcadero Center de San Francisco con vistas a la bahía. Los convocaron a detallar cuál era su queja frente a su mayor negociador, Tom Perkins, quien, con la presencia de Doerr y del equipo de Silicon Compilers, presidió la presentación como un Salomón moderno. «Ya les hemos dicho que esto no es correcto», anunció uno de los hombres de Ungermann.

«Bueno, entonces, ¿qué quieren?», preguntó Perkins, cuya oficina estaba decorada con modelos a escala de los coches Bugatti que coleccionaba. Ralph Ungermann reunió todo el valor necesario para hacer una exigencia que consideraba una compensación escandalosa y respondió que querían medio millón de dólares. Al escucharlo, Doerr palideció, y uno de los hombres de Ungermann pensó que se desmayaría en cualquier instante[43].

«¿Podéis darnos un momento?», respondió Perkins, con lo que el equipo de Ungermann salió de la sala. «Eso fue cojonudo», comentó uno de los asesores. Les llamaron de nuevo al cabo de poco tiempo. «Muy bien, os pagaremos 500.000 dólares», anunció Perkins. Era algo extraordinario. Ungermann recibiría casi la mitad de lo que 3Com había recaudado en la serie A de financiamiento, pero lo haría sin conceder ni una sola acción a cambio. «Bien. Renunciaremos a todas las demandas», respondió Ungermann[44].

«Los capitalistas de riesgo siempre se mueven sobre la delgada línea entre la cooperación y la competencia. La identidad de sus sociedades gira en torno a administrar las relaciones entre sus empresas en cartera, en torno a sacarles ventaja cuando fuera apropiado y en no causar problemas cuando no lo fuera», reflexionó uno de los colegas de Ungermann[45]. El negocio de Kleiner Perkins dependía de su reputación de hacer un juego limpio y, para conservar la confian-

---

43. Bass en entrevista con Pelkey. Bass añadió: «Pensé que iba a sufrir un paro cardíaco allí mismo». Doerr dijo no recordar el evento y no haber estado nunca cerca del desmayo en ninguna reunión. Doerr en entrevista con el autor, 5 de marzo de 2021.

44. Bass en entrevista con el autor.

45. Kennedy en entrevista con el autor.

za de la que dependían, medio millón de dólares era una buena oferta[46].

El mecanismo también era beneficioso para Silicon Valley; su triunfo de los ochenta tuvo muchísimo que ver con el éxito de los capitalistas de riesgo en el manejo de la cooperación-competencia entre empresas pequeñas. La reputación y la confianza aseguraban que los litigios costosos no fueran algo frecuente. Decenas de firmas nuevas podían iniciar en el negocio, pero eso no afectaba el ánimo colaborativo de Silicon Valley. Por ejemplo, en el ámbito de los semiconductores, *startups* financiadas por capitales de riesgo tales como LSI Logic y Cypress Semiconductor ayudaron a desarrollar el mercado de circuitos especializados, con lo que permitieron que Silicon Valley recuperara el trono como líder mundial del semiconductor[47]. En cuanto a las unidades de disco, los capitalistas de la Costa Oeste financiaron a más de cincuenta empresas durante los primeros años de la década y, a pesar de que esta cantidad resultó en decenas de fracasos, los éxitos aseguraron que Silicon Valley les robara la industria a los gigantes informáticos verticalistas de la Costa Este[48]. Con todo, las firmas de tecnología de California del Norte crearon más de

---

46. La decisión de Kleiner Perkins de compensar a Ungermann-Bass fue validada por investigaciones que demostraron la relación positiva entre la «centralidad de la red» de un capital de riesgo y sus rendimientos. Hochberg, Yael V., Alexander Ljungqvist, y Yang Lu, «Whom You Know Matters: Venture Capital Networks and Investment Performance», *Journal of Finance 62*, n.º 1, febrero de 2007. Los autores señalan que la relación es doblemente fuerte en Silicon Valley. Además, Arthur Patterson, fundador de Accel que aparece en el capítulo 6, señala que la reputación regulaba el comportamiento de la industria de capitales de muchas otras formas. Los emprendedores compartían sus planes con los capitalistas de riesgo aun sin contratos de confidencialidad de por medio, pues se entendía que honrarían la confidencialidad y que tendrían represalias si no lo hacían.

47. En 1977, las empresas norteamericanas controlaban el 50 por ciento del mercado del semiconductor, en contraste con el 29 por ciento dominado por empresas japonesas. Macher, Jeffery T., David C. Mowery, y David A. Hodges, «Reversal of Fortune? The Recovery of the U.S. Semiconductor Industry», *California Management Review*, otoño de 1998, pág. 41.

48. Las empresas de unidades de disco respaldadas por capitales de riesgo tuvieron un éxito más evidente para construir el liderazgo industrial de Silicon Valley que para generar rendimientos para los inversores: los rendimientos públicos excedían los privados. Al haber financiado a tantos productores de unidades de disco, fue inevitable que muchas de ellas fracasaran. Neumann, Jerry, «Heat Death: Venture Capital in the 1980s», *Reaction Wheel* (blog), 8 de enero de 2015, reactionwheel.net/2015/01/80s-vc.html. Gupta, Udayan, «Recent Venture Funds Perform Poorly as Unrealistic Expectations Wear Off», *Wall Street Journal*, 8 de noviembre de 1988; Moax, Jeff, «When Your Investors Are Entrepreneurs», *Venture*, octubre de 1980. Christensen, Clayton M., «The Rigid Disk Drive Industry» *Business History Review 67*, n.º 4 invierno de 1993, pág. 542.

sesenta y cinco mil puestos de trabajo durante los ochenta, más del triple de lo generado en los alrededores de Boston. Para finales de la década, Silicon Valley albergaba a treinta y nueve de las cien empresas tecnológicas nacionales de mayor crecimiento, mientras que Boston contaba solo con cuatro[49].

La estrella más brillante en el firmamento de Silicon Valley de los ochenta fue una iniciativa improbable llamada Cisco. Sus iniciadores fueron un matrimonio, Leonard Bosack y Sandy Lerner, y no eran la clase de personas que podrían conseguir capitales de riesgo con facilidad. Bosack era intenso, hostil y con una forma de pensar robótica. «Len es un poco alienígena y puede asustar a las personas», confesó su esposa[50]. Lerner, por su parte, había sobrevivido a una infancia difícil y había desarrollado una personalidad salvaje; en una ocasión, posó para *Forbes* tendida sobre un caballo, desnuda.

Lerner creció sin padre y con una madre alcohólica, por lo que pasaba mucho tiempo en el rancho de una tía en California. Para cuando se graduó del instituto, a los dieciséis años, se había negado a jurar lealtad a la bandera, había tenido dificultades con la policía en una protesta antiguerra y había construido un negocio sorprendente para una futura tecnóloga, un arreo de ganado. Tras trabajar un periodo breve como empleada bancaria, se inscribió en Chico State, un puesto de avanzada del sistema universitario de California, conocido especialmente por su terrible canto de guerra —«Salve Chico State..., donde los hombres son rectos y las mujeres puras son todavía más rectas»—. Lerner se especializó en ciencias políticas, y puso el foco en la teoría comunista comparada. Su ideología era tan de izquierda que su idea de un presupuesto apropiado para el Pentágono sería para conseguir «sufi-

---

49. Saxenian cita mucha información para demostrar que Silicon Valley superó la Ruta 128 de Boston durante los ochenta. Saxenian, *Regional Advantage*, pág. 106–108.

50. Nocera, Joseph, y Anne Faircloth, «Cooking with CISCO», *Fortune*, 25 de diciembre de 1995. Un contemporáneo dijo respecto al estilo robótico de Bosack: «Con cada consigna que le dieras, parecía querer desmenuzar cada paso para comprenderlo en su totalidad» Leonard, Edward, entrevista con Charles H. House, Computer History Museum, 11 de septiembre de 2015, pág. 19. Leonard fue el abogado de Silicon Valley que presentó a Lerner y a Bosack a Sequoia.

cientes estampillas para enviar mensajes de cese de actividades», como diría un colega más adelante[51].

Lerner terminó sus estudios en Chico State en dos años y luego se inscribió en un máster en econometría en el Claremoint McKenna College. Contempló la idea de seguir una carrera académica, pero quería hacerse rica, por lo que su atención se desvió hacia la informática. Eso la llevó a seguir especializándose en matemática computacional en Stanford. Había ascendido dese el páramo universitario hasta la cúspide académica a una velocidad destacable y era la única mujer en su programa en Stanford. Entre sus compañeros se encontraba Len Bosack, quien destacaba porque se aseaba. «La cultura *nerd* en Stanford era bastante extrema», recordó Lerner[52]. Len «sabía cómo bañarse y comer con cubiertos»[53]. Los dos iniciaron un romance con velocidad de fibra óptica[54] y en 1980 se casaron.

Después de terminar su posgrado en Stanford en 1981, Lerner consiguió trabajo como directora de instalaciones informáticas de la escuela de negocios de la universidad, mientras que Bosack ocupó el mismo puesto en el departamento de ciencias. Aunque sus oficinas estaban separadas por tan solo quinientos metros, sus equipos no podían comunicarse. Gracias a la tecnología de Ethernet de Metcalfe, los ordenadores del laboratorio de Bosack podían comunicarse con una red de área local, pero el laboratorio de Lerner tenía un protocolo diferente, y nadie había podido crear un puente entre las dos redes. Entonces, sin esperar la bendición de la universidad, el matrimonio se dispuso a solucionar el problema. Primero, resolvieron el problema de ingeniería de conectar dos redes con protocolos diferentes. Luego, Bosack comenzó a desarrollar un dispositivo más avanzado: un rúter de multiprotocolo, que pudiera conectar redes con una variedad de estándares. El rúter resolvía otro dolor de cabeza que afectaba a las grandes redes: la apodada tormenta de difu-

51. Kirk Lougheed entrevista con el autor, 20 de julio de 2018. Lougheed fue uno de los primeros empleados de Cisco. «Women in Computing: The Management Option, Panel Discussion», Computer History Museum, YouTube, 30 de agosto de 2016, youtube.com/watch?v=QmckAhX4U5w.

52. Linden, Dana Wechsler, «Does Pink Make You Puke?», *Forbes,* 25 de agosto de 1997.

53. «Nerds 2.0.1: A Brief History of the Internet, Part 3», *PBS,* 1998, archive.org/details/Nerds_2.0.1_-_A_Brief_History_of_the_Internet_-_Part3.

54. Weeks, Linton, «Network of One», *Washington Post,* 25 de marzo de 1998.

sión, en la que paquetes de información eran retransmitidos por miles de ordenadores, por lo que las redes se sobrecargaban. Combinando esfuerzos con varios colegas de Stanford, Bosack reunió *hardware* y *software* para evitar el colapso, y crearon lo que Lerner llamó Blue Box. Luego, se dispusieron a tender cable coaxial a través de las alcantarillas y drenajes para conectar los cinco mil o más ordenadores del extenso campus de Stanford. La universidad aún no había aprobado su plan; «Era una especie de acción guerrillera», declaró Lerner más adelante [55]. Sin embargo, autorizada o no, la nueva red de redes demostró ser robusta, y Lerner vio la oportunidad; ella y Bosack tenían algo que podía hacerlos ricos: su tecnología podía convertirse en una empresa.

Lerner y Bosack recurrieron a las autoridades universitarias para pedir autorización para vender su desarrollo de interconexión de redes a otras universidades. Pero, a pesar de la reputación de Stanford de apoyar a emprendedores, en este caso se negó; la universidad era más generosa con el personal técnico que con los profesores titulares. Entonces, la pareja decidió que, si Stanford no tenía un comportamiento razonable, sería razonable que ellos rompieran las reglas. «Y así, con lágrimas en los ojos, llevamos nuestros cinco dólares a la oficina de la Secretaría de Estado en San Francisco y creamos Cisco Systems», relató Lerner [56].

En 1986, Lerner y Bosack renunciaron a Stanford para trabajar en Cisco a tiempo completo. A ellos se unieron otros tres exempleados de Stanford, y comenzaron a vender versiones hogareñas de su rúter multiprotocolo. Como el dinero escaseaba, los fundadores fueron en busca de inversores en eventos de redes y a dar sus discursos a docenas de capitalistas. Sin embargo, sus esfuerzos no dieron frutos. Por una parte, el estallido de los capitales de riesgo se había aplacado; el exceso de capital había devaluado los rendimientos, y las sociedades privadas habían reunido 2,4 mil millones de dólares el año anterior, menos de los 3 millones de dólares de los dos años anteriores [57]. Por otra parte, el rúter multiprotoco-

---

55. «Nerds 2.0.1: A Brief History of the Internet, Part 3».

56. «Nerds 2.0.1: A Brief History of the Internet, Part 3». Al parecer, Bosack compartía el deseo de Lerner de romper las reglas. Lougheed recuerda: «Len era alguien que creía que las reglas eran para otras personas». Lougheed en entrevista con el autor.

57. Las sociedades privadas de capitales de riesgo reunieron 1,4 mil millones de dólares en 1982, 3,4 mil millones en 1983 y 3,2 mil millones en 1984. *Venture Capital Journal*, enero de 1986, pág. 8.

lo no podía ser patentado: Stanford se había declarado propietario de la invención de Cisco. Luego estaba el asunto de los fundadores en sí mismo: Bosack pasaba momentos de silencio, abocado a sus soliloquios lógicos interminables. Lerner se había acostumbrado a decir «Control-D» cuando probaba sus monólogos algorítmicos. Además, Lerner repelía a los capitalistas de riesgo por diversas razones; ya fuera por su naturaleza, por su niñez difícil o por el prejuicio de ver a una mujer en un campo casi exclusivamente masculino, resultaba una persona de una aspereza aterradora.

Tras el desprecio de los inversores, el equipo de Cisco siguió adelante con tenacidad; mantuvieron las luces encendidas explotando las tarjetas de crédito y retrasando el pago de salarios. Lerner tomó un segundo empleo para ayudar con las cuentas, y un cofundador hizo un préstamo personal a la empresa[58]. La feroz ética laboral de Bosack se puso a toda pastilla. «La sinceridad comienza un poco después de las cien horas semanales. Tienes que limitarte a comer una vez al día y a ducharte de vez en cuando para organizar tu vida de verdad»[59]. A medida que los clientes comenzaron a pedir sus productos, la determinación del equipo se fortaleció. Y los camiones de entrega de Brown comenzaron a presentarse con regularidad frente a la casa suburbana que la pareja compartía con los padres de Bosack[60].

Para el comienzo de 1987, Cisco había progresado lo suficiente como para reclutar más personal, pero, sin el apoyo de un capital de riesgo, no podía ganar impulso. Al no contar con asistencia experimentada, Lerner y Bosack contrataban personal barato y de forma excéntrica; entre ellos, un exoficial naval sin experiencia en *startups* que llegó como vicepresidente de finanzas. Un director ejecutivo que se dio a la tarea de vetar la venta de rúteres a un laboratorio con lazos militares con el fundamento de que, si fallaban, podrían desatar la Tercera Guerra Mundial, que era demasiada responsabilidad para ellos[61]. (El veto fue revocado al día si-

---

58. Carey, Pete, «A Start-Up's True Tale», *San Jose Mercury News*, 1 de diciembre de 2001, pdp10.nocrew.org/docs/cisco.html.

59. «Nerds 2.0.1: A Brief History of the Internet, Part 3».

60. Valentine en entrevista con el autor.

61. El director ejecutivo era Bill Gravez. El cliente de Cisco con vínculos militares era Ed Kozel, quien entonces trabajaba para SRI International. Más tarde, Kozel trabajó para Cisco. Kozel en entrevista con el autor, 19 de julio de 2018.

guiente. «Oí que alguien le partió una botella en la cabeza», recuerda un exestudiante de Cisco[62]). Mientras Cisco se tambaleaba, surgieron competidores: hacia mediados de 1987, Paul Severino, ingeniero de Boston y emprendedor en serie, había recaudado la impresionante suma de 6 millones de dólares para financiar al rival Wellfleet Communications. Parecía determinado a ganar el mercado de conexión de redes.

Sin embargo, la suerte de Cisco cambió de repente, al clásico estilo de Silicon Valley. El director ejecutivo antimilitar conocía a un abogado; el abogado tenía un socio llamado Ed Leonard; Leonard casualmente trabajaba para la industria de capitales de riesgo. Eso no hubiera tenido importancia en cualquier otra rama de la economía mundial, pues un abogado como Leonard no hubiera molestado a importantes financieros por un conocido lejano. Pero los hombres de negocios de Silicon Valley no se parecían a los de ningún otro sitio: ellos querían que los molestaran. Las presentaciones eran su moneda de cambio, y si Leonard les presentaba a un emprendedor improbable, él mejoraría su posición. Antes de concretar la reunión, conoció a la pareja para evaluar su potencial; ambos usaban camisetas con eslóganes combativos, y Bosack desmenuzaba los posibles significados de cada palabra que salía de la boca de Leonard[63].

A pesar de su recelo, Leonard llamó a un amigo de Sequoia y, en poco tiempo, se comunicó con Don Valentine. «No sé si le estoy haciendo un favor, pero le presentaré a una empresa dirigida por personas muy, muy *diferentes*». Don Valentine, inversor que había apoyado a Nolan Bushnell y a Steve Jobs, no descartaría a Cisco solo porque sus fundadores fueran inusuales. Lo que le importaba saber era si los rúteres de Cisco hacían lo que prometían; si lo hacían, solo el cielo era el límite. Una tecnología que permitiera formar una red de redes sería muy valiosa.

Valentine pidió el consejo de Charlie Bass, el más joven de los dos fundadores de Ungermann-Bass, el antiguo rival de 3Com, quien estaba pensando en hacerse socio de Sequoia[64]. Mientras tanto, era consultor para posibles tratos y prometió descubrir si la tecnología de Bosack hacía lo que Bosack proclamaba. Descubrió la respuesta en poco

---

62. Kozel en entrevista con el autor.
63. Leonard, entrevistas House, 19.
64. Bass en entrevista con el autor.

tiempo; Hewlett-Packard fue uno de los primeros clientes de Cisco, y Bass tenía un amigo allí, quien le dio buenas y malas noticias. Según la experiencia de HP, los rúteres de Cisco eran más que buenos, eran excelentes; de hecho, HP hubiera pagado lo que fuera para tenerlos. Sin embargo, quien invirtiera en Cisco debía estar preparado para tener problemas: entre los ingenieros de HP se decía que era imposible trabajar con Bosack.

Bass concluyó en que el problema de la personalidad superaba la excelencia de la tecnología. Dudaba de que Bosack fuera material de inversión[65].

Valentine lo escuchó y llegó a la conclusión opuesta. Había conocido a Bosack y comprendía sus debilidades: por lo que él veía, el único aspecto en el que Bosack perdía su actitud robótica era en su devoción apasionada a las sodas Dr. Pepper. Valentine también había evaluado a Lerner: era inteligente y flexible, pero confrontadora y escandalosa, malas cualidades para la potencial líder de un equipo[66]. Sin embargo, como Valentine lo veía, nada de eso tenía importancia. Hewlett-Packard había atestiguado que sus ingenieros «arrancaban puertas de las bisagras para conseguir sus productos»[67]. Si Bosack y Lerner eran difíciles, ¿cuál era un problema? Valentine los pondría en su lugar.

El 19 de octubre de 1987, en medio del proceso de diligencia debida de Sequoia, el índice Dow Jones cayó un 23 por ciento. El lunes siguiente, el hombre de un banco de tecnología destacado visitó las oficinas de Sequoia para almorzar. «Dejad de comprar. Se acabó», les advirtió en tono fatalista[68]. Pero Valentine seguía decidido a avanzar; ¿cuán frecuente era encontrar una empresa con siete empleados que generara ganancias sin la ayuda de un equipo de ventas?

---

65. Años después, al reflexionar sobre el trato de Sequoia con Cisco, Bass se maravilló por el valor que requirió. «No estoy seguro de si yo hubiese hecho la inversión», admitió. «La estrategia de Don era rodear a los fundadores de adultos. Yo no tenía la visión para pensar en términos de esos recursos y con ese nivel de compromiso». Bass en entrevista con el autor.

66. Morgridge, John, y Don Valentine, «Cisco Oral History Panel Part One», entrevista con John Hollar, Computer History Museum, 19 de noviembre de 2014, pág. 11.

67. Bunnell, David, y Adam Brate, *Making the Cisco Connection: The Story Behind the Real Internet Superpower*, John Wiley & Sons, Nueva York, 2000, pág. 11.

68. El banquero era Tom Weisel, líder de Montgomery Securities. Moritz, Michael, DTV, autopublicado, 2020, pág. 61.

A finales de 1987, Sequoia invirtió 2,5 millones de dólares por un tercio de Cisco[69]. A simple vista, era un trato muy generoso. Seis años antes, 3Com había vendido un tercio de sus acciones por apenas 1,1 millones de dólares, aunque estaba en una etapa más temprana de desarrollo. Pero Valentine había evaluado las debilidades de Cisco y había creado un trato acorde a ellas. Un tercio de las acciones de la empresa estaría reservado para administradores en la nómina y para futuros empleados, lo que le permitiría reunir a un nuevo grupo de ejecutivos que sacaran el liderazgo de manos de los fundadores[70]. Lerner y Bosack conservaban el último tercio de las acciones, pero la mayor parte se convirtió en acciones sin derecho a voto, con lo que Valentine tenía el control de las decisiones de la junta. Bosack tenía un puesto en la junta, pero Lerner estaba excluida, quizás porque era difícil de tratar o, tal vez, por sexismo. Cuando se quejó al respecto, Valentine le aseguró que revería su posición, pero más adelante[71].

En poco tiempo, Valentine revisó la estructura de liderazgo de Cisco, aunque con otro propósito: el director ejecutivo había perdido la confianza de los fundadores, y a Valentine nunca le había agradado de todas formas. Entonces, lo despidió y él mismo ocupó el papel de director interino; por si acaso, nombró a su riguroso socio de Sequoia, Pierre Lamond, como jefe de ingeniería. Ya no quedaban dudas sobre quién estaba manejando la firma ni sobre si eso era bueno o no. Kirk Lougheed, uno de los cofundadores que había renunciado a Stanford para construir Cisco, festejaba en silencio la toma de poder de Valentine. «Tenía esperanzas, ¡llegaron los profesionales! Le había dedicado mucho tiempo, y estaba rozando el éxito. No quería que Len y Sandy lo arruinaran»[72].

Como encargado de reconstruir el departamento de ingeniería, Lamond hizo uso de la red de Sequoia y comenzó a contratar a personas nuevas. Entonces, al sentir que perdía el control, Lerner contraatacó con furia.

---

69. Cisco vendió 2.365.000 acciones preferenciales de la serie A por 1 dólar a tres fondos de riesgo administrados por Sequoia y a Suez Technology Fund, coadministrado por Sequoia. Otros 135.000 dólares fueron aportados por otros dos afiliados de Sequoia. Cisco S-1.

70. Valentine en entrevista con el autor.

71. Leonard en entrevista con el autor. John Bolger en entrevista con el autor, 23 de julio de 2018. John Morgridge en entrevista con el autor, 23 de julio de 2018.

72. Lougheed en entrevista con el autor.

«¡Este hombre es un descerebrado!», rugió cuando se presentó un nuevo ingeniero. «¡Descerebrado!», repitió con la llegada del siguiente. Lamond concluyó que esa era la expresión preferida de la mujer[73].

Entretanto, Valentine se dedicó a busca a alguien que pudiera servir como director ejecutivo permanente. A cada uno de los candidatos le preguntaba qué era lo más atroz que hubieran hecho. Necesitaba a alguien que no temiera actuar con locura, ya que Cisco era una empresa desquiciada.

«Nunca he hecho nada atroz», respondió un candidato. «Bueno, estás muerto», pensó Valentine[74].

En otoño de 1988, se decidió por John Morgridge, ejecutivo veterano de Honeywell que había liderado una *startup* no exitosa. Morgridge confesó animado que Honeywell había sido una «excelente enseñanza sobre lo que no hay que hacer», lo que fue música para los oídos de Valentine. Apreciaba la humildad tanto como despreciaba la arrogancia. Y la experiencia con la disfuncionalidad corporativa era una excelente preparación para Cisco[75].

A pesar de ser quien llevaba a un director ejecutivo externo, Valentine comprendía que la estrategia tenía sus riesgos. Lo más directo, sin duda, hubiera sido conservar a un fundador talentoso, dado que, como dueños y creadores de su empresa, los fundadores tenían el incentivo financiero y emocional para apuntar a la grandeza. La fórmula de Sutter Hill en Qume incluía llevar a un director externo que acompañara a un fundador técnico, pero complementar a un fundador no era lo mismo que desplazarlo.

Para que Morgridge tuviera éxito, Valentine le brindó los incentivos de un fundador: le dio opción de compra de acciones para que se hiciera con el 6 por ciento del éxito de Cisco, con eso tenía más dinero en juego que algunos directores-fundadores[76]. También hizo lo posible por re-

73. Lamond en entrevista con el autor, 17 de mayo de 2018.

74. Valentine y Morgridge, entrevista Hollar, pág. 8.

75. Nocera y Faicloth, «Cooking with Cisco».

76. El formulario S-1 de Cisco declara que Morgridge recibió una opción de compra de 745.812 acciones comunes, equivalente al 5,9 por ciento de la empresa. También declara que el total de Morgridge era del 6,1 por ciento, probablemente porque había recibido participación además de las acciones con opción de compra. Su porcentaje era más alto que el de algunos fundadores de Silicon Valley en el momento de la oferta pública. Por ejemplo, T. J. Rodgers de Cypress Semiconductor solo tenía el 3,1 por ciento de su empresa en el momento de la oferta pública en 1986. «Amendment No. 2 to Form S-1 Registration Statement: Cypress Semiconductor Corporation», Securities and Exchange Commission, 30 de mayo de 1986.

crear el incentivo emocional de los fundadores; los emprendedores que inician empresas ponen sus egos en juego, no pueden dejarse llevar y aceptar un resultado mediocre. Valentine le dejó en claro a Morgridge que, si no se esforzaba, estaría fuera. «No soy muy bueno seleccionando personas, pero corrijo mis errores muy rápido», protestó el hombre[77].

Cuando Lerner supo de la contratación de Morgridge, se enfureció, lo declaró descerebrado y volvió a enfrentarse con Valentine a gritos en su oficina. Mientras tanto, el resto del equipo directivo de Cisco libraba batallas intensas. En una ocasión, dos vicepresidentes rivales llegaron a pegarse puñetazos. Como resultado, convocaron a un psicólogo empresarial. «Su objetivo no era lograr que nos quisiéramos unos a otros, sino evitar los enfrentamientos físicos», recordó Morgridge[78].

Es sencillo comprender por qué Charlie Bass dudaba de que los fundadores de Cisco fueran sujetos de inversión. Pero, paso a paso, Valentine y Morgridge convirtieron a un grupo disfuncional en una empresa seria. Contrataron a un nuevo director de finanzas, a un nuevo gerente de *marketing* y a un nuevo equipo de ventas y crearon un centro de fabricación donde no había existido nada[79]. Impusieron una cultura de control de gastos y difundieron su disciplina por la empresa. Durante sus viajes de negocios, Morgridge se quedaba en la casa de un primo lejano para ahorrarse los gastos de hotel, lo que le daba la autoridad moral para decirles a los gerentes de Cisco que volaran en clase turista —lo que él mismo hacía, claro—. Cuando algunos protestaron, les respondió que podían viajar en «primera virtual» trasportándose mentalmente con los ojos cerrados e imaginando un plato de caviar.

Dos años después de la inversión de Sequoia, a finales de 1989, Cisco se había convertido en una empresa madura con 174 empleados[80]. Y,

---

77. Morgridge, John, entrevista con Dayna Goldfine, Stanford University Libraries, Department of Special Collections and University Archives, 17 de julio de 2009, purl. stanford.edu/ws284fg2355.

78. Lougheed en entrevista con el autor. Slater, Robert, *The Eye of the Storm: How John Chambers Steered Cisco Through the Technology Collapse*, HarperBusiness, Nueva York, 2003, pág. 81.

79. Al recordar el proceso de fabricación previo a la inversión de Valentine, Kirk Lougheed dijo: «Yo era el departamento de fabricación, el que instalaba todas esas máquinas por mí mismo». Sandy llevó a personas para que me ayudaran, pero no tenían habilidades. No sé de dónde sacó a esas personas». Lougheed en entrevista con el autor.

80. Slater, *Eye of the Storm*, pág. 86.

tal y como Valentine había anticipado, las ventas y las ganancias habían estallado[81]. Por desgracia, Lerner también estaba a punto de estallar. Estaba convencida de que todos los recién llegados eran despectivos con los clientes. «Bien o mal, los veía como las personas de las que quería proteger a los clientes», confesó más tarde[82]. Perdía la compostura cada vez con mayor frecuencia, por lo que su matrimonio con Bosack también se desmoronó. Además, los colegas que solían tolerar sus exabruptos estaban perdiendo la paciencia.

Un día, hacia finales del verano de 1990, Valentine fue recibido de forma presagiosa por su asistente en la oficina de Sand Hill Road: siete de los ejecutivos de Cisco, liderados por el jefe de finanzas John Bolger, lo esperaban en la sala de juntas. «Supuse que no estaban allí para celebrar nada», dijo Valentine. Los visitantes fueron directo al grano: Sandy Lerner debía irse, de lo contrario, igual que los ocho traidores, el equipo de Cisco renunciaría en forma conjunta[83].

La reunión duró menos de una hora y, cuando los visitantes se marcharon, Valentine llamó a Morgridge. «Se está gestando una revolución. ¿Qué debo hacer?», preguntó. «Les dije que fueran a verte y que, si estabas de acuerdo, ella estaría fuera», respondió Morgridge[84]. Valentine estuvo de acuerdo, y Morgridge convocó a Lerner a su oficina. Como él lo relata, intentó explicarle a Lerner que debería marcharse por su propio bien; gracias al éxito de Cisco, ya no tenía necesidad financiera de trabajar. Y, a juzgar por su comportamiento, estaba infeliz. «No creo que quieras vivir tu vida de este modo», recuerda haberle dicho[85]. Como Lerner rechazó las súplicas, pues no estaba lista para retirarse, Morgridge se dejó de rodeos. «Este ha sido tu último día», le informó[86].

---

81. Cisco vendió casi 28 millones de dólares en equipamientos en el año hasta julio de 1989, a diferencia de los 1,5 millones de dólares dos años antes. El rendimiento neto ascendió de casi nada a 4,2 millones de dólares. Cisco S- 1A, registrado en SEC, 16 de febrero de 1990, pág. 6.

82. *Something Ventured*, dirección de Dayna Goldfine y Daniel Geller, Miralan Productions, 2011.

83. Bolger en entrevista con el autor.

84. Valentine en entrevista con el autor.

85. Valentine y Morgridge, entrevista Hollar, pág. 25.

86. Lerner, entrevista con Dayna Goldfine, 21 de junio de 2010, purl.stanford.edu/mb678nw9491.

Luego, cuando Bosack supo del despido de Lerner, renunció en solidaridad con ella, y ninguno de los dos volvió a poner un pie en la empresa que habían fundado. Bosack, a quien Lerner una vez describió como un «alienígena», se dedicó a financiar la búsqueda de inteligencia extraterrestre [87]. Lerner, por su parte, dedicó su energía a crear una marca de cosméticos llamada Urban Decay, que desafiaba la estética estilo Barbie de la industria de la belleza. Uno de los productos de la marca era un barniz de uñas al que llamó «magullón» (*Bruise*). Fue un final apropiado para una luchadora.

El despido de los fundadores de Cisco se convirtió en parte de la mitología de Silicon Valley, conocido como el momento en el que los capitalistas de riesgo revelaron toda su crueldad. El propio Valentine se esforzó por alimentar esa historia y por cultivar la imagen de hombre rudo que descartaba a las personas. Pero la verdad sobre Cisco y sobre el despido de los fundadores de otras empresas es más sutil. Los capitalistas de riesgo no siempre son quienes sostienen el hacha cuando se cortan los lazos con los fundadores; con frecuencia, son los altos ejecutivos los que se vuelven contra su jefe para forzarlo a hacerse a un lado [88]. Sí, Valentine fue quien autorizó el despido de Lerner, pero lo hizo para mantener al resto del equipo de Cisco unido. La verdad es que el despido de Lerner quizás diga menos respecto a la rudeza de los capitalistas que al sexismo de las firmas tecnológicas. Llegado 1990, las mujeres representaban apenas el 9 por ciento de los ingenieros de los Estados Unidos y un porcentaje aún menor en las *startups* de Silicon Valley [89]. Estar aisladas era duro.

Los términos de la inversión de Sequoia también son controversiales. Años más tarde, Lerner acusaría a Valentine de haberse aprovechado de

87. Lambert, Laura, *The Internet: A Historical Encyclopedia*, ABC-CLIO, Santa Barbara (California), 2005, pág. 37.

88. Al reflexionar sobre el Silicon Valley de veinticinco años después, el inversor Marc Andreessen observó: «El mito de Silicon Valley es que el capitalista de riesgo se vuelve en contra del fundador, lo manda a freír espárragos y nombra a un nuevo director ejecutivo». Andreessen en entrevista con el autor, 14 de mayo de 2019.

89. Corbett Christianne, y Catherine Hill, «Solving the Equation: The Variables for Women in Engineering and Computing», AAUW (informe), 2015, pág. 9, files.eric.ed.gov/fulltext/ED580805.pdf.

su falta de experiencia financiera[90]. Los términos de Cisco establecían que dos tercios de las acciones de los fundadores serían otorgados en el trascurso de cuatro años; sin embargo, cuando Lerner y Bosack se retiraron en agosto de 1990, un tercio de las acciones condicionales, o poco menos de un cuarto de su participación total, seguía sin ser entregados. En consecuencia, hubo un enfrentamiento legal en el que los fundadores, quienes ya habían perdido la inocencia, contrataron a un abogado agresivo de Los Ángeles que se presentaba a las reuniones en una limusina blanca[91]. A pesar de que la definición legal aún es nebulosa, Lerner y Bosack se retiraron de Cisco al menos con 46 millones de dólares cada uno, tal vez más. De haber rechazado la inversión de Sequoia, hubieran conservado el control de Cisco, pero ser propietarios de una porción más grande de un pastel mucho más pequeño los hubiera hecho notablemente menos ricos[92].

De todas formas, la mayor lección de Cisco se relaciona con el ascenso de Silicon Valley. Como era natural, la mayoría de las empresas históricas de la región habían sido construidas por fundadores determinados, que no acostumbraban compartir el crédito con los inversores. Sin embargo, cuando se trata de Cisco, la contribución del capital de riesgo es indiscutible. Don Valentine tomó el control de la empresa, desplazó a los fundadores e instaló a su propio equipo; no quedan dudas de que el estilo comprometido de inversión de la Costa Oeste explica el éxito que siguió. En contraposición, Wellfleet, el rival de Cisco en la Costa Este, perdió el liderazgo en redes por motivos característicos de la Costa Este. Su equipo de ingeniería era excelente, y su fundador, Paul Severino, era un inventor respetado, pero, precisamente porque era una figura, los inversores tenían demasiada deferencia con él y dejaban que se tomara su tiempo para perfeccionar los productos, por lo que tarda-

---

90. Quittner, Jeremy, «Sandy Lerner: The Investor Is Not Your Friend», *Inc.*, 27 de febrero de 2013, www.inc .com/magazine/201303/how-i-got-started/sandy-lerner.html.

91. Leonard, entrevista House.

92. El formulario S-1 de Cisco reporta que cada fundador tenía 1.781.786 acciones o el 17,6 por ciento de la empresa. Dos tercios de las acciones estaban sujetas a adquisición gradual, lo que sucedió mensualmente en el trascurso de cuatro años, a partir de 1987. Dado que los fundadores dejaron la empresa treinta y dos meses más tarde, corrían el riesgo de perder un tercio de sus acciones con opción o dos novenas partes de su participación total. Pero Cisco pudo haber pagado por las acciones no adquiridas como parte de un acuerdo de terminación que no se haya revelado.

ban demasiado en salir al mercado[93]. «Wellfleet debatía detalles tecnológicos mínimos durante días. Cisco salía a conseguir ventas», reflexionó un ejecutivo tecnológico resentido de Boston[94].

El impulso para Silicon Valley no fue solo haber conseguido una empresa exitosa, sino toda una industria. Desde los noventa hasta entrados los dos mil, Cisco tuvo el dominio del negocio de redes, y Don Valentine, quien años atrás se había dispuesto a crear una flotilla de empresa que sirvieran al PC, se encontró con que la *startup* enclenque a la que había financiado se había convertido en su propio portaaviones. Una flota de empresas de conmutadores y rúteres navegaban alrededor de Cisco, y Valentine permanecía en la cubierta de su buque insignia como presidente de la empresa mucho después de que la oferta pública hubiera multiplicado la inversión de Sequoia casi cuarenta veces. Desde ese punto de vista privilegiado, Valentine podía ver qué clase de tecnología de red innovadora podría querer adquirir Cisco; por lo tanto, Sequoia financió a una serie de *startups*, que vendió provechosamente a la nave madre. La reputación de la sociedad se incrementó, y Silicon Valley floreció.

---

93. La presión de los inversores sobre Severino fue mitigada por el hecho de que ambos inversores habían ganado dinero con su *startup* anterior, Interlan, y eran sus amigos. Pelkey, James, «Internetworking: LANs and WANs, 1985–1988», *Entrepreneurial Capitalism and Innovation: A History of Computer Communications, 1968–1988* (sitio web), 2007, https:// www.eng.hawaii.edu/wp-content/uploads/2020/06/4.10-ALOHANET-and-Norm-Abramson_-1966-1972.pdf Russ Planitizer, president de Wellfleet, lamentó no haber enfrentado la decisión de Severino de aceptar un proyecto de ingeniería para un cliente hecho a medida, que desvió a la empresa de apuntar a su mercado principal. Planitzer en entrevista con el autor, 30 de abril de 2020.

94. «15 Years, a Lifetime», *Network World*, 26 de marzo de 2001, pág. 87. Otro contraste entre ambas cosas era que Cisco se apoderaba del mercado adquiriendo otras *startups*, una estrategia arriesgada y costosa, la cual Valentine apoyaba con todo el corazón. «Si me hubiese presentado frente a la junta y dicho que quería comprar una empresa por 150 millones de dólares y que tenía diez días para hacerlo…, me hubieran mirado como si estuviera loco», relató Severino maravillado.

6

PLANIFICADORES

E IMPROVISADORES

Un día de 1987, un emprendedor llamado Mitch Kapor volaba en su *jet* privado de Boston a San Francisco.

«Dame un momento», le dijo a su invitado, un ingeniero de *software* llamado Jerry Kaplan, y sacó una Compaq 286 de su equipaje, del tamaño de una pequeña máquina de coser. «Tengo que actualizar mis notas», agregó, y sacó un puñado de notas amarillas y hojas arrancadas de un cuaderno que desenterró de sus bolsillos. Tenía el cabello negro azabache y un estilo playero relajado. Antes de fundar su empresa de *software*, había trabajado como pinchadiscos, consejero psiquiátrico, comediante y maestro de meditación trascendental. Un artículo de la revista *Esquire* lo describió como una «combinación entre Rocky Balboa y un maestro de yoga»[1].

«Quisiera que hubiera una forma de meter todo esto directamente en el ordenador y no usar el papel», reflexionó. Kaplan sugirió que tal vez hubiera un modo. ¿Y si hubiera un ordenador tan ligero y pequeño que pudieras llevarlo contigo a todas partes? Los dos hombres debatieron la viabilidad de esa visión: las unidades de disco pesaban un kilo cada una; la batería sumaba un poco más; el vidrio que cubría la pantalla era pesado. Los avances en cada una de esas categorías podían alivianar al ordenador del futuro, pero el mayor desafío era el teclado; dada la necesidad de incluir más de sesenta botones, no podía reducirse demasiado. Después de almorzar, Kaplan cerró los ojos y tomó una siesta.

---

1. Rose, Frank, «Mitch Kapor and the Lotus Factor», *Esquire*, diciembre de 1984, pág. 358, https://classic.esquire.com/article/1984/12/1/mitch-kapor-and-the-lotus-factor.

Cuando despertó, Kapor seguía escribiendo en su Compaq y, de pronto, Kaplan tuvo un momento de inspiración postsiesta. «Imagina que, en lugar de entrar texto con el teclado, escribieras con alguna clase de lápiz óptico directamente en la pantalla», arriesgó.

«Un dispositivo como ese sería más parecido a un cuaderno o a un taco de papel», reflexionó Kapor. Kaplan procesó esa comparación por un momento; ¿podría ser una nueva generación de ordenadores?, se preguntó. De pronto, experimentó lo que luego describiría como «la versión de la ciencia moderna de una epifanía religiosa». Al parecer, Kapor estaba experimentando lo mismo, pues sus ojos se pusieron vidriosos y llorosos. «Por un momento, fuimos incapaces de hablar», escribió Kaplan en sus memorias vividas sobre los emprendimientos de Silicon Valley[2].

Tan pronto como recuperó la compostura, Kapor decidió convertir la idea del ordenador con lápiz óptico en un negocio. Su propia experiencia lo llevaba a creer que podía hacerse; al fundar su empresa de *software*, la había llamado Lotus Development, un nombre que refería a la iluminación budista. Dos años después, cuando Lotus salió a oferta pública, su principal asociación era con los beneficios capitalistas. Por un tiempo, su hoja de cálculo la mantuvo como la mayor empresa de *software* del mundo, y Kapor generó un rendimiento rápido de alrededor de 35x para sus inversores de riesgo, entre ellos, Kleiner Perkins. Tal vez un ordenador con lápiz podría repetir su éxito.

Tras algunas semanas elaborando la idea, Kapor le hizo una propuesta a Kaplan.

—¿Por qué no intentas llevar a cabo este proyecto?» —preguntó.

—Nunca he dirigido nada —objetó Kaplan.

—¿Y crees que yo tenía más experiencia cuando fundé Lotus? Vamos, te presentaré a algunos inversores —replicó Kapor entre risas.

———◆———

La historia que siguió dominó la mitad del ambiente empresarial de Silicon Valley a finales de los ochenta. El auge de dólares de capitales de

---

2. La historia sobre GO fue extraída de las memorias de Kaplan. Todos los hechos y citas son relato de Kaplan, a menos que se indique lo contrario. Kaplan, Jerry, *Startup: A Silicon Valley Adventure*, Penguin Books, Nueva York, reimpresión 1996.

riesgo había puesto nuevas sociedades en escena, que tendían a ser conscientes de sí mismas y determinadas. Para hacerse un lugar en lo que ya era una industria establecida, los recién llegados debían hacer preguntas. ¿Cómo operan los mejores del momento? ¿Cómo pueden mejorarse sus métodos? El personaje nuevo más reflexivo fue Accel Capital, la primera sociedad de capitales de riesgo en posicionarse como especialista en ciertas tecnologías en particular. Apuntaba a tener una posición de ventaja respecto a qué emprendedores apoyar y cómo guiarlos a un resultado exitoso reuniendo gran experiencia en *software* y en telecomunicaciones. Al mismo tiempo, adoptó un abordaje al que llamó «la mente preparada». En vez de buscar por todas partes dónde aparecería el siguiente gran desarrollo, la sociedad llevaba a cabo estudios de estilo de asesoramiento de gestión sobre los modelos de tecnología y de negocios que parecían prometedores. Pero, al mismo tiempo, aún existía una gran cantidad de inversores que se guiaban por su intuición, convencidos de que las ideas revolucionarias eran, por definición, tan impactantes que ninguna cantidad de preparación mental podía anticiparlas. Esa tensión entre planificadores e improvisadores puso a prueba la identidad de la industria, como veremos a continuación.

Con el objetivo de conseguir financiación para el plan de ordenadores con lápiz óptico, Kapor llevó a Kaplan a conocer a John Doerr, el mayor exponente de los improvisadores. Con el retiro de Eugene Kleiner y de Tom Perkins, Doerr y su amigo Vinod Khosla quedaron cargo de Kleiner Perkins y estaban decididos a apoyar a *startups* verdaderamente revolucionarias, que pudieran originar industrias nuevas. Doerr en particular, con su actitud mesiánica y magnética, era el inversor al que recurrían los fundadores intrépidos, que lo adoraban porque fomentaba sus visiones con más pasión que ellos mismos. Tenía «el compromiso emocional de un sacerdote y la energía de un caballo de carreras», expresó un emprendedor maravillado. «De la cantidad de cosas diferentes sobre las que John Doerr ha oficiado, esta es la mayor de todas, un gran número», señaló un rival con una combinación de respeto y de cinismo[3]. El hombre, delgado como un rastrillo, ascético y lleno de energía nerviosa, dor-

---

3. La cita sobre el caballo de carreras proviene de Kaplan. Swartz, John, «Tech's Star Capitalist», *San Francisco Chronicle*, 13 de noviembre de 1997. La cita del capitalista rival es de Len Baker de Sutter Hill. Baker en entrevista con el autor, 20 de septiembre de 2017.

mía poco, conducía de forma temeraria y se esforzaba mucho por estar en tres lugares al mismo tiempo. Cierta tarde de viernes, Tom Perkins lo invitó a pasar el día siguiente en su yate, a lo que respondió, «No estoy seguro. Puede que tenga que estar en Tokio»[4].

Doerr parecía estar tan ocupado que no le prestaba atención a los bienes materiales —inclinación que tocaba la faceta de yogui sensible de Mitch Kapor—. Se movía en una camioneta utilitaria, vestido con pantalones caqui arrugados y camisas lisas, y se decía que poseía un total de dos corbatas. De todas formas, con el fruto de sus primeros aciertos, entre ellos Compaq, Sun Microsystems y Lotus, se compró una casa en Pacific Heights, San Francisco, y luego se compró una segunda casa porque obstruía la vista de la primera. La propiedad ofensiva fue cercenada, despojada de un balcón avasallante, y convertida en casa de huéspedes. Kapor se quedaba allí cuando iba de visita desde Boston.

Dada la relación entre los dos hombres, no era de extrañar que la primera puerta que Kapor tocara para reunir dinero fuera la de Kleiner Perkins. De todas formas, el modo en el que sucedió la recaudación fue extraordinario. Según el relato de Kaplan, él y Kapor llegaron a la oficina con intenciones de tener una conversación explicativa, por lo que no habían preparado un plan de negocios ni proyecciones financieras. Sin embargo, para su sorpresa, los llevaron a la sala de reuniones y les solicitaron que hicieran una presentación frente a todos los socios. Sin nada que perder, Kaplan improvisó con gusto y compensó la falta de preparación representando una visión grandiosa. Proclamó que el ordenador del futuro sería tan ligero y delgado como un cuaderno y, para acentuar el punto, lanzó su carpeta de cuero al aire, que aterrizó con un estruendo frente a los socios de Kleiner Perkins.

Poco tiempo después, Doerr llamó a Kaplan a su hotel, con lo que volvió a sorprenderlo, pues Kaplan no tenía ni idea de cómo había conseguido contactarlo. Doerr dejó a un lado la confusión del hombre y le anunció que Kleiner tenía intenciones de invertir en su empresa. Kaplan titubeó: no tenía una empresa, al menos no todavía. ¿Kleiner no debería ver cierta información financiera, al menos?

---

4. Kaplan, David A., *The Silicon Boys and Their Valley of Dreams*, Perennial, Nueva York, 2000, pág. 188.

«Te financiaremos a ti y a tu idea», afirmó Doerr. Los detalles no importaban con un inventor con la visión de Kaplan. Ambos hombres debían viajar durante los próximos días, pero arreglaron sus agendas para reunirse en el aeropuerto St. Louise. Se encontraron en la entrada y llegaron a un acuerdo: Kleiner Perkins, Mitch Kapor y Vinod Khosla comprarían un tercio del proyecto de Kaplan por 1,5 millones de dólares. Doerr sería el presidente; Kapor y Khosla serían directores de la junta.

Cuando Doerr preguntó cómo llamaría a la empresa, Kaplan respondió con un juego de palabras: «GO en letras mayúsculas. GO forth. Como en GO for it. GO for the gold». (Ve hacia Adelante. Ve por ello. Ve por el oro). Doerr añadió: «Como en GO public» (Salir a bolsa).

Un año después de su fundación, GO no iba a ningún sitio. Una cosa era vender una visión a los inversores, otra muy diferente era cumplirla. Kaplan y sus dos cofundadores aún no habían logrado crear un anotador computarizado y estaban quedándose sin capital.

Durante una reunión de la junta en 1988, Doerr le aseguró que no había de qué preocuparse. Claramente, iba a necesitar más dinero, pero no sería difícil conseguirlo. «Todos querrán tener parte en el trato», afirmó. «Al precio indicado», advirtió Vinod Khosla. Los primeros 1,5 millones de dólares se reunieron a cuarenta centavos por acción, y el mismo equipo de inversores había hecho una segunda inversión de 500.000 dólares por sesenta centavos. A Kaplan le preocupaba que fuera un precio elevado para una iniciativa que aún no tenía un producto comercializable, y Khosla parecía estar de acuerdo. La segunda financiación había fijado el valor de GO en 6 millones de dólares.

Pero, antes de que alguien pudiera respaldar la precaución de Khosla, Mitch Kapor intervino: quería duplicar la valuación de GO. «¡Doce millones!», anunció con fervor. Kaplan miró a Doerr con esperanzas de que aplacara la exuberancia de Kapor; el presidente tenía el rostro entre las manos. «Supuse que estaba pensando en una forma amable de decirle a Mitchell que estaba diciendo estupideces», escribió Kaplan más adelante.

Doerr permaneció en silencio durante varios segundos, luego se impulsó con el pie izquierdo y se levantó de un salto abrupto. «Creo que debemos pedir dieciséis millones», anunció. A continuación, él y Kapor se embarcaron en un duelo de miradas. Según recuerda Doerr, intentaban hacer su trabajo: llegar a un precio justo para un financiamiento difícil[5]. Pero Kaplan no podía evitar sentir que estaba frente a dos jugadores de póquer y que uno había redoblado la apuesta del otro. Uno de sus cofundadores se deslizó en la silla para evitar interponerse entre los dos inversores.

Finalmente, Khosla volvió a hablar: «Escuchad, preguntar no hará daño, pero es un juego peligroso. La valuación de estas rondas intermedias es muy inestable. Si piensas que estás a punto de quedarte sin dinero, esperarán a que eso pase. Si el precio comienza a bajar, todos se acobardan».

«Oye, no existe el precio correcto. ¡Se trata de que un comprador dispuesto encuentre a un vendedor dispuesto!», replicó Doerr.

Después de la reunión, Kaplan se reagrupó con sus cofundadores. «Supongo que ha salido bien», les dijo con nerviosismo. «Demasiado bien. Esas valuaciones astronómicas me provocan mareos», respondió uno de ellos. «Escuchad, ellos son los expertos. ¿Quiénes somos nosotros para juzgarlos? Hacen finanzas todo el tiempo», repuso el otro.

Unos días después, Kaplan llamó a Doerr para que le aconsejara a quién recurrir. Doerr comenzó a enumerar nombres a una velocidad vertiginosa, entre ellos capitalistas de riesgo, corporaciones con subsidiarias de capital de riesgo, algunos socios comanditarios de Kleiner Perkins, bancos de inversión y Steve Jobs, por si acaso. A Kaplan le dolía la mano de tomar notas a toda velocidad. «¡Suficiente!», exclamó. Más tarde, escribió que llamar a Kleiner Perkins era como llamar a los bomberos. «Tienden a presentarse en cuadrilla y atacar un proyecto con benevolencia, pero con una ferocidad determinada. El fuego queda extinguido cuando se marchan, eso seguro, pero los muebles quedan empapados y las ventanas, rotas».

Kaplan se dispuso a presentarle su *startup* a la lista de inversores de Doerr, que, uno tras otro, declararon estar interesados, pero no se comprometieron. Frustrado, regresó con Doerr: «Escucha, nos queda dinero para cuatro semanas, luego estaremos acabados. Nadie acepta el precio», le dijo.

«Muy bien. Bajémoslo a doce y cerrémoslo. Difúndelo», respondió Doerr. Volvió a los 12 millones de dólares que Kapor había sugerido en

---

5. Doerr en entrevista con el autor, 5 de marzo de 2021.

un principio. Entonces, Kaplan llamó a veintiún inversores potenciales y les pidió que le respondieran hasta el lunes a las cinco de la tarde. No recibió ni una sola oferta, así que, a la mañana siguiente, volvió a llamar a Doerr. La llamada fue al buzón de voz, donde dejó un mensaje entre dientes: «John, esta es tu llamada de los buenos días del martes. Nadie quiere invertir. Estamos jodidos. ¿Qué tenemos que hacer?». Doerr le devolvió la llamada al mediodía para informarle que se había comunicado con alguien en Bessemer en Nueva York, que le había dicho que sus socios podrían estar interesados. Kaplan debía subirse a un avión para hacer una presentación frente a ellos.

Kaplan cumplió y fue humillado otra vez. El equipo de Bessemer no demostró el más mínimo interés. «Debemos llegar al aeropuerto», le dijeron con premura, sin considerar el hecho de que Kaplan había corrido a un aeropuerto y cruzado el continente para verlos. Imaginando que había llegado el fin, Kaplan llamó a Doerr para informárselo, pero Doerr no se había dado por vencido. «Debes practicar este arte con convicción», escribió más tarde, y nadie en Silicon Valley podía vender la visión empresarial tan bien como él[6]. Ignoró las preguntas respecto a la indemnización de los empleados de GO y le pidió a Kaplan que esperara con sus cofundadores en una sala de reuniones de Kleiner a las cinco de la tarde del lunes siguiente.

A la hora indicada, Doerr apareció en la sala sin saludar y colocó el teléfono de la oficina en medio de la mesa.

—¿Qué dijo Scott Sperling? —preguntó, haciendo referencia a un socio capitalista de la dotación de Harvard.

—Eso fue hace mucho tiempo. Creo que dijo que el precio era demasiado alto —respondió Kaplan.

—¿Y qué precio cree que no es demasiado alto?

—No estoy seguro.

—Llamémoslo otra vez. —Doerr marcó el número, sin escuchar las quejas de Kaplan de que eran más de las ocho de la noche en Boston. Contestó la esposa de Sperling, y se escuchaba a un bebé de fondo—. Hola, ¿puedo hablar con Scott, por favor?

—Hola. Sí, un momento, tiene al bebé en brazos.

Cuando Sperling cogió el teléfono, Doerr fue directo al grano.

---

6. Doerr en entrevista con el autor.

—Scott, necesitamos cerrar este trato y no tenemos quien lo encabe-
ce. ¿Cuál es tu postura?

—Si lo haces funcionar, tiene un gran mercado. Pero creo que está
sobrevaluado a doce millones.

—¿Y a qué valor estarías dispuesto a invertir?

—Ocho millones.

—¿Y cuánto estarías dispuesto a aportar con esa valuación?

—Hasta dos millones.

Doerr silenció la llamada.

—¿Cuánto es por acción? —le preguntó a Kaplan, que ya estaba mirando la calculadora.

—Unos setenta y cinco centavos. —Era menos de lo que Kaplan y
Doerr apuntaban, pero Sperling estaba proponiendo una mejora significativa a los 6 millones de dólares del segundo financiamiento.

—¿Estáis dispuestos a aceptarlo? —preguntó Doerr al equipo de
GO.

—Sí —dijo Kaplan.

—Scott, es un trato —anunció Doerr tras reactivar la llamada—.
Jerry te llamará por la mañana para empezar el papeleo.

Doerr colgó la llamada y se dirigió al equipo de GO.

—Felicidades, caballeros, ya tenéis a vuestro primer inversor —anunció, y volvió a salir de la habitación como un bombero nervioso, de gafas
angulosas, corriendo hacia su siguiente emergencia.

Después de la intervención de Doerr, Kaplan logró recaudar 6 millo-
nes de dólares en cuestión de días, más de los 5 millones que esperaba.
Aguantó hasta 1993 reuniendo dinero periódicamente con la ayuda de
Doerr, pero no logró concretar su visión de un ordenador con lápiz ópti-
co. Al final, le vendió GO a un precio de liquidación a una división de
AT&T. Sus inversores quedaron con las manos casi vacías.

Como parábola del capital de riesgo, la historia de GO expuso la
extralimitación de Doerr en su papel de héroe de capa y espada. Había
invertido basándose en una presentación improvisada sin el apoyo de un
plan de negocios, porque creía en ayudar a generar saltos tecnológicos
enormes. Al apuntar a la máxima ambición, tal vez dañó las posibilidades
de Kaplan y lo alejó del avance progresivo que podría haber sido alcanza-
ble. «Debieron tener lo necesario para operar en un área pequeña como
los repartidores de UPS», reflexionó Mitch Kapor. «GO me demostró el

lado amargo de la estrategia de Kleiner para los emprendedores. Si no podía ser un *home run*, no les importaba que la empresa quedara eliminada. Iban a todo o nada... Tiene cierta arrogancia; el ego acerca de cambiar al mundo»[7].

Kapor estuvo en lo cierto a decir que el estilo de Doerr llamaba a los problemas. Por la misma época del fiasco de GO, Doerr y Khosla lanzaron una empresa de ordenadores portátiles de nueva generación llamada Dynabook Technologies, que dilapidó 37 millones de dólares de capital de sus inversores antes de cerrar[8]. Doerr también apoyó a una serie de proyectos tecnológicos que resultaron ser fiascos: análisis de genes humanos, drogas antienvejecimiento, químicos de diseño[9]. Al parecer, olvidó la premisa de Tom Perkins: cuando inviertes en una empresa que afronta un desafío técnico, primero debes eliminar los riesgos candentes de la mesa.

◆

Si Kleiner Perkins representaba el espíritu temerario de Silicon Valley, Accel, su retador advenedizo, era muy diferente. Sus fundadores, Arthur Patterson y Jim Swarts, ya eran veteranos en el negocio y eran planificadores más que improvisadores, estrategas más que evangelizadores. Patterson en particular era conscientemente cerebral. Como retoño de un negociador de Wall Street y producto de la universidad y la escuela de negocios de Harvard, estaba menos enfocado en las nuevas tecnologías que algunos de sus rivales ingenieros y más interesado en mercados financiaros, modelos de negocios e, incluso, políticas de gobierno. Leía con avidez y teorizaba con fluidez y escribió una serie de artículos internos para codificar la estrategia de Accel. Él había ideado el lema de Accel, «mente preparada», que tomó prestado del padre de la microbiología del

7. Kapor en entrevista con el autor, 21 de junio de 2018. Al comentar sobre el episodio de GO, Doerr argumentó que las *startups* necesitan apoyo evangélico, que no es lo mismo que arrogancia. Doerr en entrevista con el autor.

8. Zachary, G. Pascal, «Computer Glitch: Venture-Capital Star, Kleiner Perkins, Flops as a Maker of Laptops», *Wall Street Journal*, 26 de julio de 1990.

9. Doerr promocionó estas tecnologías en un discurso en la National Venture Capital Association en 1990. Bygrave William, y Jeffry Timmons, *Venture Capital at the Crossroads*, Harvard Business School Press, Boston, 1992, pág. 149. Neumann, Jerry, «Heat Death: Venture Capital in the 1980s», *Reaction Wheel* (blog), 8 de enero de 2015.

siglo diecinueve, Louis Pasteur, quien había declarado con sabiduría: «La suerte solo favorece a las mentes preparadas».

Patterson era alto, esbelto y portador de cierta excentricidad aristocrática. En una ocasión, sorprendió a un nuevo recluta de Accel con una cena que consistió de apenas doce mazorcas asadas y un vino Burdeos de su propio viñedo [10]. Por su parte, Jim Swartz también contrastaba con Tom Perkins, pero por otras razones. Creció en un pueblo pequeño de Pensilvania, hijo de un hombre que fue conductor de autobús y trabajador rural, y creía en el carácter y en la disciplina [11]. Donde los improvisadores de Kleiner Perkins comerciaban con visiones mesiánicas, Swartz apoyaba a fundadores sólidos, aplicaba controles financieros y transmitía sobriedad, integridad y realismo. En una ocasión, cuando un emprendedor lo recibió en la junta directiva con algunas tarjetas personales para él, Swartz se las devolvió envueltas en una carta furiosa, denunciando el derroche desconsiderado de dinero. El fundador se quedó boquiabierto ante la agresión de Swartz, pero concluyó en que tenía razón y conservó la carta en su escritorio como recordatorio para disciplinar los gastos [12].

Accel fue fundada en 1983, en la cúspide del surgimiento de fondos de capitales de riesgo que siguió al recorte del impuesto sobre las ganancias de capital y el levantamiento de la regla del «hombre prudente». Con sumas de dinero sin precedentes a disposición, las sociedades establecidas acapararon los mejores tratos; atrás quedaron los días del financiamiento de Apple y de Intel, en los que los primeros inversores controlaban el riesgo convocando a coinversores. Un nuevo rival capitalista debía ganarse la oportunidad de invertir, y una forma obvia de apelar a los emprendedores era especializarse en sus tecnologías. Además, la expansión del negocio hizo que la especialización fuera más factible que antes: podían reducir el foco y aún tener suficientes tratos para elegir. Swartz, conocido por su increíble apuesta a la empresa pionera de redes Ungermann-Bass,

---

10. Don Gooding en entrevista con el autor, 12 de junio de 2018.

11. Don Gooding, analista de Accel, recordó: «Jim era un hombre de enormes principios en una industria que no era conocida por sus principios. Muchas de mis agallas provienen de emularlo». Gooding en entrevista con el autor. Swartz, Jim, «Oral History of Jim Swartz», entrevista con John Hollar, Computer History Museum, 11 de octubre de 2013, pág. 2, archive.computerhistory.org/resources/access/text/2015/05/102746860-05-01-acc. pdf.

12. La empresa era PictureTel. Brian Hinman en entrevista con el autor, 11 de julio de 2018.

eligió especializarse en telecomunicaciones y se instaló en Princeton, a poca distancia de los ingenieros de Bell Labs en Murray Hills, Nueva Jersey. Patterson eligió especializarse en *software* y se instaló en Silicon Valley. Como era inevitable, la Costa Oeste ganó. Con el paso del tiempo, Swartz comenzó a visitar Carolina del Norte cada vez con más frecuencia y, al final, se mudó allí[13].

Para acentuar su estrategia de especialización, el segundo fondo de Accel, de 1985, apuntó exclusivamente a telecomunicaciones. La propuesta proclamaba que «en una economía basada en la información, prácticamente todos los sistemas electrónicos se comunicarán con otros sistemas»; el mercado de módems, redes, vídeos y otras aplicaciones de telecomunicaciones sería enorme[14]. Para demostrar su compromiso con esta teoría, Petterson y Swartz reclutaron expertos y plantaron su bandera en el mapa de las telecomunicaciones con presentaciones elaboradas en Stanford. Celebraban una cena de gala para los grandes de la industria y, al día siguiente, trescientas personas se presentaban para escuchar discursos de los profetas del ambiente[15]. Durante los recesos del programa, los emprendedores sacaban sus diapositivas y hacían sus presentaciones con los inversores. «Nuestra estrategia era anunciar un fondo, que nos citaran en la prensa, organizar conferencias y generar ruido», dijo Jim Swartz[16]. Los rivales de turno estaban impresionados, y Kleiner Perkins invirtió 2 millones de dólares en Accel Telecom.

A Accel le gustaba decir que su estrategia de especialización la ayudaba a evitar distracciones pasajeras. Haciendo uso de una analogía de la industria petrolera, sus socios no serían buscadores de petróleo que cavaran pozos por ahí de forma azarosa, sino que serían exploradores metódicos que estudiaran las propiedades geológicas del territorio. La computación con lápiz óptico era un caso de estudio y, para comienzos de la década de los noventa, docenas de *startups* esta-

---

13. Accel cerró su oficina de Princeton en 1997.

14. Propuesta de Accel Telecom Fund, 1985, archivo personal de Jim Swartz, Agradezco a Swartz por permitirme acceder a sus archivos y por múltiples conversaciones.

15. Un año, George Gilder sorprendió a los invitados de Accel prediciendo que la telefonía dejaría atrás la infraestructura cableada para dar paso a conexiones inalámbricas, mientras que la televisión haría lo opuesto: pasaría de transmisión inalámbrica a cables de Internet. Swartz en entrevista con el autor, 8 de noviembre de 2017.

16. Swartz en entrevista con el autor.

ban imitando a GO y había conferencias en las que se celebraba esa fiebre del oro. Entonces, Swartz asistió a una de esas juergas para ver a qué se debía tanta alharaca, pero bajo el escrutinio al estilo de Accel, ni la tecnología del lápiz óptico ni los planes de negocios asociados a ella parecían auspiciosos, por lo que rehusó invertir capital en ellos. Tal vez, a causa de esa indiferencia a las tendencias, muy pocas inversiones de Accel fueron fiascos. Cerca del décimo aniversario de la empresa, un recuento demostró que de las cuarenta y cinco inversiones de Accel que habían tenido éxito, solo siete habían perdido dinero[17].

La especialización también ayudó a Accel cuando tomó la ofensiva; dado que sus socios eran expertos en las áreas en las que invertían, podían percibir la esencia del discurso de un emprendedor rápidamente y llegar a una decisión enseguida. Si decidían invertir, su siguiente desafío era persuadir al emprendedor de que los eligiera antes que a sus rivales, algo en lo que la especialización también ayudaba. Iniciar una empresa era una experiencia desolada —los fundadores dedican el alma y la vida a proyectos de nicho que, al menos al inicio, a la mayoría le parecen soñadores—, por lo que los emprendedores no pueden evitar sentirse cercanos a los inversores que aprecian sus planes, que los «entienden». Los socios de Accel pretendían comprender a los emprendedores al punto de poder terminar sus frases y predecir la siguiente diapositiva en sus presentaciones; internamente, hablaban de «la regla del 90 por ciento»: un inversor debía saber el 90 por ciento de lo que los fundadores dirían antes de que abrieran la boca[18].

La estrategia de especialización de Accel también la hacía particularmente adepta a identificar lo que los capitalistas de riesgo conocen como «posibilidades adyacentes». Al adentrarse en sus áreas particulares, sentarse en juntas de sus empresas en cartera y combinar sus observaciones directas con análisis de estilo de asesora-

17. Durante sus primeros diez años, Accel había salido de cuarenta y cinco empresas: siete cesaron operaciones, veinticuatro llegaron a oferta pública y catorce se fusionaron. Jim Swartz, presentación en Carnegie Mellon University, 27 de septiembre de 1994, archivo personal de Swartz.

18. Patterson en entrevista con el autor. Agradezco a Patterson por diversas conversaciones y por haberme presentado a otros inversores.

miento de gestión, los socios podían anticipar el siguiente avance lógico de una tecnología. «Cada trato debe abrir paso al siguiente», era otro dicho de Accel[19]. A Swartz le gustaba invertir en avances sucesivos de la misma clase de producto. En 1986, financió una *startup* de videoconferencias, otra en 1988 y una tercera en 1992; dos de esas tres apuestas lo llevaron a multiplicar su dinero catorce veces[20]. Es cierto que el incrementalismo incluía algunos gastos potenciales. Accel se alejó de quienes rompían los paradigmas al estilo Kleiner Perkins que no eran adyacentes, sino que más bien estaban dos pasos adelante: eso podía implicar perderse enormes ganadores. Al mismo tiempo, como se habían hecho un lugar entre los líderes intelectuales de sus sectores, los socios tendían a no prestar atención a retadores sin credenciales como los que apoyaba Don Valentine. En consecuencia, Accel se perdió el mayor trato de telecomunicaciones de los noventa —Cisco— a pesar de conocer la empresa y de tener un fondo dedicado a las telecomunicaciones. De todas formas, era una decisión deliberada: presionarían los límites de la ingeniería lo suficiente para generar valor, pero no tanto como para ser culpables de querer abarcar demasiado. Su lema era «si apuntas a un sencillo, los *home runs* se ocuparán de sí mismos»; algunos de esos tiros sencillos rebotaban en el bate con más fuerza de la esperada.

El desarrollo de Accel en sus primeros fondos no dejó dudas de que tenía algo entre manos[21]. El fondo especializado en telecomunicaciones multiplicó su capital 3,7 veces y generó un rendimiento anual de más de

---

19. Patterson era admirador de Bain Consulting, la empresa que propuso la visión de que, al especializarse y dominar un nicho, los negocios acumularían propiedad intelectual, que se traduciría en mayores ganancias.

20. Las empresas eran PictureTel, Vivo y Polycom. PictureTel y Polycom tuvieron un rendimiento de 14x. Agradezco a Swartz y a Accel por haberme brindado información exhaustiva sobre los primeros cinco fondos de Accel.

21. Además de su abordaje distintivo, Accel era fuerte en aspectos más típicos. Los emprendedores respetaban a Patterson y a Swartz y pedían su ayuda para conseguir contrataciones clave. John Little, fundador de Portal Software, la mayor anotación entre los primeros cinco fondos de Accel, dijo de Patterson: «Cuando queríamos cerrar un trato con un ingeniero clave para la empresa, hacíamos que hablara con Arthur. Después de hablar con él, las personas estaban convencidas de que esto sería lo mejor que le hubiera pasado a Silicon Valley. Luego firmaban el trato. Competíamos por contratar personas que tenían muchas otras opciones, por supuesto, y cuando las mencionaban, Arthur sabía cómo sembrar la duda sobre ellas». Little en entrevista con el autor, 22 de mayo de 2018.

dos veces mayor a la media en capitales de riesgo de la época[22]. Si se consideran los cinco primeros fondos juntos, Accel tuvo un rendimiento aún mejor: el múltiplo promedio fue de ocho veces el capital. Así, lo impactante de Accel fue que, a pesar de que la intención de los socios no fuera buscar *Grand Slam* desmedidos, fueron sus *Grand Slam* los que dominaron su rendimiento. Sus resultados no hicieron más que reafirmar la llamada regla del 80/20: un 95 por ciento de sus ganancias provenía del mejor 20 por ciento de sus inversiones[23]. Otros fondos iniciales de la sociedad tuvieron efectos similares de la ley de potencia; en sus primeros cinco fondos, el 20 por ciento superior de sus inversiones representaba nada menos que el 85 por ciento de las ganancias, con un promedio del 92 por ciento.

En síntesis, la ley de potencia era inexorable. Ni siquiera una sociedad metódica, antiKleiner y de mentes preparadas podía escapar de ella.

◆

El dominio de la ley de potencia fue ilustrado por UUNET, uno de los diversos *Grand Slam* inesperados durante los primeros diez años de Accel. Hoy absorbida por el vasto imperio de las comunicaciones de Verizon, UUNET (pronunciado «you-you-net»), suena como un retroceso a otra era: un falso acrónimo, inspirado en parte en los protocolos de *software* que solo los ingenieros amaban, tiene un abismo de diferencia con la astucia y consciencia de marca del nombre de futuras *startups*: Zoom, Snap, Stripe, Spotify[24]. De todas formas, me-

---

22. Accel Telecom logró una tasa interna de retorno del 18,7 por ciento. El fondo de riesgo promedio de 1985 logró una tasa interna de retorno del 8 por ciento. La información sobre los cinco primeros fondos de Accel fue brindada por Jim Swartz. Le debo comprensión de la información de la industria en buena parte a Steven N. Kaplan de la Universidad de Chicago. Siguiendo su consejo respecto a la información de fondos rivales, utilizo cifras de Burgiss, cuya información está relativamente libre de distorsiones.

23. Para ser preciso, el 95 por ciento del rendimiento de Accel Telecom provenía de las veinticinco mayores empresas de su cartera.

24. Rick Adams, fundador de UNNET, recordó: «Poner nombres es muy difícil. El plan de negocios debía estar listo a las cinco y decía, literalmente, "nueva empresa". El protocolo que usaba el módem se llamaba UUCP NXTX; en cierto punto, allí estaba la UU. Y existía EUnet, Europe Unix Users Network; se hablaba de U. S. Unix Users Network: otra UU. Puedo decir oficialmente que UUNET no es un acrónimo y que no significa nada, pero existen muchas versiones y algunas de ellas me citan. Personas con las que nunca había hablado me citaban». Adams en entrevista con el autor, 12 de junio de 2018.

rece la pena recordar a UUNET porque, además de ilustrar el poder de la ley de potencia, demuestra dos características de la inversión de riesgo. Primero, exhibe los papeles diferenciados en el progreso tecnológico de la ciencia respaldada por el Gobierno y de los emprendedores respaldados por fondos de riesgo. Segundo, demuestra la paradoja en el centro del impacto del capital de riesgo en la sociedad. Los capitalistas de riesgo *como personas* pueden tropezar con su fortuna: casualidad o serendipia, y el hecho de estar en el juego puede ser más importante que la diligencia y la previsión. Al mismo tiempo, el capital de riesgo *como sistema* es un motor del progreso, más de lo que suele reconocerse.

UUNET nació en 1987 como una entidad sin fines de lucro obscura de Virginia del Norte, con la misión de abordar las limitaciones de Internet en esa época: apenas unos 100.000 ordenadores estaban conectados[25]. Internet había comenzado como un sistema de comunicación militar del Pentágono y se había convertido en una plataforma de correo, de anuncios y de transmisión de archivos para laboratorios científicos gubernamentales, entre ellos, laboratorios con financiamiento estatal en universidades. Las personas y empresas privadas no podían acceder a la red y la actividad comercial estaba prohibida. Sin embargo, hacia finales de los ochenta, una comunidad cada vez más grande de científicos no gubernamentales quería una utilidad similar. Entonces, provista de una garantía de préstamo de 250.000 dólares de una asociación informal de programadores, UUNET se dispuso a ser su proveedor de Internet[26].

El fundador de UUNET fue Rick Adams, un ingeniero treintañero afable que trabajaba para el Centro de Estudios Sísmicos del Gobierno. Tenía el cabello castaño alborotado y barba y usaba vaqueros blancos y polos. Mientras seguía trabajando para el Gobierno, se dedicaba a tiempo parcial al desarrollo de un sistema de Internet paralelo para los científicos del sector privado que no podían acceder a la

---

25. En 1983, había un promedio de 200 máquinas conectadas a Internet. En 1989, la cifra apenas ascendía a 159.000. Meeker, Mary, y Chris DePuy, «The Internet Report», Morgan Stanley Research, febrero de 1996, pág. 18. Abbate, Janet, *Inventing the Internet*, Cambridge (Massachusetts), MIT Press, 2000, pág. 186.

26. La asociación informal de científicos informáticos era USENIX, que reunía a los programadores que usaban ordenadores Unix.

red principal[27]. Hasta entonces, las mayores corporaciones privadas conectaban a sus empleados con redes de área local, pero enviar mensajes de una empresa a otra era muy costoso. Adam combinó los rúteres de Cisco con *software* de red para crear conexiones más baratas, y cobraba por servicio, pero lo mínimo para recuperar gastos. Su iniciativa distaba mucho de la mentalidad de Sand Hill Road.

En un principio, nadie lo notó; Internet siempre había sido un proyecto del Gobierno[28]. La mayoría suponía que si alguien iba a llevar las conexiones en línea a las masas, ese sería el Gobierno, y en julio de 1990, Al Gore, joven senador de Tennessee, expuso una visión del sector público para una «autopista de la información». Esta visión planteaba que, en lugar de operar con líneas telefónicas existentes, la autopista tendría nuevas cañerías de fibra óptica, que convertirían a los televisores caseros en terminales interactivas. El paso a la fibra óptica permitiría que la información y el entretenimiento llegaran a los hogares a todo color en lugar de los tablones de anuncios parduzcos de Internet.

En un principio, el plan ostentoso de la autopista de la información generó mucha emoción. En 1991, Gore consiguió un paquete de inversión gubernamental de 1,75 mil millones de dólares para apoyar dicha visión. En 1992, su perfil se elevó cuando Bill Clinton lo eligió como vicepresidente. En 1993, una cuadrilla de empresas de tecnología desfilaba para ganar el respaldo estatal para construir la estructura de la autopista[29]. Pero, al mismo tiempo, estaba sucediendo algo más bajo el radar: los científicos de laboratorios corporativos comenzaron a virar hacia UUNET, que, desbordada de ganancias, dejó atrás su posición no lucrativa. Entonces, al ver su progreso y el de dos o tres rivales menores, la Fundación Nacional de las Ciencias (NSF por sus siglas en inglés) anunció un cambio de política: en lugar de mantener a los usuarios privados fuera de la red gubernamental, invitaría a proveedores de Internet

---

27. UUNET simplificó mucho el proceso de conectarse a la red informal de los ordenadores Unix llamada Usenet. Antes, solo era posible unirse a Usenet con invitación. Gracias a UUNET, cualquier cliente podía enviar y recibir correos, acceder a tableros de noticias y transferir lotes de archivos.

28. Para encontrar un informe que enfatice el papel del sector público en la creación de Internet, referirse a: Mazzucato, Mariana, *The Entrepreneurial State: Debunking Public vs. Private Sector Myths*, Anthem Press, Nueva York: 2013, pág. 76.

29. Para ver un ejemplo de la emoción respecto a la visión de Gore, referirse a: Markoff, John, «Building the Electronic Superhighway», *New York Times*, 24 de enero de 1993.

privados a su territorio, de hecho, les permitiría hacerse cargo de la administración[30]. Sin duda, el Gobierno había inventado Internet, pero, en lo que concernía a la NSF, era mejor confiar el trabajo de convertirlo en un medio masivo que democratizara la información y cambiara vidas al sector privado.

En esta instancia, nada menos que Mitch Kapor hizo su aparición; mientras que su fondo para el ordenador con lápiz óptico tenía dificultades para reunir dinero, tuvo otra de sus revelaciones. La autopista de fibra óptica de Gore impulsada por el Gobierno aún dominaba los titulares, pero a ojos de Gore, sería tan disruptiva y costosa que resultaría prohibitiva. Antes de rasgar el suelo para hacer el tendido de fibra óptica, sería mucho más económico extender la red de Internet con cableado de cobre. Para responder a la demanda privada insaciable, UUNET ya estaba injertando rúteres y servidores en las redes telefónicas existentes para convertir las líneas de voz en líneas de datos. Y, con el anuncio de la privatización por parte de NSF, se abrió el camino para un progreso mucho más rápido[31]. Al posibilitar que millones de usuarios se conectasen en línea, esta iniciativa orientada al mercado eclipsaría el proyecto grandilocuente de Gore.

«Bueno, si esto sucediese, quiero formar parte del juego», se dijo Kapor[32]. Entonces, en agosto de 1992, visitó Washington y pactó una reunión con Rick Adams. «Hay una partida de póquer en juego y yo no tengo fichas. Necesito invertir.», le explicó con franqueza. Si Adams le permitía comprar una porción modesta de UUNET, él sería el puente con otros inversores de riesgo que podrían inyectar capital real.

Adams estaba indeciso. Por un lado, solía sospechar de los financieros y no tenía intención de rendirles cuentas a supervisores del capital de riesgo. Estaba comprometido con su misión de promover las comunica-

---

30. La figura principal en este proceso fue Stephen S. Wolff, director del programa de redes informáticas que trabajaba para NSF. En noviembre de 1991, Wolff ideó un plan para reemplazar NSFNET por redes comerciales competitivas. Desde 1992 hasta 1995, la NSF trabajó con proveedores de servicios de Internet para transferir la infraestructura hacia la industria privada. El 30 de abril de 1995, la columna vertebral de NSFNET fue desmantelada y reemplazada por proveedores comerciales competitivos. Cassidy, John, *Dot.Com: The Greatest Story Ever Sold*, HarperCollins, Nueva York. 2003, pág. 22–23.

31. Para 1992, UUNET había reunido a veinticuatro mil subscriptores corporativos «Offering Memorandum UUNET Technologies, Inc.», agosto de 1992, pág. 3.

32. Kapor en entrevista con el autor.

ciones en línea abiertas y no quería afectar la pureza de su cometido. Pero, por otra parte, necesitaba capital; de hecho, necesitaba muchísimo dinero. Cuanto más rápido se expandía UUNET, más rápido crecía la demanda, porque el aumento del uso hacía que la red fuera más atractiva para próxima corriente de usuarios potenciales. «El proyecto estaba consumiendo dinero a lo grande. Teníamos que colocar *hardware* en todas partes. Debíamos crecer y llenar nuestros bolsillos muy rápido», relató Mike O'Dell, jefe científico[33].

Kapor despejó los recelos de Adams contándole su propia historia[34]. él también había pasado por una etapa en la que no le agradaban los capitalistas de riesgo; como joven gerente de producto, había trabajado en una empresa financiada por Arthur Rock. Allí, en una reunión de la junta, había visto cómo Rock «básicamente emitió una orden de ejecución sobre alguien o sobre algún proyecto como si ahuyentara a una mosca de su brazo. Fue un momento digno de *El Padrino*»[35]. En consecuencia, cuando llegó la hora de que él consiguiera capital para Lotus Development, fue punzante y les advirtió a los inversores potenciales que antepondría la humanidad a las ganancias[36]. Pero después se relajó, pues se percató de que en tanto la *startup* floreciera, los inversores respetarían al fundador. «No tienes por qué ser arrollado por los capitalistas de riesgo», le aseguró a Adams[37].

Adams seguía debatiéndose entre dos impulsos. Si Kapor hubiera sido un inversor típico, lo hubiera rechazado. Pero con su idealismo y su visión política, parecía un espíritu bondadoso[38]. Tras analizarlo, Adams aceptó la oferta de Kapor[39].

---

33. O'Dell en entrevista con el autor, 2 de junio de 2018.

34. Kapor en entrevista con el autor.

35. Kapor, Mitch, «Oral History of Mitch Kapor», entrevista con Bill Aspray, Computer History Museum, 19 de noviembre de 2004, pág.12.

36. Kapor a Ben Rosen, reproducido en: Sahlman, William A., «Lotus Development Corporation», Harvard Business School case study, 1985, págs. 13–14.

37. Kapor en entrevista con el autor.

38. Kapor había fundado Electronic Frontier Foundation, una entidad sin fines de lucro que promovía el acceso libre a la web. Su misión era complementaria al objetivo de UUNET de conectar a usuarios privados. En entrevista con el autor, Kapor y Adams reconocieron la importancia del idealismo sin fines de lucro de su sociedad de negocios.

39. En un principio, Kapor le prestó dinero a UUNET con garantías de que le diera participación en la futura expansión de UUNET. Más tarde, hizo una inversión de capital en acciones de 200.000 dólares que concluyó en noviembre de 1992.

Después de conseguir formar parte del tablero, Kapor avanzó deprisa. UUNET debía crecer antes de que sus competidores se infiltraran en su mercado. Más allá del recelo de Adams, su accidental *startup* de la Costa Este necesitaba recaudar capital serio de la Costa Oeste. La primera parada de Kapor fue Kleiner Perkins para ver a Doerr, a quien le dijo que dejara de lado la emoción por la autopista de la información. Internet tendría a la visión de Gore en las sombras durante algunos años. Sin embargo, a diferencia del caso de GO, Doerr no se dejó persuadir, pues UUNET no era la clase de empresa a la que Kleiner Perkins respaldara. Al no tener propiedad intelectual, no podía defenderse de sus competidores[40] y, dado que necesitaba toneladas de capital, era poco probable que Kleiner Perkins tuviera un rendimiento significativo[41]. Por lo tanto, Doerr ni siquiera accedió a reunirse con Adams.

Tras el rechazo de Kleiner Perkins, Kapor llevó el proyecto a Accel, una decisión azarosa que nada tuvo que ver con la especialización en telecomunicaciones de la firma. Casualmente, Kapor había invertido en un fondo para Accel, así que llamó a su contacto de allí y le dio su discurso: Internet estaba a punto de estallar a lo grande y cabía la posibilidad de «convertirlo en algo donde todos hablen entre sí»[42]. Mientras que la llamada de Kapor fue un golpe de suerte, la mente preparada y deliberativa de Accel estaba trabajando en segundo plano. En las oficinas de Princeton de la empresa, un investigador de telecomunicaciones llamado Don Gooding había empezado a monitorear Internet. Por su parte, otro especialista de la Costa Oeste llamado Jim McLean comprendía que las cosas estaban cambiando; al visitar la oficina que administraba la infraestructura de Internet de la NSF en Mountain View, había quedado maravillado al ver estanterías de servidores y rúteres costosos. Se preguntaba con inocencia: «¿Cómo era posible que una iniciativa del Gobierno pudiera costear equipamiento tan avanzado?».

«Lo conseguimos gratis», le dijeron los ingenieros. Los fabricantes de rúteres estaban permutando su *hardware* a cambio de acceso ilegal a la

---

40. Doerr en entrevista con el autor, 13 de septiembre de 2018.

41. Kevin Crampton en entrevista con el autor, 12 de febrero de 2019. Floyd Kvamme en entrevista con el autor, 13 de febrero de 2019.

42. La cita fue relatada por Joe Schoendorf, el ejecutivo de Accel que contestó la llamada de Kapor. Schoendorf en entrevista con el autor, 19 de julio de 2018.

red de NSF con supuesto uso gubernamental exclusivo. Estaban tan ávidos de tener conexión que llegaban a violar la ley para conseguirla[43].

Hasta entonces, Accel había recibido testimonios del potencial de Internet de tres canales diferentes: Kapor había llamado; Gooding estaba siguiendo la tendencia, y McLean había tenido un vistazo de la demanda voraz de conexiones. La pregunta era si Accel traduciría esos indicios en una inversión. En un principio, no sucedió nada. Como estaba barajando decenas de inversiones, Accel perdió interés. Hacia finales de enero de 1993, Kapor intentó recuperar la atención de Accel visitando sus oficinas de San Francisco, pero, para su decepción, ningún socio de la firma se presentó en la reunión. «El lenguaje corporal de Accel no daba señales de que estuvieran cerca de aceptar», le confesó Kapor a Adams[44].

Sin embargo, por debajo de los socios principales, Jim McLean seguía entusiasmado. Después de saber del plan de la NSF de privatizar Internet, fue en busca de iniciativas que pudieran aprovechar la oportunidad, búsqueda que lo llevó hasta UUNET, que parecía ser el ganador más probable de esa nueva fiebre del oro. Cuando llegó la hora de presentar la idea frente al equipo de inversión de Accel, McLean exhibió media docena de tarjetas personales que había recolectado en sus reuniones.

«¿Qué tienen de novedoso estas tarjetas?», les preguntó a los presentes. Nadie respondió, tan solo lo miraron inexpresivos. «Todas tienen una dirección de correo electrónico», señaló. ¿Qué mejor evidencia podía querer? Internet estaba expandiéndose deprisa y ese era el momento de invertir.

Los socios se echaron atrás. UUNET no era necesario para tener correo electrónico; los usuarios podían registrarse en CompuServe o en Prodigy, dos servidores que, juntos, permitían que tres millones de suscriptores enviaran correos a otras personas[45]. La suerte y un buen equipo de telecomunicaciones habían puesto la oportunidad de UUNET a la vista, pero Accel seguía sin verla.

Como suele suceder, fue necesario que apareciera un competidor para que Accel cambiara de actitud. En febrero de 1993, una empresa

---

43. McLean en entrevista con el autor, 12 de julio de 2018.

44. Kapor, *e-mail* a Adams, 29 de enero de 1993.

45. McLean en entrevista con el autor.

de telecomunicaciones llamada Metropolitan Fiber Systems apuntó a UUNET. Adam recurrió a Kapor para pedirle consejo, preguntándose si un inversor corporativo podría ser mejor que un capitalista de riesgo. Kapor señaló otro punto; inversor corporativo o de riesgo, ¿a quién le importaba? Lo principal era tener a dos inversores compitiendo por tu atención. Entonces, Kapor se aseguró de que los socios de Accel supieran de la oferta de Metropolitan Fiber y le aseguró a Adams que eso los animaría[46].

Luego, Adams se reunió con el representante de Metropolitan Fiber en el hotel Ritz-Carlton cerca de la oficina de UUNET. El hombre escribió unas cifras en un cuaderno, arrancó la página con dramatismo, la apoyó boca abajo y la deslizó hacia Adam: Metropolitan Fiber estaba listo para invertir 500.000 dólares con una valuación de 8 millones de dólares[47]. A continuación, Adams visitó la oficina de Accel en la Costa Oeste; le habían concedido cuarenta y cinco minutos para dar su presentación frente al comité de inversión. Al finalizar, extendieron la conversación otras tres horas: tal como Kapor lo había predicho, el cambio de actitud fue milagroso. Sin embargo, Accel aún no había puesto un precio. Para competir con los 8 millones de dólares que había propuesto Metropolitan Fiber, debían creen en que UUNET lo haría en grande, de lo contrario, el riesgo no merecería la pena. «Ahora están dando vueltas para definir el tamaño del mercado», le escribió Adams a Kapor. «Están convencidos de que UUNET puede convertirse en una empresa de 30 millones de dólares, pero no están seguros (aún) de que tenga potencial para llegar a 100 millones»[48].

Además de las dudas respecto al tamaño del mercado, estaba la duda respecto a la capacidad administrativa de Adams. En caso de que UUNET creciera, necesitaría líderes operativos experimentados, y los capitalistas tendrían que encontrarlos, atraerlos y apoyarlos una vez que estuvieran a bordo. Cabía la posibilidad de que Adams se resistiera; debían controlar su ego, y la ubicación en Virginia del Norte sería un problema para posibilitar llevar a cabo esa tarea.

Arthur Patterson, inversor en *software* sénior de Accel, decidió que cerraría el trato si podía encontrar al socio apropiado; así fue como,

---

46. Kapor, *e-mail* a Adams, 23 de febrero de 1993.

47. Adams en entrevista con el autor. Kapor, *e-mail* a Adams, 26 de marzo de 1993.

48. Adams, *e-mail* a Kapor, 26 de marzo de 1993.

haciendo uso de su red de contactos, llamó a New Enterprise Associates (NEA), uno de los inversores que habían financiado a 3Com. NEA tenía una oficina en Baltimore, no muy lejos de las instalaciones de UUNET en Virginia. En suma, el ejecutivo Peter Barris acababa de unirse al equipo de NEA en Baltimore; unos años antes, Patterson había volado a Texas con el único objetivo de conocer a Barris[49], quien por aquel entonces era un ejecutivo de *software* en ascenso, el número dos de una firma de Dallas. Ese viaje a Texas estaba por dar sus frutos: Patterson le pidió a Barris que le echara un vistazo a UUNET.

Unos días después de la llamada de Patterson, Barris visitó a Adams. Los dos hombres eran una pareja singular: Adams era fornido como un oso y de actitud casual; Barris era prolijo y cortés. No obstante, tal y como Patterson había anticipado, la experiencia de Barris lo convertía en el compañero perfecto para Adams; había pasado gran parte de su carrera en la división de servicios de información de General Electrics, empresa que vendía herramientas digitales de negocios a clientes corporativos.

Barris le contó a Adams sobre el *software* que ofrecía GE: libros de contabilidad, sistemas de recursos humanos y demás. Y se preguntó si sería posible ofrecer los mismos servicios a través de Internet.

Adams le aseguró que lo sería; de hecho, Internet podría entregar dichos programas por mucho menos precio que GE, que dependía de ordenadores centrales muy caros a los que se accedía por medio de una conexión costosa de acceso telefónico. Con eso, Barris comprendió que estaba frente a algo grande. Gracias a su experiencia en GE, sabía la clase de servicios en línea por los que los grandes clientes pagarían. Gracias a su experiencia en Internet, Adams sabía cómo ofrecerlos de forma eficiente. Si sumaban su conocimiento, los dos podrían ser una fábrica de dinero[50].

En julio de 1993, Accel y NEA unieron fuerzas para presentarle a Adams un acuerdo de cuatro páginas. Habían pasado seis meses desde el primer contacto entre Kapor y Accel y, después de estar a punto de perder

---

49. Barris recordó: «Estaba muy sorprendido por el hecho de que Arthur Patterson viniera hasta Dallas a conocerme. Cuando me uní a la industria de capitales de riesgo, me sirvió como guía sobre la importancia de crear la propia red de personas». Barris, *e-mail* al autor, 3 de enero de 2021.

50. Barris en entrevista con el autor, 30 de mayo y 2 de junio de 2018.

el trato, la firma se encaminaba hacia la decisión correcta; sin embargo, el proceso no terminó. El acuerdo de Accel y NEA proponía valuar a UUNET en 6 millones de dólares, 2 millones menos que Metropolitan Fiber. Adams estaba indignado[51].

Una vez más, la presión competitiva llevó inversores en dirección a Adams. En esta ocasión, el impulso llegó desde una sociedad de Silicon Valley llamada Menlo Ventures, que había oído de UUNET a través de otra conexión fortuita. El científico jefe de UUNET, Mike O'Dell, había trabajado para una empresa financiada por Menlo. Un nuevo socio de Menlo, un ingeniero llamado John Jarve, usó la conexión de O'Dell para conseguir una reunión con Adams. Los dos hombres se llevaron bien, ya que ambos tenían la ingeniería como punto en común. Adams le dijo a Jarve que pensaba rechazar la oferta de 6 millones de dólares y lo desafió a mejorarla.

«Permítame redactar un acuerdo, porque vosotros valéis mucho más que eso», le respondió Jarve[52]. Luego procedió a redactar un acuerdo en el que valuaba a UUNET en poco más de 8 millones de dólares, con lo que superó a Accel-NEA y a Metropolitan Fiber. Barris, de NEA, estaba determinado a trabajar con Adams, así que enseguida accedió a igualar la oferta superadora de Jarve. Adams, encantado, le dijo que cerraría el trato exclusivamente con NEA; a fin de cuentas, Barris era el inversor más apropiado para ayudar a UUNET. Sin embargo, Barris actuó como un capitalista de riesgo que protegía su reputación y sus contactos y rechazó la oportunidad de dejar a su rival fuera. Patterson lo había invitado al juego, y se negaba a traicionarlo. Al final, Accel aceptó la nueva valuación y, en octubre de 1993, las tres sociedades aportaron 1,5 millones de dólares[53].

Puede parecer que el capital de riesgo es como una carrera de relevos. Kapor, el primer inversor de UUNET, le pasó el relevo a Arthur Patterson,

---

51. Kapor, *e-mail* a Adams, 9 de julio de 2018.

52. Jarve en entrevista con el autor, 18 de julio de 2018.

53. La serie A fue firmada el 4 de octubre de 1993. UUNET recaudó 1,7 millones de dólares (incluyendo los 200.000 dólares del noviembre anterior), con una valuación posterior de 8,3 millones de dólares.

quien se lo pasó a Peter Barris, quien, dado que residía en la Costa Este, sería el de participación más activa de los tres. A continuación, Barris se dispuso a reclutar administradores efectivos para UUNET para poder delegarlo.

Barris llamó a Joe Squarzini, veterano de GE Information Services, que a sus cincuenta y dos años no parecía que fuera a encajar naturalmente con los ingenieros jóvenes de UUNET. Cuando se presentó en la entrevista, Adams le dijo sin rodeos que no quería que importara la cultura de GE. Squarzini protestó; aunque pareciera cortado por el molde rígido de GE, también era un radioaficionado. Adams no estaba convencido.

«Puedo soldar mejor que cualquier persona en esta empresa», insistió el candidato, listo para unir cables eléctricos con un hierro caliente para demostrar sus habilidades. Eso impresionó a Adams, «Yo ya no podía soldar nada dignamente. Sí que lo contratamos», relató[54].

En su puesto como vicepresidente, Squarzini se dio a la tarea de darle cierta estructura a la libertad en las operaciones de UUNET. La necesidad de llevar a cabo ese proceso quedó en evidencia enseguida. En medio de la tarea de poner en orden la contabilidad de UUNET, un contador se encontró con una caja de facturas impagadas. Habían perdido de vista deudas por rúteres y otros equipamientos que ascendían a la temible suma de 750.000 dólares, que representaba la mitad del capital que UUNET acababa de reunir. Pocas semanas después de conseguir los 1,5 millones de dólares de la serie A, la empresa ya casi no tenía dinero.

Alguien debía comunicarle la noticia a los inversores, que habían comprometido su dinero en base a informes contables que resultaron ser falsos; no iban a estar felices. Si la empresa hubiera estado en bolsa, el cambio dramático en su balance hubiera afectado el precio de las acciones. Si hubiera pedido un préstamo bancario, no hubiera podido contar con un nuevo préstamo después de semejante vergüenza. Entonces, sus posibilidades dependían de que sus inversores de riesgo respondieran de otro modo. Tendrían que tomarlo con calma y desembolsar nuevos fondos; de lo contrario, UUNET se quedaría sin capital.

Años más tarde, Barris reflexionó que, si Adams hubiera dado la noticia de la metedura de pata por 750.000 dólares, el futuro de UUNET hubiera peligrado; los capitalistas de riesgo ya dudaban de la capacidad

---

54. Adams en entrevista con el autor.

administrativa de Adams, y el extravío de tres cuartos de millón de dólares los hubiera llevado a cortar los lazos con él. Sin embargo, gracias a la forma de participación activa de los capitalistas de riesgo, no fue necesario que Adams les transmitiera el mensaje. Barris ya había nombrado a Squarzini, que era un hombre adulto con la confianza de los inversores. Ofreciéndose a explicar el inconveniente frente a la junta, podía salvar a la joven empresa.

El día de la reunión de la junta, Squarzini vistió un traje y una camisa de GE y zapatos elegantes con puntas blindadas. En ese momento, lo que le hubiera dicho Adams en la entrevista no tenía importancia, era hora de mostrarse lo más rígido y almidonado posible. Cuando se posicionó frente a los inversores, los miró a los ojos y les aseguró que terminaría con la torpeza; los controles financieros estaban en marcha y la hora de los *amateurs* había terminado.

Fue un momento temible, en especial para Barris y Jarve, que eran nuevos en la industria. Habían conseguido la aprobación de los socios de sus firmas para la apuesta UUNET, pero no había sido fácil. Jarve recordaba muy bien cómo el fundador de Menlo Ventures, DuBose Montgomery, lo había rodeado por los hombros y le había dicho: «John, será mejor que esto funcione». No estaba funcionando, y a Jarve le preocupaba su estabilidad laboral. Por su parte, Barris recuerda haber escuchado a Squarzini y tener una «sensación de vacío». Sus socios de NEA no habían estado convencidos del futuro de UUNET, y era un momento digno de que le dijeran: «Te lo dije». Mientras conducía de regreso a su oficina en Baltimore, Barris no dejaba de pensar en cómo les daría la noticia a sus socios. ¿Qué palabras podía usar para hacerlo? La verdad era que las palabras no tendrían importancia, lo importante era que los capitalistas de riesgo no son como bancos o inversores en la bolsa. Ellos se pasan la vida lidiando con *startups* que van de crisis en crisis, por lo que saben que no deben salir corriendo ante la primera adversidad. Años después, Patterson ni siquiera recordaba este inconveniente; como el inversor más experimentado de los tres, había pasado por decenas de situaciones similares. Incluso Barris recuerda que, al tiempo que se preocupaba por la reacción de sus socios, pensaba con pragmatismo en el próximo paso. «Hemos trasferido el dinero. Estamos en esto. ¿Qué hacemos al respecto?»[55].

---

55. Barris en entrevista con el autor.

En lugar de desconectar a UUNET, los capitalistas de riesgo sacaron provecho: prometieron inyectar otro millón de dólares, pero, a cambio, exigieron una cantidad generosa de participación accionaria. «Me sentí como si tuviera un arma en la cabeza», le escribió Adams a Kapor en un *e-mail* con asunto: «Capitalistas despiadados». Ese era el lado amargo de la máxima de Kapor: si la *startup* no marcha bien, los capitalistas de riesgo te castigarán[56].

De todas formas, Adams reconoció que el castigo era mejor que la bancarrota. En diciembre de 1993, aceptó el salvavidas de los inversores.

Resultó ser que el impacto de los 750.000 dólares coincidió con un presagio del eventual triunfo de UUNET. Ese diciembre, la portada de la sección de negocios del *New York Times* presentaba la historia de un navegador web revolucionario llamado Mosaic, describiéndolo como «un mapa hacia los tesoros ocultos de la Era de la Información»[57]. Casi un año antes, el mismo autor, John Markoff, había escrito sobre la emoción respecto a la idea de Al Gore de una autopista de la información. Ahora, el alboroto era por su rival más desaliñado, que de pronto se volvió atractivo gracias a la navegación con puntero y clic de Mosaic. Hasta entonces, buscar información requería ingresar comandos del estilo «Telnet 192.100.81.100», pero con Mosaic los usuarios podían tan solo hacer clic en palabras o imágenes para entrar en páginas web. La idea de Mitch Kapor se estaba cumpliendo: la versión de UUNET del futuro de la información derribó a la del vicepresidente de los Estados Unidos.

En ese contexto, a los inversores de UUNET les quedaba una sola tarea: volverse a asegurar de que Adams y su equipo capitalizaran esa oportunidad. Durante las primeras semanas de 1994, Peter Barris desayunó con Adams con frecuencia. Hacía una parada en el hotel Pooks Hills Marriot de camino entre su casa en Virginia del Norte hasta su oficina de NEA en Baltimore. Mientras desayunaban café y huevos revueltos, Barris

---

56. Adams, *e-mail* a Kapor, 6 de diciembre de 1993. Al final, los tres capitalistas invirtieron 294.000 dólares adicionales cada uno; Kapor aportó menos. La valuación y el precio por acción eran más bajos que en la financiación previa.

57. Markoff, John, «A Free and Simple Computer Link», *New York Times*, 8 de diciembre de 1993.

y Adams discutían sobre el personal y las estrategias, incluso sobre el delicadoasunto de contratar a un director ejecutivo externo. Barris se dedicó a revisar su red de contactos en busca de un director estelar y, llegada la primavera, había hecho un doble avance: consiguió que Adams confiara lo suficiente en él como para darle una oportunidad a un director externo y encontró al candidato adecuado. Solo faltaba averiguar si podría persuadir a dicho candidato de unirse a UUNET.

El hombre de Barris era otro veterano de GE Information Services llamado John Sidgmore, a quien recordaba por su «desfachatez emprendedora». En sus días en GE, el teléfono de Sidgmore sonaba sin parar y su oficina recibía visitas constantes; él, con un cigarrillo en la boca y un café en la mano, daba audiencias con un convencimiento del que Barris no podía hacer más que maravillarse. Poco más de una década después, el problema era que Sidgmore ya se había comprometido a dirigir otra empresa, en la que había obtenido un bono de contratación de 450.000 dólares. Cuando Barris le propuso que rompiera ese compromiso para pasarse a UUNET, recibió una respuesta predecible. «¿Por qué demonios querría ir a esa empresilla, YoYo Net, WeWe Net o como se llame?» [58].

Entonces, Barris le explicó la revelación que había tenido a conocer a Adams: los programas que los dos habían vendido en GE a clientes corporativos podían ser entregados a través de Internet a un precio mucho menor. «Piensa en los márgenes y lo que harán con el valor de tu participación personal», le dijo para seducirlo. UUNET era una oportunidad para que Sidgmore modernizara y canibalizara el manual de estrategias de GE Information Services [59]. YoYo Net o WeWe Net no era cualquier empresilla.

El discurso de Barris dio en el clavo, así que solo faltaba averiguar cuánta participación exigiría Sidgmore. En junio de 1994, firmó por el 6 por ciento de la empresa; casi lo mismo que John Morgridge había recibido al unirse a Cisco y lo que cada inversor de riesgo de UUNET consiguió a cambio de aportar 500.000 dólares.

---

58. Barris, Peter, panegírico a John Sidgmore, 2004.

59. Barris también señaló la posibilidad de vender el uso de la red a negocios durante el día y a hogares durante la noche, una estrategia que GE había ideados para sus servicios de tiempo compartido. Barris en entrevista con el autor.

Una vez que consiguió que Sidgmore estuviera a bordo, el trabajo de Barris estaba casi terminado. Con un director ejecutivo estelar a la cabeza, UUNET consiguió otras tres rondas de financiación en poco tiempo, creció a una velocidad vertiginosa y siguió las lecciones de GE que Barris reconocía desde un principio. En enero de 1995, UUNET consiguió el contrato para construir la infraestructura de red que soportaría al Windows 95, el primer sistema operativo de Microsoft diseñado alrededor de Internet. Al mes siguiente, dio el golpe extraordinario de cerrar un trato similar con el principal rival de Windows, AOL. Tras una movida similar a cerrar negocios con CocaCola y con Pepsi a la vez, el crecimiento de UUNET fue exponencial. Tres meses después, en mayo de 1995, la empresa se presentó en oferta pública.

En 1993 la decisión de quién financiaría a UUNET había sido tomada lanzando una moneda: los capitalistas corporativos de Metropolitan Fiber o los capitalistas de riesgo de Accel. Años más tarde, Accel estaba frente a una recompensa fantástica. La oferta pública le dio a UUNET una valuación de 900 millones de dólares. Luego, para cerrar el círculo de forma maravillosa, Metropolitan Fiber hizo una segunda aparición y compró la empresa por 2 mil millones de dólares. Finalmente, gracias a la suerte más que a la astucia, Accel embolsó cincuenta y cuatro veces su inversión original, una ganancia de 188 millones de dólares. El rendimiento para Menlo fue similar, y el de NEA fue mayor porque sostuvo su participación por más tiempo[60]. Puede que los capitalistas de riesgo hayan cometido muchos errores como individuos, pero como sistema, ayudaron a que UUNET llevara Internet a millones de personas.

A pesar de sus reparos sobre los inversores, Rick Adams sintió que recibió una recompensa adecuada. «Quiero agradecerte por haberme guiado en la dirección correcta durante todos estos años», le escribió a Mitch Kapor después de salir a la bolsa. «Tengo 138 millones de dólares. Es bastante surrealista», agregó[61].

---

60. Al conservar las acciones de UUNET durante más tiempo, NEA ganó 300 millones de dólares. Barris en entrevista con el autor.

61. Adams, *e-mail* a Kapor, 26 de mayo de 1995. La riqueza de Adams creció más a medida que las acciones de UUNET se valorizaban.

La historia de UUNET tuvo una conclusión que reforzó la lección sobre el capital de riesgo. El navegador web mágico de Mosaic, anunciado por *The New York Times* en diciembre de 1993, se originó en un laboratorio de la Universidad de Illinois financiado por contribuyentes, en otra instancia en la que la ciencia gubernamental dio el puntapié inicial a la revolución en línea. Pero el principal inversor del explorador, Marc Andreessen, no permaneció en Illinois durante mucho tiempo. El Gobierno era bueno para la ciencia básica, pero no para convertir los avances en productos que cambiaran la sociedad.

El error de la universidad fue dar los talentos por sentado. Andreessen había desarrollado el explorador siendo empleado temporal del National Center for Supercomputing Applications (Centro nacional de aplicación de supercomputación) de la universidad, donde ganaba 6,85 dólares por hora[62]. Después de que Mosaic lo convirtiera en una celebridad *geek*, el centro le ofreció un puesto permanente, pero con la condición de que renunciara a su relación con el explorador; fue una estrategia burocrática clásica: el centro quería asegurarse de ser él y no su joven prodigio el que tuviera el crédito por un proyecto exitoso[63]. La respuesta de Andreessen fue renunciar al sector público en favor de Silicon Valley, donde se unió con Jim Clark, un inversor que sabía lo que podía valer el talento y cómo sacarle el mayor provecho.

La universidad había lanzado Mosaic para uso general e intentaba hacer negocio con él. Pero Andreessen estaba convencido de que fracasaría y de que una versión superior del explorador captaría un mercado descomunal. Junto con Clark y su talonario, regresó a su antiguo campus en Urbana-Champaign, y los dos hombres entrevistaron a siete de sus colaboradores en el proyecto Mosaic. Clark se reunió con cada uno de ellos en su habitación de hotel —luego escribió que eran noches de rutina en el hotel— y les ofreció a los empleados atónitos, que ganaban 6,85 dólares por hora, un salario anual de 62.000 dólares más 100.000 accio-

---

62. Sandberg, Jared, «The Rumpled Genius Behind Netscape», *Globe and Mail*, 14 de agosto de 1995.

63. Clark, Jim, *Netscape Time: The Making of the Billion-Dollar Start-Up That Took On Microsoft, with Owen Edward*, St. Martin's Griffin, Nueva York, 2000, págs. 40–42. Gilder, George, «The Coming Software Shift», *Forbes*, 28 de agosto de 1995.

nes. «Estoy seguro de que sus acciones valdrán más de un millón de dólares, pero si las cosas salen como espero, mi objetivo es que en diez años amase diez millones», le dijo a cada uno[64]. Como era de esperar, los siete ingenieros aceptaron la oportunidad al instante. Con Andreessen, Clark había liberado a ocho traidores.

En un principio, Clark financió su fondo con las ganancias de su empresa anterior, Silicon Graphics, que abrió el mercado para ordenadores de alto rendimiento que pudieran soportar imágenes en 3D. Veía a los capitalistas de riesgo con desaprobación, porque lo habían maltratado —o esa era su opinión— al quedarse con casi todas las acciones de la *startup* y dejarlo con un mísero 3 por ciento aproximado[65]. Durante las reuniones de la junta de Silicon Graphics, Clark se ponía rojo y le gritaba con furia a Glenn Muller, el primer inversor de Mayfield Fund en apoyarlo. Muller lo escuchaba sentado[66].

Sin embargo, en 1994, cuando Clark reclutó a los ocho traidores, los capitalistas de riesgo a los que había maltratado estaban entusiasmados por apoyar su nuevo emprendimiento. Era lo inverso a lo que había sucedido en la Universidad de Illinois: en lugar de despreciar a los talentos y permitir que se marcharan, los capitalistas de riesgo estaban dispuestos a atravesar pantanos para tenerlos. Dick Kramlich, de NEA, quien había invertido en Silicon Graphics, asignó a un socio joven para que siguiera a Clark; cualquier cosa que hiciera Clark, Kramlich quería una porción. Glenn Muller estaba igual de ansioso; cuando supo que Clark estaba creando un nuevo navegador web, lo llamó con insistencia para suplicarle una oportunidad de invertir. Clark lo rechazó, pero Muller volvió a llamarlo desde su coche y, cuando Clark ignoró sus suplicas, le dijo: «Jim, si no nos dejas invertir, mis socios me matarán».

Una semana después, el 4 de abril de 1994, Clark fundó Mosaic Communications. El mismo día, su esposa lo llamó para darle una

---

64. Clark, *Netscape Time*, pág. 58.

65. De hecho, Clark había recibido un trato algo duro, pero no tanto como pensaba. T. J. Rodgers, el fundador superestrella de Cypress Semiconductor, también había sido propietario de tan solo el 3,1 por ciento de su empresa cuando salió a oferta pública en 1986, ya que las empresas de semiconductores necesitaban mucho capital para iniciar sus operaciones.

66. Lewis, Michael, *The New New Thing: A Silicon Valley Story*, W. W. Norton, Nueva York, 2014, pág. 39–41.

noticia: Glenn Muller, a bordo de su bote en Cabo San Lucas, frente a las costas de México, se había puesto un arma en la boca y apretado el gatillo[67].

Clark dejó atrás la tragedia y se concentró en construir su empresa. Planeó que Mosaic Communications emitiera acciones por 3 millones de dólares en una serie A y luego compró el total, con lo que se hizo con la mitad de la participación total[68]. (Cuando Mosaic Communications cambió el nombre por Netscape y cotizó en bolsa al año siguiente, Marc Andreessen era propietario apenas del 3 por ciento, lo mismo que Clark tenía de Silicon Graphics)[69]. Pero, por mucho que Clark despreciara a los capitalistas de riesgo, necesitaba su apoyo, pues su empresa quería expandirse y no sería con el financiamiento de un banco. En otoño de 1994, Clark invitó a los capitalistas a invertir, pero con una valuación tres veces mayor a la que él había pagado unos meses antes, aunque no había sucedido nada significativo que justificara el salto en el precio. Cualquier capitalista de riesgo sensato que siguiera la disciplina de precios consideraría que era una valuación extraordinaria; ninguna *startup* financiada por capitales de riesgo había alcanzado una valuación de 18 millones de dólares antes de lanzar un producto.

En primer lugar, Clark recurrió a Mayfield, el fondo de Glenn Muller. A esas alturas, quizás para sorpresa de nadie, Mayfield no quería saber nada de Clark. A continuación, se aproximó a Dick Kramlich, la otra conexión de Silicon Graphics, pero Kramlich y sus socios se escandalizaron ante el precio triplicado. Entonces, Clark miró alrededor en busca de un inversor que tuviera la visión o tal vez la locura para superar el impacto mezquino inicial. Como era de esperar, llegó hasta John Doerr de Kleiner Perkins.

Enseguida quedó en evidencia que había llamado a la puerta correcta. El impulso de cambiar al mundo de Doerr lo había puesto en problemas con GO y con Dynabbok, pero esa misma ambición era perfecta para Mosaic —y, más importante, para ese momento de la historia—. Antes, cuando había presumido de que no solo quería crear nuevas em-

---

67. Clark, *Netscape Time*, pág. 75–77.

68. Clark, *Netscape Time*, pág. 7.

69. «Amendment No. 6 to Form S-1 Registration Statement: Netscape Communications Corporation», Securities and Exchange Commission, 23 de junio de 1995, pág. 48.

presas, sino nuevas industrias, había sido exagerado. Pero Mosaic era un producto verdaderamente revolucionario; su explorador cambiaría la forma en la que las personas accedían a la información, se comunicaban entre sí y colaboraban.

Mosaic también marcó una nueva etapa en la evolución de la ley de potencia. El rendimiento de los capitales de riesgo está dominado por *Grand Slam* en parte debido a la dinámica de las *startups*: muchos negocios jóvenes fracasan, pero los que ganan impulso pueden tener un crecimiento exponencial. Y esto aplica a marcas de ropa, a cadenas hoteleras y a empresa tecnológicas. Sin embargo, las carteras de capitales de riesgo enfocadas en tecnología son dominadas por la ley de potencia por otra razón: las *startups* de tecnológicas se fundan sobre tecnologías que, de por sí, son capaces de un progreso exponencial. Gracias a su experiencia y temperamento, Doerr estaba muy familiarizado con este fenómeno. Como joven ingeniero de Intel, había atestiguado cómo la ley de Moore había transformado el valor de las empresas que usaban semiconductores; el poder de los chips se duplicaba cada dos años, de modo que las *startups* que hacían buen uso de ellos podían crear productos mejores y más económicos. El valor de los semiconductores dentro de la maquinaria de cualquier módem, reloj digital o PC caería el 50 por ciento en dos años, el 75 por ciento en cuatro años y el 87,5 por ciento en ocho años. Con ese viento a favor de las *startups*, no cabían dudas de que sus ganancias crecerían de forma exponencial.

Mosaic, Internet en general, sobrecargó este fenómeno. Una vez más, Doerr lo percibió mejor que muchos otros. Además de trabajar en Intel, había conocido a Bob Metcalfe, por lo que comprendía mejor la ley de Metcalfe que la de Moore. En lugar de duplicar su poder cada dos años como los semiconductores, el valor de una red se elevaría tanto como su número de usuarios al cuadrado[70]. De este modo, el progreso sería cuadrático más que exponencial; algo que se eleva al cuadrado pronto crece mucho más rápido que algo que siempre se duplica. Además, el progreso

---

70. Doerr comentó: «Metcalfe me enseñó todo sobre la ley Metcalfe, y comprendí que el valor de una red crecería al cuadrado del número de usuarios. Netscape podía llegar a ser enorme». Y agregó: «Estas oleadas de innovación con la fuerza de un tsunami se presentan casi un promedio de 13 años, siempre impulsadas por la ley de potencia. El PC entre 1980 y 1981; Internet en 1994; tecnología móvil y la nube en 2017. La próxima es la IA». Doerr en entrevista con el autor, 13 de septiembre de 2018.

no estaría atado al paso del tiempo, estaría en función del número de usuarios. En el momento en que Doerr conoció a Clark, la cantidad de usuarios de Internet estaba a punto de triplicarse en los siguientes dos años, con lo que el valor de la red se elevaría nueve veces, un resultado mucho más poderoso que la simple duplicación del poder de los semiconductores en el mismo período. Lo que es más, la ley de Metcalfe no suplantó la ley de Moore, algo que ya hubiera sido dramático, sino que se combinó con ella. La explosión en el tráfico de Internet se vería alimentada por el rápido crecimiento en utilidad (la ley de Metcalfe) y por la caída del precio de módems y ordenadores (ley de Moore)[71].

Después de escuchar la presentación de Clark, Doerr estaba decidido a invertir: un explorador mágico que atrajera a millones de personas a Internet tenía un potencial casi ilimitado. El precio que tuviera que pagar era algo secundario. Después de la reunión, Doerr llamó a su socio Vinod Khosla y lo instó a conocer a Clark y a Andreessen al día siguiente, un sábado. NEA y Mayfield habían rechazado a Mosaic, pero Doerr estaba seguro de que valía la pena pagar aunque fuera una valuación elevada.

Khosla cumplió y visitó a los fundadores en su oficina, en la esquina de El Camino y Castro en Mountain View. Le gustaba pensar en las apuestas de capital de riesgo como opciones financieras; nunca se podía perder más que la inversión inicial, pero, en caso de ganar, el lado positivo no tenía límites. Dado lo que la ley de potencia significaba para las *startup*, lo que la ley de Moore significaba para el poder informático y lo que la ley de Metcalfe significaba para las redes —y dado que cada ley potenciaba el efecto de las demás—, Mosaic Communications era una de esas opciones financieras que tenían que tener. Después de la reunión, Khosla llamó a Doerr. «Tenemos que hacerlo», le dijo[72].

Unos días después, Clark y Andreessen volvieron para hacer su presentación frente al comité de inversión completo de Kleiner Perkins. Aunque no habían tenido el planeamiento de mente preparada al estilo

---

71. Para un análisis más detallado de la relación entre la ley Metcalfe y la ley Moore: «Metcalfe's Law Recurses Down the Long Tail of Social Networks», *VC Mike's Blog*, 18 de Agosto de 2006, vcmike.wordpress.com/2006/08/18/metcalfe-social-networks.

72. Khosla en entrevista con el autor, 30 de julio de 2018. Khosla y Doerr no se diferenciaban por estar dispuestos a invertir en un explorador. En 1994 «para todos era evidente lo que estaba sucediendo con el explorador», comentó Jim Swartz. Más bien, lo que distinguía a Kleiner Perkins era que su entusiasmo por el poder de la ley de potencia era tal que no consideraba los precios. Swartz en entrevista, *e-mail* al autor, 11 de mayo de 2020.

Accel, eso no tuvo importancia: les tomó un total de cuarenta y cinco minutos aprobar la inversión. «Sabíamos que era un precio elevado, en especial cuando el gurú tecnológico que estaba detrás parecía un niño de doce años», dijo uno de los socios[73]. Pero todos los presentes recordaban otra de las premisas de Tom Perkins: tienes éxito en capitales de riesgo haciendo los tratos correctos, no regateando con las valuaciones.

En agosto de 1995, Mosaic (que para entonces se llamaba Netscape) se presentó en oferta pública. Al cierre del primer día, los 5 millones originales de Kleiner valían 293 millones de dólares[74]. Y a medida que las acciones continuaron su ascenso, pronto Kleiner se hizo de un colchón de 500 millones de dólares: había conseguido un rendimiento de 100x, o alrededor del doble de lo que Accel había conseguido en UUNET. Frente a tal prosperidad, la cantidad de apuestas que acabaran en cero no tenían importancia; en la era de Internet, merecía la pena pagar lo que fuera por conseguir participación en empresas regidas por la ley de potencia en su máxima expresión.

---

73. El socio era Frank Caufield. Kaplan, *Silicon Boys*, pág. 243

74. «Amendment No. 6 to Form S-1 Registration Statement: Netscape Communications Corporation», Securities and Exchange Commission, 8 de agosto de 1995, pág. 1.

7

Benchmark, SoftBank y «Todos necesitan 100 millones de dólares»

A inicios de 1995, durante una reunión de UUNET, alguien mencionó un nombre desconocido. Don Gooding, analista de telecomunicaciones de Accel, había estado creando un sitio web empresarial —la primera vez que una firma de capitales de riesgo establecía su presencia en Internet—. Como había pasado tiempo en la web, recurría con frecuencia a una guía práctica en busca de sus mejores ofertas. La guía se llamaba Yahoo.

¿Yahoo? Los presentes se echaron a reír. Aquello no podía ser algo serio. Gooding, que se había estado preparando para proponer que Accel invirtiera en Yahoo, se acobardó. No tenía sentido presentar una idea que generaría risas[1].

Unas semanas más tarde, siguiendo el patrón familiar, un grupo de capitalistas de riesgo enmendó el error de otro. El veterano de Silicon Valley Bill Draper rastreó a los creadores de Yahoo, que trabajaban desde un humilde remolque en el campus de la Universidad de Stanford. Draper encogió su figura corpulenta para entrar al remolque, esquivó una bicicleta, un par de esquíes y se acercó a un ordenador conocido como Konishiki. Al dueño del ordenador, un estudiante de posgrado introvertido llamado David Filo, le gustaban los nombres ridículos, y Konishiki era el de su luchador sumo favorito.

---

1. Gooding en entrevista con el autor, 12 de junio de 2018.

Filo le dijo a Draper que sugiriera una pregunta que le gustaría que respondiera. Draper preguntó el precio de la colegiatura de Yale, donde era miembro del consejo. Filo escribió algunas palabras clave y, a continuación, apareció la imagen de varios libros gruesos en la pantalla de Konishiki: era la primera página web de Yale. Tras unos comandos más, apareció la respuesta: la matrícula de Yale era de 21.000 dólares al año.

Draper se sentía aturdido: el nuevo explorador de Netscape permitía navegar en la web, pero no contaba con un directorio ni servicio de búsqueda. La idea de poder buscar casi cualquier cosa en línea parecía una especie de magia digital. Finalmente, Draper decidió animar a su hijo Tim, que administraba la oficina familiar, a invertir en Yahoo[2].

Por la misma época, otro hombre sofisticado y con gafas se presentó en el remolque. Mientras que Draper formaba parte de la realeza de Silicon Valley —recordaba la época en la que Sand Hill Road era un camino de tierra, donde conducía una motocicleta con manillar alto—, el visitante sofisticado era un arribista, un galés llamado Michael Moritz. Había llegado a los Estados Unidos como estudiante de posgrado para hacer una cobertura de Silicon Valley para *Time* y había aprovechado su revista como pase para conocer a las celebridades de la tecnología. A mediados de los ochenta, había trabajado un período breve para su propia *startup* que ofrecía informes y conferencias de tecnología. Luego, en 1986, en un giro improbable en su carrera, había conseguido trabajo en Sequoia.

Cuando Moritz entró en el remolque, retrocedió ante el calor terrible que emanaba el ordenador. El suelo estaba cubierto con ropa sucia y cajas de *pizza* vacía, y las cortinas estaban cerradas para evitar el reflejo sobre las pantallas. Había algunos palos de golf contra la pared[3]. A juzgar por el estado del lugar, los ocupantes debían necesitar una escapada al campo. De todas formas, al igual que Gooding y Draper, Moritz comprendió que Yahoo era atractivo. La red estaba llegando rápidamente a millones de usuarios, y Yahoo podía convertirse en el equivalente en línea de la *TV Guía*, el servicio que guiaba a los usuarios hacia la información que bus-

2. Draper, William H. III, *The Startup Game: Inside the Partnership Between Venture Capitalists and Entrepreneurs*, Palgrave Macmillan, Nueva York, 2011, págs. 4–9.

3. Reid, Robert H., *Architects of the Web: 1,000 Days That Built the Future of Business*, Wiley, Nueva York, 1997, pág. 254.

caban en ese nuevo medio. El interrogante era cómo esa nueva guía de Internet haría dinero.

«Entonces, ¿cuánto les cobraréis a vuestros suscriptores?», les preguntó a Filo y a su camarada, Jerry Yang[4]. Filo y Yang intercambiaron miradas. Cada uno sabía lo que el otro pensaba: ese tío no lo entendía[5].

Le informaron de que Yahoo era gratis. Habían iniciado el proyecto como una distracción de sus tesis de doctorado: era un pasatiempo, como unirse a un club de Frisbee o hacer maratones de películas de terror. Su objetivo era divertirse, no tener una obsesión tediosa con los beneficios. Incluían sitios no convencionales que les llamara la atención: Brian's Lava Lamp, Quadralay's Armadillo Home Page[6]. Su preferencia por nombres absurdos debió haber sido un indicio para Moritz. El ordenador en la estación que acompañaba a Konishiki se llamaba Akebono; Yahoo era un acrónimo en inglés para «otro oráculo jerárquico organizado» (*Yet Another Hierarchical Officious Oracle*). Cobrarles a los clientes iría en contra del espíritu extravagante de la iniciativa.

Cuando Moritz llegó por primera vez a Sequoia, algunos de sus colegas eran escépticos respecto a él; había estudiado historia en Oxford, trabajado como periodista de revistas y escrito dos libros de negocios. «¡Este tío no sabe nada!», exclamó uno de los socios cuando Mortiz se presentó a su entrevista de trabajo. Sin embargo, Don Valentine había ignorado esas objeciones, pues había visto a un hombre versátil y prefería contratar a un novato ávido de aprender que a alguien que descansara en su experiencia[7]. Así que por casualidad, el pasado poco convencional de Moritz estaba a punto de probar su valor.

4. Angel, Karen, *Inside Yahoo! Reinvention and the Road Ahead*, John Wiley & Sons, Nueva York, 2002, pág. 18.

5. McCullough, Brian, «On the 20th Anniversary— the History of Yahoo's Founding», *Internet History Podcast* (blog), 1 de marzo de 2015, www.internethistorypodcast. com/2015/03/on-the-20th-anniversary-the-history-of-yahoos-founding.

6. «David Filo & Jerry Yang», *Entrepreneur*, 9 de octubre de 2008, www.entrepreneur. com/article/197564

7. Valentine en entrevista con el autor, 7 de abril de 2018. Doug Leone de Sequoia comentó: «Esa idea de que "la experiencia en la industria periodística no es muy útil para la inversión en tecnología" es muy graciosa. Hombre, cuando Internet tuvo éxito, se convirtió en algo central. De pronto, Mike era un experto en el área. Y yo, ¿qué sabía de eso?». Leone en entrevista con el autor, 14 de mayo de 2019. En su tributo a Valentine, Moritz hizo énfasis en las desventajas de contratar a socios capitalistas de riesgo con experiencia. Moritz, Michael, *DTV*, autopublicado, 2020, pág. 40.

El hombre no podía recordar un precedente para lo que Yahoo intentaba hacer: quería conseguir financiamiento de capitalistas de riesgo mientras que ofrecía sus servicios gratis[8]. Sin embargo, unos segundos de pensamiento lateral le dijeron que el plan podía funcionar. La industria de medios de la que venía incluía a corporaciones que hacían lo mismo que proponía Yahoo; las emisoras de radio y las cadenas de televisión presentaban noticias gratis, pero obtenían ganancias cobrando por publicidad. Yendo más allá, los hombres de los medios presentaban tramas atractivas con nombres ocurrentes; la irreverencia no contradecía la obtención de ganancias. Con esa analogía en mente, Moriz comprendió el caso mucho mejor que Draper. No solo estaba impresionado por el producto, sino que veía el futuro modelo de negocio.

Siguió conversando con Yang y Filo, pero cambió el enfoque de examinador a adulador. Sabía que tendría competencia para cerrar el trato. Yahoo también estaba evaluando dos ofertas de adquisición de firmas de Internet: AOL y Netscape. Para superar a sus rivales, Moritz hizo preguntas sensibles, escuchó las respuestas con atención y se metió en las mentes de los jóvenes estudiantes. Años más tarde, cuando le preguntaron por qué había elegido a Moritz sobre otros candidatos, Yang respondió que tenía «alma»[9]. A pesar de su entrada poco prometedora, Moritz había conectado con él.

En un momento del intercambio, Yang preguntó si debía cambiar el nombre de la empresa por algo más serio, a lo que Moritz respondió que, si lo había, Sequoia no lo financiaría[10]. Su respuesta tenía una lógica, una en la que el propio Yang no había pensado. En sus años como periodista, había escrito un libro sobre Steve Jobs e insistía en que Yahoo era algo preciado, un nombre con inspiración y memorable, como Apple[11]. Ya fuera por instinto o por ingenio, dio la respuesta perfecta para convencerlo. Dado que entendía a Jobs tanto como todos en Silicon Valley,

8. Moritz en entrevistas con el autor, 14 de mayo y 5 de octubre de 2019; 21 de mayo y 23 de noviembre de 2020. Reid, *Architects of the Web*, pág. 254–255.

9. Yang en entrevista con el autor, 13 de febrero de 2019.

10. Krantz, Michael, «Click till You Drop», *Time*, 24 de junio de 2001, https://content.time.com/time/subscriber/article/0,33009,988745-2,00.html

11. Moritz y Yang recuerdan haber bromeado con el hecho de que las mejores inversiones de Sequoia tenían nombres de cinco letras: Atari, Apple, Cisco. Moritz en entrevista con el autor. Yang, *e-mail* al autor, 18 de diciembre de 2019.

tenía credibilidad para plantear una similitud entre dos estudiantes de posgrado desconocidos y una leyenda de Silicon Valley. Y, como todos los grandes capitalistas de riesgo, sabía cómo potenciar la visión del destino incluso de los fundadores más confiados. Ese fue su mecanismo de seducción definitivo.

En abril de 1995, Sequoia invirtió 975.000 dólares en Yahoo y se hizo con el 32 por ciento de las acciones. Filo y Yang se quedaron con el 25 por ciento cada uno, y el porcentaje restante se reservó para el personal, entre ellos, el director ejecutivo que Moritz reclutó. Tim, el hijo de Bill Draper, pidió que lo dejaran participar del trato; había sido más lento que Moritz, por lo que tenía el entusiasmo de un converso. Pero Sequoia lo dejó fuera, pues quería la mayor porción posible.

La inversión de Sequoia en Yahoo dispuso el escenario para la segunda mitad de los noventa, período de crecimiento imponente de Internet, que culminó en el estallido de la burbuja tecnológica. La innovación en el financiamiento de empresas que cobraban poco o nada por sus productos se expandió por el mundo de los capitales de riesgo. Comenzaron a evaluar a las *startups* no por los beneficios del año en curso ni del siguiente, sino más bien por su impulso, empuje, audiencia o marca; cosas que, en teoría, podían monetizare en el futuro.

Para darle impulso a Yahoo, Moritz ayudó a poner a Yang como imagen de Silicon Valley, una especie de Segunda Venida de Steve Jobs, aunque el propio Yang resintiera la comparación [12]. Como representante de la contracultura de los setenta, un joven Steve Jobs descalzo había dado el paso inicial para el negocio del PC. Luego, en una época en la que los inmigrantes, en especial asiáticos, comenzaban a dejar su marca en Silicon Valley, Yang, taiwanés-americano, surgió como profeta de una nueva clase de *startup*. Su imagen aparecía con frecuencia en las revistas, con

---

12. «Como periodista, sabía que dos fundadores jóvenes eran buenos personajes que protagonizarían historias jugosas para las revistas», Moritz en entrevista con el autor. Además de ofrecer consejos sobre posicionamiento público, Moritz aconsejó a Yang sobre las lecciones de Apple: que se asegurara de que los productos fueran fáciles de usar y no tuviera miedo de desafiar la sabiduría convencional. Yang, *e-mail* al autor, 18 de diciembre de 2019.

una sonrisa amplia, cabello negro grueso y pantalones chinos universitarios; hablaba en conferencias sobre la estrategia de Yahoo para crear una audiencia en línea y era mitad *geek* y mitad gurú del *marketing*. Después de que dejara a toda una audiencia asombrada en junio de 1995, nada menos que Bob Metcalfe le dijo a su vecino con convicción: «Esta será la primera gran marca de Internet»[13].

El secreto oscuro era que Yahoo no había tenido más alternativa que crear una marca, ya que no era una empresa tecnológica en sí; no tenía patentes ni ingeniería, era un directorio compaginado navegando en la web y clasificando sitios, trabajo que se hacía en su mayor parte de forma manual. En consecuencia, era un mal exponente del principio de Tom Perkins: como no representaba un riesgo tecnológico, sí representaba un riesgo de mercado, pues no tenía una fortaleza tecnológica que la protegiera de sus competidores. Además, era de esperar que la competencia fuera más feroz que nunca debido a la lógica de que el ganador se lleva todo de Yahoo; era probable que los usuarios se centraran en una sola forma de buscar información en la web, por lo que el elegido se haría con la mayor porción de los dólares de publicidad. Los perdedores solo ganarían centavos.

Frente a esta versión extrema de la ley de potencia, Yahoo no podía comportarse como una empresa tecnológica tradicional; no podía tan solo inventar un producto, comercializarlo y contar con que la innovación tecnológica generara ventas y ganancias. En cambio, debía mantenerse más activa que sus rivales, para lo que debía inspirar un aura de ímpetu. Entonces, anticipando la dinámica de futuras empresas de Internet, surgió una lógica circular nueva: la clave del crecimiento de Yahoo era que debía seguir creciendo. Como resultado, el éxito en generar ingresos no se tradujo en ganancias, pues cada dólar que entraba en publicidad debía ser invertido en gastos de *marketing* para seguir expandiendo el negocio[14]. De hecho, reutilizar el dinero de la publicidad pronto se volvió insuficiente y, ocho meses después de haber conseguido el millón de Sequoia, Yahoo se dispuso a conseguir una segunda ronda de capital. Frente

---

13. Angel, *Inside Yahoo!*, pág. 32.

14. Los gastos de Yahoo en ventas y en *marketing* ascendieron a 815.000 dólares en 1995, a 15 millones en 1996 y a 44 millones de dólares en 1997. Esos gastos superaron por un amplio margen a los de desarrollo de producto; por ejemplo, en 1997, la relación era casi de cuatro a uno. *Yahoo Annual Report*, 1997, pág. 24.

a un negocio que gastaba tanto dinero, sin una fortaleza tecnológica ni nada con más peso que su marca, los capitalistas de riesgo tradicionales seguro que hubieran rehusado proporcionarle el salvavidas que necesitaba. Pero para 1995, lo tradicional era anticuado. La cotización en bolsa de Netscape en verano había demostrado cómo Internet había cambiado las reglas de juego: dados los rendimientos astronómicos que podían obtenerse de empresas que crecían según la ley de potencia, no apostar a ellas sería una locura.

Además, los aciertos como Netscape y UUNET habían llamado la atención de fondos universitarios y de pensiones, que reaccionaron derivando más capital hacia fondos de riesgo. En 1995, las sociedades estadounidenses recaudaron 10 mil millones de dólares, mucho más que los 3 mil millones de hacía cinco años[15]. En Silicon Valley había tanto dinero y tanta fe en la lógica de la ley de potencia que Yahoo estaba destinada a recibir financiación.

El inversor que apareció era el ideal para el momento, un emprendedor de baja estatura y delgado de nombre Masayoshi Son, que tenía la reputación de ser el Bill Gates de Japón por haber tenido un gran éxito con un distribuidor de *software* llamado SoftBank. A diferencia de Bill Gates, que provenía de un entorno privilegiado, Son era un excelente ejemplo de un hombre hecho a sí mismo. Su familia era de la minoría coreana marginalizada en Japón y su hogar de la infancia, que compartía con sus seis hermanos, fue una choza ocupada de forma ilegal cerca de las vías del tren. A pesar de que su infancia en la pobreza potenció su leyenda, también fue una carga para él. Para ocultar el estigma de la etnia, su padre había adoptado el apellido japonés Yasumoto, y la humillación llevó a Son a abandonar su casa a los dieciséis años y viajar a California. «Conservaré mi apellido para probar que todos los seres humanos somos iguales», prometió al marcharse[16]. Años más tarde, su complejo arraigado de

---

15. *National Venture Capital Association 2010 Yearbook*, pág. 20, fig. 2.02.

16. Son habló de sus primeros años de vida en la reunión de accionistas por el aniversario número trece de SoftBank. Son, Masayoshi, «SoftBank's Next 30-Year Vision», SoftBank Group, 25 de junio de 2010, group.softbank/en/philosophy/vision/next30.

forastero fue citado por un colega como la clave para su increíble estilo de inversión. Apostaba como alguien desesperado sin nada que perder, aun cuando su fortuna era de miles de millones.

En otoño de 1995, Son se embarcó en una segunda odisea a California. Después de la primera, había regresado a Japón con un título en Economía de Berkeley y había amasado su fortuna con SoftBank. En 1995, tras enterarse de la fiebre del oro de Internet, estaba trasladando su negocio desde Japón hacia los Estados Unidos, un salto de una audacia extraordinaria para un emprendedor asiático: las redes densas de Silicon Valley podían ser difíciles de atravesar para un forastero sin contactos. Pero Son había comprado una publicación de tecnología y al líder en organización de conferencias informáticas del país, con lo que adquirió un flujo de información y conexiones que lo ayudarían a detectar la siguiente frontera excitante a atravesar.

En noviembre de 1995, Son visitó la nueva oficina de Yahoo en MoutainView, a unos kilómetros de distancia de Stanford. Yang y Filo habían rellenado las paredes con pintura, y la oficina de Filo estaba cubierta de patines Rollerblade, cajas de discos compactos, latas de soda aplastadas, copias viejas de *Micro Times* y una manta de poliéster a cuadros azules. Era irónico que la misión del hombre fuera poner orden al ciberespacio [17].

Yang y Filo, avergonzados por el estado de su oficina, se ofrecieron a llevar al visitante a un restaurante francés, pero Son rechazó la idea, ya que quería ir directo a los negocios. Más adelante en su carrera, se hizo la reputación de recaudar e invertir fondos a una velocidad extraordinaria. En 2016, mientras organizaba un medio de inversión llamado Vision Fund, consiguió que un príncipe heredero de Arabia Saudita le prometiera 45 millones de dólares en cuarenta y cinco minutos [18]. Su abordaje con Yahoo fue igual de directo; quería una porción, sus anfitriones querían capital, no había necesidad de complicar la conversación.

Entonces, Son animó a Filo y a Yang a que le dijeran lo que creían que valía Yahoo. Los hombres sugirieron que 40 millones de dólares, un

17. Virshup, Amy, «Yahoo! How Two Stanford Students Created the Little Search Engine That Could», *Rolling Stone*, 30 de noviembre de 1995.
18. Negishi, Mayumi, «Ties to Saudi Prince Weigh on SoftBank Fund's Future», *Wall Street Journal*, 17 de octubre de 2019.

gran aumento de los 3 millones de ocho meses antes, cuando Sequoia había invertido. Son accedió de inmediato y sin dudarlo; estaba aún más dispuesto a invertir que John Doerr y Kleiner Perkins.

«Mierda, ¡debí valuarla más alto!», pensó Yang[19].

Son inició la serie B de financiamiento; él mismo aportó más de la mitad de los 5 millones de dólares, Sequoia y Reuters, una nueva agencia, aportaron sumas menores[20]. Pero ese era solo el comienzo para Son; en marzo de 1996, regresó a la oficina de Yahoo.

Cuatro meses no habían servido para curar la adicción de Yahoo a despilfarrar dinero. En ese tiempo, dos motores de búsqueda rivales, Excite y Lycos, también intentaban crear sus marcas, por lo que Yahoo debía mantenerse por delante y, para ello, invirtió una buena porción de los 5 millones de dólares en *marketing*. Además, Excite y Lycos habían redoblado la apuesta: para fortalecerse, habían anunciado que se presentarían en oferta pública; por lo tanto, para no perder la delantera, Yahoo había recurrido a Goldman Sachs para hacer lo mismo.

Son se presentó en Yahoo relajado y accesible como siempre, pero llevó una bomba consigo: en una apuesta sin precedentes en la historia de Silicon Valley, se ofreció a invertir 100 millones de dólares. A cambio, quería un 30 por ciento adicional de la empresa. La oferta implicaba que el valor de Yahoo había crecido ocho veces de la inversión de cuatro meses antes; pero lo más sorprendente era la suma: nunca se había visto una apuesta de proporciones semejantes en Silicon Valley[21]. Una sociedad de capitales de riesgo de primera categoría en general reunía fondos de alrededor de 250 millones de dólares y de ningún modo destinaría el 40 por ciento de sus recursos a una sola inversión de 100 millones de dólares[22].

---

19. Reid, *Architects of the Web*, pág. 259.

20. Según el formulario SB-2 de Yahoo, la empresa recaudó 5 millones de dólares en su serie B; 1 millón de Sequoia, 2 millones de SoftBank y una suma sin declarar por parte de Ziff Davis, otro medio de Son. La valuación previa era de 35 millones de dólares, la posterior, de 40 millones. La reacción de Yang está registrada en: Reid, *Architects of the Web*, pág. 259.

21. A modo de comparación, el cofundador de Accel, Arthur Patterson, recordó que, por la misma época, Accel llamó la atención al iniciar una ronda de financiamiento de 110 millones de dólares, suma que se consideró muy elevada, pero que fue reunida por diversos fondos de capital de riesgo.

22. El tamaño promedio de los fondos, teniendo en cuenta los capitales de riesgo menores, era mucho más bajo. El National Venture Capital Association lo estableció en 57 millones de dólares en 1995. *National Venture Capital Association Yearbook 2010.*

En ocasiones, inversores privados y adquisidores corporativos hacían inversiones del orden de los 100 millones de dólares, pero con ellas esperaban hacerse con el control total de las empresas[23]. En contraste, Son sería un inversor minoritario en una escala imprevista; gracias al respaldo del balance corporativo de SoftBank, podía aportar cien veces más capital del que había invertido Sequoia al inicio de Yahoo.

Después de que lanzara la bomba, Yang, Filo y Moritz permanecieron en silencio y, desconcertado, Yang respondió que se sentía halagado, pero no necesitaban el capital[24].

«Jerry, todos necesitan 100 millones de dólares», replicó Son[25]. No había muchas dudas de que Son estaba en lo cierto, al menos en la nueva era de marcas en línea que luchaban por la atención. Y Yahoo planeaba cotizar en bolsa justamente porque necesitaba capital.

«¿Cuánto debéis pagar para que Netscape os presente en su explorador?», continuó Son, refiriéndose al hecho de que Netscape, como explorador principal, estaba subastando el derecho a ser el motor de búsqueda presentado en su sitio. Si los bolsillos de Excite y de Lycos eran más abultados que los de Yahoo, uno de ellos conseguiría esa ventaja. La cuestión era quién lo lograría.

El método normal para que una empresa recaudara millones era con una oferta pública, justo lo que planeaba hacer Yahoo. Pero allí estaba Son, aquel forastero coreano japonés que parecía tener algún refrigerante mágico en la sangre, que con cordialidad y sin fanfarronería estaba ofreciéndoles la misma cantidad de capital, con la simpleza de un trato privado. Y estaba dispuesto a cerrar ese trato audaz de inmediato. Moritz y

---

23. A mediados de los noventa, un trio de «fondos de crecimiento» de Boston se especializó en inversiones minoritarias, en un rango de 15 a 20 millones de dólares. Se trataba de Ta Associates, fundada en 1968, Summit Partners, fundada en 1984, y Spectrum Equity, fundada en 1994. Más allá de la diferencia en la suma de los fondos, se diferenciaban de Son por la clase de empresas a las que financiaban. Rechazaban empresas sin apoyo o que generaran pérdidas, dejaban de lado iniciativas financiadas por capitales de riesgo y apuntaban a rendimientos de 3x y 5x. En síntesis, no eran inversiones de la ley de potencia.

24. La siguiente escena fue reconstruida de entrevistas con Moritz, Ron Fisher y Gary Rieschel, quienes asistieron a la reunión como hombres de Son. Moritz en entrevista con el autor. Fisher en entrevista con el autor, 21 de marzo de 2019. Rieschel en entrevista con el autor, 18 de marzo de 2019.

25. Rieschel en entrevista con el autor. Wakabayashi, Daisuke, y Anton Troianovsky, «Japan's Masayoshi Son Picks a Fight with U.S. Phone Giants», *Wall Street Journal*, 23 de noviembre de 2012. El artículo, excelente en su mayor parte, combina las inversiones de Son en la serie A y la serie B.

Yahoo tardaron un tiempo en responder. Por una parte, la certeza en la oferta de Son era seductora, ya que una oferta pública siempre corría el riesgo de fracasar. Por otra parte, Goldman Sachs proponía un precio de bolsa dos veces más alto del que proponía Son; si podía lograrlo, la oferta pública haría a Sequoia, a Yang y a Filo mucho más ricos.

Antes de que el equipo llegara a una decisión, Son hizo un segundo movimiento que desafió todas las convenciones: les preguntó a Moritz y a los fundadores cuáles eran sus principales competidores. «Excite y Lycos», respondieron. Moritz le ordenó a uno de sus hombres: «Escribe esos nombres». Luego volvió a dirigirse al equipo de Yahoo: «Si no invierto en Yahoo, invertiré en Excite y os mataré».

Para todos, en especial para Moritz, esa fue una revelación. Solo uno se convertiría en la guía predeterminada de Internet, así que el inversor que pudiera emitir un cheque por 100 millones de dólares podría elegir quién sería el ganador. Así, como un Don Corleone digital, Son le había hecho a Moritz una oferta que no podía rechazar. Más tarde, Moritz decidió nunca más verse envuelto en una situación como esa[26].

El equipo de Yahoo le pidió a Son que los disculpara para hablar en privado, donde Moritz les dijo a los dos fundadores que debían tomar la amenaza en serio. Ningún veterano de Silicon Valley se pondría en contra de una *startup* en la que él había invertido, ya que los capitales de riesgo eran un juego de repetición y, para ganarse la confianza de los demás, debían respetar sus relaciones. Pero Son era un forastero que ignoraba las reglas tácitas, de modo que las convenciones de Silicon Valley no lo detendrían[27].

Después de media hora de deliberación, los tres salieron con una respuesta: aceptarían el dinero de Son, pero seguirían adelante con la oferta pública. Tras un tiempo de deliberación, Son invirtió poco más

---

26. Moritz reflexionó: «Algo que he aprendido de esa lección ha sido nunca volver a permitir que un inversor con toneladas de dinero me intimidara. He cometido ese error una sola vez», Moritz, *e-mail* al autor, 29 de octubre de 2020. La determinación de Sequoia de no volver a ser intimidada por Son contribuyó a su decisión de recaudar una serie de fondos elevados. El socio de Moritz, Doug Leone, señaló lo mismo: «Al tener un fondo de crecimiento, Sequoia puede detener a alguien que diga: "Toma mi dinero o invertiré en tu mayor competidor"», Leone en entrevista con el autor. Lee, Alfred, «SoftBank Exerts More Control over Startups», *Information*, 1 de octubre de 2018.

27. La esencia de esta conversación fue extraída de una entrevista de Yang con el autor el 13 de febrero de 2019 y de las entrevistas de Moritz.

de 100 millones de dólares en Yahoo[28]. Junto con la inversión de la serie B, Son se hizo con el 41 por ciento de la empresa. La porción de Sequoia se diluyó al 19 por ciento; Filo y Yang conservaron el 17 por ciento cada uno.

El 12 de abril de 1996, Yahoo cotizó en bolsa. Las acciones dieron un salto astronómico y, para el cierre del primer día de operaciones, valían dos veces y media más de lo que Son había pagado[29]. Fue una prosperidad abrumadora: Son había conseguido una ganancia instantánea de más de 150 millones de dólares. Moritz reconoció el impacto psicológico del espectáculo años después. Hasta la oferta pública de Yahoo, ningún trato de Sequoia le había representado una ganancia de más de 100 millones de dólares, récord alcanzado por la apuesta de Don Valentine en Cisco. «¿Cómo podríamos alguna vez en la vida superar 100 millones de dólares con una sola inversión?», pensó[30]. Sin embargo, con la compra de Yahoo en la víspera de su oferta pública, Son había batido el récord en cuestión de semanas y sin el dolor de cabeza de tener que reunir un equipo administrativo desde cero. Esto alteró el negocio de los capitales de riesgo para siempre.

El cambio en el mundo de los capitales de riesgo tuvo dos formas: la primera, llamativa y evidente; la segunda, sutil y lenta. La transformación obvia le ocurrió al propio Son, que adquirió fama, no solo en Japón sino en todo el mundo. Con la ventaja de su reputación como el Midas digital, siguió al éxito de Yahoo con un bombardeo vertiginoso de inversiones para las que no se detuvo a separar piedras preciosas de basura. En términos de fondos de cobertura, no se preocupaba por alfa o las ganancias que obtendría eligiendo las acciones correctas, solo se preocupaba

---

28. El dinero llegó en dos etapas: casi 64 millones de dólares en marzo de 1996 y otros 42 millones a comienzos de abril. «Amendment No. 4 to Form SB-2 IPO Registration Statement: Yahoo! Inc.», Securities and Exchange Commission, 11 de abril de 1996.

29. Yahoo rechazó la sugerencia de Goldman de valuar la oferta pública en 25 dólares por acción y optó por la cifra más cauta de 13 dólares. El despegue del primer día de operaciones reivindicó la recomendación de Goldman y también sirvió a la decisión de Yahoo de ganar la máxima atención mediática con la oferta.

30. Moritz en entrevista con el autor.

por beta o las ganancias que obtendría tan solo por estar en el mercado. Un inversor joven que manejaba los fondos de Son recuerda haber apostado en al menos 250 *startups* de Internet entre 1996 y el 2000, un promedio increíble de una o dos por semana, unas diez o veinte veces más que cualquier inversor de riesgo [31]. Además, la misma persona ocupaba un lugar en más de treinta juntas. «En ese momento, no tenía la experiencia para saber que era una locura», recordó uno de los hombres de Son [32].

Siguiendo el mecanismo de Yahoo, Son también hizo apuestas grandes en empresas en etapas más avanzadas. A finales de 1997, utilizó los balances de SoftBank y de Yahoo para inyectar 100 millones de dólares en la empresa pionera en alojamiento web GeoCities. Cuando cotizó en la bolsa el agosto siguiente, duplicó su inversión y, en última instancia, consiguió una ganancia astronómica de más de mil millones. En 1998, en un movimiento similar, Son compró el 27 por ciento de una empresa de servicios financiaros en línea llamada E*Trade después de que cotizara en bolsa, por lo que pagó 400 millones de dólares, porción que, un año después, valía 2,4 mil millones de dólares. Luego, para dejar de depender de SoftBank, reunió una nueva clase de fondo de riesgo: mil millones exclusivamente para empresas en etapas avanzadas, fondo al que llamó de «inversión en crecimiento» [33]. Al mismo tiempo, usó sus contactos en Japón para lanzar subsidiarias de sus mayores éxitos de los Estados Unidos: Yahoo Japón, E*Trade Japón, entre otras [34]. Casi no había campo en el que no jugara; lanzó fondos de riesgo en Corea del Sur, Japón y Hong Kong. También se asoció con News Corp de Rupert Murdoch para invertir en Australia, Nueva Zelanda y la India. En Europa, se conectó con el conglomerado de medios francés Vivendi. En Latinoamérica, tuvo oficinas de inversión en Ciudad de México, en San Pablo y en Buenos Aires.

---

31. El inversor era Brad Field. Field en entrevista con el autor, 14 de marzo de 2019.

32. Rieschel en entrevista con el autor. Jerry Colonna también habló sobre la atmósfera de la época. Colonna en entrevista con el autor, 4 de abril de 2019.

33. Como se ha señalado anteriormente, los fondos de crecimiento de Boston buscaban tratos diferentes. Son fue el primero en lanzar un fondo de crecimiento que hacía apuestas sucesivas en empresas exitosas respaldadas por capitales de riesgo.

34. En muchos casos, las imitaciones japonesas de Son tenían mejor manejo y eran más exitosas que sus socios estadounidenses. Su habilidad para lanzar negocios tecnológicos estadounidenses en Japón lo ayudó a conseguir tratos en California.

Con su torbellino de actividad, anticipó cambios en la industria que serían más evidentes una década más tarde. Como veremos, las inversiones de crecimiento se convirtieron en una corriente de Silicon Valley alrededor del 2009 y las sociedades de capital de riesgo pasaron de ser en negocios extremadamente locales a ser operaciones de visión más global. El proceso siguió el curso lógico marcado por el cambio que había iniciado Yahoo. Las empresas de Internet se enfrentaban a la obligación de crecer, con lo que creaban la oportunidad para que los inversores aportaran capital de crecimiento. Además, al no estar construidas sobre tecnologías avanzadas, podían desarrollarse fuera del centro tecnológico de Silicon Valley. Y, como suele suceder en las finanzas, quien primero vea el cambio de escenario y tenga el capital acorde a las nuevas necesidades puede generar ganancias inmensas antes de que sus competidores despierten. Según los cálculos, la fortuna personal de Son creció unos 15 mil millones de dólares entre 1996 y el 2000[35], una época en la que ningún otro capitalista de riesgo había aparecido en la lista de multimillonarios de *Forbes*, ni John Doerr ni Don Valentine ni ningún otro.

La segunda transformación, la más sutil, se dio dentro de Sequoia. Don Valentine y sus colegas se inquietaron después del debut impactante en la bolsa de Yahoo, cuya valuación había ascendido de cero a 600 millones de dólares en el curso de un año, por lo que los socios más antiguos querían asegurar las ganancias. «Todas las semanas, todo el mundo está pendiente del precio de las acciones de Yahoo, de lo ridículo y absurdo que es y de qué pasará cuando todo se desmorone», comentó Moritz[36]. Pero él tenía una visión diferente; al haber atestiguado los beneficios que había obtenido Son, en parte a expensas de Sequoia, estaba decidido a aferrarse a la porción que quedaba de Yahoo, ya que podían obtenerse muchas ventajas de estar del lado ganador. Podían celebrar el hecho de que, entre

---

35. A principios del 2000, *Forbes* estimó que la fortuna personal de Son era de 19,4 mil millones de dólares, un aumento considerable de los 4,6 mil millones en la primavera de 1996, cuando hizo su apuesta descomunal por Yahoo. Una porción elevada de los 15 mil millones de dólares extra podrían atribuirse al paso de Son a la inversión en tecnología estadounidense.

36. Moritz en entrevista con el autor.

la serie A y la serie B, las acciones de Sequoia en Yahoo habían tenido un rendimiento de 60x en el primer día de operaciones; pero las cuentas bancarias no crecían con múltiplos. En dólares —la medida que contaba de verdad—, Sequoia había ganado menos con Yahoo que Son.

Moritz consideró la experiencia de Yahoo como un punto de inflexión para Sequoia, que coincidió con el retiro de Don Valentine y su propio ascenso, junto con el de un contemporáneo enérgico llamado Doug Leone como líder de la sociedad. Sus predecesores habían nacido durante la Gran Depresión y crecido durante la Segunda Guerra Mundial, por lo que sus familias habían vivido con miedo a perderlo todo. «Si tienes miedo de perderlo todo, tiendes a retirarte de la partida demasiado pronto», reflexionó Moritz[37]. Por ejemplo, en el caso de Apple, Valentine había vendido su participación antes de la oferta pública, con lo que había obtenido beneficios enseguida, pero había privado a sus socios de la abundancia producto de la cotización en bolsa. En cambio, Moritz había nacido durante la prosperidad de posguerra y su vida había estado dominada por éxitos; había pasado de Gales a Oxford, luego a Wharton y había llegado a Sequoia; y, poco tiempo después de cumplir cuarenta años, había hecho la apuesta dorada en Yahoo. Su generación tendía mucho menos a preocuparse por las cosas que podían salir mal. «Creo que uno de los mayores cambios en Sequoia es que hemos estado intentando, sin cegarnos, imaginar qué podría pasar si todo saliera bien con algunas de esas empresas»[38].

La inversión de Yahoo marcó el choque cultural dentro de Sequoia al poner a la antigua guardia cautelosa en contra de los sucesores optimistas. Moritz aprovechó la oportunidad para abogar por el juego más largo presionando a sus socios para que distribuyeran las acciones de Yahoo de forma gradual. Les recordó que, en el caso de Cisco, las mayores ganancias llegaron después de años: en el momento de la oferta pública inicial, Cisco estaba valuada en 224 millones de dólares, para 1994, había ascendido a 10 mil millones. Después de ganar la discusión y de establecer su autoridad dentro de la firma, se aseguró de retrasar la distribución de las últimas acciones de Yahoo hasta noviembre de 1999, cuando el precio era de 182 dólares, catorce veces más que en la oferta pública. Gracias a

---

37. Moritz en entrevista con el autor.

38. Moritz en entrevista con el autor.

la acertada postergación, Yahoo generó más ganancias para Sequoia que todas sus inversiones anteriores *combinadas* y más del 10 por ciento de lo que había ganado con Cisco. Moritz declaró de forma parca que el secreto era «aprender a ser un poco paciente»[39].

Pero el verdadero secreto era más profundo: gracias a la experiencia de Yahoo y al ejemplo de Son, Moritz comprendió que las sociedades de riesgo debían adaptarse de forma constante. Comprobó que los cheques abultados de capital de crecimiento daban influencia y que merecía la pena extenderse más allá de Silicon Valley. Sequoia aplicaría estas lecciones más adelante con eficiencia clínica, lo que le daría una posición de fuerza sin igual en el negocio de financiar tecnología.

Mientras que Son estaba dejando su marca en Silicon Valley, apareció un nuevo contrincante en escena, una sociedad de capitales de riesgo llamada Benchmark. Tres de sus fundadores —Bruce Dunlevie, Bob Kagle y Andrew Rachleff— habían trabajado en otros capitales de riesgo de Silicon Valley; el cuarto fundador, Kevin Harvey, había creado una firma de *software* en Silicon Valley, que había vendido a Lotus Development. Al tener el capital profesional concentrado en un área geográfica, la fortaleza de Benchmark era local más que global; era la antítesis de SoftBank[40]. Además, su modelo se enfocaba en ser audaces más que apostar a lo grande; destacó la virtud de haber definido una suma reducida para su primer fondo, que rondó los 85 millones de dólares, menos que un solo cheque firmado por Son para una empresa. «Dios no está del lado de los arsenales, sino del lado de quien apunte mejor», remarcaba la propuesta de Benchmark[41].

---

39. Moritz en entrevista con el autor.

40. Benchmark experimentó con oficinas en Londres y en Israel, pero ambas cerraron.

41. El relato sobre Benchmark y eBay se debe en gran parte al maravilloso trabajo de Randall Stross, quien contó con un acceso extraordinario a la sociedad en sus primeros años. Stross, Randall E., *eBoys: The First Inside Account of Venture Capitalists at Work*, Ballantine Books, Nueva York, 2001. También estoy agradecido a tres de los cuatro fundadores de Benchmark —Dunlevie, Kagle y Rachleff— por haber leído un boceto de mi relato y haberme dado sus impresiones.

Los socios fundadores creían que, al mantenerse austeros y enfocados, habían creado una «arquitectura fundamentalmente mejor». El tamaño reducido del fondo implicaba evaluar cada trato con cuidado; apuntaba a alfa, no a beta. También aseguraba que cada socio participara en una cantidad limitada de juntas y que pudieran aportar valor agregado a cada empresa en cartera. Además, promovía la camaradería entre los cuatro socios; la industria de capitales de riesgo era masculina y monocultural, pero el equipo de Benchmark presentaba una uniformidad masculina cómica. Por último, el tamaño reducido no era una señal de debilidad; Benchmark podría haber reunido más capital de haberlo querido y, para enfatizar su fortaleza, los socios anunciaron que conservarían una porción elevada de las ganancias del fondo, más del 20 por ciento acostumbrado por la industria[42]. En suma, cobraba costas relativamente bajas por administrar el capital a su cargo, pues los socios querían ser retribuidos por resultados, no solo por reunir dinero.

Algunos capitales de riesgo creían que elegir los negocios correctos era un 90 por ciento del trabajo y que entrenar a los emprendedores era un aditamento, pero los socios de Benchmark creían en era más bien un cincuenta y cincuenta. Tener certeza de qué tratos cerrar solía ser imposible, y que muchas apuestas resultaran en cero era parte de la naturaleza de los capitales de riesgo[43]. Por lo tanto, para generar alfa, Benchmark debía entrar en las trincheras con los emprendedores. «Estoy tan abajo que no veo mucho el cielo», bromeó uno de los socios[44]. Los escépticos podrían replicar que los mejores empresarios, los que generaban los *home runs* que impulsaban el rendimiento de un fondo, no necesitaban mucha intervención de los inversores y que perder tiempo con fundadores de poca monta nunca movería la aguja de una cartera. Pero Benchmark rechazaba el derrotismo. Quienes parecían rezagados podían convertirse en ganadores con intervención y ayuda. «A veces, la magia sucede», insistió

---

42. En el primer fondo, los socios de Benchmark conservaron el 20 por ciento de las ganancias hasta que los inversores recuperaron el capital. A partir de entonces, conservaron el 30 por ciento. Rachleff, *e-mail* al autor, 19 de enero de 2020.

43. Rachleff dijo: «Con todas las empresas de tecnología exitosas, si te hubiera dicho lo que harían en el momento de la financiación, hubieras dicho que era la idea más estúpida del mundo». Rachleff en entrevista con el autor, 9 de noviembre de 2017.

44. Dunlevie en entrevista con el autor, 10 de febrero de 2017.

un socio[45]. Además, al ganar reputación por no abandonar a los casos difíciles, la lealtad sería recompensada. Se esparciría la noticia y los emprendedores correrían hacia ti.

Entrar en las trincheras era un ejercicio de empatía: debían dar consejos sabiendo que podían ser erróneos y debían comunicarse con tacto[46]. También era importante elegir el momento adecuado para dar un consejo, ya que no tenía sentido hacerlo si iba a llegar a oídos sordos, por ello era necesario percibir cuándo eran solicitados de verdad. Bruce Dunlevie, cofundador de Benchmark, reflexionó: «¿Qué es el capital de riesgo? Es estar sentado en tu oficina a las 18:15 de un viernes, recogiendo tus cosas para ir a casa, y que suene el teléfono y un director ejecutivo diga: "¿Tienes un minuto? El vicepresidente de recursos humanos está saliendo con la secretaria. El vicepresidente de ingeniería quiere renunciar y mudarse a Carolina del Norte porque a su esposa no le gusta vivir aquí. Tengo que despedir al de ventas que ha estado haciendo malos informes de rendimientos. Acabo de ver a mi médico y tengo problemas cardiacos. Y creo que tengo que retirar un producto del mercado". Y tú, como el capitalista de riesgo, le respondes: "¿Quieres que vaya ahora o que nos reunamos a desayunar por la mañana?"»[47].

Bob Kagle representa la simpatía característica de Benchmark. El hombre creció en Flint, Michigan, y asistió al Instituto General Motors, que ofrecía una educación universitaria que consistía de períodos de seis semanas en clases y seis en la planta de la empresa. Estudió ingeniería y luego consiguió entrar en la escuela de negocios de Stanford, a la que llegó en un Pontiac Trans Am dorado con el águila nacional grabada sobre el capó. Sus cejas rectas, el bigote recortado y la perilla formaban tres

45. Rachleff defendió esta visión aunque luego estuvo en desacuerdo. Luego creyó que un miembro de la junta destacado podía mejorar un rendimiento de 3x para convertirlo en 6x, pero no era suficiente para impactar significativamente en un fondo de riesgo en etapa inicial. En cambio, un rendimiento de 20x, que sí impactaría en el fondo, era probable que tuviese mucho éxito más allá del miembro de la junta. De todas formas, ser visto como un buen miembro de la junta ayudaba a aumentar la probabilidad de poder invertir en otras empresas que alcanzarían un rendimiento de 20x. Rachleff, *e-mail* al autor, 19 de enero de 2020.

46. Dunlevie reflexionó: «Hay que dar consejos con empatía. Suelo decir: "Escucha, no te estoy diciendo qué hacer, solo lo que creo que sería un mejor abordaje al plan que has ideado". Suelen ignorarlo, y apuesto a que la mitad de las veces es lo correcto. Y eso es lo que lo hace un negocio interesante». Dunlevie en entrevista con el autor.

47. Dunlevie en entrevista con el autor.

líneas paralelas, y tenía una sonrisa contagiosa y empática. Le gustaba trabajar con emprendedores en acuerdos que «sacaran el lado humano»[48]. A pesar de sus estudios en ingeniería y de sus raíces en la industria automotriz del Medio Oeste, estaba feliz de apoyar a empresas que no tuvieran relación con ninguna de las dos áreas. Antes de ser cofundador de Benchmark, había querido persuadir a sus antiguos socios de invertir en una cadena de cafeterías de Seattle llamada Starbucks. En otra ocasión, vio una fila larga frente a un local llamado Jamba Juice, así que canceló todas sus responsabilidades de esa mañana para entrevistar al personal y a los clientes[49]. Después de la fundación de Benchmark, oscilaba entre apuestas en tecnología y en empresas de consumo. A diferencia de los especialistas de Accel, no quería enfocarse en una sola industria, y su abordaje tenía un hilo conductor que era el *lado humano*. En 1997, se arriesgó con un híbrido que combinaba todos sus intereses: una empresa tecnológica que también era de consumo e incluía el elemento humano en gran medida. Fue la primera demostración de lo que el capital de riesgo luego llamaría efecto de red esperable.

El creador de este hibrido era un ingeniero de *software* llamado Pierre Omidyar; hombre nacido en Paris de padres iraníes, otro inmigrante que dejaría su marca en Silicon Valley. A esas alturas, los inmigrantes representaban alrededor de un tercio de los científicos e ingenieros de la región[50]. Omidyar había sido influido por las comunidades antijerárquicas de los comienzos de Internet, usaba una cola de caballo, barba estilo Vandyke y gafas[51]. Aunque le disgustara, había trabajado en una *startup* que ayudaba a corporaciones establecidas a expandir sus ventas en línea, que monopolizaba el poder en lugar de democratizarlo. En consecuencia, como para equilibrar su impacto social, había ideado un sitio de subastas en línea para compradores y vendedores de artículos de segunda mano. Era una herramienta gratis, una forma de expiación.

Fiel a sus raíces en los inicios de Internet, le gustaba pensar en compradores y vendedores como una comunidad, no solo como en un puña-

---

48. Stross, *eBoys*, pág. 28.

49. Stross, *eBoys*, págs. 21-22.

50. Saxenian, AnnaLee, *Silicon Valley's New Immigrant Entrepreneurs*, Public Policy Institute of California, San Francisco, 1999.

51. Stross, *eBoys*, pág. 26.

do de negociadores con sus propios intereses. Pensando en que generaría un comportamiento más considerado, creó un sistema de opiniones para permitir que los usuarios se puntuaran unos a otros. También incluyó un tablero de anuncios para compartir consejos sobre, por ejemplo, cómo publicar fotografías. Los miembros de la comunidad comenzaron a publicar sus dudas y los más experimentados dedicaban tiempo a responderlas. En febrero de 1996, cuando el tráfico en el sitio de subastas superó el límite de su cuenta de Internet, Omidyar apeló a la comunidad para que lo ayudaran a pagar por una suscripción de mayor categoría. Apelaba a la buena voluntad, pues les pedía a los vendedores que le enviaran una pequeña porción de sus ganancias, pero sin obligación. En poco tiempo, su visión colorida de la naturaleza humana fue reivindicada: comenzaron a llegar cheques gota a gota, luego en torrentes y, para finales del año, Omidyar recibía más de 400.000 dólares al mes.

En consecuencia, Omidyar renunció al trabajo y contrató a dos personas para que lo ayudaran. Eliminó elementos no pertinentes de su sitio y llamó a la plataforma eBay. Crecía un 40 por ciento al mes, pero lo más impresionante era el motor que la movía. A diferencia de Yahoo, que destinaba dinero al *marketing*, el presupuesto de eBay para tal fin era de cero. En cambio, su increíble expansión era impulsada por la ley de Metcalfe: a medida que crecía la red de subastas, el valor aumentaba de forma exponencial. Cuantos más vendedores publicaban sus artículos, más buscadores de precios atraían al sitio; cuantos más compradores había, más vendedores recurrían a él. Además, a diferencia de las redes de telecomunicaciones, unidas por rúteres y conexiones creadas por una diversidad de empresas, eBay obtenía el 100 por cien de las comisiones de sus subastas. Se beneficiaba de un efecto de red y, lo que era más, esa red era suya.

Gracias al crecimiento autosuficiente, eBay no necesitaba de capitales de riesgo, ya que recaudaba su propio capital de forma interna; cada mes, alrededor de la mitad de los beneficios se convertían en ganancias. Sin embargo, se estaba ahogando, pues Omidyar y sus dos amigos no estaban capacitados para pilotar un negocio que acelerara tan rápido por su propia voluntad. En su búsqueda de ayuda administrativa, Omidyar recurrió al consejero que ayudó a hacer un éxito de su *startup* de ventas en línea, el cofundador de Benchmark Bruce Dunlevie. Con un físico imponente pero una personalidad accesible, era la viva prueba de la teoría de Benchmark de que ayudara a fundadores en apuros daría frutos en el futuro. Se tomaba la consejería tan en serio que comparaba ocupar un lugar en una junta con tener un hijo: durante los siguientes años, la vida sería diferente. En una ocasión, cuando le preguntaron por una historia por la que le gustaría ser recordado, habló de un director ejecutivo al que se había visto obligado a despedir porque la empresa había crecido y ya no podía manejarla. Años más tarde, el mismo hombre aceptó la invitación de Benchmark a dirigir otra *startup* diciendo que siempre había valorado que Dunlevie lo tratara de forma justa[52]. Omidyar, cuya empresa se había encontrado en la oscuridad antes de que Dunlevie la guiara hacia la luz, lo apreciaba aún más y lo consultaba con regularidad.

«Tengo un sitio de comercio en línea llamado e-Bay que está ganando impulso», le comentó. «Suena genial. ¿Por qué no me envías un plan de negocios?», propuso Dunlevie. Omidyar no tenía un plan, pero a comienzos de 1997, unos meses más tarde, se comunicó otra vez. «¿Por qué no…?», comenzó Dunlevie, pero él lo interrumpió. «¿Por qué no nos reunimos? Por los viejos tiempos». Dunlevie accedió y le hizo un hueco en su agenda[53].

Cuando llegó el día, Dunlevie convenció a Bob Kagle de que lo acompañara, ya que era el hombre de Benchmark al que le gustaba invertir en venta al por menor. Omidyar llegó sin una presentación de diapositivas, pues su plan era mostrar el sitio de subastas; a fin de cuentas, el sitio era algo singular, una propiedad en Internet que generaba dinero. Pero los servidores de eBay colapsaron por la carga de tráfico intensa. Para salvarlo de la vergüenza, Dunlevie le aseguró a Omidyar, «Nuestra conexión a Internet es mala; me disculpo»[54].

Kagle salió de la reunión con escepticismo. Luego, ingresó al sitio de eBay y le resultó demasiado duro, con tipografía Courier y sin colores, tan solo una lista monótona. Sin embargo, cuando indagó un poco más, su opinión cambió. Coleccionaba anzuelos de pesca hechos a mano, y el sitio tenía muchas piezas en oferta, entre ellas, una hecha por un fabricante en su ciudad natal, Michigan. Fascinado, hizo una oferta, que perdió la subasta, pero reconoció esa sensación cuando un producto conecta con algo dentro de la mente: el señuelo lo había atrapado.

---

52. Dunlevie en entrevista con el autor.
53. Stross, *eBoys*, pág. 24.
54. Stross, *eBoys*, pág. 27.

Kagle volvió a reunirse con Omidyar, fuera de la oficina de Benchmark. El escritor Randall E. Stross, quien ha relatado la historia inicial de Benchmark con todo lujo de detalles, describió cómo Kagle se aferró al énfasis que hacía Omidyar en la comunidad; oración por medio, hablaba de la comunidad de eBay, de crear una comunidad, de aprender de la comunidad, de proteger a la comunidad. El mismo discurso espantaba enseguida a otros capitalistas. «Habló de la idea de una comunidad en línea, y yo pensé, ¿comunidad de qué?», recordó uno de ellos[55]. Otros se mofaron de la idea de un negocio construido sobre subastas de un mercado de pujas con artículos de 10 dólares; algunos lo llamaron un sitio de venta de Beanie Baby[56]. Pero la reacción de Kagle, con su inclinación hacia tratos que sacaran el lado humano, fue diferente. «Este tío es buena persona», pensó[57]. Además, habiendo financiado a vendedores al por menor y a creadores de *software*, tenía ventaja. La venta al por menor se trataba de conectar con los clientes y tratarlos como una comunidad era una buena forma de hacerlo. Los negocios de *software* bien sabían del poder del efecto de red y, tal vez, la «comunidad» de Omidyar era una forma elegante de nombrar a lo que ellos llamaban «red». El efecto de red explicaba por qué Netscape había conseguido dinero con John Doerr y por qué eBay estaba en auge.

El crecimiento de eBay también impresionó a otros socios de Benchmark; «Cuando las empresas crecen de forma exponencial, no suelen detenerse de pronto», reflexionó Andy Rachleff más tarde y agregó que la «segunda derivada» —los cambios en el índice de crecimiento de las compras de una empresa— es lo que en realidad le indica a un inversor si financiar una empresa o no[58]. Entonces, con el apoyo de sus colegas, Kagle se ofreció a invertir 6,7 millones de dólares en eBay, con una valuación de unos 20 millones.

Si el objetivo de Omidyar hubiera sido solamente hacerse rico, hubiera rechazado a Kagle, ya que había recibido una oferta de una cadena de periódicos que valuaba eBay en 50 millones de dólares. Pero le había llegado a agradar Kagle casi tanto como Dunlevie y, similar a cómo ac-

---

55. Alex Rosen en entrevista con el autor, 29 de mayo de 2018.

56. Rachleff en entrevista con el autor.

57. Stross, *eBoys*, pág. 28.

58. Rachleff en entrevista con el autor.

cionaron los fundadores de Yahoo, se decidió por el inversor que parecía entenderlo. Cuando cerraron el trato y Benchmark giró los fondos, Omidyar los dejó en el banco intactos, pues lo que quería eran los contactos y consejos de Kegle, no necesitaba capital.

◆

La primera estrategia de Kagle fue buscar a un director ejecutivo externo para eBay. Consultó al quinto socio reciente de Benchmark, David Beirne, quien antes había sido cofundador de una firma de búsqueda de ejecutivos. El reclutamiento era cada vez más reconocido como habilidad fundamental para los capitalistas de riesgo, apenas un paso por detrás que tener un diploma en negocios o en ingeniería. Beirne habló maravillas de Meg Whitman, gerente general de la empresa de juguetes Hasbro; por coincidencia, Kagle tenía un amigo de la escuela de negocios que también la había recomendado. Cuanto más oía de la ejecutiva de los juguetes más se convencía de que sería perfecta para el papel. Whitman entendía cómo sacar el máximo provecho de una marca de venta al por menor y, en términos de Kegle, tenía un sexto sentido para «el lado emocional de la experiencia de cliente»[59].

Similar a lo que sucedió cuando Barris contrató a Sidgmore, la pregunta era cómo persuadir a una ejecutiva elegante de abandonar su puesto por una *startup* oscura. Antes de la inversión de Benchmark, Omidyar había intentado atraer a administradores externos de alto rango, pero ninguno había estado dispuesto a arriesgarse por un mercado de segunda mano. Sin embargo, Omidyar ahora contaba con el respaldo de Benchmark, que a su vez había retenido los servicios de la antigua firma de Dave Beirne, Ramsey Beirne. La combinación del prestigio de ambas persuadió a Whitman de aceptar una reunión; si quería un nuevo trabajo en el futuro, podría necesitar la relación con la firma de búsqueda de ejecutivos.

Whitman voló al oeste para encontrarse con Kegle y con Omidyar; estaba intrigada, pues, como Kegle había enfatizado, el crecimiento de eBay era exponencial. En una segunda visita, notó otro detalle: a diferencia de otros distribuidores, eBay no tenía inventario, ni gastos de acarreo

59. Holson, Laura, «Defining the On-Line; Ebay's Meg Whitman Explores Management, Web Style», *The New York Times*, 10 de mayo de 1999.

o de envío, ni problemas de almacenamiento. Como resultado, sus márgenes de ganancias eran astronómicos.

Luego, Whitman regresó para una tercera visita, con su familia esta vez; para ayudar a persuadirla, Kegle la había invitado a cenar a su casa con la familia. El esposo de Whitman, renombrado cirujano, tenía dudas respecto a eBay, así que Kegle se esforzó por convencerlo. La pareja tenía dos hijos, así que les envió dos bolsas promocionales al hotel y les aseguró que había un gorro de Stanford para cada uno. Como la familia se preguntaba cómo sería la vida en la Costa Oeste, les recomendó un agente inmobiliario para que les mostrara vecindarios atractivos. Durante la siguiente reunión de Benchmark, Kegle hizo un informe de sus esfuerzos y auguró un giro positivo. Según Whitman, a uno de sus hijos le había parecido linda la hija de trece años de Kegle. «Me siento muy optimista», aseguró Kegle a sus colegas[60].

Poco después, Whitman decidió que eBay era una oportunidad que podría no volver a presentarse jamás. Así, en contra del consejo de sus jefes y colegas, trasladó a su familia al oeste para unirse a una empresa de la que nadie en su círculo había escuchado[61].

Con la contratación de una directora ejecutiva capaz, eBay estaba encaminada a una oferta pública inicial. La empresa había vendido su artículo número un millón, una caja sorpresa con un Big Bird dentro, y el negocio seguía creciendo. Kagle seguía comprometido como siempre, pero se mantenía al margen; en tanto Whitman y Omidyar trabajaran bien juntos, no quería complicar las cosas.

En septiembre de 1998, la empresa se presentó en oferta pública, con un valor de 18 dólares por acción. Al cierre del primer día de operaciones, alcanzaron los 47 dólares. Luego de vaivenes inquietantes, llegaron a 73 dólares en octubre en una espiral ascendente aún más increíble que la de Yahoo. Pero, a diferencia de lo que pasó en Sequoia, donde una gran cantidad de ganancias no realizadas abrió una brecha generacional profunda, las reacciones en Benchmark fueron jocosas en principio.

---

60. Stross, *eBoys*, pág. 59.
61. Stross, *eBoys*, pág. 60.

—Santo Dios —dijo Beirne.

—Seguirá aumentando desde ahora —predijo Dunlevie.

—¿Podemos vender?

—Si quieres dejar la mayor parte del dinero sobre la mesa, hazlo.

—Sí, soy un cobarde —reconoció Beirne entre risas.

Alguien comentó que Kagle no vendería sus acciones de eBay hasta que tuvieran la misma valuación que las de General Motors, y todos los presentes se echaron a reír[62].

Las acciones siguieron subiendo con el impulso de un cohete y, el 9 de noviembre, llegaron a 103 dólares. A día siguiente, a 131. A los comentaristas financiaros les costaba responder, «Es como presenciar cada hecho hipnotizante y desconcertante que se te pueda ocurrir combinado en un evento colosal. Como ver aparecer a Mark McGwire en la arena con los ojos vendados y anotar 400 *home runs* al hilo», escribió uno de ellos. El comentarista continuó diciendo que los banqueros que habían organizado la oferta pública a 18 dólares y siguieron informes de analistas pésimos estaban envueltos en una «magnificación de acciones frontal y directa». Si no, cómo podía explicarse que, apenas seis semanas antes, eBay «valiera 18 dólares por acción y que luego, ups, cometieron un error; en realidad valen 130 dólares»[63].

Magnificadas o no, Benchmark estaba haciendo historia en capitales de riesgo. Hasta donde se sabía, el trato de Sequoia con Yahoo y la inversión de Kleiner en una *startup* de red por cable llamada @Home eran los mayores *home runs* hasta la fecha, cada uno de los cuales había generado ganancias de entre 600 y 700 millones de dólares para los fondos de riesgo[64]. Pero Benchmark iba en camino a ganar más de 1 millón de dólares con eBay, según dónde se estabilizara el precio de las acciones. Para finales de noviembre, había subido hasta 200 dólares.

Llegado ese punto, incluso los socios de Benchmark sentían vértigo. «Esto es una locura. No tiene sentido», rugió Kagle. A diferencia de otros preferidos de Internet, como el comercio en línea Amazon.com, eBay al

---

62. Stross, *eBoys*, págs. 209-210.

63. El columnista era Christopher Byron de MSNBC. Stross, *eBoys*, pág. 211.

64. La apuesta de Sequoia por Yahoo ganaría más en última instancia, ya que la sociedad conservó parte de las acciones hasta 1999. Por otra parte, una apuesta de Kleiner Perkins por Juniper Networks eclipsaría el rendimiento de Benchmark con eBay con el despegue que siguió a la oferta pública en abril de 1999.

menos podía decir que era rentable, pero, como múltiplo de sus ganancias, el precio de las acciones era exorbitante.

Kagle se reunió con Howard Schultz, el fundador de Starbucks al que había convocado a la junta de eBay, y ambos coincidieron en que el precio de las acciones auguraba problemas. Estaba destinado a caer, con lo que dejaría a los empleados más nuevos con opciones de compra de acciones que no valdrían nada. ¿Cómo harían para retener a los empleados?[65] Pero al mercado no le importaba la moral de la empresa y, para abril de 1999, el precio había subido hasta 600 dólares[66].

Más tarde ese mismo mes, Benchmark por fin distribuyó parte de las ganancias; el precio de las acciones de eBay le daba un valor de 21 mil millones de dólares, con lo que la porción de Benchmark valía 5,1 mil millones. Se trataba de una prosperidad que no solo había opacado los récords de Sequoia y de Kleiner, sino que incluso excedía las mayores ganancias de Son, y había sido alcanzada arriesgando apenas 6,7 millones de dólares. De pronto, el estilo artesanal de inversión de Benchmark parecía atractivo. ¿Quién necesitaba firmar cheques descomunales de capital de crecimiento? ¿Quién quería molestarse con una estrategia asiática?

Lo destacable era que eBay no era un triunfo aislado. Un distribuidor de *software* llamado Red Hat generaba más de 500 millones de dólares para Benchmark; una empresa de suministros de oficina en línea llamada Ariba generaba más de 1.000 millones de dólares. Para mediados de 1999, Benchmark había reunido e invertido tres fondos con un capital acumulado de 267 millones de dólares, pero, tras la cosecha de ofertas públicas de ese verano, el valor de su cartera superó los 6.000 millones de dólares, con un múltiplo aproximado del capital de veinticinco veces[67]. La visión de volver a las bases sin duda tenía éxito, más allá de cuál fuera el ejemplo de Masayoshi Son.

El contraste entre los dos modelos se extendió en el futuro. Los socios de Benchmark se manejaban de la forma tradicional, evaluando las *startups*

65. Stross, *eBoys*, pág. 213.

66. Las acciones de eBay se habían dividido, de modo que el valor de cada una era más bajo.

67. El múltiplo aumentaría con la maduración de más empresas en cartera. En enero del 2000, el fondo más maduro de Benchmark había despegado hasta alcanzar un 92x.

con inteligencia, empatizando con los fundadores y siendo consejeros. Por su parte, Son se apegaba a un método menos elegante pero no así menos formidable. Apostaba sin pensar, parecía indiferente a los riesgos y delegaba a otros el trabajo minucioso de controlar a las empresas[68]. De todas formas, a pesar de que Benchmark invertía el capital con más cuidado, generaba menos riquezas y, a pesar de que la cartera de Son colapsó durante el estallido de la burbuja tecnológica en el 2000, el daño fue temporal[69]. Además, el método de Son tenía una forma de obligar a los demás a seguirlo; en términos de Moritz, debían seguir las técnicas de Son o aplicaría un castigo de Don Corleone en su contra.

Incluso los socios de Benchmark sentían la presión del ejemplo de Son. Después de haber reunido tres fondos pequeños —el mayor de 175 millones de dólares—, evaluaban la idea de hacer un cambio radical de sus tradiciones. En el verano de 1999, Dave Beirne les planteó el asunto en una reunión.

—Creo que deberíamos reunir mil millones de dólares. Lo digo en serio.

—SoftBank reúne aún más —coincidió Rachleff—. Si no estamos listos para pelear, nos harán papilla.

—No sales a jugar *lacrosse* sin un maldito palo. Haría que te maten —aportó Beirne.

—Nos arriesgaríamos a sobrecapitalizar a las empresas. No quiero seguir a todos los demás en la fiebre de cheques descomunales. —Kagle no estaba seguro, pues un fondo elevado podía causar problemas: si les brindaban demasiado dinero a los fundadores, podían perder el foco, intentar demasiadas cosas a la vez y desperdiciar los recursos.

—Necesitamos dinero para jugar —insistió Rachleff. SoftBank y el mercado alcista estaban elevando la cantidad de capital que las *startups* esperaban conseguir—. Todos mis acuerdos de telecomunicaciones son de diez millones, como base[70].

---

68. Quienes trabajaron con Son enfatizan su hábito de delegar los detalles operativos; John Boyer fue uno de ellos, socio inversor en SoftBank entre 1999 y el 2000. Boyer en entrevista con el autor. 7 de marzo de 2020.

69. Entre la oferta pública de Alibaba en 2014 y el fracaso de presentarse en oferta pública de WeWork en 2019, Son era discutiblemente el inversor en tecnología más influyente del mundo.

70. El acuerdo de capitales de riesgo promedio había aumentado de 5,3 millones en 1996 a 15 millones de dólares en 1999. Stross, *eBoys*, págs. 294-297.

Dunlevie señaló que, si el precio de los tratos individuales se elevaba, un fondo reducido solo podía financiar a un puñado de empresas y que la falta de diversificación podía ser peligrosa. Entonces, se inclinó por un fondo de mil millones de dólares porque «a pesar de saber que el tamaño no importa, algunos lo ven como una forma de liderazgo»[71].

Finalmente, Benchmark reunió mil millones de dólares para su fondo de 1999, más de diez veces el valor de su primer fondo, cuatro años antes. También experimentó, sin éxito, con oficinas en Londres y en Israel e intentó hacer una apuesta preoferta pública al estilo Son en un comercio en línea llamado Flowers.com, con el que pronto perdió dinero[72]. Sin embargo, aunque pudiera cerrar las subsidiarias internacionales y renunciar a inversiones preoferta pública, el dilema sobre el tamaño de los fondos persistía. Durante los años siguientes, atestiguó cómo los inversores descuidados en etapas avanzadas conseguían el control de sus empresas en cartera ofreciendo decenas de millones de dólares. Benchmark, incapaz de reunir esas sumas, tampoco podía proteger a las *startups* de la arrogancia que acompañaba a semejantes sumas de capital. En dos casos notables —el de la empresa de transporte a demanda Uber y la de alquiler de oficinas WeWork—, Benchmark experimentó el doloroso espectáculo de que sus pupilos se descarrilaran[73]. Esas eran las limitaciones del modelo de industria artesanal.

---

71. Stross, *eBoys*, pág. 296.

72. Stross, *eBoys*, págs. 94-295.

73. De todas formas, ambas apuestas, en especial la de Uber, generaron grandes ganancias. A comienzos del 2020, Uber estaba encaminado a ser el segundo trato más rentable de Benchmark en sus veinticinco años de historia. Dunlevie, *e-mail* al autor, 4 de febrero de 2020. Con WeWork, los informes indican que Benchmark generó un múltiplo de alrededor de 15x y fue capaz de vender algunas de sus acciones antes de que la valuación colapsara.

8

Dinero para Google a cambio de nada

Un día de agosto de 1998, dos estudiantes de doctorado de Stanford, sentados en un pórtico de Palo Alto, buscaban formas de recaudar dinero para una forma nueva de navegar en Internet: parecía una repetición de Yahoo tres años antes. Sin embargo, mientras que los fundadores de Yahoo habían conseguido 1 millón de dólares de Sequoia a cambio de un tercio de la empresa, lo que sucedió a continuación no podría haber sido más diferente.

Los dos estudiantes se llamaban Sergey Brin y Larry Page, y su empresa incipiente se llamaba Google. En un principio, no parecía prometedora, pues existían otras diecisiete firmas que ofrecían servicios de búsqueda en línea. Pero Brin y Page, que no pecaban de humildad, confiaban en que su tecnología aplastaría a las demás, de ahí que estuvieran en ese pórtico, esperando al afamado ingeniero de Silicon Valley llamado Andy Bechtolsheim.

El hombre apuesto de cabello largo con ligero acento alemán llegó en un Porsche dorado y, después de escuchar a Brin y Page, se sintió bastante interesado. Google arrojaba resultados mucho más relevantes que los de sus rivales, usando un sistema que posicionaba a los sitios de acuerdo a cuántos otros sitios habían compartido su enlace. Bechtolsheim enseguida notó el paralelo con el ámbito académico, donde la reputación se basaba en la cantidad de citas [1].

Aunque el hombre no fuera un capitalista de riesgo, había creado dos empresas y tenía dinero a su disposición. En 1982, había fundado la exi-

---

1. Bechtolsheim en entrevista con el autor, 30 de noviembre de 2018.

tosísima Sun Microsystems; su siguiente negocio, una empresa de redes llamada Granite Systems, en la que él mismo era el principal accionista, había sido adquirida por Cisco por 220 millones de dólares. Le gustaba apoyar a colegas ingenieros; algunos cientos de dólares invertidos aquí y allá no afectarían su cuenta bancaria.

En una ocasión, a finales de los ochenta, un emprendedor de Internet llamado John Little lo visitó en su oficina. Era un colega científico informático al que conocía de las fiestas de cerveza de Sun Microsystems.

—¿Cómo marcha todo? —preguntó Bechtolsheim.

—No muy bien —respondió Little. El cofundador de su *startup* pensaba renunciar y necesitaría dinero para pagar su liquidación, dinero con el que no contaba.

—¿Cuánto necesitas?

—No lo sé. 90.000 dólares, tal vez —respondió Little.

Bechtolsheim sacó su talonario y firmó un cheque por 90.000 dólares tan rápido que Little no alcanzó a darse cuenta de lo que estaba pasando. «Cuando sacó el talonario, no tenía ni la más remota idea de lo que pensaba hacer. Nunca había estado en una situación en la que alguien me diera dinero así, como si fuera a cambio de nada», recordó Little. Bechtolsheim no dijo qué porción de la empresa quería a cambio de ese dinero. «A Andy no le importaba demasiado. Después de ese día, nos encontrábamos una vez al año, tal vez, en una barbacoa o algún evento, y uno de los dos le decía al otro que debíamos hacer el papeleo de aquella inversión. Pero siempre estábamos ocupados»[2].

En 1996, Little finalmente reunió casi 6 millones de dólares de un capitalista de riesgo profesional, Arthur Patterson de Accel, y llegó la hora de formalizar qué porción le pertenecía a quién. El acto impulsivo de generosidad de Bechtolsheim lo hizo acreedor del uno por ciento de la empresa de Little. Luego, durante la explosión de Internet, a Portal Software le fue tan bien que Bechtolsheim debió haber ganado más gracias a ese cheque de 90.000 dólares que al cofundar Sun Microsystems[3].

---

2. Little en entrevista con el autor, 22 de mayo de 2018.

3. La empresa de Little, Portal Software, vendió un sistema de facturación para los primeros proveedores de Internet que fue el mayor éxito entre los primeros cinco fondos de Accel y generó un múltiplo de 293x y ganancias por 1,7 mil millones de dólares (información de Accel). Little concluyó que, en un cálculo rápido, Bechtolsheim debió haber ganado más con Portal Software que al cofundar Sun. Little en entrevista con el autor.

Más adelante, sentado en aquel pórtico de Palo Alto con los fundadores de Google, Bechtolsheim utilizó la misma táctica. Veía que los dos fundadores no tenían un plan de negocios: habían eliminado los anuncios emergentes y los *banners*, la forma habitual en la que los sitios web ganaban dinero. Sin embargo, después de que Brin y Page le hicieran una demostración de su motor de búsqueda, comprendió que tenía un componente de *software*; además, le agradaron los jóvenes. Eran curiosos, testarudos y compuestos; no distaban mucho de cómo había sido él mismo como joven científico informático de Stanford.

Bechtolsheim salió corriendo a su Porsche y regresó con algo en la mano. «Podríamos discutir una variedad de temas. ¿Por qué no les firmo un cheque y ya?», sugirió con entusiasmo[4] y, sin más, les extendió a Brin y a Page un cheque por 100.000 dólares, pagadero a Google Inc.[5].

Brin y Page le explicaron que Google aún no era una empresa constituida y que no tenía una cuenta bancaria donde depositar el cheque[6]. «Bueno, cuando la tengan, deposítenlo allí», les dijo animado[7]. Luego desapareció en el Porsche sin decir qué parte de Google creía haber comprado. Más tarde, declaró: «Estaba tan entusiasmado que solo quería ser parte de eso»[8].

<hr />

La inversión espontánea de Bechtolsheim marcó la llegada de una nueva clase de finanzas tecnológicas, tan significativa como el cheque de 100 millones de dólares que firmara Masayoshi Son dos años antes. Antes de mediados de los noventa, los ejecutivos de tecnología semirre-

---

4. Brandt, Richard, *The Google Guys: Inside the Brilliant Minds of Google Founders Larry Page and Sergey Brin*, segunda edición, Portfolio/Penguin, Nueva York, 2011, pág. 48.

5. Vise, David, y Mark Malseed, *The Google Story: Inside the Hottest Business, Media, and Technology Success of Our Time*, segunda edición, Bantam Dell, Nueva York, 2008, pág. 48.

6. Vise y Malseed, *Google Story*, pág. 48.

7. Jolis, Jacob, «Frugal After Google», *Stanford Daily*, 16 de abril de 2010.

8. Bechtolsheim en entrevista con el autor. En 2013, la costumbre de los inversores ángel de financiar *startups* sin decir qué porción de la empresa querían comprar se expresó en una innovación llamada la nota SAFE. Esto permitió que los inversores ángel inyectaran capital en *startups* mientras retrasaban la valuación hasta una ronda de inversión más formal.

tirados algunas veces se habían abocado a la inversión: Mike Markkula había apoyado y guiado a la incipiente Apple; Mitch Kapor había financiado y aconsejado a GO y a UUNET[9]. Pero no fue hasta el estallido del mercado tecnológico de mediados y finales de los noventa que esta «inversión ángel» se convirtieron en algo serio. Gracias al auge de las ofertas públicas iniciales, emergieron multimillonarios a lo largo de Silicon Valley y la inversión ángel se convirtió en el nuevo pasatiempo de la élite, como las cirugías estéticas en Hollywood. En 1998, el año en el que Bechtolsheim respaldó a Google, un ángel prolífico llamado Ron Conway llegó a reunir un fondo de 30 millones de dólares para ampliar su inversión personal y el «ángel institucional» o el «superangel» se convirtió en el nuevo engranaje en el motor de *startups* de Silicon Valley[10]. De pronto, los fundadores de las empresas tenían una alternativa a los capitalistas de riesgo tradicionales, al igual que el capital de crecimiento de Son ofrecía una alternativa parcial a presentarse en oferta pública[11]. Para conseguir una primera ronda de capital, los aspirantes a emprendedores solo necesitaban algunas presentaciones con inversores establecidos. El estilo de inversión extraordinario de Bechtolsheim se estaba volviendo casi ordinario.

A Brin y Page, en especial, les gustaba trabajar con este sistema y comenzaron a acercarse a un ejecutivo de tecnología indio llamado Ram Shriram, quien pronto se haría rico con la venta de su *startup* a Amazon. En un principio, Shriram les informaba qué empresas podrían comprar la tecnología de Google; luego, cuando no llegó ninguna oferta decente, él mismo se ofreció a financiarlos si encontraban a otro ángel que lo acompañara. Brin y Page enseguida reclutaron a Bechtolsheim y a su cofundador en Granite Systems, un profesor de Stanford llamado David Cheriton. Unos pocos meses después, Jeff Bezos, el fundador de Amazon, conoció a los jóvenes en la casa de Shriram cuando viajó a acampar a la

---

9. Entre los primeros inversores ángel se encontraba Ross Perot. Gupta, Udayan, «Venture Capital Dims for Start-Ups, but Not to Worry», *Wall Street Journal*, 4 de enero de 1990, B2.

10. Conway reunió un segundo fondo más alto en 1999, con un capital de 150 millones de dólares.

11. Según cálculos, los inversores ángel aportaron más dinero a las *startups* que los capitales de riesgo. Wong, Andrew, «Angel Finance: The Other Venture Capital», Graduate School of Business at the University of Chicago, Agosto de 2001, ssrn.com/abstract=941228.

bahía y quiso participar. «Me enamoré de Larry y de Sergey», afirmó más tarde[12].

Hacia finales de 1998, los dos fundadores habían reunido poco más de 1 millón con sus cuatro ángeles inversores —más de lo que Yahoo había conseguido de Sequoia[13]—, pero lo hicieron sin hablar con ningún capitalista de riesgo, sin entregar más de un 10 por ciento de su empresa y sin comprometerse con los objetivos de rendimiento con los que insistían los capitalistas de riesgo[14]. Los inversores ángel estaban demasiado ocupados en sus propias empresas como para preocuparse por lo que hacían Brin y Page; por lo tanto, en términos de John Little, los jóvenes de Google consiguieron dinero «solo así, como si fuera por nada». La idea del capital de liberación había subido al siguiente nivel, y los jóvenes inventores nunca habían sido tan privilegiados.

De todas formas, mientras que los hombres de Google habían evitado los capitales de riesgo, la industria estaba en auge; en 1998, los capitalistas reunieron la suma récord de 30 mil millones de dólares, el triple que en 1995, cuando Son financió a Yahoo. Al año siguiente, la explosión se descontroló: las sociedades de riesgo llenaron sus arcas con 56 mil millones de dólares[15] y, de 400 que eran una década antes, llegaron a ser 750 en los Estados Unidos[16]. Silicon Valley parecía vibrar por la adrenalina de las fortunas que ganaban nada menos que los capitalistas de riesgo.

Este auge era desconcertante para los inversores tradicionales. «Era evidente que estábamos en una burbuja», recordó uno de ellos. «Pensar en todo lo que tuviera que ver con crear valor fundamental era castigado. Y todo lo que considerábamos mal comportamiento era recompensado». Sin

---

12. Auletta, Ken, *Googled: The End of the World as We Know It*, segunda edición, Penguin Books, Nueva York, 2010, pág. 44.

13. Shriram en entrevista con el autor, 2 de diciembre de 2020.

14. Shriram recuerda que la valuación de Google era de 10 millones de dólares y que no había «mecanismos de control» en el acuerdo. Shriram en entrevista con el autor. En general, los inversores ángel no utilizaban mecanismos de control y no solían recurrir a las recaudaciones que los capitalistas de riesgo conseguían para mitigar los riesgos al invertir en iniciativas tempranas sin liquidez.

15. National Venture Capital Association Yearbook 2010, pág. 20, fig. 2.02.

16. National Venture Capital Association Yearbook 2010, pág. 9, fig. 1.0.

duda, la tendencia iniciada con Yahoo —financiar empresas incipientes por su impulso— podía llegar demasiado lejos; en muchos casos, lo que daba impulso era el propio financiamiento y muchas páginas web nunca llegaron a generar ganancias en realidad. Sin embargo, por más vertiginoso que fuera el mercado, era imposible que los inversores tradicionales se resistieran. A diferencia de los fondos de cobertura, que podían ir en contra de una burbuja usando derivados u otros trucos, los capitalistas de riesgo solo podían invertir en valores en alza. Su único trabajo era comprar acciones en *startups* y no tenían más opción que pagar el precio vigente. Esta diferencia funcional entre fondos de cobertura y capitales de riesgo también se combinaba con una diferencia psicológica. Los financieros de cobertura tendían a estar aislados por naturaleza; cuando Louis Bacon se compró su isla privada en los noventa, bromearon con que no se notaría la diferencia, pues ya era como un mago de Oz, oculto detrás de un muro de pantallas, tan aislado como le era posible. Pero la realidad de los capitalistas de riesgo es el otro extremo; tienen oficinas cerca de los demás; comparten lugares en las juntas, y discuten el seguimiento de la financiación. Forman grupos geográficos y mentales y, dado que son fundamentalmente una red, hablar de una burbuja es muy costoso para ellos. Un inversor que cuestione una manía arruina la diversión de los demás.

En épocas normales, el mercado de valores equilibra la burbuja del grupo de riesgo, pues saben que, cuando una empresa apunte a cotizar en la bolsa, se enfrentará a un público más difícil, menos dispuesto a financiar sueños y libre de denunciar a una empresa o de decir que sus acciones se derrumbarán. Esto los mantiene a raya e impide que aumenten tanto las valuaciones que una oferta pública no sea rentable. Sin embargo, el mercado dejó de cumplir su función disciplinaria hacia finales de los noventa. Una nueva ola de agentes *amateur* se llenó de acciones de Internet, instigados por la publicidad financiera en canales de televisión como CNBC, que triplicaron su audiencia durante la segunda mitad de los noventa. Los fondos de cobertura sofisticados que iban en contra de la manía sufrieron pérdidas significativas hasta que cambiaron de posición, con lo que potenciaron el impulso alcista del mercado[17]. Para explicar el ham-

---

17. Dos agentes de fondos de cobertura notables que apostaron en contra de acciones en tecnología fueron Stanley Druckenmiller y Julian Robertson. En 1999, Druckenmiller cambió de postura.

bre insaciable por acciones en tecnología, los especialistas de Wall Street apuntaron a la lógica de la ley de potencia. Joseoph Perella, agente de inversión en jefe de Morgan Stanley, reflexionó maravillado: «Se produjo un cambio fundamental en el capitalismo de Estados Unidos. Lo que el público está diciendo, básicamente, es: "Quiero ser dueño de todas estas empresas. Si diecinueve fracasan, pero la número veinte es Yahoo, lo demás no importa"»[18]. De este modo, una vez que el mercado de valores adoptó la lógica de la ley de potencia, ya nada mantuvo a raya a los capitalistas de riesgo. Los financiamientos privados se cerraban con valuaciones cada vez más altas, y las *startups* reunían capital en cantidades cada vez mayores. En 1997, el almacén virtual Webvan consiguió 7 millones de dólares de Benchmark y Sequoia a pesar de ser más un concepto que una empresa. En 1998, consiguió otros 35 millones, esta vez de SoftBank, para construir su primer centro de distribución. En 1999, cuando el centro aún no acababa de estar en funcionamiento, los inversores fueron persuadidos a invertir la suma exorbitante de 348 millones de dólares. A esas alturas, la especulación le había asignado un valor de más de 4 mil millones de dólares a la empresa, a pesar de que perdía dinero. En síntesis, Webvan era como GO con esteroides, un subidón fenomenal del ego capitalista. De todas formas, dada la euforia del mercado de capitales, los inversores de riesgo no eran los únicos culpables. En otoño de 1999, Webvan tuvo una oferta pública exitosa y su valuación se disparó a 11 mil millones de dólares. Con inversores de bolsa dispuestos a valuar empresas de este modo, el frenesí del capital de riesgo estaba por perder la razón.

Con el estallido de los capitales de riesgo, Google estaba casi obligado a recurrir a ellos por dinero. El millón aportado por los inversores ángel solo duraría unos meses, en especial dado el hecho de que a Brin y a Page les importaba más generar audiencia que ingresos. A inicios de 1999, el más comprometido de los ángeles, Ram Shriram, tuvo la audacia de decirles que necesitaban tener un discurso sobre cómo, finalmente, generarían ganancias: era hora de formular un plan de negocio.

---

18. Cassidy, John, *Dot.Con: The Greatest Story Ever Sold*, HarperCollins, Nueva York, 2002, pág. 213.

«¿Qué es un plan de negocio?», fue la respuesta de Brin[19]. Shriram persistió y le dio el trabajo de hacerlo a un estudiante de Stanford que solía visitar la oficina de Google; luego revisó su red y encontró a un alto ejecutivo dispuesto a trabajar para la empresa[20]. Su papel era el mismo que Mitch Kapor había tenido al preparar a UUNET para visitar inversores.

En mayo de 1999, los jóvenes de Google se dispusieron a reunirse con los capitalistas de riesgo, pero, después de haber conseguido financiamiento en términos tan favorables con los ángeles, estaban decididos a conservar la ventaja. Dada la abundancia de fondos de riesgo, era un buen momento para poner a prueba sus límites, ya que el capital era, por lógica, barato. Era el momento para que un par de fundadores confiados pudieran demostrar hasta dónde podían obligar a ceder a los capitalistas.

Su primera misión era elegir a los inversores preferidos. Sequoia era un candidato natural, pues, a fin de cuentas, había financiado a Yahoo, pero también estaban ansiosos por reunirse con John Doerr, el motor de energía de Kleiner Perkins. Habiendo dejado el contratiempo de GO atrás, se había elevado como el más ávido promotor de Internet, el mejor para atraer talentos hacia sus empresas en cartera. Después de su inversión en Netscape, de algún modo había conseguido contratar a un ejecutivo de telecomunicaciones renombrado, el sobrio sureño Jim Barksdale, para que se uniera a esta poderosa empresa en ciernes. «Bark estaba encandilado por el aura de John Doerr», comentó alguien de la empresa[21]. Luego, Doerr había convertido a Netscape en un trampolín para algunas iniciativas destinadas a construir la red: @Home, el proyecto audaz para proveer conexión a Internet de alta velocidad a través de cables de banda ancha; drugstore.com, que intentaba vender productos farmacéuticos en línea; incluso un proyecto para convertir a Martha Stewart, exponente de la vida doméstica, en una franquicia de Internet. Por todo Silicon Valley, los emprendedores competían por unirse al Equipo Doerr. «Existe la idea de que si consigues a John y a Kleiner Perkins como inversores, prácticamente podrías comprarte tu Ferrari», le dijo un admirador a *The New Yorker*[22].

---

19. Auletta, *Googled*, pág. 48.

20. El estudiante que redactó el plan de negocios de Google fue Salar Kamangar. El ejecutivo de desarrollo fue Omid Kordestani Shriram en entrevista con el autor.

21. El hombre era el cofundador de Netscape, Jim Clark. Heilemann, John, «The Networker», *The New Yorker*, 11 de agosto de 1997.

22. Heilemann, «Networker».

El mayor exponente de la destreza de Doerr fue su inversión en Amazon. En 1996, se había hecho con el 13 por ciento de la *startup* de Bezos por 8 millones de dólares. En la primavera de 1999, Amazon cotizaba en bolsa con una valuación de más de 20 mil millones de dólares. Pero lo más destacable fue cómo llegó a esa inversión y lo que representó para su talla. Para cuando salió en busca de financiamiento de capitales de riesgo, Amazon, que había sido fundada en 1994, ya era un gran éxito, y recibía llamadas de aspirantes a inversores con tal frecuencia que bromeaban con cambiar el mensaje de su buzón de voz a: «Si es un cliente, presione "uno". Si es un capitalista de riego, presione "dos"»[23]. General Atlantic, firma de inversiones en tecnología respetada en Nueva York, los contactaba con mucha frecuencia y presionaba a Bezos con un acuerdo formal. En cambio, en lugar de perseguir a Amazon, Doerr fue el perseguido, pues su reputación era tal que Amazon lo buscó a él. En un principio, Doerr estaba demasiado ocupado como para prestarle atención, ya que el localizador y el teléfono móvil que llevaba en la cintura vibraban sin cesar. Finalmente, el director ejecutivo de una empresa de la cartera de Kleiner Perkins lo convenció de que cenara con el jefe de *marketing* de Amazon y, entonces, se hizo la magia: voló a Seattle, forjó un vínculo con Bezos de inmediato y robó el trato bajo las narices de General Atlantic, aun cuando ofreció una valuación menor. Cuando le preguntaron por qué había aceptado, Bezos lo explicó diciendo: «Kleiner y John son el centro de gravedad de gran parte del mundo de Internet. Estar con ellos es como estar en la cima del mercado inmobiliario»[24].

Dado que Doerr había invertido en Amazon y Bezos, en Google, era cuestión de tiempo para que Brin y Page se reunieran con la celebridad de Kleiner Perkins. Habían dado ese golpe maestro por sentado; mientras que otros emprendedores, con sus Ferraris en miras, hubieran pasado la noche preparando sus presentaciones, los jóvenes de Google no se esforzaron demasiado. Se reunieron con Doerr con una presentación de PowerPoint de apenas diecisiete diapositivas, de las cuales tres eran caricaturas y solo dos tenían números[25]. De todas formas, lo que no tenían

---

23. Heilemann, «Networker».

24. Heilemann, «Networker».

25. Doerr, John, *Measure What Matters*, Portfolio/Penguin, Nueva York, 2017, págs. 4–5. Auletta, *Googled*, eBook, págs. 57–58.

en formalidad lo compensaban con desenvoltura: Con la asesoría de Shriram, habían reducido su declaración de objetivos a unas pocas palabras: «Proveemos la información del mundo en un solo clic».

No había nada que Doerr apreciara más que una presentación audaz y conceptual; era ingeniero por historia, soñador por vocación. Además, Google había aprovechado el tiempo concedido por los inversores ángel para ganar terreno: ya procesaba más de medio millón de búsquedas diarias. Doerr estimó que, si lograba hacerse un lugar entre los motores de búsqueda principales, podría conseguir una capitalización de mercado de 1.000 millones de dólares. Para evaluar la ambición de los fundadores, les preguntó: «¿Cómo de grandes creéis que puede ser?». «Diez mil millones», respondió Page. «¿En capitalización de mercado?». «No, en beneficios», indicó Page con confianza, y abrió su portátil para demostrar lo rápidos y relevantes que eran los resultados de Google en comparación con los de sus rivales.

Doerr estaba asombrado y encantado. 10.000 millones de dólares en beneficios implicaban una capitalización de mercado de al menos 100.000 millones, cien veces más del potencial que Doerr estimaba para Google, para lo que debía ser una empresa tan grande como Microsoft y más grande que Amazon. Posible o no, el objetivo transmitía audacia, y Doerr no solía conocer a emprendedores que soñaran más en grande que él.

Mientras persuadían a Doerr, los fundadores de Google persiguieron a su próxima presa. Acababan de conocer al «superángel» Ron Conway y de proponerle un trato: podía invertir si los ayudaba a conseguir a Sequoia. Conway lo aceptó de buena gana; era un maestro de las conexiones, aun con los altos estándares de Silicon Valley. Era muy cercano a Doug Leone, el socio hosco de Michael Moritz en Sequoia. Mientras que Moritz era muy competitivo y hacía tanto amigos como enemigos, Leone era un italiano gregario de corazón[26].

Un viernes después del almuerzo, Leone recibió una llamada de Conway y, aunque nunca había oído hablar de Google, llamó a Brin y a Page de inmediato. A las cuatro de la tarde del mismo día, estaba sentado frente a los fundadores, maravillándose ante la presentación de su motor de

---

26. Un socio de Sequoia comentó: «Doug ha creado la relación que nos ha permitido existir en este ecosistema».

búsqueda: los resultados de Google eran mucho más útiles que los arrojados por Yahoo[27].

Tan pronto como salió de la reunión, Leone llamó a Moritz, quien se presentó a las seis de la tarde para escuchar la segunda presentación de los hombres de Google. Aunque ellos no lo supieran, esa puerta ya estaba abierta, pues Moritz había escuchado comentarios positivos sobre su tecnología por parte de Jerry Yang, cofundador de Yahoo, quien estaba pensando en utilizar Google en el cuadro de búsqueda de su sitio[28].

Para entonces, Moritz y Doerr estaban convencidos de invertir en Google, pero con ideas diferentes. En el ámbito no científico de los capitales de riesgo, cuando dos inversores compartían entusiasmo por el mismo trato, no necesariamente era por las mismas razones.

Para Doerr, ingeniero que apoyaba a ingenieros, la mayor atracción de Google era su lado técnico. Los escépticos argumentaban que, con dieciocho rivales, un motor de búsqueda sería un negocio de bajo margen, aunque él tenía suficiente fe en el avance tecnológico como para creer en que una plataforma que llegara más tarde, pero tuviera un algoritmo mejor, podría superar a sus competidores. Su socio, Vinod Khosla, lo explicó de este modo: si pensaban que la tecnología de búsqueda existente había alcanzado el 90 por ciento del potencial posible, subirlo a un 95 por ciento no convencería a los clientes. Pero si pensaban que el margen de avance era mayor, que la tecnología existente alcanzaba solo el 20 por ciento del potencial, Google podía ser tres o cuatro veces mejor que sus rivales, con lo que el margen de excelencia en ingeniería atraería a una oleada de usuarios[29]. Él mismo había amasado una fortuna en los noventa invirtiendo en generaciones sucesivas de rúteres, cada una mucho mejor que la anterior; la lección era que los productos de ingeniería podían mejorar mucho más de lo que un no ingeniero imaginaba.

Para Moritz, quien había sido periodista, la situación era diferente. Sin duda, notaba que el motor de búsqueda de Google era superior, pero

---

27. Sameer Gandhi recordó haber estado con Leone durante la reunión y que luego conversaron en el coche. «Los dos decíamos: "No tengo ni idea de qué tiene, pero algo tiene, tenemos que conseguirlos"». También rememoró una conversación con Moritz en la que le describió a Google como un motor de búsqueda «bañado en oro». Gandhi en entrevista con el autor, 17 de mayo de 2019.

28. Moritz en entrevista con el autor.

29. Khosla en entrevista con el autor, 31 de julio de 2018.

no imaginaba que fuera una superioridad transformadora. Esto se debía, en parte, a su visión del futuro de Internet. Dada su experiencia con Yahoo y el desarrollo de Internet en 1999, esperaba que lo dominaran las marcas[30]. Ante este panorama, las características técnicas como los motores de búsqueda serían complementos a sitios populares que dominaran la lealtad del cliente. Al momento, *The Washington Post* ya estaba pagándole a Google por alimentar el cuadro de búsqueda de su página principal, y pronto cerrarían un trato similar con Netscape. La idea de un vínculo con Yahoo encajaba en el patrón: Google podría tener futuro como el proveedor de búsqueda modesto en el portal popular de Yahoo[31]. Esta idea equivocada de Moritz es testimonio de lo impredecible que es el avance tecnológico; en 1999, la idea de que Google eclipsaría a Yahoo o de que Amazon superaría a todos sus rivales del comercio en línea no era para nada obvia.

Después de haber encantado a Kleiner y a Sequoia, Brin y Page evaluaron sus opciones. Otros capitales de riesgo como Benchmark y Accel ofrecían valuaciones más bajas; un banco de Nueva York estaba dispuesto a pagar más, pero Shriram les aconsejó que se apegaran a las firmas de la Costa Oeste que comprendieran cómo levantar empresas[32]. Así que, solo les quedaba elegir entre Kleiner y Sequoia y, decididos a hacer las cosas a su modo, decidieron elegirlos a ambos.

Bechtolsheim argumentó que no había posibilidades de que las dos firmas orgullosas accedieran a ser coinversoras, ya que acostumbraban a liderar tratos, no a compartirlos. Sin embargo, Brin y Page estaban decididos; en el clima dinámico de 1999, lo imposible sería posible. Con sus inversores ángel como intermediarios, informaron de que le venderían el 12,5 por ciento de las acciones a Kleiner y la misma cantidad a Sequoia y que, en caso de que alguna se negara, no le vendería nada a ninguna de las dos. Las firmas despotricaron y resoplaron, pues ni Amazon ni Yahoo los habían tratado de ese modo, pero, en medio de la euforia del mercado alcista, si no se ponían de acuerdo, era evidente que alguien más le brindaría el capital a Google.

---

30. La idea de que las marcas dominarían Internet era potenciada por el valor elevado de America Online, un portal que brindaba contenido y servicios. Moritz en entrevista con el autor.

31. Más adelante, Moritz señaló que había invertido en Google en parte para «asegurarse de que Yahoo estuviera controlado». Vise and Malseed, *Google Story*, pág. 65.

32. Shriram en entrevista con el autor.

Conscientes de su fuerza en la negociación, Brin y Page se mantuvieron firmes y enviaron a Conwey para que repitiera el ultimátum a Sequoia y a Shriram para que hiciera lo mismo en Kleiner[33].

Unos días después, Conway estaba en el aparcamiento de un Starbucks cuando recibió una llamada de Shriram. «La batalla terminó. Ambos invertirán y será cincuenta y cincuenta», le informó.

El 7 de junio de 1999, las tres partes firmaron el trato. Para Doerr, la inversión de 12 millones de dólares fue la más alta de su carrera. «Nunca había pagado tanto dinero por tan poca participación en una *startup*», dijo con ironía[34]. Gracias al surgimiento de inversores ángel y a la cantidad enorme de dinero que fluyó hacia la industria, el equilibrio de poder entre los emprendedores y los capitales de riesgo había cambiado.

Más allá de lo que Shriram hubiera dicho, la batalla entre los fundadores de Google y los inversores no había terminado en realidad. Los capitalistas habían aceptado casi todas las condiciones, pero estaban decididos a que la empresa tuviera un director ejecutivo externo. La organización vigente resultaba casi cómica: Page se había nombrado director ejecutivo y director financiero; Brin se había nombrado presidente y director. Sus títulos administrativos no coincidían con su experiencia en administración; para crear una empresa que compitiera con Microsoft, necesitarían a un director ejecutivo experimentado.

A la hora de firmar el acuerdo, Brin y Page habían aceptado que debían contratar a un director ejecutivo en un futuro no especificado[35]. Pero unos meses después, informaron a Doerr: «Hemos cambiado de parecer. Pensamos que somos capaces de dirigir la empresa entre los dos»[36]. Desde 1973, cuando Sutter Hill creó la fórmula Qume, hasta mediados de los noventa, cuando *startups* como Yahoo y eBay aceptaban a los di-

---

33. Vise and Malseed, *Google Story*, pág. 67.

34. Malik, Om, «How Google Is That?», *Forbes*, 4 de octubre de 1999, forbes.com/1999/10/04/feat.html#10cf995a1652.

35. Moritz recordó: «El acuerdo cuando invertimos fue que, entre otros, el director ejecutivo fuese contratado con tiempo». Moritz en entrevista con el autor.

36. Levy, Steven, *In the Plex: How Google Thinks, Works, and Shapes Our* Lives, Simon & Schuster, Nueva York, 2011, pág. 79–80.

rectores externos con los brazos abiertos, se daba por hecho que los capitalistas de riesgo nombrarían a un nuevo líder. Sin embargo, los jóvenes de Google citaron a una serie de fundadores exitosos que habían conservado el control de sus empresas —Michael Dell, Bill Gates y su inversor ángel, Jeff Bezos. «Lo que no consideraban era a los que habían fallado. Eso no estaba en su base de datos», comentó un agente de Doerr con aspereza[37].

Moritz y Doerr se tomaron mal la rebelión. «Si Larry y Sergey hubieran recibido indicaciones de un ser divino, también las hubieran cuestionado», sentenció Moritz[38]. En medio de una discusión acalorada, los inversores insistieron en que los fundadores estaban perjudicando el futuro de su empresa y que, si rehusaban recibir a un director externo, retirarían sus inversiones. «Me impuse con bravuconería», recordó Moritz[39].

El clima financiero de la época no ayudaba al humor de los capitalistas de riesgo. En la primavera del 2000, el auge de las acciones en tecnología terminó de forma abrupta; el dinamismo se detuvo y, en el curso del año siguiente, empresas exitosas como Webvan cayeron en bancarrota. Antes, los capitalistas de riesgo dedicaban el tiempo a organizar ofertas públicas y a calcular sus ganancias. Luego, con el cierre virtual de la recepción de ofertas públicas, se encontraron en la situación de cerrar empresas en cartera. Como era de esperar, su rendimiento decayó. El fondo promedio lanzado entre 1996 y 1997 había alcanzado un rendimiento anual de más del 40 por ciento, con lo que aplastaban el rendimiento de acciones en la bolsa. En contraste, los fondos lanzados en 1999 o 2000 bajaban el mercado público y, de hecho, perdían dinero[40]. Doug Leone, quien solía ser imperturbable, recuerda el impacto de la época. «Un día del año 2000 desperté y todo había cambiado. Formaba parte de doce juntas, y cada empresa tenía

---

37. El hombre era Dave Whorton. Heilemann, John, «Journey to the (Revolutionary, EvilHating, Cash-Crazy, and Possibly Self-Destructive) Center of Google», *GQ*, 14 de febrero de 2005.

38. Vise and Malseed, *Google Story*, pág. 106.

39. Heilemann, «Journey to the (Revolutionary, Evil-Hating, Cash-Crazy, and Possibly SelfDestructive) Center of Google».

40. El resumen del desarrollo de los capitales de riesgo se basa en información provista por la empresa de datos Burgiss, con cálculos adicionales de Steven N. Kaplan de la Universidad de Chicago.

más problemas que la otra. Santo Dios, ¿qué haré ahora?»[41]. Jim Swartz, de Accel, tiene recuerdos similares del colapso. «Por primera vez en mi carrera, tuve que llegar a una reunión de la junta y decir: "Oíd, tenemos millones en el banco, pero este modelo no funcionará en el nuevo mundo. Liquidemos la empresa y ya"»[42]. Otro capitalista recordó: «Era tan deprimente que incluso resultaba difícil sentirse bien respecto a las presentaciones por tratos nuevos»[43].

Doerr sufrió el colapso tanto como los demás. Su iniciativa de Martha Stewart perdió el 60 por ciento de su valor durante los primeros cuatro meses del año 2000. Su empresa de Internet por cable @Home, que había alcanzado una capitalización de 35 mil millones de dólares a comienzos de 1999, en 2001 presentó la bancarrota. Incluso las acciones de Amazon bajaron, y un analista destacado de la firma Lehman Brother de Wall Street advirtió que podrían entrar en mora con los tenedores de bonos. Doerr llamó al jefe de Lehman, Dick Fuld, e insistió en que los números del analista eran erróneos, logrando que el siguiente análisis crítico de Lehman fuera retrasado y atenuado. «Dick valoró la llamada», dijo Doerr más adelante[44].

Mientras afrontaba la marea, Doerr canalizó la irritación con los hombres de Google creando una nueva estrategia. En el verano del 2000, les hizo a Brin y a Page una oferta que sería satisfactoria para su vanidad: él y Moritz les presentarían a fundadores exitosos admirados para que hablaran del valor de tener a un director externo. Doerr tenía esperanzas de que al menos estuvieran dispuestos a escuchar a sus colegas emprendedores. Consciente de que el poder se había inclinado en favor de los fundadores, estaba imitando el trato delicado de los inversores ángel.

«Si creéis que debemos hacer una búsqueda, la haremos», les dijo Doerr en referencia a lo que podría suceder después de que hablaran con los otros fundadores. «Si lo queréis, yo tomaré una decisión al respecto», añadió[45].

41. Leone en entrevista con el autor.

42. Swartz, Jim, «Oral History of Jim Swartz», entrevista con John Hollar, Computer History Museum, 11 de octubre de 2013, archive.computerhistory.org/resources/access/text/2015/05/102746860-05-01-acc.pdf.

43. Alex Rosen en entrevista con el autor, 29 de mayo de 2018.

44. Doerr en entrevista con el autor, 12 de marzo de 2021.

45. Levy, *In the Plex*, pág. 80.

Durante las semanas siguientes, Brin y Page consultaron a una serie de oráculos de Silicon Valley: Steve Jobs de Apple; Andy Grove de Intel; Scott McNealy, director ejecutivo de Sun Microsystems; y, por supuesto, a Jeff Bezos de Amazon[46]. Doerr siguió cada reunión con discreción para consultar a los hombres experimentados qué pensaban de la decisión de los hombres de Google de dirigir su empresa sin ayuda. «Algunas personas quieren atravesar el océano Atlántico en una balsa de goma. Está bien si eso quieren, la pregunta es si tú quieres tolerarlo»[47], recuerda haber escuchado de Bezos.

Al final del verano, Brin y Page volvieron a ver a Doerr. «Esto podría sorprenderte, pero estamos de acuerdo contigo»[48]. No solo querían a un director ejecutivo externo, sino que ya lo habían encontrado. Solo había una persona que cumplía con sus estándares. «¡Nos gusta Steve Jobs!», le informaron[49].

Dado que Jobs no estaba disponible, Doerr, quien a veces se describía como un «reclutador glorificado», buscó una alternativa. «No invertimos en planes de negocios, no invertimos en flujo de caja con descuento, invertimos en personas», remarcó, con lo que reveló que la esencia de los capitales de riesgo no había cambiado desde los días de Arthur Rock y Tommy Davis[50]. Analizó su red para identificar a un ejecutivo con experiencia en informática, pero su primera opción se negó a ver futuro en el millonésimo motor de búsqueda. Luego, en octubre del 2000, se fijó en otro científico informático devenido en ejecutivo: Eric Schmidt, quien dirigía una empresa llamada Novell[51].

Al encontrarlo en una reunión política de recaudación de fondos en casa del director ejecutivo de Cisco, se acercó a hablarle. Habían sido amigos desde los ochenta, cuando ambos habían tenido relación con Sun Microsystems. Schmidt había ascendido en Sun y había demostrado tener talento para relacionarse con ingenieros tempestuosos. Un año, su equipo desmanteló un

46. Heilemann, «Journey to the (Revolutionary, Evil-Hating, Cash-Crazy, and Possibly SelfDestructive) Center of Google».

47. Heilemann, «Journey to the (Revolutionary, Evil-Hating, Cash-Crazy, and Possibly SelfDestructive) Center of Google».

48. Levy, *In the Plex*, pág. 80.

49. Auletta, *Googled*, pág. 64.

50. Doerr en entrevista con el autor, 5 de marzo de 2021.

51. Auletta, *Googled*, pág. 67.

Volkswagen Beetle y lo reconstruyó en su oficina. Y un vídeo muestra al joven Schmidt disfrutando de una broma tanto como cualquiera[52].

Doerr sabía que Schmidt planeaba vender Novell y que pronto buscaría un nuevo trabajo[53]. Entones, con su tono más urgente, le dijo que debería ir a Google.

«No imagino que Google pueda valer tanto. A nadie le importan un comino los motores de búsqueda», le respondió Schmidt.

«Pienso que tendrías que conversar con Larry y Sergey», insistió Doerr. Google era una «joya que necesitaba pulirse»[54].

Schmidt confiaba demasiado en Doerr como para ignorar sus pedidos. «John me conocía bien y sabía lo que me importaba. Si alguien en quien confiaba me pedía que hiciera algo, lo hacía», declaró luego[55]. Entonces, cumplió con la visita a Google, que, por coincidencia, se ubicaba en el antiguo edificio de Sun, y creyó reconocer las mismas lámparas de lava que habían estado ahí en los ochenta. También notó que su biografía estaba pegada en la pared. «Qué extraño», se dijo a sí mismo.

Brin y Page se dispusieron a adular a Schmidt por su rendimiento en Novell. Según ellos, los esfuerzos de la firma por acelerar la respuesta de Internet con el método de servidores proxy era erróneo. Durante la siguiente hora y media, se embarcaron en una discusión que Schmidt recuerda como muy estimulante; en el fondo, era un intelectual, ingeniero de ingenieros, no solo un hombre de negocios en busca de objetivos comerciales[56]. Sin embargo, por mucho que disfrutara la disputa, la alerta era obvia: la tarea de un director ejecutivo se limitaría a controlar a los dos jóvenes, en especial dado que generar beneficios seguía siendo un objetivo lejano[57].

---

52. «Schmidt April Fool Cars 1986 & 2008», 16 de mayo de 2008, YouTube, youtube. com/watch?v=cs9FjfSv6Ss.

53. Auletta, *Googled*, pág. 67. Heilemann, «Journey to the (Revolutionary, Evil-Hating, Cash-Crazy, and Possibly Self-Destructive) Center of Google».

54. Auletta, *Googled*, pág. 67. El relato también se basa en la entrevista de Schmidt con el autor del 8 de mayo de 2019.

55. Schmidt en entrevista con el autor.

56. Moritz relató que la combinación de la experiencia administrativa y técnica de Schmidt fue el factor decisivo, y agregó que Doerr merecía el crédito por haberlo contratado. Moritz, *e-mail* al autor, 29 de octubre de 2020.

57. Alrededor del año 2001, el inversor ángel David Cheriton bromeó diciendo que lo único que recibió por su inversión en Google fue «la camiseta más cara del mundo». Levy, *In the Plex*, pág. 79.

Como Brin y Page les habían vendido apenas un cuarto de la empresa a los capitalistas de riesgo, conservaban el control y, si se arrepentían de haber contratado a un director ejecutivo, tendrían el poder de despedirlo.

Schmidt estaba emocionado por la idea de unirse a Google y ansioso por confiarle su futuro a dos veinteañeros volubles, pero, al final, los guardianes confiables de las redes de Silicon Valley inclinaron la balanza. «Estaba seguro de que los capitalistas de riesgo serían buenos conmigo si Larry y Sergey me despedían», declaró[58]. Si Google no funcionaba, Doerr y Moritz le conseguirían un trabajo igualmente bueno en otra parte, así que, con la red de seguridad tensa, dio el salto. Al menos, Google tenía la guía experimentada que necesitaba para convertirse en una empresa global.

Con el reclutamiento de Schmidt en 2001, los jóvenes de Google les enseñaron a los capitalistas de riesgo la segunda de tres lecciones. La primera fue sobre del valor del trato: como dijera Doerr, fue el valor más alto que Kleiner había pagado por una porción modesta en una *startup*. La segunda se trató de la rebelión contra el modelo Qume: Schmidt había sido contratado después de un largo tiempo de retrasos y, aun después, servía apenas como una voz del triunvirato que dirigía la empresa. La tercera lección llegó en 2004, cuando Google se preparaba para la oferta pública. En contra de las tradiciones de Silicon Valley y de las protestas de Doerr y de Moritz, Brin y Page insistieron en conservar el poder aún después de que cotizaran en bolsa. Siguiendo el precedente más que nada de empresas de medios familiares, decretaron que Google emitiría dos clases de acciones: las primeras serían de los fundadores y de los primeros inversores y les conferirían diez votos en las decisiones más importantes. Las segundas serían de inversores externos de la bolsa de valores y les conferirían un solo voto. De este modo, los inversores externos tendrían un quinto de los votos, mientras que los demás, con Brin y Page a la cabeza, conservarían el control de la empresa[59].

---

58. Schmidt en entrevista con el autor.

59. Más allá de lo que digan otras fuentes, el formulario S-1 de Google demuestra que los administradores sénior y los inversores previos a la oferta pública retendrían el 82,1 por ciento del poder de voto. Brin y Page tendrían el 15,8 cada uno. Google's Form S-1 Registration Statement, 18 de agosto de 2004, pág. 103.

Cuando los jóvenes propusieron la estructura accionaria, Doerr y Moritz tuvieron dos objeciones. La primera fue que los inversores externos podrían echarse atrás ante la idea de ser ciudadanos de segunda clase, lo que bajaría el precio de las acciones y haría que los capitalistas de riesgo tuvieran una salida menos rentable. La segunda fue que consagrar el control de los fundadores de forma indefinida parecía desaconsejable. Brin y Page eran jóvenes, era probable que cambiaran, al igual que la empresa. Y, a medida que Google creciera, sería más difícil de dirigir. ¿Y si los fundadores decidían disfrutar de sus fortunas en islas del Caribe? [60]

En respuesta, los jóvenes tuvieron dos argumentos: uno sobre la misión pública de Google. Los grupos de noticias como la Washington Post Company y la New York Times Company creían que los periodistas podrían reportar los eventos con más honestidad solo si estuvieran protegidos de accionistas hambrientos de ganancias. Mientras que una familia liberal con sentido del deber cívico perseguiría la verdad sin miedo o preferencias, los accionistas públicos, cuya reputación no estaría atada a la calidad de las noticias, eran más propensos a dudar ante la idea de enemistarse con Gobiernos o publicistas poderosos. Brin y Page pensaban lo mismo de Google: su propuesta de oferta pública invocaba su «responsabilidad con el mundo», la de proveer información libre, abundante e imparcial. Doce años más tarde, cuando los gigantes tecnológicos eran denunciados por acumular información de los clientes y desdibujar los límites entre las noticias reales y las falsas, el supuesto lazo entre el poder de los fundadores y el bien común llegaría a ser cuestionable. Pero en 2004, los hombres de Google insistieron en que serían mejores guardianes del interés público que los accionistas externos. La democracia accionaría dañaría la democracia política.

El segundo argumento hacía foco en las ganancias a largo plazo. Haciendo eco de un conocido crítico del capitalismo accionario, afirmaron que los inversores de la bolsa eran cortos de miras y no apoyaban a gerentes que comprometieran las ganancias de hoy para financiar la expansión de mañana. Por tanto, los inversores de la bolsa debían tener votos limitados por su propio bien: sus intereses serían mejor pro-

---

60. Moritz también creía que la estructura accionaria dual contradecía el ideal de Google: que la información debía difundirse para que las decisiones pudieran surgir de debates abiertos más que de jefes en sus trincheras. Moritz en entrevista con el autor.

tegidos si su influencia fuera minimizada. Sin duda, el argumento sobre la democracia política —que las masas debían ser privadas de votos por su propio bien— sería ridiculizado. Tampoco es evidente que los inversores de la bolsa sean incapaces de comprender sus intereses a largo plazo; por el contrario, suben el precio de empresas de inversión intensiva como Amazon, Netflix y Tesla porque valoran el futuro[61]. Sin embargo, los jóvenes de Google citaban la teoría tendenciosa sobre el cortoplacismo con gusto, y su mensaje para potenciales inversores en la oferta pública declaraba de forma desafiante: «No nos acobardaremos ante proyectos de alto riesgo y altas recompensas por la presión de generar ganancias a corto plazo»[62].

El 19 de agosto de 2004, Google se presentó en oferta pública, y gran parte de la atención se centró en el mecanismo que utilizó para distribuir las acciones, pues, en otra de sus rebeliones contra la clase financiera, los fundadores habían rehusado pagar la cuota tradicional a los banqueros por ofrecer las acciones y, en cambio, decidieron venderlas en subasta. Aunque este mecanismo experimental no se convirtiera en modelo para futuras ofertas públicas de Silicon Valley, otras empresas como Facebook copiaron la estructura dual de acciones con diez votos y acciones con uno[63]. El crecimiento exponencial de Google después de la oferta pública —durante los tres años siguientes, el valor de las acciones se

---

61. Quienes afirman que los inversores de la bolsa deprecian las ganancias futuras de las empresas, por definición, argumentan que la sobrevaloración no sucederá. Dada la historia de las burbujas del mercado, la afirmación no es convincente.

62. Google IPO Prospectus, 18 de agosto de 2004, www.sec.gov/Archives/edgar/data/1288776/000119312504143377/d424b4.htm. Una vez más, cabe destacar que las empresas de tecnología en la bolsa, entre ellas Netflix, Amazon, Salesforce y Tesla, hicieron declaraciones similares y fueron recompensadas con precios elevados de sus acciones. Existe poca evidencia de que no cotizar en bolsa sea un prerrequisito confiable para ser visionarios; la ventaja es otra: gastos regulatorios más bajos, mejor supervisión de los administradores (dado que las juntas controlan) y mayor capacidad para supervisar a los competidores con innovaciones desarrolladas bajo el radar.

63. Entre 1999 y 2019, un promedio de solo dos ofertas públicas al año se presentaban como subastas. Jay Ritter, University of Florida, tabla 13, https://site.warrington.ufl.edu/ritter/files/IPO-Statistics.pdf. Después de la subasta holandesa de Google, las *startups* de tecnología tendieron a elegir ofertas públicas tradicionales; entre los ejemplos se encuentran Facebook, LinkedIn y Twitter. Luego probaron otros métodos. Spotify y Slack eligieron ofertas públicas directas, no por subasta. EBob Gurley, socio de Benchmark, emergió como defensor de la reforma de la oferta pública inicial y patrocinó una conferencia al respecto en octubre de 2019. Tully, Shawn, «Why Famed VC Bill Gurley Thinks IPOs Are Such a Rip-Off», *Fortune*, 16 de junio de 2020, fortune.com/2020/06/16/vc-bill-gurley-ipo-rip-off-venture-capital.

quintuplicó— hizo que las objeciones de los capitalistas de riesgo respecto a las acciones de segunda clase parecieran irrelevantes. Al parecer, los inversores estaban demasiado encantados como para no comprar las supuestas acciones de segunda. Y la idea de que los fundadores tenían demasiado poder fue acallada por el éxito con el que manejaban la empresa.

Al ser la estrella más brillante de la era en Silicon Valley, Google tuvo gran influencia en la forma en la que las *startups* recaudaban dinero, y cada vez más emprendedores comenzaron a recurrir a inversores ángel para conseguir su capital inicial y obligaron a los inversores de la serie A a pagar un ojo de la cara. Rechazaron el modelo de Qume para dirigir su propio espectáculo y se deshicieron de la democracia accionaria. En síntesis, usaron todos los mecanismos a su disposición para conservar más riquezas y, lo que era crucial, más poder. Los capitales de riesgo estaban frente a un nuevo desafío.

Durante los primeros años del siglo XXI, la relevancia de Google aún no era evidente. La comunidad inversora aún estaba enfocada en la caída de su rendimiento. En 2003, Sequoia tenía dificultades para remontar un fondo que había perdido alrededor del 50 por ciento de su valor; los socios se sentían en la obligación honorífica de reinvertir sus comisiones para conseguir un rendimiento de apenas 1,3x[64]. La suerte del fondo Kleiner Perkins fue aún peor y nunca logró salir de las sombras. Masayoshi Son, quien había sido el hombre más rico del mundo por un breve período, perdió más del 90 por ciento de su fortuna. Después de haberse hecho con grandes sumas de capital durante el período de auge, muchas sociedades no veían la forma de invertir su dinero, y algunas regresaron a los socios externos, otras dejaron de reunir fondos nuevos y las pocas que intentaron hacerlo eran rechazadas por sus promotores[65]. Durante la cús-

---

64. Este fue el fondo de Sequoia reunido después del que ganó el premio mayor con Google.

65. Las sociedades de capital de riesgo que devolvieron capital a los socios comanditarios incluyeron Accel, Kleiner Perkins y la sucursal europea de Benchmark. En total, se devolvieron 4 mil millones de dólares en la primera mitad del 2002. Bransten, Lisa, «A Slowing Environment, High Fees Prompt Return of Uninvested Capital», *Wall Street Journal*, 1 de julio de 2002, wsj.com/articles/SB1025209176769923200.

pide del año 2000, los fondos de capitales de riesgo habían alcanzado los 104 mil millones de dólares. Para el 2002, habían bajado a alrededor de 9 mil millones[66].

Sin el estímulo del capital abundante, los emprendimientos también parecieron recaer. El «dinero así, como si fuera por nada» fue reemplazado por un congelamiento de los nuevos proyectos arriesgados. Las *startup* se volvieron menos frecuentes que los cierres de empresas, y pocos tenían deseos de esforzarse con firmas iniciales y de trabajar a todas horas sin tener muchas expectativas de recompensas financieras. Silicon Valley perdió 200.000 puestos de trabajo entre 2001 y comienzos de 2004; las vallas de las autopistas se quedaron sin anuncios publicitarios y los doctores en física atendían mesas. Ser parte de Silicon Valley era, en términos de un emprendedor, entender que «solo las cucarachas sobreviven, y tú eres una de las cucarachas»[67].

Pero la oferta pública de Google en el verano de 2004 marcó el fin de este período oscuro y probó que las empresas de *software* podían florecer incluso en el contexto de la quiebra de las punto com. Demostró que el progreso digital podía continuar a buen ritmo aun cuando el resto del país estaba tambaleándose por el impacto de los ataques terroristas de 2001 y de la recesión siguiente. Por la misma época, Salesforce, otra estrella del *software*, se presentó en oferta pública y, en 2005, la *startup* de telefonía por Internet Skype enriqueció a sus financieros cuando eBay la compró por 3,1 mil millones de dólares. Sin embargo, mientras que todo volvía a la vida, la industria de los capitales de riesgo despertó por el eco y la extensión del desafío de Brin y Page. Los emprendedores jóvenes ya no se dejaban amedrentar por inversores experimentados; de hecho, solían tratarlos de forma desdeñosa.

Paul Graham, autodenominado programador que se convirtió en gurú influyente entre los fundadores de *startups*, materializó este cambio en el ánimo. En 1995, junto con otro estudiante de Harvard, había fun-

---

66. Información de la National Venture Capital Association. Incluso llegado 2004, una sociedad de élite como Accel aún tenía dificultades. Las dotaciones de Princeton y de Harvard pusieron límites. Yale y MIT rehusaron tomar sus lugares. Jim Breyer en entrevista con el autor, 9 de febrero de 2019. En ese momento, Breyer era el socio administrador de Accel.

67. El emprendedor era Sean Parker, de quien se sabrá más en el capítulo 9. Fisher, Adam, *Valley of Genius: The Uncensored History of Silicon Valley*, Hachette, Nueva York, 2018, pág. 318.

dado la empresa de *software* Viaweb, que vendió a Yahoo en 1998 por 45 millones de dólares en acciones: fue la clásica historia de un programador haciendo el bien. Luego, se había dedicado a la escritura, donde se explayaba sobre todos los temas, desde las virtudes del lenguaje de programación Lisp hasta la popularidad en el instituto y los desafíos de emprender. En principio, presentó sus ensayos, que celebraban a codificadores y denigraba los negocios, en su blog y, en 2004, en un libro. El hecho de que fuera oriundo de Cambridge, Massachusetts, enfatizaba la relevancia de sus visiones; la rebeldía de los fundadores de Google era parte de un fenómeno nacional.

El primer consejo de Graham para los programadores jóvenes fue que tuvieran cuidado con los capitalistas de riesgo: «Gastad lo menos posible, porque cada dólar que recibáis de un inversor lo pagaréis con vuestros traseros», les dijo a los lectores. En su propia empresa, uno de los inversores ángel había sido un comerciante de metales temible que «parecía la clase de tío que se levantaba por la mañana y desayunaba rocas». Cuando Viaweb afrontó dificultades, otro de los inversores intentó tomar su capital; gracias a estas experiencias, Graham había descubierto cómo enfrentar a hombres ricos. «Al dejarlos invertir, les haces un favor», les aseguró a sus discípulos. Gracias a Brin y Page, los ricachones siempre se estarían preguntando, «¿Estos tíos serán el nuevo Google?»[68].

Graham también se hizo eco de la opinión de los jóvenes de Google sobre los altos ejecutivos: «Es posible que las personas maduras, experimentadas y con pasado en los negocios estén sobrevaloradas», declaró. «Solíamos llamarlos "presentadores de telediario". Tenían el cabello arreglado, hablaban con voces profundas y confiadas y, en general, no sabían mucho más de lo que leían en el *teleprompter*». Al frente de su empresa, había resistido la presión del desayunador de rocas para que contratara a un director ejecutivo experimentado y, en su lugar, había contratado a un director más humilde que estaba feliz de permitir que los programadores controlaran la empresa. «Descubrí que los negocios no son un gran misterio. Crea algo que los usuarios amen y gasta menos de lo que ganes. ¿Cuán difícil puede ser?», exigió.

---

68. Graham, Paul, «How to Start a Startup», paulgraham.com (blog), marzo de 2005, paulgraham.com/start.html.

Lo más significativo, tal vez, fue que Graham percibió cómo el *software* estaba cambiando el negocio del capital de riesgo. Al igual que Yahoo, eBay y, de hecho, su propia empresa Viaweb, Google marcaba un cambio importante. Con la llegada de Internet, la clase de empresa más relevante producía códigos, por lo que no necesitaba mucho capital para crear centros de producción. Al mismo tiempo, el movimiento de fuentes abiertas puso a disposición grandes cantidades de *software* gratis, de modo que el propio Internet redujo los gastos de publicitar y distribuir nuevos productos[69]. La nueva generación de *startups* necesitaba menos dinero por todos estos motivos, pero los capitalistas de riesgo estaban retrasados en el desarrollo[70]. El auge de finales de los noventa los había habituado a manejar grandes fondos y a recolectar las ganancias acordes y, como resultado, aportaban más capital del que era bueno para las *startups*, como granjeros que sobrealimentaban gansos para hacer pate de foie.

En opinión de Graham, la sobrealimentación generaba al menos tres problemas. En primer lugar, las inversiones altas implicaban valuaciones altas para las *startups*, lo que disminuía las posibilidades de tener salidas rentables. Muchos fundadores hubieran sido felices de vender sus empresas por 15 millones de dólares, pero los capitalistas de riesgo, que habían fijado la valuación en 7 u 8 millones, no estarían satisfechos con un rendimiento de apenas 2x. En segundo lugar, las inversiones altas implicaban que los capitalistas se tomaran un «tiempo agónico en decidirse», y el retraso distraía a los fundadores de lo importante, que era escribir códigos y crear productos. Por último, implicaban que los inversores se apresuraran a eliminar las características maravillosas y singulares de las *startups*; nombraban a másteres en administración sin sentido del humor para que vigilaran a codificadores estrafalarios, algo similar a cómo los bolcheviques imponían comisarios políticos en unidades del Ejército Rojo.

---

69. Graham, Paul, «The Venture Capital Squeeze», paulgraham.com (blog), noviembre de 2005, paulgraham.com/vcsqueeze.html.

70. Graham se extendió: «Fairchild necesitaba mucho dinero para arrancar, pues debían construir fábricas. ¿En qué se gasta actualmente la primera ronda de financiación de una *startup* web? Tener más dinero no hará que un *software* escriba más rápido; tampoco es necesario para las instalaciones, que hoy en día pueden ser de muy bajo coste; lo único que el dinero puede comprar en realidad son las ventas y el *marketing*. El equipo de ventas tiene valor, debo admitirlo, pero el *marketing* es cada vez más irrelevante. En Internet, cualquier cosa que sea realmente buena se dará a conocer de boca en boca». Graham, Paul, «Hiring Is Obsolete», paulgraham.com (blog), mayo de 2005, paulgraham.com/hiring.html

Tras reunir todas sus críticas, Graham propuso lo que dio en llamar «teoría unificada de la incompetencia de los capitales de riesgo». «Si sumas toda la evidencia del comportamiento de los capitalistas de riesgo, la personalidad resultante no es atractiva», concluyó. «De hecho, es el villano clásico: alternativamente cobarde, avaro, hipócrita y arrogante». Pero continuó diciendo que los villanos estaban a punto de recibir una lección de humildad. «Cuando las *startup* necesitan menos dinero, los inversores tienen menos poder... los capitalistas tendrán que ser arrastrados pataleando y gritando por este camino, pero, como muchas cosas hacia las que podemos ser arrastrados de este modo, podría ser bueno para ellos»[71].

La predicción de Graham probó ser más precisa de lo que incluso él mismo había imaginado. La revolución juvenil de los empresarios de *software* —gestada por Google, articulada por Graham— pronto les presentaría pruebas nuevas a los capitalistas de riesgo. Y, para su propia sorpresa, Graham tendría un papel estelar en las pruebas.

---

71. Graham, Paul, «Hiring Is Obsolete».

9

PETER THIEL, Y COMBINATOR Y LA REVUELTA JUVENIL DE SILICON VALLEY

Hacia finales de 2004, el equipo de inversión de Sequoia tuvo una reunión inquietante. Roelof Botha, socio de treinta y un años, había organizado la visita de un emprendedor aún más joven, un estudiante de segundo año de Harvard llamado Mark Zuckerberg. Sequoia supo que, por esos días, los fundadores de las *startups* podían ser muy jóvenes: Zuckerberg tenía tan solo veinte años. En una era de empresas de *software*, lo único que necesitaban era dominar un código, tener una idea de producto y ser muy determinados.

La reunión estaba pactada para las ocho de la mañana; a las ocho y cinco, Zuckerberg aún no había aparecido. Esas eran las dificultades que afrontaban los capitalistas de riesgo cuando las promesas eran casi adolescentes. Botha llamó para confirmar que el invitado de honor fuera presentarse.

Zuckerberg y su amigo Andrew McCollum aparecieron finalmente, no solo tarde, sino que vestidos con pantalones de pijama y camisetas. Don Valentine, ya retirado, había ido de visita a la oficina ese día y espió a la pareja desde la recepción. Como recordaba los setenta, cuando había tenido que tratar con personajes rebeldes como Nolan Bushnell de Atari, entendió el mensaje: los pijamas eran una provocación, un desafío. Para tener la oportunidad de invertir en la empresa de Zuckerberg, Sequoia tenía que hacer el equivalente del 2004 de lo que Don Valentine había hecho con Bushnell: mantener la calma, desvestirse y meterse en el *jacuzzi*.

Valentine corrió hacia la sala de juntas a preparar a sus colegas para el impacto visual. «No comentéis sobre lo que se han puesto, es una prueba. No les preguntéis por qué traen puestos pijamas», les advirtió con fuerza y luego desapareció, pues sabía que ver a un septuagenario retirado no ayudaría a la conversación [1].

Al llegar, Zuckerberg y McCollum afirmaron haberse quedado dormidos, de allí los pijamas. El mensaje que transmitían era «¿Sequoia? ¿A quién le importa?». Tener una reunión con esa firma afamada no era motivo suficiente para programar una alarma. No todos los presentes creyeron en su historia de todas formas, ya que Zuckerberg parecía recién salido de la ducha con el cabello todavía húmedo [2]. Aunque la alternativa no era mucho más alentadora: el joven se había levantado, aseado, *decidido* ponerse un pijama y llegar insolentemente tarde. Un desaire intencional era peor que uno accidental.

Zuckerberg se sentó en la mesa de la sala y exhibió una presentación de diapositivas que no mencionaba Thefacebook, la red social que se expandía como un virus en los campus universitarios. En su lugar, presentó una idea desconocida para compartir archivos llamada Wirehog. Los hombres de Sequoia, acostumbrados a recibir a lo mejor de Silicon Valley, tendrían que escuchar el rollo sobre un proyecto secundario. Y el título de la presentación fue aún más insultante: «Las 10 razones principales por las que no deberíais invertir en Wirehog», decía a modo de burla.

«Número 10: No tenemos ingresos».

«Número 9: Probablemente seremos demandados por la industria musical».

«Número 3: Llegamos tarde y en pijama».

«Número 2: Sean Parker está involucrado».

«Número 1: Solo estamos aquí porque Roelof nos dijo que viniéramos».

Los socios de Sequoia estaban acostumbrados a trabajar con fundadores difíciles y apuntaban a ser más disciplinados que otras firmas; tenían el orgullo y los prejuicios bajo control. Además, animados por la advertencia de Valentine, no reaccionarían ante la provocación

---

1. Valentine en entrevista con el autor, 7 de abril de 2018.

2. Botha en entrevistas con el autor, 14 de mayo y 24 de septiembre de 2019, 4 de noviembre de 2020.

de los pijamas. Sin embargo, por mucho que intentaran tener una conexión con Zuckerberg, no llegaban a él. Era evidente que el joven admiraba a Roelof Botha, a quien luego quiso reclutar para Facebook, pero no se dejaría encandilar por la sociedad en sí, en especial por su líder, Michel Moritz. Era como si estuviera viviendo una clase de fantasía estudiantil: ir a la entrevista de un trabajo que no quieres y regodearte por el placer de ridiculizar a tus mayores.

La broma del pijama de Zuckerberg marcó un punto de inflexión para los capitales de riesgo. A esas alturas, a finales de 2004, Google ya se había presentado en oferta pública, y otros emprendedores jóvenes se estaban haciendo los difíciles de acuerdo a las enseñanzas de Brin y Page. Pero una cosa era que los emprendedores negociaran con los capitalistas y aceptaran su dinero de todas formas, como habían hecho los fundadores de Google; otra era adoptar la postura de Zuckerberg, que realmente no quería que Sequoia lo financiara.

Al final de la presentación de Wirehog, los socios aún no terminaban de entender que Zuckerberg nunca aceptaría su capital, pero la penúltima diapositiva —la que mencionaba a Sean Parker— debió haber servido de señal. A los veinticinco años, Parker ya era un ejemplo notable de la creciente rebeldía de la cultura joven. A los dieciséis años, había sido atrapado por el FBI por hackear redes informáticas corporativas y gubernamentales y lo habían condenado a hacer servicio comunitario[3]. A los veinte, había tenido problemas con la ley una vez más, en esa ocasión por su participación en el sitio de música pirata Napster. En su tercer acto, había lanzado la *startup* de *software* Plaxo, que fue un triunfo y una humillación a la vez.

El programa Plaxo servía para actualizar la agenda en línea automáticamente; al instalarlo, rastreaba a los contactos y les enviaba correos electrónicos con el mensaje: «Hola, estoy actualizando mi agenda de contactos. Por favor, tómate un momento para actualizar tu información más

---

3. Kirkpatrick, David, «With a Little Help from His Friends», *Vanity Fair*, 6, de septiembre de 2010.

reciente»[4]. Si quienes lo recibían respondían, el programa enviaba el mismo correo a todos los contactos en sus agendas y, así, reclutaba a nuevos usuarios. En poco tiempo, millones de cuentas de correo habían recibido el mensaje de Plaxo, y Parker había creado el manual de procedimientos para el *marketing* en línea viral que llevó al crecimiento de futuros gigantes tecnológicos[5]. Muchos se quejaban de que era el servicio más insoportable de la red: los usuarios inocentes eran bombardeados con sus correos varias veces al día, pero eso no perturbaba a Parker. «Plaxo es como una banda *indie* a la que el público no conoce, pero que tiene mucha influencia sobre otros músicos», afirmó[6].

A inicios de 2004, Plaxo había atraído a casi dos millones de usuarios y había aceptado dos rondas de inversión lideradas por Michael Moritz de Sequoia, pero luego, como solía hacer, dejó escapar la victoria. A veces no se presentaba a trabajar[7] o, cuando lo hacía, no siempre era de utilidad. «Trae a un puñado de chicas a la oficina para mostrarles que es fundador de una *startup*», bufó uno de sus dos cofundadores[8]. Finalmente, en abril de 2004, Sequoia y otros inversores intervinieron y, para alivio de los cofundadores, despidieron a Parker de su propia empresa[9].

A continuación, Parker inició su cuarto acto; no podía decirse que no era resiliente. Tras haber oído del dominio de Facebook en los campus universitarios, le envió un correo a Zuckerberg para ofrecerle presentarle a los inversores. Los dos jóvenes cenaron en Nueva York y descubrieron que tenían mucho en común: eran dos jóvenes ambiciosos que experimentaban con redes sociales en línea. Cuando Zuckerberg se mudó a Palo Alto con algunos amigos en junio de 2004, alquilaron una casa de estilo campestre a una calle de Parker.

Una noche, mientras cenaban juntos, Parker recibió una llamada de su abogado. La junta de Plexo, que ya lo había echado de una patada, había decidido no permitir que la mitad de sus acciones fueran otorga-

4. Mangalindan, Mylene, «Spam, or Not? Plaxo's Service Stirs Debate», *Wall Street Journal*, 27 de febrero de 2004.

5. Bertoni, Steve, «Sean Parker: Agent of Disruption», Forbes, 21 de septiembre de 2011.

6. Bertoni, «Sean Parker: Agent of Disruption».

7. Kirkpatrick, «With a Little Help from His Friends».

8. Bertoni, «Sean Parker: Agent of Disruption».

9. Bertoni, «Sean Parker: Agent of Disruption».

das. Mientras él montaba en cólera, el equipo de Facebook lo miraba desconcertado. «Los capitales de riesgo parecen aterradores», pensó Zuckerberg [10].

Entonces, Zuckerberg invitó a Parker a que se mudara con él. Aunque no tenía más que un colchón en el suelo, había podido conservar un BMW blanco de tiempos mejores y que compartió con los jóvenes de Facebook. También comenzaron a trabajar juntos; Parker contrató a su abogado de Plaxo para que lo ayudara a registrar Facebook, encontró a un gerente de operaciones y se encargó de la relación con los inversores. Google quería comprar acciones y Benchmark también los contactó.

En septiembre de 2004, Zuckerberg se refería a Parker como el presidente de Facebook, y Parker lo alejaba de capitalistas de riesgo convencionales. Mandó a volar a Benchmark y a Google, pues prefería seguir la lección del propio Google y reunir capital de inversores ángel. La primera puerta que tocó fue la del emprendedor Reid Hoffman, quien lo había asesorado en el desenlace de Plaxo, pero rehusó invertir en Facebook, pues él mismo había fundado una red social llamada LinkedIn y podía existir rivalidad entre ellas. De todas formas, lo puso en contacto con su amigo de Stanford Peter Thiel, cofundador de una empresa de pagos en línea llamada PayPal. En poco tiempo, Thiel accedió a aportar 500.000 dólares a cambio del 10,2 por ciento de la firma; Hoffman aportó 38.000 [11] y Mark Pincus, otro emprendedor en redes sociales, participó con otros 38.000 dólares.

De alguna manera, bajo el radar de los capitalistas de riesgo se estaba gestando una revuelta. Al igual que Google, Facebook había recaudado una ronda de financiamiento de inversores ángel. Pero, a diferencia de Google, eran todos emprendedores que se enfocaron en el nicho de las redes sociales en línea [12]. Formaron un grupo cerrado, unido por la experiencia de fundar una clase particular de *startup* de *software* en un mo-

---

10. Kirkpatrick, David, *The Facebook Effect: The Inside Story of the Company That Is Connecting the World*, Simon & Schuster, Nueva York, 2010, pág. 48.

11. Moritz había presentado a Parker y a Thiel e invitado a Thiel a invertir en Plaxo, por lo que ambos se conocían antes de que Hoffman los presentara. Moritz en entrevista con el autor, 29 de octubre de 2020.

12. Pincus fundó Zynga, empresa de videojuegos en redes sociales. PayPal, la empresa de Thiel, había experimentado con técnicas de *marketing* viral, y él había hecho otras inversiones en redes, entre ellas en LinkedIn y en un rival de Facebook llamado Friendster.

mento en particular. Al recordar la atmósfera de la época, Mark Pincus afirmó: «Al menos seis personas que conocía estaban interesadas en hacer algo con Internet y todos íbamos a las mismas dos cafeterías»[13].

Con el ánimo de la época, era natural que el nuevo grupo de emprendedores-inversores ángel fueran escépticos con la comunidad de capitalistas de riesgo. Los fundadores de Google habían demostrado cómo enfrentarse a los grandes fondos y que las *startups* de *software* necesitaban poco capital. También existía un factor generacional: las ganancias exorbitantes de los noventa habían fomentado que los socios más antiguos permanecieran en las firmas, pues el auge los había hecho verse bien y no habían obligado a nadie a retirarse. En consecuencia, mientras que la edad de los fundadores era cada vez más baja, la edad promedio de los capitalistas de riesgo seguía creciendo y comenzaba a generarse una brecha generacional. Los inversores ángel de Google, principalmente Ram Shriram y Ron Conway, habían conectado a la *startup* con los inversores de riesgo, pero el grupo nuevo de emprendedores ángel no tenía la misma conexión con los capitalistas tradicionales. Era más probable que propusieran una variante de la teoría unificada de la inoperancia de los capitalistas de riesgo de Paul Graham.

En parte por coincidencia y en parte porque el éxito tiene un precio, la hostilidad general se centró en Sequoia. Como hemos visto, Sean Parker le tenía resentimiento a Michael Moritz: la extraña aparición de Zuckerberg en pijama fue su forma retorcida de ajustar cuentas después del suceso de Plaxo. Pero él no era el único: Peter Thiel, el ángel que había financiado a Facebook, también le guardaba rencor a Moritz.

<hr>

Como abogado, filósofo y agente de fondos de cobertura, Thiel era, en muchos sentidos, un disidente de Silicon Valley. Aunque tenía dos diplomas de Stanford y encajaba en el molde, no había estudiado ni ingeniería ni negocios; en cambio, era un libertario que había terminado la escuela de leyes con honores y se había mudado de California a Nueva York, donde ejerció el derecho bursátil, comerció con derivados financieros en

---

13. Fisher, Adam, *Valley of Genius: The Uncensored History of Silicon Valley*, Twelve, Nueva York, 2018, pág. 318.

un banco y se desilusionó del mundo corporativo. En 1995, renunció a su trabajo y regresó a la Costa Oeste, pero no para involucrarse en el auge tecnológico, sino para publicar un libro polémico que atacaba al multiculturalismo de los campus y para crear un fondo de cobertura pequeño, algo que era un acto casi contracultural en California del Norte. Se hizo la imagen de una versión más joven y de derecha del filósofo especulador George Soros y combinó negocios de alto riesgo con abstracciones ambiciosas. También contribuyó con el periódico libertario *Stanford Review*, que había cofundado siendo estudiante.

A mediados de 1998, por la época en la que Brin y Page conocieron a Bechtolsheim, fue a Stanford a dar una clase sobre comercio de divisas en un auditorio con aire acondicionado que servía de refugio placentero para el calor del verano. Al final de la presentación, un joven imponente con un ligero acento europeo se presentó con él.

«Hola, Soy Max. Soy amigo de Luke Nosek», dijo. «Ah, conoces a Luke, genial» [14].

Thiel recordó la conexión. Luke Nosek era un científico informático de alto perfil que había llegado a Silicon Valley al terminar los estudios en la Universidad de Illinois poco después de Marc Andreessen. El tal Max, de apellido Levchin, había salido del mismo curso curso científico. Todos eran libertarios.

Levchin le dijo a Thiel que tenía una idea para una empresa de seguridad, basada en su trabajo académico en criptografía. A Thiel le gustaban las personas inteligentes, y el proyecto le resultó intrigante. Él mismo era un prodigio en matemáticas, primero en una competencia de todo el estado de California, por lo que valoraba la elegancia de enigmas criptográficos. Además, era difícil vivir de asumir riesgos financieros en Silicon Valley y no querer especular en *startups*: ya había hecho una apuesta frustrada de 100.000 dólares en una empresa iniciada por Noek, el amigo cercano de Nosek.

—¿Qué harás mañana por la mañana? —preguntó Thiel.

—Nada —respondió Levchin.

—Genial. ¿Qué te parece si desayunamos juntos?

Los dos se reunieron en Hobees, una cafetería cercana al campus de Stanford. Levchin, que calculó mal la distancia desde su apartamento,

---

14. Levchin en entrevistas con el autor, 18 y 20 de septiembre de 2017.

llegó agitado y jadeando quince minutos tarde., mientras que Thiel ya se había bebido todo un batido rojo, blanco y azul.

«Buenos días», saludó Thiel, complacido, y pidió otro batido. Levchin se decantó por las claras de huevo y se embarcó en una explicación sobre las nociones de su nueva empresa. Con técnicas de criptografía de curva elíptica, convertiría el PalmPilot, un dispositivo manual de finales de los noventa, en una caja de seguridad digital para información de negocios. Las empresas comprarían la herramienta para los empleados porque no querrían que nadie robara sus secretos corporativos.

Thiel tardó un minuto y medio en responder; a pesar de sus cortos treinta años, tenía un estilo formal. «Bueno, me gustaría invertir», dijo y le prometió a Levchin 300.000 dólares —tres veces más de lo que Bechtolsheim había arriesgado en Google. Luego, le dijo que buscara más capital en otro sitio para lanzar su empresa.

A pesar de que estaban en el pico del auge de 1990, encontrar más financiamiento resultó difícil. Aunque Levchin tuviera antecedentes impecables en codificación, su visión de negocios no era muy persuasiva, ya que no todos creían que las corporaciones fueran a pagar por encriptar información. ¿Y si no veían la necesidad de tener seguridad digital? Entonces, para compensar sus debilidades, Thiel comenzó a acompañarlo, presentándose como el jefe de negocios de la *startup* a pesar de estar involucrado en fondos de cobertura y, al mismo tiempo, lo ayudó a repensar el plan. Si las corporaciones aún no veían la necesidad de encriptar información, ¿por qué no encriptar otra cosa, algo para lo que la seguridad fuera una necesidad obvia? Propuso la emisión de pagos; si Levchin aplicaba su código a ese campo, las personas podrían enviarse dinero por correo con seguridad.

Después de haber definido el campo de acción, Thiel y Levchin llamaron al método de pago PayPal y a la empresa, Confinity y fueron en busca de capital una vez más, lo que resultó en una nueva ronda de rechazos. Todas las firmas reconocidas dijeron que no, hasta que, a mediados de 1999, consiguieron que Finnish, la nueva rama de finanzas de la empresa de telefonía Nokia invirtiera 4,5 millones de dólares. El rechazo de los principales capitalistas de riesgo hizo que Thiel les guardara rencor, y el hecho de que PayPal funcionara de inmediato hizo crecer las dudas respecto a la sabiduría del grupo.

Si Thiel y Levchin hubieran tenido un éxito rotundo, la historia de Silicon Valley hubiera sido diferente, Confinity hubiera tenido una oferta pública inicial fantástica y los fundadores se hubieran unido a la realeza y olvidado el resentimiento hacia los reyes del capital de riesgo. Pero a finales de 1999, emergió un rival llamado X.com, liderado por el emprendedor Elon Musk. Las dos empresas eran muy similares en muchos sentidos: ambas tenían alrededor de cincuenta empleados y 300.000 usuarios, crecían rápido y, por un tiempo, ambas tenían oficinas en el mismo edificio de University Avenue en Palo Alto. Pero X.com tenía una ventaja: mientras que Confinity había recibido capital de Nokia, personaje marginal en Silicon Valley, X.com había sido financiada por Sequoia. Nada menos que Michael Moritz había inyectado 25 millones de dólares en X.com, cinco veces más de lo que había conseguido Confinity. Y Moritz también había fortalecido la empresa al reclutar al director ejecutivo experimentado Bill Harris.

Confinity y X.com compitieron cuerpo a cuerpo ofreciendo descuentos a los clientes y aceptando grandes pérdidas, pero pronto comprendieron que podían luchar hasta la muerte o poner fin al derramamiento de sangre fusionándose.

Moritz les dijo a sus socios de Sequoia que la fusión era su mejor opción. Las dos empresas eran como familias feudales en un pueblo italiano medieval que se lanzaban flechas de una calle a la otra. La porción de Sequoia en la empresa resultante se diluiría, pero valdría la pena [15].

Thiel y Levchin se reunieron con Elon Musk en Evvia, un restaurante griego en Palo Alto, para discutir la propuesta de Moritz. Musk estaba dispuesto a fusionar las dos empresas, pero al tener el respaldo de Sequoia, asumía que sería el socio mayor. X.com tenía más dinero en el banco y tener el respaldo de un inversor reconocido le aseguraba poder recaudar más si fuera necesario. Por otro lado, Confinity tenía al mejor equipo de ingeniería [16]. Sin embargo, en una batalla extendida sería la primera en quedarse sin capital [17].

Musk les informó a los fundadores que pretendía que los accionistas de X.com tuvieran el 92 por ciento de la empresa resultante [18]. «Excelen-

---

15. Moritz relata que algunos socios de Sequoia se resistieron a diluir las acciones de la sociedad. Moritz en entrevista con el autor, 28 de mayo de 2020.

16. Jeremy Stoppelman en entrevista con el autor, 15 de noviembre de 2017.

17. Botha en entrevistas con el autor.

18. Luke Nosek en entrevista con el autor, 12 de mayo de 2019.

te, lo resolveremos en las trincheras», pesó Levchin. Thiel, más templado que su compañero, respondió: «Lo pensaremos». Durante los días siguientes, comenzó a negociar y a presionar a Musk hasta que accedió a reducir la porción de X.com al 60 por ciento. Estaba tentado a aceptarlo, así podría hacerse rico, retirarse y regresar a su fondo de cobertura. Sin embargo, Levchin no estaba satisfecho, pues, al ser quien estaba al frente del equipo de codificación, quería que todos reconocieran, al menos, que su creación era tan buena como la de su rival. Era una cuestión de honor. «No puedo aceptar 60-40», insistió [19].

Thiel aceptó de mala gana que debían cancelar el trato y la cooperación y que se reiniciaría la competencia sangrienta.

Llegado ese punto, Moritz salió de detrás de la cortina. Los capitalistas de riesgo habían logrado mantener el equilibrio entre competencia y cooperación en Silicon Valley desde los ochenta, cuando Tom Perkins había mediado salomónicamente en la disputa entre dos empresas en la cartera de Kleiner Perkins Ungermann-Bass y Silicon Compilers. Veinte años después, Moritz estaba decidido a que prevaleciera la cooperación. Como les dijo a sus socios, sería mejor que Sequoia tuviera una porción pequeña de una empresa exitosa que una porción grande de un fracaso.

Un fin de semana de febrero del 2000, Moritz se acercó a la calle de Palo Alto en la que X.com y Confinity tenían sus oficinas. Tras encontrar a Levchin, se sentó frente a él, se inclinó, apoyó los codos en las rodillas, entrelazó los dedos y descansó el mentón sobre ellos. Años más tarde, Levchin aún recuerda en detalle que Moritz no se quitó el abrigo negro dramático y que sus rostros estaban apenas a un metro de distancia [20].

Moritz le dijo a Levchin: «Si aceptas esta fusión, nunca venderé ni una sola acción», lo que dejaba implícito que la fusión crecería sin límites. Fue un clásico desafío de grandeza de los capitalistas de riesgo; el hombre de negocios experimentado le estaba diciendo al emprendedor joven: ¿quieres construir una gran empresa que será recordada durante años? ¿O no tienes el carácter para dejar tu marca en el mundo?

---

19. Levchin en entrevistas con el autor.

20. Levchin recordó este episodio en detalle. Moritz no, pero brindó su confianza al relato de Levchin. Levchin en entrevista con el autor. Moritz en entrevista con el autor.

Levchin estaba impresionado, olvidó las objeciones contra el trato sesenta cuarenta y subordinó el orgullo de codificador a la visión de Moritz. El camino para la fusión estaba despejado y acabaría el derramamiento de sangre.

Un día después, Levchin se encontró con Musk, que le dijo: «El trato sesenta cuarenta es demasiado bueno para ti. Para que lo sepas, es muy bueno. Salís ganando en esta fusión dispar».

Levchin se retiró con una sonrisa amarga y llamó a Thiel para descargarse: «Se acabó. No cerraré este trato. Es insultante y no puedo aceparlo». Luego, salió de la oficina y regresó a su apartamento.

Bill Harris lo escuchó largarse en una estampida. Como Moritz y Sequoia lo habían llevado a X.com, era particularmente atento a la preferencia de los accionistas por la cooperación antes de la competencia, así que salió de la oficina detrás de Levchin, que se había refugiado en la lavandería de su edificio. Allí había lavadoras viejas hechas por la empresa WEB y le resultaban entretenidas; eran bestias agotadas que funcionaban con monedas de veinticinco centavos.

Harris ayudó a Levchin a doblar la ropa y a reconsiderar la decisión. Le suplicó que ignorara la provocación de Musk y le aseguró que él y la junta de X lo respetaban por completo. De hecho, para demostrar que era sincero, le aseguró que X estaba dispuesta a mejorar la oferta y que la división fuera cincuenta.

Al final, Levchin se tragó sus objeciones y la fusión siguió adelante. Y la provocación gratuita le costó a Musk mucho dinero.

Concluida la fusión. Thiel debió haber sentido algo de gratitud hacia Moritz, pues había impulsado a Levchin hacia la fusión que él mismo había favorecido y, sin duda, había estado detrás del factor decisivo del cincuenta cincuenta que lo había hecho más rico que el sesenta cuarenta que él había negociado. Sin embargo, lo que pasó a continuación borró cualquier sensación de gratitud; la empresa resultante de la fusión, que conservó el nombre X.com, cayó en una guerra interna y Thiel chocó repetidas veces con Moritz.

El primer enfrentamiento fue por quién dirigiría la fusión. Moritz, no sin motivo, consideraba que Thiel tenía un gran intelecto, pero no era apto para administrador. A fin de cuentas, era agente de fondos de cobertura, no tenía experiencia en dirección empresarial[21]. En consecuencia, se aseguró de que Bill Harris fuera elegido como director ejecutivo y luego, cuando fue relegado del cargo, Musk fue elegido. Después de que lo pasaran por alto para ocupar el cargo superior, Thiel renunció a la vicepresidencia de finanzas de X.com, pero siguió siendo accionista y sirviendo como presidente a tiempo parcial.

Unos meses después, en septiembre del 2000, Musk viajó a Australia en su luna de miel y sus subordinados de alto rango, muchos provenientes del lado de Confinity, aprovecharon la oportunidad para organizar una rebelión. Musk había hecho una mala administración de la fusión al insistir en que se reescribiera el *software* de Levchin y fallar en la reducción de los fraudes que plagaron el servicio de PayPal. En consecuencia, en un acto similar a la revuelta que había eliminado a Sandy Lerner de Cisco, los vicepresidentes de X.com se presentaron en la oficina de Sequoia y amenazaron con renunciar si no despedían a Musk.

«¡Un golpe institucional!», pensó Moritz. Recordaba muy bien los sucesos de Cisco y cómo habían terminado. Ningún capitalista de riesgo podía proteger a un director ejecutivo que hubiera perdido el apoyo de su equipo. «Ya hemos visto esto antes», se dijo[22]. Aunque comprendía que Musk debía irse, no estaba preparado para aceptar la segunda exigencia de los rebeldes: que Thiel tomara su lugar. Al parecer, en contra de sus suposiciones, Thiel tenía la lealtad de sus pares y más madera de líder de la que aparentaba.

De todas formas, Moritz no tenía ánimos para reflexionar sobre esa señal. Estaba en medio de una disputa para que los fundadores de Google aceptaran a un director ejecutivo externo y no le gustaba ser presionado por administradores jóvenes y arrogantes. Los capitalistas de riesgo tenían el derecho, el deber, de supervisar la administración de las *startups* y de elegir al director, por lo que debían defender ese principio. Por otra

---

21. David Sacks, amigo de Thiel que trabajaba en Confinity, le dijo a *Fortune*: «Peter nunca fue el tío operativo elemental, pero tenía habilidad para identificar los asuntos estratégicos más importantes y resolverlos bien». Parloff, Roger, «Peter Thiel Disagrees with You», *Fortune*, 22 de septiembre de 2014.

22. «Si eres inventor, no conoces las interioridades del día a día de la empresa. No sabes cómo el director ejecutivo está manejando los capitales de riesgo. Por tanto, si los capitalistas dicen estar en un punto de quiebra, debes respetarlo». Moritz en entrevista con el autor.

parte, la crisis tecnológica había impactado en el rendimiento de Sequoia. Así que, aún después de la demostración de fe en Thiel, Moritz no sentía deseos de confiar una de sus pocas apuestas prometedoras a un administrador no convencional que también estaba enfocado en su fondo de cobertura.

Los seis miembros de la junta de X.com —tres fundadores y tres inversores— pactaron una reunión. Thiel y Levchin llamaron desde el fondo de cobertura de Thiel, donde Levchin había intervenido una máquina de fax para que funcionara como altavoz. Contaban con el apoyo de un tercer director, John Malloy, el hombre de Nokia que los había apoyado en un principio, pero no tenían esperanzas de ganar a Moritz y a Musk. El resultado dependía del sexto miembro de la junta, un inversor de una ronda de capital de riesgo posterior[23].

Finalmente, decidieron reemplazar a Musk por Thiel, pero Moritz se aseguró de que su triunfo no fuera completo. El nombramiento fue interino y se asignó una empresa de búsqueda para que encontrara a un director externo que lo reemplazara de forma permanente. A pesar de que la búsqueda no dio resultado y Thiel conservó el trabajo, el resentimiento de Thiel aumentó; mientras que él portaba la armadura de la franqueza alemana, Moritz usaba su astucia como espada. «Peter se sentía abusado por Moritz a un nivel muy profundo y personal», relató uno de los aliados de Thiel[24].

En febrero de 2001, cinco meses después, la rivalidad se profundizó. A pesar del evidente desastre del mercado tecnológico —el índice Nasdaq había descendido casi a la mitad del pico del año anterior— X.com logró recaudar 90 millones de dólares en la serie D. Thiel, que creía que la economía era débil y que el mercado caería aún más, propuso que X.com se protegiera confiándole parte del capital nuevo a su fondo de cobertura. Al realizar apuestas que pagarían si Nasdaq perdía valor, el fondo protegería a X.com frente a una caída del mercado prolongada, lo que pondría en peligro su capacidad de reunir capital[25]. Sin embargo, aunque estaba en lo cierto respecto a la dirección del mercado y su deseo de cubrir el riesgo

---

23. El inversor era Tim Hurd de Madison Dearborn.

24. Nosek en entrevista con el autor.

25. Numerosas fuentes han descrito el plan de Thiel. Entre ellas, Luke Nosek, John Malloy y Roelof Botha.

de X.com, la propuesta parecía autocontratación, pues usaría su posición en una empresa para aumentar el capital de otra. Moritz lo enfrentó, lo acusó de no tener idea de gobierno corporativo y lo ridiculizó con condescendencia. «Fue una gran puesta en escena», recordó un miembro de la junta[26].

Durante el año y medio siguiente, la relación se volvió aún más tensa. Ambos se enfrentaron respecto a la venta a un pretendiente; eBay ofreció 300 millones de dólares por la empresa, pero, después de haber aprendido la lección con Yahoo, Moritz se opuso a una salida temprana; a sus ojos, la magia de emitir pagos por medio del correo electrónico resultaría en una valuación mucho más alta. Thiel, por su parte, nunca perdió la mentalidad de comerciante, por lo que siempre existía un precio por el que estaba dispuesto a vender. «Era el tío del fondo de cobertura, quería llevarse todo su dinero. Por amor de Dios», declaró Moritz más tarde[27].

En cierto punto, Moritz se acercó para convencer a Levchin de no vender, como había hecho antes para hacerlo notar las ventajas de una fusión. PayPal marchaba cada vez mejor, ¿por qué vender? ¿Qué mejor uso encontraría para su talento?

—Max, ¿a qué te dedicarás?

—Fundaré otra empresa como PayPal —respondió Levchin.

—Max, no tienes idea de lo infrecuentes que son estas oportunidades —replicó Moritz, valiéndose de sus quince años de experiencia en el negocio—. Aunque vivas ciento cincuenta años, nunca tendrás otra oportunidad tan grande e ilimitada como PayPal[28].

Entonces, Levchin se puso del lado de Moritz y la oferta de 300 millones de dólares fue rechazada, pero en julio de 2002, eBay presentó otra oferta por la empresa, que ya se había presentado en oferta pública con el nombre de PayPal. La nueva oferta fue de 1,5 mil millones de dólares. El ejercicio de paciencia de Moritz había hecho crecer la fortuna de Levchin unas cinco veces, al igual que la de Thiel.

Al mirar hacia atrás, es difícil decir que Moritz se hubiera aprovechado de las generaciones más jóvenes. Había despedido a Sean Parker

26. Malloy en entrevista con el autor, 12 de febrero de 2019.

27. Moritz en entrevista con el autor, 24 de septiembre de 2019; 21 de mayo de 2020.

28. Moritz en entrevista con el autor, 28 de mayo de 2020 y Levchin, *e-mail* al autor, 7 de junio de 2020.

de Plaxo, pero con el apoyo de los cofundadores y por el bien de la empresa. Se había enfrentado a Thiel repetidas veces, pero, al menos al inicio, había sido razonable al sospechar que no era un director ejecutivo natural, al rechazar la idea de autocontratación de su fondo de cobertura y al rechazar la primera oferta baja de eBay[29]. También había ayudado a concretar la fusión de Confinity y X, sin la cual PayPal no hubiera llegado a nada. Una década después, al reflexionar sobre las lecciones aprendidas en Silicon Valley, concluyó que evitar la competencia fue clave[30]. «Todas las empresas que fracasan son iguales, fallan en escapar a la competencia»[31].

De todas formas, la realidad fue que Moritz había alienado a Parker y a Thiel y que el precio que debió pagar se hizo evidente en la aparición de Zuckerberg en pijama[32]. La junta de Facebook, la *startup* más candente de la época, constaba de Zuckerberg y otros dos enemigos de Moritz, de modo que Sequoia no tenía oportunidad de invertir. Y el castigo amenazaba con extenderse más allá de un trato, ya que la extensión de la revuelta juvenil era más amplia. Unos meses después del evento de Wirehog, dos firmas de capital de riesgo hicieron su debut y desafiaron a las firmas tradicionales.

———◆———

Los primeros dos desafíos fueron iniciados por Thiel y surgieron casi por casualidad, similar a la fundación de Confinity. Había conocido a Levchin como por azar, luego invertido en su empresa y luego ocupado el cargo de director ejecutivo porque había un vacío evidente y, así, había

---

29. Roelof Botha dijo: «La verdad, Peter no quería conducir una empresa. No era a lo que aspiraba». Botha en entrevista con el autor.

30. Thiel dio una serie de ponencias en Stanford en 2012 en las que habló sobre emprendimiento, que luego se recopilaron en un libro: Thiel, Peter, *Zero to One: Notes on Startups, or How to Build the Future*, con Blake Masters, Virgin Books, Londres, 2014.

31. Thiel, *Zero to One*, pág. 34.

32. Roelof Botha reflexionó sobre la experiencia de Sequoia con Zuckerberg: «En este negocio, me he percatado de que una parte se trata de aprender a moderarse a uno mismo. Stanford ofrece una clase sobre las dinámicas de poder, es decir, cuándo tener alto perfil y cuándo bajo. Pienso que el peligro reside en que, cuando eres un inversor exitoso y has ganado mucho dinero, en especial si has crecido en una época en la que el capital era una fuente de poder, mantienes un alto perfil todo el tiempo. No creo que sea una buena receta para el éxito en este negocio». Botha en entrevista con el autor.

avanzado de lado hacia la creación de su propio fondo de capital de riesgo.

Cuando eBay compró PayPal en 2002, Thiel negoció en secreto términos que le permitirían dejar la empresa. La condición de la adquisición requería que otros dirigentes del equipo permanecieran en sus puestos, pero Thiel se liberó y se retiró con 55 millones de dólares[33]. Mediando los treinta, dejó Palo Alto para instalarse en San Francisco, donde financió un club nocturno ostentoso y se compró un Ferrari plateado. Relanzó y rebautizó su fondo de cobertura como Clarium Capital, en el que inyectó 10 millones de dólares de capital propio, y siguió la teoría de que la escasez global de petróleo elevaría los precios de la energía[34]. Al mismo tiempo, inició una serie de proyectos que construyó sobre las relaciones que había forjado en Stanford y PayPal. En 2004, reclutó a un ingeniero de PayPal para desarrollar un *software* de inteligencia nacional y convocó a un amigo de la escuela de leyes de Stanford para lanzar la empresa Palantir. Gracias a Reid Hoffman, otro amigo de Stanford que había trabajado en PayPal, hizo una inversión ángel en Facebook y también invirtió en la *startup* de redes sociales LinkedIn de Hoffman. Cualquiera de esas inversiones hubiera sido suficiente para multiplicar la fortuna de Thiel; en la cúspide, su fondo de cobertura administraba activos por 7.000 millones de dólares, aunque luego sufrió pérdidas y algunas recuperaciones de inversión. LinkedIn y Palantir alcanzaron valuaciones de más de 20.000 millones de dólares. Facebook llegó a valer miles de millones. Pero, al mismo tiempo, casi sin pensarlo, comenzó a conversar con Ken Howery, otro graduado de Stanford y compañero de PayPal, sobre iniciar una firma de capital de riesgo.

La nueva iniciativa fue lanzada en 2005 y llamada Founders Fund, nombre que indicaba su razón de ser: eran fundadores de empresas como PayPal, reunidos para financiar a la nueva cohorte de emprendedores, con la promesa de tratar a la nueva generación con el respeto del que les hubiera gustado gozar en su época. Luke Nosek, viejo amigo de Max Levchin y también compañero en PayPal, fue socio fundador; en poco tiempo, nada menos que

---

33. «Cuando salió el comunicado de prensa, fue una sorpresa descubrir que nuestro director ejecutivo se había ido. No se ha sentido muy bien». Botha en entrevista con el autor.

34. Guynn, Jessica, «The Founders Fund Emerges as Venture 2.0», *San Francisco Chronicle*, 13 de diciembre de 2006.

Sean Parker se unió a ellos. «En gran parte, al ser fundadores nosotros mismos, estamos más interesados en ayudar a nuevos emprendedores a convertirse en líderes exitosos que en hacernos ricos», afirmó Parker[35].

Como era de esperar después de las disputas que Thiel y Parker habían tenido con Moritz, Founders Fund rechazó la fórmula Qume de nombrar a un director ejecutivo externo. Los emprendedores debían controlar sus propias empresas y punto. Los fundadores habían abierto ese camino al aceptar a Eric Schmidt como un mimbro del triunvirato más que como jefe absoluto. Pero Facebook había llegado más lejos y Zuckerberg era el rey absoluto, y Founders Fund tenía el objetivo de expandir el mismo modelo a todas las *startups* que financiaba. Thiel creía que, en términos de uno de sus hombres, todas las empresas destacadas tenían un «aspecto monárquico». «No fue la parte libertaria de Peter lo que lo llevó a crear el Founders Fund, sino su parte monárquica».

Para algunos de los socios de la firma, entronar a los emprendedores era una obligación ética. Nosek, quien ideó el nombre, había desarrollado una animosidad apasionada hacia Moritz durante su tiempo en PayPal y consideraba que los capitales de riesgo tradicionales eran «desagradables»[36]. «Estas personas destruirán las creaciones de los mejores inventores del mundo», exclamó con furia[37]. Para otros socios, se trataba de una cuestión de marca: un recién llegado debía diferenciarse de los grandes establecidos, hecho que Howery afrontó al no lograr recaudar capital para el fondo con inversores institucionales de los Estados Unidos[38]. Pero, para Thiel, la defensa de la monarquía corporativa era por algo más sutil, relacionada con una visión inusualmente clara de cómo funcionaba el capital de riesgo.

Thiel fue la primera persona en hablar de forma explícita de la ley de potencia. Otros inversores anteriores comprendían que un puñado de victorias serían las que dominarían su rendimiento, pero Thiel llegó más lejos al reconocerlo como parte de un fenómeno más amplio. Citando a Vilfredo

---

35. Guynn, «Founders Fund Emerges as Venture 2.0».

36. Howery planeaba nombrar al fondo Clarium Ventures, hasta que Nosek propuso Founders Fund. Nosek en entrevista con el autor.

37. Nosek en entrevista con el autor.

38. De los 50 millones de dólares del primer fondo, 35 millones fueron de Thiel y de Howery, solo hubo un inversor institucional de origen británico. Nosek en entrevista con el autor.

Pareto, quien formuló el «principio de Pareto» —o la regla del 80/20—, afirmó que los resultados desiguales eran muy comunes en el mundo natural y en el social. A inicios del siglo XX, cuando Pareto escribió su teoría, el 20 por ciento de la población poseía el 80 por ciento de las tierras de Italia, igual que el 20 por ciento de las vainas de su jardín producían el 80 por ciento de los guisantes. Thiel observó que los terremotos más destructivos son mucho más poderosos que todos los terremotos pequeños combinados y que las grandes ciudades superan a todas las ciudades pequeñas juntas. Entonces, el hecho de que una sola inversión del fondo de riesgo pudiera dominar toda la cartera no era una mera curiosidad, era una especie de ley de la naturaleza. De hecho, era *la ley* a la que estaban sujetos los capitalistas de riesgo. En todas las épocas, pasado, presente y, de seguro, en el futuro, una *startup* que monopoliza un nicho a nivel mundial genera más valor que millones de competidores sin características diferenciales[39]. Thiel fue metódico al pensar en las implicaciones de su visión.

Los inversores de riesgo anteriores habían encontrado una justificación para el riesgo en la búsqueda natural de *home runs* de su negocio; los socios debían pasar por alto las numerosas oportunidades en las que financiaban iniciativas fracasadas, pues solo necesitaban uno o dos golpes grandes para que el fondo generara ganancias. Pero Thiel encontró otra lección en la ley de potencia. Como iconoclasta, afirmó que los capitalistas de riesgo debían dejar de ser tutores de los fundadores; desde Rock en adelante, se habían enorgullecido de entrenar y aconsejar a *startups*, para Benchmark era el pan de cada día del negocio.

Una encuesta del año 2000 descubrió que el entrenamiento y la consejería eran cada vez más importantes, no menos. La sociedad Mohr Davidow tenía cinco socios operativos cuyo trabajo era presentarse en las empresas en cartera para darles apoyo administrativo; Charles River Ventures tenía nada menos que doce empleados que ayudaban a las *startups* en la búsqueda de ejecutivos, de equipamiento, en leyes contractuales y otras funciones. Paul Gompers, de la escuela de negocios de Harvard, lo describió como progreso: «Fue la evolución del capital de riesgo de arte a negocio», propuso[40].

---

39. Thiel, *Zero to One*, pág. 83.
40. Browning, Lynnley, «Venture Capitalists, Venturing Beyond Capital», *The New York Times*, 15 de octubre de 2000.

Pero como Thiel veía las cosas, la evolución era errónea. La ley de potencia determinaba que las empresas relevantes eran casos excepcionalmente atípicos: cualquier año en Silicon Valley, había solo un puñado de iniciativas que de verdad valía la pena financiar[41], y los fundadores de dichas *startups* debían ser tan dotados que un poco de entrenamiento de capitalistas de riesgo no haría la diferencia[42]. «Si observas las empresas con mejor rendimiento de nuestra cartera, en general, son en las que menos intervenimos», observó un socio de Founders Fund[43]. Puede que ofrecer consejos alimente el ego de los capitalistas de riesgo, pero su arte es encontrar diamantes en bruto, no dedicar tiempo a pulirlos[44].

Pero Thiel llegó más lejos con sus provocaciones y argumentó que lo que podían hacer los capitalistas de riesgo con su entrenamiento bien podía ser negativo. Al imponer sus métodos, de forma implícita apostaban a que las fórmulas comprobadas triunfaban sobre experimentos improvisados. En un paralelismo con la antigua distinción entre Accel y Kleiner Perkins, proponían que la mente preparada era mejor que la mente abierta. Sin embargo, si la ley de potencia determinaba que solo un puñado de *startups* originales estaban destinadas al éxito, no tenía sentido reprimir las idiosincrasias. Por el contrario, debían aceptar a los fundadores extraños y singulares, cuanto más extravagantes, mejor. Los emprendedores convencionales crearían negocios demasiado normales, tendrían planes sensatos que, al serlo, se le podrían ocurrir a cualquiera. En consecuencia, caerían en un nicho demasiado cargado y competitivo como para generar grandes ganancias[45].

---

41. En los cuarenta y cinco años transcurridos entre 1974 y 2019, incluso la firma líder Sequoia tenía tan solo cuarenta y dos inversiones con rendimiento de 20x o más. Moritz, Michael, *DTV*, autopublicado, 2020, pág. 51.

42. Nosek también creía que una actitud liberal hacia los fundadores atraería a los mejores hacia el fondo de Thiel. «Los emprendedores comprometidos de verdad con administrar sus empresas saben que serán quienes lo hagan y que nadie más podrá hacerlo… Solo los más débiles se presentarían con un capitalista de riesgo que podría despedirlos». Nosek en entrevista con el autor.

43. Trae Stephens en entrevista con el autor, 29 de marzo de 2019. Stephens se convirtió en socio de Founders Fund en 2014.

44. La analogía con el comercio de diamantes fue extraída de Browning, «Venture Capitalists».

45. «Las dificultades de la competencia imitativa podrían explicar por qué personas con ineptitud social de estilo Asperger parecen tener ventaja hoy en día en Silicon Valley», escribió Thiel. Thiel, *Zero to One*, pág. 40.

Thiel continuó diciendo que no era coincidencia que los mejores fundadores solieran ser arrogantes, misántropos o rozaran la locura. Cuatro de los seis primeros empleados de PayPal habían construido bombas en el instituto[46]. Elon Musk gastó la mitad de las ganancias de su primera *startup* en un coche de carreras y cuando chocó con Thiel en el asiento del acompañante, lo único que hizo fue reírse porque no lo había asegurado. Thiel afirmó que, de hecho, esos extremos y excentricidades eran buenas señales; los capitalistas debían alabar a los descarriados, no educarlos para que fueran convencionales. Unos años después de su creación, Founders Fund había cometido el costoso error de negarse a invertir en la *startup* de transporte a demanda Uber, pues su fundador malcriado, Travis Kalanick, había contrariado a Howery y a Nosek. «Deberíamos ser más tolerantes con los fundadores que parecen extraños o extremos», escribió Thiel cuando Uber triunfó[47]. «Quizás debamos dar una segunda o tercera oportunidad a los bastardos», reconoció Nosek con pesar[48].

Thiel se oponía a que los capitales de riesgo fueran tutores de los fundadores para que no oprimieran a los genios excéntricos, pero también lo hacía por otro motivo: desde el punto de vista del inversor, tenía un alto coste sobre las oportunidades, ya que quienes dedicaran los días a orientar a las empresas en cartera no tendrían tiempo para buscar la siguiente oportunidad de inversión. En una ocasión, Luke Nosek dejó que lo involucraran en los problemas de la empresa Powerset: el director ejecutivo se había ido y estaban desesperados por vender. «Le dediqué mucho esfuerzo y gané unos 100.000 dólares», recordó con resentimiento. Como estaba ocupado con Powerset, pasó por alto otras oportunidades, entre ellas Facebook y Twitter. «Estaba demasiado ocupado y nunca llegué a reunirme con las personas»[49].

En su estilo serio y casi soso, podía parecer un filósofo de diván indiferente; era adepto a hacer declaraciones asombrosamente amplias en un tono de tal certeza que dejaba poco lugar al caos de la realidad. Le gustaba embarcarse en conversaciones filantrópicas sobre causas excéntricas: sobre «*seasteading*» —la idea de construir una utopía libertaria flotante

---

46. Thiel, *Zero to One*, pág. 173.
47. Thiel, *Zero to One*, págs. 34, 188.
48. Nosek en entrevista con el autor.
49. Nosek en entrevista con el autor.

más allá de territorios gubernamentales— o proyectos para combatir el envejecimiento o fomentar que niños dotados dejen los estudios. Pero, al igual que George Soros, tenía el valor para unir sus convicciones filantrópicas con su práctica de inversiones. Soros, como estudiante en la escuela de economía de Londres, había interiorizado la idea de que poner límites a la cognición humana evitaba que las personas aprendieran la verdad de forma estable; en consecuencia, especulaba de forma agresiva con las altas y bajas en la autoreafirmación que generaba la cognición imperfecta[50]. Thiel, quien había aprendido las implicaciones de la ley de potencia, las aplicaba de forma metódica en su firma. Founders Fund tomó la determinación de no expulsar nunca a los fundadores de sus *startups* sin importar cuán extraño fuera su comportamiento y ha permanecido fiel a este principio aún quince años después[51]. En ese tiempo, nunca se opuso a un fundador en la votación de una junta y, en general, se contentaba sin tener lugar en las juntas. Se trató de un cambio radical respecto a la tradición participativa de Don Valentine y Tom Perkins.

Thiel hacía honor a su fe en los disidentes reclutando socios inversores que también fueran en contra de lo convencional. La primera conversación que entabló con Luke Nosek trató de que el hombre deseaba ser congelado al morir con esperanzas de que llegara la resurrección médica, pero eso no evitó que le diera la bienvenida a su sociedad. Por su parte, Sean Parker había tenido problemas con la ley y con personas influyentes como Moritz, pero Thiel también lo recibió. La firma rompió con el pensamiento consensuado y terminó con la costumbre de la industria de tener reuniones de socios los lunes, con lo que cambió la tradición de Sand Hill Road de asumir responsabilidad colectiva por una descentralización radical. Los inversores cerraban tratos de forma independiente e incluso firmaban cheques sin consultas a los demás; los más abultados sí requerían consulta —cuanto más alto el valor, más socios debían aprobarlo—, pero ni siquiera los más elevados requerían del voto de la mayoría. «En general se necesita de una persona con mucha

---

50. Mallaby, Sebastian, *More Money Than God: Hedge Funds and the Making of a New Elite*, Penguin Press, Nueva York, 2010, págs. 84–86.

51. En 2019, cuando le preguntaron a Trae Stephens si el Founders Fund llevaría el principio de simpatía con los fundadores hasta el punto de no despedir a un líder problemático como Travis Kalanick de Uber, respondió que no lo hubieran despedido. Stephens en entrevista con el autor.

convicción que golpee la mesa y exclame: "Esto debe hacerse"», explicó un socio a modo de resumen[52].

Los intereses filosóficos de Thiel, al igual que en el caso de Soros, lo convencieron de tomar riesgos con una agresividad inusual. Stanley Druckenmiller, socio y alter ego de Soros, señaló que la esencia de la genialidad de su socio residía en hacer apuestas grandes y oportunas; no era mejor que otros para definir la dirección del mercado, lo que lo distinguía era que, cuando sentía una convicción intensa, actuaba con más valor[53]. Thiel, al igual que él, tenía las agallas de guiarse por su entendimiento de la ley de potencia y hacer apuestas grandes en los momentos indicados. Dado que apenas un puñado de *startups* crecían de forma exponencial, no tenía sentido emocionarse por oportunidades que parecieran firmes, ya que, en los capitales de riesgo, la inversión promedio era un fracaso. En cambio, al enfrentarse a un posible *Grand Slam*, Thiel estaba listo para apostarlo todo. Su inversión de 300.000 dólares en Max Levchin en 1998 fue tres veces más alta que la de Andy Bechtolsheim en Brin y Page, a pesar de que, por aquel entonces, Bechtolsheim contaba con mucho más capital. En 2004, su inversión ángel en Facebook fue trece veces mayor que los cheques firmados por Hoffman y Pincus. Para controlar el riesgo a través de la diversificación, otros inversores evitaban inversiones tan concentradas, pero Thiel estaba convencido de que, en un campo regido por la ley de potencia, una pequeña cantidad de apuestas altas y con gran convicción era mejor que una variedad de inversiones poco entusiastas[54]

A Thiel le gustaba contar una historia sobre Andreessen Horowitz, otra sociedad de capital de riesgo en ascenso sobre la que profundizaremos más adelante. En 2010, la firma invirtió 250.000 dólares en la aplicación Instagram, cifra que, según ciertas mediciones, fue un *home run* fantástico, pues dos años después, Facebook pagó 1 mil millones de dóla-

---

52. Cyan Banister fue socio de Founders Fund desde 2016 hasta 2020. Banister en entrevista con el autor, 16 de mayo de 2019.

53. En 1992, en un momento icónico, Soros instó a Druckenmiller a «ir a la yugular», a multiplicar diez veces el tamaño de su elevada apuesta contra la moneda británica, estrategia que anticipó la expulsión de Gran Bretaña del mecanismo de tipo de cambio europeo. Mallaby, *More Money Than God*, pág. 161.

54. De un fondo de 1 mil millones de dólares, Founders Fund bien podía invertir la mitad en apenas cinco empresas. Stephens en entrevista con el autor.

res por Instagram y Andreessen Horowitz ganó 78 millones, un rendimiento de 312x. Sin embargo, según otras mediciones, fue un fracaso: Andreessen Horowitz realizó la inversión de un fondo de 1,5 mil millones, por lo que necesitaba diecinueve veces ese rendimiento de 78 millones de dólares apenas para recuperar el fondo. Aunque hacer una apuesta ganadora fue bueno para el ego, la verdad es que fue una oportunidad desperdiciada. En cambio, cuando la firma se emocionó ante una nueva posibilidad de inversión en Facebook en 2007, Nosek fue por todo: convocó a los socios, los persuadió de aportar capital extra en un fondo exclusivo para Facebook y luego invirtió el fondo de jubilación de sus socios en la empresa[55].

Con el paso del tiempo, Thiel asumió otra fuente de riesgo; además de firmar cheques elevados, comenzó a financiar proyectos cada vez más audaces. Unos años después de haber lanzado su fondo, declaró que su intención era encontrar «empresas de más riesgo y fuera de lo convencional que tuvieran verdadero potencial para cambiar el mundo»[56]. En lugar de limitarse al *software* de moda, respaldaba iniciativas ambiciosas en áreas menos obvias que podrían ser más importantes y lucrativas. En 2008, se encontró con la oportunidad de hacer honor a su promesa.

En la boda de un amigo, Thiel se encontró con Elon Musk, su viejo rival de PayPal. Como había sido expulsado de PayPal, la relación entre ellos no había sido siempre pacífica, pero Musk se había recuperado de aquel evento y había invertido sus ganancias en dos *startups* nuevas: Tesla, fabricante de automóviles eléctricos, y SpaceX, que ambicionaba nada menos que a reducir los gastos del transporte espacial, tanto que colonizar Marte fuera una posibilidad. En la boda, Musk le informó a Thiel que estaba abierto para que invirtiera en SpaceX.

«Claro, bajemos las armas», concedió Thiel[57]. Luego les envió correos a sus socios para sugerir una inversión relativamente modesta de 5 millones de dólares. Sean Parker se lavó las manos, pues los viajes espaciales eran algo demasiado lejano para él, pero Nosek tuvo la reacción opuesta. Si Founders Fund financiaba proyectos ambiciosos, los vuelos a Marte eran irresistibles.

---

55. Nosek en entrevista con el autor.
56. Guynn, «Founders Fund Emerges as Venture 2.0».
57. Nosek en entrevista con el autor.

Nosek comenzó con la diligencia debida de SpaceX. «Nadie tenía certeza de que fuera a funcionar. Todos los cohetes habían estallado», recordó Ken Howery[58]. Mientras Nosek investigaba, otro inversor potencial se retiró y otro, sin percatarse, envió un *e-mail* con copia a Founders Fund diciendo que a Thiel y sus socios habían perdido la cabeza[59]. Pero Nosek estaba decidido a creer; la tecnología de viajes espaciales había despegado en los sesenta y luego se había estancado en cierto modo: el valor de lanzar un kilo de materia al espacio era el mismo en el 2000 que en 1970. ¿De verdad SpaceX podría generar un avance tecnológico que desbloqueara esa frontera? Los cohetes de Musk habían explotado, pero los ingenieros comprendían la razón, y los fracasos eran una ventaja si aprendían de ellos. Además, Musk era la encarnación de un genio arrogante, y, si Founders Fund creía en sus propias teorías, el hecho de que se hubiera reído al estrellar su coche de carreras sin asegurar debía ser motivo suficiente para financiarlo.

En julio de 2008, después de que el tercer intento de lanzamiento espacial de SpaceX hubiera fracasado, Nosek convenció a Thiel de invertir 20 millones de dólares en Musk a cambio de un 4 por ciento de la empresa. Una década más tarde, SpaceX alcanzó una valuación de 26 mil millones de dólares, y esa inversión sumada a otras apuestas de alto riesgo posicionaron a Founders Fund como una firma de capitales de riesgo de alto rendimiento, lo que reivindicó su abordaje radical de no intervención y alto riesgo[60]. Esta fue una advertencia clara para la industria de capitales de riesgo tradicional: la revuelta juvenil iniciada por los fundadores de Google y teatralizada por el pijama de Zuckerberg estaba siendo institucionaliza por el fondo de Thiel, efecto potenciado por una segunda iniciativa de capitales de riesgo que lanzó casi en simultáneo otro crítico de culto de la industria establecida.

---

58. Konrad, Alex, «Move Over, Peter Thiel— How Brian Singerman Became Founders Fund's Top VC», *Forbes*, 25 de abril de 2017.

59. El otro inversor potencial era el gigante aeroespacial Northrop Grumman. Konrad, «Move Over, Peter Thiel».

60. El primer fondo de Thiel en 2005 generó un rendimiento neto de seis veces sobre el capital. El segundo fondo, en 2007, tuvo un rendimiento mayor a 8x; el tercero, en 2010, rindió 3,8x en 2019. Roof, Katie, «Founders Fund, a Premier Venture Firm in Transition, Has Outsize Returns», *Wall Street Journal*, 26 de febrero de 2019.

La segunda iniciativa fue de Paul Graham, programador y *blogger* escritor de la «teoría unificada de la incompetencia de los capitales de riesgo», quien, al igual que Thiel, tenía una idea fuerte de lo que los capitalistas estaban haciendo mal. Y, al igual que Thiel, se dispuso a enmendar sus errores casi sin pensarlo.

Unos meses después del evento del pijama, en marzo de 2005, Graham se presentó en el 305 de Emerson Hall en el campus de Harvard para hablar frente a la sociedad informática de la universidad. La ponencia se llamó «Cómo iniciar una *startup*» y la audiencia excedió la capacidad del auditorio, pues unos cien estudiantes habían leído sus reflexiones sobre codificación y vida y querían fundar empresas al igual que él [61]. Mientras Graham organizaba sus notas de papel amarillo, no sonaba ni un solo murmullo en la sala [62].

A continuación, Graham procedió a exponer sus temas preferidos: cualquier programador con una buena idea estaba calificado para lanzar su negocio; ninguno debía tenerles deferencia a los inversores de riesgo; los fundadores necesitaban poco dinero, apenas lo suficiente para pagar el alquiler y la comida. Añadió que el dinero debía proceder de un inversor ángel con experiencia en fundar *startups,* alguien que pudiera ofrecer consejos y camaradería. Los presentes debieron haber pensado que se trataba de alguien como él, pues Graham de pronto tuvo la sensación de que todos lo estaban mirando con más intensidad. «Tuve la aterradora visión de recibir *e-mails* de todos ellos con sus planes de negocios», declaró. Tras sentir escalofríos ante el engorro legal y administrativo que implicaba invertir, se aseguró de sacarles la idea de la mente de inmediato, «no me refiero a mí», remarcó; aunque le honraba que los jóvenes lo miraran de ese modo, no planeaba convertirse en un capitalista de riesgo [63].

61. La capacidad oficial del 305 de Emerson era de ochenta y cinco personas. Ohanian recordó que se reunieron unas cien personas para escuchar a Graham. Ohanian, Alexis, *Without Their Permission: The Story of Reddit and a Blueprint for How to Change the World,* Grand Central Publishing, Nueva York, 2013, pág. 47.

62. Lagorio-Chafkin, Christine, *We Are the Nerds: The Birth and Tumultuous Life of Reddit, the Internet's Culture Laboratory,* Hachette, Nueva York, 2018, pág. 20.

63. Graham, Paul, «Paul Graham on Doing Things Right by Accident», entrevista con Aaron Harris y Kat Manalac, Startup School Radio, Y Combinator (blog), 17 de febrero de 2016, blog.ycombinator .com/paul-graham-startup-school-radio-interview/.

Más tarde, un asistente escribió: «Se oyó cómo cientos de suspiros desilusionados recorrieron la sala simultáneamente»[64].

Al finalizar la presentación, Graham fue rodeado por sus admiradores. Dos estudiantes de la Universidad de Virginia habían viajado catorce horas en tren para escucharlo; uno de ellos, un joven rubio de gafas redondas, le pidió su autógrafo, pero parecía demasiado encandilado como para decir mucho más. El segundo, alto e imponente, exhibió uno de los libros de Graham en lenguaje Lisp y solicitó que el autor lo firmara, a lo que Graham se rio; no era la primera vez que alguien le pedía que firmara uno de sus libros en lenguaje de programación.

El joven alto tenía otro pedido: ¿él y su amigo podrían invitar a Graham a un trago y contarle su idea para una *startup*? Halagado y habiendo olvidado por un momento su decisión sobre el escenario, Graham accedió a acompañarlos esa noche. «Creo que ya que habéis venido desde Virginia, no puedo decir que no»[65].

Graham llegó algo tarde, vestido con una camiseta polo holgada y pantalones cortos color beige. Una vez reunidos en Café Algiers, mientras esperaban el hummus, el joven alto comenzó a hablar. Se presentó como Alexin Ohanian y a su amigo como Steve Huffman y afirmó que su misión era cambiar el funcionamiento de los restaurantes creando un programa con el que las personas pudieran pedir comida por mensaje de texto.

Tras haberlo escuchado durante cinco minutos, Graham lo interrumpió: «Sería el final de las filas», exclamó al percibir la idea más grande en ese proyecto pequeño. «¡Nadie tendrá que volver a esperar haciendo fila!». De pronto, estaba relacionando los pedidos en restaurantes con la historia de los avances en comunicaciones móviles e instando a los estudiantes a pensar a gran escala. Compartir su conocimiento era emocionante.

Cuatro días más tarde, Graham y su novia, Jessica Livingston, volvían de cenar un viernes en Harvard Square; aunque ya casi era primavera, la temperatura de Cambridge era casi helada, y la pareja se embarcó en una conversación habitual. Livingston había aplicado para un puesto de *marketing* en una firma de capital de riesgo y esperaba la respuesta; por su parte, Graham aún tenía el encuentro de Café Algiers a flor de

---

64. Ohanian, *Without Their Permission*, págs. 47–54.
65. Chafkin, Lagorio, *We Are the Nerds*, pág. 4.

piel y sentía el impulso de hacer una inversión ángel. Aunque tenía sus reparos respecto a convertirse en capitalista de riesgo, ser mentor de fundadores jóvenes sería una forma de retribución. «Siempre pensé que las personas que fundan *startups* sienten que deben realizar al menos una pequeña inversión ángel. Pues, si nadie hubiera invertido en ellos, ¿cómo hubiera iniciado?»[66].

Mientras la pareja avanzaba por la acera de ladrillos, una idea comenzó a gestarse entre ellos: iniciarían su propia firma de inversiones ángel, y Livingston podría trabajar allí en lugar de en la empresa de capitales de riesgo que se estaba tomando una eternidad para responder. Ella se encargaría de las cuestiones administrativas y legales que a Graham le resultaban tan tediosas, mientras que él se valdría de su experiencia como fundador para detectar a la nueva generación de ganadores. Sería una sociedad perfecta[67].

Durante los días siguientes, la pareja ideó un plan para una forma novedosa de inversión semilla que cubriría la brecha que Graham veía en el capital de riesgo: la nueva generación de fundadores de empresas de *software* solo necesitaba dinero suficiente para comprar alimentos, además de consejo ocasional y compañeros para aliviar la soledad de la programación. El plan también sería más organizado que los impulsos momentáneos de los inversores ángel ocasionales; tendrían una oficina, empleados y procedimientos estandarizados. Para empezar, Graham aportó 100.000 dólares de capital propio, y dos cofundadores de su antigua *startup* de *software* Viaweb prometieron aportar 50.000 dólares cada uno. Finalmente, anunció el plan sin rodeos en tipografía Verdana de diez puntos en su blog, en el que el título rezaba en letras rojas: «Programa de verano para fundadores».

Graham diseñó el programa como reemplazo experimental para los trabajos de verano para estudiantes; en lugar de salarios, los participantes recibirían 6.000 dólares para mantenerse durante tres meses de programación intensiva. También tendrían apoyo práctico y emocional. Y Combinator (YC), como llamaron a la sociedad Graham-Livingston, constituiría las *startups*, abriría cuentas bancarias para las empresas y aconsejaría a los fundadores sobre patentes. Graham y algunos de sus amigos más listos les

---

66. Graham, «Paul Graham on Doing Things Right by Accident».

67. Livingston en entrevista con el autor, 6 de junio de 2019.

darían *feed-back* sobre sus proyectos y, una vez a la semana, cenarían todos juntos para conocerse unos a otros. A cambio, YC obtendría un porcentaje de cada una de las empresas que registrara, en general, el 6 por ciento de las acciones[68].

En un principio, Graham pensó el programa como algo temporal, que Y Combinator invertiría en diversos equipos al mismo tiempo para poder aprender qué funcionaba y qué no. Sin embargo, pronto descubrió que trabajar con lotes era muy eficiente[69]. Los miembros de cada lote podían apoyarse entre sí y así aliviar la carga para él y para Livingston, mientras que YC podía ayudar a las empresas como grupo. Podía invitar a un orador a cenar para que todos sus protegidos lo escucharan; podía organizar un día de presentaciones de todos los fundadores frente a nuevos inversores. Nunca antes nadie había pensado en estructurar las inversiones ángel de ese modo[70].

En abril de 2005, Livingston, Graham y los dos cofundadores de Viaweb se encontraron en una antigua fábrica de dulces que Graham acababa de comprar. El edificio contaba con cinco luces en el techo, paredes blancas y algunos muebles de mitad de siglo, y la puerta principal estaba pintada de color caqui. Allí, el grupo comenzó con las entrevistas. Habían seleccionado a veinte equipos de 227 aplicaciones y, en sesiones consecutivas de cuarenta y cinco minutos, los candidatos se enfrentaron a las preguntas, con Robert Morris en el papel de cascarrabias. Graham garabateó una caricatura de Morris en la pizarra con el ceño fruncido y los labios apretados y escribió: «Eso nunca funcionará». Sin embargo, algunas presentaciones parecían muy factibles. Entre los visitantes, había un joven apacible de diecinueve años, estudiante de Stanford, que parecía muy listo para su edad. Se trataba de Sam Altman, quien sucedió a Graham como guía espiritual de Y Combinator. También estaban Huffman y Ohanian, los jóvenes de Virginia, quienes luego dejaron el plan de pedi-

---

68. Graham, *e-mail* al autor.

69. Graham, *e-mail* al autor. Livingston declaró: «Para un programador como Paul, la idea de estandarizar todo el proceso de inversión era algo inteligente y eficiente. En lugar de hacer inversiones a medida, procesábamos a las personas como grupo». Livingston en entrevista con el autor.

70. Antes de Y Combinator, existieron «incubadoras» de *startups*. La primera fue Idealab, ubicada en Pasadena, California, fundada en 1996, que ofrecía oficinas, apoyo administrativo y otros servicios. Holson, Laura M., «Hard Times in the Hatchery», *New York Times*, 30 de octubre de 2000.

dos de restaurantes para enfocarse en un sitio de noticias llamado Reddit, que fue la primera salida exitosa de YC. Al final del día, ocho equipos pasaron la prueba: la tasa de aceptación fue del 3,5 por ciento, comparable a la de la escuela de medicina de Harvard.

Con dinero suficiente para pagar el alquiler y comprar *pizza*, los jóvenes elegidos trabajaron de forma frenética, en un estilo de vida de programación contra reloj similar al que Graham había llevado al crear Viaweb. Los jueves por la noche, cuando se reunían para cenar, les llegaba el alivio. Graham se encargada de la cocina en la fábrica de juguetes reconvertida; vaciaba latas dentro de una olla de cocción lenta y preparaba lo que apodaron «amasijo» de forma afectuosa. La escuela de verano trascurrió con los participantes comparando el progreso de sus proyectos de codificación y, en ocasiones, bebiendo el té helado de limonada con menta especialidad de Livingston[71]. Con frecuencia, se sentaban en bancos inestables a cada lado de una extensa mesa de fórmica y bajo las luces superiores[72]; se llenaban alegremente con el amasijo y escuchaban a un orador invitado por Graham. No era de extrañar que los visitantes con frecuencia ampliaran las visiones del propio Graham. Un visitante presentó una diapositiva con una pregunta para que el grupo discutiera: «Capitalistas de riesgo: ¿agentes desalmados de Satanás o violadores torpes?»[73].

Unos años más tarde, cuando Y Combinator se hubo instalado en Palo Alto, Graham invitó a nada menos que a Mark Zuckerberg a dar una charla en un evento en Stanford. Su discurso puso en palabras la convicción compartida por la generación en ascenso: «Los jóvenes son, sencillamente, más listos»[74].

Después de los cheques de crecimiento de Masayoshi Son, la expansión de las inversiones ángel al estilo Bechtolsheim y del financiamiento sin

71. Ohanian, *Without Their Permission*, pág. 138.

72. Singel, Ryan, «Stars Rise at Startup Summer Camp», *Wired*, 13 de septiembre de 2005, wired.com/2005/09/stars-rise-at-startup-summer-camp.

73. El orador fue Olin Shivers de Northern University. Lagorio-Chafkin, *We Are the Nerds*, pág. 48.

74. Kane, Margaret, «Say What? Young People Are Just Smarter», *CNET*, 28 de marzo de 2007, cnet.com/news/say-what-young-people-are-just-smarter.

intervención de Thiel, Y Combinator representó otro desafío para el capital de riesgo tradicional. Tras haber identificado las debilidades de los capitalistas de riesgo, Graham ofrecía microinversiones con la teoría de que los cheques elevados eran tóxicos para las *startups* de *software* en sus inicios. Había ideado el procesamiento por lotes e inventado una forma simple y no satánica de convertir a los programadores en fundadores; como él lo veía, su nueva fórmula era esencialmente diferente del capital de riesgo tradicional. No solo se reunía con emprendedores y era parásito de sus talentos, sino que reclutaba a codificadores adolescentes y *creaba* emprendedores.

Graham describió su sistema en juerga de programación: estaba hackeando la economía mundial. Al igual que un programador ve un atajo emocionante en una línea de código, había estudiado a la sociedad y notado que, con una mínima alteración, podía lograr que funcionara con más eficiencia. «Existen miles de personas inteligentes que podrían iniciar sus empresas y no lo hacen. Con una pequeña cantidad de fuerza ejercida en el lugar correcto, podemos brindar al mundo un torrente de *startups* nuevas», escribió en 2006, un año después de la fundación de YC. El torrente de *startups* sería positivo no solo porque generaría mayores riquezas, sino porque representaría mayor libertad para los programadores jóvenes. «Cuando me gradué en la universidad en 1986, había dos opciones básicas: conseguir un trabajo o seguir estudiando. Ahora existe una tercera: fundar tu propia empresa», escribió Graham. «Esta clase de cambio, de tener dos caminos a tener tres, es la clase de viraje social que solo se da una vez en varias generaciones y es difícil predecir lo trascendente que será. ¿Tanto como la Revolución industrial?»[75].

La idea de libertad para los programadores no fue del todo novedosa, por supuesto. Más bien, ampliaba la promesa original de los capitales de riesgo: Arthur Rock había liberado a talentos que, de otro modo, se hubieran ahogado dentro de corporaciones jerárquicas. La propuesta de Graham era liberarse a uno mismo incluso ates de unirse a una empresa y resumía el mensaje en algunas frases resonantes: trabaja en ti mismo; capta el valor de tus propias ideas; en lugar de subir una escalera, construye una debajo de ti. «Las empresas monolíticas y jerárquicas de media-

75. Graham, Paul, «Startup Investing Trends», paulgraham.com (blog), junio de 2013, paulgraham.com/invtrend.html.

dos del siglo XX son reemplazadas por una red de empresas más pequeñas», celebró en referencia a los grupos de *startups*, en los que AnnaLee Saxenian había visto el lado innovador[76]. Graham percibió que, entonces, el crecimiento continuo del *software* implicaría la aparición de más empresas pequeñas que antes y que las redes de *startups* serían una tercera clase de organización capitalista en una categoría entre corporación y mercado. Quizás sí se tratase de un cambio de la escala de la Revolución industrial.

La visión expansiva de Graham iba acompañada por la expansión de su modelo de inversión. Tras el éxito de la primera escuela de verano, él y Livingston llevaron el formato a la Costa Oeste, aumentaron la cantidad de equipos que aceptaban y sumaron experimentos nuevos: más capital para alimentar a sus protegidos, asistencia de *startups* para entidades sin fines de lucro y conferencias en Stanford. A medida que el modelo se hacía conocido, surgieron decenas de imitadores, algunos con giros astutos. En 2006, emergió el rival Techstars en Boulder, Colorado, y en pocos años se expandió hacia Boston, Seattle y la ciudad de Nueva York. Al año siguiente, un modelo europeo llamado Seedcamp se instaló en Londres. En 2018, Daniel Gross, graduado de YC y luego socio de la firma, lanzó la aceleradora de *startups* en línea Pioneer, que apuntaba a llevar una experiencia similar a la de YC a países emergentes lejanos a cualquier centro tecnológico. Al mismo tiempo, con la idea de que el aislamiento de los programadores y su dificultad para encontrar socios afines era una barrera para emprender, Entrepreneur First ofreció una clase de servicio de citas. En lugar de reclutar a equipos establecidos, reunía a codificadores individuales, los inscribía en programas del estilo de YC y los animaba a unirse. Con Alice Bentinck y Matt Clifford, dos jóvenes británicos carismáticos, al frente, la firma enseguida abrió oficinas en Londres, Berlín, París, Singapur, Hong Kong y en Bangalore.

En resumen, el ejemplo de Y Combinator y la revuelta juvenil marcaron una nueva etapa para el capital de riesgo. La industria que, en principio, consistió en inversores generalistas, se estaba dividiendo en inversores semilla, inversores en etapa inicial e inversores de desarrollo. Al

---

76. Graham, «Startup Investing Trends». Graham también analizó el desplazamiento que hicieron las *startups* de las jerarquías corporativas. Graham, Paul, «The High-Res Society», paulgraham.com (blog), diciembre de 2008, paulgraham.com/highres.html.

mismo tiempo, los capitalistas aprendían a guardarle respeto a los fundadores; el capital de riesgo dejó de tratarse tanto de la inversión activa de
Valentine-Perkins y más de liberación al estilo Rock. Sin embargo, las
nuevas ideas tenían un límite y las teorías de Peter Thiel, inspiradas por
la ley de potencia, podían ser llevadas demasiado lejos. Desde Genentech
hasta Cisco, y más, han existido muchos casos en los que el capital activo
potenció el éxito de las empresas en cartera. Las críticas de Graham hacia
los capitalistas controladores, emisores de cheques elevados, se justificaba
en el caso de inversiones en iniciativas de *software* pequeñas, que eran
fáciles de administrar y necesitaban poco capital, pero las empresas que
crecieran más aún necesitarían ayuda y dinero.

Este último concepto cobró más relevancia en los años siguientes.
Algunas empresas de Silicon Valley crecerían mucho más, con lo que
consumirían miles de millones, servirían a millones de consumidores y,
con frecuencia, necesitarían de la supervisión cercana de un inversor. Sin
embargo, gracias en parte al cambio cultural impulsado por la revuelta
juvenil, no siempre lo conseguirían.

10

China. Espolvorear y revolver

A finales de 2004, cuando Mark Zuckerberg y Sean Parker provocaban a Sequoia, Gary Rieschel, un capitalista de riesgo fornido, visitó un edificio de oficina en Shanghái, a orillas del río Huangpu. Tenía más visión internacional que la mayoría de los tecnólogos norteamericanos y sabía cómo olía un éxito. Había trabajado en Japón durante los activos años ochenta; había conducido el fondo de riesgo de Masayoshi Son en Silicon Valley durante los frenéticos noventa, y había desviado la atención de vuelta a la creciente Asia cuando el esplendor de Silicon Valley se detuvo. Desde allí, al mirar por la ventana de su oficina palaciega en un piso diecisiete, se quedó sin aliento, pues lo único que vio fue edificios en construcción; kilómetros y kilómetros de Shanghái en los que crecían torres de acero y cristal como el bambú. Nunca había visto tanta actividad en todos sus viajes y, de pronto, comenzó a imaginar el río Huangpu como un torrente de dinero líquido que irrigaba a la ciudad con riquezas[1].

Rieschel se había mudado por una aventura familiar de seis meses, pero pronto decidió que debía quedarse. Alquiló una oficina en aquella torre junto al río Huangpu, que aprobó con una firma en caracteres chinos no autorizada de un cuadernillo que había comprado en la calle. Revivió contactos antiguos, entre ellas con un ingeniero de Stanford llamado Duane Kuang, al que había conocido trabajando en Cisco. Desde entonces, Kuang había regresado a su país natal, donde administraba un fondo de inversión para Intel y, ante la llamada de Rieschel, accedió a unirse a él para lanzar una nueva firma de capital de riesgo enfocada en

1. Rieschel en entrevista con el autor, 18 de marzo de 2019; 7 de noviembre de 2019.

China, a la que llamaron Qiming. Hacia finales de 2005, salieron en busca de capital de socios comanditarios en los Estados Unidos.

Al estilo de Silicon Valley, Rieschel aprovechó todas las oportunidades de acercarse a las personas en la comunidad tecnológica local. Era un hombre sociable y alegre que conocía su lugar en Asia, por lo que nunca llegaría a sentirse como un local, pero, al ser un veterano en tecnología, cerca de los cincuenta años, tenía experiencia para aportar[2]. Los fundadores de Shanghái parecían ávidos de aprender de él y tenían energía sorprendente. Con frecuencia, después de que Rieschel hubiera cenado, le sonaba el teléfono: alguien en algún sitio de esa ciudad repleta de gente quería reunirse con él. «¿Cuándo?», preguntaba. «¡Ahora!», respondía el interlocutor como si fuera obvio.

Entonces, Rieschel subía a su coche y conducía junto a incontables obras en construcción del siguiente rascacielos o extensión del metro. Las reuniones podían extenderse desde las diez de la noche hasta la una de la madrugada y presentaban startups de hardware, de software, de medicina y de toda clase de comercio en línea. Dado que la economía china crecía un 10 por ciento anual, mientras que el uso de Internet crecía al menos el doble de rápido, las oportunidades estaban en cada esquina[3].El chino promedio tenía ordenadores, módems, teléfonos móviles y más dinero disponible del que sus padres hubieran imaginado. «Lo único que había que hacer era espolvorear con capital y revolver», declaró Rieschel[4].

Era un momento extraordinario y más considerando el rendimiento combinado de las agrupaciones tecnológicas por todas partes. Desde los ochenta, cuando Silicon Valley eclipsó a sus rivales de Japón y de Boston, hubo incontables intentos de imitarlo, la mayoría auspiciados por gobiernos locales o nacionales. Hacia finales de los noventa, tan solo en los Estados Unidos, se encontraban el Desierto Silicon (Phoenix), el Pasaje Silicon (Nueva York), los Montes Silicon (Austin) y la Selva Silicon (Seattle y Portland, Oregón). Israel, Taiwán, la India y Gran Bretaña también lo intentaron, e incluso Egipto lanzó el Pyramid Technology

---

2. Rieschel recordó el consejo de un mentor japonés: «Gary-san, tengo algo muy importante que decirte: no intentes ser japonés. Somos mejores que tú en eso». Rieschel en entrevistas con el autor.

3. La información fue extraída de FRED, base de datos del Federal Reserve Bank de St. Louis.

4. Rieschel en entrevistas con el autor.

Park[5]. Sin embargo, ni siquiera los intentos más exitosos de imitar al Silicon original han llegado a ser rivales para él. Gracias a su tradición de excelencia en ingeniería y al apoyo indicado del Gobierno para los capitales de riesgo, Israel se convirtió en el centro de innovación más destacado fuera de los Estados Unidos, donde surgieron avances en áreas desde la mensajería instantánea hasta *software* de navegación de automóviles. De todas formas, debido al tamaño reducido de la economía del país, el centro tecnológico israelí fue más un adjunto a Silicon Valley que un rival. Cuando sus creaciones parecían prometedoras, lo primero que hacían los emprendedores israelíes era buscar el respaldo de capitales estadounidenses y apuntar a su mercado. En ese proceso, muchos de ellos trasladaban sus oficinas centrales a la Costa Oeste. En lugar de desafiar el dominio de Silicon Valley, lo reforzaron.

El auge que Rieschel percibió en China era de una magnitud diferente. En 2005, el año en que él y Kuang concibieron la idea de Qiming, los capitales de riesgo que se enfocaron en China recaudaron 4 mil millones de dólares, una porción de los 24 mil millones recaudados en los Estados Unidos. Una década más tarde, la brecha habría desaparecido[6]. Para entonces, Qiming ganaba alrededor de 1 mil millones de dólares en inversiones de riesgo y generaba 4 mil millones en rendimiento para los inversores, y los capitalistas de riesgo chinos aparecían junto a los pioneros de los Estados Unidos en la cima de la Lista Midas de *Forbes* de estrellas globales de los capitales de riesgo[7]. Los gigantes tecnológicos de los Estados Unidos, tales como Google, Amazon, Facebook y Apple, se enfrentaron a rivales chinos como Baidu, Alibaba, Tencent y Xiaomi, el principal fabricante de teléfonos inteligentes de China y uno de los numerosos triunfos de Qiming. Por primera vez desde el desafío de Japón

---

5. «The Valley of Money's Delight», *The Economist*, 27 de marzo de 1997, economist.com/special-report/1997/03/27/the-valley-of-moneys-delight.

6. En los seis años después de 2015, los capitales de riesgo chinos recaudaron un total de 216 mil millones de dólares y los estadounidenses, 215 mil millones. La información sobre el capital de riesgo de China fue extraída de Zero2IPO Research Center. La información sobre el capital de los Estados Unidos fue extraída de National Venture Capital Association.

7. Los tres primeros fondos de Qiming, reunidos entre 2006 y 2011, generaron rendimientos de 1,8x, 7,1x y 3,4x netos para los inversores. El total recaudado fue de 961 millones de dólares; el total neto distribuido entre los inversores fue de 4,1 mil millones de dólares. En salud, los *home runs* incluían a Gan & Lee, Venus, Zai, Tigermed y CanSino.

en los ochenta, las *startups* financiadas por capital estadounidense ya no tenían certeza de seguir dominando al mundo[8].

Excepto por el hecho de que, en cierto modo, podían seguir haciéndolo. Tal como dejaba entrever la presencia de Rieschel, el auge de la tecnología china fue iniciado, en gran parte, por inversores norteamericanos, y los capitales de riesgo chinos que surgieron con ellos eran casi estadounidenses en su educación, formación profesional y visión del capital de riesgo. Habían estudiado en las mejores universidades de los Estados Unidos, trabajando en empresas del país y aprendido con detenimiento la guía práctica del capital de riesgo estadounidense. Fondos únicamente a cambio de acciones, financiamiento por etapas, participación activa y opción de compra de acciones para los empleados. Neil Shen, a quien *Forbes* posicionó como el principal capitalista de riesgo no solo de China, sino del mundo, durante tres años, no era desafío en absoluto para el modo de generar innovación de los Estados Unidos ni de sociedades de Silicon Valley como Sequoia[9]. Por el contrario, había asistido a las universidades Yale y de Columbia, había trabajado en Lehman Brothers y en Citibank y, con el tiempo, se convirtió en líder de la filial de Sequoia en China. JP Gan y Hans Tung, otros dos capitalistas de riesgo asociados a China, posicionados entre los diez mejores de *Forbes*, enfatizaron el punto; ambos habían estudiado en universidades estadounidenses, trabajado en firmas de finanzas en Estados Unidos y ascendido a la fama mientras trabajaba para Rieschel en Qiming. Entre los diez principales capitalistas de riesgo chinos, solo uno era, en parte, una excepción. Kathy Xu, nacida y educada en el continente asiático, había estado expuesta a las prácticas financieras occidentales en sus veinte, cuando se unió a una firma contable británica en Hong Kong.

Gracias a la determinación del Partido Comunista de China, los analistas chinos y extranjeros tienden a adjudicar el éxito tecnológico nacional a la supuesta visión de los líderes políticos del país. Sin embargo, la

---

8. En 2018, China lanzó 206 unicornios en comparación con los 203 de los Estados Unidos. Al mismo tiempo, la Lista Midas de la revista *Forbes* incluyó a varios inversores chinos entre los diez primeros: (1) Neil Shen; (5) JP Gan; (6) Kathy Wu; (7) Hans Tung. Elstrom, Peter, «China's Venture Capital Boom Shows Signs of Turning into a Bust», *Bloomberg*, 9 de julio de 2019, bloomberg.com/news/articles/2019-07-09/china-s-venture-capital-boom-shows-signs-of-turning-into-a-bust.

9. Shen ocupó el primer puesto en la Lista Midas de Forbes en 2018, 2019 y 2020.

verdad es más sorprendente: lejos de reivindicar la estrategia industrial del Partido Comunista, el éxito tecnológico de China fue un triunfo del modelo financiero creado por Arthur Rock.

El primer trato mágico de capitales de riesgo cerrado en China, equivalente al financiamiento de Rock a los ocho traidores de Fairchild, fue en 1999, cinco años antes de que Rieschel desembarcara en Shanghái. Al igual que Rock había pasado de Harvard a Hayden, Stone en Wall Street, su sucesora espiritual Syaru Shirley Lin, prodigio parlanchina, había pasado de Harvard a Morgan Stanley y luego a Goldman Sachs. Como Rock se había alejado de Hayden consciente de que carecía de la ambición para enfocarse en *startups*, Lin afrontaría batallas con su empleador ambivalente de Wall Street, que terminarían en uno de los errores de juicio más vergonzosos en la historia de Goldman Sachs.

Lin, taiwanesa estadounidense que consiguió ser admitida en Harvard a los dieciséis y se saltó el primer año, era una triunfadora enérgica. Se convirtió en la mujer más joven en convertirse en socia de Goldman y, gracias a su energía y su encanto, era una negociadora nata. Además, al ser bilingüe y bicultural, también era un puente entre dos mundos. Después de que Goldman la contratara a comienzos de los noventa, organizó que el banco consiguiera participación en una empresa de gasoil china y le aconsejó al Gobierno del país que reestructurara y privatizara aerolíneas. A partir de entonces, Goldman la lanzó hacia la mayor privatización asiática hasta entonces, la de Singapore Telecom. Ser mujer no la detenía. En comparación con Silicon Valley, la cultura de negocios de crecimiento rápido de China era flexible, fluida y, de algún modo, con menos exclusividad masculina[10].

En 1999, Lin utilizó su posición como estrella en ascenso de Goldman para ir en otra dirección. Los ingenieros chinos que emergieron de universidades estadounidenses, embriagados por la euforia de ofertas públicas iniciales de Silicon Valley, ansiaban lanzar *startups*

---

10. A partir del 2016, el 17 por ciento de los inversores de riesgo chinos eran mujeres, en contraste con el 10 por ciento de los Estados Unidos. Oster, Shai, y Selina Wang, «How Women Won a Leading Role in China's Venture Capital Industry», *Bloomberg*, 19 de septiembre de 2016.

de tecnología. Tenían ideas de negocios, entrenamiento técnico y ambición implacable, pero, al igual que a los ocho traidores de California medio siglo antes, les faltaba una fuente obvia de capital. No lo conseguirían en bancos chinos, pues los prestamistas del país creían que las *startups* eran demasiado arriesgadas [11]. Tampoco lo obtendrían de sociedades de Sand Hill Road, pues la mayoría de los capitalistas de riesgo estadounidenses creían que China era demasiado arriesgado. Entonces, al ver la oportunidad, Lin se dispuso a crear un negocio de capitales de riesgo enfocado en China [12]. En poco tiempo, la oficina de Goldman Sachs en Hong Kong comenzó a recibir toneladas de planes de negocios.

Lin comenzó a buscar tratos que combinaran las ventajas de los Estados Unidos y de China; tendrían una estructura de estilo estadounidense, con abogados de Silicon Valley que formularan todos los documentos, pero sus fundadores serían chinos con educación estadounidense y venderían al vasto mercado chino. Sina, un portal de Internet pionero en China, era un buen ejemplo: apuntaba a consumidores chinos, pero las reuniones de la junta se llevaban a cabo en Silicon Valley. Lin también respaldó a Sohu y a NetEase, otros dos portales prometedores.

Cierto día, Lin supo de una *startup* fundada por un maestro de inglés llamado Jack Ma en la capital de la provincia de Hangzhou. Quien le hizo la referencia fue Joe Tsai, otro taiwanés estadounidense que había estudiado en Yale y luego en la escuela de negocios de Yale, mientras que Lin estudiaba en Harvard. Se habían conocido siendo estudiantes, durante un vuelo rumbo a sus empleos de verano en Taipéi; Tsai se pasó casi todo el viaje leyendo un libro sobre derecho constitucional estadounidense, mientras que Lin se lo pasó sumergida en *The*

---

11. Los bancos chinos, en general, eran reacios a invertir en empresas privadas grandes basándose en su flujo de capital. Las *startups* estaban completamente fuera de su radar.

12. Antes de Lin, hubo un puñado de inversores de riesgo chinos, entre ellos, Ta-lin de H&Q Asia Pacífico y Liip-Bu Tan de Walden International. Habían estudiado en los Estados Unidos y financiado iniciativas chinas a comienzos de los noventa. Sin embargo, similar a como operaba General Doriot en Nueva Inglaterra en los años cincuenta y sesenta, se hacían con la mayor parte de las acciones en los proyectos que financiaban y rehusaban compartir las ganancias con sus propios compañeros. En consecuencia, al igual que Doriot, pronto fueron eclipsados por rivales más predispuestos a compartir la abundancia.

Wall Street Journal[13]. Luego, ambos habían trabajado en firmas prestigiosas e Nueva York; Lin en bancos de inversión, Tsai, por su parte, en la firma legal de lujo Sullivan & Cromwell. A mediados de los noventa, Tsai había seguido el camino de Lin y conseguido trabajo en inversiones en Hong Kong, donde había decidido respaldar a aquella *startup* de Hangzhou, para lo que deseaba que Lin coinvirtiera con él.

En un principio, Lin dudó y respondió «¡Claro que no!», entre risas escépticas[14]. Quienes inundaban su oficina con presentaciones eran graduados de universidades famosas de los Estados Unidos, ¿qué tendría de especial un maestro de inglés provinciano? Además, el negocio al que el tal Jack Ma aspiraba —crear un sitio que ayudara a empresas occidentales a conseguir bienes baratos en China— parecía bastante similar a algunas presentaciones que había oído antes. Aunque tuviera una diferencia radical, ¿qué? Lin había descubierto que los aspirantes a emprendedores que se le acercaban estaban dispuestos a cambiar sus planes de negocios en un santiamén, ella podía hacer que cualquiera de ellos implementara el concepto de Ma.

«Los aspirantes a director ejecutivo recurrían a mí y me preguntaban en qué sector quería que estuvieran. Si les decía que quería que se encargaran del contenido, decían que eso harían», recordó Lin. «Pero no sabe nada sobre contenido», replicaba ella. «¡Espere!», le exigían y, unos días después, el candidato regresaba con diez personas dedicadas a contenido, todas ellas con paso por Stanford[15].

Poco después de haber rechazado a Tsai, Lin escuchó la presentación de una empresa exitosa llamada Asian Sources, que se trataba de un supuesto negocio de páginas amarillas: grandes distribuidores estadounidenses lo usaban para conseguir bienes de China. La empresa proponía lanzar una versión en línea y aún antes de haber contratado a su primer empleado, estaba exigiendo una valuación descarada de 1,7 mil millones de dólares. Sin embargo, a pesar del precio astronómico, Goldman estaba pensando en invertir.

---

13. Clark, Duncan, *Alibaba: The House That Jack Ma Built*, HarperCollins, Nueva York, 2016, pág. 112.

14. Lin en entrevista con el autor, 9 de octubre de 2019. Agradezco a Lin por una entrevista maratónica que duró casi un día entero, al igual que por una serie de *e-mails* de seguimiento.

15. Lin en entrevista con el autor.

Un foco se encendió sobre la cabeza de Lin: era la misma visión de Tsai Hangzhou. Lin sabía que cuando los negocios físicos intentaban canibalizarse a sí mismos llevando sus operaciones en línea, los intereses de la vieja guardia de la empresa solían frustrar el proceso. Quizás sería mejor apoyar a una versión nueva y por una fracción del precio. La siguiente vez que Tsai le suplicó a Lin que visitara el proyecto en Hangzhou, accedió a ir con él.

Unos días después, la pareja de graduados de la Liga Ivy se presentó en el apartamento de Jack Ma, donde una docena de empleados, incluida la esposa de Ma, trabajaban día y noche, subsistiendo a base de fideos instantáneos. Sin duda, Ma y el equipo estaban demasiado obsesionados con el trabajo como para preocuparse por la higiene: el apartamento apestaba. Sin embargo, Ma tenía un encanto adorable con su sonrisa y sus facciones élficas, y era un cambio muy atractivo frente a los aduladores que se presentaban ante Lin sin cesar. Mientras que la multitud de Stanford haría cualquier cosa para conseguir financiamiento de una firma prestigiosa como Goldman Sachs, Ma estaba apegado con fervor a su plan de negocios y no pensaba cambiarlo por sugerencia de un financiero. Además, si el hombre carecía del decoro de los chinos educados en los Estados Unidos, Lin podía recurrir a sus coinversores para compensarlo; Joe Tsai no solo estaba decidido a apoyar el proyecto de Ma, sino que estaba dispuesto a ayudar de forma activa.

Mientras compartían el té, Lin anunció que Goldman Sachs estaba dispuesto a invertir, pero solo a cambio de la mitad de las acciones. Ma se opuso, pues la empresa era como su bebé. Al final de la reunión, Lin se retiró para que Ma considerara la oferta, convencida de que ganaría peso a medida que crecieran las necesidades de la *startup*. Como anticipaba, Ma comenzó a llamarla con regularidad: aún insistía en conservar la mayor parte de sus acciones, pero necesitaba capital con urgencia.

Un fin de semana, mientras Lin nadaba con su familia a sur de la isla de Hong Kong, recibió otra llamada de Ma. «¡Esto es mi vida!», suplicó. ¿Goldman Sachs no podía permitir que conservara la mayoría accionarial?[16]. «¿A qué se refiere con que es su vida? ¡Apenas acaba de empezar!», respondió Lin con firmeza y reiteró que su firma necesitaba más de la

---

16. Lin en entrevista con el autor. Clark, *Alibaba*, pág. 114.

mitad de la empresa. Ma colgó la llamada, pero volvió a llamar de inmediato. La ansiedad no cabía en él.

Lin aprovechó la ventaja en la situación: «Después de este fin de semana, no volveré a pensar en esto. Es una pérdida de tiempo, por lo que buscaré otros equipos». Tenía infinidad de planes de negocios que se reducían a «¡Haré lo que usted desee!». Si Goldman veía el abastecimiento chino como una idea prometedora, podía encontrar muchas figuras con credenciales para explotarlo.

Finalmente, Ma suavizó el tono y propuso un trato: cincuenta y cincuenta. Las dos partes llegaron un acuerdo, un eco lejano de los términos que Arthur Rock les ofrecía a los fundadores en los noventa. Goldman pagaría 5 millones de dólares por la mitad de la empresa a la que Ma llamó Alibaba. Después de las discusiones sobre la propiedad de la empresa, el monto del cheque se resolvió con una simplicidad singular. «Propuse un número al azar», declaró Lin más tarde.

Sin embargo, antes de que pudieran discutir más detalles, el móvil Nokia rojo de Lin cayó al mar y la conversación terminó. Al jueves siguiente, llamó al comité de inversión de Goldman Sachs en Nueva York para transmitir la propuesta, pero la reacción fue gélida. «Dijeron: "¿Cinco millones de dólares por nada?"», parafraseó luego. «Pero dirigiremos la empresa», contradijo Lin.

El equipo de Nueva York se negó a aprobar la propuesta a menos que se deshiciera de un tercio de las acciones. «Deshazte de 1,7 millones para mañana», le ordenaron [17].

Similar a lo que había hecho Venrock al cerrar el trato por la serie A con el mordaz Steve Jobs para luego entregarle parte de las acciones a Arthur Rock, Goldman Sachs entregó el 17 por ciento de Alibaba a otras cuatro empresas inversoras. Quince años después, sería testigo de lo que entregó: Alibaba tuvo una oferta pública inicial exitosa, y esos 1,7 millones de dólares hubieran representado la impactante suma de 4,5 mil millones.

Dos meses después, en diciembre de 1999, Ma estaba desesperado por conseguir más capital. Tras haberse enfrentado a un escrutinio inusual después de la oferta pública en mayo, Goldman era renuente a inyectar más dinero en la *startup* china, por lo que le indicaron a

---

17. Lin en entrevista con el autor.

Lin que buscara otro inversor. Si podía persuadir a alguien de invertir con una valuación mayor a la que había invertido Goldman, la nueva ronda de inversión aumentaría el valor de la porción de la firma. «¿Por qué no intentas subir el precio?», le sugirieron.

«Primero quieren que me deshaga de 1,7 millones de dólares, ¿ahora quieren que remarque el precio?», protestó Lin. «¡Quieren que haga magia a diario!», se dijo con amargura[18].

En enero del 2000, Lin se comunicó con Mark Schwartz, quien dirigía Goldman Asia Pacífico, además de ser cercano a Masayoshi Son y tener un lugar en la junta de SoftBank. Entonces, le explicó su dilema: tenía una serie de *startups* pequeñas en cartera, pero a Nueva York no le agradaban. «Tengo siete empresas. ¿Es posible que tu amigo Masa quiera invertir en todas ellas?», preguntó esperanzada. «¿Cuál es la más desesperada?», repuso Schwartz. «Alibaba está muy, muy desesperada»[19].

Schwartz procedió a comunicarse con Son. El mercado chino estaba encendido y Goldman tenía una serie de *startups* que necesitaban capital. En poco tiempo, SoftBank pactó que Son conociera a algunos emprendedores en tecnología de Beijing; todos formaron fila y se presentaron uno tras otro en una jornada de citas rápidas de inversión. Ma se encontraba entre ellos, y a Son le agradó; «tenía una mirada muy fuerte y brillante», declaró después[20]. Finalmente, los dos hombres llegaron a un acuerdo, y Son le recomendó a Ma usar el dinero y expandir el negocio rápido[21].

Son y Ma volvieron a reunirse para cerrar el trato en la oficina de Son en Tokio, con suelo de tatami tradicional, paredes de papel de arroz y lanzas samurái como decoración. Lin, como principal accionista titu-

---

18. Lin en entrevista con el autor.

19. Lin en entrevista con el autor.

20. Son en entrevista con el David Rubinstein, *The David Rubinstein Show*, 11 de octubre de 2017.

21. Gary Rieschel, que trabajaba para Son en SoftBank, dijo que el apretón de manos con Beijing selló la inversión de Alibaba y estableció los términos: 20 millones de dólares por el 20 por ciento de la empresa. Sin embargo, Lin recuerda que el aparente compromiso de Son aún debía traducirse en un trato, nada menos que porque Goldman tenía derechos en la empresa que le daban el poder de vetar una nueva inversión. Por tanto, Son tenía que negociar con Lin, y la reunión en Tokio dio pie a este proceso. El relato de Lin fue apoyado por Mark Schwartz y por Ed Sun, quienes se encargaron del trabajo legal asociado con las inversiones privadas de Goldman en Asia. Rieschel en entrevista con el autor.

lar, también participó de la reunión; su inversión inicial en Alibaba le daba derecho a veto en nuevas rondas de financiación, así que Son debía negociar con ella. Propuso que SoftBank invirtiera 20 millones de dólares en Alibaba a cambio de un quinto de la empresa, una valuación implícita de 100 millones, diez veces mayor a la que Lin y sus coinversores habían pagado tres meses antes.

Al igual que con Yahoo cinco años antes, Son dijo que sí de inmediato y sin dudarlo.

«¡Aceptó la cifra que propuse! Pensé que estaba loco. Fue como cuando alguien te dice que sí de la forma más improbable y sientes una emoción absoluta», recodó Lin maravillada[22].

Enseguida, Son invirtió en varias de las *startups* de Lin en China, pero su locura era más metódica de lo que Lin podía reconocer. Aunque, al parecer, Son había accedido a invertir en Alibaba de refilón, basándose un consejo egoísta de Goldman y dos reuniones con Ma, su convicción tenía sus razones. Gracias a su lugar en la junta de Cisco, sabía que la venta de rúteres a China había comenzado a dispararse y el uso de Internet estaba a punto de estallar, por lo que tenía sentido invertir en cualquier iniciativa que pudiera beneficiarse en el proceso[23]. Las *startups* de Lin eran una forma conveniente de conseguir una tajada del negocio, y 20 millones de dólares eran calderilla para él[24]. Además, con la caída del Nasdaq dos meses atrás, era, según su propia estimación, el hombre más rico del mundo[25].

Con el tiempo, la predisposición de Son a invertir rápido serviría para recuperar la fortuna perdida con la implosión del Nasdaq. Cuando Alibaba cotizó en bolsa en 2014, la porción de Son tenía un valor de 58

---

22. Lin en entrevista con el autor.

23. Rieschel en entrevistas con el autor.

24. En negociaciones siguientes, Son intentó persuadira Goldman de que le dejara hacer una inversión de 40 millones de dólares en Alibaba. Al igual que con Yahoo, cuando veía una apuesta que le agradaba, quería la mayor porción posible. Al final, Goldman solo le dejó invertir 20 millones de dólares, pero le permitió tener una mayor porción de la que había anticipado, en lugar del 20 por ciento, el 30 por ciento. Lin en entrevista con el autor. Clark, *Alibaba*, pág. 127.

25. Son declaró que durante tres meses a principios del 2000 fue incluso más rico que Bill Gates. Son en entrevista con Rubenstein.

mil millones de dólares[26]. Se trató de la inversión más exitosa en la historia de los capitales de riesgo[27].

Llegado este punto de la historia, cabe destacar dos puntos: en primer lugar, el Gobierno de China no tuvo un papel directo en el lanzamiento de Alibaba, empresa que se convertiría en pilar de la economía digital del país. En segundo lugar, en contraste, el financiamiento estadounidense marcó la diferencia, pero su influencia sobre Ma y Alibaba se extendió más allá del capital: los herederos intelectuales de Arthur Rock conspiraron con Ma para utilizar la opción de compra de acciones como una varita mágica.

Instalar la cultura accionaria en China requirió de estrategias heroicas, pues la idea de capital accionario comercializable era novedosa para el continente; sus dos bolsas de valores rudimentarias, una en Shanghái y otra en Shenzhen, operaban apenas desde 1990. Las leyes chinas no reconocían la opción de compra de acciones para empleados ni la variedad de acciones «preferenciales» que utilizaban los inversores de Silicon Valley para solidificar sus derechos sobre las *startups*[28]. Sumado a estas complicaciones, el Gobierno chino prohibió la propiedad extranjera de juntas en negocios nacionales, incluso en los que fueran de sitios web, lo que implicó que las inversiones estadounidenses en empresas como Alibaba eran ilegales, al igual que la oferta de acciones de Internet chinas en el Nasdaq norteamericano. Dado que los mercados de valores inmaduros del país no estaban preparados para manejar ofertas de empresas de tecnología jóvenes, el bloqueo legal podría haber acabado con su economía

---

26. La ganancia exacta de Son con Alibaba no es clara, ya que su inversión inicial de 20 millones de dólares fue suplementada por la promesa de absorber las pérdidas del brazo de comercio en línea de Alibaba. Los miembros de SoftBank no pueden precisar cuánto valía esa promesa. Sin embargo, la ganancia de 58 mil millones de dólares permite decir que fue la mayor apuesta de capitales de riesgo hasta la fecha.

27. El éxito de Son con Alibaba no impidió que sufriera otra ronda de desgracias en 2019-2020, cuando una serie de apuestas elevadas y arriesgadas de su Vision Fund se volvieron amargas.

28. Los tenedores de acciones preferenciales tenían prioridad sobre los tenedores de acciones comunes en caso de bancarrota, y tenían protección en caso de que se diluyera su propiedad frente a una nueva ronda de financiación.

digital antes de que despegara. Estas políticas, en lugar de promover el desarrollo del sector tecnológico, amenazaban con aplastarlo.

Los capitalistas de riesgo estadounidenses idearon una serie de soluciones alternativas junto con sus abogados para fomentar la tecnología china[29]. Por empezar, las empresas de Internet que financiaban se registraban en las Islas Caimán, cuyas leyes permitían una variedad de acciones: comunes para los fundadores, opción de compra para empleados, preferenciales para inversores. Además, una empresa en las Islas Caimán podía aceptar inversiones de capitalistas de riesgo que no fueran chinos; Goldman Sachs tenía prohibido invertir en una *startup* de Internet en Hangzhou, pero sí podía hacerlo en su matriz caimanesa. Y, por último, la célula de las Islas Caimán podía ofrecerse con facilidad en bolsas de valores fuera de China tales como Nasdaq, lo que proporcionaría una alternativa al bloqueo de los mercados primitivos del país.

Una vez establecida la empresa en las Islas Caimán, el siguiente paso era utilizar el capital de riesgo para crear el negocio en China. Para sortear la prohibición para extranjeros de poseer acciones en negocios de Internet chinos, inyectaban el capital de las islas en empresas paralelas con operación en China en forma de préstamos[30]. Luego, para que los inversores consiguieran los derechos que obtendrían de una inversión de riesgo, los abogados de Silicon Valley idearon un equivalente a acciones sintéticas. Celebraron una serie de contratos paralelos entre una subsidiaria en China de la empresa de las Islas Caimán y el operador de Internet de propiedad china. La empresa china concedía derechos administrativos a los acreedores extranjeros, con lo que imitaba la influencia proporcionada por la posesión accionaria. La empresa china también acordaba pagar intereses sobre el préstamo según el éxito del negocio; de este modo, aunque no fuera por la ley, los extranjeros recibían sus dividendos. Por

---

29. Shirley Lin de Goldman Sachs se encontraba entre los inversores occidentales que presionaron para implementar la estructura legal novedosa. «Pasé mucho tiempo con los abogados intentando llegar a una estructura semilegal que el comité de inversión de Goldman Sachs aceptara, lo que es decir mucho», recordó. Los honorarios de las firmas legales Davis Polk y Sullivan & Cromwell eran «astronómicos», Lin en entrevista con el autor.

30. En ocasiones, las licencias de Internet eran propiedad de ciudadanos chinos y no de empresas. Johnson, Kaitlyn, «Variable Interest Entities: Alibaba's Regulatory WorkAround to China's Foreign Investment Restrictions», *Loyola University Chicago International Law Review 12*, no. 2, 2015, págs. 249–266, https://lawecommons.luc.edu/cgi/viewcontent.cgi?article=1181&context=lucilr.

último, para coronar los acuerdos, las partes pactaban que cualquier disputa sería resuelta bajo las leyes del estado de Nueva York. Aunque las autoridades chinas no daban su bendición a la idea de Silicon Valley, para ser justos, la toleraron[31].

Después de haber entrado en la cultura accionaria y de haber accedido a las facilidades legales estadounidenses, las *startups* de Internet de China comenzaron a gozar de oportunidades que las leyes de su país les negaban[32]. Podían recaudar más dinero con inversores de riesgo estadounidenses, aspirar a presentarse en oferta pública en el Nasdaq y contratar empleados estrella ofreciéndoles opción de compra de acciones. Era un sistema tan novedoso que, durante la primera parte de 1999, los emprendedores chinos americanos tenían dificultades para traducir «opción de compra» al chino y para entender cómo funcionaba todo aquello[33]. En un viaje a Silicon Valley, poco antes de la inversión de Goldman, Jack Ma cenó con John Wu, programador chino con estudios en Estados Unidos y principal ingeniero de Yahoo. Wu recuerda que Ma lo bombardeó a preguntas respecto a la forma en la que las *startups* de Silicon Valley reclutaban a sus empleados y que lo instó a ofrecer un tutorial sobre los mecanismos de compensación en acciones[34].

Después de haber recibido el capital de Goldman y establecido la estructura de las Islas Caimán, Ma podía poner el tutorial en práctica. Su primer paso fue contratar a Joe Tsai, inversor ex Yale y ex Sullivan & Cromwell que se había despedido del salario de 700.000 dólares de su trabajo en finanzas en Hong Kong. Como la pequeña empresa de Ma tenía un futuro prometedor, aceptó un pago en efectivo de 600 dólares al año, pensando en que la oferta de compra de acciones lo compensaría con creces. A continuación, Ma se dispuso a mejorar su equipo de inge-

---

31. La ambigüedad de la posición china respecto a la condición legal de *startups* con financiamiento extranjero provocó incertidumbre en los inversores occidentales durante los primeros años del siglo XXI.

32. El éxito inicial de las *startups* en China demuestra la teoría de que, para economías en desarrollo, es más fácil adoptar estructuras legales externas que crearlas. Paul Romer, premio nobel y execonomista del Banco Mundial, promotor de la idea controversial de ciudades bajo estatuto (*charter cities*), suele enfatizar este punto.

33. Bo Shao, emprendedor destacado, recordó respecto a la atmósfera de Shanghái en 1999: «Nadie tenía ni idea de qué demonios era una opción de compra de acciones. Durante meses, me esforcé por definir cómo traducir el concepto». Shao en entrevista con el autor, 14 de febrero de 2019.

34. Wu en entrevista con el autor, 12 de noviembre de 2019.

niería, para lo que apuntó nada menos que a John Wu de Yahoo. En principio, Wu lo desestimó; ¿por qué dejaría su puesto en una de las empresas más candentes de Silicon Valley? Pero Ma insistió con un paquete de opción de compra generoso y con un plus: Wu podría permanecer en California, crear su propio equipo y usar un lote de opción de compra adicional para atraer a grandes figuras. Wu aceptó y creó un puesto remoto fuerte de Alibaba en Fremont, frente a Palo Alto, del otro lado de la bahía. Luego aseguró que el estilo de Fremont era «totalmente americano». «No me hubiera marchado sin la opción de compra» [35]

Gracias a empleados de primer nivel como Tsai y Wu, Ma convirtió a Alibaba en una empresa de primer nivel, en lo que Fairchild fue para Silicon Valley; no solo en una iniciativa formidable de por sí, sino en un campo de entrenamiento para ambiciosos que se independizaron para crear sus propias *startups*. Alibaba no fue el único pilar de la economía digital de China creado con aporte de los Estados Unidos; Tencent, su futuro rival, también empezó en 1998 con una inversión de 1,1 millones de dólares de una firma estadounidense llamada IDG. Baidu, entonces el tercer gigante de Internet de China, recibió capital de un fondo conducido por el inversor Tim Draper de Silicon Valley. Los tres primeros portales de Internet —Sina, Sohu y NetEase— recibieron capital extranjero. También lo hicieron Ctrip, pionero en reservas turísticas en línea, y EachNet, pionero en subastas en línea. En 2004, con el mismo método que utilizó Alibaba para reclutar a Joe Tsai, Tencent utilizó la compensación en acciones para persuadir al agente de Goldman Martin Lau de convertirse en uno de sus ejecutivos principales [36]. En síntesis, el capital, la estructura legal y el talento estadounidenses fueron fundamentales para el desarrollo de la economía digital de China; sin ellos, empresas como Alibaba nunca hubieran despegado y el dominio chino en tecnología como la de los pagos en línea tampoco hubiera sido probable.

Veinte años después, al observar su experiencia, Shirley Lin solo lamenta que su firma no aceptara su cartera de empresas de Internet en China. Al no ser una empresa de capitales de riesgo en sí, Goldman Sachs desconfiaba de las inversiones que no tuvieran reglas claras.

---

35. Wu en entrevista con el autor.

36. Lau en entrevista con el autor, 31 de julio de 2019.

Prefería apoyar a empresas cuya ventaja competitiva fuera obvia: un negocio establecido con poder demostrado sobre los precios o una firma joven con tecnología de propiedad registrada. «No encajaba, porque mi método no podía describirse formalmente como el de un capitalista de riesgo», recordó. En una ocasión, visitó a una socia sénior de Goldman que trabajaba en el sector tecnológico en Israel. La mujer revisó la pila de páginas simples que describían sus *startups* y se mofó de ellas con desprecio: sin aspecto tecnológico, nunca llegarían a nada. Y, para enfatizar el mensaje, arrojó la pila de papeles al suelo. «¡Demasiado dramática! Era como estar en un programa de televisión», recordó Lin [37].

En 2001, poco después de ese incidente, Goldman instó a Lin a renunciar a su puesto como directora de Alibaba, pues la burbuja de Internet había estallado y querían que sus socios se dedicaran a inversiones más prometedoras, no a apuestas arriesgadas. Lin se opuso con firmeza, pero su puesto fue asignado a uno de sus adjuntos, Allen Chu, con la orden de transmitir la opinión de Nueva York: que Goldman nunca debió haber invertido. En cierto momento, Chu sugirió liquidar la empresa y tomar el dinero, pues Alibaba no merecía el esfuerzo de una firma orgullosa como Goldman [38]. Finalmente, Lin dejó la firma, que procedió a vender sus acciones de Alibaba por un rendimiento lamentable de 6,8x sobre la inversión original de Lin [39].

El impulso de impaciencia de Goldman resultó en una de las peores salidas en la historia de los capitales de riesgo. Gary Rieschel llegaría pronto a Shanghái, y la segunda ola de Internet de China estaba por empezar.

---

37. Al mirar atrás, Lin piensa que el socio podría haber intentado advertirla para que no fuera por un camino de inversión que no le haría ningún bien a su carrera en Goldman Sachs. Lin en entrevista con el autor.

38. Wu en entrevista con el autor. Ed Sun, abogado de Goldman Sachs responsable de los intereses privados de la firma en Asia, confirmó que el comité de inversión de Nueva York estaba dispuesto a liquidar las inversiones de Lin «por nada». Sun en entrevista con el autor.

39. La venta de la porción de Alibaba de Goldman Sachs se concretó en dos etapas, en diciembre de 2003 y en marzo de 2004. Un incidente paralelo se produjo cuando el grupo IDG de los Estados Unidos entregó su participación en Tencent a Nasper, empresa de medios sudafricana, con lo que ganó entre 10x y 20x. Si hubiera esperado hasta 2010, hubiera sido propietario de una gran porción en una de las siete empresas más grandes del mundo.

Mientras que la primera oleada de inversiones de riesgo de China se llevó a cabo con una mezcla de inversores sorprendente, muchos de ellos extranjeros, la segunda fue con capitalistas establecidos, la mayoría con sede en China. Una señal del cambio fue el compromiso de Rieschel de crear una firma de capitales de riesgo de estilo estadounidense con sede en Shanghái, pero Qiming fue una parte de un fenómeno más amplio. Desde mediados del 2000, varias empresas estadounidenses desembarcaron en China para reunir equipos locales; de hecho, había tanta demanda de inversores chinos talentosos que solían pulular de una sociedad estadounidense a otra. Al mismo tiempo, inversores que habían trabajado en occidente comenzaron a independizarse. El objetivo era combinar la metodología norteamericana con implementación china.

La primera iniciativa notable fue la de Kathy Xu, otra mujer que logró florecer en la industria de capital de riesgo china. En lugar de estudiar en los Estados Unidos, había experimentado la educación estadounidense en la Universidad Nanjin, donde se había especializado en inglés. Una profesora en particular, Donda West, una imponente mujer afroamericana, le había inculcado un principio norteamericano: «Eres única, eres maravillosa. No ha habido nadie como tú en los últimos 500 años ni habrá nadie como tú en los próximos 500». Xu recuerda que esa oda a la individuación fue reveladora para una adolescente china de Sichuan[40]. Donda West también se le grabó en la memoria por su hijo Kanye, a quien solía ver haciendo acrobacias en el campus de la universidad; años más tarde, le sorprendió descubrir que el joven se había hecho famoso.

Después de la universidad, Xu consiguió trabajo como oficinista en el Banco de China, donde ganaba RMB 78 al mes, equivalente a 10 dólares. Como joven entusiasta y responsable, se convirtió en líder de la Liga de la Juventud Comunista y dedicó sus descansos a ayudar a sus colegas a aprender inglés. Gracias a sus esfuerzos, se ganó el título de «Mujer portadora de estandarte», honor acompañado por un certificado y una sábana[41]. En 1992, cuando cumplió veinticinco años, aplicó para

---

40. Xu en entrevista con el autor, 8 de noviembre de 2019. Glain, Stephen, «Rainmaker», *Forbes*, 28 de marzo de 2008.

41. Glain, «Rainmaker».

un codiciado puesto de auditoría en Price Waterhouse en la Hong Kong británica, que consiguió tras pasar varias noches pegada a un libro de contabilidad. Durante los doce años siguientes, se dedicó a absorber la versión de Hong Kong de las finanzas angloamericanas; de Price Waterhouse pasó a un banco de inversiones y luego a una sociedad de capital privado[42]. Mientras tanto, invirtió en *startups* de Internet chinas, entre ellas, el portal NetEase y la agencia de empleos virtual ChinaHR. Estas experiencias le enseñaron cómo relacionarse con fundadores jóvenes, cómo contratar y despedir directores ejecutivos y cómo ayudar a crear equipos. Cuando el competidor norteamericano adquirió ChinaHR, la especialista en inglés de Sichuan ganó 50 millones de dólares.

En 2005, Xu abandonó Hong Kong para fundar Capital Today, su propia firma de capital de riesgo en Shanghái. Reunió 280 millones de dólares y procedió a buscar *startups*. Su objetivo era hacer unas pocas inversiones, cinco o seis al año, y manejar las *startups* el mayor tiempo posible. «No existen tantas empresas fantásticas», reflexionó como la versión china de Peter Thiel, quien lanzó Founders Fund el mismo año. «Si tienes la suerte de encontrar una, aférrate a ella. Así es como harás dinero»[43].

Hacia finales de 2006, Xu se presentó a una reunión en el hotel Shangri-La de Beijing a las diez de la noche, horario normal para una presentación en la frenética cultura china. Xu estaba allí para reunirse con Richard Liu, el joven fundador de un sitio de comercio en línea al que luego llamaría JD.com[44]. Liu parecía muy determinado aún para los parámetros chinos. Había aprendido programación por cuenta propia, tenía reuniones administrativas los sábados por la mañana y vigilaba su sitio como un halcón, por lo que respondía mensajes de los usuarios cada dos minutos. Valiéndose de descuentos agresivos y de entregas rápidas, dominó cada segmento comercial al que apuntaba. Las ventas de JD.com crecían un 10 por ciento mensual, con lo que, en tres años, habría crecido más de treinta veces.

---

42. Xu pasó de la empresa de auditoría a un banco de inversiones y luego a la firma de capital privado Baring Private Equity Asia. Xu en entrevista con el autor. Glain, «Rainmaker».

43. Xu en entrevista con el autor.

44. En sus primeros años, JD.com tuvo varios nombres, entre ellos, 360buy.com.

Alrededor de las dos de la mañana, Xu decidió que no se perdería esa oportunidad de inversión, así que le preguntó a Liu cuánto capital necesitaba.

«Dos millones de dólares», respondió Liu. «No es suficiente», repuso Xu; Liu debía necesitar más dinero para sustentar su crecimiento exponencial. El puesto del mayor sitio de venta al por menor en línea del mundo estaba llamando, y JD debía ocuparlo enseguida, antes de que sus competidores le ganaran.

«Le daré 10 millones de dólares», ofreció Xu[45]. Liu pareció emocionado, casi sobrecogido, exactamente lo que Xu quería. La revuelta juvenil de los Estados Unidos había supuesto un golpe negativo para los capitales de riesgo que repartían demasiado dinero, pero, en China, los fundadores de *startups* afrontaban vastas oportunidades de mercado con poca financiación.

Para asegurarse de cerrar el trato, Xu le dijo a Liu que debía viajar a su oficina en Shanghái para terminar el acuerdo y compró billetes para un vuelo a las nueve de la mañana, apenas unas horas más tarde. De ese modo, «él no tenía tiempo de encontrarse con nadie más», explicó luego[46]. Después de dudarlo, se compró un billete en clase económica en contra de su costumbre para sentarse junto a Liu y, también, asegurarse de que fuera austero.

Finalmente, Capital Today invirtió 10 millones de dólares a cambio del 40 por ciento de JD.com. Liu enseguida amplió su variedad de productos y mejoró la distribución de la empresa. Por su parte, Xu lo asesoró para contratar empleados de primer nivel: a medida que JD creciera, Liu tendría que delegar. En principio, Liu argumentó que los nuevos no podían, bajo ningún concepto, ganar más que los empleados más antiguos; ellos debían ser respetados. Sn embargo, Xu lo persuadió de aceptar a un jefe de finanzas que rompía con el techo salarial, y Liu pronto dio el brazo a torcer. «¡Este tío de 20.000 renminbi es mucho mejor que los de 5.000 renmnbi! ¿Puede contratar más por mí?»[47]. Xu contrató a un nuevo jefe de ventas y a uno de logística. En poco tiempo, JD comenzó a reclutar empleados en los campus universitarios de élite.

---

45. Xu en entrevista con el autor.

46. Xu en entrevista con el autor.

47. Xu en entrevista con el autor.

Al igual que Arthur Rock en Intel, Xu diseñó un plan de opción de compra de acciones para los empleados de JD. Adoptó un período de adquisición estándar de cuatro años, con la condición de que JD.com alcanzara sus objetivos comerciales. Sin embargo, después de apenas dos años, la empresa superó sus objetivos y Xu pagó alegremente por adelantado. Liu reunió a sus empleados para anunciar las buenas noticias: su objetivo era hacerlos ricos a todos. Apuntaba a tener cien empleados con más de 100 millones de renminbi (alrededor de 15 millones de dólares) y mil empleados con más de 10 millones de renminbi (1,5 millones de dólares). Sonó como Jim Clark de Netscape cuando liberó a los amigos programadores de Marc Andreessen de la Universidad de Illinois.

Por supuesto que las riquezas también siguieron a Xu, cuya firma se había hecho nada menos que con dos quintos de las acciones de JD. Gracias a ello y a otros éxitos, el primer fondo de Capital Today consiguió un rendimiento destacable del 40 por ciento anual sin honorarios; por cada dólar, los inversores consiguieron más de 10 dólares. Teniendo en cuanta el crecimiento exponencial, no es de extrañar que Xu reuniera un fondo superior a 400 millones de dólares en 2010 y uno mayor a largo plazo de 750 millones. El capital de riesgo chino estaba tomando impulso.

◆

En 2005, el año crucial —en el que se lanzaron Founders Fund, Y Combinator, Qiming y Capital Today—, un emprendedor enjuto llamado Neil Shen voló a Laguna Beach, en California. Había crecido en China, asistido a la universidad en Estados Unidos y trabajado como agente de inversión. Se encontraba en California para dar una conferencia de finanzas sobre una de las dos *startups* que había cofundado: Ctrip.com, empresa de turismo en línea que cotizaba en Nasdaq. Mientras se encontraba en la conferencia, recibió un mensaje de un amigo: los líderes de Sequoia, Michael Moritz y Doug Leone querían conocerlo[48].

Shen intuía la razón. Gracias a su fluidez en dos culturas, su experiencia en un banco de inversión y su éxito como emprendedor, se en-

---

48. Shen en entrevista con el autor, 20 de junio de 2019; 10 de noviembre de 2019; 6 de noviembre de 2020.

contraba en la posición ideal para unirse a la fiebre del oro de los capitales de riesgo chinos. Ya habían intentado reclutarlo tres firmas chinas, era natural que Sequoia las siguiera.

Shen accedió a extender su visita a California para detenerse en San Francisco y reunirse con Moritz y Leone en el hotel Four Seasons de Market Street, un centro tecnológico en crecimiento gracias a la expansión de los tentáculos de Silicon Valley en dirección norte. Sequoia también había invitado al capitalista de riesgo chino Zhang Fan, quien estaba listo para despedirse de su fondo. Al igual que Shen, tenía el perfil binacional perfecto: era exalumno de Goldman Sachs, de Stanford, y de la prestigiosa Universidad de Tsinghua[49].

Los cuatro hombres conversaron durante una hora y media; eran un grupo sorprendente: Moritz, británico americano esbelto y elegante; Leone, italoamericano con un pecho prominente, y dos socios potenciales determinados, americanos por educación, chinos por pasaporte. Con el avance de la reunión, la pareja de Sequoia se abrió a los visitantes. Leone, quien había viajado siete u ocho veces a China en busca de un equipo local, pudo notar que Shen y Zhang eran más fuertes que otros candidatos[50]. Ambos habían abandonado la seguridad de bancos de inversión para aventurarse en capitales de riesgo y *startups*, es decir que comprendían la toma de riesgos de emprender. Shen, además de haber cofundado Ctrip, cotizada en Nasdaq, había ayudado a iniciar una empresa de hoteles económicos, Home Inns & Hotels Management, que también se encaminaba a cotizar en una bolsa norteamericana. Por su parte, Zhen había participado en el apoyo a Baidu, el equivalente chino de Google.

Al mismo tiempo, Shen y Zhang también quedaron impresionados por los socios de Sequoia. Shen, como emprendedor, había atestiguado la frustración de sus pares con inversores en China que representaban a comités de inversión en los Estados Unidos que no tenían idea del contexto chino. Pero, antes de que pudiera expresar sus objeciones en contra de la administración remota, Moritz y Leone enfatizaron que sus socios en China tomarían decisiones independientes. Ya habían establecido un

---

49. Al igual que ocurre con un nombre occidental, el nombre de pila se escribe antes del apellido. En el caso de nombres chinos, la práctica es presentar el apellido antes del nombre de pila.

50. Leone en entrevista con el autor, 14 de mayo de 2019.

equipo en Israel que había tenido resultados mediocres, con lo que habían aprendido que no debía haber un comité en California microadministrando decisiones distantes. En términos de Moritz: «Pensar de forma global, actuar de forma local». Las personas en el territorio debían tomar las decisiones de personal y de inversión. «El chiste era: "A menos que quieras llamarte Neil Shen & Associates, ¿por qué dirías que no a esta propuesta?"», recordó Shen[51].

Hacia finales de 2005, Shen y Zhang firmaron como colíderes de Sequoia China; Leone los presentó frente a algunos socios comanditarios y reunieron un fondo de 180 millones de dólares —menor a la reserva recaudada por Kathy Xu, pues Sequoia no arriesgaría su reputación apostando en grande de inmediato—[52]. Luego, Shen eligió una oficina modesta en Hong Kong, en la misma calle que Ctrip; a fin de cuentas, Sequoia China era, en sí misma, una *startup* rudimentaria, por lo que no imitaría las instalaciones imponentes de los bancos de inversión y capitales privados estadounidenses en la isla[53].

A pesar de haber prometido autonomía, Leone y Moritz trataron a Shen y a Zhang como a cualquier otro fundador respaldado por Sequoia; los respetaban, sin duda, pero también estaba decididos a ser sus guías y mentores más allá de los desafíos culturales y de la distancia. Esto implicó buscar el equilibrio entre intromisión excesiva y el desentendimiento que había condenado a otros satélites internacionales de capitales de riesgo. Por ejemplo, en el 2000, Benchmark había instalado un satélite en Londres y habían dejado que los locales se administraran a su modo, pues no tenían suficientes millas aéreas para integrarlo a la nave nodriza. Como resultado, en 2007, el equipo de Londres formalizó su independencia *de facto*, dejó de compartir dividendos con California y puso fin a la presencia de Benchmark en Europa. Por otro lado, Kleiner Perkins sufrió un problema similar en China: en 2007, John Doerr ayudó a reunir a cuatro inversores chinos, pero cometió el error letal de delegar el seguimiento a agentes que no

---

51. Shen en entrevistas con el autor.

52. El primer fondo de Sequoia China también fue algo menor al de Qiming, que ascendió a 192 millones de dólares.

53. Glen Sun, que se unió a Sequoia China poco después de su fundación, se sorprendió por la modesta oficina. Antes, había trabajado en la firma de capital privado estadounidense General Atlantic. Sun en entrevista con el autor, 10 de noviembre de 2019.

tenían la presencia para construir la cultura del nuevo negocio. «John ayudó porque tenía la personalidad y la altura para hacerlo», declaró un miembro del equipo de China, «Pero cuando aparece alguien de menor rango... Para ser franco, ¿de verdad saben lo que hacen?»[54]. El equipo se desintegró en menos de un año y tuvieron que construirlo de nuevo[55].

Moritz y Leone fueron más consistentes y determinados al reclutar a Shen y a Zhang. En lugar de delegarles los desafíos de China, se hicieron cargo, por lo que entraban y salían del país con frecuencia[56]. «No ofrecimos una franquicia de nuestro negocio, estábamos dirigiendo Sequoia», explicó Moritz[57]. A su vez, los socios chinos visitaban California para observar sus prácticas en primera persona: cómo conducir una reunión de inversión del lunes, a qué prestar atención en la presentación de una empresa, cómo realizar la diligencia debida en inversiones potenciales. Shen estaba particularmente entusiasmado por aprender. «Nunca había sido capitalista de riesgo», reconoció[58].

Transmitir las buenas prácticas de Silicon Valley a China no resultó ser un proceso sencillo. Una cosa era tomar prestadas estructuras legales estadounidenses que operaban fuera del país, con lo que se lograba usar opción de compra de acciones para empleados, otra era tomar la metodología de inversión estadounidense y, de hecho, su ética, para insertarla en la práctica del capitalismo de riesgo de la economía del lejano oeste de China. La cultura comercial del país era despiadada; algunos emprendedores eran conocidos por usar contactos políticos para amedrentar o arrestar a sus rivales. En consecuencia, los capitales de riesgo chinos respaldados por los Estados Unidos estaban en medio de dos mundos. Como veteranos en las batallas de negocios de China, su instinto era defender su

54. David Su en entrevista con el autor, 8 de noviembre de 2019. Su fue uno de los socios de Kleiner Perkins China.

55. Kleiner Perkins recaudó el segundo fondo en China en 2011, que tuvo un mejor rendimiento que el primero. Doerr en entrevista con el autor, 5 de marzo de 2021.

56. En principio, Leone se hizo responsable de custodiar los negocios en China. Hacia el año 2008, desvió la atención hacia los fondos de crecimiento de Sequoia, y Moritz se hizo cargo de custodiar China y la India. Años después, Gary Rieschel reconoció que Moritz y Leone dedicaron una cantidad de tiempo inusual a China, lo que posibilitó integrar a Shen y a su equipo. Rieschel en entrevista con el autor.

57. Moritz en entrevista con el autor.

58. Shen en entrevista con el autor.

posición, pero como portadores de la marca de Silicon Valley, se meterían en problemas si economizaban esfuerzos.

Como era de esperar, a finales de 2008, Shen se enfrentó a una demanda vergonzosa. La empresa de capital privado Carlyle lo demandó por 206 millones de dólares, alegando que había usado métodos fraudulentos en una inversión en una empresa de investigación médica de China. Según los alegatos, Carlyle había firmado un contrato de exclusividad con la firma, pero Shen lo había apartado poniéndole una fecha previa falsa al acuerdo con su rival para que aparentara ser previo al de Carlyle[59]. El caso se resolvió en privado, y Shen no admitió el fraude. También se enfrentó a la firma rival Hillhouse, que se había desprendido del fondo de Yale. «Los hombres de Sequoia en California podrían haber entrado en pánico y haberse negado a lidiar con eso», declaró uno de los involucrados. En cambio, Moritz y Leone defendieron a su hombre. Sequoia China era tan arriesgado como cualquier otro capital de riesgo, pero eran hombres con experiencia en ello.

En la misma época de la demanda, la determinación de Sequoia afrontó un desafío aún mayor: una noche de sábado, mientras Moritz disfrutaba la paz de su casa de fin de semana al norte de San Francisco, recibió una llamada de China. Del otro lado se escuchaba lo opuesto a paz: Shen y Zhang estaban discutiendo; el primero exigía que despidieran a un miembro del equipo, el segundo se mantenía firme en que no lo hicieran.

Moritz escuchó la tensión entre los hombres; si esa era solo la punta del iceberg, el equipo de Sequoia China estaría a punto de descontrolarse. Entonces, a la mañana siguiente, puso fin a su descanso y se dirigió al aeropuerto. Tras aterrizar en Hong Kong, pasó un tiempo conversando con el equipo en la oficina y dedujo que las primeras inversiones de Xhang no parecían llegar a ningún lado[60]. Por otra parte, Shen había

---

59. La empresa de investigación médica era Green Villa Holdings. Orr, Amy, «Carlyle Suing Rival over a Deal in China», *Wall Street Journal*, 10 de diciembre de 2008.

60. En el momento de la salida de Zhang, la declaración pública de Sequoia China detallaba los acuerdos que había encabezado. Entre ellos, el más prominente fue el de Asia Media, pero la empresa había sido obligada a retirarse de la bolsa de valores de Tokio en septiembre de 2008, porque su director ejecutivo fue acusado de desviar fondos. Comunicado de prensa de Sequoia China, 25 de enero de 2009, it.sohu.com/20090125/n261946976.shtml. Whipp, Lindsay, «Audit Problems Hit Asia Media», *Financial Times*, 25 de julio de 2008.

financiado dos *startups* que parecían prometedoras. Si los dos se enfrentaban, Moritz sabía a cuál respaldar.

A finales de 2008, Zhang renunció a la firma, la tensión terminó y Sequoia estuvo lista para avanzar con sus inversiones en China.

***

Al igual que muchos fundadores respaldados por Sequoia, Shen tardó cinco años en mostrar progresos. Pero, en 2010, cuatro empresas de China se presentaron en oferta pública en la bolsa de valores de Nueva York, y Sequoia Capital dio su conferencia de inversores bienal en Beijing; fue la primera vez que convocó a sus socios comanditarios fuera de las fronteras de los Estados Unidos[61]. A pesar de que la calefacción y el aire acondicionado del Hyatt Beijing funcionaban mal, por lo que la audiencia padeció los cambios de temperatura, lo destacable era que Sequoia había pasado de ser una empresa local de Silicon Valley a una global.

Para entonces, el campo tecnológico de China también estaba madurando. En 2010, los capitalistas de riesgo en China recaudaron 11,2 mil millones de dólares, un aumento de casi el triple en cinco años, y las firmas ubicadas en los Estados Unidos concretaron más de cien inversiones en China por primera vez[62]. Al tener capital a disposición con facilidad, los emprendedores chinos comenzaron a soñar en grande. Los pioneros como Alibaba habían demostrado la altura que podían alcanzar, por lo que los imitadores presuntuosos pudieron ver que la economía de mayor crecimiento en el mundo ofrecía una oportunidad ilimitada. A medida que la red de capitalistas de riesgo se hacía más densa, el sistema de innovación chino se acercaba al siguiente punto de inflexión, el que Silicon Valley había alcanzado alrededor de 1980.

El desarrollo temprano de Silicon Valley podría dividirse en tres fases. Al principio, el capital era escaso, los inversores eran pocos y los

---

61. Entre las ofertas públicas iniciales de Sequoia China se encontraban un gestor de patrimonio y una cadena de comida rápida. El hecho de que fueran iniciativas menos tecnológicas que una *startup* de Silicon Valley promedio demostró que Moritz había permitido que Shen se adaptara a las condiciones de China. Shen en entrevistas con el autor.

62. La información sobre la recaudación de capital fue extraída de Zero2IPO. La información sobre negocios de los Estados Unidos en China se extrajo de: Hanemann, Thilo, *et al.,* «Two-Way Street: 2019 Update US-China Direct Investment Trends», Rhodium Group, mayo de 2019, wita.org/atp-research/china-us-fdi-trends/.

emprendedores tenían dificultades para recaudar dinero; esta etapa describe la situación de China a finales de los noventa, cuando Lin hizo su inversión en Alibaba. Luego, el dinero aumentó, la cantidad de capitalistas de riesgo se disparó y las *startups* crecieron en número y en ambición; etapa análoga a China en 2010. Por último, cuando la competencia entre *startups* se volvió frenética y costosa, los capitalistas de Silicon Valley adoptaron una función coordinativa. Negociaron adquisiciones, alentaron fusiones y animaron a los emprendedores a adentrarse en áreas que aún no estaban saturadas; como los superconectores de la red, dieron forma a un sistema de producción descentralizado. Era el último umbral que China debía atravesar y, para 2015, lo habría hecho.

La historia de Wang Xing, fundador del superexitoso emprendimiento de entrega de comidas Meituan, representó el paso de China de la segunda fase a la tercera. Con su personalidad introvertida, analítica y segura de su propio juicio, era, en muchos sentidos, la versión china de Mark Zuckerberg. Después de graduarse en la Universidad Tsinghua, inició un doctorado en ingeniería informática en los Estados Unidos, pero pronto decidió abandonarlo para probar fortuna con una *startup*. Realizó una serie de imitaciones sucesivas, entre ellas, una versión china de la red social Friendster, luego imitó a Facebook y a Twitter. En 2010, al notar el crecimiento impactante del sitio de compras colectivas estadounidense Groupon, volvió a virar; su nuevo sitio compraba mesas en restaurantes, asientos en cines o bienes al por mayor con descuento y luego los vendía a buscadores de ofertas. A esa iniciativa la llamó Meituan.

Pero Wang no fue el único emprendedor que vio la oportunidad; el elegante empresario Wu Bo había lanzado un sitio similar, y era esperable que surgieran más clones de Groupon. Sin embargo, con experiencia en tres *startups* previas, Wang se había graduado con honores de la escuela de los golpes duros y sabía bien lo que hacía falta para atraer a los usuarios de forma efectiva. Cuando Sequoia China pensó a qué emprendedor debía apoyar, Wang fue la primera opción. Glen Sun, el agente más confiable de Shen, fue el encargado de seducirlo[63].

Sun enseguida descubrió que lidiar con la nueva generación de emprendedores podía ser un desafío; Wang también se parecía a Zuckerberg en ese aspecto. Cuatro años antes, Xu había conocido al fundador de JD

---

63. Shen en entrevistas con el autor.

y, con destreza, lo había atraído hacia su oficina en Shanghái, pero Wang era más difícil de acorralar, incluso era difícil conocerlo.

Sun tenía un doctorado en leyes de Harvard y experiencia en la empresa de capital privado estadounidense General Atlantic, combinación que no lo inspiraba a ser humilde. Sin embargo, adoptó el papel de suplicante y esperó en el café venido a menos junto a la oficina de Meituan en Beijing con esperanzas de conseguir una audiencia con el hombre de treinta y un años. Cuando veía a Wang, se le acercaba para hablarle y, en general, no le concedía más que unas pocas sílabas. Sin desanimarse, Sun intentó llegar a él a través de su esposa, que manejaba las finanzas de Meituan; también se hizo amigo de sus cofundadores y les pidió que hablaran bien de él. La persecución era un desafío psicológico sutil: «Debías descubrir en qué estaba pensando y luego hacer que se interesara en hablar contigo. Intentábamos hablarle de asuntos que no le fueran familiares para sumar valor agregado», recordó Sun[64]. Pero para su irritación, Wang era una especie de enciclopedia, por lo que era difícil encontrar un tema global en el que no se hubiera especializado[65].

«Estamos muy interesados en vuestra empresa. Podemos firmar un acuerdo en cualquier momento. Podemos girarle dinero», le dijo Sun a la esposa de Wang. «Somos buenas personas», suplicó[66].

Wang cedió, finalmente y firmó un acuerdo para ceder un cuarto de Meituan a cambio de 3 millones de dólares. Pero, mientras realizaban los procedimientos para convertirla a la estructura legal de las Islas Caimán, Meituan tuvo un crecimiento exponencial. Entonces, haciendo caso omiso de su acuerdo, Wang exigió un aumento en su valuación: por un cuarto de la empresa, Sequoia tendría que pagar 12 millones de dólares. Un capitalista de riesgo occidental se hubiera retirado, pero Shen le había jugado un truco similar a un inversor durante su tiempo en Ctrip[67]. Él y Sun, cómodos en la cultura despiadada de China, aceptaron los nuevos términos de Wang y cerraron el trato.

---

64. Sun en entrevistas con el autor.

65. Durante una caminata en septiembre de 2019, Wang le preguntó al autor sobre sus libros anteriores, pero era evidente que ya conocía la mayoría de las respuestas.

66. Sun en entrevistas con el autor.

67. En Ctrip, Shen había subido la valuación antes de cerrar un trato con el inversor de crecimiento neoyorkino Tiger Global, porque el final de la epidemia de SARS había cambiado las perspectivas del negocio. Scott Schleifer en entrevista con el autor, 16 de septiembre de 2019.

Después de haber pagado una fortuna por su participación en Meituan, Sequoia se encontró en medio de una versión extrema de la batalla entre X y PayPal. En 2011, emergió la cifra extraordinaria de cinco mil sitios de compra colectiva en China; a veces, los capitalistas de riesgo abundantes podían liberar a demasiados fundadores. Se inició la llamada «guerra de los mil Groupones», en la que los combatientes gastaban dinero en descuentos cada vez mayores para atraer usuarios. Los consumidores aprovecharon el momento y salieron a comer fuera en bandadas. En palabras del inversor y escritor Kai-Fu Lee, era como si la comunidad de capitales de riesgo estuviera invitando a cenar a todo el país[68].

Meituan sobrevivió con facilidad a la primera etapa de la guerra; la mayoría de sus contrincantes tenían poco financiamiento y eran inocentes, por lo que fueron derrotados enseguida. En 2013, su rival principal era Dianping, creación de Zhang Tao, fundador educado en Wharton, y también financiada por Sequoia China. La empresa había empezado como un clon del sitio de opiniones Yelp, pero luego había virado hacia los descuentos grupales, con lo que puso a Sequoia en la posición incómoda de apoyar a dos enemigos mortales. Con la reducción de participantes, pero la competencia aún feroz, el único paso natural para Sequoia era fusionar sus dos empresas en cartera, pero la cultura de negocios despiadada de China estaba configurada para competir. La idea de una fusión era una estratagema estadounidense desconocida.

Consciente de que debía proceder con cuidado, Shen le sugirió a Wang que hablara con su contraparte de Dianping, Zhang Tao; tendría sentido poner fin al derramamiento de sangre con una fusión. Wang accedió a intentarlo, pero su idea de una fusión positiva era tener el control de la empresa resultante. Zhang podía ser mayor y más apacible, pero no estaba listo para quedar relegado.

A comienzos de 2015, las dos partes reiniciaron la contienda. Meituan recurrió a sus inversores y recaudó 700 millones de dólares con esperanzas de lanzar un ataque mortal. Dianping contraatacó reuniendo su propio fondo de guerra de 850 millones. Siguió una oleada de gastos en competencia y, llegado el verano, ambas empresas, agotadas y cortas de dinero, volvieron a recurrir a sus inversores por más provisiones. Sin em-

---

68. Lee, Kai-Fu, *AI Superpowers: China, Silicon Valley, and the New World Order*, Houghton Mifflin Harcourt, Boston: 2018, pág. 24.

bargo, en esa ocasión, los inversores se negaron. Estaban preparados para subsidiar una cantidad limitada de comidas en restaurantes y, además, mientras los clones de Groupon luchaban a los golpes, el sistema de capital de riesgo de China estaba avanzando.

En los cinco años que siguieron a la conferencia triunfal de Sequoia en Beijing y a que Wang Xing fundara Meituan, los fondos de riesgo de China volvieron a triplicarse, con lo que alcanzaron 32 mil millones de dólares[69]. Con la expansión de la industria, emergieron líderes naturales, con Neil Shen a la cabeza[70]. Además, los inversores chinos con mejores conexiones debieron conocerse bien unos a otros; realizaban financiaciones de seguimiento en las empresas de los demás, pensaban en los mismos términos y habían desarrollado un código profesional que posibilitaba la confianza y la coordinación[71]. En 2015, la maduración se vio reflejada en la fusión tecnológica del más alto perfil: dos empresas de transporte a demanda, Didi y Kuaidi, terminaron con su guerra sangrienta para unir fuerzas.

En el verano de 2015, tras la incapacidad de Meituan y de Dianping de recaudar más capital, sucedieron dos cosas casi en simultáneo. En el caso de Meituan, Wang Xing visitó a Neil Shen para pedirle que reiniciara las conversaciones para la fusión. En el caso de Dianping, los capitalistas de riesgo conspiraron para asegurarse de que su fundador estuviera abierto a la propuesta de Wang.

Kathy Xu fue una de las inversoras de Dianping y, cuando el capital para financiar la guerra entre los clones de Groupon se acabó, sus supuestos adversarios de Meituan la contactaron para pedirle capital.

---

69. También en 2015, los capitalistas de riesgo de los Estados Unidos cerraron 350 tratos en China. Hanemann *et al.*, «Two-Way Street», 38. También en Zero2IPO.

70. La Lista Midas de Forbes de 2015 posicionó a Steven Ji de Sequoia China en el puesto veintidós, principalmente por sus ganancias con Dianping. Kiu Zhou se encontraba en el puesto sesenta y uno.

71. La industria de capitales de riesgo de China siguió diferenciándose de la estadounidense en que era más dispersa geográficamente, con centros en Beijing, Shanghái y Hong Kong. Sin embargo, dada la revolución en transportes y comunicación que se dio desde los años de formación de Silicon Valley, la dispersión geográfica de China no resultaba sorprendente. Un «grupo» ya no necesitaba encontrarse en la misma ubicación.

«¿De verdad? ¡Soy inversora de su competencia!», exclamó asombrada. Xu colgó el teléfono y evaluó lo sucedido. ¿Por qué Meituan la había llamado? Debían estar desesperados. Luego, llamó a Martin Lau, exagente de Goldman que había cambiado su trabajo por la opción de compra de acciones en Tenent. Por aquel entonces, se encontraba a cargo de la extensa cartera de la *startup*, que incluía un 20 por ciento de Dianping.

«Debes jugar el papel de caballero blanco al rescate», instó a Lau. «Creo que es probable que no puedan conseguir dinero. Nosotros tampoco podemos... Es un caso de fusión o muerte»[72].

Lau no necesitó que Xu lo persuadiera; de hecho, ya había estado pensando al respecto. Como exmiembro de Goldman, había crecido con la noción de que las fusiones podían ser buenas para los negocios. Entonces, para asegurarse de que Dianping estuviera abierto a la idea, prometió que Tencent invertiría 1 mil millones de dólares con la condición de que se fusionara con Meituan.

Con inversores rehusando financiar la competencia, pero alegando que financiarían en caso de que terminara, se creó el escenario para una fusión. Los capitalistas de riesgo estaban jugando el papel de coordinación que tenían desde hacía mucho tiempo en Silicon Valley[73].

El 9 de septiembre de 2015, Neil Shen y Martin Lau se reunieron con Wang Xing y con Zhang Tao en el discreto hotel W, frente a una carretera elevada de la isla de Hong Kong. Los protagonistas llegaron por separado para no levantar sospechas y, durante la cena de dos horas y media, conversaron de todos los temas posibles excepto de la fusión. Wang vestía un suéter gris pálido y vaqueros desgastados, y Zhen una camiseta a rayas rojas y azules[74].

Después de la cena, el grupo subió a una habitación que Shen había reservado para la negociación. Él y Lau dieron discursos iniciales para enfatizar la lógica de la fusión y la sinergia entre las dos empresas. Unirse implicaría tomar decisiones dolorosas, pero Shen y Lau les aseguraron que merecerían la pena y, como los hombres de negocios sénior más con-

---

72. Xu en entrevista con el autor.

73. En el caso de la fusión de Didi y Kuaidi, al parecer, los capitalistas de riesgo no tuvieron un papel fundamental. En su lugar, la llevaron a cabo Bao Fan, agente de inversiones, y Jean Liu, de Goldman Sachs.

74. El autor le agradece a Shen el hecho de haber compartido fotografías de la escena.

fiables de la economía digital china, se comprometieron a hacer que la fusión fuera justa para ambas partes.

Después de haber dado inicio a la discusión, los negociadores dejaron que los emprendedores discutieran los detalles. Escribieron todos los puntos en una pizarra: estructura corporativa; nombre; quién tendría qué papel en la empresa resultante. De todas formas, con el prestigio de Tencent y de Sequoia como factor en el proceso, el resultado no estaba en duda y, a las siete de la tarde, ambas partes llegaron a un acuerdo con una estructura básica para la fusión.

En cuanto logró liberarse, Shen corrió hacia una pizzería en el centro comercial Landmark, al otro lado de la autovía en el distrito comercial. Su esposa estaba fuera de la ciudad, y él estaba llegando tarde a cenar con sus dos hijas. «Son negocios, por desgracia», se disculpó al llegar[75].

Alrededor de una semana más tarde, Shen voló a la isla Hayman, a un complejo de lujo frente a la costa de Australia, para la boda de dos celebridades: Richard Liu, fundador de JD, y una novia mucho más joven, famosa en las redes sociales de China por su belleza inocente. La celebración, con su opulencia, marcó la llegada de la tecnología china: los nuevos multimillonarios podían vivir con la misma opulencia que los norteamericanos. Pero también marcó la llegada de China en otro aspecto: la lista de invitados estaba llena de miembros de la élite digital y financiera del país. Al igual que en Silicon Valley, el motor innovador de China se había convertido en un grupo social.

Shen asistió a la ceremonia en un traje formal y se marchó enseguida. El día de las negociaciones en el hotel W, había corrido de un evento de negocios a uno social, ese día hizo lo opuesto. Al salir de la fiesta, se reunió con Marin Lau y Bao Fan, un exagente de Morgan Stanley, contratado para convertir la estructura básica de Meituan-Dianping en una fusión completa.

Sin sacarse sus pajaritas, los tres entraron en una oficina para dedicarse a los negocios. Las negociaciones entre Meituan y Dianping iban a paso lento; atravesar la recta final requeriría la coordinación de sus inversores, pues ambas empresas tenían equipos ejecutivos duplicados. Ambas contaban con un servicio de entrega de comida, uno de reservas, y de-

---

75. Shen en entrevistas con el autor.

más. La competencia había involucrado un baño de sangre intolerable y, al parecer, la consolidación incluiría otro.

Shen y los demás repasaron la lista de puntos difíciles uno a uno; los tres tenían interés en que se cerrara el trato. Si Meituan y Dianping no podían llegar a un acuerdo, ellos los guiarían.

Tarde o temprano, después de más directivas remotas desde las playas australianas, Shen logró lo que quería: el 11 de octubre, Meituan y Dianping anunciaron su fusión, con la que se creó un proveedor gigante de comidas para llevar, entradas de cine y otros servicios locales. Tal como Shen y Lau habían anticipado, la empresa fusionada fue mucho más valiosa de lo que habían sido las dos empresas rivales demandantes de dinero. Cuando Meituan-Dianping recaudó su siguiente ronda de capital en enero de 2016, la dimensión de su bonanza se hizo evidente; juntas, las empresas valían 5 mil millones de dólares más que como competidoras[76]. El proceso iniciado en el hotel W culminó en una victoria que incluso Sand Hill Road podría envidiar.

Con eso, la industria de capitales de riesgo china completó su camino. Una red conformada en su totalidad por inversores, emprendedores y agentes chinos había logrado una fusión espectacular, con la que crearon una empresa diez veces mayor a lo que fue PayPal cuando fue adquirida por eBay. Neil Shen entraba al período en el que sería coronado como el capitalista de riesgo número uno del mundo durante tres años consecutivos. Wang Xing progresó de multimillonario a billonario, y su empresa se convirtió en la inversión más lucrativa de Sequoia Capital, aún más que Google[77]. Cabe mencionar que, para 2019, Meituan-Dianping había quedado eclipsada, pero la nueva victoria de Sequoia fue otra iniciativa china, ByteDance, operador de una aplicación de vídeos cortos superpopular llamada TikTok.

---

76. En enero de 2016, Meituan-Dianping recaudó dinero con una valuación preinversión de 16,2 mil millones de dólares, 5 mil millones más que la valuación combinada de ambas empresas en su financiamiento previo.

77. Hacia finales de 2020, la inversión original de 12 millones de dólares de Sequoia en lo que fuera Meituan valió más de 5 mil millones, lo que superó la ganancia de su inversión de 12,5 millones de dólares en Google.

En verano de 2016, Gary Rieschel hizo sus maletas para dejar Shanghái. Supo cuándo llegar y sabía que era hora de retirarse. Un norteamericano ya no podía aportar mucho a la industria de capitales de riesgo de China.

11

ACCEL, FACEBOOK Y EL DECLIVE DE KLEINER PERKINS

A inicios del siglo XXI, a la sombra del colapso tecnológico, un emprendedor llamado Kevin Efrusy se unió a Accel. No parecía el mejor momento para hacerlo, pues los capitales de riesgo estaban en dificultades, y Accel no era la excepción, pero los socios más antiguos de la firma dieron un discurso persuasivo. Aunque Efrusy tenía títulos en ingeniería y negocios de Stanford, y había fundado una *startup* y levantado otra, para convertirse en un capitalista de riesgo establecido necesitaría cinco años. Sin embargo, si comenzaba su entrenamiento en ese momento, lo acabaría cuando el mercado tecnológico se recuperara.

Efrusy compró ese argumento: «En cierto modo, no tenía opción. Tenía treinta años, y mi esposa estaba embarazada», declaró más tarde[1]. A pesar de que Accel estaba en depresión, Efrusy pronto tuvo una grata sorpresa. Los líderes de la firma, entre ellos sus fundadores de cabello cano, Arthur Patterson y Jim Swartz, realmente invertían a largo plazo, lo que se aplicaba tanto para sus jóvenes herederos como para sus empresas en cartera. Para ellos, el papel principal de Efrusy no era servir de apoyo para los inversores más antiguos, sino desarrollar su propia capacidad de arriesgar millones en *startups*.

Desde que asistió a su primera reunión en Accel, esperaban que participara en las decisiones; podía proponer inversiones y, si convencía a sus colegas, se realizarían. Podía votar en contra de las propuestas de los demás, pues, aunque el proyecto no fuera suyo, se suponía que tenía poder

---

1. Efrusy en entrevistas con el autor, 7 de junio de 2018; 18 de agosto de 2020.

de opinión. No era suficiente que hiciera comentarios constructivos, debía dar un veredicto de sí o no y hacerse responsable de él. «Hay un dicho en nuestro negocio: "Si te tratan como un analista, actúas como un analista"», explicó luego[2]. Un analista podía defender argumentos de ambas partes, pero no era lo mismo que tomar partido, diferencia que definía el abismo psicológico entre ser o no un capitalista de riesgo. Al final, las inversiones se reducían a dar el salto aterrador entre tener información desorganizada y tomar una determinación de sí o no; a vivir con la realidad de que, con frecuencia, será un error; a presentarse en la siguiente reunión de socios, superar el orgullo herido y reunir el optimismo para hacer nuevas apuestas en un futuro incierto.

En octubre de 2003, unos meses después de la contratación de Efrusy, Accel llevó a cabo una de sus pruebas de «mente preparada». El equipo de inversión se reunió en Casa Madrona, un lugar lujoso al otro lado del Golden Gate de San Francisco, en la bonita Sausalito. Saldrían a hacer ciclismo de montaña por la tarde, así que una habitación albergaba las bicicletas de los dos ciclistas jóvenes más entusiastas[3], pero la verdadera razón de la reunión era que Accel había cerrado apenas cuatro tratos ese año, menos que la mayoría de sus rivales. Una serie de diapositivas enumeraban las inversiones en *software* o Internet de sus rivales principales y, junto a algunas de ellas, había notas que decían: «Al tanto, ¿perdida?» o «Al tanto, no se evaluó», lo que significaba que Accel no había invertido a pesar de saber de la oportunidad. Las diapositivas también presentaban la promesa de una nueva clase de negocio. Si Internet 1.0 se había centrado en venta de artículos (Amazon, eBay), Internet 2.0 usaría la red como medio de comunicación. Una diapositiva rezaba: «El frenesí 2.0 es sobre redes sociales; Accel puede haber perdido el tren»[4].

Los líderes de la sociedad, después de haber reconocido que Internet 2.0 era el negocio del momento, animaron a Efrusy y a otros miembros júnior a ir tras él. A sus ojos, había una relación entre elegir un área de inversión prometedora, lo que reduce el riesgo, y empoderar a los nue-

---

2. Efrusy en entrevistas con el autor.

3. Los entusiastas ciclistas eran Peter Fenton y Jim Goetz, quienes se convertirían en capitalistas de riesgo superestrellas en la siguiente década.

4. Registros internos de Accel; acceso concedido por Jim Swartz.

vos, lo que representa un riesgo. «Es mucho más fácil dar libertad a los inversores jóvenes si sabes que trabajan en un área fértil», declaró Jim Swartz[5]. Con el objetivo en claro, Efrusy comenzó a buscar; el primer candidato que llamó su atención fue la *startup* de telefonía en línea Skype, un producto que reducía el gasto de las llamadas de larga distancia y hacía que los usuarios ahorraran dinero.

Accel Londres también estaba detrás de Skype, así que Efrusy organizó una videollamada para presentar a los creadores suecos de la *startup* a Bruce Golden, socio de la firma en Londres. Dada la cercanía geográfica, Golden se convirtió en el delegado de Accel para buscar la posibilidad de invertir; mientras que Efrusy se mantuvo activo, luchando desde California. Jim Swartz, quien se había hecho responsable del encaje cultural entre los equipos de California y de Londres, ayudó a que todos estuvieran en la misma sintonía. Cada mes, volaba de una sede a la otra para animar a los equipos y asegurarse de que tuvieran una colaboración productiva.

Aunque Golden estaba impresionado por la innovación y la popularidad impactante de Skype, pronto comprendió que sería una inversión desafiante; como escribiría en su nota de inversión, el trato tenía más contratiempos de los que había visto antes[6]. Accel acostumbraba financiar a emprendedores sólidos y rectos, pero los fundadores de Skype habían sido demandados por la industria del entretenimiento por robo de música en línea. Apoyaba a *startups* que desarrollaban propiedad intelectual que les asegurara el liderazgo del mercado, pero Skype tenía licencia de IP de otra empresa y no era su propietaria. Y, por último, los fundadores de Skype eran despiadados e inconstantes en las negociaciones del acuerdo. «Sentí que estaban jugando conmigo. Al parecer, la promesa que habían demostrado de trabajar con nosotros significaba poco para ellos», expresó Golden[7]. Finalmente, «Skype era demasiado extraño para nosotros», como recordó Efrusy. «Decidimos no invertir, y luego comenzó a crecer más y más cada mes»[8].

---

5. Swartz, *e-mail* al autor, 19 de agosto de 2020.

6. Golden en entrevista con el autor, 25 de julio de 2018.

7. Golden en entrevista con el autor.

8. Efrusy en entrevistas con el autor. En 2005, eBay compró Skype por 2,6 mil millones de dólares.

A medida que el valor de Skype despegaba, los socios de Accel tomaban consciencia de la magnitud de su error. En capitales de riesgo, respaldar un proyecto que fracasa es una pérdida de dinero, pero perderse un proyecto cuyo rendimiento es de 100x es mucho más doloroso. «Algunos colegas decían que deberíamos haber encerrado a los tíos de Skype en una habitación y no dejarlos salir hasta que firmaran», recordó Golden, tal vez pensando en Efrusy. «La sociedad al completo sentía mucha frustración»[9]. De todas formas, la buena noticia era que la cultura de Accel le daba una forma de procesar la pérdida; podía construir sobre el ejercicio de mentalidad abierta iniciado en Sausalito.

El trabajo comenzó por reconocer qué sería necesario para cerrar tratos en el campo del Internet 2.0. Skype no había sido la única pérdida dolorosa en redes sociales; Accel también había hecho propuestas a la empresa de cuestionarios Tickle y al sitio de fotografías Flickr, pero, al igual que con Skype, había encontrado aristas en ambas firmas y las había perdido a manos de sus rivales[10]. Entonces, para extender el ejercicio de la mente abierta, Efrusy y sus colegas convirtieron esas experiencias en lecciones. En primer lugar, Accel debía ver más allá de los ingenieros seguros a los que acostumbraba apoyar, pues la experiencia demostraba que las empresas de consumo de Internet solían ser fundadas por personajes no ortodoxos; Yahoo y eBay habían sido fundadas por aficionados. En segundo lugar, la buena noticia sobre empresas de consumo de Internet era que podían evaluar sus posibilidades de otro modo: mirando más allá de los fundadores y analizando la información sobre su progreso. La próxima vez que Accel se encontrara con una plataforma de Internet a la que los consumidores accedieran varias veces al día, debía cerrar el trato como fuera. En un mundo guiado por la ley de potencia, el precio de dejar pasar un éxito era mucho más alto que los riesgos de perder tu dinero[11].

Efrusy, uno de los defensores más entusiastas del trato con Skype, percibió que la mentalidad de la sociedad había evolucionado. Accel ya

---

9. Golden en entrevista con el autor.

10. Aquí y en muchas partes de mi relato, estoy en deuda con el maravilloso trabajo de David Kirkpatrick; mis propias fuentes han confirmado su precisión. Kirkpatrick, David, *The Facebook Effect*, Simon & Schuster, Nueva York, 2010, pág. 115.

11. Golden recordó: «Después de ese proceso, todos fuimos conscientes de que, a veces, hay que apagar todo el ruido. La naturaleza de los fundadores no es importante, enfócate en el uso, la aceptación y el tamaño». Golden en entrevista con el autor.

no se veía intimidada por la siguiente oportunidad de ese estilo. «Cuando llegué a Accel, pensé que la mente abierta era una sandez. No lo era», declaró[12].

⬩

Durante el verano de 2004, Efrusy pasó la celebración del 4 de julio con la familia de su esposa en Chicago. Mientras estaba allí, lo llamó un amigo para hablarle de una *startup* llamada Myspace. Se trataba de una especie de plataforma de comunicaciones, denominada red social, que competía con la empresa pionera en el área, la *startup* Friendser, financiada por Kleiner Perkins y Benchmark. Lo que despertó el interés de Efrusy fue la diferencia entre los competidores: Myspace había evitado el problema que afectaba a los clubes más populares: a medida que se unían más personas, la atmósfera original se diluye y se pierde la lealtad inicial. En particular, Friendster tenía la reputación de ser popular entre trabajadores sexuales asiáticos, por lo que sus usuarios originales comenzaron a abandonarla, cansados de recibir propuestas indecentes.

«Échale un vistazo a Myspace. Es Friendster con menos prostitutas», dijo el amigo de Efrusy, así que procedió a abrir su portátil para contar las publicaciones sugerentes en ambos sitios. Mientras lo hacía, lo interrumpió una llamada y, entretanto, la madrastra de su esposa pudo ver lo que había en su pantalla. Alarmada, la mujer se lo comunicó a su hijastra, quien a su vez se enfrentó a Efrusy para que le diera explicaciones. ¿Por qué estaba buscando trabajadoras sexuales en Internet? Su marido le aseguró que era algo estrictamente laboral.

En realidad se trataba de trabajo, y resultó útil. Al igual que el ejercicio de la mente abierta había impulsado a Accel a lanzarse sobre *startups* virales de Internet, la investigación de Efrusy lo llevó hacia una oportunidad específica. Mientras que Friendster había sido el principal exponente de redes sociales, sus problemas demostraron que el concepto tenía limitaciones: al igual que las redes sociales, no era posible extender el servicio sin que se contaminara. «Myspace me dijo: "Espera, aquí puede haber algo"», comentó Efrusy[13].

---

12. Efrusy en entrevista con el autor.
13. Efrusy en entrevista con el autor.

En diciembre de 2004, Efrusy habló con Chi-Hua Chien, estudiante de Stanford que tenía un trabajo de media jornada que incluía alertar a Accel de *startups* populares en el campus. Mencionó una llamada Thefacebook.

Efrusy revivió una dirección de correo de exalumno de Stanford, que le concedió acceso a ese sitio que Chien había mencionado. El simple hecho de haber tenido que hacer eso era una buena señal, pues al restringir el acceso a usuarios con correos de Stanford, Thefacebook controlaba el problema de invitados indeseados de Friendster. Era el equivalente a la cuerda de terciopelo en la entrada de un club nocturno.

Una vez que Efrusy entró en la página, lo impresionó descubrir que llevaba el nombre de «Facebook Stanford»; no era solo Facebook o Facebook Mundial, sino que prometía una comunidad a medida. Los estudiantes de Stanford tendrían la sensación de estar uniéndose a su propio grupo, al club al que pertenecían[14].

Efrusy decidió conocer al equipo detrás de esa iniciativa astuta, pero no era el mejor momento: los líderes de Thefacebook, Mark Zuckerberg y Sean Parker, acababan de burlarse de Sequoia. Como demostró el espectáculo de Wirehog, lo que más les gustaba a los jóvenes era desairar a capitalistas de riesgo prestigiosos.

Efrusy usó todos los trucos habituales para superar el obstáculo. A través de un amigo que había tenido una entrevista de trabajo en Thefacebook, consiguió una cita para hablar por teléfono con Parker, que luego fue cancelada. Luego, Efrusy descubrió que otro amigo, Matt Cohler, había comenzado a trabajar para Parker, así que lo llamó y pidió que lo presentaran otra vez. Pero Cohler se disculpó y le dijo que Parker no estaba interesado.

Luego, a comienzos de 2005, Efrusy se enteró por medio de otro colega que Thefacebook había comenzado a hablar con otros inversores, así que respiró hondo y volvió a escribir a sus contactos. Al no recibir respuestas, recurrió a la tecnología antigua: el teléfono. Sin embargo, Parker rehusaba responder a sus mensajes de voz.

Entonces, Efrusy recurrió a una tercera vía. Supo que Reid Hoffman, fundador de LinkedIn, había invertido en Thefacebook, y el socio de

---

14. Kirkpatrick, *Facebook Effect*, pág. 116.

Accel Peter Fenton era cercano a Hoffman, así que le pidió ayuda. Fenton llamó a Hoffman, pero se encontró con el mismo muro: Thefacebook no estaba abierta a reuniones. Sin embargo, en esa ocasión, el rechazo tenía un motivo. Como explicó Hoffman, Parker y Zuckerberg creían que los capitalistas de riesgo nunca entenderían su empresa y no pagarían un precio justo.

Hoffman también mencionó que Thefacebook había recibido la oferta de un inversor corporativo. «No pagaréis tanto. No merece que perdáis vuestro tiempo», advirtió, como si no reunirse con los fundadores fuera lo mejor para Accel. Fenton le transmitió el mensaje a Efrusy. «¡Merece mi tiempo! No lo valoro tanto como tú valoras el tuyo», insistió Efrusy, así que Fenton volvió a llamar a Hoffman. «Sí merece nuestro tiempo», aseguró[15].

Cuando la razón para rechazar una reunión quedó invalidada, Hoffman se vio obligado a ayudar. Si Accel prometía tomar a Thefacebook en serio —no hacer una oferta baja insultante—, él organizaría una reunión con Parker. Pero, a pesar de todo, no lo consiguió. Hizo cuanto pudo, pero Parker se escondía.

El 1 de abril de 2005, (April's Fools Day o Día de los Inocentes), Efrusy se cansó de esperar. Enviar *e-mails* no había funcionado; hacer llamadas telefónicas no había funcionado; recurrir a tres intermediarios distintos tampoco. Solo le quedaba una opción: decidió presentarse en Thefacebook en persona, con o sin una cita. Ese viernes por la tarde, le pidió a un colega de treinta y tantos años que lo acompañara, pues una visita de dos inversores de Accel causaría más impresión que la de uno solo. Además, si debía venderles la idea a sus colegas, le serviría tener un aliado.

El joven colega de Efrusy estaba ocupado[16], pero, en un acto que demostró la cultura colaborativa de Accel, el hombre sintió que podía invitar a otro inversor que estaba en la oficina en ese momento: Arthur Patterson, cofundador de la firma.

Efrusy y Patterson caminaron cuatro calles por la University Avenue de Palo Alto. El primero era un hombre de treinta y tres años fornido, rumbo a la calvicie y de mejillas redondeadas. El segundo, de sesenta años, era alto y delgado, con el cabello canoso peinado hacia un lado.

---

15. Fenton en entrevista con el autor, 14 de mayo de 2019.

16. El joven colega de Accel era Ping Li. Li en entrevista con el autor, 27 de marzo de 2019.

Al llegar a la oficina de Thefacebook en Emerson Street, la pareja subió por una escalera larga, con un grafiti recién pintado en la pared y la imagen gigante de una mujer montando a un perro enorme en la parte superior. Los muebles de Ikea del piso estaban a medio ensamblar, como si fueran un rompecabezas gigante y los dueños se hubieran cansado de montarlo. El suelo estaba regado de botellas de alcohol a la mitad, recuerdo del reciente cumpleaños número veintiocho de Cohler[17].

El propio Cohler no estaba en el mejor estado; en su lucha con los muebles, se había desgarrado el vaquero, de modo que la pierna izquierda estaba abierta y dejaba a la vista su ropa interior.

«Hola, Kevin», saludó al ver a Efrusy, que esperaba ver a Sean Parker o a Mark Zuckerberg, pero estaban ocupados o enfermos. Entonces, Efrusy se sentó con el desaliñado Cohler.

Aún con la ropa interior a la vista, Cohler era impresionante; habló sin parar sobre el crecimiento de Thefacebook, la cantidad de usuarios activos del sitio y la cantidad de tiempo que pasaban en línea. Patterson, en sus primeros tiempos como inversor, había investigado empresas de comunicación y, según las cifras que recordaba de su época, el alcance que Thefacebook decía tener era impactante. Además, todo en esa reunión seguía el guion de los ejercicios de la mente abierta que habían realizado dos años antes. Los fundadores de la empresa eran no ortodoxos y evasivos, y el mural de su oficina era propicio para una demanda por acoso sexual, pero, ignorando su conducta y enfocándose en los datos, Thefacebook era una oportunidad para no perderse[18].

En un determinado momento, Parker y Zuckerberg aparecieron en la cima de la escalera: no estaban enfermos después de todo, estaban comiendo burritos.

Efrusy, sabiendo la impaciencia de los jóvenes con las preguntas de los capitalistas de riesgo, evitó hacerlas. «Comprendo lo valioso que podría ser esto», les aseguró en cambio, anticipándose a las dudas que sabía que te-

---

17. El relato del siguiente encuentro en Facebook se basa, en gran medida, en la obra de Kirkpatrick.

18. Patterson recordó: «Solo pude reforzar el buen juicio analítico natural de Kevin, que le decía que no había que perder ese proyecto. Y lo insté a mantenerse cerca de ellos durante el fin de semana y a lograr que se presentaran el lunes en la empresa. Su rendimiento fue impecable». Patterson, *e-mail* al autor, 2 de mayo de 2019.

nían. «Venid a la reunión de nuestra firma del lunes y os prometo que os daré un acuerdo al final del día o nunca volveréis a saber de mí».

Parker accedió a beber una cerveza con Efrusy a la noche siguiente, pero antes de que los dos visitantes se fueran, quería mostrarles el mural en el baño de mujeres: exhibía a una mujer desnuda abrazada a la pierna de otra.

De regreso a la oficina de Accel, Patterson le dio una palmada en la espalda a Efrusy. El ejercicio de la mente abierta había dado sus frutos. «Tenemos que hacerlo», declaró exultante[19]

Al día siguiente, cerca de la hora del almuerzo, Efrusy visitó el campus de Stanford, donde interceptó a estudiantes al azar para preguntarles si conocían Thefacebook.

«Ya no estudio, me he vuelto adicto», respondió uno. «Es el centro de mi vida social», declaró otro[20].

Efrusy conocía a una estudiante de segundo año de la Universidad Duquesne de Pittsburgh, así que la llamó. «Ah, sí, Thefacebook. Llegó aquí el 23 de octubre», dijo la estudiante.

«¿Recuerdas la fecha exacta?», preguntó Efrusy. «Por supuesto», afirmó la estudiante. Duquesne había estado esperando a que llegara Facebook durante meses. Sus amigos no podían esperar a probarlo.

A continuación, Efrusy habló con su esposa. Nunca había visto tanta demanda concentrada. «Tengo que invertir en esta empresa», le dijo. Esa noche, se reunió con Sean Parker por la cerveza prometida en un antro de estudiantes cerca de la universidad. Allí, Parker repitió la convicción en que Thefacebook era tan valioso que Accel no podría ofrecer suficiente por ella. ¿En realidad lo creía o solo intentaba aumentar la apuesta de Accel? De cualquier manera, disfrutaba, sin duda, de la oportunidad de provocar a un capitalista de riesgo.

---

19. Efrusy recordó: «Debido a nuestro ejercicio de preparación mental, Arthur estaba tan comprometido que ese viernes por la noche, después de que visitáramos Facebook, dijo de inmediato que debíamos lograr ese trato». Efrusy en entrevista con el autor. En este sentido, Jim Swartz comentó: «Las personas nos miran y piensan que Facebook fue algo simple, pero no lo fue. Fue el resultado de un ejercicio de preparación mental». Swartz en entrevista con el autor, 8 de noviembre de 2017.

20. Kirkpatrick, *Facebook Effect*, pág. 118.

Efrusy suplicó que le dieran la oportunidad de demostrar lo que podía pagar, lo único que Parker tenía que hacer era presentarse con Zuckerberg en la reunión del lunes.

El lunes, el equipo de Accel se reunió en la sala de conferencias. «¿Vendrán?», recuerda que preguntó uno de ellos[21]. A las diez de la mañana, aparecieron. Si Accel aún hubiera estado aferrado a sus instintos tradicionales, la reunión hubiera sido un fracaso, pues el visitante principal, Mark Zuckerberg, se presentó en pantalones cortos y chanclas Adidas y les ofreció a sus anfitriones tarjetas personales con su puesto, «¡Soy director ejecutivo…, perra!»[22].

Zuckerberg no dijo casi nada durante la presentación, y, cuando lo persuadieron para que hablara de su experiencia y de su visión para la firma, limitó su respuesta a dos minutos[23]. Les estaban pidiendo a los socios de Accel que invirtieran en un joven de veintidós años que apenas se dignaba a hablar con ellos, pero gracias al ejercicio de la mente abierta, el equipo no se desalentó. «Ya habíamos decidido que un personaje nada ortodoxo como Zuck no era un perfil improbable», reflexionó más tarde Efrusy. «De hecho, era el más probable»[24].

Sean Parker y Matt Cohler, vestidos de forma más profesional con camisetas y chaquetas deportivas, relataron la historia que disipó las dudas sobre la actitud de Zuckerberg. Describieron cómo Thefacebook dominó los campus de toda la nación, uno a uno, con una eficiencia casi militar. Muchas universidades habían solicitado el servicio; para tenerlo, debían proporcionar las direcciones de correo de los estudiantes, información sobre equipos y clubes deportivos, y listas de clases, entre otras cosas. De ese modo, Thefacebook podía registrar a una gran cantidad de estudiantes de cada campus en cuanto se lanzara y llegar a una masa crítica de inmediato. Además, al sumar más estudiantes, Thefacebook experimentaba lo opuesto al dilema de Friendster; muchos universitarios tenían amigos en otras universidades, entonces, cuando esas universidades se unían, la lealtad hacia la plataforma crecía; no enfrentaba el conflicto entre sumar usuarios y perder aceptación de los usuarios.

21. Theresia Gou en entrevista con el autor, 29 de marzo de 2019.

22. Gouw en entrevista con el autor.

23. Kirkpatrick, *Facebook Effect*, pág. 120.

24. Efrusy en entrevista con el autor.

Al final de la reunión, el veredicto de Accel fue unánime. A nadie le importaba el mutismo de Zuckerberg, nadie mencionó las imágenes de alarmante contenido sexual en la oficina de Facebook; a nadie le preocupó el hecho de que los líderes de Sequoia, Michael Moritz y Doug Leone, les hubieran advertido que tuvieran cuidado con Parker. Lo único que les importaba era la popularidad exponencial del producto. El hecho de que Zuckerberg fuera demasiado joven para comprar una cerveza no hacía más que aportar autenticidad[25].

El asunto era cómo lograr que Thefacebook aceptara el capital de Accel. la sociedad sabía que competía con un inversor corporativo, seguramente un grupo de comunicación, y Parker había revelado los términos que ofrecían: una valuación preinversión —sin contar el capital nuevo— de 60 millones de dólares. Después de considerarlo, Accel le envió a Thefacebook un acuerdo en el que lo valuó también por 60 millones de dólares, pero con la oferta de invertir más que la competencia.

Esa noche, Cohler envió un *e-mail* con la respuesta: «Gracias, pero no gracias». Al parecer, la oferta del rival era elevada de verdad. Para entonces, Jim Breyer, el socio administrador bien conectado de la firma, había descubierto que, casi con certeza, la oferta era de la Washington Post Company[26].

Al día siguiente, el equipo de Accel se reagrupó para evaluar cuánto aumentar su oferta. Esa misma tarde, Efrusy y otros dos colegas recorrieron University Avenue para interceptar al equipo de Thefacebook rumbo a una reunión, y presentó una nueva oferta allí mismo. Accel valuaría Thefacebook en 70 millones de dólares preinversión e invertiría 10 millones, con lo que la valuación llegaría a 80 millones de dólares.

Por una vez, Parker quedó impresionado. «Muy bien, esto sí es digno de consideración», concedió.

Accel había superado la oferta de su rival, pero aún se enfrentaba a un dilema: Zuckerberg había llegado a un acuerdo de palabra con la Washington Post Company y confiaba en que su director ejecutivo, Don Graham, no interferiría con su liderazgo en Thefacebook. Parker le había enseñado a creer que los capitalistas de riesgo de Silicon Valley eran los malos, así que tal vez lo mejor fuera apegarse al Washington Post y aceptar una valuación más baja.

---

25. Gouw en entrevista con el autor. Fenton en entrevista con el autor. Jim Breyer en entrevista con el autor, 9 de febrero de 2019.

26. Breyer en entrevista con el autor.

Esa noche, Accel organizó una cena para Zuckerberg y los suyos en Village Pub, un restaurante con estrellas Michelin, cuyo nombre pecaba de falsa modestia. Todos conversaron acerca de la estrategia de crecimiento de Thefacebook, y los anfitriones de Accel —Efrusy y el socio administrador Jim Breyer— intentaron atraer a Zuckerberg a la conversación. Breyer en particular había hecho avances; después de la presentación del lunes, había iniciado un diálogo privado con él, y el joven parecía impresionado por su Rolodex dorado y su confianza. Sin embargo, cuando parecía estar logrando una conexión, Zuckerberg se cerró, se quedó en silencio y se retrajo como si estuviera inmerso en un diálogo interno. De pronto, se levantó y para ir al baño y no hubo señales de él durante un largo tiempo.

Matt Cohler se retiró para buscar a su jefe, al que encontró sentando en el suelo del baño de piernas cruzadas, llorando.

«No puedo hacer esto. ¡Di mi palabra!», lamentó. Aunque le gustaba Jim Breyer, se sentía mal pidiéndole dinero y no podía procesar la idea de faltar a su palabra a Don Graham del Washington Post.

«¿Por qué no llamas a Don y le preguntas qué piensa?», sugirió Cohler[27]. Zuckerberg se recompuso y volvió a la mesa. A la mañana siguiente, se contactó con Graham para darle la noticia de que tenía una merjo oferta. A pesar de que lo respetaba, era consciente de que Breyer tenía más experiencia para guiar *startups* al estrellato y, aunque había absorbido la hostilidad de Parker hacia los capitalistas de riesgo, valoraba que Accel respaldara sus convicciones con mucho dinero.

Graham no estaba listo para una guerra de inversores; su amigo y mentor Warren Buffet lo había entrenado en la disciplina de inversión en valor y sospechaba de la mentalidad de la ley de potencia de Silicon Valley. Entonces, en lugar de prometerle a Zuckerberg una mejor oferta monetaria, recurrió a una estrategia psicológica.

«Sabes que aceptar su dinero será diferente a aceptar el nuestro, ¿cierto? Nosotros no te diremos cómo manejar tu empresa», aseguró[28]. Su discurso podría haber funcionado en el contexto de la revuelta juvenil; apenas un mes antes, Paul Graham, fundador de YC, había publicado su «teoría unificada de la incompetencia de los capitales de riesgo», donde los denunciaba por inyectar demasiado capital a la fuerza en *startups* de emprendedores jóvenes.

---

27. Kirkpatrick, *Facebook Effect*, pág. 123.
28. Kirkpatrick, *Facebook Effect*, pág. 123.

Peter Thiel, quien había financiado a Thefacebook como inversor ángel y formaba parte de la junta, hacía énfasis en que los fundadores debían mantener el control de sus propias empresas en lugar de compartirlo con inversores de riesgo. Pero aún con el clima imperante, la estrategia de Graham falló. Atrás quedaron la presentación de Wirehog, la tarjeta personal irreverente y las chanclas Adidas. Zuckerberg había analizado las consecuencias de involucrarse con una firma de capitales de riesgo y estaba feliz de aceptarlas.

Entonces, Don Graham tuvo la gentileza de liberar a Zuckerberg de su dilema moral[29]. Le deseó la mejor de las suertes con Accel; el camino de Thefacebook estaba decidido.

El trato entre Accel y Facebook tuvo dos resultados para Sean Parker. Por el lado positivo, consolidó su reputación como genio negociador: manejó a los capitalistas de riesgo con habilidad y consiguió más victorias en la última etapa de las negociaciones, con las que consiguió más riquezas y control de la empresa para Zuckerberg. Por el lado negativo, unos meses más tarde hubo un final amargo: en septiembre de 2005, poco después de que Thefacebook se convirtiera en solo Facebook, Accel expulsó a Parker de la empresa. Parker retomó la conducta errática que había tenido en Plaxo: fue arrestado (aunque no tuvo cargos) por posesión de cocaína en una casa de playa en la que estaba de fiesta con amigos, entre ellos, una joven menor de edad que era su asistente en Facebook[30]. Tras haber ignorado los murales indecentes en la oficina de Facebook, Accel decidió que Parker había cruzado el límite, y Jim Breyer, el socio que había ocupado un lugar en la junta de la *startup*, se valió de un incidente para exigir la expulsión del fundador. A pesar de la intención de Zuckerberg de defender a su amigo, Breyer consiguió su objetivo y liberó a la empresa de un agente corrosivo. Y, en un resultado similar al de Plaxo, Parker fue obligado a renunciar a la mitad de sus acciones, que, años más tarde, hubieran tenido un valor de 500 millones de dólares[31].

El trato de Facebook demostró a la industria de los capitales de riesgo que las sociedades tradicionales podían sortear la revuelta juvenil. Podían reunir información con un estudiante de Stanford; entrenar y empoderar a un inversor recién entrado en la treintena; usar la palabra y los contactos de un socio administrador de más de cuarenta;

---

29. En 2008, Zuckerberg invitó a Graham a unirse a la junta de Facebook.

30. Kirkpatrick, *Facebook Effect*, pág. 146.

31. Kirkpatrick, *Facebook Effect*, pág. 148.

valerse del juicio de un fundador de sesenta años. Cuando Facebook se presentó en oferta pública en 2012, Accel tuvo una ganancia impactante de más de 12 mil millones de dólares[32]. La sociedad fue ampliamente recompensada por pasar por alto las adversidades de la juventud arrogante.

Pero el episodio de Facebook también demostró que, al menos por el momento, la paciencia de los inversores tenía un límite. Al enfrentarse a un rebelde que retrataba a los capitalistas de riesgo como villanos mientras ellos mismos tenían problemas con la ley, pudieron imponer su autoridad: acabaron con Parker. Sin embargo, como veremos, esa habilidad se desvanecería una década más tarde.

Mientras que Accel tenía lo necesario para tener éxito en el siglo xxi, la historia de Kleiner Perkins demuestra que también era posible fracasar. Había sido el capital de riesgo principal durante los años ochenta y noventa y sus empresas en cartera representaban un tercio del valor de mercado generado con Internet[33]. Pero alrededor del 2015, después de una serie de fondos mediocres, había desaparecido de la cima[34].

---

32. Tam, Pui-Wing y Shayndi Rayce, «A $9 Billion Jackpot for Facebook Investor», *Wall Street Journal*, 28 de enero de 2012.

33. Heilemann, John, «The Networker», *New Yorker*, 11 de agosto de 1997.

34. Doerr en entrevista con el autor, 5 de marzo de 2021. En una entrevista con el autor, Doerr contradijo esto con vigor. Sin embargo, un seguimiento de Shandi sobre las percepciones variables de las principales sociedades de riesgo a lo largo del tiempo, llevado a cabo por la dotación de la Universidad Brown, colocaba a Kleiner Perkins en primer lugar desde 1980 hasta 2005, pero lo dejaba fuera de su lista de ocho principales a partir de entonces. (Tabla de seguimiento de Brown presentada en el apéndice). En 2013, un artículo de Reuters, otro indicador típico, reportó que Kleiner Perkins no se encontraba en la lista de las diez sociedades principales. Dicha lista fue formulada por investigadores de Morgan Stanley y 451 Group, basada en un estudio de salidas exitosas. McBride, Sarah y Nichola Groom, «How CleanTech Tarnished Kleiner and VC Star John Doerr», Reuters, 16 de enero de 2013. La Lista Midas de *Forbes* ofrece un tercer parámetro, aunque retrógrado (como muchas clasificaciones de capitalistas de riesgo). Como se ha relatado en el texto, en 2001, los socios principales de Kleiner Perkins, Vinos Khosla y John Doerr, estuvieron en primer y tercer lugar. Entre 2005 y 2009, Doerr ocupó el primer o segundo lugar, pero en 2015, ocupó el trigésimo puesto, y solo una socia de la firma (Mary Meeker) se encontraba entre los primeros cincuenta; otros dos socios, Beth Seidenberg y Ted Schlein, ocuparon los puestos noventa y uno y noventa y nueve, respectivamente. La Lista Midas de 2020 mostró una caída aún mayor: Doerr estuvo en el puesto cuarenta y dos, y solo Mamoon Hamid lo acompañó en la lista, en el puesto noventa y nueve.

El declive de Kleiner Perkins fue impactante debido a la dependencia en el rendimiento de los capitales de riesgo. Los que apoyan a *startups* ganadoras tienen la reputación de ser exitosos, lo que a su vez les concede la opción para invertir en la siguiente ronda de ganadores en potencia. En ocasiones, consiguen ventajas, pues los emprendedores valoran las aportaciones de inversores renombrados. Pero esta ventaja autoreafirmada —el prestigio potencia el rendimiento, el rendimiento potencia el prestigio— inspira una pregunta delicada: ¿Los capitales de riesgo en realidad requieren habilidades o solo se trata de los mejores valiéndose de su reputación? La historia de Kleiner Perkins demuestra lo que los estudios académicos han confirmado[35], que la reputación es importante, pero no puede garantizar resultados. Cada nueva generación debe ganarse el éxito.

La caída de Kleiner Perkins suele ser adjudicada a una inversión terrible. Desde 2004, la firma se enfocó en la tecnología limpia (*cleantech*), tecnologías que ayudan a combatir el cambio climático, desde energía solar hasta biocombustibles y vehículos eléctricos. En 2008, redobló la apuesta y destinó 1.000 millones de dólares solo a ese sector, un compromiso que reflejaba una combinación de idealismo y de expresión de deseo. John Doerr, socio principal, se emocionaba sin vergüenza al prometer ayudar al planeta en público. Le gustaba citar a Mary, su hija adolescente: «Papá, tu generación ocasionó este problema; será mejor que lo solucionéis»[36], y también insistir en la ventaja financiera de apuntar a la ecología, enfatizando que la energía era un negocio de 6 billones de dólares. En 2007, solía hacer una pregunta retórica: «¿Recordáis Internet? Bueno, os diré algo. Las tecnologías ecológicas, sostenibles, son más grandes que Internet»[37].

---

35. Un estudio de 2005 sugiere una correlación cercana al 0,7 por ciento entre el rendimiento de un fondo y el fondo siguiente de la firma. Kaplan, Steven N., y Antoinette Schoar, «Private Equity Performance: Returns, Persistence, and Capital Flows», *Journal of Finance 60*, no. 4, agosto de 2005, págs. 1791–1823. Otro estudio ha descubierto que «una tasa de oferta pública de acciones un 10 por ciento más alta entre las diez primeras inversiones de una firma —una oferta pública adicional— corresponde a una tasa 1,6 veces más alta para todas las inversiones subsiguientes de la firma». Nanda, Ramana, Sampsa Samila y Olav Sorenson, «The Persistent Effect of Initial Success: Evidence from Venture Capital», Harvard Business School Entrepreneurial Management working paper 17-065, 25 de julio de 2018. Como se señala en la conclusión, ambos estudios indican que la dependencia del camino no es absoluta. Los capitales de riesgo no pueden dormirse en los laureles.

36. Doerr, John, «Salvation (and Profit) in Greentech», TED2007, marzo de 2007.

37. Doerr, «Salvation (and Profit) in Greentech».

Más allá de su importancia existencial, la tecnología limpia era un área difícil para los capitalistas de riesgo, y Doerr no debió haber dado a entender que un mercado amplio era lo mismo que uno rentable. Las *startups* que trabajaban en energía eólica, en biocombustibles o en paneles solares consumían capital de forma intensiva, con lo que aumentaban el riesgo de perder sumas elevadas, y, dado que sus proyectos tardaban años en tomar forma, el rendimiento anual de las iniciativas exitosas de veía devaluado. En teoría, los inversores podrían haber compensado la alta demanda de capital y los plazos extensos con valuaciones más bajas y exigencia de mayor participación a cambio del capital, pero, debido a la costumbre de ser «amigables con los fundadores» impuesta por la revuelta juvenil, Doerr no quería entrar en ese terreno. Para complejizar el error, sus primeras incursiones en energía limpia se enfocaron en negocios que no tenían un «nicho» marcado: los proyectos solares y de biocombustible producían energía, un producto indiferenciado con un precio muy cíclico. Con la caída del precio del petróleo en 2008, las apuestas en energía solar se hundieron. Luego, una oleada de paneles solares chinos subsidiados y la llegada del *fracking* bajaron los precios aún más. A las complicaciones del mercado se les sumó un error político: Doerr sobreestimó la predisposición del Gobierno a cumplir su promesa de gravar o regular el carbón[38].

El resultado fue doloroso para los socios comanditarios de Kleiner Perkins. La primera ronda de inversión en tecnología ecológica fue muy desfavorable, y los fondos de 2004, 2006 y 2008 tuvieron destinos similares. Doce años después de haber invertido en 2006, uno de los socios se quejó de haber perdido casi la mitad de su capital[39]. La segunda ronda de inversiones en en tecnología limpia comenzó en 2008 y tuvo mejores resultados. Se enfocaron en negocios que tuvieran nicho y consiguieron

---

38. Mientras Kleiner Perkins invertía en tecnología limpia, Accel realizó un entrenamiento mental y decidió evitarlo.

39. El fondo de Kleiner de 2006 acabó por dar beneficios, principalmente gracias a dos inversiones en salud, Arresto e Inspire Medica Systems, y a dos inversiones en ciberseguridad, Carbon Black y LifeLock. Información de John Doerr y Amanda Duckworth, 14 de marzo de 2021. El promedio ponderado de rendimiento bruto de los fondos de la industria en 2006 fue de alrededor de 2x, por lo que, tan solo por «devolver capital», el fondo de Kleiner tuvo un rendimiento bajo. Por otra parte, Doerr enfatizó que solo un fondo de la firma perdió dinero, el abatido por la crisis de Nasdaq en el 2000. Doerr en entrevista con el autor.

unas pocas victorias dramáticas: para 2021, la empresa productora de carne a base de plantas Beyond Meat había generado un rendimiento de 107x; la productora de baterías QuantumScape de 65x; Enphase, de energía solar «inteligente», tuvo un rendimiento de 25x. Estos resultados fueron suficientes para que, al menos, un fondo entrara entre el cuarto más próspero de la industria[40]. Sin embargo, el rendimiento general de Kleiner aún era bajo[41]. Durante sus días de gloria en 2001, Vinod Khosla y John Doerr habían sido primero y tercero respectivamente en la Lista Midas de *Forbes*; en 2021, Doerr se encontraba en el puesto setenta y siete como única figura de la firma entre las primeras cien de la lista[42].

Cuando comenzaron las malas noticias, la mayoría de los socios comanditarios permanecieron en la firma por el poder de la dependencia del camino. En principio, esperaban que la antigua chispa reviviera; a fin de cuentas, Doerr aún era uno de los capitalistas de riesgo más exitosos de todos los tiempos por sus aciertos en Google y en Amazon y conservaba una personalidad magnética. Otros continuaron invirtiendo por un motivo diferente: valoraban estar vinculados con un nombre famoso en Silicon Valley, aunque los entendidos supieran que dicho nombre estaba deslucido. Por ejemplo, un fondo de fondos reveló que sus propios financiadores —fondos de pensión pequeños y poco sofisticados— quedaron impresionados al saber que el afamado Kleiner Perkins administraría su capital, pues era la clase de privilegio que nunca hubieran soñado conseguir sin un fondo de fondos como intermediario. Sin embargo, para

---

40. Kleiner reportó que su fondo de 2010, KPCB XIV, alcanzó 7x después del pago de aranceles en marzo de 2021. Sin embargo, los resultados fueron «como si fuera tenedor», es decir, que incluyeron la valuación de todas las acciones aun después de haberlas distribuido entre los socios comanditarios.

41. Kleiner transmitió al autor que, en el primer trimestre de 2021, su cartera total de tecnologías limpias generó 5,7 mil millones de dólares sobre inversiones por 1,9 mil millones, antes de restar las comisiones. Es difícil evaluar la cifra sin tener más detalles, que Kleiner se negó a ofrecer. En primer lugar, el uso de la convención no estándar de considerar acciones como si aún las tuvieran (ver nota previa) elevó los resultados a cifras desconocidas. En segundo lugar, no queda claro con los resultados de qué año deberían compararse. La comparación del rendimiento de 3x con el promedio de 2,8x de la industria en 2008 es favorable, pero es desfavorable si se compara con el promedio de 3,6x de rendimiento bruto de 2010. En tercer lugar, toda la información de referencia usada aquí tomó el tercer trimestre de 2020 como punto final. Dado que Kleiner reportó resultados hasta el primer trimestre de 2021, la valoración del mercado de capitales entretanto empaña el rendimiento de la sociedad. La información de referencia es de Steven N. Kaplan de la Universidad de Chicago.

42. Como se ha dicho en la nota 34, la Lista Midas es retroactiva, es por ello que Doerr figura en la lista a pesar de haber decaído como inversor de Kleiner Perkins.

2016 incluso los inversores con consciencia de marca comenzaron a alejarse; el nombre de Kleiner ya no tenía prestigio, y Doerr había bajado de su pedestal como socio inversor.

La explicación de la tecnología limpia para los problemas de Kleiner es parcialmente correcta. La firma, que había ganado mucho dinero durante la primera ola de Internet predicando el poder de las leyes de Moore y de Metcalfe, se adentró en un sector que carecía de esas ventajas mágicas. Sin embargo, la historia tiene otro lado que revela una verdad más sutil sobre los capitales de riesgo. Como anticipó el caso de Facebook y confirmaron muchos, el capital de riesgo es un trabajo en equipo: con frecuencia, son necesarios muchos socios para anotar un *home run*, y los que encabezan las negociaciones no siempre son los mismos que luego guían a las empresas en cartera después de cerrar el trato. Para que el equipo de una firma tuviera un funcionamiento productivo, la cultura de la sociedad debía estar en orden, y Kleiner Perkins falló enormemente en este aspecto[43].

◆

Durante los primeros años de Kleiner Perkins Caufield & Byers, la sociedad parecía dispareja. Tom Perkins el hombre de negocios ostentoso y dominante, el genio creativo detrás de Tandem y Genentech, opacaba a los otros tres socios. Sin embargo, al mirar más allá, los otros socios eran importantes —no tanto por sus inversiones, sino por su efecto en Perkins—. Cuando las ideas del gran hombre eran descabelladas, ellos lo hacían descender a la realidad; cuando su temperamento amenazaba con arruinar un trato, sabían cómo tranquilizarlo.

En una ocasión, en 1983, Mitch Kapor se presentó en la oficina de la sociedad para presentar Lotus Development y, por algún motivo, Perkins tuvo un ataque de furia. «No sé por qué tendría que perder mi tiempo escuchando sobre una empresa en la que, obviamente, no invertiremos», rugió y salió disparado a su oficina[44]. John Doerr, que por aquel entonces

---

43. El relato sobre la cultura interna de Kleiner fue extraído de entrevistas con muchos socios, entre ellos Brook Buers, Frank Caufield, Kevin Compton, John Doerr, Vinod Khosla, Aileen Lee, Mary Meeker, Ted Schlein y Trae Vassallo.

44. Frank Caufield en entrevista con el autor, 15 de mayo de 2018.

llevaba tres años en Kleiner, parecía un muñeco inflable con una fuga de aire; había trabajado mucho con Kapor para preparar la presentación, que parecía arruinada antes de comenzar. Pero el poder del equipo entró en juego y Frank Caufield, uno de los socios no reconocidos de la firma, aseguró a Doerr que haría entrar en razón a Perkins; sabía hacerlo reír y bajarlo de su pedestal. Una vez que Doerr estuvo más reanimado, la presentación de Lotus siguió adelante y todos ignoraron la figura sombría de Perkins, visible a través de la pared de cristal de la sala. Gracias a Caufield, la rabieta no tuvo importancia y el trato se cerró; la volatilidad de Perkins, que le podría haber costado millones a la sociedad, había sido controlada con elegancia.

Desde finales de los ochenta hasta comienzos del 2000, Kleiner logró un equilibrio más exitoso. John Doerr y Vinod Khosla surgieron como los sucesores de Perkins, ambos dominantes, difíciles y muy exitosos; y tener a dos superestrellas en el equipo era mucho mejor que tener una, pues podían servir de control intelectual mutuo. Pero al igual que en el periodo inicial, había figuras menos destacadas que eran esenciales para el equipo. Doug Mackenzie era conocido por hacer preguntas difíciles: en las inversiones de riesgo, los optimistas se llevan la gloria, pero los pesimistas mantienen a las personas con los pies sobre la tierra[45]. Otro socio, Kevin Compton, mantenía encendida la llama de la ética. «Kevin era nuestra brújula moral», recordó un inversor más joven de la firma. «Lo estimaba mucho. Tenía poco ego y era un gran mentor», declaró otro[46].

Sin embargo, Kleiner Perkins perdió el equilibrio en la primera década del siglo XXI. Parte del problema fue que la firma creció; mientras que firmas tradicionales como Benchmark aún tenían alrededor de cinco o seis socios generales, Kleiner ya contaba con diez —además de varios consejeros sénior e inversores júnior. En 2004, Vinod Khosla se cansó de la estructura inmanejable y renunció para abrir su propio negocio, con lo que dejó a Perkins sin su contraparte. El mismo año, Mackenzie y Compton siguieron el mismo camino y crearon la firma Radar Partners. Doerr reemplazó a sus colegas experimentados con figuras famosas; en el 2000,

---

45. Khosla recordó que Mackenzie era un «buen balance para todos porque siempre hacía las preguntas difíciles». Khosla en entrevista con el autor.

46. Aileen Lee en entrevista con el autor, 20 de junio de 2019. Trae Vassallo en entrevista con el autor, 24 de junio de 2019.

contrató a Ray Lane, principal gurú en ventas de *software* de Silicon Valley, quien había impulsado el éxito de Oracle. En 2005, contrató a Bill Joy, cofundador de Sun Microsystems, exsecretario de Colin Powell, quien también se unió como consejero estratégico. En 2007, Doerr completó el equipo con el exvicepresidente Al Gore como una especie de socio sénior adjunto. Los recién llegados no tenían experiencia en inversiones y tenían más de cincuenta o sesenta años: Kleiner había adoptado la filosofía opuesta a la de Accel, que creía en reclutar a figuras nuevas hambrientas y prometedoras y en entrenarlas[47].

El cambio en Kleiner dispuso el escenario para el fiasco de las tecnologías limpias. Cuando Doerr decidió apostarlo todo a un sector desafiante, no había nadie que lo controlara. La mayor perdida fue la de Compton y Mackenzie, dos socios abiertamente escépticos respecto a la tecnología limpia, pues la consideraban demasiado demandante de capital, lenta para madurar y rehén de los vaivenes de la regulación gubernamental. En retrospectiva, Compton incluso argumentó que el error con la tecnología limpia fue en contra de las lecciones del propio Tom Perkins, quien, en lugar de lanzarse de cabeza con apuestas arriesgadas, usaba cantidades bajas de capital para reducir los riesgos principales, —los «riesgos candentes». Además, en lugar de dejarse embelesar por nuevas tecnologías, solía advertir que, para que una innovación fuera relevante, debía ser mucho mejor que la anterior. «Si no hace una diferencia de 10x, no es diferente», era su mantra[48]. Si Kleiner no hubiera sufrido la fuga de cerebros, la pareja Mackenzie y Compton hubiera estado allí para presentar estos argumentos, pero, sin la vieja guardia, «John se volvió imposible de contradecir», declaró alguien de dentro, quizás un poco exagerado. Tom Perkins pasó de eliminar riesgos candentes a tomar riesgos de forma temeraria.

Doerr, al evaluar esta etapa, disputa haber sido dominante. «Nunca hemos tenido a un socio administrador o director ejecutivo al control.

---

47. Un exsocio de Kleiner recordó: «Recibir a administradores mayores tenía sus riesgos. Son personas acostumbradas a tomar las decisiones, pero en la junta de una empresa en cartera, el capitalista de riesgo es una voz entre todas las demás, debe hacer uso de sus influencias y no imponer sus exigencias. Y no todo operador es un buen inversor. Si observas el registro de [Ray] Lane como inversor, verás que fue malo. No percibía cuán optimista debía ser con algunas empresas ni cuándo ser firme».

48. «No creo haber visto nada en tecnologías limpias que hiciera 10x de diferencia», señaló Compton. Compton en entrevista con el autor, 12 de febrero de 2019.

Que John Doerr quisiera invertir no implicaba que invirtiéramos», dijo[49]. Pero la mayoría de sus excolegas difieren, y el vendaval de carisma de Doerr, sumado a su posición exacerbada en el mundo de los capitales de riesgo, generaba dudas sobre su relato. Además, debido a que el problema subyacente de la empresa era cultural, derivado de la estructura de poder dispareja, afectaba a todas las áreas, incluso a las iniciativas que podrían haber compensado las pérdidas en tecnología limpia. Como hemos visto, la entrada de Kleiner en China también tuvo dificultades. Doerr no era líder suficiente para asegurar que el equipo local floreciera, y sus socios en los Estados Unidos tampoco tenían la altura para compensar sus deficiencias. Al mismo tiempo, la firma no logró compensar las pérdidas en tecnología limpia con inversiones tradicionales en tecnología de la información. Quizás, debido a la gran cantidad de personajes maduros sin la chispa necesaria para conectar con fundadores jóvenes, perdieron las mejores oportunidades de la época: Uber, Dropbox, LinkedIn, WhatsApp, Stripe, entre otras.

El único éxito destacable de Kleiner en este período fue la contratación de Mary Meeker, exanalista de Morgan Stanley pionera en la evaluación del negocio digital. A diferencia de las figuras de más de cincuenta años que se habían incorporado en la misma época, Meeker había crecido en el mundo de las inversiones. En la firma, impulsó una serie de fondos de crecimiento, con los que sacó provecho de inversiones en empresas en etapas avanzadas que el equipo había pasado por alto, y redimió, en parte, el rendimiento de Kleiner.

◆

El mayor fracaso de Kleiner en estos años enfatizó la combinación trágica de idealismo y mala administración. Hacia finales de los noventa, Doerr se embarcó en otra cruzada noble: enmendar el desequilibrio de género en la industria de capitales de riesgo. Creía en las mujeres inteligentes más que la mayoría de los ingenieros de la Costa Oeste de su generación; su esposa había sido ingeniera de Intel y adoraba a sus dos hijas. Además, a finales de la década, el cambio era necesario; la escasez de mujeres en puestos superiores era vergonzosa en los setenta, pero, por aquel enton-

---

49. Doerr en entrevista con el autor.

ces, las mujeres escaseaban en todas las industrias. Pero a medida que las mujeres comenzaron a progresar en otras profesiones, su ausencia en el sector tecnológico se volvió evidente. Al final de los noventa, la proporción femenina en bancos de inversión y en consultoría de gestión era cinco o seis veces mayor a la de los capitales de riesgo, donde representaban apenas el 9 por ciento de los nuevos reclutas y ellas mismas perpetuaban la situación. Al escoger una carrera, las mujeres exitosas podían eliminar el capital de riesgo de la lista, pues parecían una reliquia singular de una época antigua, como un club de caballeros [50]. Aileen Lee, joven bancaria asiática americana graduada de la Sloan School of Managment del MIT, despreció la industria por ser el centro de hombre blancos «criados en Connecticut con padres empresarios» [51].

En 1999, después de un período en Morgan Stanley y de obtener otro título de Harvard, Lee recibió la llamada de una mujer que se presentó como reclutadora. ¿Aceptaría trabajar para John Doerr en Kleiner Perkins? «Son todos hombres. No tendré amigos», respondió, y la reclutadora insistió. «El mundo nunca cambiará si no se presenta a esta entrevista. Ningún hombre diría lo que acaba de decirme», dijo con dureza. «Sabía bien cómo tocar mis puntos sensibles», recordó Lee entre risas [52].

Finalmente, Lee aceptó reunirse con Doerr, decidida a ponerlo a prueba. Le dijo que tenía su vida planeada, casarse a los veintiocho, tener a su primer hijo a los treinta y el segundo a los treinta y dos, y que, con casi treinta años, estaba atrasada en el plan. «Debe saber que mi idea es ponerme al día con el plan», le dijo para saber si confirmaría su temor a que el capital de riesgo no fuera el lugar para ella.

«Por mí, está bien», respondió Doerr, y Lee aceptó el trabajo, aunque aún sentía nervios. Era la más joven en el equipo de Kleiner y la única mujer y a veces sentía que la estaban juzgando después de haber pasado tres años en la empresa, incluso después de convertirse en una de las po-

---

50. Gompers, Paul A. y Sophie Q. Wang, «Diversity in Innovation», document de trabajo 17-067, Harvard Business School, 2017, https://www.nber.org/papers/w23082. Los autores también señalaron que la proporción de mujeres con doctorados en ciencias e ingeniería era al menos tres veces más alta que la de mujeres en la industria de capitales de riesgo: aumentó del 30 al 40 por ciento entre 1990 y 2012. La proporción de mujeres con másteres en administración también aumentó del 35 al 47 por ciento en el mismo período.

51. Lee en entrevista con el autor, 20 de junio de 2019.

52. Lee en entrevista con el autor.

cas personas en convertirse en socia y luego en socia sénior. Al intentar encontrarle una explicación a ese sentimiento de hostilidad que la acechaba, concluyó en que cuando un hombre se unía a Kleiner, se convertía en parte de un club. Si el hombre decía una tontería, recibía una palmada en la espalda y sería algo cómico, no vergonzoso. En cambio, una mujer que no era parte del club nunca podía depender de la camaradería y la indulgencia. Si Lee decía una tontería, afectaba su posición.

Lee controló el problema siendo muy cuidadosa con lo que decía. «¿Por qué no hablas más?», le preguntaban sus colegas, entonces aceptó el comentario y comenzó a hacerlo. «No seas tan asertiva», le advirtieron los mismos colegas.

Cuando Lee se tomó su permiso por maternidad (estaba poniéndose al día con su plan), un socio ocupó su lugar en una de las juntas y, sorprendentemente, nadie se lo informó. «Te hace sentir que ni siquiera recuerdan que existes», reflexionó luego[53].

¿Por qué sucedió que, a pesar de haber sido pionero en la promoción de una mujer, Kleiner Perkins no logró generar un ambiente en el que pudiera florecer? Lee, convertida en una capitalista de riesgo exitosa y líder de su propia firma, al mirar atrás lo atribuye a la mala administración más que a mala voluntad o sesgo. Es inevitable que incorporar a una mujer al equipo requiera esfuerzo y un cambio consciente de ciertas prácticas y reglas, al igual que reunir un equipo en China requería de un plan para manejar la relación entre el satélite y la nave nodriza. Sin embargo, Doerr estaba demasiado ocupado como para implementar los cambios organizativos necesarios, y nadie en la firma tenía la autoridad para hacerlo por él. «Nadie estaba haciéndose cargo del negocio», reconoció Lee más adelante[54].

Lee no fue la única mujer que experimentó el lado bueno y el lado malo del liderazgo de Doerr. En el 2000, una estudiante de administración de Stanford llamada Trae Vassallo asistió a presenciar uno de los discursos inspiradores de Doerr en el campus. Al final de la presentación, se le acercó

---

53. Lee en entrevista con el autor.
54. Lee en entrevista con el autor.

para pedirle consejo; antes de estudiar negocios, había obtenido dos diplomas de ingeniería y tenía trece patentes en su currículum. Doerr, que reconoció la capacidad de la joven y se animó ante la oportunidad de ayudar, la presentó a una *startup* que la invitó a ser cofundadora. «No hubiera sido posible sin John. Él creía que era importante tener diversidad. Buscaba oportunidades de asegurarse de que las mujeres jóvenes tuvieran posibilidades»[55].

Un año después, Vassallo había dejado la *startup*, pero siguió beneficiándose de la mentoría de Doerr, que la invitó a ser emprendedora residente sin paga en Kleiner. En 2002, cuando necesitó ingresos porque tenía un bebé de nueve meses y su esposo estaba en la escuela de negocios, le dio un puesto pagado como adjunta. En 2006, hizo su primera inversión. «Sentía que John en realidad se preocupaba por mi carrera», enfatizó[56].

Sin embargo, con el paso del tiempo, la frustración de Vassallo comenzó a crecer. Para entonces, Doerr había contratado a varias mujeres, todas listas y exitosas, pues sabía identificar el talento. Pero, con unas pocas excepciones, no ascendían en la empresa; ni siquiera tenían oportunidad de sumar credenciales, porque las personas mayores no querían hacerles lugar. En 2008, Ellen Pao, una colega inversora joven de Vassallo, trabajó en un trato con la *startup* RPX, pero, cuando cerró el trato, un socio sénior llamado Randy Komisar ocupó el lugar en la junta de RPX. En 2010, la propia Vassallo ayudó a cerrar un trato con la *startup* Nest Labs, fabricante de termostatos y detectores de humo operados con tecnología informática, pero Komisar también ocupó el lugar en esa junta y se quedó con casi todo el crédito cuando la empresa se vendió a Google por un grato múltiplo de 22x en 2014. En su momento, ni Pao ni Vassallo se quejaron de estas decisiones: Komisar era veterano en tecnología y tenía una relación personal estrecha con el fundador de Nest[57]. Pero Vassallo sentía que, como señal de buena gestión, Kleiner tenía inte-

---

55. Vassallo en entrevista con el autor, 25 de junio de 2019.

56. Vassallo en entrevista con el autor.

57. Más adelante, el juicio de Pao reveló correos enviados a Doerr. En uno de ellos, Pao escribió: «No tengo ningún problema con que Randy ocupe el lugar en la junta… Estoy feliz con el resultado y no tengo conflictos al respecto». «At Kleiner Perkins Trial, Randy Komisar Accuses Ellen Pao of "Politicking"», *Recode*, 17 de marzo de 2015, vox. com/2015/3/17/11560414/at-kleiner-perkins-trial-randy-komisar-accuses-ellen-pao-of.

rés en seguir el modelo de Accel de desarrollar a los miembros más jóvenes del equipo. Nadie debía estar condenado a un callejón sin salida: para formar parte de una junta, tenías que haber sido parte de una junta[58].

En mayo de 2012, la tensión llegó a un pico con una demanda por discriminación de género presentada por Ellen Pao, la inversora que había trabajado en el trato de RPX, graduada en las escuelas de derecho de Princeton y Harvard y que, al igual que Lee y Vassallo, le debía su puesto a Doerr. Él la había incorporado como jefa de personal en 2005, haciendo énfasis en que Kleiner era una de las pocas sociedades de Silicon Valley que se preocupaba por el desarrollo de las mujeres, pero, al igual que Lee y Vassallo, Pao llegó a la conclusión de que la firma que Doerr conducía no apoyaba su decencia. En sus términos, Kleiner estaba inundada por «el arte californiano del compañerismo superficial, donde todo parece reluciente por fuera, pero dentro, a puerta cerrada, las personas aplastan tus inversiones, las bloquean o te envían a barrer el desierto, tareas demandantes e improductivas que te van desinflando hasta que te rindes»[59].

Los fundamentos de la demanda de Pao son algo obscuros. Alegó, entre otras cosas, que le habían negado un ascenso por discriminación de género y, en respuesta, Kleiner presentó evidencia de que había sido una compañera difícil y que su rendimiento no había garantizado su ascenso. Aunque la firma presentó los informes de rendimiento de Pao como evidencia y fue hallada inocente de los cargos, una sombra cubrió su reputación. Pao alegó que el socio Ajit Nazre la había acosado y obstaculizado su trabajo durante cinco años, aunque en algún momento ella accedió a una breve aventura con él. Por su parte, Nazre declaró que no estaba procesado en la causa y que Kleiner había negado los alegatos de Pao en su contra[60]. La mujer también declaró que un socio mayor le había hecho obsequios sugerentes y que la había invitado a cenar un sábado di-

---

58. «Los mayores deben dedicar tiempo a cultivar a los más jóvenes. No deben explotarlos para potenciar sus marcas». Vassallo en entrevista con el autor. Sobre este aspecto, Doerr presentó el interrogante de si los socios mayores debían ocupar lugares en las juntas como «decisión de criterio propio». Doerr en entrevista con el autor.

59. Pao, Ellen, «This Is How Sexism Works in Silicon Valley», *New York*, 21 de agosto de 2017, thecut.com/2017/08/ellen-pao-silicon-valley-sexism-reset-excerpt.html.

60. Gage, Deborah, «Former Kleiner Partner Trae Vassallo Testifies of Unwanted Advances», *Wall Street Journal*, 25 de febrero de 2015.

ciendo que su esposa saldría esa noche. Aseguró que sus repetidas quejas con los líderes de la sociedad no llevaron a que hicieran nada para mejorar el ambiente para las mujeres[61]. Trae Vassallo también testificó que, en una ocasión, Nazre le había pedido que fuera a una cena de negocios en Nueva York, pero, cuando llegó a la ciudad, no había ninguna cena de negocios programada y, según declaró, tuvo que empujar al hombre para evitar que entrara en su habitación del hotel. Y lo peor llegó cuando Vassallo denunció el incidente con uno de los socios generales de Kleiner, quien le dijo: «Deberías sentirte halagada»[62]. Justo después de ese episodio expulsaron a Nazre de la sociedad.

Kleiner no era el único que no manejaba bien los asuntos de género; el hecho de que los miembros de Accel no se inmutaran ante los murales de Facebook demuestra que la misoginia era algo normalizado en la comunidad tecnológica. Después del juicio de Pao, Vassallo ayudó a realizar una encuesta a más de doscientas mujeres de Silicon Valley. Tres de cada cinco reportaron insinuaciones sexuales indeseadas y una de cada tres declaró temer por su seguridad. Tres de cada cinco también dijeron estar insatisfechas por cómo se trataron sus quejas por acoso[63]. Por otra parte, una investigación de Paul Gompers de Harvard demostró que los capitalistas de riesgo hombres no colaboraban de forma productiva con sus colegas mujeres; experimentaban mejor rendimiento si sus compañeros tenían registros fuertes y demostraban las ventajas del trabajo en equipo. Pero las mujeres no contaban con ese incentivo, quizás porque sus compañeros no compartían los contactos o las ideas con ellas. En un dato revelador, esta desventaja no se veía en firmas con varias socias y sistemas formales de recursos humanos. Tal y como sospechaban Lee, Vassallo y Pao, las sociedades con funcionamiento informal estilo club eran malas para las mujeres[64].

El idealismo de John Doerr era sincero y, en su mayor parte, admirable; creía con fervor en que la innovación fomentada por los capitales de

61. Las quejas de Pao comenzaron el 16 de octubre de 2013. s3.amazonaws.com/s3.documentcloud.org/documents/1672582/pao-complaint.pdf.

62. Detalles extraídos de la declaración bajo juramento de Vassallo en el juicio de Pao. Gage, «Former Kleiner Partner Trae Vassallo Testifies of Unwanted Advances».

63. Trae Vassallo et al., «Elephant in the Valley», www.elephantinthevalley.com.

64. Gompers, Paul A. et al., «Gender Effects in Venture Capital», SSRN, mayo de 2014, ssrn.com/abstract=2445497.

riesgo era una fuerza para hacer el bien, por lo que las tecnologías limpias eran un camino irresistible. También estaba en lo cierto al pensar en que la exclusión de las mujeres era una pérdida de talento y que resultaba socialmente insostenible. Al apoyar las tecnologías limpias y el progreso de las mujeres, impulsó el avance de la historia. Algunas de sus inversiones funcionaron —por ejemplo, los termostatos inteligentes de Nest—, y las que fracasaron ayudaron a abrir el camino para las más exitosas de la segunda ola. Asimismo, aunque Kleiner no viera los resultados, que contratara mujeres, en última instancia funcionó para el género femenino: en 2020, cuatro mujeres exmiembros de Kleiner conducían sus propios capitales de riesgo, y tres de ellas se encontraban entre los cien capitalistas de riesgo principales del mundo[65]. Sin embargo, al aceptar el cambio sin pasar por el trabajo arduo que requiere implementarlo, Doerr por poco destruye su firma. El capital de riesgo es un trabajo en equipo y los equipos disfuncionales pierden[66].

Por su parte, Accel continuó creciendo después del trato con Facebook; anotó una serie de *Grand Slam* sin depender de la genialidad de uno o dos inversores, prueba del poder del trabajo en equipo. Sus siete inversiones principales, conducidas por siete socios diferentes, generaron más de 500 millones de dólares en ganancias —de hecho, fueron ocho socios, ya que en una inversión participaron dos—[67]. En comparación con Kleiner, Accel contrató a menos mujeres, pero fue más hábil para empoderarlas; dos de ellas ascendieron hasta los puestos más altos de la compañía[68]. Al parecer, su cultura de entrenar inversores jóvenes y confiar en ellos era el secreto del éxito. «Estoy más orgulloso de ese cambio

---

65. Las cuatro mujeres de Kleiner que conducían sus propias firmas eran Mary Meeker, Aileen Lee, Beth Seidenberg y Trae Vassallo. Las primeras tres también entraron en la Lista Midas en 2018, 2019 y 2020: Meeker se situó entre los diez capitalistas de riesgo principales de todo el mundo. Doerr invirtió capital en las firmas de todas.

66. Sobre este veredicto, Doerr argumentó que la falta de administración formal era típica y, de hecho, saludable para sociedades de riesgo y que él no estaba a cargo de la sociedad porque el liderazgo era colectivo. Doerr en entrevista con el autor.

67. Los siete ganadores principales de Accel después de 2006 eran CrowdStrike (Sameer Gandhi), Qualtric (Ryan Sweeney), Slack (Andrew Braccia), Atlassian (Rich Wong), Flipkart (Subrata Mitra), Supercell (Kevin Comolli) y Tenable (John Locke y Ping Li). Entre ellos, había tres *startups* y cuatro inversiones de crecimiento en tres áreas geográficas: Estados Unidos, Europa y la India.

68. Theresia Gouw se convirtió en socia administradora de Accel. Sonali De Rycker llegó a coliderar la oficina de Londres.

cultural y de las personas que han crecido en la firma que de Facebook o de cualquier otra inversión», reflexionó Jim Swartz[69].

La victoria de Accel y el fracaso de Kleiner demostraron el caos de la industria. La caída tecnológica, la revuelta juvenil, la llegada de plataformas de Internet móvil, el falso atractivo de la tecnología limpia, la dinámica de género débil de la industria, y la promesa y desafío de China sirvieron para diferenciar a las compañías fuertes de las débiles y para demostrar que la dependencia del camino no era suficiente para garantizar un buen rendimiento[70]. Las firmas famosas se vieron desafiadas por estrellas emergentes como Founders Fund; de este modo, un negocio especialista en financiar cambios disruptivos podía sufrirlos en carne propia. Al mismo tiempo, en 2008, mientras la industria aún batallaba con estos temblores, el sistema financiero mundial cayó en la peor crisis desde los años treinta. El capital de riesgo estaba a punto de cambiar otra vez, pero no como todos esperaban.

---

69. Swartz en entrevista con el autor.

70. En 2015, un estudio confirmó que las firmas de riesgo famosas no podían dar su supremacía por sentado al demostrar que más de la mitad de las inversiones exitosas desde el 2000 fueron realizadas por sociedades nuevas y emergentes. Cambridge Associates, «Venture Capital Disrupts Itself: Breaking the Concentration Curs», 2015.

12

UN RUSO, UN TIGRE Y EL ASCENSO DEL CAPITAL DE CRECIMIENTO

A comienzos de 2009, el director de finanzas de Facebook Gideon Yu recibió una llamada de Moscú, en la que una suave voz rusa anunció que quería invertir en su empresa. Facebook había recibido financiamiento de Peter Thiel, de Accel y, la última vez, de Microsoft; no aceptaban a cualquiera, así que Yu le dijo al ruso que no perdiera su tiempo. «¿Cómo sé que habla en serio?», le preguntó.

El interlocutor insistió en un estilo gentil, aunque persistente; quería conocer a Yu en persona. «No haga tamaño viaje solo para conocerme», le advirtió Yu con dureza[1]. Entonces, el hombre al otro lado del mundo, de contextura delgada, nariz desviada a la derecha, rostro ovalado y cabeza calva, colgó la llamada y se paró frente a su ventanal. Su nombre era Yuri Milner y nunca había estado en Silicon Valley. Pero eso estaba a punto de cambiar, pues, en contra de la advertencia de Yu, Milner compró un billete de avión y voló a San Francisco.

Al aterrizar en California, Milner volvió a llamar a Yu; ya no se encontraba en Moscú, ¿ya podía conocerlo? Yu, sorprendido, curioso y algo impresionado, le propuso que se encontraran en el Starbucks de Palo Alto; a fin de cuentas, conseguir capital para Facebook era su trabajo y, en esos días, merecía la pena conocer aún a los inversores más improbables. Tras la crisis financiera desatada por el colapso de Lehman Brothers,

---

1. Yuri Milner en entrevista con el autor, 13 de mayo de 2019; 27 de julio de 2019; 24 de noviembre de 2020. Hempel, Jessi, «Facebook's Friend in Russia», *Fortune*, 4 de octubre de 2010, fortune.com/2010/10/04/facebooks-friend-in-russia/.

los fondos de pensiones y las dotaciones tenían miedo, y los capitales de riesgo que invertían su dinero se contenían de asumir nuevos compromisos.

Cuando Yu llegó a Starbucks, Milner ya estaba allí con un socio de negocios que había volado desde Londres[2]. El hombre pidió té negro y presentó su propuesta: había escuchado por parte de un agente de Goldman Sachs que Facebook tendría que conseguir capital con una valuación más baja que los 15 mil millones de dólares de la última ronda de financiación, pero él estaba dispuesto a hacer una apuesta elevada. Su oferta inicial fue de 5 mil millones.

La oferta fue suficiente para llamar la atención de Yu, pero la lógica detrás de ella fue aún más llamativa: Facebook acababa de superar la cifra de 100 millones de usuarios, y muchos inversores de Silicon Valley suponían que se acercaba al punto de saturación, pero Milner tenía otra visión y una evidencia que la apoyaba. Su equipo había recopilado una hoja de cálculo voluminosa con información de negocios de consumo de Internet de varios países, que incluía celdas para cantidad de usuarios diarios y mensuales, la cantidad de tiempo en el sitio y demás[3]. Él mismo había invertido en VKontakte, principal copia de Facebook de Rusia, y había sido testigo de su crecimiento desde dentro. Toda la evidencia internacional le decía que la teoría de saturación era errónea. Mientras que Facebook aún no se encontraba entre los cinco sitios más utilizados de los Estados Unidos, en otros países las redes sociales solían estar entre los primeros tres. De este modo, si el país seguía el mismo patrón, Facebook aún tenía el mayor crecimiento por delante.

Milner también argumentó que Facebook estaba retrasado respecto a otras redes sociales que convertían a los usuarios en ganancias. Gracias a que se encontraba en Silicon Valley, a Zuckerberg le había resultado fácil recaudar capital con inversores, por lo que no se había visto demasiado presionado a conseguir dinero de los usuarios, contrariamente a los sitios extranjeros, forzados a recaudar dinero con su uso. La hoja de comparativa por países permitió a Milner demostrarle a Yu que Facebook era un caso atípico. En China, la mayor parte de los beneficios en redes sociales provenía de la venta de obsequios virtuales, algo que Facebook aún no

---

2. El socio era Alexander Tamas, más tarde fundador de Vy Capital.

3. Milner en entrevista con el autor.

había explorado. En Rusia, las ganancias por usuario de VKontakte eran cinco veces más altas que las de Facebook[4]. De este modo, las experiencias internacionales demostraban que Zuckerberg aún tenía muchas posibilidades de monetizar su presencia de marca. Gracias a una perspectiva global, un hombre ruso que nunca había puesto un pie en Palo Alto comprendía mejor a Facebook que la mafia de Palo Alto[5].

Yu quedó atrapado e invitó a Milner a conocer a Zuckerberg. El visitante ruso llegó a la sala de reuniones con una camisa blanca inmaculada asomando por debajo de su suéter oscuro. Ni sus prendas sencillas ni su voz tranquila ni su cabeza calva daban señales de fanfarronería, y se limitó a repetir su discurso, en el que enfatizó que muchos usuarios de Facebook se encontraban fuera de los Estados Unidos. Tenía experiencia con redes sociales en todo el mundo, por lo que conocía el mapa y el territorio[6].

Durante las siguientes semanas, Milner endulzó la oferta con dos innovaciones. Sabía que Zuckerberg protegía celosamente su control de Facebook, lo que lo había llevado a rechazar a un inversor que exigía dos votos en la junta[7], así que afirmó que no ocuparía lugar en la junta, ni siquiera uno, y que Zuckerberg podría conservar el derecho a voto de las acciones de Milner si así lo deseaba. Con eso, eliminó de una pasada la inquietud principal del fundador a la hora de recaudar capital, pues, en lugar de diluir su control de la empresa, el capital de Milner lo concentraría.

En la segunda innovación, Milner abordó otra de las preocupaciones del fundador de Facebook. En agosto de 2008, Zuckerberg se había enfrentado al problema que afectaba a las *startups* que retrasaban la oferta pública inicial. Sus primeros empleados eran millonarios en opción de compra de acciones, pero no tenían forma de convertir esas riquezas en un coche o en un apartamento. Entonces, para tratar el problema moral, Zuckerberg prometió que dejaría que sus directivos vendieran alrededor de un quinto de sus acciones, con la idea de que el próximo inversor de Facebook estaría feliz de comprarlas. Sin embargo, la crisis financiera glo-

---

4. Kirkpatrick, David, *The Facebook Effect: The Inside Story of the Company That Is Connecting the World*, Simon & Schuster, Nueva York, 2010, pág. 285.

5. Milner en entrevista con el autor.

6. Milner en entrevista con el autor.

7. Boorstin, Julia, «Facebook Scores $200 Million Investment, $10 Billion Valuation», CNBC, 26 de mayo de 2009, cnbc.com/id/30945987.

bal arruinó el plan; no habría financiación por el momento, tampoco coches ni apartamentos.

Milner prometió solucionar ese problema. Estaría feliz de comprar las acciones de los empleados además de las nuevas emitidas por la empresa. Además, propuso un giro astuto: pagar un precio por las acciones emitidas o primarias y otro por las acciones secundarias vendidas por los empleados. En cierto punto, era obvio que las acciones primarias debían tener mayor valor, pues eran «preferenciales», es decir que tenían cierta protección ante pérdidas. Pero Milner utilizó la diferenciación de precios para añadir un arma secreta a la negociación: podía ofrecer a Zuckerberg una valuación satisfactoria por sus acciones principales mientras que reducía el coste de adquisición bajando la oferta a sus empleados.

Mientras se desarrollaban las negociaciones entre Milner y Facebook durante los primeros meses de 2009, la diferenciación de precios probó ser útil. Los rivales, animados por la recuperación del mercado, se acercaron a Zuckerberg, pero Milner logró superarlos. Por una parte, su hoja comparativa le daba confianza para pagar más; por otra parte, el precio diferenciado le permitía aumentar la apuesta controlando el coste de adquisición combinado.

Marc Andreessen, prodigio de *software* de los noventa y cofundador de Netscape, tenía asientos de primera para presenciar la guerra de apuestas, pues era miembro de la junta de Facebook. Desde allí observó cómo los inversores en tecnología de los Estados Unidos presentaban ofertas que creían buenas: 5 mil millones, 6 mil millones, hasta 8 mil millones, pero, a esas alturas, Zuckerberg tenía en mente una valuación de 10 mil millones, y solo Milner la pagaría. Entonces, Andreessen llamó a los estadounidenses para ponerlos sobre aviso. «Os estáis quedando atrás. Yuri ofrece 10 mil millones de dólares. Perderéis la oportunidad». Y, en cada ocasión, recibía la misma respuesta: «Ruso desquiciado. Estúpido dinero... Esto es una locura»[8].

Andreessen sabía que Milner no estaba loco ni era estúpido y tampoco era impetuoso como Masayoshi Son. Por el contrario, se diferenciaba

---

8. Primack, Dan, «Marc Andreessen Talks About That Time Facebook Almost Lost 80 % of Its Value», *Fortune*, 18 de junio de 2015, fortune.com/2015/06/18/marc-andreessen-talks-about-that-time-facebook-almost-lost-80-of-its-value.

por su abordaje informado; había recopilado las métricas de las principales firmas de redes sociales del mundo de forma meticulosa, y sus proyecciones de rendimiento le decían que 10 mil millones de dólares era una valuación razonable.

A finales de mayo de 2009, mientras Neil Shen consolidaba su liderazgo de Sequoia China y Kleiner Perkins luchaba con sus inversiones en tecnología limpia, Milner y Zuckerberg cerraron sus negociaciones. DST, la empresa de inversiones de Milner, pagó 200 millones de dólares por el 1,96 por ciento de acciones primarias, con lo que Zuckerberg obtuvo la valuación de 10 mil millones preinversión que quería. Al mismo tiempo, DST acordó comprar acciones secundarias de los empleados con una valuación más baja de 6,5 mil millones, y el deseo de los empleados superó cualquier resentimiento que tuvieran por el precio ofrecido. Finalmente, DST compró más de 100 millones de dólares de las acciones más baratas y subió la valuación combinada a 8,6 mil millones[9].

Sobra decir que Milner cosechó enormes riquezas, pues tal como había anticipado, la audiencia y el rendimiento de Facebook despegaron. Once meses después, en 2010, la valuación de la empresa era de 50 mil millones de dólares. DST ya había conseguido ganancias por más de 1,5 mil millones, y Facebook seguía creciendo[10].

Fue un punto de inflexión para Silicon Valley. Trece años atrás, Masayoshi Son había sacudido a los capitalistas de riesgo tradicionales al invertir 100 millones de dólares en Yahoo. En contraste, Milner compró inicialmente una porción de Facebook por más de 300 millones de dólares[11]. Al igual que Son había proporcionado una clase de puente al financiar a Yahoo antes de su oferta pública, Milner inyectó tanto capital que, de hecho, retrasó la necesidad de Zuckerberg de presentar su oferta pública inicial. El capital de DST satisfizo a la vez la necesidad de Facebook de capital de crecimiento y la necesidad de liquidez de sus empleados y demostró que las empresas privadas de tecnología podían retrasar

---

9. Milner en entrevista con el autor.

10. Milner en entrevista con el autor.

11. Después de su inversión inicial en Facebook, Milner continuó acumulando acciones de exempleados y de inversores en etapas iniciales, con lo que, a finales de 2010, ostentaba acciones por 800 millones de dólares. Milner en entrevista con el autor.

su oferta pública, quizás, por tres años más[12]. Como resultado, podía generarse una enorme riqueza sin entrar en la bolsa de valores y por el beneficio exclusivo de inversores privados.

A su vez, la inversión de Milner en Facebook señaló la llegada de una nueva etapa de empoderamiento para los emprendedores. Peter Thiel presentaba su capital de riesgo como una alternativa amigable para fundadores a Sand Hill Road, pero Milner llevó el concepto a otro nivel. Invirtió en una etapa más avanzada y con una suma mucho más elevada; era destacable que quisiera arriesgar millones de dólares y renunciar a tener cualquier poder de decisión en la empresa. La consideración de Thiel con los fundadores se basaba en su entendimiento de la ley de potencia, mientras que el fundamento de las concesiones de Milner era más simple: estaba invirtiendo en una empresa con el tamaño y la sofisticación suficientes para cotizar en bolsa, por lo tanto, actuaría como un inversor en la bolsa, es decir, de forma pasiva[13].

En 1995, la oferta pública de Netscape había demostrado que una *startup* candente de Internet no necesitaba ser rentable para cotizar en la bolsa, lo que desató el estallido de plataformas web de la segunda mitad de la década[14]. En 2009, la financiación de Milner a Facebook dio el mensaje opuesto: una empresa madura y rentable tenía la opción de seguir siendo privada[15]. Al aceptar el capital de Milner, los fundadores en tecnología podían escapar de la vigilancia ejercida por inversores privados tradicionales, que solían exigir lugares en la junta. Al mismo tiempo, podían evitar las exigencias de una oferta pública: llamadas trimestrales de los analistas de Wall Street, declaraciones reglamentarias, lidiar con agen-

---

12. La inversión de Milner en 2009 retrasó la oferta pública de Facebook hasta 2012, extensión de tres años que parece ser típica. En los noventa, la antigüedad promedio para que una empresa se presentara en oferta pública era de siete años y medio; en la década posterior al trato de Facebook, la cifra ascendió a diez años y medio. Jay Ritter, University of Florida, tabla 4a, site.warrington.ufl.edu/ritter/files/IPO-Statistics.pdf.

13. El estilo de inversión no participativa de Milner exigía tranquilidad. Los inversores del mercado de valores pueden ser indiferentes a la gerencia empresarial porque mantienen posiciones líquidas: no tienen que votar sobre sus acciones porque pueden venderlas fácilmente. Por el contrario, Milner estaba comprando una posición ilíquida.

14. En los ochenta, la mayoría de las ofertas públicas de acciones involucraban a empresas rentables. En 1999, solo el 14 por ciento eran rentables. Ritter, tabla 4a.

15. Lacy, Sarah, «How We All Missed Web 2.0's 'Netscape Moment'», *TechCrunch*, 3 de abril de 2011, techcrunch.com/2011/04/03/how-we-all-missed-web-2-0s-netscape-moment.

tes de fondos de cobertura que buscaban apostar en contra de sus acciones. Justo cuando las empresas de tecnología tomaron velocidad de fuga y los fundadores podían sentirse seguros de sí mismos, los mecanismos de control privados y públicos quedaron pausados. En los setenta, los inversores de riesgo activos habían creado la idea de control alrededor del fundador de una *startup*, y Milner llegó para invertir el modelo, es decir, para proteger a los fundadores del control.

Al igual que la oferta pública de Netscape, la inversión de Milner desató un estallido que, en última instancia, sería llevado demasiado lejos. En lugar de que se generara entusiasmo sobre ofertas públicas iniciales agitadas como en los noventa, se generaría una burbuja sobre la arrogancia de los fundadores tecnológicos.

◆

El camino hacia el éxito de Milner comenzó en una oficina en el centro de Manhattan, hogar de un pequeño fondo de cobertura llamado Tiger Global. Chase Coleman, joven fundador del fondo, había trabajado en uno de los negocios legendarios de Wall Street, Tiger Management de Julian Robertson, y luego había iniciado su propio negocio con el apoyo de Robertson. Cuando Coleman se independizó en 2001, aún faltaban ocho años para que Milner apareciera en Silicon Valley, pero una serie singular de eventos conectaría su fondo nuevo con el hombre ruso de voz suave.

Coleman aún mediaba los veinte años cuando fundó su propia firma, por lo que la idea de coordinar a subordinados mayores que él le preocupaba [16], así que se dedicó a buscar talentos más jóvenes que él. Tras un período de búsqueda, dio con un analista llamado Scott Shleifer, un joven ruidoso, alegre y vigoroso que acababa de cumplir tres años trabajando ochenta horas a la semana en una firma de capital privado de Blackstone. Sorprendentemente, no había perdido la sonrisa.

Unos pocos meses después de que Shleifer firmara con Coleman, en verano de 2002, recibió la llamada de un amigo, que le preguntó cómo

---

16. Coleman en entrevistas con el autor, 18 de junio de 2019; 17 de septiembre de 2019.

estaba. «Mi trabajo no marcha muy bien», respondió en tono burlón[17]. Estaba encargado de encontrar inversiones en semiconductores y en *hardware*, pero, con la caída tecnológica del Nasdaq, no encontraba nada prometedor. La situación de su amigo era aún peor: su fondo de inversión en tecnología había colapsado. De todas formas, accedió a enviarle a Shleifer una lista de las empresas a las que les seguía la pista.

Shleifer recibió un correo con la hoja de cálculo prometida, que contenía pestañas para infraestructura de Internet, empresas de consumo en línea y empresas que ofrecían servicios como motores de búsqueda o publicación de ofertas de trabajo en Internet. Se centró en la parte de la lista que enumeraba los portales chinos que se habían presentado en oferta pública antes de que estallara la burbuja: Sina, Sohu y NetEase. Las tres habían crecido con ayuda de capitalistas de riesgo como Shirley Lin y Kathy Xu, que habían confiado en el carácter de los fundadores y en el potencial de sus mercados. Pero Shleifer aplicaría otra habilidad de inversión. Los tres portales habían crecido hasta tener clientes, gastos y rendimientos, y un analista con doce mil horas de entrenamiento en Blackstone podría ajustar su valor de mercado.

Shleifer implementó una técnica típica en Blackstone, pero desconocida para la mayoría de los inversores de Silicon Valley: en lugar de observar márgenes de ganancia —el rendimiento resultante después de deducir gastos—, buscaba márgenes *incrementales*, es decir, el *crecimiento* de ingresos que se convierten en ganancias. Cualquier principiante podía observar que los tres portales chinos tenían márgenes negativos o, en términos simples, que perdían dinero, pero un profesional sabría enfocarse en el margen incremental, que en este caso se presentaba muy positivo. Mientras que los ingresos aumentaban, los gastos aumentaban mucho menos, de modo que la mayor parte se convertía en ganancia. En consecuencia, el crecimiento pronto llevaría a los tres portales a tener resultados positivos. Al pensar en términos incrementales, Shleifer podía ver el futuro.

Con entusiasmo, el inversor se dispuso a averiguar más sobre las empresas. Era un desafío. Después de la crisis tecnológica, las casas de inversión de Wall Street dejaron de hacer informes sobre los portales. Con frecuencia ni siquiera publicaban los informes viejos, pues estaban inun-

17. Shleifer en entrevistas con el autor, 16 de septiembre de 2019; 17 de septiembre de 2019. El amigo de Shleifer era Andrew Albert de Jacob Asset Management.

dados por demandas poscolapso. De todas formas, por suerte para Shleifer, los directores ejecutivos y financieros de sus tres objetivos en China eran fluidos en inglés, así que organizó reuniones telefónicas y se quedó en la oficina por la noche para tenerlas en horario chino. En cada una de las llamadas, mencionó de pasada que era esperable que el crecimiento rápido de los portales se ralentizara; era una forma de llevarlos a confesar su debilidad. Todos respondieron que no, que el crecimiento de los anuncios de China apenas estaba comenzando.

«¿Y qué hay de los costes?», los instó Shleifer. Si crecían los ingresos, ¿no crecerían también los gastos? Por supuesto que lo harían, respondieron, pero a un ritmo mucho más lento. Shleifer procesó la buena noticia de que los márgenes incrementales seguirían siendo jugosos. Pero también se centró en un factor inesperado: uno tras otro, sus interlocutores afirmaron que él era el primer inversor occidental con el que hablaban en años.

En Silicon Valley, los inversores van detrás de un trato porque otros lo hacen, es una mentalidad de manada con cierta lógica, como ya hemos visto: cuando muchos capitalistas de riesgo prestigiosos van detrás de una *startup*, es probable que el alboroto atraiga a empleados talentosos y a clientes importantes. Sin embargo, Shleifer había desarrollado el instinto opuesto en la Costa Este. Hacía poco tiempo que había leído la biblia de inversiones del fundador de Fidelity, Peter Lynch, en la que explicaba cómo identificar apuestas con potencial para a tener rendimientos de 10x, proceso al que llamó «acechar al *tengabber*», término con el que hacía referencia a empresas cuyas acciones tenían potencial para multiplicarse por diez[18]. Según Lynch, si a un inversor le interesaba una acción, que otros inversores profesionales no la reconocieran era una buena señal, pues, cuando despertaran, su entusiasmo elevaría el precio de la acción. De mismo modo, que los analistas de Wall Street no cubrieran dicha acción también era positivo, ya que era probable que tuviera un precio más bajo cuando nadie la tenía en la mira. Por último, en una extraña premonición de las conversaciones de Shleifer con China, Lynch describió una tercera señal importante a la hora de comprar: si agentes

---

18. Lynch, Peter, «Stalking the Tenbagger», *One Up on Wall Street: How to Use What You Already Know to Make Money in the Market*, con John Rothchild, Simon & Schuster, Nueva York, 1989, págs. 95–106.

financieros principales dicen no haber hablado con un inversor en años, debes estar frente a algo grande.

Cada vez más entusiasmado, Shleifer tomó notas y las sumó a su modelo de ganancias. Los portales estaban perdiendo dinero por el momento, eso estaba claro, pero, dado que los ingresos crecían mucho más rápido que los gastos, las ganancias estaban destinadas a despegar en 2003, llegarían a representar alrededor de un tercio de la capitalización de mercado de las empresas; según sus cálculos, en 2004 llegaría a dos tercios y, en 2005, estimaba una relación de uno a uno. Dicho de otra manera, un inversor podía comprar esos portales prácticamente gratis. Si Tiger Global invertía, por decir, 10 millones de dólares, tendría derecho a 3,3 millones de las ganancias del primer año y a 6,7 millones del segundo año, con lo que habría recuperado los gastos de adquisición. El tercer año, tendría derecho a 10 millones de las ganancias, con años más prometedores por delante.

Tras haber pasado toda la noche despierto, Shleifer entró a la oficina de Coleman. «De acuerdo, invertiremos en Sina, Sohu y NetEase», anunció. Luego agregó: «Bailemos».

Coleman, que era más tranquilo y menos impulsivo, servía de equilibrio perfecto para la euforia racional de Shleifer, pero, en esa ocasión, fue conquistado enseguida por los números. El hecho de que le estuviera proponiendo invertir en un país que ni siquiera había visitado no le importaba en lo más mínimo, porque Julian Robertson, fundador de Tiger Management, les había enseñado que las mejores inversiones se encontraban fuera del país, donde había poca presencia de Wall Street y los inversores locales carecían de sofisticación. «¿Por qué me quedaría aquí sentado intentando entrar en las ligas mayores si puedo ir a Japón o a Corea y dar con las ligas menores?», recordaba Coleman[19]. La visión de Robertson era inversa al pensamiento parroquiano tradicional de los inversores de Silicon Valley.

Durante septiembre y octubre de 2002, Tiger Global compró paquetes de Sina, de Sohu y de NetEase por 20 millones de dólares, que representaron poco menos de un décimo de la cartera de 250 millones del fondo. De este modo, un grupo reducido de neoyorquinos se convirtió en el mayor accionista de la economía digital china.

---

19. Coleman en entrevistas con el autor.

En verano de 2003, las acciones de Tiger Global en China habían crecido entre cinco y diez veces[20]. En menos de un año, un fondo de cobertura de 250 millones de dólares se había convertido en uno de 350 millones. Coleman ascendió a Shleifer a socio de la firma, lo trasladó de un cubículo a una oficina y, juntos, comenzaron a avanzar por el camino que los llevaría hasta Yuri Milner.

Shleifer decidió que era hora de pensar más en China. A diferencia de los capitales de riesgo, que no tenían más opción que apegarse a posesiones ilíquidas, los fondos de cobertura son libres de vender en cualquier momento. Las acciones en los portales chinos habían aumentado tanto que ya no era claro si Tiger debía conservarlas.

Shleifer recuerda habar pensado: «Debemos indagar más. ¿Cuán perdurable es el crecimiento? Las inversiones requieren hacer preguntas diferentes en valuaciones diferentes»[21]. Entonces, recurrió a otra enseñanza de Robertson: para evaluar la perspectiva de una empresa, debes hablar con sus clientes. Investigó quiénes compraban publicidad en los sitios chinos, contactó con ellos y averiguó si era probable que invirtieran más. La buena noticia fue que los comerciantes en línea que compraban la mayor parte la publicidad estaban muy conformes con los resultados: más publicidad se traducía en más ventas para ellos. Además, sus propios negocios estaban en auge, por lo que seguro que pagarían por más publicidad en el futuro y, en consecuencia, aún valdría la pena conservar las acciones de Sina, Sohu y NetEase. A su vez, el auge de las empresas de comercio en línea implicaba que necesitarían recaudar capital, así que, al percibir otra oleada de «*tenbaggers*», Shleifer decidió viajar a China.

Su madre no estuvo feliz de escuchar el plan, porque China era el centro de una epidemia de covid-19. Así que, para calmar las preocupaciones de ella y, tal vez, las suyas también, Shleifer metió en la maleta algunas mascarillas antes de despegar rumbo a Asia. En junio de 2003 aterrizó en Beijing, se colocó su mascarilla y cogió un taxi hacia el hotel Grand Hyatt, que estaba prácticamente vacío, por lo que lo invitaron a

---

20. Carta de Coleman, julio de 2003.

21. Shleifer en entrevistas con el autor.

ocupar la suite presidencial con un descuento cautivador. Al parecer, otros occidentales tenían menos fe en la fibra tricapa que él.

Al día siguiente, Shleifer, aún armado con su mascarilla se dirigió a su primera reunión con el fundador de eLong, segundo portal de viajes en línea. «Es maravilloso que esté aquí. Ahora, si quiere hacer negocios en China, quítese la mascarilla», le dijo el fundador.

En su mente, Shleifer escuchó la voz de su madre por un lado: «Cuídate, usa la mascarilla». Por el otro, otra voz le decía: «¡Cierra el trato! ¡Es la oportunidad de tu vida!».

«Pensé: "Está bien, al diablo, la vida es riesgo". Así que me saqué la mascarilla y no volví a usarla en todo el viaje», declaró Shleifer entre risas[22].

En dos semanas, Shleifer había encontrado cinco empresas chinas para invertir y, gracias al SARS, consiguió acuerdos con precios rebajados con todas ellas. Pero había un obstáculo: las empresas eran privadas, así que Tiger tendría participaciones ilíquidas, algo difícil de manejar para un fondo de cobertura. Los socios comanditarios tenían el derecho a retirar su capital con uno o dos meses de aviso, así que los activos ilíquidos a largo plazo combinados con financiamiento líquido a corto plazo creaban una combinación inestable. Si los socios decidían reclamar su capital, Tiger estaría en dificultades.

Para la mayoría de los fondos de cobertura tradicionales, la iliquidez hubiera imposibilitado las propuestas de Shleifer en China. La libertad de retirarse con corto aviso era fundamental para el estilo de estos fondos: George Soros era famoso por responder a comentarios perdidos en reuniones levantándose de forma intempestiva para retirar una de sus apuestas. La capacidad de apostar a «corto» y a «largo», es decir, a la caída o al progreso de las acciones, era otra de las libertades preciadas de los fondos de cobertura. Sin embargo, por suerte para Shleifer, su jefe Chase Coleman estaba listo para repensar la fórmula tradicional. Trabajando para Julian Robertson, su misión había sido buscar ideas a corto y a largo plazo entre la burbuja de sitios web de finales de los noventa y, mientras lo hacía, había descubierto de primera mano por qué las apuestas cortas eran superiores. Una posición corta destacable podría generar un máximo de 100 por cien, si la empresa iba a cero. Una buena posición larga

---

22. Shleifer en entrevistas con el autor.

podía aumentar entre cinco y diez veces el capital. «¿Por qué esforzarse el doble por la mitad de las ganancias?», pensaba Coleman. Además, la sinergia de invertir en empresas públicas y privadas ayudaría. Tal como Shleifer estaba demostrando en China, comprender a las empresas públicas ayudaría a Tiger a identificar buenas empresas privadas.

Cuanto más analizaba Coleman las propuestas de Shleifer, más deseaba concretarlas, pero aún debía resolver el riesgo de la liquidez, el peligro de tener posiciones invendibles con capital que podía ser reclamado con poco preaviso. En julio de 2003 se le ocurrió una solución: tener otro fondo de capital para inversiones privadas. Combinaría las técnicas analíticas de fondos de cobertura con la estructura de fondos de riesgo, y los socios comanditarios estarían comprometidos por períodos largos. Fiel a su tradición de fondo de cobertura, confiaría en sus modelos de ganancias, no haría apuestas subjetivas al carácter o la visión de los emprendedores como los capitales de riesgo. Y, en este mismo sentido, Tiger tendría una visión global; no tenía intenciones de meterse en una red local densa como los fondos de riesgo. Pero sí tomaría su tradición de usar financiación congelada a largo plazo para invertir en tecnología privada. Esperaría durante las primeras etapas de una *startup* para ver qué emprendedores eran realmente buenos en vez de evaluar cuál era mejor dando presentaciones.

Coleman procedió a escribir una carta para anunciar su fondo Private Investment Partners a los inversores de Tiger. Explicó cómo él y Shleifer dividieron el mundo digital en segmentos, portales de Internet, sitios de turismo y de comercio en línea, y que la clave era ir país por país para identificar a las empresas que se posicionaban como ganadoras de cada área. A diferencia de los capitales de riesgo, Tiger no buscaba ideas originales, sino empresas que implementaran modelos de negocio comprobados en un mercado en particular. El objetivo era invertir en la versión de eBay de Corea del Sur o en el Expedia chino; Coleman y Shleifer lo llamaban «*The this of the that*» (el esto del aquello).

Coleman continuó explicando que el análisis descendente de Tiger había identificado a China como el mercado digital más prometedor del mundo. La cantidad de ciudadanos chinos con conexión a Internet estaba en vías de triplicarse en los próximos cinco años, y otras fuerzas se sumarían a ese salto. La mejora del ancho de banda aumentaría el tiempo en línea, y el crecimiento económico de China era impactante. Tiger ya había estado en el país, agregó, e identificado a cinco apuestas prometedoras: los dos sitios de turismo principales del país, los dos primeros sitios de comercio en línea y un mercado virtual llamado Alibaba.

Coleman esperaba recaudar 75 millones de dólares para el primer fondo privado de Tiger, pero tuvo resistencia. «Tíos blancos en sus veinte hablando de las inversiones superinteresantes que habían encontrado en China... Sonábamos como un par de chiflados», recordó Coleman [23]. Todos tenían alguna historia de americanos que habían viajado a China y los habían desplumado; muchos seguían afectados por la crisis tecnológica y recelosos de las inversiones en sitios de Internet. Sin embargo, Coleman logró reunir 50 millones de dólares a pesar de las reservas, suficiente para cerrar algunas inversiones, aunque no las cinco.

Tiger renunció a Alibaba, una demostración de la diferencia entre el pensamiento de los capitalistas de riesgo y el de los fondos de cobertura. Shleifer había negociado un acuerdo para comprar el 6,7 por ciento de la empresa por 20 millones de dólares, una inversión que hubiera generado miles de millones para la empresa, pero Tiger se vio desalentado porque Jack Ma era un hombre difícil de encasillar: tenía un sitio que ayudaba a negocios occidentales a encontrar proveedores chinos, pero planeaba virar hacia un estilo de subasta como el de eBay. Invertir en Alibaba no era una apuesta a «el esto del aquello», sino a un emprendedor que proponía conquistar un nuevo mercado. Un inversor de riesgo hubiera evaluado la personalidad de Ma y la calidad de su equipo para sentirse cómodo con la apuesta, pero el método de Tiger, que a veces lo llevaba a la gloria, en esta ocasión lo dejó a la deriva. Su foco en métricas como los márgenes incrementales no logró percibir el valor de la genialidad emprendedora [24].

Otra empresa estuvo a punto de quedar fuera, y que no lo haya hecho demostró el lado fuerte de Tiger. Durante su paso por el Grand Hyatt, Shleifer había conversado con Neil Shen, futuro líder de Sequoia China, por en-

---

23. Coleman en entrevistas con el autor.

24. Coleman recordó: «No existía una buena analogía para lo que intentaban hacer». Tiger también perdió una oportunidad de realizar una inversión temprana en el motor de búsqueda chino Baidu, en parte porque la enorme rentabilidad de Google aún no había quedado demostrada en los Estados Unidos. Sin una mejor analogía, Tiger era reticente a comprometer capital. La firma ya estaba arriesgándose demasiado al aventurarse en China, confiar en entidades de interés variable y pasar de mercados públicos a capitales privados. En términos de Coleman, «institucionalmente, una empresa de inversión está dispuesta a tomar riesgos hasta cierto punto». Coleman en entrevistas con el autor.

tonces jefe de finanzas de la empresa de turismo en línea Ctrip. Habían acordado una valuación y, aunque Shen luego diría que fue un acuerdo provisional, Shleifer ya lo daba por cerrado[25]. Unas semanas después de que dejara China, Shen lo llamó a Nueva York: el SARS había terminado, las ganancias de Ctrip habían despegado y exigía un aumento del 50 por ciento en la valuación.

Shleifer soltó una serie de improperios desde su escritorio de Manhattan, con lo que hizo que varias cabezas giraran hacia su oficina. Estaba furioso por haber perdido el descuento garantizado por el SARS y furioso por la vergüenza que le provocaría a Tiger, porque, mientras reunía dinero para el fondo privado, Coleman les había confiado a los socios comanditarios los precios que Shleifer había negociado para los potenciales tratos con China. Esos socios habían confiado su dinero basándose en una promesa que quedaba vacía.

El hombre dejó el teléfono y comenzó a pensar. Un capitalista de riesgo en su lugar hubiera cancelado el trato. Dado que la química personal es muy importante en etapas tempranas, una violación a la confianza justo antes de la inversión puede ser fatal; eso fue lo que causó la caída de las negociaciones de Accel con Skype. (Claro que, después de desembolsar el dinero, los capitalistas están atrapados y deben dar su apoyo, por ello Accel permaneció con UUNET aún después de que expusieran que sus informes eran imprecisos). Sin embargo, el foco de Shleifer no estaba en la química personal, sino en el flujo de capital, así que, una vez que se tranquilizó, reconoció que Shen estaba en lo correcto, aunque fuera irritante. Sin duda, el fin del SARS potenciaría las ganancias de Ctrip. Entonces, se dirigió a la oficina de Coleman para anunciar la conclusión de su estallido telefónico: Tiger debía tragarse el orgullo y enfocarse en los números de Ctrip. Una valuación más alta en paralelo con una subida de las ganancias mantenía la relación precio-ganancia intacta. «Bailemos», concluyó.

Setenta y un días después de este sobresalto, Ctrip se presentó en oferta pública, y Tiger obtuvo una ganancia de 40 millones de dólares. Dieciséis años después, Shleifer, que había crecido en una familia modesta, fue incapaz de contar la historia sin quedarse sin aliento. «Mi padre se ganaba la vida vendiendo sofás, y nosotros estábamos sentados sobre 40 millones», declaró con la voz afectada[26].

25. Shen en entrevista con el autor, 6 de noviembre de 2020.
26. Shleifer en entrevistas con el autor.

La creación del fondo privado de Tiger marcó la llegada de una nueva clase de medio de inversión en tecnología, que, como muchas innovaciones, fue más bien improvisado. «No existió el debate frente a una pizarra acerca de convertirnos en inversores en capital privado», declaró Coleman más tarde[27]. De todas formas, al pasar de comprar acciones como fondo de cobertura a hacer apuestas en tecnología privada, Tiger había creado el patrón para la posterior inversión de Milner en Facebook. La caja de herramientas de Tiger incluía la clasificación global de negocios tecnológicos en segmentos, la modelización de ganancias y el valor razonable y un rápido oportunismo intercontinental en respuesta a una crisis —en caso de Tiger, la del SARS; en el caso de Milner, el colapso de Lehman Brothers. De todas formas, para que Milner aprendiera del método de Tiger, primero debía saber de su existencia.

A finales de 2003, cerca del momento en que Ctrip cotizó en bolsa, Shleifer voló a Moscú en busca del «esto del aquello» una vez más; había oído que Rusia tenía dos Yahoo y un Google. Su primera reunión fue en un bar en la terraza de un hotel con un hombre tranquilo y modesto llamado Yuri Milner.

Para sorpresa de Shleifer, Milner pensaba como él. Hijo de un profesor de administración soviético especializado en negocios estadounidenses, había sido el primer ruso en estudiar en Wharton y sentía una atracción idílica por el capitalismo. Los artistas de la adquisición de los años noventa —Henry Kravis, Ronald Perelman y Michael Milken— eran algunos de sus héroes[28]. Después volver a Rusia y de perder su trabajo en banca en la crisis de 1998, había leído una variedad de estudios sobre bancos de inversión en busca de inspiración para su carrera. Entre esos estudios se encontraba el informe de Mary Meeker, por entonces analista en tecnología estrella de Morgan Stanley. En esa época, nadie en Rusia hablaba de Internet, y él mismo ni siquiera utilizaba correo electrónico, pero comprendió que la penetración de Internet estaba expandiéndose por todo el mundo y que ciertos modelos de negocio en línea montarían

---

27. Coleman en entrevista con el autor.
28. Wolff, Michael, «How Russian Tycoon Yuri Milner Bought His Way into Silicon Valley», *Wired*, 21 de octubre de 2011.

la ola como tablas de surf con diseño perfecto. Como diría luego, fue una «revelación».

Las empresas preferidas de Meeker eran Amazon, Yahoo y eBay, y Milner decidió elegir una de ellas para crear un clon ruso, pero luego fue a por todas. «¿Sabéis qué? Al diablo. ¡Haremos las tres!»[29].

En 2003, cuando se reunió con Shleifer, Milner había renunciado al intento de clonar Amazon y su proyecto de eBay había tenido dificultades, pero su versión de Yahoo, llamada Mail, era un éxito, y había acumulado una variedad de inversiones en otras propiedades de Internet. En su reunión, le dio a Shleifer un panorama de la situación: basándose en el análisis de cómo los clones de Yahoo habían generado rendimientos en otros sitios, Mail pronto valdría 1.000 millones de dólares; el rival Rambler valdría otros 1.000 millones, y el Google ruso Yandex tendría un valor de 2 mil millones.

Durante la primera mitad de 2004, Shleifer invirtió en Mail, Rambler y Yandex y, al año siguiente, mientras buscaba «el esto del aquello» en América Latina, su relación con Milner siguió profundizándose. Tiger se convirtió en el primer respaldo institucional del vehículo de inversión de Milner Digital Sky Technologies y, a través de Milner, Tiger consiguió conexiones con otras empresas de Internet rusas, entre ellas, VKontakte, el clon de Facebook[30]. A su vez, gracias a Tiger, Milner abrió los ojos a la posibilidad de invertir a nivel global. «De repente, todo el mundo se abrió ante mí», declaró. «Tiger fue mi inspiración»[31].

En el momento en el que el capitalismo de riesgo estadounidense le dio un empujón a Internet en China, el flujo de influencia era unidireccional, pero con el incentivo a la inversión en «etapa tardía» o «de crecimiento», la influencia fluye de forma más compleja. En 1996, un inconformista coreano-japonés había demostrado el poder majestuoso de una inversión de 100 millones de dólares. Algunos agentes como Sequoia

29. Wolfe, Alexandra, «Weekend Confidential: Yuri Milner», *Wall Street Journal*, 22 de noviembre de 2013, wsj .com/articles/weekend-confidential-yuri-milner-1385166742.

30. Desde 2009, sucesivas sociedades de inversión privada de Tiger respaldaron DST. Cuando DST cotizó en bolsa en Londres en 2010, Tiger era dueño de dos quintas partes de la empresa. Por aquel entonces, el socio que llevaba la relación con Milner era Lee Fixel. Schleife en entrevistas con el autor. Fixel en entrevista con el autor, 4 de diciembre de 2019.

31. Milner en entrevista con el autor, 13 de mayo de 2019.

aprendieron de su ejemplo enseguida e iniciaron fondos de crecimiento, pero la caída del Nasdaq en el 2000 cortó el impulso de este movimiento[32]. Luego, en 2003, la tentación del comercio virtual chino animó a un fondo de cobertura neoyorquino a trasladarse a la inversión privada; en 2004 y 2005, los neoyorquinos se asociaron con un ruso y compartieron su visión descendente y comparativa, a la que llamaban «arbitraje global». En 2009, un ruso tomó prestadas las herramientas de los neoyorquinos e impresionó a un jefe de finanzas coreano americano en Starbucks Palo Alto. Una idea se había expandido por el mundo, y la inversión en tecnología cambiaría a partir de entonces.

El golpe de Milner en Facebook atrajo imitadores de inmediato; entre ellos, el más veloz fue Tiger. Algo molesto de que su aliado ruso hubiera invadido su territorio, comenzó a buscar inversiones de crecimiento en Silicon Valley. Unos meses después, Coleman y su equipo hicieron su primera apuesta en una firma estadounidense: una inversión de 200 millones de dólares en Facebook. Utilizaron la misma lógica de inversión de Milner, que se reducía a «el esto del aquello», solo que, para entonces, la experiencia de los negocios tecnológicos extranjeros servía para predecir el futuro en los Estados Unidos y no al revés. Teniendo en cuenta la proyección de ganancias y comparado con el valor de empresas de Internet extranjeras como Tencent en China, Facebook era una oferta a todas luces, aunque Tiger tuviera que pagar una valuación más alta que la de Milner[33]. «Podíamos comprar Facebook, que dominaba todo el mundo excepto China, a una valuación más baja que la de Tencent en la bolsa», recordó Coleman, como si relatara cómo había encontrado un billete de lotería ganador en la acera. «Dominaba en países con PBI combinado once veces mayor al de China, donde los usuarios estaban

---

32. Sequoia había reunido un fondo de cobertura en la cúspide de la burbuja en 2019. Después de la caída del 2000, el valor cayó a 0,3 veces el capital inicial y, en última instancia, el fondo duplicó el rendimiento solo porque los socios de Sequoia reinvirtieron en posiciones exitosas de la firma trabajando gratis para los inversores externos hasta satisfacerlos plenamente. Leone, Moritz y Botha en entrevistas con el autor.

33. En numerosas inversiones, Tiger Global compró alrededor del 2 por ciento de Facebook antes de la oferta pública inicial con una valuación promedio de 20 mil millones de dólares.

tres veces más comprometidos»[34]. Después de invertir en Facebook, Tiger continuó con apuestas en la red LinkedIn y en la empresa de juegos Zynga.

Milner no solo dio el ejemplo, sino que identificaba negocios e invitaba a otros a unirse a ellos. Por ejemplo, cuando Tiger invirtió en Zynga, lo hizo en una ronda de inversión iniciada por la firma DST de Milner, quien ya había financiado a otras cuatro empresas de juegos en el exterior, por lo que era natural que otros siguieran su visión sobre el futuro de Zynga. En abril de 2010 y enero de 2011, Milner inició otras dos rondas de inversión en el sitio de descuentos Groupon, y fondos tradicionales como T. Rowe Price, Fidelity y Capital Group se unieron a su iniciativa, también el grupo de capital privado Silver Lake, el fondo de cobertura Maverick Capital y Morgan Stanley. Algunas firmas de capital de riesgo de Silicon Valley como Kleiner Perkins también se sumaron; Kleiner había demostrado su interés en inversiones de crecimiento al contratar a Mary Meeker. En junio de 2011, poco después de haber posado para la portada de la edición anual de *Forbes* que presentaba a los multimillonarios del mundo, Milner impulsó una ronda de inversión en el servicio de música Spotify. En esa oportunidad, Accel, que acababa de cerrar un fondo de crecimiento de 875 millones de dólares, estuvo entre las firmas que invirtieron con él[35].

En muy poco tiempo, Milner dio forma e impulso a una nueva forma de inversión en tecnología. Igual que la idea de incubadoras tecnológicas despegó después de la fundación de Y Combinator en 2005, la inversión de crecimiento floreció después de que Milner demostrara cómo proporcionar capital a firmas exitosas seduciendo a los fundadores permitiéndoles conservar los votos de sus acciones y ofreciéndoles a los empleados una forma de vender parte de sus acciones. En 2009, el año en que se cerró el trato con Facebook, el capital total invertido en empresas de tecnología privadas estadounidenses había sido de 11 mil millones de dólares. Para 2015, el total había aumentado a 75 mil millones

---

34. Coleman en entrevistas con el autor.

35. En agosto de 2011, Milner inició una ronda de inversión para la red social Twitter, en la que acompañó la compra de acciones primarias por 40 millones de dólares con un acuerdo para comprar otros 400 millones de dólares de acciones de los empleados. La estructura de Milner no había cambiado en los dos años transcurridos desde la transacción con Facebook, pero las cifras se habían duplicado.

de dólares, la mayor parte representada por inversiones de crecimiento[36]. Aileen Lee, mujer pionera en capitales de riesgo, que para entonces había dejado Kleiner para formar su propio negocio, identificó cincuenta y una empresas que habían tenido seis o más rondas de financiamiento privadas, con un total promedio de 516 millones de dólares por firma[37]. Impulsadas por la ola de capital, las empresas de tecnología privadas solían alcanzar valuaciones de mil millones de dólares o más: Lee las apodó «unicornios».

Colmado de éxitos, Milner trasladó a su familia, incluso a sus padres, a una mansión en las colinas de Palo Alto; estaba al otro lado del mundo de la Unión Soviética de su infancia, pero, aun así, era el lugar natural para él. En su infancia en Rusia, había quedado fascinado por los Estados Unidos; lo había olido antes de verlo. La esencia se había colado por la puerta de su apartamento familiar en Moscú antes de que su padre, profesor de negocios, entrara en la sala y abriera su maletín, del que volaron barras de jabón en envoltorios inmaculados, recuerdos de sus habitaciones de hotel en Nueva York, Boston y Filadelfia. «Era el aroma de un nuevo mundo», diría Milner en su discurso de graduación en Wharton. «De repente, allí, en nuestro pequeño apartamento, estaban los Estados Unidos de América»[38]. Medio siglo más tarde, Milner se convirtió en propietario de una casa palaciega en California, con todo el jabón que pudiera desear. Era uno de los capitalistas de capa y espada a los que admiraba en la juventud, de espíritu tan norteamericano como un Kravis o un Vanderbilt.

La señal más impactante de la influencia de Milner llegó de un lugar sorprendente. A comienzos de 2009, Marc Andreessen, fundador de Net-

36. Para el capital total en inversiones en tecnología, referirse a: Erdogan Begum, *et al.*, «Grow Fast or Die Slow: Why Unicorns Are Staying Private», McKinsey & Company, 11 de mayo de 2016. Otras fuentes sugieren que, en 2018, ya se habían invertido 120 mil millones de dólares.

37. Lee, Aileen, «Welcome to the Unicorn Club, 2015: Learning from Billion-Dollar Companies», *TechCrunch*, 18 de julio de 2015, techcrunch.com/2015/07/18/welcome-to-the-unicorn-club-2015-learning-from-billion-dollar-companies.

38. Milner, Yuri, «Looking Beyond the Horizon», discurso de graduación en MBA, Wharton School, Universidad de Pensilvania, Filadelfia, 14 de mayo de 2017.

scape y miembro de la junta de Facebook, lanzó un capital de riesgo con otro miembro de Netscape, Ben Horowitz. Al igual que otros novatos —Accel en los ochenta, Benchmark en los noventa, Founders Fund en 2005—, la nueva firma Andreessen Horowitz quiso diferenciarse proclamando haber inventado una nueva clase de capital de riesgo. Pero, a pesar de que el discurso publicitario no mencionaba a Milner, su influencia era palpable.

El discurso público de Andreessen Horowitz fue una extensión de la revuelta juvenil. Mientras Horowitz era director ejecutivo de Loudcloud, *startup* lanzada con Andreessen después de dejar Netscape, un socio de Benchmark lo había enfurecido al exigirle saber cuándo se reemplazaría por un «verdadero director ejecutivo», a lo que él había respondido de forma desafiante. Haciendo eco de Sergey Brin y Larry Page de Google, había insistido en que las empresas tecnológicas eran dirigidas por sus fundadores[39]. El modelo de Qume de Sutter Hill —que incluía someter a los fundadores a directores externos— había invertido las cosas. En lugar de reemplazar a los fundadores por «verdaderos directores ejecutivos», los capitalistas de riesgo debían entrenar a los inventores para que se convirtieran en directores maduros.

Otros capitales de riesgo iniciados durante la revuelta juvenil tendían a pasar por alto el entrenamiento de los fundadores. Peter Thiel creía que los fundadores llegaban a emprender con sus superpoderes ya maduros, como si una araña mágica los hubiera mordido. Peter Graham, de Y Combinator, alegaba que no había mucho que aprender. «Crea algo que los usuarios amen y gasta menos de lo que ganas. ¿Cuán difícil puede ser?». Pero Horowitz reconocía que aún los fundadores talentosos tendrían que pasar por un período riguroso de entrenamiento, ya que él mismo lo había descubierto al dirigir Loudcloud durante la crisis posterior a la recesión tecnológica del 2000. El título de sus conmovedoras memorias —*Lo difícil de las cosas difíciles*— captaba el drama de emprender.

Tras la venta exitosa de su empresa en 2007, para entonces llamada Opsware, Horowitz se asoció con Andreessen para hacer inversiones án-

---

39. En una posterior publicación en su blog, Horowitz enumeró nada menos que veinticuatro empresas tecnológicas de larga duración cuyos fundadores habían permanecido en la dirección. Horowitz, Ben, «Why We Prefer Founding CEOs», Andreessen Horowitz, 28 de abril de 2010, a16z.com/2010/04/28/why-we-prefer-founding-ceos.

gel. Reunieron una cartera de treinta y seis apuestas pequeñas y su siguiente paso lógico fue adentrarse en el capital de riesgo. Conscientes de que los mejores emprendedores tendían a negociar solo con las firmas principales, tenían que descubrir cómo dar un salto directo a la primera fila. Ser una firma promedio sería un fracaso, ya que la mayor parte de las ganancias en capitales de riesgo se generan en un puñado de sociedades de élite[40].

Para distinguirse de los demás, Andreessen y Horowitz propusieron un nuevo acercamiento a los fundadores técnicos: prometieron no desplazarlos como hacían los capitalistas tradicionales en general y tampoco abandonarlos, como harían los más nuevos. En su lugar, entrenarían a los fundadores cuando surgieran temas difíciles: cómo motivar a los ejecutivos, cómo formar equipos de ventas, cómo hacer a un lado a un amigo leal que ha dedicado toda su energía a tu empresa. Al mismo tiempo, les ofrecerían la clase de agenda que tendría un director ejecutivo experimentado, con contactos de clientes, proveedores, inventores y medios. Accel se había distinguido por especializarse en ciertas áreas; Benchmark había proclamado tener una «mejor arquitectura» de tarifas altas y fondos reducidos, y Founders Fund había declarado respaldar a las empresas más originales y disruptivas. Andreessen Horowitz, por su parte, prometió mejorar la curva de aprendizaje de los científicos que quisieran convertirse en directores ejecutivos.

Andreessen y Horowitz admitieron con gracia que las relaciones públicas descaradas eran gran parte de su estrategia. Horowitz era una especie de Paul Graham a mayor escala: científico informático devenido en emprendedor que escribía un blog sobre vida y negocios que atraía a seguidores de culto. Andreessen, por otra parte, tenía una presencia más fuerte, que ambos explotaban con gusto. Conocido por ser el genio detrás de Netscape y reconocible por su metro noventa y cinco y cráneo calvo, presentaba ideas a una velocidad vertiginosa y cerraba sus conclusiones con una catarata de historias, hechos y números. En la época del

---

40. Un análisis de las cien salidas principales de capitales de riesgo entre 2009 y 2014 formulado por CB Insights, proveedor de datos, muestra que las empresas en la cartera de Sequoia Capital eran veinticuatro de las cien. NEA y Accel Partners habían participado de trece cada una. «The Venture Capital Power Law— Analyzing the Largest 100 U.S. VC-Backed Tech Exits»," CB Insights Research, 8 de marzo de 2014, cbinsights.com/research/venture-capital-power-law-exits.

lanzamiento de su nueva firma de capital de riesgo, apareció en la portada de *Forbes* y dio una entrevista televisiva de una hora. «Somos famosos por ser "emprendedores a favor de emprendedores"», declaró con confianza[41].

Por supuesto que el discurso de Andreessen no era tan original como él creía. Muchos capitalistas de riesgo —casi todos los socios iniciales de Kleiner Perkins, sin mencionar a Peter Thiel, a Graham y a Milner, entre otros— tenían experiencia como emprendedores. Tampoco la idea de entrenar a los fundadores era original; cuando Michael Moritz ayudó a Jerry Yang a convertirse en una celebridad o cuando persuadió a Max Levchin de no venderle su empresa a eBay de forma prematura, estaba enseñándoles a los fundadores a ser líderes de negocios. Ni siquiera estaba muy claro que la experiencia como emprendedores fuera lo mejor para un capitalista de riesgo. En general, un emprendedor solo conoce dos o tres iniciativas, mientras que los capitalistas de riesgo que se unen jóvenes al negocio han podido ver el interior de decenas de *startups*. Unos años antes, en 2007, el mismo Andreessen había acentuado: «Quizás aún no exista un sustituto para el capitalista de riesgo que ha sido capitalista de riesgo durante veinte años y ha visto más situaciones adversas en *startups* en primera persona de las que puedas imaginar»[42].

En junio de 2009, un mes después de que Milner cerrara el trato con Facebook, Andreessen Horowitz anunció que había recaudado 300 millones de dólares de los inversores. Para cumplir con la promesa de entrenar a los fundadores, también prometieron contratar mucho más personal que otros capitales de riesgo. Antes, otros habían contratado a «socios operativos» que se enfocaban en ayudar a las empresas en cartera más que en realizar inversiones, pero el objetivo de Andreessen Horowitz era tener una consultoría mucho mayor. Tendrían un equipo que ayudara a las *startups* a encontrar oficinas, otro que aconsejara sobre publicidad y otros que asistieran en la contratación de empleados clave o en el contacto con clientes potenciales.

---

41. Andreessen se presentó en Charlie Rose el 19 de febrero de 2009.

42. Andreessen, Marc, «The Truth About Venture Capitalists», pmarca (blog), 8 de junio de 2007. Otras investigaciones académicas sugieren que la habilidad más importante para un capitalista de riesgo es la de selección de acuerdos. Gompers, Paul A., et al., «How Do Venture Capitalists Make Decisions?», *Journal of Financial Economics 135*, no. 1, enero de 2020, págs. 169–190.

Andreessen Horowitz —cuyo nombre solía abreviarse como «a16z»— cumplió la promesa hasta cierto punto. La firma financió una serie de fundadores técnicos y los ayudó a aprender las reglas del negocio y, con frecuencia, las intervenciones clave no las realizaba el equipo de consultoría sofisticado, sino los propios Andreessen y Horowitz. Por ejemplo, Horowitz salvó a la *startup* de la nueva generación de redes Nicira de dos errores muy costosos. El primero fue antes de la fundación de a16z, cuando Horowitz aún era un inversor ángel. Había financiado al fundador de Nicira, el reciente doctor en ciencias informáticas de Stanford Martin Casado, y un día decidió visitar el consultorio odontológico de Palo Alto reacondicionado como oficina. Se encontraba en un lugar sucio detrás de un antro llamado Antonio's Nut House.

Casado consultó cómo ponerle precio a su *software* de red. Había estado tan enfocado en el desafío técnico de crearlo —su plan era reemplazar los rúteres físicos con sustitutos de *software* que operaran en la nube— que había dejado de lado el asunto del precio como algo sin importancia. Elegiría un número al azar y, si resultaba equivocado, podría cambiarlo. Horowitz unió los dedos frente a él; mientras que Andreessen destilaba ideas con facilidad, él se tomaba tiempo para elaborar las palabras. Tenía un semblante pesado y determinado, como si los años agotadores en las trincheras de las *startups* aún le hicieran mella. Casado esperó mientras el hombre miraba por la ventana. «Tenía esa mirada que pone cuando están formándose grandes ideas», relató Casado[43].

«Martin, ninguna otra decisión impactará el valor de tu empresa tanto como el precio», declaró Horowitz con la determinación de un oráculo. Cuando una empresa de *software* lanza un producto original que nadie ha visto antes, solo tiene una oportunidad de fijar el precio. La decisión que tome permanecerá en la mente de los usuarios y hará difícil aumentar el precio más adelante. Además, cualquier diferencia de precio impactará en los márgenes de ganancia de la empresa. Si un agente de ventas tiene un salario de 200.000 dólares y seis clientes corporativos al año, un precio por producto de 50.000 dólares generará ingresos de 300.000, con un margen de ganancia tras deducir el salario de 100.000 dólares. Pero si el precio fuera el doble, el margen de ganancia se cuadruplicaría a 400.000. Esa clase de margen puede afectar el valor

---

43. Casado en entrevista con el autor, 7 de agosto de 2019.

de una empresa a un nivel que los emprendedores primerizos rara vez comprenden.

«Sin Ben, hubiera pensado que podía fijar un precio bajo y luego generar más ganancias con un nuevo invento», reconoció Casado. «Ese es el sesgo del fundador técnico»[44].

En enero de 2010, a16z inició la serie A de Nicira, Horowitz se unió a la junta y, con la maquinaria de la firma, ayudó a la empresa a expandirse. Alrededor de veinte ingenieros contratados por Nicira eran parte de la red de a16z, y sus primeros clientes —empresas grandes como AT&T— fueron presentados por la firma. La promesa de ofrecer una red con base en la nube ganaba adeptos. A partir de entonces, las redes solo se valdrían de *software*, como los relojes despertadores se habían convertido en códigos operados con teléfonos inteligentes.

El éxito de Nicira generó una oferta impactante en verano de 2011: Cisco propuso comprar la empresa por 600 millones de dólares, trescientas veces sus ganancias. Casado quiso abrazarse a la oferta de inmediato, pero Horowitz hizo su segunda intervención. La oferta sorprendentemente elevada demostraba que Casado estaba en una posición mucho más fuerte de lo que podía ver. «Lo he visto en mi *startup*. Una oferta elevada es señal de que algo ha cambiado en el entorno. ¡La oferta alta de un comprador significa que no debes aceptarla!», declaró Horowitz más tarde.

«Martin, Cisco ofrece esa valuación porque sus clientes están diciéndole que tu creación es lo más increíble que está sucediendo en redes ahora», le aconsejó a Casado. Cuando los clientes poderosos esparcieran la noticia, otros compradores llamarían a la puerta de Nicira. «No vendas a Cisco. Sigue el proceso», dijo Horowitz con firmeza[45].

Andreessen reforzó el mensaje a su estilo voluble: «No vendas, no vendas, no vendas. Esto justo está asentándose»[46].

Cuando Horowitz le dijo que usaría su lugar en la junta para oponerse a la venta, Casado evitó hablarle, pero tras unas semanas de furia, se tranquilizó. Horowitz tenía razón, no debía aceptar la primera oferta, aún tenía a un agente de inversión para solicitar financiamiento. El

---

44. Casado en entrevista con el autor.
45. Horowitz en entrevista con el autor.
46. Andreessen en entrevista con el autor.

resultado fue que la empresa no se vendió a Cisco por 600 millones de dólares, sino a su rival por 1,26 mil millones.

«¡He duplicado el valor de la empresa!», declaró Horowitz sin exagerar[47]. No cabían dudas de que era un miembro de la junta efectivo. En febrero de 2010, poco después de la serie A de Nicira, a16z realizó otra inversión en la *startup* de *software* de la nube Okta. Mientras que Nicira había hecho que la red funcionara a través de la nube, Okta crearía una interfaz entre el *software* en la nube de una empresa y sus empleados. La idea era que un solo punto de acceso, protegido por un registro de seguridad, protegería la información de la empresa. Sin embargo, llegado el otoño de 2011, Okta estaba teniendo dificultades: había perdido sus objetivos de venta, se estaba quedando sin capital y un ingeniero talentoso había anunciado su dimisión.

Horowitz se reunió con el ingeniero para comprender por qué quería retirarse y descubrió que todo el equipo de ingeniería estaba desmoralizado, ya que Todd McKinnon, director ejecutivo, los culpaba por el mal rendimiento de ventas. Entonces, Horowitz se contactó con McKinnon y le advirtió: «Deja de culpar a los ingenieros».

«¿Qué quieres decir, que no los haga responsables?», replicó el hombre. Horowitz le explicó que una actitud demasiado dura llevaría a más renuncias y que la prioridad de Okta, por el momento, era conservar a sus ingenieros mientras solucionaba el problema real: la estrategia de ventas. La *startup* había estado intentando vender su plataforma segura a empresas pequeñas, pero a las empresas pequeñas no suele importarles la seguridad de la red.

Siguiendo el consejo de Horowitz, Okta renovó el equipo de ventas. Buscaron a un nuevo jefe de *marketing*, alguien que tuviera los contactos y la presencia para conseguir clientes corporativos y, después de realizar las entrevistas, McKinnon llamó a Horowitz para discutir la decisión.

Cuando Horowitz recibió la llamada, estaba conduciendo a una reunión con otra *startup* y, mientras escuchaba cómo McKinnon le hablaba del candidato al que había elegido, la lluvia intensa enturbiaba la visión de su parabrisas. Se tuvo y apagó el vehículo, pues por lo que escuchaba, McKinnon estaba tomando la decisión equivocada y la conversación requeriría de toda su atención. Cuando el hombre dejó de hablar, le lanzó un ataque verbal: «Si te equivocas, será la última contratación que hagas», le dijo con

---

47. Horowitz en entrevista con el autor.

dureza[48]. Tras conseguir la atención de su interlocutor, Horowitz le explicó su razonamiento. El sistema de reclutamiento de a16z había encontrar a otro candidato al que él conocía bien y quien, sin duda, podría hacer el trabajo. Arriesgarse a elegir a otra persona sería irresponsable por mucho que le hubiera gustado a McKinnon. Las *startups* y los capitales de riesgo se basan en tomar riesgos, pero, estando en una posición difícil, no es conveniente aumentarlos cuando es innecesario[49].

La reprimenda de Horowitz reveló una fortaleza distintiva de su firma: aunque era producto de la revuelta juvenil, a16z no era estrictamente amigable con los fundadores. Sí, su objetivo era ayudar a que los fundadores técnicos tuvieran éxito, pero si estaban determinados a seguir un camino equivocado, no tenía problema en enfrentarse a ellos[50]. El fondo de Peter Thiel nunca se había opuesto a un fundador en una votación de la junta, y Milner ni siquiera ocupaba un lugar en las juntas de sus inversiones. Pero Horowitz era más involucrado y combinaba la fe en los científicos de Paul Graham con la rigurosidad de Don Valentine. Ante al problema del jefe de *marketing* de Okta, su opinión prevaleció sobre la de McKinnon. La empresa contrató al candidato más seguro, su fortuna cambió y, para 2015, era un unicornio.

De todas formas, por más efectivas que fueran, las intervenciones de Horowitz no eran novedosas en los capitales de riesgo ni alcanzaban a explicar el destacable rendimiento de a16z. La ayuda con las contrataciones, con la selección de clientes, junto con las estrategias y la ética eran aportaciones típicas en la industria y, probablemente, tuvieran menos incidencia que la habilidad de a16z para elegir inversiones. En los casos de Nicira y de Okta, solo un capitalista de riesgo con conocimiento preciso de las tendencias en la nube informática hubiera visto la oportunidad; podría decirse que la diferencia principal de Andreessen Horowitz no era su experiencia empresarial, sino su conocimiento en informática[51]. Por otra parte, el éxito de la firma

---

48. Horowitz en entrevista con el autor.

49. Horowitz en entrevista con el autor.

50. «El asunto de ser profundadores fue algo que se gestó desde afuera, no salió de nosotros. Fue uno de los grandes mitos. Fuimos prorendimiento». Andreessen en entrevista con el autor.

51. Al inicio de su carrera, Horowitz había sido ingeniero de redes y había invertido en Nicira, en parte porque le impactaban las escasas disrupciones que había tenido la industria desde entonces. Horowitz en entrevista con el autor.

le debe mucho al momento fortuito de su creación, al comienzo de una década de despegue de las acciones, en especial en empresas de *software*; la llegada de los teléfonos inteligentes, de la nube y del ancho de banda extendido dieron lugar a una época dorada para los programadores. En este contexto, dos socios con experiencia en informática estaban en la posición ideal para capitalizar la situación y estaban felices de anunciarlo. «El *software* está comiéndose el mundo», afirmó Andreessen en un ensayo para el *Wall Street Journal*, frase que resumió la época a la perfección y que, sin duda, explicaba mejor el éxito de a16z que el alarde de recursos humanos sobre el nuevo tratamiento para los fundadores técnicos.

Dicho esto, los primeros años de a16z sí dieron paso a una innovación sigilosa —dejada de lado por el bombardeo de recursos humanos—. A diferencia de las firmas ambiciosas del pasado, Andreessen Horowitz combinó apuestas en etapas tempranas con inversiones al estilo Milner.

◆

En septiembre de 2009, poco después de su lanzamiento, Andreessen Horowitz invirtió 50 millones de dólares por una porción en la empresa de telefonía exitosa Skype, que pare entonces era propiedad de eBay. La inversión fue de un sexto del primer fondo de la firma y poco tuvo que ver con su promesa de entrenar a fundadores técnicos sin experiencia; a fin de cuentas, Skype ya tenía seis años de vida y no carecía de experiencia. En cambio, el trato con Skype tuvo que ver con el contacto reciente de Andreessen con Milner y con su posición privilegiada en el centro de la red de Silicon Valley.

El punto de partida para la inversión en Skype fue la presencia de Andreessen en la junta de eBay. Después de haber comprado la empresa cuatro años antes, en 2005, el gigante de las subastas tenía problemas para incluir la telefonía en su negocio. En medio de una serie de batallas de gestión, había despedido a los creadores suecos de Skype, quienes respondieron con una demanda por la propiedad de la tecnología central de la empresa. Luego, cuando Silver Lake, un grupo de capital privado, se ofreció a liberar a eBay del problema, los fundadores de Skype lo demandaron por si acaso.

Al formar parte de la junta de eBay, Andreessen tenía un asiento de primera fila para presenciar el drama y, conociendo el antecedente de Milner en Facebook, vio la oportunidad. Hizo uso de su reputación como gurú del *software* para contactar con los fundadores de Skype, pues comprendía su visión y su capacidad técnica; de hecho, Skype era la clase de producto en el que a16z creía: un *software* que prometía reemplazar *hardware*. Les recalcó que tenía fe en su capacidad de llevar el producto a la nube y les propuso un trato para llevarlos de nuevo a su empresa: los fundadores obtendrían el 14 por ciento de las acciones a cambio de renunciar a sus demandas, y él obtendría el derecho a invertir 50 millones de dólares.

El trato se concretó, y Andreessen ayudó a los dueños de Skype a enmendar la disfuncionalidad administrativa. Desplazaron a veintinueve de los treinta directivos principales, y luego Andreessen volvió a hacer uso de sus contactos para impulsar una alianza entre Skype y Facebook: a partir de entonces, los usuarios de Facebook podrían comunicarse a través de la conexión de vídeo de Skype. Tal como a16z había predicho, el equipo técnico de Skype logró manejar la transición a la nube, la cantidad de usuarios dio un salto de 400 millones a 600 millones al año siguiente. Cuando se extendió el uso de teléfonos inteligentes, hacer llamadas por Internet se volvió casi tan fácil como hacerlo a través de la telefonía tradicional y, de pronto, Skype se parecía a las tablas de surf metafóricas de Mary Meeker, es decir, una plataforma diseñada a la perfección para montar la nueva ola tecnológica. Microsoft reconoció el potencial de la empresa y se ofreció a comprarla por 8,5 mil millones de dólares, una valuación tres veces más alta de la que había pagado Silver Lake. En dieciocho meses, Andreessen Horowitz se había embolsado una ganancia de 100 millones de dólares.

Al acierto de Andreessen con Skype lo siguieron otras inversiones de crecimiento al estilo Milner. Con el capital de su primer fondo a16z también invirtió junto con DST en la empresa de juegos Zynga e inyectó 20 millones de dólares en la aplicación móvil Foursquare[52]. Con su segundo fondo, de 650 millones, hizo inversiones de 80 millones en Facebook y en Twitter, una de 40 millones en Groupon y dos inversiones de 30 millones, una en la aplicación de fotografías Pinterest y otra en la plata-

---

52. La inversión en Zyga fue rentable. La inversión en Foursquare fue una decepción.

forma de alquiler de inmuebles Airbnb. Para ser una firma de capital de riesgo que se había autoproclamado como salvadora de *startups* en etapas tempranas, destinar más de un tercio de un fondo a inversiones de crecimiento era atípico. Pero este desvío sorprendente del objetivo declarado era prueba de la influencia de un hombre. «Hemos apostado a que había llegado esta oportunidad en etapa de expansión», declaró Andreessen. «Mucho de esto tuvo que ver con Yuri Milner»[53].

Andreessen y Horowitz lograron su cometido: se colaron en la cima de la industria de los capitales de riesgo. Su primer fondo llegó a estar entre el 5 por ciento de los mejores fondos de 2009 y generó un rendimiento del 44 por ciento anual neto, cuatro veces más que el S&P 500 en el mismo período[54]. Gracias en especial al trato con Skype inspirado en Milner, que le permitió a a16z mostrar éxito temprano, los socios continuaron reuniendo fondos más altos, reclutaron más socios inversores y expandieron su consultoría interna. La firma llenó el lugar en la cima que Kleiner Perkins había dejado vacante.

En un principio, el éxito de a16z fue atribuido a su supuesto modelo disruptivo, y otras sociedades comenzaron a recurrir al entrenamiento y apoyo de sus empresas en cartera y a adoptar el discurso de «emprendedores por emprendedores». Pero luego sucedió algo curioso. Según una evaluación a finales de 2018, los dos fondos siguientes de la firma no lograban superar al S&P 500, pues registraban ganancias provisionales sobre el papel que los colocaban en el tercer y cuarto cuartil respectivamente entre los capitales de riesgo[55].

53. Primack, Dan, y Marc Andreessen, «Taking the Pulse of VC and Tech», 18 de junio de 2015, en *The a16z Podcast*, producido por Andreessen Horowitz, youtu.be/_zbZ9ja-19RU. Andreessen también citó las comparaciones entre países de Milner y su disposición a comprar acciones secundarias como innovaciones influyentes. Andreesen en entrevista con el autor.

54. Bernard, Zoë, «Andreessen Horowitz Returns Slip, According to Internal Data», *Information*, 16 de septiembre de 2019, theinformation.com/articles/andreessen-horowitz-returns-slip-according-to-internal-data.

55. Bernard, «Andreessen Horowitz Returns Slip». Los fondos a los que se hace referencia son el segundo y el tercero, lanzados en 2010 y 2012, no los fondos Annex o Parallel de 2011 y 2012. Ninguno de los dos había terminado de madurar, por lo que este análisis de desarrollo no es definitivo.

De este modo, Andreessen Horowitz pareció haber desafiado la dependencia del camino no una, sino dos veces sucesivas. Primero, la firma había llegado a la cima de la industria, luego había caído hasta la mitad de la tabla.

¿Qué sucedió? La explicación más simple es que, al expandir el negocio, el talento de Andreessen y Horowitz se diluyó. Habían pensado que operar como «emprendedores para emprendedores» y entrenar a fundadores técnicos era un nuevo abordaje del capital de riesgo que tendría éxito a gran escala, pero descubrieron que el éxito tenía menos que ver con su visión que con su prestigio dentro de Silicon Valley. Cuando comenzó a contratar a más socios inversores, todos con la regla orgullosa de que tuvieran experiencia como emprendedores, descubrió que algunos no funcionaban: ser fundador no implicaba ser capaz de elegir en qué fundadores invertir. En 2018, a16z ascendió a un no emprendedor a socio general por primera vez. «Para mí en particular es muy importante tragarme mis palabras», admitió Horowitz a *Forbes*. «Cambiar pudo habernos llevado más tiempo de la cuenta, pero cambiamos» [56].

Los capitales de riesgo que llegan y causan un gran revuelo tienden a tener dos cosas en común: una historia sobre su abordaje especial y socios renombrados con contactos fuertes. El abordaje especial tiene la fuerza suficiente para explicar gran parte del éxito en casos excepcionales como en el de Yuri Milner, que llegó a Silicon Valley sin contactos y ascendió a la cima sin escalas. También fue el caso de Tiger Global, que creó el modelo híbrido de fondo de cobertura y de riesgo de forma improvisada. Y en cierta medida fue el caso de Y Combinator, cuyo método de inversión semilla por lotes fue una innovación genuina. Pero, en la gran mayoría de los casos, las firmas nuevas de capitales de riesgo tienen éxito gracias a la experiencia y al prestigio de sus fundadores, no porque hayan declarado tener métodos originales. Las investigaciones académicas demuestran lo que parece evidente a primera vista: el éxito en capitales de riesgo le debe

---

56. Konrad, Alex, «Andreessen Horowitz Is Blowing Up the Venture Capital Model (Again)», *Forbes*, 30 de abril de 2019. Ambos fundadores admitieron con Konrad que su discurso de *marketing* original fue exagerado. «El capital de riesgo no era una industria en crisis», declaró Andreessen. «He ido demasiado lejos», confesó Horowitz. El no emprendedor que llegó a socio general fue Connie Chan.

mucho a los contactos[57]. «Silicon Valley está tomado por el culto al individualismo, pero son esos individuos quienes representan el triunfo de la red», destacó el capitalista de riesgo británico Matt Clifford en una ocasión.

---

57. Hochberg, Yael V., Alexander Ljungqvist, y Yang Lu, «Whom You Know Matters: Venture Capital Networks and Investment Performance», *Journal of Finance 62*, no. 1, febrero de 2007, pág. 253. Además, la evidencia de una encuesta más extensiva de capitalistas de riesgo sugiere que solo una de cada diez inversiones se realizan en empresas que sin lazos previos con la red de capitales de riesgo. Gompers *et al.*, «How Do Venture Capitalists Make Decisions?». Accel, Benchmark y Founders Fund son ejemplos de firmas de capital de riesgo que se lanzaron afirmando tener un abordaje novedoso, pero cuyo éxito se debió en gran medida a los contactos preexistentes de sus socios fundadores.

13

SEQUOIA. LA UNIÓN HACE LA FUERZA

En verano de 2010, un año después del lanzamiento de Andreessen Horowitz, un socio de Kleiner Perkins llamado Joe Lacob hizo una inversión fuera de lo común. En el trascurso de los veintitrés años en los que trabajo en Kleiner Perkins, financió alrededor de setenta iniciativas —empresas de ciencias de la vida, de energía y de comercio en línea—, pero esta apuesta sería diferente. La empresa había sido fundada hacía sesenta y cuatro años, por lo que no podía decirse que fuera una *startup* con un equipo desmoralizado, tampoco podía decirse que fuera innovadora, pero Lacob vio potencial en ella de todas formas. Junto con algunos aliados, pagó 450 millones de dólares por la devastada franquicia de baloncesto de California del Norte Golden State Warriors.

Lo que sucedió a continuación se convirtió en símbolo de una explosión más amplia en Silicon Valley. Lacob reunió un equipo creativo de tecnólogos y personas de Hollywood y los Warriors dieron un giro drástico para convertirse en plataforma de redes sociales. Después de haber perdido dos tercios de los partidos el año previo a la adquisición de Lacob, en 2015 llegaron a la final, al igual que durante los cuatro años siguientes, en los que ganaron el título tres veces y establecieron un récord de partidos ganados en una temporada. Se hicieron famosos por un estilo de juego basado en información y predicaron los tiros triples, y su innovación enseguida atrajo a imitadores. Las entradas para verlos se agotaban y los precios se dispararon, así que Lacob trasladó al equipo de su estadio desvencijado al este de Oakland a un coliseo de lujo en San Francisco. Al final de la década, se decía que la franquicia tenía un valor de 3,5 mil millones de dólares, casi ocho veces más de lo que Lacob y su equipo habían pagado. Fue un éxito del capital de riesgo con un equipo de baloncesto [1].

Las franquicias de baloncesto más grandes tienen fanáticos famosos buscados por las cámaras antes de los juegos: Los Ángeles Lakers a Jack Nicholson, los New York Knicks a Spike Lee. Como era de esperar, el equipo de Golden contaba con una serie de inversores de la Lista Midas. Entre el equipo propietario se encontraban Bob Kagle, socio de Benchmark que había invertido en eBay, y Mark Stevens, veterano de Sequoia. Sus fanáticos incluían a Ben Horowitz, cofundador de a16z, y Ron Conway, superángel que había invertido en Google. La fusión de deportes y de tecnología en finanzas funcionó en ambos sentidos: los capitalistas de riesgo alentaban a los Warriors, y los Warriors se convirtieron en capitalistas de riesgo. Kevin Duran, delantero estrella, reunió una cartera de unas cuarenta *startups* en áreas que iban desde la iniciativa de bicicletas compartidas LimeBike hasta la aplicación de comidas Postmates. Andre Iguodala, defensa de un metro noventa y ocho, creó un imperio similar, y David Lee, jugador retirado, fue convocado por una sociedad de capital de riesgo. Steph Curry, el mayor talento del equipo, era propietario de una parte de la aplicación de fotografías Pinterest. Iguadola y Curry promocionaron un evento para atraer a otros atletas a su nuevo juego, el Players Technology Summit (Cumbre Tecnológica de Jugadores).

¿Y por qué no? Después del 2010, casi todos en Silicon Valley parecían afectados por el frenesí tecnológico. El pequeño territorio entre San José y San Francisco albergaba a tres de las cinco empresas más valiosas del mundo: Apple, Google y Facebook. También a algunos de los pioneros más prometedores: Aibnb, Tesla y Uber. Solía ser comparado con Florencia en el Renacimiento: un imán de dinero, claro, pero también un crisol de naciones y un centro de ingenuidad [2]. El gigante de *software* en la nube erigió una torre de cristal hasta el cielo en el centro de San Francisco, y los precios inmobiliarios se dispararon tanto que las *startups* ape-

---

1. Schoenfeld, Bruce, «What Happened When Venture Capitalists Took Over the Golden State Warriors», *New York Times*, 30 de marzo de 2016; Cohen, Ben, «The Golden State Warriors Have Revolutionized Basketball», *Wall Street Journal*, 6 de abril de 2016. Smith, Chris, «Team of the Decade: Golden State Warriors' Value Up 1,000% Since 2009», *Forbes*, 23 de diciembre de 2019.

2. «Why Startups Are Leaving Silicon Valley», *The Economist*, 20 de agosto de 2018.

nas podían pagar el característico garaje. La desigualdad que siguió era impactante, el tráfico de la ciudad se asemejaba al de Bangkok, en gran parte gracias a los descomunales ómnibus de dos pisos que trasladaban a los programadores desde la ciudad hasta los campus tecnológicos de Palo Alto. Cuando el presidente de China Xi Jinping visitó el país en 2015, ratificó que la ciudad parecía la nueva Florencia. Sus primeras reuniones fueron con ejecutivos de Silicon Valley y Seattle, no con políticos o banqueros de Washington, D. C. o Nueva York[3].

Al igual que en auges previos, el capital de riesgo estaba en el centro de la acción. Durante la década posterior a la crisis financiera, entre 2009 y 2019, la cantidad de capitalistas ascendió a más del doble, al igual que la cantidad de *startups* a las que financiaban[4]. Más que nunca, el reparto de la industria estaba completo y ofrecía inversiones a medida en *startups* de cualquier tipo y tamaño. Había ángeles paternales, incubadores de fábrica y procesamiento, patrocinadores de emprendimientos en etapas tempranas e inversores centrados en datos. Había capitalistas de riesgo especializados en todo, desde inteligencia artificial hasta biotecnología o criptomonedas, sin olvidar la tecnología digital agropecuaria, los macrodatos y el *software* en la nube. Mientras que Wall Street se esforzaba por recuperarse de la crisis de 2008, con las alas cortadas por regulaciones que apuntaban a prevenir otro rescate financiero de los contribuyentes, la variedad financiera de la Costa Oeste se expandía con energía por tres ejes: nuevas industrias, nuevas latitudes y en el ciclo de la vida de las *startups*. Cuando Aileen Lee acuñó el término «unicornio» en 2013, solo contó treinta y nueve criaturas mágicas; menos de dos años después, había al menos ochenta y cuatro.

El capital de riesgo que mejor representó el auge del momento fue Sequoia Capital. Sequoia y Kleiner Perkins fueron las principales firmas durante los ochenta y noventa y, en ciertos sentidos, eran similares: enfocadas en redes, *software* e Internet, con hombres de negocios impulsados

---

3. Mims, Christopher, «China Seeks Out Unlikely Ally: U.S. Tech Firms», *Wall Street Journal*, 21 de septiembre de 2015. Harris, Gardiner, «State Dinner for Xi Jinping Has High-Tech Flavor», *New York Times*, 25 de septiembre de 2015.

4. En 2009, había cuatrocientos inversores en busca de negocios en los Estados Unidos. Una década después, eran treinta y cinco mil. Antes de 2009, se fundaban menos de cinco mil *startups* al año; para 2019, la cifra rondaba las diez mil. «NVCA 2020 Yearbook», National Venture Capital Association, marzo de 2020, nvca.org/wp-content/uploads/2020/04/NVCA-2020-Yearbook.pdf.

por la ley de potencia. Durante los primeros años del siglo XXI, cuando John Doerr estaba en la cubre de su fama y Sequoia se encontraba del lado equivocado de la revuelta juvenil, Kleiner parecía ser más fuerte. Pero, a mediados de la década, la situación se invirtió y las dos firmas comenzaron a parecer opuestas. Mientras que Kleiner se arriesgaba con tecnologías limpias, Sequoia avanzaba con más cautela. Mientras que Kleiner fue pionero contratando mujeres, Sequoia lo hizo mucho más tarde, aunque implementó el cambio con menos torpeza[5]. Mientras que Doerr se separó de Vinod Khosla y de otros miembros del equipo, Michael Moritz se mantuvo apegado a Doug Leone, quien aportaba el conocimiento en ingeniería y la capacidad de leer a las personas que complementaran la estrategia de Moritz. Y, mientras que Doerr contrataba a celebridades establecidas que rondaban los cincuenta años, Sequoia no tenía interés en contratar a ejecutivos de carrera que, en términos de Moritz, «fueron muy exitosos, perdieron cierta cadencia en su andar, no tenían ambición suficiente, tenían demasiados compromisos externos y, más que nada, no estaban preparados para volver a ser novatos»[6].

El contraste en el abordaje de ambas firmas generó un contraste sorprendente en su rendimiento. En 2021, cuando la mayoría de los socios de Kleiner habían desaparecido de la Lista Midas de *Forbes*, Sequoia ocupaba el primer y segundo lugar, y otros tres entre los diez principales, lo que la convertía en la firma líder de la industria. Dominaba el negocio en los Estados Unidos y en China, financiaba a unicornios como Airbnb, WhatsApp, ByteDance y Meituan. Parecía tener éxito en todo lo que tocara, desde inversiones de riesgo hasta fondos de crecimiento e incluso en un fondo de cobertura experimental. Por todo

---

5. Sequoia había contratado a dos mujeres para que hicieran investigaciones en biociencia a finales de los ochenta y en los noventa, que se marcharon más tarde en esa década. La siguiente socia investigadora de Sequoia en los Estados Unidos fue Jess Lee, contratada en 2016. En 2017, una exanalista fue ascendida a socia. En 2018, otras dos mujeres llegaron a ser socias investigadoras. En 2020, las mujeres representaban cerca de una quinta parte del equipo de investigación estadounidense. El foco de Sequoia en apoyar a nuevos socios, que se explica más adelante, ayudó a que las mujeres de la firma evitaran sufrir la misma frustración que sus colegas en Kleiner Perkins. El golpe para Sequoia en materia de género llegó en 2016, cuando el socio Michael Goguen fue acusado de abuso grave por una bailarina exótica. Goguen abandonó la firma y luego ganó el juicio contra la denunciante.

6. En cuanto a preferencias de contratación, Moritz describía el método de su mentor, Don Valentin, pero también era su propio abordaje. Moritz, Michael, *DTV*, autopublicado, 2020, pág. 40.

Silicon Valley, los rivales formulaban teorías sobre lo que hacía que Sequoia ganara, ya que ningún otro equipo había mantenido un rendimiento tan bueno.

◆

La fórmula secreta de Sequoia comenzó con la unión entre Moritz y Leone, la amistad más exitosa en la historia del capital de riesgo. Moritz era estratega, Leone, operativo; Moritz impartía disciplina, Leone disfrutaba de las conversaciones junto al dispensador de agua. Moritz era un británico que había tomado lecciones de italiano, Leone era un italiano que bromeaba con que trabajar con Moritz era como tomar lecciones de inglés. Por supuesto que existían tensiones ocasionales bajo la superficie: Moritz se debatía entre querer la alianza con Leone y su deseo de ser reconocido como el líder, y Leone solía encresparse, pero se apoyaban uno al otro. Desde mediados de los noventa, cuando Don Valentine se retiró, los dos se unieron en todas las decisiones importantes sobre la dirección de Sequoia. Crearon la cultura más unida y disciplinada de Sand Hill Road, pero también la más experimental. Y la disciplina feroz de la firma ilustró cómo Leone y Moritz eran diferentes y afines a la vez.

Para Leone, el inmigrante italiano de carácter duro que había luchado para llegar a la cima, trabajar duro era instintivo. Su vida se trataba de negocios, familia y mantenerse en forma, no tenía tiempo para lidiar con socios que quisieran codearse con celebridades, unirse a iniciativas filantrópicas rimbombantes o perder el tiempo dando conferencias. En una ocasión, para probar su valor, dejó que le hicieran una intervención dental sin usar analgésicos; no toleraría a colegas comprometidos a medias. En el caso de Moritz, escritor educado en Oxford, la determinación competitiva tenía otra forma, aunque no menos persistente. Desde sus comienzos como periodista había admirado «la cadencia decidida de una marcha incansable y determinada», el vigor y la fuerza de voluntad que, con paciencia, llevaban al progreso, un avance tras otro[7]. Elevarse sobre la mediocridad, profundizaba, era una tarea casi espiritual; requería ser

---

7. Ferguson, Alex, *Leading: Learning from Life and My Years at Manchester United*, con Michael Moritz, Hodder & Stoughton, Londres, 2015, pág. 377. Cita extraída del epílogo, redactado por Moritz.

obsesivo; como Steve Jobs, para quien el éxito no era opcional; como Alex Fergusson, el entrenador de fútbol británico legendario a quien eligió como inspiración y colaborador para escribir su libro sobre liderazgo. Jason Calacanis, emprendedor que había visto muchos capitales de riesgo por dentro, recuerda cómo Moritz y Leone inculcaban una cultura que destacaba a la empresa. «Me presentaba en Sequoia a las 8:30 de la mañana para una reunión y veía a los socios principales en oficinas reunidos con *startups*. Visitaba la empresa por un café a las cuatro de la tarde y los mismos socios seguían allí, aún reunidos con *startups*»[8].

El vigor era solo un componente de la fórmula de Sequoia. Moritz y Leone tenían un compromiso inflexible con la cultura de la firma: las inversiones externas exitosas derivaban de una búsqueda interna de excelencia. En una ocasión, Moritz enumeró los desafíos que conllevaba: «reclutar personal, crear equipos, establecer parámetros, inspirar y motivar, evitar la complacencia, enfrentar la llegada de nuevos competidores y la necesidad continua de renovarnos y dejar atrás a quienes tengan bajo rendimiento»[9]. De su larga lista, la creación de equipos y el desarrollo del talento joven eran las prioridades. Sequoia creía en «nutrir lo desconocido, la producción local y la que se convertirá en la nueva generación», en términos de Moritz. Sin duda, esto describe cómo Accel había entrenado a Kevin Efrusy, pero Sequoia cultivaba a nuevos reclutas con más determinación.

La historia de Roelof Botha representa el abordaje de Moritz-Leone al desarrollo total. Sequoia lo contrató cuando era jefe de finanzas de PayPal en 2003 en una estrategia astuta para forjar lazos con una generación de ex PayPal determinados que no tenían buena predisposición hacia la firma. Pero más allá de sus conexiones con PayPal, el sudafricano era un candidato natural para Sequoia: había sido el mejor de su clase en la escuela de negocios de Stanford y tenía la determinación de un inmigrante, pero aún no llegaba a los treinta y no tenía experiencia como inversor, así que los socios se dieron a la misión de entrenarlo. Por supuesto, si fracasaba no dudarían en despedirlo con la misma imparcialidad con la que ce-

---

8. Calacanis, *e-mail* al autor, 3 de octubre de 2019. Del mismo modo, un inversor que pasó algunos años en Sequoia pero no tuvo éxito suficiente como para permanecer en la firma le dijo lo mismo al autor: «El secreto de Sequoia es que trabajarán más duro que tú».

9. Ferguson, *Leading*, pág. 353.

rraban *startups* débiles y lo dejarían ir con un acuerdo de confidencialidad satisfactorio. Pero su intención firme era ayudarlo a tener fuerza en la junta, convertirlo en un guerrero de Sequoia.

Al igual que todos los reclutas de Sequoia, Botha comenzó a seguir de cerca a sus colegas experimentados; se sentó en reuniones de la junta con diferentes socios sénior en diferentes clases de empresas para absorber una gran variedad de culturas diferentes. Internalizó los consejos de los más antiguos en la industria: Don Valentine le dijo sin rodeos que los mejores fundadores eran los de personalidad más difícil. Tras pocos meses en la firma, Botha seleccionó una de sus primeras inversiones, una empresa de giros de divisas llamada Xoom, y un socio más antiguo propuso un acuerdo favorable para ambos. En primer lugar, el socio ocuparía el lugar en la junta de Xoom y llevaría a Botha con él como observador; luego, si la empresa funcionaba, cambiarían lugares, así el joven ganaría experiencia en la dirección de una *startup* activa. «Escucha, si la empresa no funciona, la mancha caerá sobre mí, no sobre ti», aseguró el socio. Botha accedió, Xoom floreció, y el joven completó su entrenamiento y ocupó el lugar como miembro de la junta directiva [10]. La situación fue opuesta a la de Kleiner, en donde los socios sénior arrancaban las mejores oportunidades de los inversores más jóvenes. También era superior a la situación de Accel, donde el socio gerente, Jim Breyer, había ocupado el lugar en Facebook.

Xoom tardó varios años en florecer; en ese tiempo, los colegas de Botha lo ayudaron a atravesar los períodos oscuros inevitables. Las *startups* sin éxito tienden a fracasar más más rápido de lo que las buenas triunfan, de modo que los sucesos desmoralizantes ocurren antes de que lleguen las victorias. La primera vez que Botha tuvo que anunciar que una de sus empresas era un fracaso, derramó lágrimas en una reunión de socios; solía ser un hombre compuesto y seguro de su buen juicio, y los fracasos eran dolorosos, sin duda. Después de tres años en su puesto, la angustia se convirtió en éxtasis. En 2005, impulsó la serie A de inversión en la plataforma de vídeo YouTube y, en 2006 —tras un período asombrosamente corto—, la empresa fue absorbida por Google y generó un rendimiento de alrededor de 45 veces sobre la inversión de Sequoia.

---

10. El socio sénior era Pierre Lamond. Bothe en entrevistas con el autor, 14 de mayo de 2019; 24 de septiembre de 2019; 4 de noviembre de 2020.

Otros tres años después, el ánimo de Botha volvió a desplomarse y comenzó a torturarse, ahora no por las inversiones fallidas, sino por las exitosas que se le escapaban de las manos. Había dejado pasar Twitter cuando era una tecnología de mensajería incipiente; había apuntado a Facebook, solo para presenciar aquel espectáculo extraño de los pijamas. Incluso la victoria de YouTube se volvió amarga, ya que, en retrospectiva, Sequoia se había apresurado a vender. Esta clase de vicisitudes podían afectar el juicio de cualquier inversor de riesgo: un período difícil deriva en un exceso de cautela al evaluar los próximos movimientos; por el contrario, la alegría puede llevar a actuar con soberbia. Al mirar atrás, Botha reconoce que sus compañeros lo mantuvieron centrado en este período. Cuando estaba mal, lo animaban a arriesgarse; cuando estaba bien, lo salvaban de dejarse encandilar por la perspectiva de una *startup*[11].

Con todo, más allá de la cultura cerebral y disciplinada de Sequoia, tenía un lado sensible a la hora de formar equipos. Los encuentros fuera de la empresa comenzaban con «informes de actualidad», en los que los colegas se abrían y hablaban de problemas matrimoniales, inseguridades en el trabajo o problemas de salud en la familia. «Si estás dispuesto a exponerte y nadie se aprovecha de eso, se genera una atmósfera de confianza», reflexionó Doug Leone[12]. Los eventos también incluían torneos de póquer, y los socios competían por el «tartán de Don Valentin», una chaqueta de un patrón escocés demasiado llamativo en rojo, amarillo y negro. En un retiro, durante un juego de fútbol americano con banderines (*flag football*), Botha dejó que su infancia sudafricana tomara el control, arremetió hacia un oponente fornido y lo derribó con un placaje de rugby. «Fue uno de los momentos que desbloqueó nuestra amistad», recordó[13].

El espíritu de equipo también se extendía a la forma de celebrar los triunfos. Cuando la empresa en cartera de una firma tenía una salida exitosa, los periódicos publicaban el nombre del socio miembro de la junta, como si fuera el trabajo de un lobo solitario. Por su parte, Sequoia se esforzaba por adjudicarle el triunfo al grupo, ya que casi todas las inversiones exitosas eran resultado de esfuerzos colectivos. Por ejemplo, cuando la firma celebró la segunda mayor ganancia de su historia con la venta del servicio de mensajería Whats-

---

11. Botha en entrevista con el autor.
12. Leone en entrevista con el autor.
13. Botha en entrevista con el autor. El jugador fornido era Jim Goetz.

App, la misiva interna comenzaba reconociendo a Jim Goetz, el socio que había llevado el trato y quien había sido víctima del placaje de Botha, pero enseguida cambiaba el mensaje. WhatsApp había sido un «placaje grupal clásico de Sequoia». Habían participado más de doce socios de esa victoria: los cazatalentos internos habían ayudado a que WhatsApp quintuplicara el tamaño de su equipo de ingeniería; Botha y Moritz habían aconsejado a la empresa en materia de distribución y estrategia local; los equipos de Singapur y China habían ofrecido inteligencia local; el director de comunicaciones había preparado a Jan Koum, el director ejecutivo introvertido de WhatsApp, a convertirse en una figura pública. El comunicado incluía un reconocimiento especial para la asistente Tanya Schillage. A las tres de la mañana del día en el que Koum conducía para concluir los documentos de venta, su coche se había averiado, y Schillage había entrado en acción para conseguirle otro vehículo. En un despliegue de efectividad nocturna, había logrado conseguirle casi el mismo modelo de Porsche que había estado conduciendo[14].

Para potenciar el trabajo en equipo y para promover la autorenovación que Moritz defendía, Sequoia enseguida concedía responsabilidades gerenciales a los socios en ascenso. Gracias a ello, en 2009, la firma atravesó un cambio de liderazgo en silencio[15]. Moritz y Leone seguían a cargo con el título de «administradores», pero, en la práctica, la dirección directa de las inversiones en los Estados Unidos se trasladó a Jim Goetz y Roelof Botha, y el ascenso del joven dúo dio origen a una serie de ideas frescas que afirmó el rigor del proceso de inversión de Sequoia.

La innovación principal impulsada por Goetz fue su énfasis en el pensamiento proactivo. Al iniciar su carrera en Accel, había absorbido el concepto de la «mente abierta» y había percibido que la estrategia descendente y anticipatoria podía ser muy útil para Sequoia. Debido a la fama de la firma en Silicon Valley, la mayoría de los fundadores de *startups* ansiaban presentarle sus proyectos; la propia firma reconoció que recibía invitaciones a evaluar al

---

14. «Este es un pequeño ejemplo de lo que es ir más allá del cumplimiento del deber», decía el memorando. Sequoia Capital, «WhatsApp Milestone Note», 19 de febrero de 2014.

15. El cambio formal sucedió en 2009, pero había comenzado alrededor de un año antes. Goetz en entrevista con el autor.

menos dos tercios de los tratos que acababan por recibir financiamiento de las dos docenas de firmas principales. Sin embargo, el flujo intenso de oportunidades era una bendición y una maldición a la vez, pues los socios tenían los días abarrotados de reuniones a demanda de sus visitantes. En ese contexto, era fácil que se volvieran reactivos[16]. Para controlar el riesgo, Goetz llevó la estrategia de la mente abierta a Sequoia y guio a los socios en el análisis de las tendencias tecnológicas y la previsión de qué clases de *startups* serían mejores para ellos. Enseguida hizo un esquema detallado del escenario de Internet móvil, en el que señaló las estaciones de base que tendrían que construir los proveedores de telefonía, los chips que se tendrían que incluir en los dispositivos y el *software* que deberían instalar en ellos. Otro «escenario» detallado por la mente abierta mostró el traslado de la información desde dispositivos de clientes hacia la nube, lo que anticipaba una nueva configuración de *hardware* y de modelos de negocio de *software* y la aparición de vulnerabilidades de seguridad derivadas del cambio. Un tercer escenario se enfocó en el «ascenso del desarrollador»: en todo el mundo, apenas veinticinco millones de programadores —un tercio del uno por ciento de la población mundial— escribían el *software* que estaba transformando la vida moderna, y cualquier cosa que potenciara su productividad sería muy valioso. Previo a la declaración de Marc Andreessen de que «el *software* está comiéndose el mundo», el último ejercicio de la mente abierta se convirtió en el trampolín para una serie de inversiones de Sequoia: Unity, plataforma desarrolladora de *software* para películas y juegos en 3D; MongoDB, empresa de bases de datos, y GitHub, principal repositorio de código fuente abierto. En 2020, las acciones de Sequoia en las tres empresas tenían un valor conjunto de 9 mil millones de dólares.

Mientras que Goetz impulsó el método de la mente abierta, Botha fue pionero en la aplicación de la ciencia del comportamiento en el capital de riesgo. Se trató de una idea radical, que los colegas de Botha llegaron a considerar como un cambio transformador para Sequoia[17]. En otras com-

---

16. El problema de reactividad se acentuaba porque los fundadores hacían sus presentaciones demasiado tarde. Practicaban con audiencias menos exigentes antes de presentarse en Broadway y, como resultado, los socios de Sequoia no solo eran reactivos, sino que debían responder a las presentaciones con la presión de fechas límite cercanas.

17. Goetz dijo respecto a los esfuerzos de Botha: «El trabajo que hizo en psicología del comportamiento pudo haber sido el cambio más importante dentro de la firma». Goetz en entrevista con el autor.

pañías, los inversores solían hacer alarde de confiar en su instinto. Decían «reconocer patrones», contar con un sexto sentido; «Lo he tenido toda mi carrera y no sé por qué», declaró un inversor exitoso con alegría[18]. Pero Botha señaló que en estudios reconocidos que se remontaban a los años setenta, los psicólogos habían demostrado cómo los reflejos humanos distorsionan las decisiones racionales, y se dispuso a aplicar sus lecciones en las reuniones de socios de los lunes. El objetivo básico era que el proceso de inversión fuera consistente de una semana a otra. «En ocasiones, creíamos que, si una empresa en particular hubiera estado en discusión el lunes anterior o el lunes siguiente, nuestra decisión hubiera sido otra», explicó Botha. «No parecía ser una receta para el éxito sostenible»[19].

Este foco de Botha en la ciencia del comportamiento derivó, en parte, de la venta prematura de YouTube, pues al aceptar la oferta de Google, los fundadores se habían comportado exactamente como los experimentos del comportamiento predecían: las personas suelen estar dispuestas a arriesgarse cuando se trata de evitar pérdidas, pero tienen una aversión irracional al riesgo cuando se trata de apostar a un resultado positivo. Al examinar el patrón de salidas de Sequoia, Botha descubrió que las salidas prematuras eran frecuentes, a pesar de los esfuerzos que había hecho Moritz por extender las propiedades de la sociedad. La literatura sobre ciencia del comportamiento señalaba otra tendencia que Botha detectó en la firma: los capitalistas de riesgo sufrían de «sesgo de confirmación» o la práctica de filtrar información que desafiara la decisión que habían tomado. En ocasiones, los socios de Sequoia perdían realizar inversiones de serie B prometedoras porque querían sentirse bien consigo mismos; odiaban admitir haberse equivocado al decirle que no a la misma empresa en la serie A[20].

---

18. El capitalista de riesgo citado es George Zachary de CRV. Cita extraída de la edición del 12 de octubre de 2020 del increíble pódcast *20VC* producido por Harry Stebbings.

19. Botha en entrevista con el autor.

20. Botha también resaltó la literatura sobre ciencia del comportamiento que trataba el «anclaje». Al valorar una *startup*, los socios de Sequoia solían verse influenciados por lo que otros inversores creían que debía valer, aun cuando esos inversores conocían menos que ellos de la empresa. Por ejemplo, en enero de 2015, Sequoia dejó pasar la oportunidad de invertir en la plataforma de *software* 3D Unity porque se ancló en el valor que una oferta de adquisición previa le dio a la empresa. Siete meses después, reconoció el error e invirtió, pero, para entonces, la valuación de Unity casi se había duplicado. Sequoia Capital, «Unity Milestone Note», 18 de septiembre de 2020.

El primer paso para superar el sesgo de confirmación era reconocerlo; para ello, Botha convocó a psicólogos externos y repasó los resultados dolorosos de decisiones pasadas haciendo énfasis en las ocasiones en las que sus colegas habían sopesado la evidencia de forma irracional. Hasta entonces, los socios habían intentado aprender lecciones de sus empresas en cartera que habían fracasado; ahora, Botha también estaba enfocándose en las veces en las que se habían negado a invertir en *startups* que luego triunfaron. Así que, para poder realizar análisis científicos de las decisiones pasadas, los socios comenzaron a llevar un registro de todos los votos en reuniones de inversión. «No se trata de buscar chivos expiatorios, sino de pensar: "¿Qué hemos aprendido como equipo?". Si nos ayuda a tomar mejores decisiones, será una ventaja»[21].

Además de hacer análisis del pasado, Botha comenzó a crear hábitos nuevos en las decisiones sobre la marcha. Para superar la aversión al riesgo que habían identificado, los socios incluyeron una sección «prereunión» en los memorandos de cada inversión, que se trataba de una descripción de la posición en la que quedaría la empresa en el caso de que todo marchara bien. Al agregar este paso al proceso, los socios se permitían expresar emoción por un negocio de un modo que antes hubiera resultado incómodo. «Todos sufrimos por el deseo de no pasar vergüenza», reflexionó Jim Goetz. «Pero trabajamos en el negocio de ser avergonzados y debemos sentirnos lo suficientemente cómodos para expresar lo que podría suceder»[22].

Sequoia también comenzó a buscarle solución al problema del «sesgo de anclaje», es decir, a la práctica de basar el juicio en la opinión de otra persona en lugar de evaluar la evidencia y tomar una determinación independiente. En la mayoría de las firmas, los socios dialogan entre sí sobre las *startups* que están considerando, en parte para pedir consejo, en parte para conseguir aliados antes de la votación del lunes. Pero los socios de Sequoia decidieron que, para llegar a las decisiones más racionales posibles, la recaudación de votos debía terminar. Antes de cada decisión, todos leerían el memo de inversión con la mente en blanco y se esforzarían por evitar el pensamiento grupal y para llegar a la reunión del lunes preparados para tomar partido. «No queremos un pasivo "si

21. Botha en entrevista con el autor.
22. Goetz en entrevista con el autor.

queréis, hacedlo". El promotor necesita ayuda. Encabezar una inversión es un trabajo muy solitario»[23].

En 2010, siguiendo la idea de Moritz, Botha comenzó a crear el «programa de cazatalentos» de Sequoia, una variante de la inversión ángel. La innovación consistía en que la mayoría de los inversores ángel eran líderes del pasado que habían extraído su dinero de las *startups,* por lo que tenían dinero para invertir, pero sus nociones del mundo de los negocios eran anticuadas. En cambio, los emprendedores activos tenían el dinero comprometido en sus firmas, por lo que no contaban con capital disponible para hacer inversiones ángel. La llegada de las inversiones de crecimiento acrecentó el problema, porque los emprendedores dilataban el momento de extraer las ganancias de sus empresas. «Eres Drew Houston en 2012 y vales 100 millones de dólares, pero no llegas a pagar el alquiler y mucho menos a darte el lujo de invertir en otras empresas», explicó Botha con el ejemplo de uno de los fundadores de Dropbox. «Te damos 100.000 dólares para invertir. Nos llevamos la mitad de las ganancias, pero tú, como *scout,* te quedas con el resto»[24]. Por supuesto que el resultado del acuerdo era generar posibilidades de inversión para Sequoia; los principales emprendedores del momento identificaban a las estrellas más brillantes de la próxima generación.

Como crearon su propia versión de las inversiones ángel, también reaccionaron al lanzamiento de Andreessen Horowitz. Después de que a16z lanzara su asistencia empresarial para *startups,* Sequoia expandió su equipo de «socios operativos» internos, cuya misión era aconsejar a empresas en cartera. Hacia finales de 2020, Sequoia comenzó a ofrecer talleres para emprendedores: un evento llamado Base Camp (campamento base) en el que los fundadores se reunían a pasar el fin de semana en la montaña con fogatas, tiendas indias y oradores sobre temas desde tecnología hasta arquitectura. Otra iniciativa llamada Company Design Program (programa de diseño de empresa) ofrecía cursos dictados por los socios de la firma. En medio de la pandemia de coronavirus, la sociedad lanzó una aplicación para fundadores llamada Ampersand, que los emprendedores financiados por Sequoia usaban para mantenerse en contacto entre sí y para poner a prueba ideas de administración. ¿Debían ajus-

---

23. Leone en entrevista con el autor.

24. Botha en entrevista con el autor.

tar los salarios cuando los empleados hacían trabajo remoto? ¿Cómo podían ayudar a los miembros del equipo cuya salud mental se deterioraba?[25]

Tres años después del ascenso informal de Goetz y Botha, a inicios de 2012, Leone recibió un mensaje extraño de Mortiz: quería verlo en su casa el próximo sábado por la mañana. Cuando Moritz llegó, anunció que era el fin de una era: habían trabajado juntos incansablemente durante dieciséis años, pero un problema de salud que no quería nombrar lo obligaba a renunciar a su cargo de «administrador»[26]. Él había sido la figura dominante de la sociedad, quien encabezaba las reuniones clave y fijaba la dirección de la firma. Desde entonces, Leone tendría que llenar el espacio que dejaría en el equipo de Sequoia.

Los cambios de liderazgo eran peligrosos para las sociedades, en especial cuando ya habían generado dinero y los socios podían retirarse. Leone manejó la transición empleando el lema en la camiseta de los Warriors, «la unión hace la fuerza» (*strenght in numbers*), y, en lugar de reemplazar a Moritz de forma individual, redobló la apuesta en la cultura de equipo. Voló a Hong Kong, le pidió a Neil Shen que sirviera como administrador y regresó a casa de inmediato. Luego le pidió lo mismo a Jim Goetz y creó un tridente con él a la cabeza. Por último, para asegurarse de incentivar a sus compañeros, redujo su salario a una tercera parte, renunció a su compensación futura y compartió sus ganancias. El cambio de mando se realizó sin fricciones y, cinco años después, Sequoia repitió el mismo proceso. En 2017, con apenas cincuenta y un años, Goetz decidió hacerse a un lado porque Botha, de cuarenta y tres años, estaba listo para ascender como administrador, y el movimiento abrió el camino a talentos de escalafones más bajos[27]. Alfred Lin, una figura de cuarenta y cuatro años, se convirtió en colíder del equipo estadounidense de la firma. De

---

25. Amira Yahyaoui en entrevista con el autor, 11 de noviembre de 2020. Yahyaoui era un fundador respaldado por Sequoia.

26. A pesar de su problema de salud no especificado, Moritz se mantenía en buena forma física. En su cumpleaños número sesenta y cinco, convocó a un equipo de hombres jóvenes a salir en bicicleta para celebrarlo.

27. En una carta de despedida para sus socios comanditarios, Goetz citó la tradición de Sequoia de apostar por la juventud. «Esa disposición para renovarse y reinventarse, en general empoderando a los menos experimentados, ha sido la base de su éxito». De la Merced, Michael J., «Sequoia Capital Reshuffles Leadership»," *The New York Times*, 31 de enero de 2017.

este modo, la fuerza de la unión se fusionó con la fe en el rejuveneci-miento[28].

El equipo unido y los experimentos informales de Sequoia ilustraron la habilidad enigmática de los capitales de riesgo. Vistas de forma indivi-dual, las historias de todas las inversiones de riesgo parecen depender de la serendipia. Los inversores reciben recomendaciones azarosas, conocen a jóvenes inadaptados inspirados y logran conectar con la juventud va-liéndose de una alquimia sospechosa. Al explicar este proceso de vincu-lación, Jerry Yang, de Yahoo, destacó en tono misterioso que Michael Moritz «tenía alma»; Tony Zingale, otro emprendedor financiado por Sequoia, afirmó que tenía una buena relación con Doug Leone porque «es otro italiano feroz»[29]. A pesar de las explicaciones triviales, Sequoia demostró el método detrás de la aparente arbitrariedad y casualidad. Los mejores capitalistas de riesgo son artífices de su suerte y trabajan de for-ma sistemática para aumentar las probabilidades de que la serendipia los favorezca una y otra vez.

La mayoría de las victorias modernas pueden ser atribuidas a esta clase de trabajo sistemático, diseñado en los primeros años del nuevo si-glo. Al reclutar a Roelof Botha y entrenarlo a conciencia, preparó el terre-no para generar miles de millones en ganancias. Después de sus éxitos con YouTube y Xoom, Botha ganó una serie de *Grand Slam*: con la em-presa de tecnofinanzas Square, las de pruebas genéticas Natera y 23and-Me, con la red social estrella Instagram y con la base de datos innovadora MongoDB. En la Lista Midas de *Forbes* de abril de 2020, Botha ocupaba el tercer lugar.; cinco meses después, celebró la presentación en la bolsa de Unity y la ganancia superior a 6 mil millones de dólares que represen-tó para Sequoia.

---

28. Un inversor de dotación con lazos fuertes reflexionó sobre la cultura ganadora de Se-quoia: «Sequoia consigue tener en sus filas a titanes de primera clase que quieren estar en el equipo ganador. Son lo suficientemente ricos como para no volver a trabajar en sus vi-das; cualquiera de ellos podría independizarse y hacer miles de millones por su propia cuenta, pero todos quieren estar en el equipo ganador».

29. Yang en entrevista con el autor. Anders, George, «Inside Sequoia Capital: Silicon Valley's Innovation Factory», *Forbes*, 26 de marzo de 2014.

Los escépticos dirán que la historia es demasiado simple. ¿En realidad el entrenamiento de Botha generó esas ganancias descomunales o el propio Botha tenía un talento sin igual —o mucha suerte—? Es difícil decirlo considerando su historia aislada, pero, si se evalúan los esfuerzos de Sequoia para preparar a cada uno de sus talentos, el papel del trabajo sistemático se vuelve evidente. No solo Botha tuvo la oportunidad de ocupar un lugar en junta de una *startup* exitosa en poco tiempo, sino que era una práctica frecuente en Sequoia[30]. Tampoco fue el único que contó con un mentor experimentado, esa también era la norma. Doug Leone se empeñaba en tener reuniones particulares con los reclutas nuevos, señal de que el entrenamiento era prioridad en la firma. ¿Qué había aprendido en la última reunión de socios, qué trasfondos había detectado?[31]. Sameer Gandhi, socio junior en Sequoia antes de irse a Accel, recuerda cómo Moritz se había tomado el tiempo para guiarlo en la administración de su tiempo. «Echémosle un vistazo a tu calendario del último año y veamos hacia dónde vas», le había dicho Moritz. «¿Dónde has pasado el tiempo? ¿Y era necesario que hicieras eso? ¿Ha sido útil?»[32]. En síntesis, no cabe duda de que el éxito de Roelof Botha reflejaba su talento y su buena fortuna, pero también es cierto que trabajaba en una cultura que potenciaba el talento y creaba suerte extra. No es de extrañar que muchos de sus compañeros hayan florecido.

El mayor éxito de Sequoia en los Estados Unidos durante la primera mitad de la década de 2010 fue WhatsApp, el servicio de mensajería que luego fue vendido a Facebook. La mayoría de los relatos sobre la inversión hacen énfasis en los esfuerzos de Goetz. Jan Koum se ocultaba en un edificio en Mountain View sin letrero y, en principio, rehusaba responder a los *e-mails* de Goetz. Cuando el inversor por fin consiguió una reunión,

---

30. Bryan Schreirer y Alfred Lin ocuparon los lugares en las juntas de Dropbox y de Airbnb. Ninguno de ellos había cerrado las negociaciones, pero ambos eran talentos en ascenso.

31. El compromiso de Leone con el entrenamiento de nuevos reclutas se veía reflejado en su desprecio por el dictamen secreto de los capitales de riesgo: que no es factible identificar a un buen candidato hasta que hayan pasado años y sea posible ver su registro. Para él, solo un administrador distraído podía defender esa idea, puesto que los administradores comprometidos saben quién es bueno mucho antes porque prestan atención. «No es necesario esperar hasta el examen final para saber si alguien es buen estudiante». Leone en entrevistas con el autor.

32. Gandhi en entrevista con el autor, 17 de mayo de 2019.

se encontró con un hombre de boina de lana que no sonreía y lo miraba temeroso. «Estoy en problemas», recuerda haber pensado[33]. Le costó dos meses convencer a Koum de que visitara Sequoia y aun después de conseguirlo, procedió con cautela. En lugar de pedirle al hombre introvertido que se pusiera de pie e hiciera una presentación frente a toda la firma, lo guio por un interrogatorio relajado con un grupo reducido de la sociedad. Finalmente, atravesó la barrera de timidez de Koum y se ganó su confianza en un ejemplo de cuento de hadas de los capitales de riesgo perfectos.

Pero había otra historia detrás de la fábula de caza y seducción. Goetz, como con el foco en la proactividad, había ideado un sistema al que llamaba *early bird* o de anticipación: al ver un cofre de nuevas posibilidades de inversión en la llegada de la Apple App Store, Sequoia había escrito un código para rastrear las descargas de los usuarios de sesenta países, y el sistema de vigilancia llevó a que Goetz llegara a WhatsApp, la aplicación de mensajería en el puesto número uno o dos en treinta y cinco de los sesenta países. Aunque el servicio de mensajería aún no era famoso en los Estados Unidos, era cuestión de tiempo que llegara a serlo, así que el inversor se dispuso a ir por él antes de que sus rivales detectaran la oportunidad. Aunque el sistema anticipatorio no fue la causa directa de la inversión, aumentó las posibilidades de que sucediera. Estimando el crecimiento de las probabilidades en un 10 por ciento, el valor del rastreador web era de cientos de millones, pues la apuesta de Sequoia en WhatsApp generó 3,5 mil millones de dólares para la firma[34]. Gracias a este acierto y algunos otros, Goetz ocupó el primer lugar en la Lista Midas por cuatro años seguidos, hasta que el líder de Sequoia China, Neil Shen, ocupó su lugar en 2018.

Otros triunfadores de Sequoia pueden dar cuenta de esta historia dual de serendipia en la superficie y trabajo sistemático en el fondo. Por ejemplo, en la primavera de 2009, el socio Greg McAdoo visitó a Paul Graham en las instalaciones de Y Combinator y le preguntó qué clase de

---

33. Y Combinator, «Jim Goetz and Jan Koum at Startup School SV 2014», YouTube, youtube.com/watch?v=8-pJa11YvCs.

34. Más tarde, la idea de rastrear descargas de tiendas de aplicaciones fue aplicada por todos los capitalistas de riesgo de Silicon Valley, y un proveedor externo vendía la información. Pero, cuando Sequoia invirtió en WhatsApp, tenía ventaja sobre el rastreador patentado. Goetz en entrevista con el autor.

startups creía que sobrevivirían a la recesión tras la crisis financiera. Graham dijo algo acerca de *startups* con «fortaleza intelectual» y señaló a un grupo de jóvenes reunidos frente a un ordenador en una de las mesas largas de la empresa. McAdoo se acercó al grupo, que lo impresionó con el conocimiento que tenía de su modelo de negocio y, como resultado, invirtió en la plataforma de renta inmobiliaria Airbnb, que se convirtió en un acierto multimillonario para Sequoia[35]. Visto de este modo, el negocio parece casual, con ganancias muy desproporcionadas respecto a las capacidades, pero la realidad es que la visita de McAdoo a Y Combinator no fue en absoluto casual. Estaba allí porque Sequoia se había convertido en el principal aliado de esta incubadora invirtiendo en varias figuras de la empresa y aportando capital al fondo semilla. Había logrado impresionar a los fundadores de Airbnb porque había previsto que el negocio de alquiler inmobiliario estaba listo para una disrupción digital y se había estudiado cómo se podía desafiar a los especialistas en el área. Otros capitalistas de riesgo desviaban la vista al encontrarse con Airbnb, pues la idea de que un propietario recibiera a extraños en su casa le parecía absurda[36]. Pero el inversor había llegado con la mente abierta: los hábitos fomentados por Goetz estaban dando frutos.

Sequoia también financió a la empresa de almacenamiento de archivos Dropbox, otra protegida de YC, donde la combinación de suerte y habilidad fue aún más intrigante. El golpe de suerte comenzó cuando los fundadores de la *startup*, Drew Houston y Arash Ferdowsi, presentaron su idea en Y Combinator frente a una sala llena de inversores. Al terminar, fueron acorralados por un hombre de cabello entrecano que se presentó como Pejman Nozad, quien, al parecer, se les acercó por la razón más arbitraria posible: era inmigrante de Irán, igual que los padres de Ferdowsi. Para valerse de esa coincidencia, se presentó hablando en farsi y luego prometió ayudar a Dropbox a recaudar capital. Cuando invitó a los fundadores a visitar su negocio, mencionó la dirección, una tienda de alfombras persas.

---

35. Stone, Brad, *The Upstarts: How Uber, Airbnb, and the Killer Companies of the New Silicon Valley Are Changing the World*, Little, Brown, Nueva York, 2017, pág. 89.

36. Graham recordó de Airbnb: «Podrían no haber recaudado capital de no haber sido por la coincidencia de que McAdoo, nuestro contacto en Sequoia, había pasado gran parte de los dos años previos investigándola». Graham, Paul, «Black Swan Farming», (blog), septiembre de 2012, paulgraham.com/swan.html.

Ferdowsi y Houston aceptaron, ya que no tenían mucho que perder, pero Houston se sintió algo tonto al llegar a una tienda de alfombras. El comerciante los recibió con música persa, les sirvió té en tazas de cristal y les ofreció azúcar en terrones, una escena digna de una comedia de Hollywood. Mientras el anfitrión interrogaba a Ferdowsi acerca de la ciudad natal de sus padres y sus comidas persas preferidas, Houston comenzó a preguntarse si sería una puesta en escena, si aparecerían en televisión como víctimas de un *reality show* de broma. Sin embargo, a pesar de las apariencias, Nozad iba en serio; además de ser vendedor de alfombras, era cazatalentos informal de Sequoia. Un año antes, Doug Leone había dado una charla para emprendedores en su negocio y lo había inspirado a buscar tratos que pudieran ser interesantes[37]. Tras ese día, Nozad se convirtió en embajador en la comunidad iraní en Silicon Valley, grupo que incluía a Pierre Omidyar, fundador de eBay, y a Dara Khosrowshahi, posterior líder de Uber[38]. Sequoia valoraba los contactos de Nozad porque creía en la determinación de los inmigrantes: Moritz, Leone y Botha habían nacido en Gales, Italia y Sudáfrica respectivamente, y tres de cada cinco inversiones exitosas eran en empresas con al menos un inmigrante entre sus fundadores[39]. De este modo, lo que parecía obra de la suerte era todo lo opuesto: Nozad era parte de la estrategia de Sequoia para asegurarse de tener el mejor flujo de negocios posible.

Tres años después de que Nozad señalara a Dropbox, Sequoia lanzó su programa de cazatalentos formal, y esta clase de historias se volvió más frecuente. Las inversiones ángel, que sirvieron de contrapeso para el poder de los capitales de riesgo, se convirtieron en un mecanismo que fortaleció los lazos de Sequoia con la nueva generación de fundadores. Por ejemplo, la inversión de un cazatalentos en la *startup* de pruebas de detección de cáncer Guardant Health llevó a que Sequoia invirtiera en la serie A, que generó más de 500 millones de dólares en ganancias. En otro ejemplo, el programa llevó a Sequoia a una apuesta exitosa en Thumbtack, una aplicación para conectar a consumidores

37. Sequoia Capital, «Dropbox Milestone Note», 23 de marzo de 2018.

38. Entre los iraníes americanos en tecnología, se encontraban Ali y Hadi Partovi, emprendedores en *software* e inversores ángel; Shervin Pishevar, capitalista de riesgo que había financiado a Uber; Omid Kordestani, ejecutivo inicial de Google. Tamaseb, Ali, «Iranian-Americans in Silicon Valley Are Getting More Powerful», *Medium*, 28 de agosto de 2017.

39. Anders, «Inside Sequoia Capital».

con vecinos que ofrecieran servicios, como fontaneros o tutores[40]. Pero la mayor victoria del programa de cazatalentos fue la inversión en la plataforma de pagos Stripe, la mejor representación de cómo Sequoia creaba a conciencia las condiciones para la suerte jugara a su favor. Si pudiera decirse que existe «fabricar la serendipia», Sequoia era experta en ese arte.

Los fundadores de Stripe, Patrick y John Collison, dos hermanos irlandeses, eran sorprendentemente jóvenes aún para los parámetros de Silicon Valley. Patrick, joven pelirrojo, fibroso y apenas mayor de edad, había ganado el Premio Nacional de Ciencias de Irlanda a los dieciséis años con una variante de Lisp, el lenguaje de programación que Paul Graham de Y Combinator amaba. Luego había completado sus últimos dos años de instituto en unos pocos meses, lo había celebrado corriendo una maratón y luego había comenzado a estudiar con una beca en el MIT[41]. John, el más joven de cabello oscuro, no se quedaba atrás. A los dieciséis años, en 2007, abandonó la finca familiar al oeste de Irlanda para unirse con su hermano en los Estados Unidos, donde trabajaron juntos para crear su primera *startup* de *software*. Al año siguiente, se hicieron millonarios con la venta de su iniciativa, Patrick regresó al MIT, y John se inscribió en Harvard.

En 2009, con veinte y dieciocho años, los hermanos pasaron el verano en Palo Alto; habían estado cultivando la idea para un nuevo negocio, una empresa que transformaría la experiencia de sitios de comercio en línea que necesitaran recibir pagos. Como proyecto para el MIT, Patrick había creado una versión descargable de Wikipedia, con la que había descubierto que era muy difícil recaudar dinero. Las transferencias con tarjetas de crédito eran costosas y frustrantes y, a pesar de la aparición temprana de PayPal, los pagos en línea seguían en una época oscura. Entonces, los hermanos Collison se entregaron a la tarea de solucionar el problema creando

---

40. Los programas de cazatalentos también le dieron la oportunidad a Sequoia de poner a prueba la visión de sus potenciales contrataciones, entre ellos, de Alfred Lin, Mike Vernal y Jess Lee.

41. Armstrong, Stephen, «The Untold Story of Stripe, the Secretive $20 Billion Startup Driving Apple, Amazon, and Facebook», *Wired*, 5 de octubre de 2018.

las plataformas contables que administraran flujo de dinero, verificaran la identidad de los clientes y detectaran fraudes. Los comerciantes en línea podrían acceder al servicio escribiendo unas líneas de código en el *software* de sus sitios web.

La idea de los Collison sería intrigante para cualquier capitalista de riesgo; los hermanos ya habían fundado y vendido una empresa y habían identificado un nicho en la economía digital. Cuando los negocios incluyeran el código en sus sitios web y accedieran a entregar un porcentaje pequeño de cada pago que recibieran, los Collison se convertirían en dueños de una porción del comercio en línea mundial en expansión. Y, una vez que el código se hiciera extensivo, sería difícil de desplazar: una plataforma de pagos conecta a miles de proveedores con millones de consumidores, no es fácil de reemplazar. En síntesis, la idea de los hermanos Collison tenía todo lo que un capitalista de riesgo buscaba: un mercado lucrativo, una ventaja natural sobre los competidores y un equipo con historial. Solo quedaba la pregunta de qué inversor ganaría la batalla para conectar con los dos jóvenes prodigio [42].

Al llegar a Palo Alto, la primera persona con la Patrick contactó fue Paul Graham de Y Combinator, prueba de lo que lo hacía especial. Pasados cuatro años de la creación de Y Combinator, Graham había convertido su posición privilegiada entre los programadores jóvenes en una red formidable. Había llegado a conocer a los Collison cuando Patrick, como estudiante de secundaria en Irlanda, le había hecho preguntas sobre programación por *e-mail* —«No tenía ni idea de que era un niño de instituto porque sus preguntas eran muy avanzadas», recordó Graham—. Más tarde, cuando Patrick viajó a los Estados Unidos para visitar universidades, se quedó en casa de Graham, quien lo presentó a dos fundadores de YC, lo que encendió la chispa para la creación de la primera *startup* de los Collison [43]. También lo presentó a otros miembros jóvenes de la comunidad, entre ellos, Sam Altman, parte de la

---

42. Además de sus otras virtudes, el plan de los hermanos Collison incluyó apuntar el servicio a codificadores, las personas que realmente creaban los sitios de comercio en línea. Esa comunidad comprendería por qué su idea funcionaría mejor que las tarjetas de crédito, que parecían fiables, pero eran burdas y costosas para las plataformas en línea.

43. Graham, *e-mail* al autor, 31 de mayo de 2021. Los fundadores de Y Combinator eran Haraj y Kulveer Taggar.

primera camada de Y Combinator, quien luego sería líder de la firma tras el retiro de Graham[44].

Aún antes de saber de los hermanos Collison, Sequoia tenía ventaja en la carrera para conocerlos. Por una parte, la sociedad tenía lazos fuertes con Y Combinator y con Paul Graham. Por otra parte, esos lazos incluían una inversión en la primera *startup* de Altman. Lo que era más, Altman, como fundador financiado por Sequoia, pronto se convertiría en uno de los primeros cazatalentos de la firma.

Graham invitó a Patrick Collison a una reunión informal a la que también convocó a Altman. Cuando los tres se encontraron, Patrick aún estaba barajando ideas: parte de él quería iniciar un banco digital, pero Altman creía que demasiado. «En el momento, no parecía la mejor de las ideas, pero creía que Patrick era increíble», recordó[45]. Entonces, en la mesa de la cocina, Graham y Altman firmaron cheques ángel para la iniciativa por concretar de los Collison, cada uno de 15.000 dólares por un 2 por ciento de la empresa[46].

Al verano siguiente, Patrick y John dejaron la universidad y se instalaron en Palo Alto de forma permanente. Había progresado con la idea de la plataforma de pagos y necesitaban más capital. Graham llamó a sus contactos en Sequoia, Michael Moritz y Greg McAdoo, y Altman, para entonces cazatalentos de Sequoia, alertó a Roelof Botha. Los hermanos estaban muy presentes en el radar de los cazatalentos más activos de Silicon Valley[47].

Luego se sucedieron historias atractivas sobre la aparente conexión fortuita de Sequoia con los dos fundadores. Años más tarde, John Collison aún recuerda el día de verano de 2010 en el que un coche negro aparcó frente al apartamento atestado que compartía con Patrick y dos amigos. «Ese agosto, un multimillonario superreconocido bajó de su coche, entró al apartamento y pareció oler el aire». Se trataba de Michael Moritz.

---

44. Altman y Collison se mantuvieron en contacto compartiendo ideas sobre *software* y *startups*. «Nos llevábamos bien, no esperaba conseguir nada», confesó Altman. Altman en entrevista con el autor, 20 de septiembre de 2017.

45. Altman en entrevista con el autor.

46. «Patrick estaba dispuesto a concedernos el 4 por ciento por 30 de los grandes. En un momento de más generosidad de la que era consciente, decidí dividirlo con Sam». Graman, *e-mail* al autor, 8 de diciembre de 2020.

47. Botha en entrevista con el autor.

—¿Te apetece algo de beber? —ofreció John.

—Eso estaría bien. ¿Qué tienes? —respondió el joven.

—Ah, agua o leche.

«No sé muy bien qué vio en un primer momento. No éramos más que ardillas con gabardinas disfrazados de empresarios», bromeó John con modestia. «Creo que a Mike le gusta un patrón en particular. Básicamente, fundadores jóvenes inmigrantes con agallas» [48].

En otra instancia del cortejo, Patrick visitó a Moritz y a Botha en las oficinas de Sequoia en Sand Hill Road, donde llegó como llegaba a dondequiera que fuera: montado con su cuerpo fornido encorvado sobre una bicicleta Cervélo elegante de color gris metalizado con una línea roja en el tubo central. Moritz lo interrogó sobre su historia: ¿Cómo era que un joven criado en los campos color esmeralda de County Tipperary había llegado a presentarse frente a Sequoia en Palo Alto? Patrick describió el pueblo en el que había nacido, Dromineer: contaba con dos bares, unas cuantas tiendas y un castillo del siglo XI —también describió a sus padres científicos. Luego, Moritz le preguntó por el futuro: Si todo salía bien, ¿cómo se imaginaba que sería su empresa? Se conocieron un poco más, hasta que Moritz lo acompañó a la salida y siguieron conversando en la puerta.

Al mirar hacia afuera, Moritz notó algo que no solía ver allí, la bicicleta Cervélo de Patrick, asegurada a la cerca que rodeaba el aparcamiento, y enseguida la tomó como tema de conversación. ¿Patrick iba en bicicleta a todos lados? ¿Corría carreras? ¿Cuál era su tiempo récord en el ascenso a Old La Honda, un sendero de carreras famoso por su dificultad, que se extendía desde el puente de piedra en Portola Valley hasta el Skyline Boulevard? Cuando Patrick respondió que lo había completado en veinte minutos, sintió que había pasado una prueba; el hecho de que fuera competitivo en un deporte exigente debía decir algo sobre su capacidad como emprendedor [49].

Sequoia se convirtió en el principal inversor de Stripe, como los Collison llamaron a su empresa, por múltiples razones, por supuesto. Moritz era muy buen juez de carácter y sus preguntas para Patrick tenían el fin de probar su resiliencia y su ambición. Veía el potencial en los medios de

---

48. John Collison en entrevista con el autor, 21 de septiembre de 2019.
49. Patrick Collison en entrevista con el autor, 19 de septiembre de 2017.

pago digitales —había financiado a PayPal después de todo— y tenía fe en las posibilidades de empresas desafiantes; después de haber visto cómo Google opacaba a Yahoo, estaba dispuesto a apostar a que Stripe eclipsaría a PayPal. Además de todas estas ventajas, Sequoia había tenido la ayuda de los avisos tempranos de los cazatalentos en su red y de sus contactos en Y Combinator. El resultado de todos los factores combinados fue que, entre los primeros inversores de Stripe, el inversor con más convicción fue Moritz[50]. Sequoia fue el mayor participante en la inversión semilla de Stripe y quien aportó casi todo el capital en la serie A; Moritz fue el único que ocupó un lugar en la junta. En 2021, Stripe estaba valuada en 94 mil millones de dólares, y la participación de Sequoia valía 15 mil millones y sumando.

Gracias a la inversión en Stripe y algunas otras, Sequoia siguió dominando los capitales de riesgo aun cuando la industria se llenó de firmas. Entre todas sus inversiones entre el 2000 y el 2014, la sociedad generó un rendimiento extraordinario de 11,4x neto, es decir, después de restar gastos de administración y su parte de las ganancias de inversión. En comparación, el promedio de otros fondos de riesgo durante el mismo período fue de menos de 2x neto[51]. Este logro de Sequoia tampoco fue generado por una serie de casualidades extravagantes, pues si se eliminaran las tres inversiones con mayor rendimiento, el rendimiento de Sequoia en los Estados Unidos aún sería de un extraordinario 6,4x neto. Con el capital recaudado en 2003, en 2007 y en 2010, Sequoia invirtió en un total de 155 apuestas en el país; entre ellas, 20 tuvieron un rendimiento neto de 10x y ganancias de al menos 100 millones de dólares[52]. La consistencia en tiempo, sectores y en socios inversores era sorprendente. «Hemos contratado a más de 200 operadores financieros desde que llegué en 1981», se maravilló el jefe de inversiones del fondo de dotación de una universidad de primera línea. «Sequoia ha mantenido el mejor rendimiento de lejos»[53].

---

50. Otros inversores iniciales en Stripe fueron Peter Thiel, z16z, Elon Musk y General Catalyst, además de Paul Graham y Sam Altman.

51. Información de Burgiss.

52. Dado que no temía arriesgarse, Sequoia perdió dinero casi en la mitad de estas 155 inversiones de riesgo.

53. Larson, Shahed Fakhari, «Silicon Valley's Quiet Giant», *Brunswick Review*, 18 de septiembre de 2019, bruns wickgroup.com/sequoia-capital-doug-leone-silicon-valley-i11786.

Por más impresionante que haya sido el récord de Sequoia en los Estados Unidos, su mayor logro fue haber salido de su zona de confort. En 2005, la sociedad había llegado a China, una muestra de su apetito por experimentar central para la fórmula Moritz-Leone. Al año siguiente, Sequoia desembarcó en la India mientras también ponía a prueba otras clases de inversión: manejaba fondos de crecimiento, un fondo de cobertura y uno en el estilo de un fondo de dotación llamado Heritage. «¿Puedes imaginarlo? Me uní a Sequoia cuando teníamos solo un fondo de riesgo de 45 millones de dólares, y ahora acabamos de reunir un fondo de crecimiento global de 8 mil millones», comentó Moritz maravillado [54].

A su vez, las victorias de Sequoia fueron mucho más destacables porque no fueron fáciles. Por ejemplo, en la India, pensó en repetir la fórmula china de confiar en los socios locales: Moritz y Leone recaudaron 700 millones de dólares para fondos destinados a la India y el sudeste asiático y le entregaron el control a un equipo de cuatro indios contratados de una iniciativa llamada WestBridge Capital [55]. Sin embargo, después de cuatro años, la relación se rompió y, al determinar que la India no tenía la madurez para hacer inversiones en etapa temprana, el cuarteto propuso virar hacia el capital privado. Cuando Sequoia se negó, los hombres de WestBridge respondieron desligándose con ayuda de uno de los socios comanditarios de la firma. Después de este retraso en 2011, Sequoia podría haber decidido abandonar el sur de Asia, de hecho, algunos socios querían hacerlo, pero Moritz y Leone redoblaron la apuesta ascendiendo a un miembro más joven del equipo que había quedado. Estaban apostando a lo «desconocido, al producto local», en términos de Moritz. El nuevo líder en la India, Shailendra Singh, un extrovertido graduado de la escuela de negocios de Harvard, había pasado la mayor parte de los últimos cinco años operando desde la sede de California, por lo que había interiorizado su cultura.

Singh se dispuso a rescatar el experimento asiático con más experimentos menores. Tras reconocer que la región no tenía experiencia en

---

54. Sequoia India recaudó un fondo de crecimiento de 400 millones de dólares en 2006 y un fondo de inversión en etapa inicial de 300 en 2007.

55. Shailendra Singh en entrevista con el autor, 20 de junio de 2019.

emprendimientos, supo que los fundadores necesitarían más ayuda, así que, como el modelo de a16z, contrató a consultores operativos para que los ayudaran con ventas, *marketing* y contrataciones hasta reunir un equipo de más de treinta personas. Teniendo en cuenta que la central de Sequoia en Sand Hill Road tenía alrededor de veinticuatro personas en su equipo de inversión y un total de setenta y cinco empleados, la expansión india fue considerable. En 2019, Singh adaptó el modelo de Y Combinator en una idea a la que llamó programa «Surge», que combinaba inversiones semilla con clases intensivas de administración de emprendimientos. El entrenamiento constaba de cinco sesiones de una semana cada uno, mucho más intenso que las cenas relajadas de los jueves en YC. Al enfrentar a los fundadores con decenas de veteranos experimentados, Singh pretendía que ganaran la confianza que los fundadores de YC adquirían de forma casi automática, solo por estar en Silicon Valley. «Cuando un emprendedor joven se expone a suficientes personas exitosas, se percata de que son de carne y hueso. Luego dicen: "Oye, yo puedo hacer esto"»[56].

Singh tuvo que esforzarse al máximo para impulsar el mercado indio, ya que los emprendedores apenas comprendían lo que hacían y él debía educarlos. Por ejemplo, en sus comienzos, había comenzado a investigar a una posibilidad de inversión llamada Feecharge, una plataforma que los indios usaban para recargar el saldo de sus teléfonos móviles. Otros inversores se hubieran escandalizado frente a su fundador, Kinal Shah, ya que no era graduado de los célebres institutos de tecnología indios ni había estudiado negocios, sino que se había especializado en filosofía. Sin embargo, en contra de los prejuicios, Singh le envió un mensaje a través de LinkedIn. Y allí estaba un miembro de la afamada Sequoia contactando a un humilde fundador en un páramo de la economía digital.

Después de enviar el mensaje, Singh recibió absoluto silencio en respuesta. «¿Quién es este tío que está molestándome?», recuerda haber pensado Shah[57]. Nunca había oído hablar de Sequoia ni de capitales de riesgo. Entonces, Singh respondió a la indiferencia haciendo que un conocido en común lo llamara. «¡Estos son los hombres que fundaron Apple y Google!», explicó esperanzado.

---

56. Singh en entrevista con el autor.
57. Shah en entrevista con el autor, 4 de noviembre de 2020.

Poco después, Shah se presentó en la oficina de Sequoia en Mumbai. No estaba preparado, no había hecho una presentación y algunas de las preguntas de Singh lo sorprendieron.

—¿Cuál es su CAC? —preguntó Singh.

Shah intentó adivinar qué significaba eso, pero, tras ofrecer varias respuestas equivocadas, dejó de fingir.

—¿Qué es CAC?

—Coste de adquisición de clientes —explicó Singh—. El presupuesto de *marketing* dividido por la cantidad de usuarios nuevos del sitio.

Shah lo pensó un momento: el presupuesto de *marketing* era cero, así que el CAC también era cero. ¿Por qué se fijaría en un acrónimo irrelevante para su negocio?

—¿Cuántos usuarios tiene? —continuó Singh.

—Quince mil transacciones diarias —respondió Shah.

—¿Al mes? —dijo Singh para corregir con amabilidad el error del otro. Freecharge tenía pocos empleados. Realizar quince mil transacciones al día resultaba inverosímil. Shah llegó a pensar que podría haberse equivocado, así que revisó sus notas.

—No, al día —reiteró. Singh, que apenas podía creer lo que escuchaba, declaró encantado: «¡Quiero invertir!».

Pero el desafío para Sequoia apenas estaba comenzando. Como parte de la diligencia debida, Singh quiso comprender la retención de clientes de la empresa, pero, como Shah nunca lo había evaluado, tuvo que hacerlo por él. Después de la inversión semilla, Freecharge necesitaba mejorar su infraestructura para soportar el tráfico en aumento; Shah, al no ser un fundador técnico, no tenía ni idea de cómo hacerlo, así que la gente de Singh contrató a un equipo de programadores que lo hicieran por él. Poco después, Singh contrató a un ex Google para que se ocupara de la ingeniería como director ejecutivo, mientras que Shah se encargaba de lo demás con el cargo de presidente. Todo tardaba más de lo esperado, pero, cuando Shah flaqueaba, Singh lo animaba. «Te daré otro millón. Lo arreglaremos», prometía.

En un período más oscuro, Shah perdió el valor. Las últimas mediciones de usuarios eran pésimas, y Freecharge se estaba quedando sin capital, pero Singh parecía animado como siempre; el producto encajaba en el mercado, Freecharge sería un éxito, y conseguir más capital no sería un problema.

«¿Qué pasa contigo?», le exigió Shah. «¿Por qué siempre estás tan irracionalmente feliz?». «No te preocupes por el combustible. Solo ocúpate de hacer que le avión despegue», respondió Singh con algarabía.

Antes de reunirse con Sequoia, Shah había soñado con crear una empresa de algunos millones de dólares; cuando Freecharge se vendió en 2015, su valor fue de 440 millones de dólares, el mayor valor de adquisición en la breve historia de *startups* tecnológicas de la India. «Han tenido que enseñármelo todo», reconoció Shah.

El rendimiento de Sequoia en la India y el sudeste de Asia no alcanzaba a los de Silicon Valley o China, pero en 2020 estaban encaminados en la dirección correcta. Los fondos de Singh habían financiado a doce unicornios, desde el pionero en tecnología educativa indio BYJU hasta el gigante del transporte a demanda asiático Gojek y la plataforma de comercio en línea Tokopedia. El propio Singh era el único capitalista de riesgo de la región en la Lista Midas de *Forbes*. En verano de 2020, Sequoia reunió sus fondos octavo y noveno en la India y el sudeste asiático, que ascendieron a 1.350 millones de dólares, más del doble que Accel India, su rival más cercano[58]. Al mismo tiempo, Kunal Shah comenzó a trabajar duro en su próxima *startup*, una combinación astuta entre comercio en línea y clasificación crediticia llamada CRED. Contó con el financiamiento de Sequoia, por supuesto, pero esta vez sabía lo que hacía.

En su sede tradicional, Sequoia experimentaba con nuevas clases de inversión. Desde la experiencia de Yahoo con Masayoshi Son, Moritz y Leone habían puesto los ojos en el negocio del capital de crecimiento, decididos a evitar que figuras influyentes con talonarios más fuertes los superaran. En 1999, reunieron un fondo de 350 millones de dólares e hicieron una serie de apuestas elevadas en las joyas de Internet de la época. En el 2000, con la caída del Nasdaq, el fondo de Sequoia descendió a 80 millones de dólares y a 65 millones al año siguiente. En cierto punto,

---

58. Singh, Manish, «Sequoia Announces $1.35 Billion Venture and Growth Funds for India and Southeast Asia», *TechCrunch*, 6 de julio de 2020, techcrunch.com/2020/07/06/sequoia-announces-1-35-billion-venture-and-growth-funds-for-india-and-southeast-asia.

llegó a perder dos tercios de su valor[59]. La crisis se sumó al hecho de que Sequoia no tenía experiencia para evaluar inversiones de crecimiento. El fondo era manejado por socios en ejercicio, pues no habían pensado en contratar a un equipo de especialistas en fondos de crecimiento. Al final, Sequoia sacó al fondo de los números rojos reinvirtiendo las ganancias de los socios en un puñado de apuestas exitosas[60]. Al igual que en el caso de la India, el experimento de Sequoia comenzó con dificultades.

En 2005, Moritz y Leone insistieron con otro fondo de crecimiento, pero refinaron la estrategia y contrataron a cinco inversores de firmas experimentadas, la mayoría de Summit Partners, negocio respetado de Boston[61]. Los recién llegados tenían un estilo muy diferente al de Yuri Milner y al de Masayoshi Son. Ellos habían sido entrenados para invertir en empresas obscuras que nunca habían recibido capitales de riesgo, que habían salido adelante por su propia cuenta. La mayoría de esas iniciativas se encontraban fuera de Silicon Valley y algunas no tenían conexión con la tecnología; Summit no se involucraba en negocios deslumbrantes y prefería tratos infravalorados. Su forma de seleccionar inversiones decía mucho de su estilo mecánico: se sentaban en la oficina a llamar a empresas que encajaban en sus parámetros. Luego calculaban gastos y beneficios para llegar a estimar las ganancias y, por último, aplicaban un múltiplo estandarizado para establecer el valor de la empresa. Antes de cerrar un trato, el equipo exigía un buen precio con un objetivo de rendimiento de 3x para cada inversión. Pagar de más podría convertir apuestas sólidas en inversiones sin sentido.

Durante los primeros años en Sequoia, los nuevos reclutas eran como extraños en una reunión tribal. Habían importado la metodología de Summit en su totalidad, mientras que sus colegas de Sequoia seguían aplicando su visión de capitalistas de riesgo a inversiones de crecimiento.

---

59. Botha en entrevistas con el autor. Leone en entrevistas con el autor.

60. El primer fondo de crecimiento de Moritz-Leone alcanzó un rendimiento de 2x. Resulta confuso que haya recibido el nombre de «fondo de crecimiento», porque la firma había experimentado con otro fondo a finales de los ochenta bajo el liderazgo de Don Valentine. Ese fondo tuvo un buen desarrollo y generó un rendimiento de 4,5x neto para los inversores, pero la ganancia promedio fue de 2 millones de dólares, lo que indicó que fue manejado más bien como un fondo de riesgo (Leone en entrevista con el autor).

61. En 2006, Sequoia contrató a Scott Carter y a Alexander Harrison de Summit Partners. En 2007, contrató a Par Grady y a Mickey Araveloviz. El quinto especialista era Chris Olsen de TCV. En 2015 solo quedaba Grady.

Mientras que los inversores de Summit ocupaban escritorios bajo las escaleras, hacían llamadas y anotaban números en hojas de cálculo para lidiar con la realidad, el equipo de Sequoia trabajaba en el piso superior bajo un techo piramidal de cristal contemplando el potencial. «Fue bastante complicado», recordó un miembro del equipo de Summit. «Estábamos aprendiendo lo que significaba ser parte de Sequoia, y los hombres de Sequoia estaban descubriendo lo que significaba ser inversiones de crecimiento». Ambos equipos elegían empresas totalmente diferentes: «Seleccionábamos inversiones que funcionaban, sin duda, pero no eran muy emocionantes», explicó el recluta de Summit. «El equipo de Sequoia seleccionaba inversiones superemocionantes, pero que quizás no funcionarían»[62]. El estilo seguro de Summit combinado con el estilo arriesgado de Sequoia derivaba en un rendimiento mediocre, y los socios comanditarios comenzaban a inquietarse. Como condición para tener acceso al fondo de riesgo insignia de Sequoia, los socios comanditarios fueron forzados a respaldar la inversión de crecimiento y los experimentos extranjeros; algunos se referían a Sequoia China como el «fondo castigo» por su terrible registro. Dado su tamaño, las inversiones de crecimiento deslucidas tuvieron especial impacto en el rendimiento conjunto de la sociedad.

Las innovaciones en inversión suelen resultar de combinar dos tipos de traducciones: por ejemplo, Tiger Global combinó la estructura mental de los fondos de cobertura con la de los fondos de riesgo[63]. Como esperaban, alrededor de 2009, los dos estilos de inversión de crecimiento en guerra dentro de Sequoia se unieron y el rendimiento mejoró. Los llegados de Summit aprendieron a soñar y los originales de Sequoia adoptaron la disciplina de Summit. Se trató de una unión que se produjo de forma gradual con debates sobre muchas inversiones, pero un evento en particular marcó el abordaje de Sequoia a los fondos de crecimiento.

Este episodio comenzó con un hombre joven llamado Pat Grady, que se había unido a Sequoia dos años antes, a los veinticuatro años, después de haber destacado como estrella de las llamadas de venta de

---

62. Pat Grady en entrevista con el autor, 28 de octubre de 2020.

63. La historia de los fondos de cobertura está llena de estas fusiones innovadoras. Por ejemplo, en los ochenta, figuras como Stanley Druckenmiller combinaron el análisis empresarial de seleccionadores de acciones con la tradición analista de la bolsa de inversores en materias primas.

Summit. Todos notaban que era muy determinado. «Tiene callos en las manos por hacer ejercicio», comentó Doug Leone con aprobación[64]. Pero, como podía suceder con los jóvenes recién llegados, también podía estar nervioso; de hecho, durante las reuniones se ponía tan ansioso que apenas podía hablar. En determinado momento, Roelof Botha pensó que podía tener un problema en las cuerdas vocales, así que lo llevó aparte y le sugirió que viera a un entrenador de oratoria. Cuando expresaba su opinión, reflejaba la cautela de Summit, y acabó por ganarse el apodo de Dr. No. Sin embargo, comenzó a cambiar; primero poco a poco, luego más rápido. Jim Goetz lo ayudó a superar el miedo escénico haciendo que presentara un ejercicio de la mente abierta frente a sus colegas. «No estoy listo», aseguró Grady. «Lo estás», insistió Goetz. Al mismo tiempo, Botha lo desafió a ser menos negativo con los negocios en ciernes. «Escucha, cualquier persona inteligente puede pensar en mil razones para rechazar una inversión, pero nuestro trabajo es hacer inversiones», le recordó[65].

En julio de 2009, la llamada en frío de Grady llevó a encontrar una posibilidad en San Diego, de la iniciativa ServiceNow, un desarrollador de *software* en la nube que ayudaba a empresas a manejar sus flujos de trabajo. Por casualidad, el ejercicio que había presentado frente a sus colegas se trataba de un análisis de la migración de programas a la nube: las empresas que contralaran ese mercado generarían alrededor de 1 billón de dólares en capitalización de mercado, había asegurado. ServiceNow parecía encaminado a ser un ganador en el área, y el fundador, Fred Luddy, veterano de programación, tenía la presencia para reunir a un equipo fuerte. Su *software* era tan bueno que ya tenía clientes corporativos.

Grady viajó a San Diego con Doug Leone, veterano con el que solía hacer equipo. A su regreso, le hicieron una propuesta a la sociedad: Sequoia invertiría 52 millones a cambio de un quinto de ServiceNow, lo que implicaba una valuación postcapital de 260 millones de dólares.

Uno de los excolegas de Grady en Summit argumentó con fuerza diciendo que el precio era «una locura». Las empresas en bolsa solían tener un valor de alrededor de tres veces sus beneficios pero Grady y Leone

64. Leone en entrevistas con el autor.

65. Grady en entrevista con el autor.

estaban proponiendo pagar diez veces. ¿En realidad pensaban que el valor de ServiceNow podría subir más partiendo de una base tan generosa? La empresa tendría que triplicar sus ganancias solo para llegar al mismo múltiplo que todas las empresas de *software*, y luego tendría que triplicarlas otra vez para generar el rendimiento de 3x que esperaban los fondos de crecimiento[66].

Pero Leone y Grady se mantuvieron firmes. Grady había identificado la oportunidad al estilo Summit, llamando a los posibles candidatos; era hora de evaluarla al estilo Sequoia y ver qué prometía. ServiceNow combinaba un fundador fuerte, un producto probado y un segmento de la industria en crecimiento, con lo que triplicaría sus ganancias una, dos y más veces. Además, el escepticismo respecto a la inversión subestimaba el aporte activista de Sequoia. Luddy y su equipo habían creado un *software* excelente, pero otras partes de su empresa flaqueaban; si Grady y Leone podían mejorar áreas como finanzas y ventas, el potencial de la empresa se dispararía. Grady tenía tanta fe en las posibilidades de ServiceNow que por poco pasa por alto el procedimiento sagrado de Summit de modelizar las ganancias de la empresa; creó una hoja de cálculo más tarde en el proceso, pero fue como un aditamento tardío[67].

Sequoia invirtió en noviembre de 2009, y Leone ocupó el lugar en la junta mientras Grady se preparaba para reemplazarlo. Después de esperar su momento durante las primeras reuniones, comenzó a animar a Luddy a contratar nuevos empleados, valiéndose de su red para proponer a los mejores candidatos. En menos de un año, estaba listo para el golpe maestro.

En otoño de 2010, Luddy subió a un coche con Leone y Grady y admitió: «Oíd, no estoy seguro de querer ser el director ejecutivo»[68]. Los inversores se habían estado preparando para ese momento. Luddy era más feliz cuando se concentraba en programación y cuanto más se ex-

---

66. Grady en entrevista con el autor.

67. Grady recordó: «Cuando comenzamos con las inversiones de crecimiento [en Sequoia], mucho de lo que hacíamos se basaba en plantillas de cálculo. Cuando invertimos en ServiceNow en 2009, hice el modelo en una hora relajado en el sofá justo antes de tomar la decisión final. No se trataba del modelo, sino del equipo, del producto y del mercado». Grady en entrevista con el autor.

68. El relato de la gira de Luddy por Silicon Valley proviene en buena parte de Grady. Grady, *e-mail* al autor, 11 de noviembre de 2020.

pandía ServiceNow, más complejo era dirigirla y menos preparado estaba Luddy para hacerlo. «Te ayudaremos a resolverlo», aseguraron los hombres de Sequoia. «¿Qué te parece si te llevamos a conocer a algunas personas?». Fue un espejo de la estrategia que John Doerr había usado con los jóvenes fundadores de Google.

El 7 de octubre de 2010, Luddy tuvo el día cargado de reuniones en Silicon Valley. Desayunó con un director ejecutivo que había presentado una empresa en oferta pública y luego pasó por seis reuniones con un séquito de estrellas en la red de contactos de Sequoia. Cada uno de sus anfitriones había lidiado con los pormenores gerenciales que Luddy temía y, aun más, parecían disfrutarlos. Por la noche, cenó con Leone y con Grady en Evvia, el restaurante griego de Palo Alto donde los líderes de X y PayPal habían intentado acordar una fusión. Cuando llegó, su rostro era radiante.

«Eso ha sido increíble. Ya sé lo que quiero hacer. Busquemos un director ejecutivo», declaró. Entonces, Leone lo ayudó a encontrar a un director externo, y el progreso de ServiceNow aceleró. Pasó de ser una *startup* fuera de control a convertirse en una máquina corporativa aceitada, con una fila de empresas de la lista Fortune 500 esperando para ser sus clientes. Luego comenzaron a llegar ofertas de adquisición: 400 millones, 1,5 mil millones y 2,5 mil millones de dólares. Al parecer, la fe de Silicon Valley en los fundadores como directores ejecutivos no siempre era justificada. Aunque Leone se sintió exultante cuando llegó la última oferta, el análisis de Grady sobre el valor del *software* en la nube le indicaba que aún 2,5 mil millones de dólares era una cifra demasiado baja. Era el momento de recordar la lección de la ciencia de la toma de decisiones, controlar el impulso de liquidar, esperar, resistir y conseguir el mejor resultado.

El asunto era lograr persuadir a la junta directiva de ServiceNow de que rechazara los 2,5 mil millones de dólares, ya que la mayoría quería aceptar la oferta con los brazos abiertos, y Sequoia no tenía poder para detenerlos. Entonces, Leone recurrió a otra maniobra que hubiera sido inconcebible para Summit e ideó una táctica legal. Como la mayoría de las empresas estadounidenses, ServiceNow estaba registrado en Delawer, cuyas leyes disponían que una junta no podía avanzar con una adquisición sin solicitar otras ofertas. Leone emboscó a sus colegas de ServiceNow durante una comunicación de la junta y declaró que una venta apresurada sería ilegal.

Leone había recibido asesoramiento de Steve Bochner, director de la firma legal Wilson Sonsini de Silicon Valley, pero su argumento iba en contra de la costumbre local, por lo que el consejo de ServiceNow lo contradijo. El requisito de solicitar otras ofertas solo aplicaba a empresas públicas[69].

Llegaron las vacaciones de Navidad, así que Leone se encontraba con su familia en Hawái, pero, mientras los suyos disfrutaban de la piscina, él permanecía pegado al teléfono. Estaba seguro de que había cientos de millones de dólares en juego, entonces decidió llamar a Bochner otra vez. «Steve, me han dicho que la regla solo aplica a empresas públicas», le informó.

«Doug, acabamos de contratar al honorable Bill Chandler, excanciller de la corte de Delawere. Él fue quien redactó esa ley, las empresas privadas también tienen que buscar otras ofertas», replicó Bochner.

Leone procesó ese golpe de suerte de que Wilson Sonsini tuviera al abogado que necesitaban. «¿Podría hablar con el señor Chandler?», preguntó, y Bochner asintió. Acto seguido, conversó con Chandler, confirmó la información y le solicitó que aceptara otra llamada al día siguiente. Después presionó uno a uno a los miembros de la junta de ServiceNow para tener otra conferencia telefónica, mientras que sus familiares lo miraban rabiosos desde las sillas alrededor de la piscina.

Al día siguiente, la junta de ServiceNow volvió a reunirse por vía telefónica, y Leone reiteró su argumento: según la ley, no tenían opción, debían realizar una subasta pública.

«No, eso solo se aplica a empresas públicas», repitió el consejo. «Bueno, resulta que tengo al honorable Bill Chandler en línea en espera», anunció Leone con dramatismo. «Él escribió la ley. Lo pondré al teléfono».

Se produjo un silencio de asombro en la llamada, y Leone imaginó una escena de *Annie Hall*, en la que Woody Allen resuelve una discusión sobre la filosofía de Marshall McLuhan haciendo aparecer al filósofo de detrás de una cartelera publicitaria. Leone invitó a Chandler, quien procedió a explicar a los directores de ServiceNow lo que decía su ley. Con

---

69. Este punto de la ley no era bien comprendido porque los capitalistas de riesgo solían tener acciones preferenciales que les conferían derechos para bloquear la venta de una empresa. Como Sequoia había comprado acciones secundarias en ServiceNow, no contaba con esa ventaja.

eso, el consejo cedió con sumisión, porque nadie en la empresa quería llegar a una subasta en la que podría aparecer un comprador indeseable. La idea de la adquisición quedó descartada, y Leone logró proteger su apuesta al alza de ServiceNow[70].

Seis meses después, en junio de 2012, ServiceNow se presentó en oferta pública y terminó el primer día con una valuación de 3 mil millones de dólares. Tal y como Leone y Grady habían prometido, tuvo un crecimiento de 3x, luego otras 3x y más. Las acciones siguieron en alza y representaron la primera ganancia de 1.000 millones de dólares para el fondo de crecimiento de Sequoia.

El resultado fue una reivindicación para el joven Par Grady. En 2015, se convirtió en coadministrador del fondo de crecimiento de Sequoia, en un patrón familiar de ascenso de lo desconocido y del talento local. La suerte de los demás exSummit fue la opuesta. Como Moritz decía, una de las misiones de los líderes de los capitales de riesgo era limpiar a quienes tuvieran mal rendimiento y, uno a uno, los compañeros de Grady abandonaron la sociedad. Al mismo tiempo, la experiencia de ServiceNow probó que Sequoia por fin había logrado encontrar su estilo de inversión de crecimiento, en el que fusionó los métodos cuantitativos de Summit con la búsqueda de riesgo y el activismo natural de los capitalistas de riesgo. En 2021, los fondos de crecimiento de Sequoia de 2009, 2011 y 2014 mostraban rendimientos de alrededor del 30 por ciento anual, porcentaje que superaba el rendimiento de acciones públicas en tecnología, y el fondo de 2016 tuvo un rendimiento anual extraordinario del 70 por ciento, impulsado por apuestas acertadas en la empresa de entrega de comidas DoorDash, la de videoconferencias Zoom y la plataforma de *software* en la nube Snowflake[71]. La perseverancia de Sequoia fue muy bien recompensada, aún más que en la India.

<hr />

En 2008, realizó un cambio de dirección a Tiger: después de haberse enfocado en inversiones privadas durante toda su existencia, se adentró

---

70. Leone en entrevista con el autor.

71. Estos resultados para los fondos de crecimiento de Sequoia son netos. Pueden compararse con el QQQ, el fondo cotizado en bolsa que rastrea al índice Nasdaq-100 de acciones en tecnología. El rendimiento de QQQ para el período de 2009 a 2021 fue de 21,5 por ciento al año. Entre 2011 y 2021 fue del 20,3 por ciento anual.

en el terreno de los fondos de cobertura. La idea fue de Jim Goetz, con el objetivo de extender las inversiones en las mejores *startups* tecnológicas más allá de las ofertas públicas iniciales. ¿Por qué dejar que otros inversores se beneficiaran de las ganancias de la etapa madura de estas empresas? A fin de cuentas, los fondos de cobertura especializados en tecnología recurrían cada vez más a Sequoia en busca de consejos; al parecer, la visión de la empresa podía convertirse en ganancias en bolsa[72]. Al crear un fondo de cobertura, Sequoia también ampliaría sus herramientas: en lugar de solo financiar a los triunfadores en la disrupción digital, podía beneficiarse al «vender en corto» acciones de los perdedores, es decir, apostando a la caída de sus precios en la bolsa. Por ejemplo, la llegada del iPhone predijo la caída de su antecesor, la BlackBerry; entonces, Sequoia podía vender en corto las acciones en la empresa creadora, Research in Motion, y comprar en largo en las empresas que se beneficiarían de la llegada de Internet móvil.

Al igual que en otras pruebas de Sequoia, adentrarse en el negocio de los fondos de cobertura fue un desafío. La crisis financiera de 2008 imposibilitó la recaudación de fondos. Los socios comanditarios ya habían apoyado las iniciativas de China, de la India y de los fondos de crecimiento, y ninguna de ellas había despegado, y Capital Global Equities, como habían llamado al fondo de cobertura, tenía una tasa de rechazo del 100 por cien entre los cincuenta inversores externos. Para empeorar la situación, uno de los contratados en el fondo de cobertura de Sequoia desertó enseguida.

Los socios lanzaron el fondo a regañadientes en 2009, con 50 millones de dólares de sus ahorros personales, la mayor parte de Moritz y Leone. Pero los problemas no dejaban de llegar. Al igual que los reclutas de Summit, los seleccionadores de acciones externos también tenían dificultades para encajar en Sequoia: compraban acciones en firmas bastante maduras, entre ellas algunas que no tenían conexión con la tecnología y, como resultado, ni lograban aprovechar las fortalezas naturales de Sequoia. En 2016, tras siete años de un rendimiento mediocre, los tres miembros más jóvenes del fondo anunciaron su retirada.

La noticia llegó en un momento difícil para Sequoia, que estaba tambaleándose por una humillación pública y escandalosa. El socio Michael

---

72. Goetz en entrevista con el autor.

Gougen fue demandado por una bailarina exótica, acusado de violencia y abuso (acusación que él negó con firmeza). La sociedad enseguida decidió cortar lazos con Gougen, quien renunció. Aunque cuatro años más tarde el hombre ganó el caso, fue un momento temible para Sequoia[73].

Al igual que en los casos de China, la India y el fondo de crecimiento, los socios podrían haber reaccionado a la adversidad cancelando el proyecto. Muchos querían hacerlo, pues el fondo deslucido perjudicaba el nombre de Sequoia y generaba un dolor de cabeza administrativo. Sin embargo, una intervención de Moritz rompió con el ánimo negativo. Aunque había renunciado a sus responsabilidades como administrador de la firma, aún se presentaba como respaldo de empresas exitosas como Stripe. Como era el mayor inversor individual del fondo de cobertura, estaba en posición de pedir perseverancia.

Al considerar los golpes de las tres renuncias y del escándalo de Gougen, Moritz reconoció que Sequoia se encontraba «en el final escarpado de un período emocional agotador». «La decisión más fácil y expeditiva sería cerrar el negocio»[74]. Pero aún insistía en que la promesa del fondo de cobertura seguía en pie. Sequoia tenía una vista privilegiada de los avances digitales, y un mejor equipo administrativo tendría buenas oportunidades de crear un negocio impresionante. Moritz hizo referencia en particular al rendimiento del inversor Jeff Wang, quien manejaba el fondo de cobertura a corto plazo. Lo desconocido y lo local debían tener oportunidad de apuntar a la grandeza.

Sequoia aceptó el consejo de Moritz, y su perseverancia fue recompensada con creces. Los socios despidieron al director del fondo en funciones y promovieron a Wang, quien siguió la visión original. Sequoia convirtió su conocimiento del mundo tecnológico en una ventaja de inversión. Por ejemplo, el equipo de capitales de riesgo de Sequoia había financiado a las *startups* de cuidado de la piel y de maquillajes Glossier y Charlotte Tilbury al percibir que las marcas habían encontrado una forma de llegar a los clientes directamente a través de plataformas digitales. Luego, el fondo de cobertura analizó las herramientas utilizadas por esas

---

73. Chapman, Lizette, «'Psychological Torture': The Alleged Extortion of a Venture Capitalist», *Bloomberg*, 14 de marzo de 2020, bloomberg.com/news/features/2020-03-14/the-story-behind-the-alleged-extortion-of-michael-goguen?sref=C3NLmz0P.

74. Moritz, memorando al Stewards' Coucil, 14 de abril de 2016.

empresas: Facebook o Instagram para conseguir clientes, Stripe para procesar pagos, y Shopify como tienda virtual. El equipo de riesgo ya había invertido en Instagram y en Stripe, con lo que brindaban una ventaja para comprender el escenario, pero aún no habían invertido en Shopify, plataforma que permitía que los comerciantes operaran en línea con mínimas dificultades. Entonces, el fondo de cobertura se hizo con un paquete considerable de las acciones de la empresa, que para 2020 había generado el impactante rendimiento de 35 veces la inversión inicial[75].

En cualquier momento, Wang y su equipo se enfocaban en unos cinco «temas», oleadas de innovación que barajarían de nuevo y crearían ganadores y perdedores. El auge del *software* en la nube fue un ejemplo fructífero. En 2018, nueve años después de que Pat Grady alertara a sus compañeros del cambio hacia la nube, los encargados del fondo de cobertura notaron algo extraño: la gran mayoría de los códigos habían terminado de migrar, pero el *software* de comunicación estaba retrasado. Se trataba de una anomalía destinada a terminar, ya que la creciente aceptación del trabajo remoto haría que las videollamadas y los sistemas de mensajería fueran parte de la vida diaria. La caída en bancarrota de la empresa de *software* de comunicaciones basada en *hardware* Avaya dejó entrever que era el momento de la nube, y los administradores del fondo realizaron tres apuestas en comunicaciones: en Twilio, RingCentral y en la empresa de videoconferencias Zoom. Las dos primeras generaron rendimientos de 4x y 5x en los dos años siguientes, mientras que, favorecido por la pandemia de coronavirus, Zoom emergió como una de las empresas tecnológicas más exitosas en 2020 y generó 9x. Al mismo tiempo, el fondo de cobertura invertía a corto en empresas de telecomunicaciones que perderían con la transición a la nube. El conocimiento sobre un tema había generado muchas inversiones ganadoras.

Al inicio de 2021, Sequoia Capital Global Equities tenía a cargo un fondo de 10 mil millones de dólares. Se trató de un crecimiento extraordinario: en una década había aumentado doscientas veces sus activos. Durante los cuatro años posteriores al cambio de liderazgo, los rendimientos del fondo promediaron el 34,5 por ciento anual, el doble que

---

75. Jeff Wang en entrevista con el autor, 3 de noviembre de 2020.

S&P 500 y de los mejores rendimientos de la industria[76]. La experiencia fue tan exitosa que Sequoia China lanzó su propio fondo de cobertura. Al mirar hacia atrás, Moritz fingió suspirar con resignación: «No puedes recaudar capital, tu apuesta inicial se desmorona, pero perseveras de todas formas»[77].

Como si lanzar fondos en Asia, fondos de crecimiento y un fondo de cobertura no hubiera sido suficiente, Sequoia creó lo que llamaron negocio Heritage. En principio, la idea era administrar las riquezas de los socios de Sequoia, luego convertir esa necesidad en un negocio administrando las riquezas de los fundadores de empresas financiadas por Sequoia. Para poner la idea en marcha, en 2008 contrataron a dos inversores de la dotación de Stanford. Desde que Don Valentine recaudó capital por primera vez de oficinas inversoras universitarias, estas entidades han estado al frente de la administración de riquezas. El fondo de Yale había tenido tan buen rendimiento que los ricos de todas partes esperaban emular el «modelo Yale». Como era natural, Moritz y Leone deseaban que sus propias fortunas fueran administradas del mismo modo, pero mejor.

El principal recluta de Stanford fue Keith Johnson, de treinta y un años, quien tenía la clase de pensamiento creativo que encajaba a la perfección en Sequoia. De hecho, pasó los primeros en la firma batallando con el pensamiento rígido que había aprendido en Stanford, donde la práctica era dividir las inversiones en silos —acciones, bonos, bienes raíces, materias primas, fondos de cobertura y demás— y poner a un especialista al frente de cada categoría. En opinión de Johnson, ese método no tenía sentido[78]. La lógica de los silos era que sus rendimientos no tendían fluctuaciones correlativas, lo que emparejaría el rendimiento de la cartera en general. Pero Johnson argumentaba que, en realidad, no existía evidencia estadística para afirmar la falta de correlación. Tampoco

---

76. Desde principios de septiembre de 2009 hasta diciembre de 2020, el rendimiento anual neto compuesto era del 19 por ciento. Desde el 1 de junio de 2016 hasta diciembre de 2020, fue del 34,5 por ciento.

77. Moritz en entrevista con el autor.

78. Johnson en entrevista con el autor, 24 de septiembre de 2019.

era una sorpresa, porque las inversiones en cada silo se entrelazaban unas con otras. Por ejemplo, al invertir en el índice bursátil japonés, posees una porción de SoftBank, lo que a su vez representa una apuesta a la tecnología global que no es ni japonesa ni pública. A su vez, al seguir el espejismo de la diversificación segura, las dotaciones universitarias pagaban un precio muy alto: al dividir las inversiones en compartimentos independientes, acababan con la cultura del debate dentro de las organizaciones. Si un especialista en materias primas proponía una inversión en níquel, otros especialistas no tenían herramientas para oponerse, ya que estaban demasiado concentrados en sus propias áreas.

Decidido a abolir la cultura tradicional de silos, Johnson se enfrentó a un vacío aterrador. Ya no sería suficiente elegir, por ejemplo, bienes raíces y luego elegir negocios en el área; por lo tanto, su equipo tendría que buscar buenas inversiones, que podían provenir de cualquier sitio: el alcance del desafío era infinito. El fondo Heritage tendría que decidir si era hora de invertir en tierras en Brasil, en tecnología china o en acciones de fondos de cobertura con litigios en Argentina. Todas las inversiones potenciales tendrían que ser evaluadas en relación a las demás y, para ello, Johnson debería contratar a colegas muy versátiles —«un equipo capaz de comparar de forma consciente y orientada al debate manzanas con naranjas». En lugar de los viejos especialistas, Sequoia necesitaría inversores con avidez de aprender sobre todo o, en términos de Johnson, «Contratas a personas que hablen un idioma de ocho y les pides que aprendan a dominar los otros siete»[79].

Johnson le explicó su visión a Moritz: lo habían contratado para implementar el modelo de dotación universitaria, pero estaba anunciando que el modelo necesitaba un cambio radical. Moritz necesitó tres o cuatro semanas de diálogo para procesar la noticia, hasta que miró a Johnson y declaró: «No me interesa tener el segundo lugar en nada»[80].

Moritz y Leone aportaron 150 millones de dólares cada uno al plan de Johnson y, juntos, se dispusieron a recaudar más capital con inversores externos. Sin embargo, como había sucedido con el fondo de cobertura, Sequoia se enfrentó al rechazo; después de visitar a inversores potenciales en todo el mundo, el equipo volvió a casa con mucho menos

---

79. Johnson en entrevista con el autor.
80. Johnson en entrevista con el autor.

de lo que había esperado: alrededor de 250 millones de dólares de capital externo [81].

En 2010, Heritage comenzó a realizar inversiones en áreas obvias como capital privado o fondos de cobertura, pero también en nichos esotéricos como una cadena de clínicas de emergencias veterinarias. Como creía en elegir inversiones de forma activa en lugar de dividir el capital entre silos, realizó apuestas más concentradas que otras dotaciones con al menos un tercio de los administradores externos. En este sentido, al abolir los silos, podía mover el capital entre estrategias con libertad, sin una cuota destinada a materias primas, a Asia o a alguna otra área. Entre 2013 y 2015, muchas de las ganancias del fondo se originaron en mercados públicos y en bienes raíces, y, durante los tres años siguientes, los mayores contribuyentes fueron energía y fondos de cobertura. Para 2020, los activos en manos de Heritage habían alcanzado 8 mil millones de dólares y había tenido un registro en el primero, segundo y quinto año mejor que cualquier dotación de los Estados Unidos.

«Cuando haya dudas, arriésgate», resumió Leone sobre este período. Y continuó: «Pienso en nuestro negocio en comparación con Amazon. En Amazon, tienes clientes, depósitos, infraestructura, una gran variedad de cosas. En Sequoia, tienes a un puñado de inversores; no tienes nada. Así que es mejor que te arriesgues. En mi opinión, la mejor manera de mantenerse con vida es arriesgar el negocio continuamente» [82].

A Moritz le gustaba compartir otra frase en sus entrevistas. Esperaba el momento en el que llegara la pregunta inevitable: «¿Cuál es su inversión preferida?» Entonces, en lugar de mencionar Yahoo, Google, PayPal o Stripe, decía «Sequoia». «Cuando las personas escriben sobre el capital de riesgo, mencionan a las *startups* que financiamos. Nunca hablan de la inversión más importante que hemos hecho, que es en nuestro negocio», explicaba. Sin el foco interno en la ciencia de la toma de decisión o la educación de reclutas jóvenes —sin la creación de sistemas de anticipación, la relación con Y Combinator o la red de cazatalentos—, el desfile de apuestas con rendimientos superiores a 10x no hubiera ocurrido. Sin la perseverancia en China y la India, sin la determinación que mostró en sus fondos de crecimiento, su fondo de cober-

---

81. Johnson en entrevista con el autor.
82. Leone en entrevistas con el autor.

tura y luego en Heritage, Sequoia hubiera sido excelente pero no extraordinaria.

El éxito de Sequoia también fue emblemático para un cambio financiero
más amplio del período: de la Costa Este a la Costa Oeste, de mercados
de capitales públicos a privados, de financiar ingeniería a financiar tecnología. Tras la crisis financiera de 2008, las regulaciones obligaron a los
bancos famosos de Wall Street a tomar menos riesgos, y sus operaciones
por cuenta propia lucrativas quedaron suspendidas casi en su mayoría. La
política de flexibilización cuantitativa de la Reserva Federal se sumó a los
infortunios bursátiles: su negocio principal de tomar préstamos baratos a
corto plazo y prestarlos a largo plazo dejó de generar grandes «márgenes»
porque los bancos centrales redujeron los intereses a largo plazo. Otros
agentes monetarios de la Costa Este también se vieron restringidos. Los
fondos de cobertura, centrados en evaluar riesgos financieros, entraron
en un período oscuro, ya que el banco central ahogaba el riesgo, por lo
que el análisis dejó de ser rentable. Toda la industria de créditos financieros, que elevaba torres de derivados diversos sobre montañas de deuda,
era juzgada y reprimida y, en ocasiones, la única profesión rentable en
Wall Street parecía ser la de oficial de control. Con todo, el sector financiero tradicional ya no estaba donde se encontraba la acción. Hasta el 1
de enero de 2020, las acciones de Morgan Stanley y de Goldman Sachs
subieron el 77 y el 36 por ciento respectivamente. Mientras tanto, el índice S&P 500 subió un 189 por ciento, y los gigantes tecnológicos flore-
cieron. Apple creció un 928 por ciento.

Sequoia y otros capitales de riesgo salieron ganando de este período
truculento. Durante la primera década del siglo XXI, los inversores habían
reaccionado a la baja de intereses buscando una solución al estilo Wall
Street: se habían sobrecargado de deudas en hipotecas de alto riesgo (*sub-
prime* o basura), que pagaban un pequeño porcentaje por encima de la
tasa de interés normal. Cuando la estrategia resultó en un desastre en
2007-2008, los inversores recurrieron al estilo de Silicon Valley: apostaron a empresas de tecnología privadas. Al igual que en el caso de hipotecas basura, el objetivo era asumir riesgos extra para conseguir ganancias
extra, pero a diferencia de las hipotecas, la tecnología tenía oportunidad

de generar ganancias a largo plazo. Por casualidad, la crisis financiera coincidió con el surgimiento de los teléfonos inteligentes, de la nube y del Internet móvil, lo que creó la oportunidad de crear negocios brillantes sobre las plataformas nuevas; era el momento perfecto para trasladar el capital de la ingeniería financiera a la tecnología. El fondo de riesgo *promedio* lanzado en 2011 superaba al S&P 500 en un 7 por ciento anual y, como hemos visto en el caso de Sequoia, los fondos principales lo superaban por un porcentaje mucho mayor[83]. Cuanto más insistía la Reserva Federal en su política de intereses bajos, más impulso tomaba la búsqueda de una alternativa en la tecnología. Siguiendo el ejemplo de Yuri Milner, los bancos, las entidades de capital privado y los fondos de cobertura se unieron al juego. En 2020, Tiger Global administraba la impactante suma de 40 mil millones de dólares en activos, y Leone Pine y Coatue, otros dos derivados de Tiger Management de Julian Robertson, competían para ser sus rivales.

El cambio hacia la tecnología presentó una pregunta estratégica para Sequoia. La sociedad se encontraba en medio del escenario de inversión que prometía mayores ganancias, y podía recaudar casi cualquier suma de capital. Al poder una franquicia presente en tres contenientes —en 2020, abrió una sede europea en Londres—, se encaminaba a ser una firma global. En 1972, cuando se fundó Sequoia, el capital de riesgo era un negocio de nicho porque la tecnología de la información era de por sí un nicho, pero, en el siglo XXI, la tecnología era el principal impulsor de crecimiento económico, y Sequoia era experto en la clase de finanzas capaz de potenciarla. Cuando se acercaba a su decimoquinto aniversario, la sociedad tenía la oportunidad de desafiar a Wall Street, si eso deseaba. Y dada la cultura inquieta de la firma, era improbable que se durmiese en los laureles[84].

---

83. La cifra hace referencia al rendimiento neto en septiembre de 2020, basado en el promedio ponderado de cincuenta y tres fondos de riesgo registrados en la base de datos de alta calidad de Burgiss. La comparación es con el S&P 500 con reinversión de dividendos. El 5 por ciento superior de los fondos superó al índice del mercado por 23 puntos porcentuales al año. Información de Steven NH. Kaplan de la Universidad de Chicago.

84. En verano de 2019, Moritz advirtió a Wall Street que sus tasas de ofertas públicas iniciales podrían ser inseguras. Predijo que las empresas tecnológicas pronto organizarían sus propios mercados públicos sin recurrir a los servicios de Wall Street. Moritz, Michael, «Investment Banks Are Losing Their Grip on IPOs», *Financial Times*, 18 de agosto de 2019, ft.com/content/7985bb78-bdbf-11e9-9381-78bab8a70848.

Para el resto de la industria, mientras tanto, se planteaba un interrogante más oscuro. Cuantos más inexpertos llegaran a Silicon Valley impulsados por el dinero fácil de la Reserva Federal, la vieja guardia más se preocupaba por la formación de una burbuja. Había demasiado capital detrás de una cantidad finita de empresas destacables. Cuando llegara el día en que la música dejara de sonar, Silicon Valley enfrentaría las consecuencias.

14

«PÓQUER DE UNICORNIOS»

En verano de 2014, *Fortune* anunció la llegada de una nueva estrella de la tecnología: una desertora universitaria de treinta años convertida en multimillonaria por su propia cuenta, una visionaria que mejoraría a la humanidad y, para variar, mujer. Su rostro aparecía en la portada luciendo unos ojos azules enmarcados por máscara de pestañas negra, un jersey de cuello alto negro que emulaba a Steve Jobs, cabello rubio y pintalabios brillante. El artículo hablaba de una *startup* unicornio que revolucionaría la asistencia médica gracias a una nueva tecnología de análisis sanguíneo. *Time* enseguida la ubicó entre las personas más influyentes del mundo. La escuela de medicina de Harvard la invitó a unirse a su eminente junta de residentes. El presidente Obama la nombró embajadora de emprendedores[1].

En octubre de 2015, apenas un año después, la historia se volvió más oscura. Una investigación de *The Wall Street Journal*, la primera de muchas, reveló que el unicornio llamado Theranos era fraudulento. Sus supuestas máquinas de análisis sanguíneos eran una estafa, y las promesas de resultados económicos y rápidos solo servían para engañar a los pacientes. Con la aparición de más revelaciones, Theranos se enfrentó a varias demandas y su valor cayó de 9 mil millones de dólares a cero. Elizabeth Holmes, su fundadora, esperaba el juicio. La que fue un icono comparado con Steve Jobs, corría el riesgo de ir a prisión.

Fue inevitable que la caída de Theranos y de Holmes condenaran a Silicon Valley. No solo los predicadores, sino también el culto fue

---

1. Carreyrou, John, *Bad Blood: Secrets and Lies in a Silicon Valley Startup*, Knopf, Nueva York, 2018, págs. 208–209.

desacreditado. Holmes había iniciado su historia como estudiante de Stanford, el punto de partida de Silicon Valley, y había convencido nada menos que al decano de que la apoyara. Había reunido a una serie de estadistas sénior del Hoover Institute para que fueran directores de Theranos y le dieran una imagen de autoridad a su empresa pantalla. Luego se aprovechó al máximo del precedente establecido por Google y por Facebook respecto a los fundadores: sus acciones de la empresa le concedían cien votos cada una, lo que impedía cualquier control sobre sus decisiones. Incluso su falta de honestidad reflejó la deshonestidad de Silicon Valley. Desde el fiasco de GO, e incluso antes, los emprendedores habían dejado a un lado los desafíos de conseguir que sus tecnologías funcionaran: fingían hasta que lo lograban. Al parecer, Holmes creía que su mecanismo de análisis sanguíneos haría algún día todo lo que ella prometía. Según el discurso de Silicon Valley, no estaba mintiendo, sino diciendo una «verdad prematura».

En el imaginario colectivo, la caída de Holmes alimentó la crítica extensiva a la nueva Florencia. Hasta entonces, el resentimiento usual de los plutócratas no había alcanzado a los *geeks* amistosos que creaban motores de búsqueda y iPhones, pero, debido al auge de Silicon Valley, sus excesos estaban destinados a causar resentimiento. La región parecía estar llena de personas demasiado jóvenes que habían tenido la suerte de amasar fortunas demasiado grandes, pero que demostraban poca preocupación por los ciudadanos a los que podrían perjudicar: aquellos que podían sufrir la violación de su privacidad en una época la que la información digital era el nuevo petróleo; aquellos que podían perder sus ingresos cuando el *software* podía hacer su trabajo; aquellos que habían confiado en que Theranos diagnosticara sus enfermedades. Esta versión de Florencia era más una camarilla siniestra que una sociedad iluminada: una pequeña élite que presumía de moldear a la sociedad, aun cuando su visión de la sociedad implicaba crear y destruir a una velocidad intolerable para muchos[2]. Más allá de que los cargos tuvieran funda-

---

2. Para tener un ejemplo de la corriente de cambio en la opinión popular sobre las *startups* financiadas por capitales de riesgo: Griffith, Erin, «The Ugly Unethical Underside of Silicon Valley», *Fortune*, 28 de diciembre de 2016. Según la visión de ciertos críticos muy insistentes, los gigantes tecnológicos habían prohibido la consideración privada y el pensamiento autónomo. Foer, Franklin, *World Without Mind: The Existential Threat of Big Tech*, Penguin Press, Nueva York, 2017.

mentos o no, era inevitable que el impacto de Theranos sacudiera a la tribu de capitales de riesgo de Silicon Valley. Por un lado, demostró que el entusiasmo de la nación por los emprendimientos tecnológicos podía volverse amargo. Por otra parte, enviaba un mensaje sutil y de dos caras sobre la propia industria: una reivindicación y una advertencia.

Theranos fue una reivindicación para los capitales de riesgo porque Holmes no había recaudado casi nada de su dinero en Sand Hill Road. Se había presentado con la sociedad MedVenture, especializada en dispositivos médicos, reunión que terminó cuando Holmes se retiró de forma abrupta, incapaz de responder a las preguntas de los inversores [3]. Holmes también recurrió a Tim Draper, el inversor que no había logrado entrar en Yahoo, quien realizó una inversión ángel modesta porque tenían conexiones familiares. Cansada de los profesionales escépticos, Holmes consiguió la mayor parte de su capital con multimillonarios fuera de Silicon Valley. La familia Wharton de Walmart invirtió 150 millones de dólares; el barón de los medios Rupert Murdoch invirtió 121 millones de dólares; la familia DeVos (de comercio) y la familia Cox (de medios) aportaron 100 millones de dólares cada una. Carlos Slim de México, el heredero griego americano Andreas Dracopoulos y el sudafricano Oppenheimer inyectaron 85 millones de dólares entre los tres. Ninguno de los inversores improvisados sintió la necesidad de examinar a Holmes ni de exigir evidencias de que sus pruebas de sangre funcionaran. Al final, la lección consoladora para Sand Hill Road fue que los *amateurs* fallaron, mientras que los profesionales se mantuvieron al margen.

Pero Theranos también fue una advertencia. Aunque la industria de capitales de riesgo había esquivado ese problema en particular, el escándalo demostró que los unicornios podían desbocarse y hacer que miles de millones de riquezas en papel se evaporaran. Los inversores experimentados podían apuntar a evitar esa clase de desastres, pero no podían estar seguros de lograrlo. En 2014, Andreessen Horowitz había impulsado dos rondas de financiamiento para la *startup* de seguros en línea Zenefits. La empresa se convirtió en una de las mayores posiciones de a16z, que la presionaba para que creciera. Uno de los fundadores recuerda cómo uno de los directores de a16z vociferó: «Debéis sacar las cabezas de vuestros

---

3. Carreyrou, *Bad Blood*, pág.16.

agujeros, comenzad a enfocaros en expandiros»[4]. Incitado a expandirse por todos los medios posibles, Zenefits consiguió una valuación de 4,5 mil millones de dólares en el increíble plazo de un año. Pero, en 2016, la empresa comenzó a descarrilarse; perdía sus objetivos de ganancias por un margen muy alto y violaba leyes de seguros de al menos siete estados[5]. Entre vergüenzas y escándalos, la valuación de la firma se redujo a 4 mil millones de dólares.

De todas formas, la historia de Zenefits tuvo su momento de redención: Andreessen Horowitz, una verdadera firma de capitales de riesgo, expulsó a los fundadores de Zenefits cuando se conocieron los problemas legales. Nombraron a un nuevo director ejecutivo, y el lema de la empresa cambió de «listos, apunten, fuego» a «operar con integridad»[6]. Pero también era fácil imaginar una combinación entre los casos de Zenefits y de Theranos, en la que los capitales de riesgo comprometidos invirtieran con financieros pasivos, que podían ser *amateurs* externos, como en el caso de Theranos, o profesionales que creyeran en el respeto hacia los fundadores. En cualquier caso, la sociedad de riesgo activista podría invertir en una empresa y descubrir que se está descarrilando, pero notar que los inversores pasivos carecen de lo necesario para solucionar el problema. Es posible que la inversión en etapa temprana sea inteligente y bien juzgada, pero que el resultado a largo plazo sea complicado porque los inversores tardíos no se involucran lo suficiente para prever la responsabilidad de la empresa.

Al año siguiente, el riesgo resultó ser más que solo una teoría.

En la época en la que Theranos y Zenefits se desviaron, Bruce Dunlevie de Benchmark estaba preocupado por el unicornio WeWork. En un principio, en 2012, había invertido en la empresa porque había quedado hipnotizado por su fundador, Adam Neumann, un exoficial naval israelí

4. Alden, William, «How Zenefits Crashed Back Down to Earth», *BuzzFeed*, 18 de febrero de 2016.

5. Alden, William, «Startup Zenefits Under Scrutiny For Flouting Insurance Laws», *BuzzFeed*, 25 de septiembre de 2015.

6. Winkler, Rolfe, «Zenefits Touts New Software in Turnaround Effort», *The Wall Street Journal*, 18 de octubre de 2016.

de casi dos metros con una cabellera como la de Tarzán. El negocio algo aburrido de WeWork consistía en alquilar oficinas a corto plazo, ofreciendo alicientes como agua de frutas, café gratis y ocasionales fiestas con helado. Pero Neumann tenía una forma de elevar el negocio diciendo que vendía el «futuro del trabajo», tal vez, el «*kibbutz* capitalista» o una «red social física». En el momento de la inversión de Benchmark, el *marketing* de Neuman era llenar sus cubículos de vidrio con clientela animada, y su ambición grandilocuente era atraer a inversores de la ley de potencia.

En un punto de la negociación con Benchmark, Neumann pidió una valuación descabellada. «Solo tiene tres edificios», objetó Dunlevie. «¿Qué quiere decir? Tengo cientos de edificios, solo que aún no están construidos», replicó Neumann[7].

Los socios de Benchmark amaban las verdades prematuras de Neumann, y su apuesta por el negocio pronto fue recompensada[8]. Invirtieron 17 millones de dólares en 2012 con una valuación por debajo de los 100 millones de dólares. Menos de un año después, la valuación llegó a 440 millones de dólares. Las tres rondas de financiación siguientes, que culminaron en el verano de 2015, convirtieron a WeWork en un unicornio y luego en un «decacornio»: su valuación ascendió de 1,5 mil millones a 5 mil millones de dólares y luego a 10 mil millones. Los templos urbanos de ladrillos parecían haber dado con algo poderoso en el espíritu de la época: la estética de una generación de trabajadores en ascenso; emprendedores, modernos, creativos y errantes. Mientras Theranos y Zenefits se desplomaban, la inversión de WeWork en Benchmark había generado cientos de millones de ganancias sobre el papel.

Sin embargo, en el proceso, algo fundamental había cambiado. Después de que Benchmark iniciara la serie A y la sociedad DAG Ventures la serie B, las tres rondas de inversión siguientes convocaron a fondos y a bancos de inversiones. Los banqueros estaban en tensión con los capitalistas de riesgo, pues su objetivo no solo era hacer inversiones que aumentasen su valor, sino establecer relaciones lucrativas. Jamie Dimon,

---

7. Wondery, «WeCrashed: The Rise and Fall of WeWork | Episode 1: In the Beginning There Was Adam», 30 de enero de 2020, YouTube, youtube.com/watch?v=pJSgJpcx1JE.

8. Dunlevie relató: «No invertimos en bienes raíces, pero lo hicimos en WeWork poque pensamos que el emprendedor era muy especial». Dunlevie en entrevistas con el autor, 15 de mayo de 2019; 12 de octubre de 2020.

jefe de JPMorgan Chase, conectó a sus inversores en tecnología con Navy SEALs. Su trabajo era forjar un lazo con un emprendedor y establecer el equivalente financiero de una cabeza de puente. Una vez que lo consiguieran, JPMorgan enviaría a su batallón a suministrar cuentas bancarias, servicios de administración de riquezas y consejos para cotizar en bolsa. Llegar a una oferta pública inicial sería el premio mayor, ya que generaría grandes ganancias para el afortunado banco que saliera victorioso[9].

La relación de JPMorgan con WeWork demostraba la estrategia de Dimon. El banco participó en la ronda de inversión de Neumann a finales de 2013. En 2015, pactó una línea de crédito de 650 millones de dólares para la empresa. En 2016, continuó con un préstamo personal de 11,6 millones de dólares para que Neumann comprara una propiedad de 25 hectáreas cerca de la ciudad de Nueva York. En 2017, le prestó otros 21 millones de dólares para comprar una propiedad en Manhattan y organizó un préstamo sindicado para financiar la compra de la tienda insignia de Lord & Taylor en la ciudad para WeWork[10]. Gracias al despilfarro de préstamos, JPMorgan ocupaba el primer lugar para ser suscriptor de la oferta pública inicial inevitable de WeWork. Cultivar la relación era tan prioritario que, cuando Neumann se quejó del manejo de su cuenta personal, el propio vicepresidente del banco le aseguró que el asunto había sido solucionado[11].

La tensión entre los capitalistas de riesgo y los banqueros se hizo evidente en octubre de 2017, cuando WeWork realizó una de sus rondas de financiación. Durante la reunión para aprobarla, se informó a los inversores vigentes de que las acciones de Neumann tendrían superpoderes de voto: cada acción del fundador le daría a este el derecho a diez votos, con lo que tendría el poder de superar a los inversores que supuestamente lo equilibraban. Dunlevie, como capitalista responsable, se opuso, ya que, si el fundador se alejaba del camino, Benchmark necesitaría valerse de sus votos para encarrilarlo, como a16z había hecho con Zenefits. Pero, al mismo tiempo, Dunlevie no quería entorpecer la inversión, porque WeWork necesitaba el capital. Al considerar ambos

9. Benoit, David; Farrell, Maureen, y Brown, Eliot, «WeWork Is a Mess for JPMorgan. Jamie Dimon Is Cleaning It Up», *The Wall Street Journal*,. 24 de septiembre de 2019.

10. Benoit, Farrell y Brown, «WeWork Is a Mess for JPMorgan. Jamie Dimon Is Cleaning It Up».

11. Platt, Eric, et al., "WeWork Turmoil Puts Spotlight on JPMorgan Chase and Goldman Sachs», *Financial Times*, 24 de septiembre de 2019.

factores, expresó su oposición cortésmente, argumentando que tener superpoder de voto era un error, no solo para los inversores, sino también para el propio fundador. «El poder absoluto, sin duda, corrompe», les recordó a sus compañeros de la junta directiva[12].

Nadie apoyó el argumento de Dunlevie. En un contexto en que los bancos, fondos de cobertura e inversores de capital privado buscaban protegerse de las firmas privadas, los emprendedores tenían el poder de exigir lo que quisieran, y los superpoderes de voto se volvieron normales para firmas dinámicas como WeWork[13]. Además, los bancos como JPMorgan no parecían darle mucha importancia a la administración; eran felices de conceder derechos al fundador porque querían estar en excelentes términos con él[14]. En conclusión, después de menos de diez minutos de conversación, la junta desestimó la queja de Dunlevie, y Neumann consiguió el poder absoluto sobre su empresa.

Tal y como Dunlevie había anticipado, la corrupción no tardó en llegar. El año previo al cambio de dirección en 2013, Neumann había planeado comprar el 5 por ciento de un edificio en Chicago que estaba negociando un contrato con WeWork. Fue un claro ejemplo de actuación en provecho propio: al comprar parte del edificio, Neumann se beneficiaría de los pagos de arrendamiento que hiciera su propia empresa[15]. En ese momento, la junta de WeWork ejerció su papel de supervisión y bloqueó la compra, pero el cambio de dirección le dio el poder a Neumann de ignorar a la junta, así que reinició las negociaciones de compra y nadie pudo detenerlo[16]. Consiguió beneficios personales en cinco edificios alquilados por WeWork, que en ocasiones compró vendiendo un mínimo porcentaje de

---

12. Dunlevie en entrevistas con el autor.

13. En octubre de 2015, nueve de las diez empresas de tecnología mejor valuadas financiadas por capitales de riesgo de los Estados Unidos habían implementado acciones de dos clases. Lee, Alfred, «Inside Private Tech Voting Structures», *Information*, 29 de octubre de 2015.

14. JPMorgan tenía más participación en WeWork que otros bancos de inversión. Benchmark tenía el doble de acciones que JPMorgan. Sin embargo, al ser Neumann el mayor accionista, Benchmark no era capaz de superarlo, a menos que tuviera a todos los bancos de su lado. Cuando Neumann obtuvo superpoderes de voto, se volvió imposible oponerse a él. Antes de la oferta pública inicial, sus derechos de voto por acción se duplicaron.

15. Brown, Eliot, «WeWork's CEO Makes Millions as Landlord to WeWork», *The Wall Street Journal*, 16 de enero de 2019.

16. En lugar de votar sus propuestas en provecho propio, la junta comenzó un proceso para vetarlas, pero acabó por aceptarlas en última instancia.

su participación en WeWork[17]. Con cada transacción, Neumann estaba separando su fortuna personal de las ganancias de la empresa y, en cambio, extrayéndola de los gastos de arrendamiento. Se estaba abriendo una brecha entre los intereses del fundador y los intereses de los inversores.

Como era de esperar, las finanzas de WeWork se deterioraron, al igual que su administración. Cuando Benchmark invirtió, la *startup* tenía un modelo de negocio plausible. Conseguía contratos baratos de arrendamiento a largo plazo y luego alquilaba los espacios a corto plazo a un precio más alto. En 2012, fue un negocio lucrativo. Pero para justificar la valuación elevada que le asignaron los bancos y fondos mutuales que invirtieron más tarde, WeWork tuvo que crecer a un ritmo muy acelerado y, para lograrlo, bajó el alquiler a sus arrendatarios. En consecuencia, el resultado fue el opuesto a los márgenes incrementales elevados que Tiger Global valoraba: por cada millón adicional en ganancias, las pérdidas de WeWork crecían más de un millón. Por ejemplo, en 2015, las ventas aumentaron más del doble, pero las pérdidas se triplicaron[18].

Neumann, para conservar la fe de los inversores, recurrió a una gran cantidad de clichés de Silicon Valley. WeWork no era una empresa, sino una «plataforma»; se beneficiaría del «efecto red»; era «pionera», un «ecosistema floreciente», «mejorado digitalmente» y «expandible»[19]. Todo eso podría haber persuadido a quienes no tendieran a tener un pensamiento demasiado crítico. A fin de cuentas, los gigantes de Silicon Valley, desde Google hasta Facebook, habían llegado a un tamaño dominante antes de preocuparse por generar ganancias. Sin embargo, la realidad era que la empresa de alquiler de oficinas no tenía nada muy digital y el efeto de red era, cuanto menos, débil[20]. Sumar a los clientes de Park Avenue en Nueva York no mejoraría la experiencia de los clientes en los alrededores de la Quinta Avenida.

A comienzos de 2016, Benchmark se enfrentó a un dilema: había hecho una apuesta astuta al fundador carismático de una *startup* que ge-

---

17. Brown, «WeWork's CEO Makes Millions as Landlord to WeWork».

18. Brown, «WeWork's CEO Makes Millions as Landlord to WeWork».

19. Tiku, Nitasha, «WeWork Used These Documents to Convince Investors It's Worth Billions», *BuzzFeed*, 9 de octubre de 2015.

20. WeWork aspiraba a atraer a más clientes al permitirles usar las instalaciones en todo el mundo cuando viajaran por trabajo. Sin embargo, era un efecto de red similar al de una cadena hotelera global con programas de lealtad; no era el efecto de red tecnológico.

neraba ganancias. La valuación de WeWor se había disparado de 100 millones a 10 mil millones de dólares, pero con la llegada de inversores imprudentes, el fundador estaba perdiendo dinero y acumulando conflictos de intereses, y su único consuelo era un parloteo sobre falsa tecnología. A esas alturas, el riesgo de que la valuación exagerada de la empresa cayera a su valor real era evidente tanto para Benchmark como para la firma administradora de fondos T. Rowe Price, que había invertido en 2014. «Veíamos cómo la valuación se elevaba y cómo la dirección corporativa se erosionaba», recordó un ejecutivo[21]. Millones de dólares en ganancias sobre el papel amenazaban con evaporarse.

Alrededor de una década antes, un inversor frente a este problema hubiera encontrado una solución obvia. Si la empresa sobrevalorada cotizaba en bolsa, vendería sus acciones sin más; en caso de que fuera privada, usaría su influencia para forzar un cambio de estrategia a fin de adecuarse a la valuación. Pero en este caso, debido a que el capital de crecimiento abundante permitía que los unicornios se mantuvieran privados, ninguna de las soluciones era viable. WeWork no era una empresa pública, por lo que sus acciones eran difíciles de vender, y su fundador tenía superpoderes de voto, así que los accionistas no tenían palanca para forzar un cambio de dirección. A finales de 2015, Neumann demostró el respeto que sentía por sus inversores rociando a un candidato con un extintor de incendios. Al año siguiente, como un cachorro que regresa meneando la cola incluso después de que lo echaran a patadas, el inversor inyectó capital en WeWork y subió la valuación a 16 mil millones de dólares[22].

Frente al creciente abismo entre la supuesta valuación de WeWork y la conducta insensata del fundador, Benchmark luchó en soledad para intentar hacerle cambiar de actitud. En 2017, una delegación de socios viajó a Manhattan para visitar empresas locales en cartera. En la reunión con Neumann, se quejaron de las pérdidas de la empresa y de la venta de acciones personales de Neumann, pero eran conscientes de que no tenían una mano fuerte en el juego. En la burbuja financiera de la época, el

21. Farrell, Maureen, y Eliot Brown, «The Money Men Who Enabled Adam Neumann and the We-Work Debacle», *The Wall Street Journal*, 14 de diciembre de 2019.

22. Farrell y Brown, «The Money Men Who Enabled Adam Neumann and the We-Work Debacle».

fundador podía conseguir capital de otros inversores y no estaba obligado a escuchar a los capitalistas de riesgo que tenían estándares altos. De hecho, en vez de inclinarse ante Benchmark, Neumann estaba a punto de asociarse con un nuevo facilitador.

El facilitador era Masayoshi Son, que se encontraba ocupado con su segunda incursión en un mercado tecnológico alcista de los Estados Unidos. En 2016, en un despliegue de capacidad de negociación, consiguió 60 mil millones de dólares en Arabia Saudita y en Abu Dhabi y, al año siguiente, lanzó su Vision Fund, con el que salió a la caza de unicornios. El fondo, que alcanzó 98,6 mil millones de dólares, era más de treinta veces mayor que el fondo de riesgo más grande hasta la fecha, y Son creía que tal hecho le daría ventaja[23]. En los noventa, su capacidad de firmar cheques por 100 millones de dólares le había permitido invertir en Yahoo. En aquella época, los cheques debían ser más altos para impactar y sorprender a los rivales, pero el principio era el mismo. Además, mientras el mercado siguiera en alza, ganaría más dinero que la vieja guardia tan solo invirtiendo capital más rápidamente. Podía inyectar capital en los unicornios igual que antes, solo que con una jeringa más grande.

La noticia sobre el fondo astronómico de Son sacudió a los capitales de riesgo. En Sequoia, Michael Moritz intervino con fuerza en las estrategias de la firma por segunda vez desde su jubilación en 2012. Después de haber insistido en que perseveraran con el fondo de cobertura, instó a sus socios a reunir un fondo de crecimiento mucho mayor: la empresa debía fortalecerse frente a las tácticas abusivas de SoftBank, que Moritz ya había experimentado en Yahoo. «Existe al menos una diferencia entre Kim Jong-Un y Masayoshi Son», les escribió a sus colegas principales, haciendo referencia al dictador lanzamisiles norcoreano. «El primero tiene misiles intercontinentales para lanzar por aire, el segundo no duda en usar su nuevo arsenal para eclipsar el capital ganado con trabajo duro de fondos de riesgo y de crecimiento». Con un armamento de al menos 100 mil millones de dólares, Son alteraría el mercado de inversiones tecnoló-

---

23. Antes de la creación del Vision Fund, el mayor fondo de riesgo había sido reunido en 2015 por New Enterprise Associates.

gicas y elevaría el valor de algunas empresas que colapsarían y arruinarían el valor de otras, forzadas a competir contra su capital. Sequoia debía cambiar su plan porque Son estaba violentando las reglas. «Como alguna vez ha dicho Mike Tyson, todos tienen un plan hasta que los golpean en la cara». Y agregó: «Es hora de morder algunas orejas»[24].

Con la insistencia de Moritz, Sequoia reunió un fondo de crecimiento de 8 mil millones de dólares. Si las empresas financiadas en serie A crecían hasta necesitar toneladas de capital, la firma emitiría los cheques en lugar de dejar que cayeran en manos de SoftBank. Pero otros capitales de riesgo tradicionales no estaban en posición de imitarlo, pues se habían mantenido al margen de los fondos de crecimiento, fieles a sus raíces en la industria rural: no eran capaces de pedirles a sus socios cifras multimillonarias.

En 2017, Son visitó a Adan Neumann en uno de sus edificios de Manhattan. Llegó una hora y media más tarde, miró la hora y le informó al fundador que solo tenía doce minutos para él. Los dos hicieron una visita rápida a las instalaciones de WeWork, y Neumann se aseguró de mostrarle a Son el que llamaba su centro de investigación y desarrollo, con pantallas táctiles conectadas a lámparas y puertas y un escritorio inteligente que se adaptaba a la altura del usuario con su identificación[25]. Aunque la utilidad de esos artilugios no era clara, Son estuvo lo suficientemente impresionado como para invitar a Neumann a su coche cuando se terminaron los doce minutos. Subieron juntos a una limusina, y Son comenzó a entrar datos en su iPad. Al terminar, le enseñó el resultado a Neumann: una propuesta de inversión en WeWork de 4,4 mil millones de dólares. Era una suma impresionante, mayor a todo lo recaudado por Benchmark en sus veintidós años de historia.

Neumann firmó en color azul junto a la firma roja de Son y, media hora más tarde, el inversor le envío una fotografía del acuerdo por *e-mail*. SoftBank valuó a WeWork en 20 mil millones de dólares en base a una interacción de veintiocho minutos[26]. Al igual que muchas innovaciones en finanzas, la fórmula de inversión de crecimiento de Yuri Milner estaba

---

24. Michael Moritz, *e-mail* a dirigentes de Sequoia, 17 de septiembre de 2017.

25. Bertoni, Steven, «WeWork's $20 Billion Office Party: The Crazy Bet That Could Change How the World Does Business», *Forbes*, 24 de octubre de 2017.

26. Bertoni, «WeWork's $20 Billion Office Party».

llegando a extremos peligrosos, pero si el instinto sobre WeWork era correcto, repetiría el acierto de Yahoo a mucha mayor escala.

Para los inversores iniciales, la inversión de Son evidenciaba el problema de WeWork. Más que nunca, no había esperanzas de controlar al fundador: Son desembolsó su capital con la condición explícita de que redoblara su megalomanía. Uno de los ejecutivos de la empresa comentó maravillado: «No le dijeron: "Necesito que seas el agente más cauteloso de este capital". Más bien fue algo como: "Necesito que seas más descabellado, más rápido, más exagerado"»[27]. Neumann obedeció y se embarcó en una expansión global hasta convertirse en el mayor arrendador de Nueva York, luego dilapidó 63 millones de dólares en un *jet* corporativo y prometió continuar con apartamentos de viviendas WeLive, escuelas WeGrown, bancos WeBanks, barcos WeSail y la aerolínea WeSleep. Sin embargo, a pesar de haber acabado con la posibilidad de disciplinar a Neumann, Son abrió una nueva vía de escape para los accionistas: vender sus acciones en WeWork. En 2017 y en una ronda posterior, Son compró gustosamente parte de las acciones de inversores anteriores, con lo que convirtió las participaciones ilíquidas en líquidas. T. Rowe Price aprovechó la oportunidad de inmediato: «Hemos vendido todas las acciones posibles», recordó un ejecutivo[28]. Por su parte, Benchmark se deshizo de al menos una quinta parte de sus acciones, venta que, según fuentes internas, generó un rendimiento de 15 veces sobre la inversión original.

Aunque fue una solución parcial, ya que Benchmark conservaba alrededor del 8 por ciento de sus acciones en WeWork, fue un seguro bien recibido: gracias a la liquidez provista por Son, Benchmark supo que podría salir con un buen múltiplo como mínimo[29]. La duda que surgió para todos los capitalistas de riesgo que observaron los sucesos fue si estos se convertirían en la norma. ¿Y si participaban en la serie A de financiación de una empresa prometedora, celebraban su crecimiento y luego debían observar cómo los próximos inversores destruían la dirección de

---

27. Chozick, Amy, «Adam Neumann and the Art of Failing Up», *The New York Times*, 2 de noviembre de 2019.

28. Farrell y Brown, «Money Men Who Enabled Adam Neumann and the WeWork Debacle».

29. El precio de esta protección pronto se hizo notar. En la primavera de 2020, los informes de ganancias de Softbank indicaban que la valuación de WeWork había caído de su máximo de 47 mil millones hasta 2,9 mil millones de dólares.

la entidad? ¿Podrían liquidar antes de que llegara el momento de ajustar cuentas?

◆

En febrero de 2011, el año previo a la inversión en WeWork, Benchmark impulsó la serie A de la *startup* Uber. A diferencia del caso de Theranos, la magia de Uber era real: con tan solo pulsar un botón, un coche estaba a tu disposición. Y, a diferencia de WeWork, daba justo en el punto débil de Benchmark: era una *startup* de la Costa Oeste liderada por un emprendedor forjado en la lucha y con la tecnología como base. Mientras que WeWork fanfarroneaba al proclamarse una «plataforma» con «efecto de red», Uber en realidad lo era. A medida que la empresa creciera, habría más vehículos, los tiempos de espera serían más breves y utilizar Uber sería lo más conveniente en muchas ciudades.

El jugador detrás de la apuesta de Benchmark en Uber fue Bill Gurley, quien se había unido a la sociedad en 1998, tres años después de su fundación. Encajaba en la cultura de la empresa. Al contratarlo, los socios de Benchmark habían elegido a alguien parecido a ellos. Los miembros originales medían más de un metro ochenta. Gurley era, con más de dos metros, alto como una puerta. Los primeros se veían a sí mismos como los Chicago Bulls. Gurley había ganado una beca universitaria en baloncesto de primera división. Los primeros socios de Benchmark eran competitivos intelectual y físicamente y percibieron las mismas características en Gurley al considerar su contratación. «Es muy bueno para captar la atención», comentó uno de ellos. «Posee curiosidad intelectual», agregó otro. «Podríamos jugar al baloncesto con él», propuso un tercero [30]. Un tiempo después, uno de los socios llevó a Gurley a un viaje de cacería, y el joven persiguió a un oso salvaje por una pendiente. «Es como un animal», afirmó. «Lo adoro», reconoció otro con admiración [31].

La inversión de Gurley en Uber fue una muestra perfecta de una serie A inteligente. Antes de unirse a Benchmark, lo habían sorprendido los escritos de Brian Arthur, profesor de Stanford que estudiaba negocios

---

30. Stross, Randall, *eBoys: The First Inside Account of Venture Capitalists at Work*, Ballantine Books, Nueva York, 2001, págs. 233–234.

31. Stross, *eBoys*, pág. 239.

de redes. Las empresas que gozaban del efecto de red invertían una ley microeconómica básica: en lugar de enfrentarse a márgenes de ganancia decrecientes, enfrentaban márgenes crecientes. En otros sectores, los productores que suministraran más de un producto harían caer los precios, ya que la abundancia era sinónimo de precios bajos. Por el contrario, en el negocio de las redes, la experiencia del usuario mejoraba con la expansión de la red, y los productores podían cobrar más por sus servicios. Además, la mejora en la experiencia del usuario era acompañada por un descenso en los costes de producción debido a las economías de escala al crear una red[32]. Como Benchmark había descubierto al financiar eBay, las recompensas podían ser enormes.

Después de comenzar a trabajar en Benchmark, Gurley trasladó el concepto de eBay de productos a servicios. Su primer éxito fue una *startup* llamada OpenTable, que conectaba a comensales con restaurantes y que, al igual que eBay, mejoró el vínculo entre compradores y vendedores. Permitía que los clientes filtraran restaurantes por precio, ubicación y estilo de comida y mejoraba la experiencia de hacer reservas. Para Gurley fue emocionante porque el efecto de red demostró ser tan poderoso como predecía la teoría: cuantos más restaurantes se registraran, más comensales visitaban el sitio y eso, a su vez, atraía a más restaurantes. Cierto día, durante una revisión del progreso de OpenTable, Gurley notó que un representante de ventas externo estaba registrando una gran cantidad de restaurantes. La razón era que ese representante cubría San Francisco, donde OpenTable ya tenía una red fuerte. «Dios santo, ¡está funcionando!», recuerda haber pensado[33].

Una vez que OpenTable tuvo éxito, Gurley comenzó a buscar negocios que hicieran lo mismo en otros sectores. «Comenzamos a discutirlo internamente», relató. «¿Qué otras industrias serían transformadas si pudiéramos aportarles la información perfecta?». Con OpenTable, el comensal podía buscar comida asiática al sur de San Francisco el próximo lunes a las siete de la tarde con un rango de precios específico. Era un

---

32. Arthur también mencionó el «sello del cliente», la tendencia a apegarse a un servicio una vez que aprende a dominarlo. Arthur ,W. Brian, «Increasing Returns and the New World of Business», *Harvard Business Review*, julio-agosto de 1996.

33. Sin duda, la penetración del 90 por ciento implicaba que el representante de San Francisco iba tras una cantidad reducida de objetivos residuales, pero la fuerza del efecto de red local aplacó la desventaja. Gurley en entrevista con el autor, 16 de mayo de 2019.

poder novedoso; antes, hacer lo mismo hubiera requerido pasar horas haciendo llamadas telefónicas para averiguar la misma información. En la búsqueda de otros sectores listos para un cambio similar, Gurley y sus colegas coincidieron en servicios de taxis y de vehículos privados de lujo. El sistema de conexión entre chóferes y pasajeros era demasiado ineficiente, tendría que existir una forma de mejorarlo. Gurley recordaba haber salido de una reunión en un rascacielos de Seattle y no haber podido encontrar al conductor que había reservado. «Llegaba tarde al aeropuerto y comencé a dar vueltas a la manzana. Y, claro, una manzana de Seattle puede ser algo desnivelada»[34].

Con todo eso en mente, Gurley comenzó a imaginarse una nueva *startup*, una OpenTable para coches. El próximo paso era encontrar al emprendedor que lo hiciera realidad, proceso que Gurley llevó a cabo con la misma responsabilidad. Había oído hablar de una iniciativa de Virginia llamada Taxi Magic, así que viajó varias veces hasta el otro lado del continente para negociar una posible inversión, pero se había hecho una idea muy precisa de cómo debía ser el negocio, y Taxi Magic era diferente. Los fundadores habían creado una aplicación que permitía a los pasajeros pedir un taxi y pagar con sus móviles, pero el inversor lo veía como un callejón sin salida, porque las tarifas de los taxis estaban reguladas. Para que la red funcionara, necesitaba tener una nueva iniciativa que bajara los precios y creciera a gran escala. Al estar ligado a las regulaciones, el proyecto de la Costa Este no veía el factor de red que hacía que mereciera la pena considerar al transporte en primer lugar. Finalmente, tras meses de reuniones, Gurley renunció a la *startup* de Virginia.

En 2009, Gurley oyó hablar de Uber, que estaba en busca de inversores ángel y que, por fortuna, tenía la estrategia de apuntar a los viajes de lujo desregulados. «Tenemos que reunirnos con estas personas de inmediato», recuerda haber pensado[35]. Pero, una vez más, tuvo la disciplina de controlar la emoción. Cuando conoció a los fundadores, Garrett Camp y Travis Kalanick, no le sorprendió saber que ninguno de ellos quería comprometerse con la iniciativa a tiempo completo. En su lugar, habían contratado a un joven director ejecutivo llamado Ryan Graves,

---

34. Gurley en entrevista con el autor.

35. Gurley en entrevista con el autor. Gurley también consideró invertir en la empresa de taxis Cabulous.

que no tenía la madurez suficiente para manejar un negocio. Gurley, por mucho que ansiara ver el pensamiento de red aplicado al transporte, dejó pasar la oportunidad al percibir esta situación, pues no arriesgaría dinero con un jugador de segunda división.

Alrededor de un año después, Uber reapareció en el radar de Gurley, esta vez en busca de un inversor para su serie A. En ese tiempo, la empresa había hecho cambios internos: Ryan Graves había pasado a tener un puesto menor y Travis Kalanick se había convertido en el director ejecutivo a tiempo completo. Esto cambió la perspectiva sobre Uber. Kalanick tenía experiencia con otras dos *startups* y su estilo combativo y determinado sorteaba los obstáculos más aterradores. Si alguien tenía las agallas de sacudir el transporte urbano y de enfrentarse a los agentes reguladores de grandes ciudades y a las flotas de limusinas vigentes, ese era Kalanick.

Gurley también sentía que la personalidad del fundador era la correcta. Por una parte, no era engreído hasta el punto de no aceptar bromas. El día en que tenía cita para presentar su empresa frente a Benchmark, un socio de la firma abrió la aplicación y vio que un coche de lujo estaba esperando fuera de las oficinas cercanas de Sequoia. En aquella época, esa clase de vehículos eran escasos, así que el socio imaginó que ese en particular había llevado a Kalanick a Sequoia y que planeaba volver a usarlo para llegar a Benchmark. Entonces, el hombre decidió que era una buena oportunidad de gastarle una broma y de mostrarle que comprendía el producto, así que solicitó un coche en la aplicación y, en poco tiempo, el icono diminuto comenzó a alejarse del aparcamiento de Sequoia. Tal y como el socio había anticipado, Kalanick llegó caminando a Benchmark, tarde y empapado en sudor. Esa misma noche, la firma le envió un regalo: un par de zapatos para correr.

Durante el período de cortejo, Kalanick llamó a Gurley un domingo por la noche y le solicitó encontrarse en el bar de un hotel en San Francisco. Aunque era un viaje de casi cincuenta kilómetros desde la casa de Gurley en Woodside, los inversores de riesgo vivían para recibir esa clase de llamadas, así que condujo al norte mientras su familia dormía y conversó con Kalanick hasta bien entrada la mañana. Finalmente, las estrellas que había estado buscando comenzaban a aparecer. Había encontrado una *startup* que conllevaba la oportunidad que él había imaginado —una que lo haría de la forma correcta y con el director ejecutivo correcto.

Al día siguiente, Benchmark le presentó un acuerdo a Kalanick y, tras algunas idas y venidas, la sociedad inició la serie A de Uber y pagó 12 millones de dólares por una quinta parte de las acciones[36]. Gurley había conseguido su OpenTable de transporte y aspiraba a que tuviera un resultado similar, que se presentara en oferta pública con una valuación de alrededor de 2 mil millones de dólares[37].

━━━◆━━━

A esas alturas, Uber no daba señales de problemas. Al contrario que Elizabeth Holmes, Kalanick era un adulto con experiencia en el campo de batalla, y Gurley había llamado a un amigo que había invertido en una de sus empresas anteriores para investigarlo[38]. A diferencia de WeWork, empresa en la que Benchmark había invertido a pesar del escepticismo de los socios en los bienes raíces, Uber era la clase de negocio que Gurley comprendía bien. Además, cuando Kalanick entró en acción con el respaldo de Benchmark, superó las expectativas de Gurley, que observó cómo se abría paso entre las regulaciones restrictivas del mercado de Nueva York. Kalanick no llegó a incumplir la ley, pero la evitó con valor hasta que logró convencer al alcalde de que Uber merecía tener licencia. Al mismo tiempo, Gurley celebró que implementara una idea elegante aunque impopular: precios dinámicos. En lugar de tener una tarifa fija y predecible, Uber cobraba en función de la demanda. Cuando la demanda se disparaba durante las horas pico, Uber aumentaba las tarifas para atraer a más conductores a las calles y prevenir la falta de servicio. Los críticos se quejaban de los precios inflados, pero Kalanick se apegó a esta política.

«Travis es un verdadero emprendedor», le dijo Jeff Bezos, de Amazon, a Gurley con aprobación.

«¿Por qué lo dices?», preguntó el inversor.

«Porque no cedió en este punto»[39].

---

36. Benchmark compró 11 millones de dólares en acciones primarias y 1 millón de dólares en acciones secundarias de Garrett Camp, el cofundador de Kalanick. Un total de 12 millones con una valuación postcapital de 60 millones de dólares. Gurley en entrevista con el autor.

37. Gurley en entrevista con el autor.

38. El amigo era Mark Cuban. Gurley en entrevista con el autor.

39. Gurley en entrevista con el autor.

Hacia finales de 2011, Kalanick estaba listo para la serie B de financiamiento y, después de que Bezos halagara su tenacidad, no le faltaban candidatos. El propio Bezos propuso invertir 3 millones de dólares, y Goldman Sachs también prometió participar. En la búsqueda de quién iba a liderar la serie, la primera opción de Kalanick fue Andreessen Horowitz. Le guardaba especial respeto a uno de los socios de la firma, Jeff Jordan, exdirector de OpenTable y director de otro negocio digital: Airbnb. Jordan comprendía la conexión entre productos antiguos e información nueva y, como expresidente de PayPal, sabía cómo hacer crecer *startups*. Si Uber lograba tener a Jordan y a Gurley de su lado, contaría con los mejores consejeros de Silicon Valley.

De todas formas, mientras negociaba con a16z, Kalanick no vio nada de malo en dar esperanzas a otros candidatos. El más insistente era Shervin Pishevar, un nuevo empleado de Menlo Ventures, una de las sociedades que habían financiado a UUNET. No estaba en la misma liga que Jordan o Gurley. Se trataba de un adulador corpulento con un don para autopromocionarse que se había hecho conocido tres años antes por un ensayo ridículo, alabado como «un *e-mail* errante, desfasado, semilúcido y hermoso sobre emprendimiento»[40]. «Quienes están en Facebook deben conocer una misión y una causa más elevada que les motive», escribió en un pasaje. «Tienen y deben tener la misión de innovar y expandir la genialidad de Zuckerberg, para hacerla más elegante, relevante, personal e inspiradora»[41]. Los titanes receptores de este palabrerío adulador tendían a ver a Pishevar como un hombre perceptivo, incluso astuto, y Kalanick se encontraba entre los que se regocijaban en los halagos. Pero Marc Andreessen no tardó en señalar que a16z estaba dispuesto a valuar Uber en alrededor de 300 millones de dólares, cinco veces más de lo que había pagado Benchmark menos de un año antes[42].

---

40. Arrington, Michael, «SGN Founder's Rambling, Jetlagged, Semi-lucid, and Beautiful Email on Entrepreneurism», *TechCrunch*, 27 de septiembre de 2008.

41. Arrington, Michael, «SGN Founder's Rambling, Jetlagged, Semi-lucid, and Beautiful Email on Entrepreneurism», *TechCrunch*, 27 de septiembre de 2008.

42. Kalanick creyó que a16z ofrecía 300 millones de dólares con una valuación precapital. Benchmark había invertido con una valuación de 60 millones de dólares poscapital. La mejor manera de estimar el múltiplo generado por la empresa es comparar la valuación poscapital de la serie A con la valuación precapital de la serie B.

Satisfecho con la propuesta de a16z, Kalanick llamó a Pishevar para decirle que no aceptaría el dinero de Menlo. «Escucha, amigo. En realidad quiero cerrar este trato contigo, pero debo ir con la otra firma por el beneficio de la empresa», recuerda Pishevar.

«Recuerdo ese momento. Podría haber tenido una reacción emocional y suplicarle: "¡No lo hagas, por favor!"». En cambio, Pishevar optó por otro camino y le dijo a Kalanick: «Felicidades. Sigue adelante y, si algo sale mal en el proceso, que sepas que estoy al cien mil por ciento de tu lado. Así que negocia con firmeza, porque cuentas con apoyo». «Aprecio mucho tus palabras», le respondió Kalanick[43].

Al elegir a a16z, Kalanick seguía por la senda tradicional de otras historias de éxito de Silicon Valley. Después de haber conseguido la serie A con un inversor fuerte, estaba destinado a conseguir la serie B con uno igual de fuerte. Si seguía por ese camino, el vacío directivo que dañaría a WeWork no afectaría a Uber.

Sin embargo, la historia viró hacia una dirección inesperada. Andreessen dio marcha atrás con la valuación de 300 millones de dólares que Kalanick creía que le había prometido. Durante una cena, declaró que las cifras de clientes y de ganancias hacían que la valuación fuera demasiado elevada, así que la redujo un cuarto. Kalanick intentó convencerle de que llegaran a un punto medio, pero Andreessen no cedió.

Unos días después, Kalanick aceptó el precio reducido y viajó a una conferencia en Irlanda, aunque la valuación seguía perturbándolo. Decidió enviarle otro *e-mail* a Andreessen pidiéndole una mejor oferta, una valuación que estuviese entre los 300 millones originales y los 220 millones de dólares que a16z ofreció, pero el inversor permaneció firme.

Kalanick se enfureció y luego llamó a Pishevar, que se encontraba en una conferencia en Algeria. Pishevar observó su pantalla, pero al estar en Algeria su identificador de llamadas no funcionaba. Tras dudar un momento, decidió aceptar de todos modos la llamada.

—Hola, amigo —saludó una voz familiar. Pishevar sintió una pequeña oleada de adrenalina.

—¿En qué puedo ayudarte? —respondió.

—Oye, ¿recuerdas lo que dijiste? ¿Sigue en pie?

—Absolutamente sí —afirmó el inversor.

---

43. Pishevar en entrevista con el autor, 13 de abril de 2019.

—¿Podemos reunirnos en Dublín? —preguntó Kalanick.

—Cogeré el próximo vuelo —aseguró el otro[44].

Pishevar voló al norte de Europa y se reunió con Kalanick en la capital irlandesa. La pareja recorrió las calles adoquinadas y se detuvo en un bar para pedir dos pintas de cerveza Guinness. Kalanick exprimió su carisma e insistió en el potencial ilimitado de Uber. «En ese momento lo entendí de verdad. ¡Estaba hablando de billones de dólares!», declaró Pishevar[45]. Al llegar a su hotel, le envió un mensaje al fundador valuando Uber en 290 millones de dólares, casi un 30 por ciento más que a16z.

Pishevar esperó una respuesta de Kalanick, pero comenzó a ponerse nervioso. Ya había establecido un vínculo con ese hombre, solo para que le dijera que había negociado el acuerdo con una sociedad más prestigiosa.

Pero en esa ocasión Kalanick no estaba hablando con otro capitalista de riesgo, sino que estaba hablando *sobre* los capitalistas de riesgo. Se encontraba al teléfono con un viejo amigo, contándole su dilema: él y su empresa debían tomar una decisión difícil, aceptar una oferta generosa de un inversor poco conocido o una miserable de un inversor famoso. ¿Qué debía hacer? ¿Ir con Shervin Pishevar de Menlo o con Jeff Jordan de a16z? ¿Decantarse por la valuación alta o por la consejería prestigiosa?

«No necesitas validación de un capitalista de riesgo famoso. Estás por encima de eso», respondió su amigo. Tal y como él lo veía, Uber necesitaría grandes cantidades de dinero para expandir el servicio por todo el país. «Se trata de conseguir el capital lo más barato que puedas. El capital es poder. Cuanto más tengas, más opciones te dará», lo instó[46].

Ansioso por la espera, Pishevar volvió a escribir a Kalanick y aumentó la oferta a 295 millones de dólares, tras lo cual Kalanick lo contactó de inmediato. La oferta de 290 millones de dólares estaba bien y la hubiera aceptado gustosamente. «Hecho. Hagámoslo», respondió[47].

---

44. Pishevar en entrevista con el autor.

45. Pishevar en entrevista con el autor.

46. El amigo de Kalanick fue Michael Robertson, conocido de una *startup* anterior. Stone, Brad, *The Upstarts: How Uber, Airbnb, and the Killer Companies of the New Silicon Valley Are Changing the World*, Little, Brown, Nueva York, 2017, págs. 173–174.

47. Pishevar en entrevista con el autor.

Pishevar imprimió un acuerdo, lo llevó a la habitación de hotel de Kalanick y ambos lo firmaron. Una vez cerrado el trámite, Menlo Ventures invirtió 25 millones de dólares con la valuación de 290 millones de dólares a cambio del 8 por ciento de la empresa; Bezos, Goldman y otros inversores aportaron otros 12 millones de dólares.

<hr>

Gracias a la ventaja de verlo en retrospectiva, se puede decir que la inversión de Pishevar anticipó los problemas en el futuro de Uber. Kalanick decidió que el dinero era poder y que la guía experta de un capitalista de riesgo era prescindible. A pesar de la cantidad considerable de su inversión, convenientemente, Pishevar se convirtió en un miembro observador de la junta sin derecho a voto en vez de un director: no lo habían elegido por su capacidad de brindar consejos, así que parecía apropiado que fuera solo un observador. Su papel era más bien el de animador: blandía la bandera de la empresa; consiguió que el rapero Jay-Z invirtiera; organizó una fiesta con una música que luego se convertiría en la novia de Kalanick. Gracias a Google, Facebook y la revuelta juvenil, la amabilidad con los fundadores se había vuelto casi obligatoria para los capitalistas de riesgo, pero Pishevar lo llevó al extremo, comportándose como amigo y sirviente. En una ocasión, cuando Kalanick voló a Los Ángeles, el inversor le envió un coche al aeropuerto con un traje nuevo para que se cambiara en el asiento trasero[48].

No solo los halagos del fundador reflejaron el espíritu de la época, sino también la decisión de Kalanick de priorizar el capital barato, ya que era señal del lado más problemático de los negocios en red. Lo emocionante de las redes es que los ganadores ganan a lo grande; el lado amargo es que los del montón tal vez no ganan apenas nada. Además, el ganador no siempre es el que tiene el mejor producto. Puede ser, por ejemplo, el que logra expandirse primero y poner la red en movimiento. Para expandirse antes que sus competidores, Uber tendría que aumentar los subsidios a viajes; tendría que crecer a toda velocidad (más tarde, Silicon Valley llamaría «blitzscale» al crecimiento acelerado). En 2005,

48. Isaac, Mike, *Super Pumped: The Battle for Uber,* W. W. Norton, Nueva York, 2019, pág. 193.

Paul Graham se había quejado de que los capitalistas de riesgo habían inyectado demasiado dinero en las *startups*, como granjeros que sobrealimentan a sus gansos para hacer fuagrás. Pero en los negocios en red, el capital realmente puede equivaler a poder. PayPal contra X.com, Meituan contra Dianping; las guerras tecnológicas son muy costosas porque el premio es enorme.

Como era de esperar, un año después de la serie B surgieron dos rivales de Uber. Hacia finales de 2012, Hailo, un servicio respaldado por Accel, lanzó una aplicación de taxis en Boston y en Chicago que amenazaba con dominar una sección del mercado mucho mayor que el servicio de coches de lujo. Decidido a no permitirlo, Uber lanzó su propia aplicación de taxis. Luego, la *startup* Zimride comenzó a experimentar con un servicio de precios reducidos al que llamón Lyft, que permitía que conductores no profesionales recogieran pasajeros. En principio, Kalanick esperaba que los reguladores prohibieran Lyft; sin duda, chóferes *amateurs* sin certificación ni seguro comercial no cumplirían con los parámetros de seguridad pública. Uber dejó a un lado su costumbre de evitar a los reguladores y recurrió a la comisión de servicios públicos de California para que detuviera a su rival, destacando que sus conductores profesionales contaban con las licencias necesarias[49]. Cuando los reguladores de California le dieron luz verde a Lyft, Kalanick no esperó y contraatacó con UberX, su propio servicio de chóferes *amateurs*.

Fue inevitable que la competencia en las calles se convirtiera en una competencia por dólares. Durante la primera mitad de 2013, Hailo reunió una serie B de 31 millones de dólares y se preparó para lanzar su servicio en la ciudad de Nueva York[50]. Por otra parte, Lyft consiguió 15 millones de dólares en una ronda iniciada por el Founders Fund de Peter Thiel y luego una de 60 millones de dólares de a16z, que para entonces lamentaba haber perdido la oportunidad en Uber. Pero la buena noticia para Benchmark era que Uber seguía al frente; si se tratara de una situación en la que el ganador se quedaba con todo, podían adelantarse, porque Uber era el ganador más probable. En agosto de 2013, Kalanick proclamó su dominio con una serie C arrolladora de 258 millones de

49. Stone, *Upstart*, págs. 200-204.
50. Lynley, Matthew, «Hailo Raises $30.6 Million, Looks to Digitize New York's Cabs», *The Wall Street Journal*, 5 de febrero de 2013.

dólares, iniciada por el capital de Google. Para enfatizar su posición de liderazgo, Kalanick también consiguió que el gigante del capital privado TPG se uniera al trato, con una cláusula que le daba la opción de invertir otros 88 millones de dólares en algún momento en los seis meses siguientes. Fue una advertencia para sus rivales: Uber podía crecer mucho más rápido que cualquiera.

Para ese entonces, Gurley comenzaba a ver a Uber como mucho más que el OpenTable para viajes de lujo. El servicio accesible de UberX dejaba ver que la empresa era capaz de capturar un mercado mucho más grande y robar clientes de metros y autobuses e incluso desafiar la posesión de coches personales. Además, cualquier preocupación que Gurley pudiera haber sentido respecto a la dirección de Uber después de la inversión de Pishevar quedó aplacada; Google Ventures era un jugador respetado, y Gurley tenía a David Bonderman, el socio fundador de TPG asignado para unirse a la junta de Uber, en alta estima[51]. Su sociedad le tenía tanta fe a Uber que volvió a invertir 15 millones de dólares en la empresa en la serie C, un compromiso muy significativo para Benchmark dado su modesto fondo de 450 millones de dólares. Esto afirmaba su convicción en que, aun partiendo de una valuación exacerbada de 3,5 mil millones de dólares, Uber tenía la capacidad de generar el múltiplo de 10 que Benchmark siempre deseó[52].

Gurley fue optimista durante los dieciocho meses siguientes. El desafío de Hailo se aplacó porque la empresa no logró hacer uso de su red. Sidecar, otro rival, no prosperó. Solo Lyft logró avanzar en la carrera, pero Uber seguía dominando la escena con comodidad. En primavera de 2014, Lyft reunió una serie C de 250 millones de dólares; semanas después, Kalanick respondió con una impactante serie D de 1,2 mil millones de dólares. Las dos empresas destinaron los fondos a subsidiar a los conductores, pero eso no perturbó a Gurley. Debido a la afluencia de toda clase de capital a Silicon Valley, Benchmark enfrentaba batallas de fondos similares en su cartera. «No parecía que se tratara solo de viajes bajo demanda. La tierra comenzó a agitarse por todas partes»[53].

---

51. Gurley en entrevista con el autor.

52. Gurley en entrevista con el autor.

53. Gurley en entrevista con el autor.

Más allá del índice de gastos de Uber, la empresa generaba un valor para accionistas descomunal. En junio de 2014, poco después de que la serie D valuara a la empresa en 17 mil millones de dólares, el profesor de la Universidad de Nueva York Aswath Damodaran escribió una crítica en la que argumentó que el verdadero valor de Uber estaba muy por debajo de esa cifra[54]. Estimaba que el valor del mercado global de taxis rondaba los 100 mil millones de dólares, con lo que el valor justo de Uber podría ser de 5,9 mil millones de dólares, menos de la mitad del valor asignado por la serie D. Gurley respondió con su propio ensayo, que publicó en su blog, donde argumentaba que el mercado de taxis se expandiría gracias los precios bajos de Uber. «No se trata del mercado existente, sino del mercado que estamos creando», citó a Kalanick. Pero, más allá de estos argumentos, era llamativo que incluso el principal crítico de Uber le asignara la valuación elevada de 5,9 mil millones de dólares, 2,4 mil millones más que el valor asignado por la serie C menos de un año antes.

De todas formas, aunque su valor despegara, Uber era otro ejemplo del cambio preocupante que ocurría al mismo tiempo en WeWork. Kalanick, a un ritmo lento pero seguro, estaba consolidando su poder a expensas de sus inversores. Además de haberle negado poderes de voto a Pishevar, había utilizado la serie B para retirarle derechos a un inversor ángel que se había enfrentado a él[55]. En la serie C de 2013, consiguió superpoderes de voto para él mismo, sus cofundadores y sus primeros inversores, por lo que las cantidades elevadas de capital aportadas en las series C y D no se tradujeron en influencia para los inversores. Por principios, a Benchmark no le agradó, al igual que no le gustó que WeWork tuviera superpoderes de voto el año anterior. Pero la propia firma los había conseguido con las acciones de la serie A, y, con Uber encaminada a ser la mayor victoria de la firma, Gurley no causaría problemas en nombre de inversores posteriores. Además, tenía una buena relación con Kalanick, quien parecía tomar en cuenta sus consejos. Asimismo, tenía la llave para entrar a las instalaciones de Uber en Market Street de San Francisco y creía poder influenciar a Kalanick más allá de su derecho a voto formal.

---

54. Damodaran, Aswath, «Uber Isn't Worth $17 Billion», *FiveThirtyEight*, 18 de junio de 2014.

55. El inversor ángel fue Rob Hayes. Además, le indicaron al inversor ángel Chris Sacca que dejara de asistir a las reuniones directivas como observador.

Sin embargo, a finales de 2014, Gurley comenzó a sentir que su influencia se debilitaba. Con cientos de millones de dólares inyectados en Uber, Kalanick se estaba convirtiendo en una celebridad, y el prestigio de Benchmark como primer inversor se estaba diluyendo. Para empeorar la situación, Kalanick ya no parecía interesado en los consejos de Gurley, en especial cuando se oponían a su deseo de mantener la cultura de *startup* básica de Uber. El inversor quería que contrataran a un director de finanzas que pudiera controlar de forma adecuada la firma en crecimiento. También presionó a Kalanick para que encontrara a un consejero legal más fuerte, en especial teniendo en cuenta que el comportamiento de los líderes de la empresa no cumplían con las expectativas de una firma grande. En octubre de 2014, una crítica llamada Sarah Lacy acusó al fundador de promover una cultura misógina: había bromeado con que su empresa debía llamarse Boober, porque potenciaba su éxito con las mujeres[56]. Después de la crítica de Lacy, el segundo al mando de Kalanick cavó el hoyo más profundo al proponer un plan para intimidar a la mujer utilizando su vida personal[57]. Aunque a Gurley le gustara el estilo empresarial agresivo de Kalanick, había líneas que no podían cruzarse, y Uber no tenía un sistema que pudiera marcar la diferencia. Cuando Gurley le expresaba el problema al fundador, Kalanick lo ignoraba; incluso le puso un apodo: «Chicken Little», aunque fuera alto como una torre[58].

Al igual que Dunlevie en WeWork, Gurley comenzaba a sentirse atrapado en Uber. Había ideado una inversión inteligente, esperado con paciencia a que apareciera el naipe ganador y conseguido más de 1.000 millones de dólares para sus socios, pero las ganancias solo estaban sobre papel. Uber no era pública, así que Gurley no podía vender sus acciones; Kalanick tenía superpoderes de voto, así que tampoco podía obligarlo a obedecer[59]. Si Uber hubiera elegido a un inversor fuerte para la serie B, Gurley podría haber conseguido a un aliado afín, pero, en cambio, ha-

56. Lacy, Sarah, «The Horrific Trickle Down of Asshole Culture: Why I've Just Deleted Uber from my Phone», *Pando*, 22 de octubre de 2014.

57. Smith, Ben, «Uber Executive Suggests Digging Up Dirt on Journalists», *BuzzFeed*, 17 de noviembre de 2014.

58. Isaac, *Super Pumped*, págs. 122–125.

59. Los superpoderes le concedieron a Kalanick alrededor del 16 por ciento de los votos. Sus cofundadores, inversores semilla, algunos empleados e inversores de series A y B, excepto Benchmark, controlaban otro 59 por ciento. Lee, Alfred, «Uber Voting Change Proposal Could Face More Hurdles», *Information*, 2 de octubre de 2017.

bían conseguido a un animador. Y el principal inversor de la serie C tampoco fue de mucha ayuda: Kalanick marginó al miembro de la junta proveniente de Google porque la empresa planeaba desarrollar coches sin conductor que podían competir con Uber. Así que David Bonderman de TPG era el apoyo principal para Gurley, pero dos votos no eran suficientes para equilibrar el tablero. No hubo ningún control efectivo sobre el director ejecutivo.

A principios de 2015, Gurley comenzó a ventilar su frustración. En un ensayo detallado en su blog, describió los problemas de los unicornios que retrasaban el momento de presentarse en oferta pública. Aunque no mencionaba a Uber, los lectores podían deducir que se trataba de esa empresa[60].

El ensayo identificaba tres problemas. En primer lugar, los unicornios estaban sobrevalorados y, a diferencia de otros inversores de Silicon Valley, Gurley estaba dispuesto a decirlo. Las rondas de inversión en etapa avanzada se habían vuelto «las más competitivas, abarrotadas y frívolas», anunció[61]. El dinero que fluía en Silicon Valley explicaba el fenómeno. Los novatos en tecnología —bancos, fondos mutuos, capitales privados y fondos de cobertura— no tenían interés en invertir 10 millones de dólares en *startups*, más bien preferían firmar cheques de 100 millones de dólares que inclinaran la balanza en sus carteras multimillonarias. En consecuencia, los capitales inexpertos se acumularon en rondas de inversión en etapa avanzada y dispararon las valuaciones.

El segundo problema se relacionaba con la ingeniería financiera. Los inversores de fuera de Silicon Valley insistían en incluir cláusulas de protec-

---

60. Gurley, Bill, «Investors Beware: Today's $100M+ Late-Stage Private Rounds Are Very Different from an IPO», *Above the Crowd*, 25 de febrero de 2015.

61. Aunque Gurley no citó las cifras, apoyaron su reclamo. En la década previa a 2015, las valuaciones en todas las etapas de inversión se habían elevado: el valor promedio en series A, B y C se había duplicado, cuanto menos. Pero, según Gurley, las inversiones en etapas posteriores eran más exageradas: el valor promedio ascendía a más del triple. Después de que advirtiera de la burbuja en 2015, la valuación media de series D o posteriores cayeron en 2016 y 2017, lo que confirmó su percepción de que los unicornios habían sido sobrevalorados. Más tarde, en 2018 y 2019, las valuaciones tuvieron un ascenso más dramático que nunca, reflejo de la influencia insensata de Masayoshi Son. Ratios calculados a partir de datos provistos por el consejero de inversión Cambridge Associates.

ción, que ampliaban la distorsión de los precios titulares de los unicornios. Por ejemplo, podían exigir «liquidación preferencial»: en caso de que la empresa liquidara, tendrían derecho a un pago específico antes de que los demás accionistas recibieran dinero. Por supuesto que estos inversores pagaban más por sus acciones, precio que disparaba la valuación de la empresa. Las acciones no preferenciales de inversores previos tenían un valor inferior, por lógica; el hecho de que un inversor avanzado valuara la empresa en 10 mil millones de dólares no implicaba que un fondo inicial le asignara una valuación tan alta. En realidad, las acciones de un unicornio podrían tener un valor para un inversor de serie A con superpoderes de voto, uno más bajo para un inversor de serie C con menor poder y un valor más alto para un inversor de serie E con derecho a liquidación preferencial. En medio de las complejidades, era imposible determinar el verdadero valor de un unicornio.

El tercer problema derivaba de los dos primeros. La inflación injustificada a las valuaciones en etapas avanzadas alimentaba el ego de los fundadores, que ya amenazaba con salirse de control gracias a los superpoderes de voto y al culto de la amabilidad con los fundadores. Como resultado, los emprendedores se comportaban cada vez más como si pudieran salirse con la suya con cualquier cosa. Revelaban muy poca información sobre el estado de sus empresas y, con frecuencia, engañaban a los inversores. Los trucos financieros eran moneda corriente[62]. La inundación de inversores inexpertos en Silicon Valley los hacía muy fácil de engañar. La dirección de los unicornios estaba arruinada.

A la hora de escribir su ensayo, la principal preocupación de Gurley respecto a Uber era China. Decidido a tener éxito donde Amazon, Google y casi todos los gigantes estadounidenses habían fracasado, Kalanick se dispuso a irrumpir en el mercado chino. Desde 2014, destinó millones de dólares a una batalla a corto y largo plazo contra el gigante chino Didi Kuadi (luego llamado Didi Chuxing), apuesta audaz que solo fue posible porque Uber podía recaudar millones gracias a su valuación inflada y porque la junta impotente no podía detener a Kalanick. Gurley no podía más que despotricar: tal como le dijo al fundador repetidas veces, inyectar capital en

---

62. Por ejemplo, una empresa del mercado podría resaltar la suma de pagos total que fluye por su plataforma, sin percibir que al menos el 80 por ciento del dinero se destinó a negocios externos que proveen bienes o servicios.

China era diferente a hacerlo en la batalla contra Lyft. En las industrias en red, financiar competencias costosas solo se justifica si hay probabilidades de ganar, de lo contrario, es imprudente.

Con el respaldo de David Bonderman, Gurley presionó a Kalanick para que considerada una fusión entre Uber China y Didi; era la reacción clásica de un capitalista de riesgo a una guerra perjudicial[63]. En enero de 2015, Kalanick accedió a dialogar con los líderes de Didi y ofrecer el mercado chino a cambio de una porción de las acciones de Didi, pero exigió un precio demasiado alto: el 40 por ciento de Didi. La empresa china respondió no solo burlándose de los avances de Kalanick y contra-atacando en China, sino en todo el mundo. Invirtió 100 millones de dólares en el rival de Uber, Lyft y anunció alianzas para compartir tecno-logía con adversarios en otras regiones, entre ellas la India y el sudeste asiático. Las guerras crecientes habían adquirido escala global.

Gurley y David Bonderman estaban furiosos. El trabajo de Kalanick era consolidar su supremacía en sus mercados centrales, no dilapidar ca-pital en territorio hostil. La misión napoleónica en China era la clase de exceso que cualquier junta tradicional hubiera bloqueado, pero la junta de Uber había sido neutralizada. Como Gurley había previsto en su ensa-yo, Uber operaba en condiciones financieras tan abundantes que su valor no dejaba de crecer aun cuando Kalanick destinaba capital a una batalla que no podía ganar. A finales de 2015, Uber reunió una serie G con la valuación extraordinaria de 62,5 mil millones de dólares, casi dieciocho veces más que la valuación de la serie C, cuando Benchmark había redo-blado la apuesta en la empresa.

En abril de 2016, Gurley publicó una segunda crítica a los unicor-nios, enfocada en una amenaza en particular: las liquidaciones prefe-renciales eran incentivos destructivos para los inversores en etapas avanzadas[64]. Protegidos de los riesgos, no había motivos para que no presionaran a los unicornios a crecer de forma irresponsable. Por ejem-

---

63. Irónicamente, Didi fue un adversario formidable porque era de por sí resultado de una fusión al estilo de Silicon Valley administrada por accionistas, entre ellos, SoftBank y Yuri Milner.

64. Además de gozar de preferencias de liquidación, los inversores en etapas avanzadas podían conseguir promesas de pago de dividendos en especie (acciones) o de pago garan-tizado, en caso de una oferta pública inicial. Aquí también, el objetivo era reducir el riesgo y animarlos a ser más ambiciosos.

plo, frente al dilema de dilapidar dinero en China, los inversores en etapas avanzadas podían impulsar a los unicornios a tomar el riesgo: gracias a la ventaja de liquidación, recuperarían el dinero sin importar lo que pasara, así que tenían motivos para apostar por la victoria. Gurley resumió los peligros con una analogía de un juego que le gustaba: el inversor en etapa avanzada «actuaba como un jugador arriesgado y agresivo en una mesa de póquer»[65].

Al mes siguiente, Kalanick cumplió una de las peores pesadillas de Gurley: envió a uno de sus recaudadores de fondos a presentarse con uno de los jugadores más arriesgados posible: el fondo soberano de 300 mil millones de dólares de Arabia Saudita. Gurley solo puso protestar; lo único que haría una inversión elevada de los sauditas sería diluir las acciones de Benchmark y desaparecer en la contienda con Didi[66], batalla que, más que nunca, parecía mala idea. En mayo de 2016, la firma china tenía amplia ventaja en el mercado local, además de haber incursionado en Silicon Valley y conseguir 1.000 millones de dólares de Apple. Por su parte, Uber estaba gastando sin parar en subsidiar guerras desde Nueva York hasta Mumbai; lo que necesitaba no era capital, sino sobriedad.

Ni siquiera las expectativas sombrías de Gurley lo prepararon para lo que sucedió a continuación. El fondo de inversión pública de Arabia Saudita ofreció invertir la suma considerable de 3,5 mil millones de dólares en Uber y exigió expandir su participación en la junta de ocho a once lugares, con derecho a designar a otros tres directores concedidos a Kalanick. Era de suponer que esa idea había salido del propio fundador y su equipo, dispuestos a terminar con el poco poder que Gurley pudiera conservar en la empresa. Una vez más, se encontraba en un dilema como Dunlevie en WeWork: no podía oponerse a que Kalanick obtuviera los lugares adicionales sin poner en peligro los 3,5 mil millones de dólares y, aunque dudara que el capital se usara con sensatez, era posible que se equivocara. La inmensa inyección de capital le daría el poder a Uber de dominar una mayor porción del mercado, y en una guerra de crecimiento acelerado; quien más dinero gastara, más posibilidades tenía de ganar

---

65. Gurley, Bill, «On the Road to Recap: Why the Unicorn Financing Market Just Became Dangerous... for All Involved», *Above the Crowd*, 21 de abril de 2016.

66. «Tener más millones en el balance solo significaba seguir gastando», Gurley en entrevista con el autor.

un premio inimaginable. Al sopesar su fe en el control corporativo y sus respetos por el efecto de red, Gurley dudaba; tal vez Kalanick había estado en lo cierto al llamarlo Chicken Little. «Todos creemos en el efecto de red, pero ¿alguien ha estado dispuesto a perder entre dos y tres millones para permanecer en el juego?». «Podrían haber invitado a Warren Buffet, a Jack Welch o a cualquier otro a la junta de Uber y tampoco hubieran sabido qué hacer»[67].

Finalmente, decidió que no podía hacer cambiar de opinión a Kalanick y accedió a la inversión saudí y soportó que tuviera tres lugares extra en la junta. Sin embargo, al recapitular la historia de Uber, confesó que se arrepentía de la decisión. «En retrospectiva, creo que es una de las cosas principales que hubiera hecho de otro modo. Podría haberme opuesto al acuerdo y decirles que debían cambiarlo»[68].

Ese verano sucedió algo bueno. Al ver los indicios, Kalanick apuntó a la paz en China; en agosto de 2016, dos meses después de la inversión saudí, le cedió el mercado a Didi a cambio del 18 por ciento de su rival. Se trató de un porcentaje modesto en comparación con el 40 por ciento que había exigido dieciocho meses antes; además, Uber había perdido unos 2 mil millones de dólares en China. De todas formas, el 18 por ciento de Didi tenía un valor cercano a 6 mil millones de dólares[69]. La salida exitosa tuvo que ver con la amenaza implícita en la inyección de capital de Arabia Saudita.

A pesar del alivio, Gurley aún se sentía atrapado al no poder vender las acciones de la empresa, cuyo fundador no lo escuchaba[70]. Lo único

---

67. Gurley en entrevista con el autor.

68. Gurley en entrevista con el autor.

69. Según Crunchbase, Didi consiguió financiación con una valuación precapital de 23,5 mil millones de dólares en junio de 2016 y otra con una valuación de 33,6 mil millones de dólares en septiembre, después de haber absorbido a Uber China. El 18 por ciento de Uber hubiera tenido un valor cercano a los 6 mil millones de dólares que implicaba la segunda cifra. En septiembre de 2020, Uber vendió parte de sus acciones de Didi, cuando la empresa estaba valuada en 6,3 mil millones de dólares.

70. A diferencia del caso de WeWork, en el que Benchmark tuvo la suerte de que SoftBank estuviera dispuesto a comprar parte de sus acciones, Gurley no había tenido la oportunidad de vender ni una sola acción de Uber.

que podía hacer era presionar a Kalanick para que madurara y abandonara la cultura básica de *startup*. Le aconsejó que, en ciertas áreas, el camino aburrido era mejor. «No ganarás con un programa financiero más innovador; no ganarás con un sistema legal más novedoso; no ganarás reinventando los recursos humanos. Son áreas en las que la experiencia tiene mucho peso», recuerda haberle dicho[71]. Cuando Kalanick se negó a escucharlo, aceptó invitaciones para hablar en clases en másteres en administración para generar debates sobre este dilema. Si los estudiantes llenos de ilusión se encontraban en la junta de un unicornio recalcitrante, ¿qué harían? Ninguno de ellos tenía una respuesta. «La única respuesta que pudimos encontrar fue que los mercados públicos tendrían más posibilidades de controlar a las empresas», lamentó[72].

En febrero de 2017, el precio del comportamiento de Kalanick se hizo visible. La exempleada Susan Fowler detalló diversas oportunidades en las que había sufrido acoso sexual en Uber, y sus demandas se hicieron virales. Kalanick intentó disculparse y solucionarlo contratando a dos firmas legales prestigiosas para que investigaran el caso, pero, en cuestión de días, estallaron otras dos crisis. Google, furioso porque Uber había robado a uno de sus científicos clave, demandó a la empresa por robarle la tecnología de vehículos sin conductor. Más tarde, salió a la luz un vídeo incriminatorio de Kalanick, que al parecer confirmaba lo que muchos sospechaban: el director ejecutivo de Uber era un cretino y la empresa también.

El vídeo grabado por la cámara de un coche mostraba a Kalanick en el asiento trasero, sacudiéndose al ritmo de la música y rodeado por dos mujeres. Al reconocer al hombre, el conductor comienza a quejarse de la tendencia de Uber a bajar el precio de los viajes para conseguir más clientes.

«He perdido 97.000 dólares por su culpa. Estoy en bancarrota por su culpa», declara.

«Sandeces. Déjeme decirle algo: a algunas personas no les gusta hacerse responsables de su propia basura. Culpan a alguien más por todo lo que pasa en sus vidas».

71. Kolhatkar, Sheelah, «At Uber, a New C.E.O. Shifts Gears», *The New Yorker*, 30 de marzo de 2018.

72. Gurley en entrevista con el autor.

Sumado a las acusaciones de acoso sexual, el video de Kalanick tiró la reputación de Uber por los suelos, y Google, Airbnb, Facebook e incluso Lyft comenzaron a atraer a los empleados desmoralizados. En marzo de 2017, las malas noticias continuaron: *The New York Times* publicó una historia acerca de una táctica antirregulatoria agresiva llamada Greyball: en ciudades en las que las aplicaciones de transporte no estaban autorizadas, los ingenieros de Uber crearon una versión alternativa secreta para oficiales de regulación, y cuando los oficiales intentaban pedir un coche Uber e incautarlo, no llegaba ninguno[73]. Al mismo tiempo, el portal de noticias *The Information* había dado a conocer una historia sobre un viaje de Kalanick a Corea del Sur. El fundador y algunos directivos locales habían visitado un bar de acompañantes y, aunque Kalanick no había tenido compañía, algunos colegas sí. Sumado a las revelaciones desagradables, Gurley se había enterado de pérdidas financieras enormes en la división de arriendo de vehículos; la falta de control financiero de la empresa era desastrosa.

El hecho de haber previsto muchos de estos sucesos no sirvió de consuelo para Gurley. «Tener razón, pero ser ineficaz, no sirve de mucho en los capitales de riesgo», declaró[74]. El estrés comenzó a pesar: el hombre que había perseguido a un oso salvaje por una pendiente estaba excedido de peso, infeliz y no podía dormir. Durante sus noches de insomnio, sentía la responsabilidad de estar al frente de una de las ganancias irrealizadas más grande en la historia del capital de riesgo: para entonces, un 13 por ciento de Uber valía 8,5 mil millones de dólares. Pero la brecha entre la ganancia sobre el papel y la real lo estaba consumiendo. ¿Y si Uber seguía el camino de Zenefits y de Theranos? Muchos socios comanditarios de Benchmark ya se habían reservado beneficios de ese potencial *Grand Slam*: oficiales de fondos de dotación habían recibido bonos, comprado coches y casas; también habían distribuido dividendos en sus universidades y fundaciones. Si la victoria de Gurley se convertía en un fracaso, las consecuencias resonarían en los auditorios y laboratorios que dependían

---

73. Isaac, Mike, «How Uber Deceives the Authorities Worldwide», *New York Times*, 3 de marzo de 2017. El consejo general de Uber determinó que Greyball podía seguir adelante porque no había leyes específicas en contra del servicio de transporte en Filadelfia, donde fue usado por primera vez. Sin embargo, cuando Greyball se hizo conocido, Uber lo interrumpió, y el Departamento de Justicia abrió una investigación.

74. Gurley en entrevista con el autor.

del rendimiento de Benchmark. ¿Y qué dirían de Gurley? Que había permitido la agresividad de Kalanick, que no había podido combatir los cambios negativos en la dirección de la empresa, que había permitido que una inversión perfecta cayera en desgracia.

Gurley necesitó de una última crisis en Uber para encontrar una salida. En junio de 2017, las dos firmas legales concluyeron su investigación de la cultura tóxica de Uber, y los descubrimientos fueron peores de lo que la junta había imaginado. Entregaron cientos de páginas en las que detallaban actos de acoso sexual y otras formas de violencia. Recomendaron la expulsión de un agente clave de Kalanick, la adhesión de un director independiente a la junta y que el fundador cogiese la baja laboral.

Gurley y su aliado David Bonderman vieron una salida. Hasta entonces, Kalanick había sido demasiado poderoso como para desbancarlo, pero el informe de la firma legal inclinó la balanza hacia el otro lado; podían obligar al fundador a cogerse la baja y, con suerte, nunca regresaría.

«Travis, para ser honesto, no puedo imaginar a esta empresa sin ti ni tampoco puedo imaginarla *contigo*», le dijo Bonderman a Kalanick[75]. El fundador, al ver que su retiro era la mejor estrategia para avanzar, siguió a recomendación de la firma legal, aunque presentó su licencia como una decisión personal: su madre había muerto en un accidente de barco, y él necesitaba alejarse del negocio por un tiempo. Según les escribió a sus empleados, aún estaría disponible para las «decisiones más estratégicas». «Os veré pronto», concluyó animado.

Gurley comprendió el mensaje: Kalanick regresaría pronto a menos que él hiciera algo para impedirlo. Cuando se revelaron las recomendaciones de las firmas legales en una reunión de personal, Gurley se levantó frente a la audiencia.

«Sin duda, esta empresa es la *startup* más exitosa de la historia de Silicon Valley», comenzó a declarar con calidez, pero luego continuó enumerando los desafíos que implicaba, los que solo podían ser abordados sin la presencia del líder problemático, representante del lado oscuro de Uber. «Nos consideran una de las empresas más grandes e importantes del mundo. Nuestro comportamiento corporativo debe ser acorde a esas expectativas o nuestros problemas no terminarán. Nuestra reputación

75. Kolhatkar, «At Uber, A New C.E.O. Shifts Gears».

está decayendo. Podréis leer algo y decir que no es justo, pero eso no importará», insistió[76].

El «hasta pronto» de Kalanick había revelado que no planeaba abandonar el liderazgo de la empresa. Gurley, con su discurso sobre la crisis de reputación de Uber, indicó que se estaba preparando para confrontarlo.

⸻

La avanzada de Gurley contra Kalanick constó de tres estrategias, todas destacables a su modo. Y el drama colectivo era impactante. En la generación previa, expulsar a los fundadores de una empresa como Cisco había sido controversial. Ahora, Gurley se enfrentaba al culto de Silicon Valley: el culto a los fundadores.

El primer paso fue reunir a sus aliados. Dos de los inversores ángel de Uber habían comenzado a creer que Kalanick amenazaba el valor de sus acciones y estaban dispuestos a unirse a Gurley para evitar que regresara del exilio. Menlo Ventures también se unió; Shervin Pishevar había seguido su camino, reemplazado por un inversor menos bondadoso. A continuación, Gurley reclutó a expertos en su equipo; intercambió ideas con profesores especializados en administración corporativa y en delitos de cuello blanco, y contrató abogados y a una firma de relaciones públicas para controlar la crisis.

Gurley creó un plan de juego en poco tiempo. Su coalición de accionistas no tenía votos para obligar a Kalanick al retiro permanente, pero sí para hacer exigencias y para amenazar con filtrarlas a la prensa si el fundador rehusaba irse en silencio. La mayoría de las firmas de capital de riesgo se obsesionan con mantener los conflictos internos desagradables fuera de la prensa; por eso, Benchmark amenazaría con hacerlo público, hecho que pondría a otros inversores de Uber en contra de Kalanick.

Aunque violara las normas de Silicon Valley, Gurley reunió a su equipo. «Creo que estamos del lado correcto de la historia», les dijo. El 20 de junio de 2017, lanzó su ataque. Dos de sus socios volaron a Chicago, donde Kalanick estaba entrevistando a un candidato para que fuera su segundo al mando cuando volviera a Uber. Al mismo tiempo, Gurley

---

76. Isaac, *Super Pumped*, pág. 279

tuvo una conferencia telefónica con sus aliados y, en lugar de hablar de la historia, citó a Hollywood.

«¿Habéis visto la película *Life*?», les preguntó a sus aliados, según el relato hábil de Mike Isaac del *New York Times*. «¿La de Ryan Reynolds en el espacio, con ese alienígena de masa negra que capturaron? La criatura escapa de la caja de algún modo y acaba por asesinar a todos en la nave. Luego se dirige a la Tierra para matarlos a todos allí también. Y todo porque logró escapar».

Se oyeron algunas risas al otro lado de la línea.

«Bueno, Travis es como ese alienígena. Si dejamos que salga de la caja en cualquier momento del día, destruirá al mundo entero»[77].

En Chicago, los socios de Gurley, Matt Cohler y Peter Fenton subieron a un ascensor dorado en el hotel Ritz-Carlton. Kalanick esperaba en la cima de la torre. Cohler y Fenton no perdieron el tiempo, le informaron de que querían que se retirara y le entregaron una carta del equipo Gurley.

La carta citaba los desastres de ese año sombrío: la investigación por acoso, la demanda de Google, el engaño de Greyball. «La opinión pública es que Uber carece de valores éticos y morales». La empresa debía «cambiar de raíz» y, para hacerlo, debía cambiar de director ejecutivo.

Kalanick comenzó a caminar de un lado a otro por la habitación. «Si este es el camino que queréis seguir, las cosas se pondrán feas para vosotros», gritó. Los visitantes le informaron de que tenía hasta las seis de la tarde para decidir, luego harían público el conflicto. La historia llegaría a la portada de *The New York Times* y otros inversores se unirían a Benchmark. Kalanick podía retirarse con dignidad o sin ella.

El fundador pidió estar a solas, y los socios reportaron la situación a Gurley. Desde la base de Benchmark, el inversor les envió un mensaje a sus aliados. «Quiere ganar tiempo».

Kalanick comenzó a llamar a directores y a inversores con esperanzas de desarmar la coalición de Gurley. Las firmas de la carta representaban alrededor del 40 por ciento de los votos de Uber; si lograba convencer a una o dos personas y evitar más bajas, lograría conservar su empresa. «¡No puedo creer que haya llegado a esto! ¡Puedo cambiar! ¡Por favor, dejadme cambiar!», suplicó con desesperación. Pero sus lamentos no fue-

---

77. Isaac, *Super Pumped*, págs. 290-291.

ron escuchados. La dirección de Uber había caído tan bajo que un grupo de la junta lamentaba haber sido pasivo.

Esa tarde, Kalanick se rindió y firmó su carta de renuncia.

La primera de las tres estrategias de Gurley había salido a la perfección.

El drama no había terminado, porque Kalanick no se retiró por completo. Aún era miembro de la junta y accionista mayoritario con el 16 por ciento de los votos; como Steve Jobs tras su expulsión de Apple, era capaz de organizar su regreso a la empresa. De hecho, después de un breve descanso, Kalanick comenzó a contactar con altos cargos de Uber como si nunca se hubiera retirado. Los catorce miembros del comité directivo amenazaron con renunciar en conjunto si permitían que Kalanick regresara. Gurley debía detenerlo.

En julio de 2017, Benchmark puso en marcha la segunda estrategia. Unos meses antes, Masayoshi Son había financiado a otro unicornio problemático de Benchmark, WeWork, y los socios supusieron que Son podría ofrecer asistencia especial a Uber. Era un peligro, sin duda, pero ya había ayudado a Benchmark en WeWork al comprar parte de sus acciones; tal vez una inversión de Son en Uber podía ser una oportunidad para reiniciar la dirección de la empresa. En general, Son y otros inversores en etapas avanzadas eran famosos por sus términos amigables con los fundadores, pero, en el caso de Uber, el fundador había sido expulsado, así que Son debía ser amigable con su sucesor. Matt Cohler y Peter Fenton volaron a Sun Valley, Idaho, para transmitirle la idea a Son y regresaron con optimismo[78].

Al mes siguiente, Benchmark reveló su tercera estrategia, la más ambiciosa. Echaron por la borda todo resto de deferencia hacia el fundador y demandaron a Kalanick con el objetivo de poner fin a su control de la estructura de la junta. Según la demanda, Benchmark no hubiera accedido a concederle el derecho a nombrar tres directores adicionales de haber sabido de abusos tales como la compra de secretos de Google. Por lo

---

78. Lessin, Jessica E.; Saitto, Serena, y Efrati, Amir, «At $45 Billion Price, SoftBank Talks Enflame Uber Tensions», *Information*, 4 de agosto de 2017.

tanto, Kalanick había conseguido los tres puestos con engaños[79]. El objetivo era anular los tres nombramientos y prohibir que Kalanick trabajara como director[80].

Durante las semanas siguientes, Benchmark siguió con las dos estrategias en paralelo. Son parecía abierto a comprar acciones existentes con una valuación de entre 40 y 45 mil millones de dólares —al menos un tercio menos que la última valuación, sin dejar de ser una vía de escape bienvenida—. Al estilo de Yuri Milner, Son también se ofreció a invertir una pequeña suma con la valuación más reciente de 68 mil millones de dólares. Mientras tanto, Benchmark continuó con la demanda, aunque hubiera sido condenada por los principales administradores y directores de Uber. Desde la perspectiva de Benchmark, la demanda era un arma para atemorizar a Kalanick.

A finales de septiembre, Dara Khosrowshahi, la reciente directora ejecutiva sucesora de Kalanick, aceptó la idea de una inversión de Son. Como Benchmark había predicho, no se trataba tanto de conseguir más capital, sino de reorganizar la dirección de la empresa. Como parte del trato, se eliminarían los superpoderes de voto, con lo que el 16 por ciento de Kalanick descendería al 10 por ciento. Khosrowshahi tendría derecho a nombrar a nuevos directores de la junta, con lo que compensaría la influencia del fundador. La directora y Benchmark estaban haciendo uso efectivo de la inversión de Son para revertir lo que Kalanick había conseguido con la inversión saudí[81].

Kalanick se esforzó por resistirse. Cancelar sus superpoderes de voto implicaba usar mecanismos legales que no habían sido probados hasta entonces, y él intentó utilizarlos[82]. Pero la estrategia dual de Benchmark

---

79. Un portavoz de Kalanick negó los alegatos diciendo: «La demanda carece de fundamentos por completo, está cargada de mentiras y de acusaciones falsas». Isaac, Mike, «Uber Investor Sues Travis Kalanick for Fraud», *The New York Times*, 10 de agosto de 2017.

80. *Benchmark Capital Partners VII, L.P., v. Travis Kalanick and Uber Technologies, Inc*, 2017, en línea, https://www.wsj.com/public/resources/documents/BenchmarkUberComplaint08102017.PDF.

81. Los informes de prensa retrataban a Khosrowshahi y a Goldman Sachs como los principales arquitectos de la reestructuración, pero la idea de eliminar los superpoderes de voto había sido desarrollada por los abogados de Benchmark en sus preparativos para el ultimátum de Chicago, previos a la contratación de Khosrowshahi. Isaac, *Super Pumped*, pág. 289.

82. Lee, Alfred, «Uber Voting Change Proposals Could Face More Hurdles», *Information*, 2 de octubre de 2017.

lo tenía acorralado. La liquidez aportada por Son había llevado a más accionistas al bando de Gurley. La demanda le dio al fundador el incentivo necesario para hacer la paz con sus oponentes, y finalmente accedió a la inversión de Son y al cambio de dirección, con la condición de que Benchmark renunciara a la ofensiva legal. El trato con Son se cerró en enero de 2018, Kalanick perdió el dominio de la junta y Benchmark retiró la demanda.

Fue una experiencia desgarradora para Bill Gurley y Benchmark. Aunque habían expulsado a Kalanick y salvado la empresa, lo habían conseguido destrozando el libro de procedimientos habitual de los capitalistas de riesgo. El ultimátum de Chicago, el uso de Masayoshi Son como ariete y la demanda fueron maniobras improvisadas, porque en la era previa a los unicornios ninguna hubiera sido necesaria.

◆

Al mirar hacia atrás a los excesos de WeWork y Uber, era tentador ver a los capitalistas de riesgo como los culpables principales. Un artículo de *The New Yorker* se tituló «Cómo los capitalistas de riesgo deforman el capitalismo» (*How Venture Capitalists Are Deforming Capitalism*)[83]. Sin embargo, al igual que en la reacción al escándalo de Theranos, la crítica fue muy generalizada: repasaba de forma superficial las diferentes clases de inversores en tecnología. Una cantidad sorprendente del capital de WeWork había llegado de jugadores no convencionales: bancos, fondos mutuales y, luego, de Masayoshi Son, quien sirvió de canal para el dinero del Golfo Pérsico[84]. El único capitalista de riesgo reconocido en la historia de WeWork, Bruce Dunlevie de Benchmark, había aportado apenas un uno por ciento de los 1,7 mil millones de dólares recaudados antes del cheque monstruoso de Son en 2017; presentarlo como un facilitador relevante es un exceso. Además, la influencia que tenía la había utilizado para oponerse la exigencia de Neumann de tener superpoderes de voto,

---

83. Duhigg, Charles, «How Venture Capitalists Are Deforming Capitalism», *The New Yorker*, 30 de noviembre de 2020.

84. El propio Benchmark aportó 33,1 mil millones de dólares al Vision Fund, Arabia Saudita aportó 45 mil millones de dólares y Abu Dabi, 15 mil millones de dólares. Un puñado de empresas tecnológicas invirtieron 5,5 mil millones de dólares, pero 3,4 mil millones de esa suma fueron en forma de acciones preferenciales de deuda.

argumentando que el poder absoluto servía para corromper. Del mismo modo, en el caso de Uber, Benchmark había aportado alrededor de un tercio del uno por ciento del dinero invertido antes de la gran inversión saudí de 2016, y Gurley había expulsado a Kalanick precisamente para controlar al menos parte de sus excesos. Entre los animadores posteriores había un capitalista de riesgo, pero los facilitadores más relevantes eran externos a Silicon Valley.

La verdad es que los capitalistas de riesgo tradicionales no eran los villanos principales: ni en WeWork ni en Uber ni en los unicornios super-poderosos en general. Entre 2014 y 2016, más de tres cuartas partes de la financiación en etapas avanzadas en los Estados Unidos provino de inversores no tradicionales como fondos mutuos, fondos de cobertura y fondos soberanos[85]. Sin embargo, eso no cambia el hecho de que la industria de capitales de riesgo enfrentaba un desafío: la dirección de los unicornios estaba fracturada. En su queja de 2015, Gurley había señalado la solución más clara: que los unicornios salieran a oferta pública, ya que eso eliminaría las liquidaciones preferenciales que alentaban la imprudencia de los unicornios. Obligaría a los fundadores soberbios a escuchar a los auditores, banqueros, reguladores y abogados y compensaría el hecho de que no escucharan a sus inversores de riesgo.

En 2019, los preparativos para las ofertas públicas iniciales de Uber y WeWork confirmaron el argumento en el ensayo de Gurley y aportaron una reivindicación saludable. Dara Khosrowshahi de Uber aceptó los controles que Gurley había estado exigiendo: asignaron el puesto de director financiero, y el nuevo director legal afirmó que Uber se tomaría la ética en serio. Gracias a estos ajustes, la oferta pública resultó bastante bien: al cierre del primer día en mayo de 2019, la valuación de la empresa era de 69 mil millones de dólares. Aunque era menor al pico privado de 76 mil millones de dólares, suponía una suma formidable, que le permitió a Benchmark celebrar un rendimiento de su inversión de 270 veces[86].

En cambio, el megalómano Adam Neumann de WeWork desdeñaba las reformas de estilo Khosrowshahi, así que en la oferta pública inicial

85. Ewens, Michael, y Farre-Mensa, Joan, «The Deregulation of the Private Equity Markets and the Decline in IPOs», *Review of Financial Studies 33*, n.º 12, diciembre de 2020, págs. 5463–5509.

86. Somerville, Heather, «Toyota to Invest $500 Million in Uber for Self-Driving Cars», Reuters, 27 de agosto de 2018.

recibió un castigo acorde. Cuando le pidieron que publicara su estado financiero en en vísperas de su gira, WeWork exhibió un documento que resumía su semejanza asombrosa con un culto. «Adam es un líder único que ha demostrado ser capaz de tener los títulos de visionario, operador e innovador mientras destaca como creador de comunidad y de cultura», rezaba. Como celebridad del mercado de capitales privados, con una audiencia de aduladores de etapas avanzadas desesperados por poder entrar en la siguiente ronda de financiamiento, Neumann era capaz de salirse con la suya con las tonterías jactanciosas. Pero, al intentar vender acciones a inversores públicos, se enfrentaba a una audiencia más dura. Los periodistas de finanzas se burlaban de las revelaciones de WeWork. Los analistas de capital señalaban inconsistencias en sus números. El profesor de la escuela de negocios de Harvard Nori Gerardo Lietz denunció la «estructura corporativa bizantina, las continuas pérdidas proyectadas, el sinfín de conflictos, la ausencia total de una dirección corporativa sustancial y el infrecuente discurso de la "nueva era"». Cuando los inversores públicos se negaron a comprar acciones de WeWork, la junta canceló la oferta y se apresuró a despedir a Neumann.

Gurley había estado en lo cierto: la oferta pública inicial logró lo que la dirección privada no había podido hacer: dar el baño de agua fría que los unicornios necesitaban. Pero aún quedaba la pregunta de si aprenderían más lecciones y si el mundo tecnológico daría un giro en un futuro cercano. Tras la humillación de WeWork, Masayoshi Son, el mayor corruptor de la administración de los unicornios, reconoció el error en sus métodos. «Mi juicio inversor era pobre», declaró[87]. Y, a modo de compensación, prometió instar a las empresas a generar ganancias más que a ser «más descabellados, más rápidos, más exagerados». También afirmó que, a partir de entonces, no permitiría que los fundadores tuvieran superpoderes de votación perversos, que no podrían controlar la mayoría de los votos de la junta, y que la propia SoftBank dejaría atrás la práctica pasiva de no ocupar un lugar en la junta[88]. A su vez, señal de que la crítica de Gurley pudo haber tenido más aceptación, los unicornios que

---

87. Nussey, Sam, «SoftBank's Son Admits Mistakes After Vision Fund's $8.9 Billion Loss», Reuters, 6 de noviembre de 2019.

88. Massoudi, Arash, y Inagaki, Kana, «SoftBank Imposes New Standards to Rein In Start-Up Founders», *Financial Times*, 4 de noviembre de 2019.

hasta entonces habían retrasado la oferta pública salieron de las sombras. En 2020, las ofertas públicas respaldadas por capitalistas de riesgo reunieron 38 mil millones de dólares, la mayor suma conseguida hasta entonces por un margen amplio[89].

Pero estos apenas fueron indicios de cambio, y el riesgo de Theranos y Zenefits aún acechaba a la industria. Todos se preguntaban si Son se apegaría a sus nuevos estándares, y otros especialistas en etapas de crecimiento, como DST de Yuri Milner, aún se resistían a ocupar lugares en la junta. Aunque la oleada de ofertas públicas fue alentadora, se vio embarrada por el surgimiento de un mecanismo llamado SPAC por sus siglas en inglés (Compañía de Adquisición de Propósitos Especiales), una forma de cotización que esquivaba el análisis y la información que exigían los procesos de oferta pública tradicionales. Al mismo tiempo, el clima financiero promovía la falta de responsabilidad: mientras que las regulaciones federales mantuvieran las tasas de interés bajas, la abundancia de capital barato fomentaría su uso irresponsable. Había demasiado dinero disponible para una cantidad muy limitada de oportunidades, y los inversores se veían casi obligados a olvidar la cautela para conseguir las mejores empresas. El capital de riesgo se había posicionado como la mejor forma de financiamiento para firmas jóvenes e innovadoras, pero la industria no podía evitar que inversores irresponsables en etapas avanzadas jugaran al póquer con los unicornios.

---

89. La cifra incluye ofertas públicas iniciales respaldadas por capitales de riesgo de empresas con sede central en los Estados Unidos. El récord anterior, de 24 mil millones de dólares, fue alcanzado en 2019. En 2016 fue apenas de 5 mil millones de dólares. Ritter, Jay, «Initial Public Offerings», 1 de febrero de 2020, tabla 4d (actualizada), site.warrington.ufl.edu/ritter/files/IPO-Statistics.pdf.

Conclusión

SUERTE, PERICIA Y COMPETENCIA ENTRE NACIONES

P ara cualquiera que haya creado una película, libro, pódcast o canción, el documental *Searching for Sugar Man* es evocador. Se trata de Sixto Rodriguez, un talentoso cantautor de Detroit que inspira a compararlo con Bob Dylan y con Cat Stevens. Como artista joven en los setenta, Rodriguez lanzó dos álbumes, que pasaron desapercibidos; las ventas fueron terribles, y la discográfica lo abandonó. Se vio obligado a trabajar en demoliciones, destruyendo, no creando y, durante las tres décadas siguientes, envejeció en una casa en ruinas que había comprado por 50 dólares en una subasta del Estado.

En ese tiempo, sucedió algo extraordinario al otro lado del mundo: australianos y sudafricanos descubrieron sus álbumes y enloquecieron. Una discográfica australiana creó una compilación de sus canciones, y una versión de contrabando batió récords en Sudáfrica. Allí, una de sus canciones se convirtió en himno *antiapartheid*, pero Rodriguez desconocía su ascenso al estrellato. Cuando vi por primera vez el documental, que ilustra la oscuridad y la fama simultáneas, llamé a un amigo sudafricano para preguntarle si había oído hablar de Rodriguez. Mi amigo respondió que por supuesto que sí; conocía las letras de todas sus canciones, que lo acompañaron en su paso a la adultez.

El sociólogo Matthew Salganik, mientras estudiaba para su doctorado en la primera década del siglo XXI, le echó un vistazo más cercano al fenómeno de *Sugar Man*, ya que existen versiones de la historia de Rodriguez en todos los campos creativos: *Harry Potter* se convirtió en un éxito a pesar del rechazo inicial de los editores. Muchos libros, canciones y películas son lo suficientemente buenos para saltar a la fama, pero solo una pequeña parte se lleva el botín, y Salganik deseaba comprender qué determina ese resultado sesgado. Para ello, se unió con sus colaboradores para diseñar un experimento, cuyos resultados son un buen punto de partida para dar un veredicto sobre los capitales de riesgo.

Salganik creó un sitio web en el que el público podía escuchar canciones de artistas desconocidos y luego elegir cuál descargar a su biblioteca. Los participantes eran asignados al azar a salas virtuales diferentes, mundos paralelos como los Estados Unidos y Sudáfrica en los años setenta. No le sorprendió detectar que era más probable que los usuarios descargaran canciones que otros ya habían descargado antes: respondían a la influencia social. A medida que la popularidad inicial crecía, cada mundo virtual creó su propio éxito, una canción mucho más popular que las demás, cuya victoria parecía inevitable. Las canciones fueron diferentes en los dos mundos. Por ejemplo, *Lockdown* fue primera en uno y número cuarenta de cuarenta y ocho en otro, a pesar de ser la misma canción compitiendo exactamente con la misma lista de rivales. Salganik concluyó que los éxitos son, en gran medida, azarosos[1].

Sin duda, este veredicto fomenta la humildad entre los capitalistas de riesgo estrella. Gracias al efecto de retroalimentación en el mundo de la ley de potencia, algunos capitalistas de riesgo dominarían el sector, conseguirían la mayor cantidad de capital y mejor acceso a negocios candentes y tendrían la mejor evolución. Mientras tanto, el resto de la industria se esforzaría por avanzar: de los fondos de riesgo entre 1979 y 2018, el promedio estuvo cerca de tener un rendimiento por debajo del índice bursátil, mientras que el 5 por ciento de los fondos lo superó[2]. Sin embargo, al menos en teoría, es posible que los ganadores solo sean afortunados: un éxito inicial, quizás azaroso, puede poner en movimiento la red. Si fuera posible imitar el experimento de Salganik y recrear la

---

1. Sullivan, Tim, «That Hit Song You Love Was a Total Fluke», *Harvard Business Review*, 1 de noviembre de 2013, hbr.org/2013/11/was-gangnam-style-a-fluke.

2. El fondo de riesgo en el percentil noventa y cinco generó un rendimiento de 2,9 veces el «equivalente en bolsa», es decir, el rendimiento del S&P 500 con reinversión de dividendos. Son rendimientos netos para los socios comanditarios. Representación visual en el apéndice. Información obtenida con Steven N. Kaplan de la Universidad de Chicago.

historia algunas veces, tal vez *Harry Potter* perecería en las sombras en alguna versión del pasado; tal vez Kleiner Perkins hubiera invertido en Facebook y no en Friendster; tal vez los líderes de Goldman Sachs hubieran conservado sus acciones de Alibaba y privado a Masayoshi Son de recoger los frutos de la segunda cosecha. En cualquier versión de la historia, la ley de potencia haría que unos pocos ganadores se convirtieran en estrellas inconmensurables, pero quiénes serán esas estrellas tiene una cuota de suerte[3].

En 2018, un documento publicado por el Buró Nacional de Investigación Económica (NBER por sus siglas en inglés) puso a prueba esta lógica en la industria de capitales de riesgo[4]. Como era de esperar, los autores confirmaron el efecto de retroalimentación. El éxito inicial de un capital de riesgo aumenta las probabilidades de éxitos posteriores: cada oferta pública inicial adicional entre las primeras diez inversiones de un fondo predice un índice de oferta un 1,6 por ciento más alto para inversiones siguientes. Tras poner a prueba varias hipótesis, los autores concluyeron que el éxito lleva a más éxitos por el efecto de la reputación. Según argumentaron, gracias a dos victorias iniciales, una firma consigue la fuerza para poder acceder a negocios atractivos, en especial a inversiones en etapas avanzadas, cuando las *startups* ya están encaminadas y el negocio es menos arriesgado. Además, esos éxitos iniciales no parecen ser reflejo de su habilidad, sino más bien el resultado de «estar en el lugar indicado en el momento indicado»; en otras palabras, de la buena suerte. Como sucedió con las canciones en el experimento de Salganik, la suerte y la dependencia del camino parecen explicar quién es ganador en los capitales de riesgo.

Este libro ha resistido la teoría del azar, enfatizando la habilidad de los capitalistas de riesgo. Y lo ha hecho por cuatro razones. En primer lugar, la dependencia del camino no prueba que no exista habilidad. De hecho, los capitalistas de riesgo necesitan ser capaces para entrar en el juego; tal y como indica el documento del NBER, la dependencia del camino solo puede influir en cuál de los numerosos jugadores hábiles

---

3. Easley, David, y Kleinberg, Jon, *Networks, Crowds, and Markets: Reasoning About a Highly Connected World*, Cambridge University Press, Nueva York, 2010, págs. 549–550.

4. Nanda, Ramana; Samila, Sampsa, y Sorenson, Olav, «The Persistent Effect of Initial Success: Evidence from Venture Capital», documento de trabajo 24887, National Bureau of Economic Research, 2018, nber.org/papers/w24887.pdf.

llega a ser el ganador. Tampoco queda claro que la dependencia del camino explique por qué algunos habilidosos vencen a otros. Descubrir que la futura tasa de oferta pública inicial de una sociedad aumenta un 1,6 por ciento no es un argumento muy fuerte, y la historia relatada en estas páginas demuestra que la dependencia del camino suele verse alterada[5]. A pesar de la reputación de Arthur Rock, este dejó de tener éxito después de su inversión en Apple. Mayfield, líder en los ochenta, también se desvaneció. Kleiner Perkins demuestra que es posible dominar Silicon Valley durante un cuarto de siglo y luego caer de forma precipitada. Accel tuvo éxito temprano, luego atravesó un camino pedregoso y volvió a ascender. Sequoia, en un esfuerzo por mantener su sensación de control y paranoia, llegó a crear una presentación en la que enumeraba a los capitales de riesgo que habían llegado a la cima y luego caído. Los llamó «los difuntos».

La segunda razón para creer en la habilidad reside en la historia del origen de algunas sociedades. En ocasiones, un recién llegado irrumpe en la élite de los capitales de riesgo de un modo que demuestra que su capacidad fue importante. Kleiner Perkins se convirtió en líder del sector por Tandem y Genentech, ambas empresas maduraron dentro de las oficinas de la sociedad, y Tom Perkins las moldeó de forma activa. No hubo nada de suerte en el proceso. Tiger Global y Yuri Milner inventaron el arte del capital de riesgo en etapa avanzada; tenían un abordaje novedoso genuino a la inversión tecnológica y ofrecían más que un estribillo pegadizo para competir con los demás. El procesamiento por lotes de Paul Graham en Y Combinator también fue un abordaje original a la inversión semilla. Su lugar en la historia del capital de riesgo se explica por una innovación inteligente, no por un golpe de suerte.

En tercer lugar, la idea de que los capitalistas de riesgo consiguen negocios por la fuerza de sus marcas puede ser exagerada. Un negocio

---

5. Además, los autores del documento del NBER reportan que la mitad del incremento del 1,6 por ciento puede ser explicado por factores más allá de la dependencia del camino. Las sociedades de riesgo tienden a especializarse en tecnologías o industrias, en especial en etapas de inversión particulares. Si el sector y la etapa son rentables al inicio de la sociedad, seguirá siendo rentable varios años, lo que explica parte de la fuerte correlación en el rendimiento de los capitales de riesgo. Esto es diferente a las ventajas de prestigio y de acceso a los negocios asociadas a la dependencia al camino. Gompers, Paul A. *et al.*, «How Do Venture Capitalists Make Decisions?», *Journal of Financial Economics* 135, n.º 1, enero de 2020, págs. 169–190.

detectado por un socio de Sequoia también caería en el radar de sus rivales de otras firmas: en una industria reducida, no falta la competencia. En general, ganar un negocio depende tanto de la habilidad como del prestigio. Se trata de entender lo suficiente el modelo de negocio como para impresionar al emprendedor, de saber qué valuación sería razonable. Un recuento cuidadoso concluyó que las sociedades nuevas o emergentes captan alrededor de la mitad de las ganancias de los mejores tratos, y existen muchos ejemplos de firmas famosas que tuvieron la oportunidad de invertir, pero la arruinaron[6]. Andreessen Horowitz dejó pasar Uber, y su prestigio no pudo solucionarlo. Peter Thiel fue uno de los inversores iniciales de Stripe, pero no tuvo la convicción para invertir tanto como Sequoia. En cuanto al concepto de que los capitales de riesgo más famosos tienen el «privilegio» de participar en supuestas inversiones avanzadas menos arriesgadas, eso depende de cada negocio. El impulso de un unicornio suele traducirse en precios extremadamente altos de sus acciones. En el caso de Uber y de WeWork en especial, algunos de los inversores en etapas avanzadas perdieron millones.

En cuarto lugar, la teoría antihabilidad no tiene en cuenta la contribución de los capitalistas de riesgo a sus empresas en cartera. Es cierto que esas contribuciones son difíciles de individualizar. Desde Arthur Rock, que integró la junta de Intel durante treinta y tres años, la mayoría de los capitalistas han evitado estar en el foco de atención; son los entrenadores, no los atletas. Pero este libro ha explorado muchos casos en los que su entrenamiento hizo la diferencia. Don Valentine rescató a Atari y luego a Cisco del caos. Peter Barris, de NEA, vio que UUNET tenía el potencial de convertirse en el nuevo General Electric Infomation Services. John Doerr persuadió a los fundadores de Google de trabajar con Eric Schmidt. Ben Horowitz impulsó a Nicira y a Okta en sus etapas de formación. Sin duda, las historias de la guía de los capitalistas de riesgo podrían exagerar su participación en algunos casos, y los fundadores podrían haber resuelto sus propios problemas sin su ayuda, pero la investigación cuantitativa indica que los capitalistas de riesgo marcan una diferencia positiva. Los estudios han descubierto en repetidas ocasiones que

6. El estudio observó los cien tratos principales cerrados entre 1995 y 2012. En el año promedio, sociedades nuevas y emergentes captaron la mitad del valor. Cambridge Associates, «Venture Capital Disrupts Itself: Breaking the Concentration Curse», 2015.

las *startups* respaldadas por capitalistas de alto nivel tienen más probabilidades de éxito que otras[7]. Un aporte extravagante a este aspecto analiza lo que sucede cuando las rutas aéreas facilitan que un capitalista de riesgo visite una *startup*: cuando un viaje se vuelve más simple, la *startup* tiene mejor desarrollo.[8]

De todas formas, como indica la historia de Sixto Rodriguez, la suerte inicial y la dependencia del camino están en juego en los negocios de la ley de potencia, y el capital de riesgo no es la excepción. A veces, es mejor ser afortunado que inteligente: pensemos en Anthony Montagu, el británico del cepillo dental que consiguió participación en Apple. Pero la inteligencia aún es un factor importante para generar resultados, igual que otras cualidades de los capitalistas de riesgo: velocidad para llegar primero a los fundadores poco amigables; fortaleza para atravesar los períodos oscuros inevitables cuando la inversión no tiene rendimiento, e inteligencia emocional para alentar y guiar a fundadores talentosos pero rebeldes. Los capitalistas destacables pueden convertirse en instrumentos para moldear los cambios de humor empresariales. Cuando las cosas marchan bien, hacen las preguntas punzantes que previenen la autocomplacencia. Cuando las cosas marchan mal, reúnen al equipo y renuevan su compromiso con la misión.

Este libro también ha presentado un segundo argumento. Sean cuales sean las habilidades de capitales de riesgo sociales o individuales, estas tienen un efecto positivo en las economías y sociedades *como grupo*. Por ejemplo, el financiamiento de Apple no es representativo de la habilidad capitalista: muchos rehusaron invertir, a pesar de que era el momento

7. Sørensen, Morten, «How Smart Is Smart Money? A Two-Sided Matching Model of Venture Capital», *Journal of Finance* 62, n.º 6, diciembre de 2007, págs. 2725–2762. Hochberg, Yael V; Ljungqvist; Alexander y Lu, Yang,«Whom You Know Matters: Venture Capital Networks and Investment Performance», *Journal of Finance* 62, n.º 1, febrero de 2007, págs. 251–301. El valor del entrenamiento es afirmado solo en el caso de fundadores primerizos o fundadores que hubieran fallado: Gompers, Paul, *et al.*, «Skill vs. Luck in Entrepreneurship and Venture Capital: Evidence from Serial Entrepreneurs», documento de trabajo 12592, *National Bureau of Economic Research*, 2006, nber.org/papers/w12592.

8. Bernstein, Shai; Giroud, Xavier, y Townsend, Richard R., «The Impact of Venture Capital Monitoring», *Journal of Finance 71*, n.º 4, agosto de 2016, págs. 1591–1622.

indicado para un fabricante de ordenadores. Pero más allá de los errores individuales, los capitalistas de riesgo como grupo acabaron por financiar a Steve Jobs, y el resultado fue una empresa que encantó a infinidad de usuarios, que generó trabajos para sus empleados y riquezas para sus inversores.

Al igual que respecto a la declaración sobre las habilidades individuales de los capitalistas de riesgo, existen objeciones legítimas sobre su impacto colectivo. Las dudas pueden ser agrupadas bajo tres premisas: la industria de capitales de riesgo es mejor enriqueciéndose a sí misma que creando negocios con utilidad social; la industria está dominada por un grupo cerrado de hombres blancos, y la industria fomenta a disidentes fuera de control que no respetan a quienes alteran.

De estos argumentos, el menos persuasivo es que los negocios financiados por capitales de riesgo no tienen utilidad social. Por supuesto que la tecnología tiene un lado oscuro. Las empresas grandes como Amazon, Apple, Facebook y Google tienen toda clase de impactos sociales, algunos buenos y otros no, y los Gobiernos tienen razón al tomar medidas drásticas. Violaciones de la privacidad, la propagación de noticias falsas y el poder de actores privados de decidir quién puede comunicarse, cuándo y con quién son asuntos factibles de regulación, pero eso no atañe a los capitalistas de riesgo. Cuando financiaron a los gigantes tecnológicos, en un principio lo hicieron para ayudar a crear productos buenos para los consumidores. Nadie quiere volver a un mundo sin comercio electrónico, ordenadores personales, redes sociales o buscadores virtuales. Si desde entonces los gigantes se han vuelto amenazantes es porque han crecido demasiado y la etapa de *startup* impulsada por capitales de riesgo quedó atrás. Tampoco puede decirse que hayan inspirado irresponsabilidad a esas empresas cuando estaban en ciernes; de hecho, podría decirse lo contrario: la mayoría de los capitalistas impulsan a los fundadores a ser más cuidadosos con las regulaciones legales y sociales, no menos. En Facebook, Accel expulsó a Sean Parker antes de que pudiera corromper la cultura de la firma. En Uber, Benchmark desplazó a Kalanick. Al mismo tiempo, los capitalistas de riesgo financiaron decenas de tecnologías que eran bendiciones obvias: mapas digitales, educación en línea, biotecnología y demás. Las empresas impulsadas por capitales de riesgo son fuerzas de progreso más que fuentes de regresión.

Los capitales de riesgo también suelen ser atacados por los negocios que no generaron, por errores de omisión. El argumento más frecuente es que fluyeron en más cantidad hacia aplicaciones frívolas que hacia proyectos con utilidad social, principalmente el campo vital de tecnologías que combaten el cambio climático. Sin embargo, como hemos visto, esto no se debe a una falta de entusiasmo. Entre 2006 y 2008, los capitales de riesgo inyectaron millones en energía eólica, paneles solares y biocombustibles, lo que triplicó el flujo de capital hacia las tecnologías limpias. El bajo rendimiento de estos fondos enfatizó la pasión medioambiental de los capitalistas de riesgo; puede decirse que pusieron su compromiso social por encima de su responsabilidad con los socios comanditarios, muchos de los cuales eran, por cierto, universidades y filántropos. En 2018, demostraron, una vez más, su entusiasmo por las tecnologías limpias al financiar proyectos de coches eléctricos, tecnologías sostenibles y *software* que promovía la eficiencia eléctrica en áreas desde el reciclaje hasta los servicios de envíos.

¿Es posible que los capitalistas de riesgo tengan el corazón en el lugar correcto, pero que su estilo de financiación no sea apropiado para áreas de capital intensivo como las tecnologías limpias? La sospecha es en parte correcta, pero también resulta exagerada. Es cierto que las tecnologías con costes de investigación y desarrollo elevados generan riesgos extra para los capitalistas de riesgo, y que los productos que tardan años en desarrollarse reducen el rendimiento anual de las firmas. Según un estudio, las inversiones de riesgo en tecnologías limpias entre 1991 y 2019 generaron un irrelevante 2 por ciento anual, en contraste con el 24 por ciento anual de inversiones en *software*[9]. Pero el veredicto de que los proyectos ecológicos no son susceptibles de inversiones de riesgo es demasiado general. Por una parte, algunos no requieren ni grandes cantidades de capital ni proyecciones a largo plazo; por ejemplo, el *software* que decide cuándo los electrodomésticos cogen energía de la red. Por otra parte, el fracaso de las tecnologías limpias de la década de 2000 fue también un fracaso gubernamental. Los políticos reflotaron el dilema de fijar

---

9. Esta información se refiere a rendimientos brutos, previos a la sustracción de costas, y fue extraída de Sand Hill Road Econometrics. Lerner, Josh, y Nanda, Ramana, «Venture Capital's Role in Financing Innovation: What We Know and How Much We Still Need to Learn», *Journal of Economic Perspectives 34*, n.º 3, verano de 2020, pág. 246, pubs.aeaweb. org/doi/pdfplus/10.1257/jep.34.3.237.

precios o regular el carbón, y los capitalistas de riesgo actuaron en consecuencia; cuando los políticos no cumplieron, los capitalistas perdieron dinero, como era de esperar. Después de 2010, no hubo un impacto regulatorio equivalente, y las tecnologías limpias tuvieron mejor rendimiento. Entre 2014 y 2018, los inversores en tecnología ecológica tuvieron rendimientos anuales brutos de poco más del 21 por ciento, con *startups* de red eléctrica inteligente y de almacenamiento de energía que generaron alrededor del 30 por ciento[10]. Por último, la historia no apoya la idea de que los capitalistas de riesgo no pueden con el uso de capital intensivo. Las primeras historias de este libro muestran cómo han logrado tener éxito con proyectos de *hardware* costosos en el pasado: Fairchild Semiconductor, Intel, Tandem, 3Com y UUNET.

Durante las primeras décadas de la industria, los capitales de riesgo financiaron proyectos de capital intensivo mediante acuerdos apropiados: a cambio de su paciencia y de su capital, exigían porciones elevadas de las empresas en cartera. En los sesenta, Davis & Rock esperaba poseer alrededor del 45 por ciento de todas las *startups* que financiaba. En los setenta y ochenta, los inversores de serie A en general esperaban alrededor de un tercio de las acciones. Luego, a finales de los noventa, el porcentaje descendió más. Sequoia y Kleiner Perkins inyectaron grandes sumas en Google, pero apenas se quedaron con un cuarto de la empresa entre los dos. En el punto más bajo, Accel obtuvo apenas un octavo de Facebook cuando financió a Zuckerberg en 2005, porcentaje que a Arthur Rock le hubiera resultado irrisorio[11]. Como hemos visto, la caída en las cifras derivó de la asertividad de fundadores jóvenes, pero también reflejó el hecho de que las *startups* de tecnología como Google y Facebook requerían menos capital y prometían recompensas rápidas y astronómicas. Sin duda, los capitalistas de riesgo estaban conformes con poseer una porción modesta de dichas *startups*. Hoy en día, para financiar proyectos de capital intensivo, los capitalistas de riesgo deben recordar su pasado: pueden

---

10. Las inversiones en tecnologías limpias, dentro y fuera de los Estados Unidos, ganaron un rendimiento anual bruto mayor al 21 por ciento en 2014-2018. En contraste, el rendimiento bruto anual de 2005-2009 estaba por debajo del 1,2 por ciento. Información de Liqian Ma, de Cambridge Associates.

11. La información de Sand Hill Road Econometrics confirma que estos ejemplos son representativos. En 1992, inversores en primera ronda obtenían en promedio un tercio de las acciones. Para el período 2017-2019, la porción era algo menor a un quinto.

aportar grandes sumas de capital si a cambio obtienen una gran porción de la empresa resultante [12].

La enorme expansión de Internet, de *smartphones* y de la nube en los últimos veinticinco años han creado el mito de que el capital de riesgo solo se trata de *software*. Mito reforzado por el hecho de que muchos de los negocios resultantes son marcas establecidas, tan presentes en la consciencia colectiva que invisibilizan las tecnologías más humildes. Sin embargo, insinuar que los capitales de riesgo «solo» pueden financiar *software* es doblemente erróneo. Por una parte, el *software* abarca casi todas las industrias; aunque el mito fuera cierto, no probaría que el capital de riesgo se limita solo a un área. Pero el mayor argumento es que, a diferencia de la percepción general, la tradición preinternet de los proyectos de capital intensivo sigue siendo viable.

En 2007, la sociedad Lux Capital reunió su primer fondo con el principio explícito de evitar las áreas obvias. «Nada de Internet, redes sociales, teléfonos móviles, videojuegos, cosas que todos seguirán haciendo», explicó el cofundador Josh Wolfe [13]. En cambio, Lux invertía en áreas como robótica médica, satélites y tratamiento de residuos nucleares, y sus resultados sirvieron para probar que esos desafíos de capital intensivo no escapan del alcance de los capitales de riesgo. Para el 2020, Lux ostentaba resultados firmes y había logrado inversiones por 2,5 mil millones de dólares [14]. En la primera mitad de 2021, nueve empresas en la cartera de Lux protagonizaron salidas exitosas, y la sociedad consiguió 1,5 mil millones de dólares adicionales.

Flagship Pioneering es otro ejemplo de que las tecnologías de capital intensivo pueden ser financiadas por capitales de riesgo. La sociedad con sede en Boston probó que las apuestas de alto riesgo y coste pueden ser redituables si los capitalistas de riesgo tienen suficiente participación en

---

12. A pesar de la supuesta inadecuación del capital de riesgo para proyectos ecológicos, había mucho dinero inteligente apostando por la teoría opuesta. Corporaciones y filántropos multimillonarios establecieron fondos de riesgo para tener participación en tecnologías limpias. Podrían haber dirigido capital de cualquier manera, pero eligieron tomar el modelo de capitales de riesgo. El mayor ejemplo es Breakthrough Energy Ventures, lanzado por Bill Gates. John Doerr es miembro de la junta.

13. Wolfe en entrevista con el autor, 3 de octubre de 2017.

14. Lux Capital reportó que su rendimiento se encontraba en el cuartil más alto de los capitales de riesgo. Fue potenciado especialmente por las espectaculares ventas de robótica médica de la empresa Auris.

el lado positivo. Al igual que Kleiner Perkins, Flagship incubaba a las *startups* desde dentro y eliminaba los riesgos candentes antes de buscar capital de otras firmas. Como resultado, solía retener alrededor de la mitad de las acciones cuando sus proyectos exitosos se presentaban en oferta pública, y los socios comanditarios conseguían ganancias excepcionales[15]. Una de sus *startups*, la empresa de biotecnología Moderna, creó una vacuna contra el COVID-19. Es difícil encontrar pruebas más fuertes de la utilidad de los capitales de riesgo.

El capital de riesgo sí es culpable de errores por omisión: ninguna especialidad financiera tiene todas las respuestas. Cuando se trata de ciencia fundamental, los laboratorios con financiamiento estatal siempre serán esenciales. Cuando se trata de inversiones de capital intensivo —una fábrica de semiconductores de vanguardia, por citar un ejemplo extremo—, las corporaciones de arcas abultadas son más apropiadas. Pero lo más sorprendente es el amplio alcance de los capitales de riesgo: desde inversiones semilla hasta inversiones de crecimiento, es la fuente de financiación por defecto para *startups* innovadoras y ambiciosas con valores desde unos pocos millones hasta unos cuantos miles de millones. Siempre y cuando la *startup* apunte a un mercado lucrativo y tenga oportunidad de generar rendimientos de 10x o más para sus inversores, en realidad no importa en qué sector se encuentre. Podría inventar una nueva hamburguesa (Impossible Foods), una nueva forma de vender gafas de sol (Warby Parker), un concepto de moda (Stitch Fix, Rent the Runway), unas gafas de realidad virtual (Oculus), un medidor de actividad (Fitbit), un teléfono inteligente accesible (Xiaomi), un servicio de renta de escúteres y bicicletas (Lime), un servicio de pruebas genéticas (23andMe), un robot médico (Auris Health), un servicio de salud mental (Lyra Health), un servicio de pagos para comerciantes (Stripe, Square) o un banco para consumidores (Revolut, Monzo). Es inevitable que haya críticos que argumenten que los capitalistas de riesgo podrían usar mejor los recursos. Pero también las prioridades subjetivas de los críticos son cuestionables, y no es que todos los negocios financiados

---

15. Entre su creación en 2000 y principios de 2018, Flagship Pioneering y sus empresas en cartera hicieron más de cincuenta ensayos clínicos de terapias novedosas y patentaron más de quinientos inventos. La firma informó que su tasa de rendimiento interno en fondos entre 2007 y 2015 fue del 35 por ciento. Luo, Hong; Pisano, Gary P., y Yu, Huafeng, «Institutional Entrepreneurship: Flagship Pioneering», Harvard Business School Case Study, 9-718-484, 26 de abril de 2018.

por otras fuentes sean virtuosos. Al menos, al elegir invertir en productos que podrían venderse y generar beneficios, los capitalistas de riesgo respetan las decisiones de millones de consumidores.

<hr/>

¿Y qué hay de la tercera crítica: que los capitales de riesgo están dominados por hombres blancos salidos de una variedad limitada de universidades de élite? Este argumento es mucho más persuasivo. En febrero de 2020, las mujeres representaban el reducido porcentaje del 16 por ciento de los socios en firmas de riesgo, más que el 11 por ciento de 2016[16]. En contraste, el 38 por ciento de los abogados y el 35 por ciento de los médicos son mujeres[17]. Cabe reconocer que la industria intenta mejorar. En 2019, el 42 por ciento de los nuevos socios en los Estados Unidos eran mujeres, y el sexismo mostrabas señales de reducción[18]. Muchos socios conocidos por haber cometido acoso sexual fueron expulsados, y es más probable que los hombres sean amonestados por hacer comentarios fuera de lugar. En un trabajo de investigación de 2020, los investigadores reportan haber hecho pruebas de misoginia enviando ochenta mil *e-mails* para presentar una *startup* prometedora pero ficticia a veintiocho mil inversores de riesgo. Los supuestos correos enviados por mujeres recibieron un 9 por ciento más de respuestas interesadas que los mismos correos enviados por hombres[19]. Sin embargo, el cambio esperanzador tiene un impacto decepcionante en el destino del dinero. En 2020, tan solo el 6,5 por ciento de los acuerdos

16. NVCA-Deloitte Human Capital Survey, 3ra ed., marzo de 2021, fig. 1.

17. Cheeseman Day, Jennifer, «More Than 1 in 3 Lawyers Are Women», U.S. Census Bureau, 8 de mayo de 2018, census.gov/library/stories/2018/05/women-lawyers.html. «Active Physicians by Sex and Specialty, 2017», Association of American Medical Colleges, aamc.org/data-reports/workforce/interactive-data/active-physicians-sex-and-specialty-2017. Las mujeres representan apenas el 17 por ciento de los socios sénior en bancos de inversión, el mismo que en capitales de riesgo. Boorstin, Julia, «Survey: It's Still Tough to Be a Woman on Wall Street— but Men Don't Always Notice», CNBC, 26 de junio de 2018, cnbc.com/2018/06/25/surveyon-wall-street-workplace-biases-persist---but-men-dont-see-t.html.

18. Kostka, Pam, «More Women Became VC Partners Than Ever Before in 2019 but 65% of Venture Firms Still Have Zero Female Partners», *Medium*, 7 de febrero de 2020, link.medium.com/RLcsLvmNxbb.

19. Gornall, Will, y Strebulaev, Ilya A., «Gender, Race, and Entrepreneurship: A Randomized Field Experiment on Venture Capitalists and Angels», documento de trabajo, 2020, pág. 1.

eran con *startups* que contaban únicamente con mujeres fundadoras. Un porcentaje un poco más alto, el 17,3, se produjo con *startups* que tenían, al menos, una mujer fundadora[20].

En cuanto a la etnicidad, el progreso fue más lento. Para ser justos, la industria está abierta a inversores de origen asiático: alrededor del 15 por ciento de los socios son asiáticos, más del doble que en la fuerza laboral[21]. Sin embargo, solo el 3 por ciento de los socios son afroamericanos, aunque representan el 13 por ciento de la fuerza de trabajo; y apenas el 1 por ciento de la financiación se destina a emprendedores afrodescendientes[22]. Esta falta de representación refleja un patrón en otras profesiones de élite, pero es peor: por citar un punto de referencia plausible, la representación afroamericana entre los administradores financieros es del 8,5 por ciento, casi tres veces más que en los capitales de riesgo[23]. Los hispanoamericanos tienen aún menos representación: son el 4 por ciento de los socios en capitales de riesgo, aunque representan el 17 por ciento de la fuerza de trabajo y el 11,4 por ciento de la administración financiera[24]. Estos porcentajes, además de ser desiguales, limitan el progreso económico, ya que se niega la oportunidad de contribuir a la innovación a personas talentosas. Se estima que el PBI de los Estados Unidos aumentaría más del 2 por ciento si se subsanara esta desigualdad[25].

---

20. «The US VC Female Founders Dashboard», PitchBook, 28 de febrero de 2019, pitchbook.com/news/articles/the-vc-female-founders-dashboard.

21. Según un informe de la agencia de estadísticas laborales de los Estados Unidos, los asiáticos representan el 6 por ciento de la fuerza de trabajo. «Labor Force Characteristics by Race and Ethnicity, 2018», BLS Reports, octubre de 2019. Información sobre el porcentaje de capitalistas de riesgo asiáticos extraída de NVCA-Deloitte, fig. 2.

22. NVCA-Deloitte Human Capital Survey, 3.ª ed., marzo de 2021, fig. 2. Kerby, Richard, «Where Did You Go to School?», *The Journal Blog*, 30 de julio de 2018. El financiamiento de emprendedores afroamericanos apunta al año 2020 y fue extraído de Crunchbase.

23. El término de «administrador financiero» es usado por la oficina de censos para referirse a trabajadores que crean «informes financieros, actividades de investigación directas y planes para objetivos financieros a largo plazo de sus organizaciones». Son 697.000 en los Estados Unidos, con un salario medio de 130.000 dólares al año. «Labor Force Statistics from the Current Population Survey», U.S. Bureau of Labor Statistics, última modificación 22 de enero de 2020, bls.gov/cps/cpsaat11.htm.

24. Información sobre hispanoamericanos extraída de NVCA-Doloitte, fig. 3. «Labor Force Statistics from the Current Population Survey», U.S. Bureau of Labor Statistics.

25. Cook, Lisa, y Gerson, Jan, «The Implications of U.S. Gender and Racial Disparities in Income and Wealth Inequality at Each Stage of the Innovation Process», Washington Center for Equitable Growth, 24 de julio de 2019.

Frente a las protestas Black Lives Matter de 2020, algunos líderes de la industria prometieron mejorar. Andreessen Horowitz ideó un programa para entrenar y financiar a una pequeña cantidad de fundadores de entornos atípicos. «Ser igual ante la ley, pero desigual ante la aplicación de la ley, es atroz», afirmó la sociedad[26]. First Round Capital, uno de los inversores semilla que financió a Uber, declaró que su siguiente socio debía ser afroamericano. Google Ventures anunció el nombramiento de un socio afroamericano, Terri Burns, quien había trabajado en Twitter. Sin embargo, estas iniciativas son apenas un comienzo, y la industria aún es culpable de la acusación. Es, en gran medida, territorio de hombres blancos graduados en unas pocas universidades de élite: de los capitalistas de riesgo con másteres en administración, un tercio había asistido a Stanford o a Harvard[27]. En cierta medida, la industria es una meritocracia, y también lo que los críticos llaman «espejocracia».

Por último, existe una tercera crítica: que el capital de riesgo fomenta a disidentes fuera de control. Esta premisa suele ser una respuesta al crecimiento desmedido (*blitzscaling*) en empresas como Uber. El término en inglés —acuñado por el capitalista de Greylock, antes fundador de LinkedIn, Reid Hoffman— en un principio hacía referencia a una obligación más que a una opción: en industrias de red, la lógica de que el ganador se queda con todo obliga a las *startups* a crecer antes de que sus competidores ganen la carrera[28]. Sin embargo, en manos de inversores menos sensatos, *blitzscaling* tomó el sentido de «hacerse rico rápido», frase que acompañaría a otros gritos de guerra desde el mandato de Masayoshi. Desde «más descabellados, más rápidos, más exagerados» hasta

26. «Introducing the Talent x Opportunity Fund», Andreessen Horowitz, 3 de junio de 2020, a16z.com/2020/06/03/talent-x-opportunity.

27. Gompers, Paul A., y Calder-Wang, Sophie, «Diversity in Innovation», documento de trabajo 17-067, Harvard Business School, 2017, pág. 67. Algunos registros hacen que el elitismo de los capitales de riesgo parezca mucho peor. En un recuento, el 40 por ciento de los capitalistas asistieron a Harvard o a Stanford, veredicto probablemente alcanzado contando la asistencia a programas de grado o de posgrado. Kerby, «Where Did You Go to School?».

28. Sullivan, Tim, «Blitzscaling», *Harvard Business Review*, abril de 2016, hbr.org/2016/04/blitzscaling.

la llamada de Mark Zuckerberg a «moverse rápido y romper cosas». Incluso los beneficiarios de los fondos de crecimiento desmedido comenzaron a ver la falta. En 2019, el emprendedor Jason Fried declaró que el capital de riesgo «mata más negocios que los que ayuda», ya que los fondos elevados generan presión para gastar capital antes de que los administradores sepan cómo hacerlo de forma inteligente. «Si plantas una semilla, necesitará algo de agua, pero si le das toda una maldita cubeta de agua, morirá», afirmó con dureza[29]. Al ver a las empresas financiadas por capitales de riesgo que fracasaron, el emprendedor Tim O'Reilly propuso una idea provocativa: «El crecimiento desmedido no es en realidad una receta para el éxito, sino un sesgo de supervivencia disfrazado de estrategia»[30].

De todas formas, la crítica de O'Reilly no es tanto una crítica a los capitalistas de riesgo como una advertencia para los fundadores. Si el objetivo de los emprendedores es la autonomía personal, deben entender que el capital de riesgo tiene condiciones; si quieren crecer a un ritmo cauto, podrían tener presiones indeseadas. Pero, mientras que los fundadores inexpertos necesitan conocer estas realidades, los capitalistas de riesgo los entienden demasiado bien: son los primeros en advertirles que los fundadores cautos deben buscar financiamiento en otro lado. «La gran mayoría de los emprendedores NO deberían aceptar capitales de riesgo», tuiteó Bill Gurley en enero de 2019. «Vendo combustible para *jets*; algunas personas no quieren construir un *jet*», coincidió Josh Kopelman de First Round Capital[31]. Como indican los comentarios, los capitalistas de riesgo podrían financiar a empresas en una amplia variedad de sectores, pero su competencia es limitada. Es apropiado solo para la minoría ambiciosa que quiere asumir el riesgo de crecer rápido, y los capitalistas de riesgo, entre todo el mundo, tienen interés en respetar los lími-

29. Johnson, Eric, «'Venture Capital Money Kills More Businesses Than It Helps', Says Basecamp CEO Jason Fried», *Vox*, 23 de enero de 2019.

30. O'Reilly, Tim, «The Fundamental Problem with Silicon Valley's Favorite Growth Strategy», *Quartz*, 5 de febrero de 2019. O'Reilly se hacía eco de una crítica a los capitales de riesgo que se remonta, al menos, a los noventa. Cuando John Doerr fundó GO, la empresa informática portátil que era un concepto sin tecnología, sus críticos denunciaron la actitud de «a todo o nada». Con menos ambición y más paciencia, tal vez GO podría haberlo logrado.

31. Griffith, Erin, «More Start-Ups Have an Unfamiliar Message for Venture Capitalists: Get Lost», *The New York Times*, 11 de enero de 2019.

tes, ya que, si inyectan capital a la fuerza en firmas inadecuadas, pueden perderlo.

Sn embargo, O'Reilly plantea una pregunta más sutil sobre el capital de riesgo. No se trata de los fundadores que intentan crecer rápido y fracasan, pues aceptaron el capital de forma voluntaria, se presume que conociendo los peligros. Más bien se trata de los fundadores que apuntan a crecer rápido y lo logran, porque ellos cambiarán las vidas de las personas en las empresas involucradas. Por supuesto que la disrupción es un precio justo por el avance tecnológico: la destrucción puede ser creativa. Sin embargo, si la disrupción surge de la tecnología financiera, el juicio podría ser diferente. Cuando los capitales de riesgo aportan dinero al crecimiento desmedido, el resultado es que un grupo de unicornios puede vender sus productos por debajo de su coste, con lo que alteran a las empresas no necesariamente por superioridad tecnológica, sino porque están subsidiados por capital de riesgo. Por ejemplo, en las aplicaciones de transporte, los capitalistas de riesgo pagaron por tarifas bajas artificiales para los pasajeros, con lo que forzaron a los operadores de taxi en funciones a competir en un campo alterado. La justificación moral y política para la competencia de mercado es que debe ser justa. Si el mercado se manipula, la competencia pierde legitimidad.

Ningún sistema económico está totalmente libre de distorsiones, por lo que la pregunta radica en si el crecimiento asciende hasta el punto en que sean perniciosas. Si es posible demostrar que los unicornios expulsan a empresas más eficientes, el crecimiento desmedido podría perjudicar la eficiencia general de la economía. Durante el pico de crecimiento en 2018, dos académicos intentaron establecer este punto. «Empresas con pérdidas pueden seguir operando y expulsando a otras durante más tiempo que antes», escribieron. «Puede decirse que estas firmas están destruyendo el valor de la economía»[32]. Pero, por más que este argumento pueda ser cierto en algunos momentos e industrias, en la gran mayoría de casos es, casi sin duda, erróneo.

Las explicaciones comienzan con la naturaleza de la competencia del mercado. De nuevo: ningún sistema económico está totalmente libre de

---

32. Kenney, Martin, y Zysman, John, «Unicorns, Cheshire Cats, and the New Dilemmas of Entrepreneurial Finance», *Venture Capital: An International Journal of Entrepreneurial Finance 21*, n.º 1, 2019, pág. 39.

distorsiones, por lo general, las empresas tradicionales gozan de grandes ventajas. Disfrutan de economías de escala, de marcas fuertes, de regulaciones gubernamentales que ayudaron a moldear y de relaciones firmes con distribuidores y proveedores. Teniendo en cuenta estas ventajas, el crecimiento acelerado que ayuda a los disidentes podría servir como nivelador más que disruptor. Por ejemplo, los operadores de taxi existentes suelen contar con regulaciones municipales a su favor, y la financiación de riesgo barata sirvió para equilibrar la injusticia[33]. «Es posible decir que, si Uber, Lyft y Airbnb no hubieran crecido de forma desmedida, hubieran quedado enredados en redes burocráticas, y el futuro que intentan construir no solo se hubiera retrasado, sino que nunca llegaría», señaló el propio O'Reilly. En teoría, una enorme cantidad de capital de riesgo puede ser una sobrecorrección: cuando bucaneros como Masayoshi Son marcan el ritmo, es posible que la crítica al crecimiento desmedido tenga sentido, pero no es culpa de la práctica usual del capitalismo de riesgo. Recordemos que Bill Gurley se horrorizó por el ritmo de gasto de Uber. Y, después de la humillación de WeWork, incluso Son afirmó haber escarmentado.

Cabe destacar otro punto sobre el *blitzscaling*. El objetivo es establecer poder de mercado, algo cercano a un monopolio. Esto podría dañar a la sociedad de tres maneras: las empresas superpoderosas pueden pagar poco a proveedores y trabajadores, cobrar de más a consumidores y disparar la inflación. La respuesta correcta a este problema es regular los monopolios cuando surgen, no castigar al capital de riesgo. Después de todo, la industria trata de alterar el poder corporativo establecido, es enemiga de los monopolios. El desafío a Amazon llegó a manos de firmas jóvenes financiadas por capitales de riesgo: marcas de consumo como Glossier, que reúne pagos con ayuda de otras firmas en ascenso como Stripe. Del mismo modo, Facebook fue desafiado por la nueva generación de plataformas de redes sociales: TikTok, financiado por Sequoia o Clubhouse, protegida de a16z. El hecho de que Facebook absorbiera a dos contrincantes prominentes, Instagram y WhatsApp, no debilita este punto. Por un lado, las autoridades de competencia pueden impedir que Facebook adquiera a futuros rivales en respuesta al escepticismo creciente en la tecnología. Por otra parte, los precios altos que Facebook pagó por Instagram y por

---

33. O'Reilly, «The Fundamental Problem with Silicon Valley's Favorite Growth Strategy».

WhatsApp incentivaron a los capitalistas de riesgo a financiar a la siguiente ronda de rivales.

Cualquier camarilla que se vuelva tan rica y poderosa como los habitantes de Sand Hill Road merece el escrutinio público. De todas formas, solo una de las críticas presentadas tiene fundamentos. La industria de capitales de riesgo es una camarilla: es demasiado blanca, demasiado masculina, demasiado Harvard/Stanford. Un sector con tanta influencia en el futuro debería tomarse la diversidad más en serio. Pero no es verdad que el capital de riesgo no sirva para industrias con utilidad social como las tecnologías limpias. Tampoco es cierto que la mentalidad de crecimiento a todo o nada sea tan extrema como para afectar la eficiencia económica. Con la llegada de la tecnología a todas las áreas de la vida, las sociedades democráticas hacen bien en preocuparse por el lado negativo, desde la creación de monopolios hasta la propagación de noticias falsas o el compromiso de la privacidad. Pero son amenazas que provienen de gigantes tecnológicos, y el capital de riesgo, lejos de potenciar estas plataformas, podría alterarlas.

Mientras tanto, en el otro extremo, una evaluación de los capitalistas de riesgo como grupo debe reconocer los puntos a su favor.

Escuelas de negocios y de finanzas demostraron de forma concluyente que las empresas financiadas por capitales de riesgo tienen un impacto desproporcionado en la generación de riquezas y de innovación. Menos del 1 por ciento de las empresas de los Estados Unidos reciben financiamiento de riesgo[34]. Pero, en un estudio que abarca el cuarto de siglo entre 1995 y 2019, Josh Lerner y Ramana Nanda descubrieron que las empresas financiadas por capitales de riesgo concentraban el 47 por ciento de las ofertas públicas iniciales no financieras; en otras palabras, una empresa financiada por capitales de riesgo tenía muchas más probabilidades de cotizar en bolsa que una no financiada. Además, las empresas financiadas que llegaron a bolsa tendían a tener mejores resultados y a ser

---

34. . Puri, Manju, y Zarutskie, Rebecca, «On the Life Cycle Dynamics of Venture-Capital-and NonVenture-Capital-Financed Firms», *Journal of Finance 67*, n.º 6, diciembre de 2012, pág. 2248.

más innovadoras que sus homólogas no financiadas. Por lo tanto, aunque las empresas financiadas por capitales de riesgo representaban apenas el 47 por ciento de las ofertas públicas, al final del estudio, representaban el 76 por ciento del valor de mercado. También representaban el 89 por ciento de los gastos en investigación y desarrollo[35]. Otras investigaciones confirman que más inversiones de riesgo derivan en más patentes, y que las patentes con financiamiento de riesgo son más significativas que el promedio: el 22 por ciento se encuentra entre el 10 por ciento principal de las patentes más citadas[36]. Y estos logros intelectuales generan efectos productivos colaterales para el resto de la economía. Los productos innovadores pueden potenciar a los individuos y a las empresas a nivel global.

El éxito indiscutible de las empresas financiadas por capitales de riesgo suele inspirar una pregunta: ¿los capitalistas generaron el éxito o solo estuvieron en el lugar y el momento indicado? Pero, como también hemos visto, otra línea de investigación demuestra cómo las *startups* que tienen el beneficio de la consejería de sus inversores tienen mejores resultados que sus pares, y en este libro se han relatado muchos casos del impacto positivo de los capitales de riesgo en sus empresas en cartera. Además, aunque fuera cierto que la habilidad de los capitalistas de riesgo solo reside en seleccionar tratos y no en entrenar a sus *startups*, esa habilidad aún será valiosa. La selección inteligente aumenta las posibilidades de que las empresas más merecedoras obtengan el capital que necesitan y asegura que los ahorros de la sociedad sean usados de forma productiva.

Este análisis del capital de riesgo centrado en finanzas debe ser complementado por un análisis sociológico. Gracias al trabajo de AnnaLee Saxenian, desde los noventa es bien sabido que Silicon Valley superó a Boston como centro de innovación gracias a la densidad de su red: el talento y las ideas fluían con más libertad entre las *startups* pequeñas de California que por las corporaciones herméticas de Massachusetts. Aquí se ha enfatizado otro punto: que las redes de conexiones fértiles mencio-

---

35. Lerner y Nanda, «Venture Capital's Role in Financing Innovation», pág. 240.

36. Kortum, Samuel, y Lerner, Josh, «Assessing the Impact of Venture Capital on Innovation», *Rand Journal of Economics 31*, no 4, 2000, págs. 674–692. Howell, Sabrina, *et al.*, «Financial Distancing: How Venture Capital Follows the Economy Down and Curtails Innovation», documento de trabajo 20-115, Harvard Business School, 2020, pág. 4, ssrn.com/abstract=3594239. Los autores señalan que es muchísimo más probable que las firmas financiadas por capitales de riesgo tengan más patentes originales, más patentes generales y patentes más cercanas a la ciencia elemental.

nadas por Saxenian se nutren, sobre todo, de los capitalistas de riesgo. Arthur Rock tuvo tanta relevancia en el impulso de la innovación de California como Stanford o el flujo de contratos de defensa. Para dominar a Boston, Silicon Valley se valió de los capitalistas de riesgo como el equipo detrás de 3Com, la empresa de Ethernet que buscó financiamiento en la Costa Este, pero acabó por decidir que no había sustituto para el capital de riesgo de la Costa Oeste. También hay que reconocer que el ascenso del mayor contrincante de Silicon Valley, China, también puede ser adjudicado al capital de riesgo. Como sucedió con el desarrollo de Silicon Valley, las empresas de Internet chinas crecieron gracias a los Estados Unidos o inversores entrenados en los Estados Unidos. Una vez más, la aportación de la industria a la comercialización de ciencia aplicada es inconfundible.

Esta contribución ha crecido y sigue haciéndolo. Entre 1980 y el 2000, las empresas financiadas por capitales de riesgo ya suponían un amplio 35 por ciento de las ofertas públicas iniciales de los Estados Unidos. Durante las dos décadas siguientes, la cifra aumentó al 49 por ciento [37]. Al mirar hacia adelante, los capitales de riesgo crecerán aún más gracias al cambio elemental en la economía. En el pasado, la mayor parte de las inversiones corporativas era *tangible*: el capital era usado para comprar bienes materiales como maquinarias, edificios, herramientas y demás. Hoy en día, la mayor parte es *intangible*: el capital se destina a investigación y desarrollo, investigación de mercado, procesos de negocios y *software* [38]. Y las nuevas inversiones intangibles dan justo en el punto débil de los capitalistas de riesgo: al explicar la industria en 1962, Arthur Rock financiaba «valor intelectual en libros». En contraste, los

37. Ritter, Jay, «Initial Public Offerings: Updated Statistics», site.warrington.ufl.edu/ritter/files/IPO-Statistics.pdf. Además, las empresas financiadas por capitales de riesgo representaban un porcentaje creciente del empleo en Estados Unidos. Entre 1981 y 1985 su porcentaje era entre el 2,7 y el 2,8. Entre 1996 y el 2000 había subido a entre el 4,2 y el 6,8. Para el período entre 2001 y 2005 había subido otra vez, entre el 5,3 y el 7,3 por ciento. Puri y Zarutskie, «On the Life Cycle Dynamics of Venture-Capital-and Non-Venture-Capital-Financed Firms», pág. 2256. Información de Sand Hill Road Econometrics indica que el valor de firmas estadounidenses financiadas por capitales de riesgo como porcentaje del valor de empresas públicas ascendió del 0,5 por ciento en 1992 al 6 por ciento a principios del 2000.

38. Entre 1995 y 2018, los activos intangibles ascendieron del 68 por ciento al 84 por ciento del valor de empresas en el S&P 500. Thomas, Jason, *Global Insights: When the Future Arrives Early*, Carlyle Group, septiembre de 2020, carlyle.com/sites/default/files/Global%20Insights_When%20The%20Future%20Arrives_Sept_2020.pdf.

activos intangibles presentan un desafío para otra clase de financieros. Los banqueros e inversores en bonos intentan tener un seguro contra pérdidas con una «garantía» —derechos sobre los activos de un prestatario que puedan ser embargados y vendidos en caso de incumplimiento—. Pero los bienes intangibles pueden hundirse: una vez hecha la inversión, no hay objeto físico que pueda ser vendido para recuperar el capital[39]. Del mismo modo, los inversores tradicionales evalúan a las empresas en parte evaluando sus activos físicos, que son informados en sus libros financieros. Pero los activos intangibles son más difíciles de medir, eluden las reglas contables estándar y su valor es difuso: para evaluar un proyecto de desarrollo de *software*, es necesario ser cercano a la tecnología. Los capitalistas involucrados están mejor armados para distribuir capital en este mundo desconcertante: un mundo en el que lo intangible desplaza lo tangible.

El hecho de que el capital de riesgo sea muy apropiado para financiar activos intangibles explica su expansión geográfica. Silicon Valley sigue siendo el centro de la industria. En los Estados Unidos, alberga dos tercios de las sociedades de riesgo, y la proporción de California ascendió del 44 por ciento al 62 por ciento entre 2004 y 2019[40]. Sin embargo, al mismo tiempo, los inversores con base en California cada vez están más predispuestos a financiar empresas en otros estados, y el enorme flujo hacia capitales de riesgo generó que mucho dinero estuviera disponible para dirigirse hacia empresas fuera de Silicon Valley. Los más beneficiados fueron los centros financieros tradicionales, Boston y Nueva York. Pero también fluyó dinero hacia ciudades industriales fuertes como Los Ángeles y Seattle, e incluso hacia destinos más sorprendentes: Drive Capital, fundada por dos ex Sequoia, administra fondos de riesgo por valor de más de 1,2 mil millones de dólares desde su base en Ohio. Con la llegada del trabajo re-

---

39. Haskel, Jonathan, y Westlake, Stian, *Capitalism Without Capital: The Rise of the Intangible Economy*, Princeton University Press, Princeton (Nueva Jersey), 2017, pág. 68.

40. Al contar socios de capitales de riesgo estadounidenses con un lugar en la junta de al menos una de las cincuenta *startups* principales, el 69 por ciento se encontraban en Bay Area, mientras que el 11 por ciento tenían base en Nueva York y el otro 11 por ciento en Boston. Lerner y Nanda, «Venture Capital's Role in Financing Innovation». Del mismo modo, Silicon Valley generó diecisiete de las veintidós empresas estadounidenses que lograron valuaciones privadas de más de 10 mil millones de dólares. Stanford, Kyle, «The Bay Area Still Holds the Keys to VC», PitchBook *Analyst* Note, 26 de febrero de 2021. Información sobre la distribución regional de la recaudación de fondos de riesgo, ver el apéndice.

moto durante la pandemia de coronavirus de 2020-2021, un desfile de empresas tecnológicas abandonó el abarrotado Silicon Valley en busca de impuestos y rentas más bajos, y Austin, Texas, y Miami, Florida, surgieron como los destinos más elegidos. Joe Lonsdale, líder de la sociedad 8VC, describe el traslado a Austin como una apuesta a que la innovación puede suceder en cualquier lugar. «Las personas talentosas crean firmas tecnológicas de primera por todo el país», escribió. «Apostamos a que el futuro de los Estados Unidos se construirá en el centro del país, en sitios con buenos gobiernos y un coste de vida razonable»[41].

Han surgido centros de capital de riesgo fuera de los Estados Unidos, lo que subraya sus ventajas para financiar las industrias del futuro. Entre 2009 y 2018, cuatro de las diez mayores ciudades de inversión de riesgo estaban fuera del país: Beijing, Shanghái, Shenzen y Londres[42]. Surgieron centros prometedores en Israel, el sudeste asiático y la India. Incluso en Europa, que suele quedar atrás en el avance digital, se duplicaron las inversiones de riesgo en los cinco años previos a 2019[43]. En 2021, dos latinoamericanos llegaron a la Lista Midas de *Forbes*, siendo la primera vez que alguien de la región lo lograba. En síntesis, la participación estadounidense en la industria de riesgo mundial cayó de casi el 80 por ciento en 2006-2007 a menos del 50 por ciento en 2016-2017[44]. Una generación atrás, los científicos e ingenieros consideraban a los Estados Unidos como el único lugar donde fundar una empresa. Hoy en día, ven oportunidades donde sea.

La aceptación global del capital de riesgo confirma lo que he estado argumentando: los atractivos de la industria superan sus supuestos defectos. A nivel individual, demuestran habilidades; como grupo, financian a las empresas más dinámicas, generan riquezas e investigación y desarrollo desproporcionadas y unen las redes fértiles que impulsan la economía del conocimiento. En el futuro, cuando los activos intangibles sigan eclipsando a los tangibles, el estilo activo contribuirá aún más a nuestra pros-

41. Lonsdale, Joe, «California, Love It and Leave It», *Wall Street Journal*, 15 de noviembre de 2020.

42. Kerr, William R., y Robert-Nicoud, Frederic, «Tech Clusters», *Journal of Economic Perspectives 34*, n.º 3, verano de 2020, pág. 57.

43. Teare, Gené, y Kunthara, Sophia, «European Venture Report: VC Dollars Rise in 2019», *Crunchbase*, 14 de enero de 2020.

44. Lerner y Nanda, «Venture Capital's Role in Financing Innovation».

peridad. Por supuesto que existen infinidad de problemas sociales que los capitales de riesgo no solucionarán y algunos que pueden exacerbarse; la desigualdad, por ejemplo[45]. Pero la respuesta correcta a la desigualdad no es dudar de la relevancia de los capitales de riesgo ni ponerles trabas. La respuesta es cobrar impuestos a las personas afortunadas que tuvieron progresos fantásticos durante la generación pasada —incluso los que amasaron fortunas como capitalistas de riesgo—.

Paradójicamente, el éxito del capital de riesgo plantea un nuevo desafío para la industria. A medida que siga expandiéndose alrededor del mundo, quedará involucrado en rivalidades más poderosas.

◆

La geopolítica del capital de riesgo atravesó dos fases. En la primera, entre la financiación de Fairchild Semiconductor y la de Alibaba, había muy pocos capitales de riesgo fuera de los Estados Unidos, así que la competencia nacional era irrelevante. En la segunda fase, que se inició alrededor del cambio de siglo, los capitales de riesgo comenzaron a expandirse, pero, como con casi todos los aspectos de la globalización, se asumía en general que sería un proceso de éxito. Cuando apadrinaron la economía digital de China, el país ganó, pero los Estados Unidos también al parecer, pues consiguieron rendimientos excepcionales con sus inversiones chinas. Solo unos pocos se preocuparon de que la creciente sofisticación del país asiático pudiera amenazar los intereses estadounidenses; a fin de cuentas, Silicon Valley tenía tanta ventaja que un pequeño avance chino no podría cambiar mucho el panorama.

Alrededor de 2017, la geopolítica entró en una tercera fase. Tanto en los Estados Unidos como en China, los líderes estaban inclinados a ver la globalización menos como una ganancia para todos y más como una competencia. Al mismo tiempo, con la intensificación de la rivalidad de poderes, la ventaja estadounidense se desvaneció. China ostentaba tantos

---

45. Además, los críticos argumentan que las *startups* se benefician de ciencia elemental financiada por impuestos, así que las riquezas resultantes para los fundadores generan dudas sobre su ecuanimidad. Pero los Gobiernos apoyan la investigación y desarrollo precisamente con la esperanza de que el sector privado lo utilice para impulsar el progreso económico. Dada la contribución de los capitalistas de riesgo al crecimiento y la innovación, generan futuros contribuyentes que compensan la ventaja que obtienen de la investigación gubernamental.

unicornios como Estados Unidos, y más en algunas tecnologías: drones, pagos móviles, equipamiento de redes 5G de nueva generación. El hábito de los consumidores chinos de manejar todos los aspectos de sus vidas con sus teléfonos inteligentes generó un flujo de datos extraordinario; la mano de obra barata permitió el seguimiento intensivo de esos datos. Combinados, estos dos factores le dieron ventaja a China en la carrera para entrenar a los sistemas de inteligencia artificial. En 2017, la mayor parte de Silicon Valley ponía el foco de manera entusiasta en las criptomonedas, a pesar de su dudosa utilidad. Al mismo tiempo, las *startups* chinas se adelantaron en la inteligencia artificial (IA) y desarrollaron aplicaciones que abarcaron desde préstamos instantáneos por vía telefónica hasta algoritmos de recomendación y reconocimiento facial[46]. El mismo año, China superó a los Estados Unidos como fuente principal de rendimientos en capitales de riesgo[47]. No parecía ninguna coincidencia.

Con el carácter competitivo de los Estados Unidos y de China y el estrechamiento de la grieta tecnológica, la antigua suposición de que todos ganan debe ser reevaluada. El capital de riesgo, gracias a su desproporcionada contribución al crecimiento económico y la innovación, se convirtió en un pilar del poder nacional, por lo que no puede quedar fuera de las evaluaciones geopolíticas. En retrospectiva, el papel de los capitales de riesgo estadounidenses en el desarrollo del sector tecnológico chino benefició más a China que a los Estados Unidos. Mientras que los inversores ganaron dinero, China ganó industrias estratégicas. La ventaja es más evidente donde el capital estadounidense ayudó a desarrollar la tecnología china con potencial militar. El principal fabricante de drones comerciales es DJI Technology de Shenzhen, que tuvo a Accel y a Sequoia entre sus inversores[48]. La Armada de los Estados Unidos prohibió el uso interno del *hardware* de

---

46. En 2018, un análisis de la Universidad Tsinghua concluyó en que China era líder mundial en investigación, patentes e inversión de riesgo en inteligencia artificial. Además, el Gobierno chino fomentaba las *startups* de inteligencia artificial. En julio de 2017, el consejo estatal lanzó el Plan de desarrollo de inteligencia artificial de nueva generación, en el que afirmaba que «la inteligencia artificial es [...] una estrategia fundamental para potenciar la competitividad nacional y proteger la seguridad».

47. «Life Is Getting Harder for Foreign VCs in China», *Economist*, 9 de enero de 2020 y Allen, Gregory C., «Understanding China's AI Strategy», Center for a New American Security, 6 de febrero de 2019.

48. El desarrollo del *software* de DJI se llevó a cabo, en parte, en Palo Alto, con personal mayormente estadounidense.

DJI por razones de seguridad, y en 2020 el Departamento de Justicia prohibió el uso de fondos federales para comprar productos de DJI. Asimismo, una de las empresas líderes en inteligencia artificial es SenseTime, que recibió financiamiento de Tiger Global, y se encuentra en la lista de empresas sancionadas por el Departamento de Comercio de los Estados Unidos debido a su trabajo con agencias de vigilancia chinas, especialmente en la provincia musulmana de Xinjiang.

Las aportaciones estadounidenses al avance tecnológico de China son más relevantes a raíz del cambio inminente en los conflictos armados. Hasta hace poco tiempo, la ventaja militar de los Estados Unidos estaba asegurada por su superioridad en áreas como aviones furtivos, portaaviones y municiones de precisión. Pero los líderes militares de China apuntan a superarlos estableciendo su liderazgo en armamento de IA: una flota de drones baratos, desechables y autónomos puede hacer que los portaaviones queden obsoletos[49]. Aunque los comandantes estadounidenses también comprenden el potencial de la IA, parecen estancados en el viejo hábito de comprar armas que los llevó a la gloria en el pasado, una especie de versión militar del dilema del innovador. La Armada de los Estados Unidos planea comenzar a construir el próximo avión caza F/A-XX en la década de 2030: tendrá un piloto humano. Para entonces, el campo de batalla estará dominado por artefactos inteligentes controlados de forma remota. El *software* controlará las guerras.

Para ganar la carrera por el armamento de IA, el Ministerio Nacional de Defensa de China reunió a más de doscientos investigadores en la Universidad Nacional de Tecnología de Defensa, lo que representó el mayor avance gubernamental de inteligencia artificial. Pero el Proyecto Manhattan no es el foco de la estrategia china. Después de haber visto el poder del capitalismo de riesgo estadounidense para crear empresas como Alibaba y Tencent, China sabe que la forma de establecer su liderazgo en armamento de IA radica en dominar los negocios civiles. Debemos recordar que la IA es una competencia de escala: necesita un gran poder de datos y de informática y grandes inversiones en los equipos que perfeccionan algoritmos. Solo un negocio mundial exitoso tiene posibilidades de conseguirlo. SenseTime ya emplea al triple de investigadores que la Universidad Nacional de Tecnología de Defensa y ha creado una infraes-

---

49. Allen, «Understanding China's AI Strategy».

tructura informática con un poder que excede el del superordenador de primer nivel de Oak Ridge Laboratory en Tennese. Sus científicos tienen lazos estrechos con los investigadores del oeste: en 2018, la Alianza de Inteligencia artificial MIT-SenseTime financiaba a veintisiete proyectos en diversos departamentos del MIT[50]. Por ahora, los equipos en empresas estadounidenses como Google son más grandes, pero Google es escéptico respecto al poder del país, por lo que es más difícil convertir la fortaleza tecnológica de la empresa en dominio militar. En 2018, frente a la presión de su grupo de científicos liberales y multifuncionales, Google dejó de participar en el Proyecto Maven, una iniciativa de IA del Pentágono. Al mismo tiempo, los tradicionales expertos en defensa de los Estados Unidos —Boeing, Raytheon Technologies, Lockheed Martin— tienen presupuestos privativos en comparación con los gigantes del *software*[51]. No están en condiciones de crear armas de IA innovadoras.

En resumen, SenseTime, DJI y otros productos de la economía de riesgo china suponen un desafío para Estados Unidos. El capital de riesgo está cambiando el equilibrio de poder, tanto comercial como militar. La cuestión es qué deben hacer los Gobiernos frente a este cambio. ¿Cómo pueden aumentar sus posibilidades de tener un sector emprendedor próspero con todos los beneficios que conlleva? ¿Y cómo deben responder los Estados Unidos a China en particular?

Los esfuerzos gubernamentales para promover la innovación financiada por capitales de riesgo tienden a generar debates inútilmente polarizados. Por otra parte, los libertarios tecnológicos se equivocan al decir que las intervenciones de los Estados no han contribuido en nada. Como hemos visto, Internet se originó como un proyecto del Pentágono, y Marc Andreessen construyó el primer navegador web mientras trabajaba en un laboratorio financiado

---

50. Murphy, Meg, «MIT-SenseTime Alliance Funds Projects from All Five Schools», *MIT News*, 24 de agosto de 2018.

51. En 2015, el presupuesto para investigación y desarrollo combinado de los cuatro contratistas de defensa principales era solo del 27 por ciento de los gastos en investigación de Google. *Innovation and National Security: Keeping Our Edge*, Independent Task Force Reports, Council on Foreign Relations, Nueva York, 2019, cfr.org/report/keeping-our-edge/pdf/TFR_Innovation_Strategy.pdf.

por el Estado. Dos políticas gubernamentales —el levantamiento de la restricción a inversiones de fondos de pensión en capitales de riesgo y la reducción de impuestos sobre las ganancias de capital— tuvieron gran impacto en el flujo de dólares a fondos de riesgo estadounidenses alrededor de 1980. Por otro lado, quienes creen en la política industrial del Estado se equivocan al minimizar los repetidos fracasos de la intervención estatal. En los sesenta, el apoyo al Small Business Investment Companies fue un gran desperdicio, y el SBIC resultó mucho menos efectivo que las firmas de riesgo privadas. En los ochenta, los subsidios impositivos para la industria del semiconductor fueron superficiales para su recuperación; el cambio privado de la fabricación de chips a la innovación en diseño de chips fue más significativo. También en China, la inversión estatal en educación científica y en investigación contribuyó al éxito del país, pero otras intervenciones fallaron. Desde 2014, año en que el presidente de China Xi Jinping convocó a los tecnólogos del país a «luchar por tomar la delantera», China destina dinero a una enorme variedad de «fondos guía» del Gobierno. Se crearon 566 fondos tan solo en 2016, y mucho de ese dinero parece haber sido desperdiciado[52].

Otros países reflejan que la intervención estatal no es ni buena ni mala por sí misma, sino que depende de los detalles de la planificación. En 1993, el Gobierno de Israel lanzó una de las intervenciones de riesgo más exitosas de todos los tiempos: un fondo de 100 millones de dólares al que llamó Yozma Group. El capital fue usado para subvencionar a firmas de riesgo extranjeras que quisieran establecerse en el país. Inversores privados aportaron alrededor de 12 millones de dólares a un fondo, y Yozma inyectó otros 8 millones con términos generosos: afrontar el riesgo de inversión por adelantado y limitar su derecho a ganancias futuras. La concesión de capital se combinó con cambios regulatorios: los inversores extranjeros tenían permitido usar la estructura familiar de sociedades de riesgo estadounidenses, con maximización de libertades y minimización de impuestos. Al «acumular» inversores de riesgo, la mayoría estadounidenses, Israel convirtió su reserva de talento científico en un escenario pujante de *startups*. Antes de la creación de Yozma, solo había un fondo de riesgo activo en Israel. Una década después, el Gobierno dejó de sub-

---

52. Noble, Lance, «Paying for Industrial Policy», Gavekal Dragonomics, 4 de diciembre de 2018 y Lerner, Josh, *Boulevard of Broken Dreams: Why Public Efforts to Boost Entrepreneurship and Venture Capital Have Failed— and What to Do About It*, Princeton University Press, Princeton (Nueva Jersey), 2012, reimpresión, pág. 32.

sidiar al sector, y sesenta grupos privados administraban alrededor de 10 mil millones de dólares en activos. En 2007, el ratio entre capital de riesgo y PBI era más alto en Israel que en cualquier otro país[53].

Para contrastar la información, consideremos las intervenciones de fondos de riesgo en la Unión Europea. En 2001, la Comisión Europea aportó más de 2 mil millones de euros (1,9 mil millones de dólares) a subsidios de capital de riesgo, pero no logró acompañar el capital con las características de diseño que marcaron el éxito de Israel. Europa no reconocía las sociedades de responsabilidad limitada. No abordó las gravosas normativas del mercado laboral. No logró crear mercados de acciones amigables para capitales de riesgo que facilitaran las salidas de sus *startups*. Como resultado, en lugar de acumular sociedades de riesgo privadas, la iniciativa europea las repelió; dadas las pocas oportunidades de emprendimiento en Europa, los capitales de riesgo comerciales no tenían interés en competir con inversores subsidiados[54]. Aún peor, como los inversores patrocinados por los gobiernos estaban menos capacitados y motivados que los privados, bajó la calidad de los capitales de riesgo europeos, por lo que la selección de tratos y el asesoramiento postinversión se deterioraron. Desde el inicio de la industria hasta finales de 2007, el fondo de riesgo promedio de Europa generaba un rendimiento de menos del 4 por ciento[55].

Juntas, estas muestras de experimentos políticos dan pie a una advertencia y a cuatro lecciones sobre la promoción de capitales de riesgo. La advertencia es que el caso de Israel es inusual; Singapur y Nueva Zelanda se encuentran entre los pocos países que pudieron imitarlo. Por desgracia, en la mayoría de los casos, destinar dinero de impuestos a fondos de riesgo ha demostrado ser inefectivo, en especial cuando el capital privado inunda las firmas privadas[56]. En principio, la idea de alentar los empren-

---

53. Lerner, *Boulevard of Broken Dreams*, pág. 123, 155-157. También agradezco a Fiona Darmond del capital de riesgo israelí JVP por explicarme la escena de su país. Darmond en entrevista con el autor, 17 de abril de 2017.

54. Lerner, *Boulevard of Broken Dreams*, pág. 124.

55. Lerner, *Boulevard of Broken Dreams*, pág. 125.

56. Una encuesta de veinticinco países en 2010 descubrió que los pequeños subsidios podían ayudar a las *startups*, pero que las sumas altas estaban relacionadas con una disminución de sus posibilidades. Brander, James; Du, Qianqian y Hellman, Thomas F., «The Effects of Government-Sponsored Venture Capital: International Evidence», NBER Working Paper Series, documento de trabajo 16521. Da Rin, Marco; Nicodano, Giovanna, y Sembenelli, Alessandro, «Public Policy and the Creation of Active Capital Markets», *Journal of Public Economics 80*, n.º 8–9, 2006, págs. 1699–1723.

dimientos subsidiando el coste de capital tiene sentido, ya que permite que los Gobiernos ayuden a los emprendedores mientras reconocen que los inversores privados son mejores para seleccionar *startups* y para algo muy importante, que es cerrarlas. Sin embargo, cuando los Gobiernos financian capitales de riesgo, las firmas suelen criticar aspectos gubernamentales: la burocracia, los malos incentivos, el favoritismo. En 2009, Josh Lerner, de la escuela de negocios de Harvard, publicó un análisis autoritario de los intentos gubernamentales de promover los capitales de riesgo. Lo llamó «Bulevar de los sueños rotos» (*Boulevard of Broken Dreams*)[57].

En el lado positivo, la primera lección sobre la promoción de capitales de riesgo es que las reducciones de impuestos funcionan mejor que los subsidios. Al permitir que los capitalistas especulen con fondos gubernamentales, fomentan apuestas descuidadas, ya que los contribuyentes asumirán parte de las pérdidas. En cambio, la reducción de impuestos cumple la misma función de abaratar el capital para las *startups*, pero con incentivos saludables. Los inversores deben sacar cada dólar inicial de sus propios bolsillos y así son más cuidadosos con los riesgos que asumen. A su vez, la reducción de impuestos asegura que, si la apuesta es positiva, el capitalista de riesgo conservará la mayor parte de las ganancias, lo que refuerza el incentivo de realizar las inversiones más inteligentes posibles y de esforzarse por ayudar a las empresas en cartera.

El mejor método para conceder reducciones de impuestos a los capitales de riesgo es el de sociedades de responsabilidad limitada. Entre otras ventajas, esta estructura evita el doble gravamen impuesto a las corporaciones. En empresas tradicionales, las ganancias tienen un primer gravamen a nivel corporativo. Luego, cuando se pagan como dividendos a los accionistas, tienen un segundo gravamen. En cambio, las sociedades de responsabilidad limitada se clasifican como «entidades intermediarias»: traspasan los beneficios de inversiones exitosas sin impuestos. Después, los socios pagan impuestos cuando reciben los dividendos. Esta estructu-

---

57. En los noventa en Canadá, un intento de financiar inversiones de riesgo del «hombre corriente» generó una lluvia de fondos para uniones sindicales y sus aliados. Lerner, *Boulevard of Broken Dreams*, págs. 119-122. En Australia, el Gobierno financió a once incubadoras de *startups*, solo para descubrir que habían desviado la mayor parte del dinero. Noble, «Paying for Industrial Policy». En otros casos, la condición de los subsidios a capitales de riesgo —que deben enfocarse en proyectos «precomerciales» o en zonas con dificultades— complicó mucho el trabajo de por sí difícil de elegir a un ganador.

ra societaria dominó los Estados Unidos desde los días de Davis & Rock, y otras áreas —Gran Bretaña, China e Israel— la adoptaron. Sin embargo, muchos países se resisten a aceptar las entidades intermediarias porque no quieren que los inversores ricos escapen de las cargas impositivas. Aunque es comprensible, también supone un error: existen formas de hacer que los ricos paguen sin perjudicar los incentivos a emprendedores. Por ejemplo, las ventajas fiscales para los capitales de riesgo pueden ir acompañadas de mayores impuestos de sucesiones.

La segunda lección política es que las reducciones de impuestos para inversores de riesgo deben ir acompañadas por incentivos para los empleados de las *startups*, ya que trabajar en ellas puede ser brutal: un estudio demostró que tres cuartas partes de los emprendedores financiados por capitales de riesgo no reciben dinero cuando liquidan sus empresas[58]. Las personas talentosas que dedican energía a estas empresas tienen otras opciones, como buscar trabajos asalariados en grandes empresas; pero para convencerlas de dejar el camino seguro la recompensa debe ser alta, y las sociedades deberían esperar que lo sea por las ganancias que derivan de *startups* florecientes. Los Gobiernos deberían esforzarse por alentar las opciones de compra de acciones para empleados, que se han convertido en el mejor método para que una empresa sin efectivo atraiga a personas ambiciosas. Sin embargo, mientras que países como Gran Bretaña, Canadá, China, Israel y los países bálticos implementaron las normas legales e impositivas que permiten las opciones de compra para empleados, otros países se resistieron. En algunos países europeos, las opciones de compra no confieren poder de voto y no son reconocidas ante la ley, por lo que es imposible usarlas sin convertir a la *startup* en una pesadilla regulatoria. En otros países, los impuestos se aplican a las opciones de compra cuando se conceden; por ejemplo, Bélgica impone un 18 por ciento de impuestos al momento de aceptar el título de opción accionaria, aunque la acción podría no valer nada en el futuro. En 2020, Francia realizó un cambio tardío de las normas para hacer que la opción de compra fuera viable, y el ministro de Economía de Alemania prometió hacer lo mismo. Pero Europa tiene mucho trabajo que hacer para ponerse al día. En comparación con sus homólogos

58. Hall, Robert E. y Woodward, Susan E., «The Burden of the Non-diversifiable Risk of Entrepreneurship», *American Economic Review 100*, junio de 2010, págs. 1163-1194.

europeos, los empleados de *startups* estadounidenses poseen el doble de las empresas para las que trabajan[59].

Además de facilitar el capital de bajo coste y la opción de compra para empleados, los Gobiernos pueden impulsar las *startups* tecnológicas estimulando la inversión inicial. De aquí la tercera lección: los Gobiernos deben invertir en ciencia, en entrenamiento para los científicos jóvenes y en investigación fundamental, que dista de la comercialización para atraer a capitales de riesgo. Las inversiones en laboratorios universitarios deben acompañarse con disposiciones legales que permitan que los descubrimientos sean comercializados. En los Estados Unidos, la ley Bayh-Dole de 1980 permite que las universidades patenten inversiones realizadas con ayuda de préstamos federales de investigación y que vendan las licencias a *startups*. Como resultado, muchas universidades del país han establecido oficinas de transferencia de tecnologías sofisticadas, que conectan a inversores con capitalistas de riesgo. Al igual que los centros tecnológicos dependen de la circulación rápida de capital y de personas, la propiedad intelectual debe ser libre para llegar a los usuarios más productivos.

La última lección general es que los Gobiernos deben pensar de forma global. Deben competir para atraer a científicos y emprendedores extranjeros concediendo visados con libertad. Deben aceptar provisiones para impuestos y formas legales con las que los capitalistas de riesgo extranjeros se sientan cómodos. Deben animar a las empresas jóvenes a cotizar en bolsas de valores internacionales si las locales están subdesarrolladas. No deben favorecer a sus propias firmas a expensas de la competencia global. Cuantos más lazos tenga un país con otras economías, más incentivos tendrán los capitalistas de riesgo para buscar *startups*: un potencial mercado de consumo mayor representa una mayor oportunidad de inversión. Israel prosperó, en parte, porque sus *startups* apuntaron desde el principio a crear algo que los estadounidenses fuesen a comprar. Los éxitos más destacados de Europa como Skype y Spotify lo lograron aceptando capital estadounidense y vendiendo a consumidores estadounidenses.

Para los políticos preocupados por el impacto geopolítico de la tecnología, es tentador hacer que el Gobierno se involucre directamente en

---

59. Detalles extraídos de una guía en línea publicada por el capital de riesgo Index Ventures: Index Ventures, «Rewarding Talent: The Guide to Stock Options».

el subsidio de capitales de riesgo. Pero es un error. En la mayoría de los casos, hay cinco pasos simples que funcionan mejor: fomentar sociedades de responsabilidad limitada, fomentar opciones de compra de acciones, invertir en educación e investigación científica y pensar globalmente.

◆

¿Cómo debe responder Estados Unidos al desafío de China en particular? Existen tres mecanismos políticos a considerar. Estados Unidos puede infiltrar más invenciones tecnológicas en China, puede dificultar que las invenciones chinas lleguen al país y puede apuntar a proteger su propiedad intelectual restringiendo el flujo interno de científicos chinos, que podrían ser susceptibles a la presión de agentes gubernamentales chinos involucrados en espionaje industrial. Las tres medidas irían en contra de la apertura económica e intelectual tradicional del país y afectaría al «pensamiento global» recién mencionado. De todas formas, dada la magnitud del desafío chino, todas las medidas deben ser consideradas seriamente.

Restringir las inversiones de riesgo es la opción menos atractiva. Aunque la primera oleada de inversiones de Estados Unidos en el exterior jugó a favor de China, el equilibrio ha cambiado desde entonces. La industria de capitales de riesgo de China se volvió local; a sociedades como Qiming les queda poco que aprender de los financieros de Silicon Valley, por lo que mantenerlos fuera de China tampoco tiene mucho valor estratégico. En el futuro, el conocimiento que los capitalistas de riesgo estadounidenses aporten a China estará equilibrado por las ganancias y los conocimientos que consigan a cambio. La paradoja es que esta historia del aspecto positivo para ambas partes de la globalización se hizo real justo cuando la mayoría no creía en ella.

Desde la perspectiva estadounidense, restringir las inversiones de riesgo chinas en el país tiene más sentido. El flujo de capital se volvió considerable: entre 2017 y 2019, ascendió a 9,2 mil millones de dólares[60]. Pero Estados Unidos no gana mucho con la llegada de capital chino al sector tecnológico, ya que no necesita ni el dinero ni la visión de negocios que lo acompaña. El aspecto que los capitales de riesgo extran-

---

60. Información de Rhodium Group.

jeros suelen tener a favor no se aplica en el caso de China: el mercado chino está cerrado a una amplia variedad de firmas tecnológicas estadounidenses, así que los contactos chinos locales pueden ser inútiles. Además, la ventaja limitada de permitir la entrada de capitales chinos debe ser comparada con los riesgos que implica: permitir la entrada de inversores chinos al sector de capitales de riesgo implica que estos consigan información interna sobre tecnologías emergentes. Sin duda, muchas *startups* estadounidenses no tienen incidencia en la seguridad nacional, y la participación china en ellas puede parecer inofensiva. Sin embargo, como hemos visto en el caso de SenseTime, la tecnología suele tener doble utilidad. Lo que parece tecnología civil puede convertirse en una herramienta militar.

¿Y qué hay de la tercera medida política antichina: restringir a los científicos chinos que quieran trabajar en universidades o empresas estadounidenses? Este es el mayor dilema. Para los Estados Unidos, la apertura a inmigrantes chinos tiene ventajas reales: el país se beneficia más de sus científicos que de sus capitales de riesgo. Pero los riesgos también son reales. El programa de espionaje chino de amplio alcance incluye intentos sistemáticos de reclutar a científicos en los Estados Unidos como informantes. Para equilibrar las ventajas y desventajas de la apertura, el país debe cubrirse: debe mantenerse abierto al talento científico chino mientras combate el espionaje comercial con contraespionaje. Si científicos establecidos en el país transmiten secretos a fuerzas extranjeras, deben ser arrestados y castigados. La comunidad de inteligencia necesita recursos adecuados para atraparlos.

China es un competidor militar inclinado a extraer propiedad intelectual de otras economías avanzadas, y Estados Unidos no tiene más opción que proteger sus intereses comerciales y estratégicos. Dos formas legítimas de hacerlo son restringir la llegada de capitalistas de riesgo chinos y proteger con vigor la propiedad intelectual. Pero, además de intentar frenar a China, el país debe esforzarse más para superarla [61]. El Gobierno debe invertir más en educación e investigación científica y sembrar el terreno para la innovación financiada por capitales de riesgo. Debe resistir la presión populista de imponer impues-

---

61. Debo esta idea a colegas del Consejo de Relaciones Exteriores, *Innovation and National Security*.

tos más altos a las sociedades de riesgo. Debe mejorar la colaboración entre Silicon Valley y el Pentágono para que las empresas financiadas consigan mejores contratos de defensa. Estas medidas no pueden garantizar que Estados Unidos conserve la superioridad tecnológica, ya que las competencias de innovación son determinadas por agentes externos. Hoy en día, el poder de Estados Unidos se vería diferente si Amazon o Intel no existieran, al igual que China sería diferente sin el gigante de redes Huawei. Pero, si Estados Unidos continúa protegiendo y celebrando su sistema de capitales de riesgo, las probabilidades están a su favor.

Esta teoría se basa en la creencia de que el Estado de mano dura de China es más una debilidad que una fortaleza. Tiene fortalezas, por supuesto: China ha demostrado un compromiso admirable con la ciencia al incrementar los gastos en investigación y desarrollo de un 0,9 a un 2,1 por ciento de su PBI entre el 2000 y el 2018. En contraste, Estados Unidos mantuvo el presupuesto de investigación y desarrollo entre 2,5 y 2,8 por ciento del PBI[62]. Pero, por el lado negativo, la cultura política autoritaria de China choca con el librepensamiento empresarial: un Gobierno con intereses en mantener el *statu quo* no se arriesgará a alterarlo dando libertad a innovaciones disruptivas. En otoño de 2020, esta tensión se hizo notar. En septiembre, Alibaba ilustró el progreso tecnológico destacable de China al lanzar Hanguang 800, un chip de aprendizaje automatizado que desplazó a sus competidores occidentales. Dado que el diseño del semiconductor hasta entonces había sido el punto débil de China, el anuncio fue una llamada de atención para los fabricantes de chips estadounidenses. Sin embargo, a pesar del triunfo, Jack Ma, el fundador de Alibaba, se encontraba del lado equivocado del Gobierno chino: después de que criticara las regulaciones financieras del país, el Gobierno bloqueó la oferta pública inicial de su empresa de gestión de pagos, Ant Group. El Gobierno abrió un caso antimonopolio contra Alibaba que acabó en una multa de 2,8 mil millones de dólares. En medio de las restricciones políticas, Ma desapareció de la escena pública, y el precio de las acciones de Alibaba descendió un cuarto. Durante la primavera siguiente, el multimillonario fundador del emporio de comercio en línea Pinduoduo, temeroso de ser el siguiente blanco, aban-

---

62. Información del OCDE referente a gastos nacionales (no solo gubernamentales).

donó su lugar. «No es seguro estar en la cima», explicó un socio con pesar[63]. En verano de 2021, el comentario resonó. Tencent, Didi y toda la industria de educación en tecnología se convirtieron en blancos de la mano dura política, con el aparato regulador del Partido Comunista como fiscal, juez y jurado.

Más allá de todos los fallos del sistema estadounidense, este nunca ha tratado a los emprendedores con tanta dureza. El equivalente más cercano a Jack Ma puede ser Jeff Bezos, de Amazon, que desató la ira de Donald Trump al ser dueño del periódico crítico *The Washington Post*. Sin embargo, esta equivalencia enfatiza las diferencias entre las naciones, no las similitudes. En China, la idea de que un gigante de Internet pueda publicar una dosis diaria de críticas antigubernamentales es impensable. Al pasar tiempo con capitalistas de riesgo chinos, es posible percibir la presión que estos sienten. Los días en los que Shirley Lin podía financiar a Alibaba sin llamar la atención política quedaron atrás. Ahora que la tecnología digital es poder, se espera que los capitalistas de riesgo sirvan en comités gubernamentales y que inviertan siendo conscientes de las prioridades del Gobierno. Durante un viaje a China en 2019, entrevisté a un capitalista de riesgo de Beijing que habló con corrección sobre el liderazgo constructivo del Estado. Cuando apagué mi grabadora, el mismo hombre denunció la intervención del Estado con amargura. Aunque sea difícil estar seguros, parece probable que los controles crecientes impulsen a los talentos a escapar de China. A su vez, medio siglo después de la época de gloria de Arthur Rock, el espíritu empresarial de librepensamiento y libre albedrío en Silicon Valley sigue siendo destacable.

Para percibir este espíritu y apreciar su significado geopolítico, recordaremos el Founders Fund de Peter Thiel. Thiel es conocido principalmente como fundador de PayPal, inversor semilla de Facebook y como donante de causas conservadoras, entre ellas, la campaña presidencial de Donald Trump —donación que lo consagró como villano en Silicon Valley—. Pero, más allá de estos hechos, el logro más inesperado de Thiel reside en otra parte. El Founders Fund financió a los dos mayores contratistas de defensa creados desde la Guerra Fría: SpaceX, que lanzaba satélites para el Pentágono, y Palantir, que suministra una variedad de *soft-*

---

63. «China's Rulers Want More Control of Big Tech», *The Economist*, 10 de abril de 2021. OCDE, «Gross Domestic Spending on R& D (Indicator)», 2021, doi:10.1787/d8b068b4-en.

ware que incluye sistemas de inteligencia para el campo de batalla. De por sí, esto sería destacable. Crear empresas con la escala y la credibilidad para impresionar a las instituciones militares no es tarea fácil; de hecho, es la clase de desafío de capital intensivo y de largo plazo para el que se cree que los capitalistas de riesgo son incapaces. Sin embargo, en 2017, para evitar dormirse en los laureles, Founders Fund designó a un socio llamado Trae Stephens para que identificase a una tercera *startup* de defensa que pudiera llegar a las grandes ligas. Una vez que Stephens relevó Silicon Valley sin encontrar nada, sus camaradas respondieron con una sola provocación: «si no existe la empresa, creadla»[64].

Cuatro años después, la empresa resultante, Anduril, estaba creando una serie de sistemas de defensa de próxima generación. La plataforma Lattice combina visión artificial, aprendizaje automático y una topología de malla para crear la imagen de un campo de batalla. El Ghost 4 sUAS es un dron de reconocimiento militar. Las Sentry Towers con energía solar fueron empleadas en la frontera con México. En una época en que la IA superará a las máquinas de guerra del ayer, Anduril aspira a combinar la habilidad de codificación de Google con el foco en seguridad nacional de Lockheed Martin.

Anduril podría ser transformadora para la seguridad nacional de los Estados Unidos, pero la empresa también supone un recordatorio de algo más significativo: representa la autoridad de Silicon Valley y la forma especial de enfrentarse al mundo de los capitalistas de riesgo. Si alguien se siente intimidado por un problema, allí van ellos. Lo intentan y fracasan, pero no por no intentarlo. Recordad, sobre todo, la lógica de la ley de potencia: las recompensas del éxito serán mucho mayores que los costes de los contratiempos. Este vigorizante conjunto de axiomas ha convertido a la maquinaria de capitales de riesgo de los Estados Unidos en un pilar firme del poder nacional. Seis décadas después de la fundación de Davis & Rock, aún es desaconsejable apostar en su contra.

---

64. Stephens en entrevista con el autor, 29 de marzo de 2019.

AGRADECIMIENTOS

Mi mayor deuda, al igual que en libros anteriores, es con el Consejo de relaciones Exteriores, mi centro profesional durante más de una década. Gracias al presidente del Consejo, Richard Haass, y a James Lindsay y Shannon O'Neil, líderes del programa de estudios, he podido dedicarle cuatro años a este proyecto, privilegio que me ha permitido llevar a cabo alrededor de cuatrocientas entrevistas y procesar información de fuentes diversas, desde historias orales hasta *e-mails* archivados, vídeos de YouTube y archivos financieros. Richard, Jim y Shannon fueron de los primeros lectores del manuscrito y revisores excelentes y anónimos del Código de Revisiones Federales. Sus comentarios tenaces me ayudaron a atravesar las etapas familiares del segundo borrador: rabia, cansancio, gratitud.

Los escritores de no-ficción, al igual que los capitalistas de riesgo, necesitan contactos. Los miembros del Consejo Nick Beim, Steve Denning y Auren Hoffman me ayudaron con las primeras presentaciones en Silicon Valley. Fuera del círculo del Consejo, mi amigo Steve Drobny, fundador de Clocktower Group, me puso en contacto con capitalistas de riesgo de Silicon Valley y de China. Kaiwen Wang, de Clockwork, hizo posibles mis entrevistas en Shanghái y en Beijing con sus inestimables habilidades de traducción y análisis. En Hong Kong, Charlie Shi me abrió las puertas a su círculo de expertos analistas chinos. Ben Savage, gerente de Clockwork Technology Ventures, me dio la oportunidad de ver el proceso de inversiones de riesgo por dentro al invitarme a formar parte del consejo de su fondo. No hace falta decir que ni Clockwork ni sus empresas en cartera han sido mencionados en este libro; aun así, la oportunidad de presenciar sus reuniones con emprendedores y sus análisis de cartera con los socios comanditarios ha profundizado mi comprensión del negocio.

Muchos expertos académicos me han brindado consejos generosos. Steven Kaplan, de la Universidad de Chicago, me ha ayudado a comprender los pormenores confusos de la información de rendimiento en capitales de riesgo; en cierta ocasión, me explicó que la forma en que las sociedades más prominentes presentaban sus rendimientos era nada menos que «atroz». Josh Lerner de la escuela de negocios de Harvard y Leslie Berlin de la Universidad de Stanford me hicieron observaciones increíbles sobre algunos capítulos. Peter Conti-Brown de Wharton fue el primero en abrirme los ojos a la importancia de la teoría de redes para mi proyecto, y Neil Ferguson de la Hoover Institution de Stanford me ha demostrado que las redes pueden servir para el análisis histórico. Marguerite Gong Hancock, del Computer History Museum de Mountain View, reunió a un equipo de expertos para que revisaran mis primeros capítulos. Laura Linard y sus colegas en la Baker Library de la escuela de negocios de Harvard me ayudaron a analizar los trabajos de investigación sobre los primeros capitalistas de riesgo de la Costa Este. También agradezco a los miembros del Consejo Joe Hurd y Steve Tananbaum y a mis amigos Mala Gaonkan y Erik Serrano Bernsten, quienes compartieron sus opiniones profundas tras la lectura de mi manuscrito. Muchos inversores de riesgo, emprendedores, ejecutivos de tecnología, abogados de *startups* y oficiales de dotaciones participaron en entrevistas extensas, dándome acceso a correspondencia interna, a memorandos de inversión y a datos de rendimiento. Me respondieron durante paseos en bicicleta, caminatas y, en una ocasión, mientras pilotaban una aeronave. Siempre que ha sido posible, he buscado tres fuentes para mis notas, pero, inevitablemente, algunas de ellas han preferido permanecer anónimas.

Mis mayores colaboradores durante estos cuatro años han sido los talentosos investigadores asociados que trabajaban conmigo en el Consejo de Relaciones Exteriores. Maiya Moncinome ha ayudado a darle forma a la historia y ha dedicado dos años a procesar fuentes de información sobre la historia inicial de los capitales de riesgo, desde el financiamiento de Fairchild hasta la oferta pública inicial de Apple. Cybèle Greenberg me ha ayudado a comprender el ascenso de la economía digital china al leer toda la información disponible acerca de la interacción entre Silicon Valley y los emprendedores chinos y sobre el sorprendente origen estadounidense de la tecnología industrial de China. Ismael Farooqui se ha ocupado del último período de Silicon Valley; ha indagado en especial en la historia de Y Combinator, en el financiamiento de UUNET y en los problemas gerenciales de los unicornios. Una serie de colaboradores internos e independientes maravillosos han cubierto varias grietas: James Goebel, Alan Liu, Aaron Pezzullo, Sabriyya Pate, Zaib Rasool, Jenny Samuels, Ezra Schwarzbaum, Jo Stavdal, Robert Wickers y Alex Yergin. Hacia el final del proyecto, Arif Harianawala me ha ayudado a crear las tablas del apéndice. También me gustaría agradecer a Toby Greenberg por el trabajo de imagen; a Mia Council de Penguin Press, que ha capitaneado el manuscrito durante el proceso de producción, y a los magos de la revisión de Penguin, quienes tienen la mirada de un grupo de águilas.

Por supuesto, he dejado parte de lo mejor para el final. Un enorme agradecimiento y mi aprecio a mi agente, Chris Parris-Lamb, y a mis editores de Penguin, Scott Moyers en Nueva York y Laura Stickney en Londres. Que abordara el tema de los capitales de riesgo fue idea de Scott. De hecho, aunque tal vez no debería admitirlo, él me sugirió los temas de tres de mis cinco libros, solo porque cuando escribí los otros dos aún no nos habíamos conocido. Con su visión para proyectos prometedores y su sexto sentido para mantenerlos a flote, es el equivalente editorial de la mejor clase de capitalista de riesgo. Por su parte, Chris fue el primero en detectar que la idea de la ley de potencia podría ser central para mi proyecto, y me concedió a su vez un título y un concepto para organizarme. Laura, por su parte, tuvo una mirada mágica para hacer acertados recortes del texto. Me salvó de enredarme con mis líneas una y otra vez. Me considero muy afortunado de haber podido trabajar con este equipo de estrellas.

APÉNDICE

TABLAS

EL GANADOR SE LLEVA LA MAYOR PARTE

Rendimiento del capital de riesgo de los EE. UU.; percentiles 95, 50 y 25

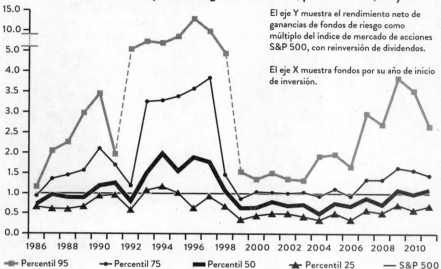

El eje Y muestra el rendimiento neto de ganancias de fondos de riesgo como múltiplo del índice de mercado de acciones S&P 500, con reinversión de dividendos.

El eje X muestra fondos por su año de inicio de inversión.

Fuente: Steven N. Kaplan; Burgiss data

Se han excluido años de inicio posteriores a 2011 porque los fondos aún no han madurado.

LOS CAPITALES DE RIESGO GANADORES OBTIENEN GANANCIAS MÁS GRANDES

**Tasa interna de retorno de un proyecto de inversión.
Primeros años realizando inversiones: 2004 a 2016.**

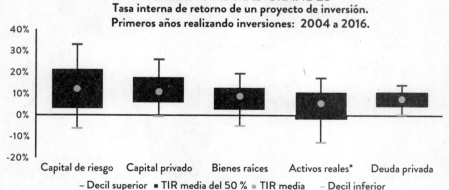

Fuente: PitchBook

*Los activos reales incluyen recursos naturales, infraestructuras, madera, metales, etc.

ASCENSO DE CALIFORNIA

Fondos de riesgo de los EE. UU.
por estado 2004.
Total recaudado:
17 mil millones de dólares

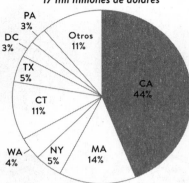

Fondos de riesgo de los EE. UU.
por estado 2019.
Total recaudado en 2019:
50,5 mil millones de dólares

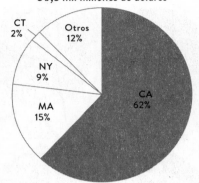

Fuente: NVCA Yearbook; información proporcionada por PitchBook.

El estado está determinado por la ubicación del capital de riesgo o la sociedad del capital de riesgo.

FALTA DE DIVERSIDAD

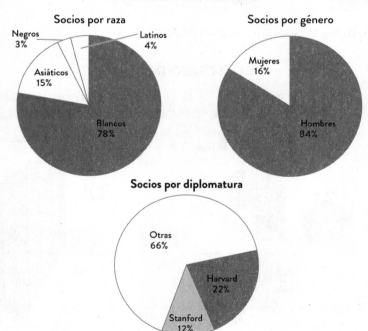

Fuentes: VC Human resources Survey, Deloitte, NVCA, Venture Forward, 2021; Gompers and Wang, «Diversity in Innovation», 2017.

CAMBIANDO DESTINOS

Principales sociedades de capital de riesgo por período

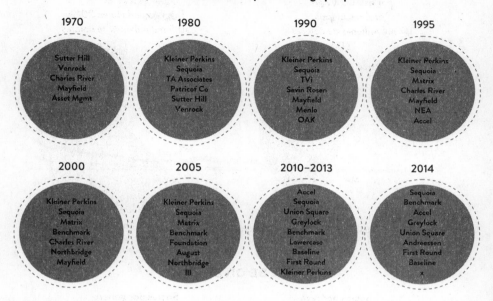

1970
Sutter Hill
Venrock
Charles River
Mayfield
Asset Mgmt

1980
Kleiner Perkins
Sequoia
TA Associates
Patricof Co
Sutter Hill
Venrock

1990
Kleiner Perkins
Sequoia
TVi
Sevin Rosen
Mayfield
Menlo
OAK

1995
Kleiner Perkins
Sequoia
Matrix
Charles River
Mayfield
NEA
Accel

2000
Kleiner Perkins
Sequoia
Matrix
Benchmark
Charles River
Northbridge
Mayfield

2005
Kleiner Perkins
Sequoia
Matrix
Benchmark
Foundation
August
Northbridge
III

2010–2013
Accel
Sequoia
Union Square
Greylock
Benchmark
Lowercase
Baseline
First Round
Kleiner Perkins

2014
Sequoia
Benchmark
Accel
Greylock
Union Square
Andreessen
First Round
Baseline
x

Fuentes: Joe Dowling, Brown University Investment Office: Trusted Insight.

EL ASCENSO DE CHINA

**Fondos de riesgo por región
2006-2009
*Total recaudado:
166,7 mil millones de dólares***

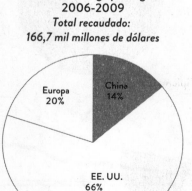

Europa 20%
China 14%
EE. UU. 66%

**Fondos de riesgo por región
2016-2019
*Total recaudado:
430,6 mil millones de dólares***

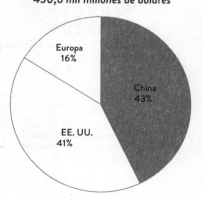

Europa 16%
China 43%
EE. UU. 41%

Fuentes: U.S.—NVCA, Statista; China—Zero2IPO; Europe—PitchBook.

Datos europeos convertidos a dólares estadounidenses utilizando tasas anuales.

EL *SOFTWARE* DOMINA EL CAPITAL DE RIESGO
Índice de Sand Hill Road

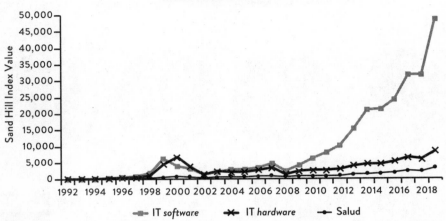

Fuente: Sand Hill Road Econometrics

Los índices fueron calculados de rondas de financiación de 33.000 empresas financiadas por capitales de riesgo.

LA BURBUJA UNICORNIO
Valuación media prefinanciación por etapa en millones de dólares

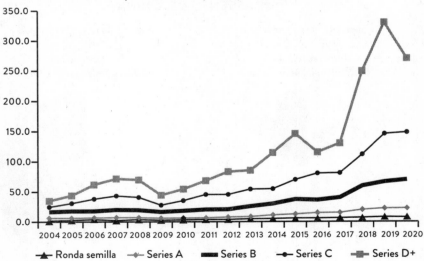

Fuente: Cambridge Associates; PitchBook Data.